Ernst Engelke

Die Wissenschaft Soziale Arbeit

Werdegang und Grundlagen

LAMBERTUS

Ernst Engelke

Die Wissenschaft Soziale Arbeit

Werdegang und Grundlagen

Lambertus

ISBN 3-7841-1485-7

Umschlag, Gestaltung, Satz: Ursi Anna Aeschbacher, Biel-Bienne
Herstellung: Franz X. Stückle, Druck und Verlag, Ettenheim

Bibliografische Information Der Deutschen Bibliothek

Die Deutsche Bibliothek verzeichnet diese Publikation in der Deutschen Nationalbibliografie; detaillierte bibliografische Daten sind im Internet über http://dnb.ddb.de abrufbar.

Inhaltsübersicht

Inhaltsverzeichnis I

Inhaltsverzeichnis II

„Nichts ist in dieser Welt so genau, dass es nicht noch genauer, nichts ist so gerade, dass es nicht noch gerader werden könnte, und nichts ist so wahr, dass es nicht noch wahrer sein könnte."

Nikolaus von Kues (1401-1464) über den unendlichen Weg der Erkenntnis

„Soll die Fürsorge ihren ungeheueren Aufgaben in der modernen Welt entsprechen, so muß sie sich des Werkzeugs bedienen, das anzuwenden wir gewöhnt sind, der Wissenschaft!"

Ilse von Arlt (1876-1960) über die Notwendigkeit der Wissenschaft Soziale Arbeit

„Ich halte dafür, dass das einzige Ziel der Wissenschaft darin besteht, die Mühseligkeit menschlicher Existenz zu erleichtern."

Galileo Galilei in Bertolt Brechts „Leben des Galilei" über das Ziel von Wissenschaft

Vorwort

In meinem 1992 im Lambertus-Verlag erschienenen Buch „Soziale Arbeit als Wissenschaft. Eine Orientierung" habe ich einen ersten Versuch unternommen, Soziale Arbeit als eigenständige Wissenschaftsdisziplin darzustellen, und mich für die Anerkennung der Wissenschaft Soziale Arbeit eingesetzt. Das Buch hat nach Auffassung vieler die heftigen Auseinandersetzungen über die Wissenschaftlichkeit der Sozialen Arbeit im letzten Jahrzehnt in der deutschsprachigen Fachwelt ausgelöst. Diese kontrovers geführte Diskussion, die zahlreichen Rückmeldungen, die ich auf mein Buch erhalten habe, und weitere eigene Studien haben mich veranlasst, mein Buch gründlich zu überarbeiten, um wichtige Ergänzungen, Vertiefungen und auch Korrekturen vorzunehmen.
Aus dem einen Buch sind nun die zwei neuen Bücher „Die Wissenschaft Soziale Arbeit. Werdegang und Grundlagen" und „Theorien der Sozialen Arbeit. Eine Einführung" geworden. Mit dem hier vorliegenden Buch „Die Wissenschaft Soziale Arbeit. Werdegang und Grundlagen" lege ich die Neubearbeitung der Teile 1 und 2 meines Buches „Soziale Arbeit als Wissenschaft. Eine Orientierung" von 1992 vor. Die Neubearbeitung der Teile 3 und 4 ist bereits 1998 im Lambertus-Verlag mit dem Titel „Theorien der Sozialen Arbeit. Eine Einführung" erschienen und liegt nun schon in der dritten Auflage vor.
Studierende der Sozialen Arbeit haben mir durch ihr beharrliches und kritisches Fragen nach der wissenschaftlichen Fundierung der Sozialen Arbeit viele konstruktive Impulse für das vorliegende Buch gegeben. PraktikerInnen der Sozialen Arbeit haben mich in die Pflicht genommen, mir keine Probleme auszudenken, sondern mich den Problemen, die sich existenziell in der Sozialen Arbeit zeigen, zu stellen. Zahlreiche Anregungen und Hinweise habe ich von KollegInnen, die an sehr verschiedenen Orten in der Sozialen Arbeit forschen und lehren, erhalten. Diesen Studierenden, PraktikerInnen und KollegInnen danke ich sehr herzlich. Namentlich danke ich Gunter Adams, Fritz Boll, Egon Endres, Barbara Köberlein, Hans Kronast, Matthias Naleppa, Maria Schmid, Silvia Staub-Bernasconi und Rainer Wiestner für ihre tatkräftige Unter-

stützung und ausdauernde Begleitung. Ganz besonders aber danke ich Alice, Hanna und Eva Engelke – Ihnen widme ich dieses Buch.

Würzburg, im August 2003 Ernst Engelke

Zur Einführung

1. Die Wissenschaft Soziale Arbeit ist eine notwendige Wissenschaft

Soziale Arbeit hat für die Bevölkerung in Deutschland eine überragende Bedeutung.[1] Nicht nur der Begriff „Soziale Arbeit", sondern auch die Tätigkeitsfelder der Sozialen Arbeit sind sehr gut bekannt. Am bekanntesten sind die Arbeitsfelder Hilfen für behinderte, kranke und sozial bedürftige Menschen, für Kinder und Jugendliche sowie die Soziale Arbeit in Heimen. Soziale Arbeit wird vor allem im Zusammenhang mit Hilfe in sozialen Problemsituationen und im Kontext ihres institutionellen Rahmens gesehen. Für 87 % der Bevölkerung ist Soziale Arbeit das Instrument zur Vermeidung sozialer Konflikte und 89% sehen die SozialarbeiterInnen als AnsprechpartnerInnen für Schwache und Ausgestoßene. Das hat eine repräsentative zielgruppenspezifische Analyse der Einstellungen in einzelnen Bevölkerungsgruppen zur Sozialen Arbeit in Deutschland im Jahre 1997 ergeben. (Nodes 1999)
Was können arme, behinderte, suchtkranke, obdachlose und andere hilfsbedürftige Menschen – also KlientInnen der Sozialen Arbeit – von SozialarbeiterInnen, wenn sie sich an sie wenden, erwarten? Auf welche fachlichen Kompetenzen können die KlientInnen bei den SozialarbeiterInnen vertrauen, wenn sie sich ihnen anvertrauen? Können sie sich darauf verlassen, dass SozialarbeiterInnen wissenschaftlich fundiert arbei-

1 Die Bezeichnung „Soziale Arbeit" verwende ich als integrierenden Begriff für Armenpflege, Fürsorge, Caritas, Diakonie, Wohlfahrtspflege, Sozialarbeit, Sozialpädagogik und soziokulturelle Animation. Aus sprachlichen Gründen benutze ich gelegentlich Sozialarbeit synonym für Soziale Arbeit; insbesondere dann, wenn ein Adjektiv erforderlich ist, wähle ich sozialarbeiterisch. In der Sozialen Arbeit Tätige bezeichne ich als SozialarbeiterInnen, beziehe dabei aber auch SozialpädagogInnen, FürsorgerInnen usw. mit ein. Damit folge ich der Terminologie der International Federation of Social Workers (IFSW), des International Council of Social Welfare (ICSW), der International Association of Schools of Social Work (IASSW) sowie der Kultusministerkonferenz (KMK) und der Hochschulrektorenkonferenz (HRK) in Deutschland (Sekretariat der Ständigen Konferenz der Kultusminister der Länder der Bundesrepublik Deutschland 2001).

ten, so wie das in unserer heutigen Gesellschaft, in der die Wissenschaft einen sehr hohen Stellenwert hat, allgemein erwartet wird? Oder basiert Soziale Arbeit nur auf gutem Willen, einer natürlichen Hilfsbereitschaft und hohen Idealen?

Die International Federation of Social Workers (IFSW) mit 450 000 Mitgliedern aus 77 Nationen hat in ihrer Definition der Sozialen Arbeit im Jahr 2000 unmissverständlich erklärt, dass Soziale Arbeit ihre professionellen Methoden auf einer systematisierten Sammlung von empirisch begründetem, aus Forschung und Praxisevaluation gewonnenem Wissen, einschließlich lokalem und kontextspezifischem Wissen gründe und die Komplexität von Interaktionen zwischen Menschen und ihrer Umwelt anerkenne. Die Profession Soziale Arbeit greife auf Theorien über menschliche Entwicklung und menschliches Verhalten sowie soziale Systeme zurück, um komplexe Situationen zu analysieren und individuelle, organisatorische, soziale und kulturelle Veränderungen zu fördern. (www.ifsw.org/Publications/4.6e.pub.html)

Begründetes Wissen zu gewinnen und dieses systematisch zu sammeln ist die Aufgabe von Wissenschaften, folglich ist es die Aufgabe der Wissenschaft Soziale Arbeit, begründetes, aus Forschung und Praxisevaluation gewonnenes Wissen der Sozialen Arbeit systematisch zu sammeln und es der Praxis zur Verfügung zu stellen.

„Soll die Fürsorge ihren ungeheueren Aufgaben in der modernen Welt entsprechen, so muß sie sich des Werkzeugs bedienen, das anzuwenden wir gewöhnt sind, der Wissenschaft!" hat die Wienerin Ilse von Arlt (1876-1960) schon am Anfang des 20. Jahrhunderts gefordert und als Aufgaben der „Grundwissenschaft von der Armut und ihrer Behebung" das Erkennen von eingetretenen oder drohenden Schäden, das Verstehen ihrer unmittelbaren und entfernteren Ursachen, ihrer weiteren Wirkungen, „mögen sie der Person selbst oder der Umwelt anhaften", Verständnis für das Tempo der Lageverschlechterung sowie die Analyse sämtlicher günstiger oder ungünstiger Faktoren, die Kenntnis der möglichen und der vorhandenen Hilfsweisen, die Wege zu ihrer Einleitung und das Überprüfen ihrer Wirksamkeit genannt. (Arlt 1958, 51)

Zur Demokratie gehört eine Wissenschaft, die Ungerechtigkeit aufdeckt und der Gesellschaft realistische Wege und Mittel anbietet und sich darin einsetzt, soziale Gerechtigkeit (wieder) herzustellen. (Pierre Bourdieu 1931-2002) Die genau in dieser Aufgabe engagierte Wissenschaft Soziale Arbeit ist deshalb nicht nur eine wichtige, sondern eine im dop-

pelten Sinn auch notwendige Wissenschaft; sie ist notwendig, um von Menschen Not abzuwenden, und sie ist notwendig, um die Praxis Sozialer Arbeit wissenschaftlich zu fundieren.
Welche Rolle spielen wissenschaftlich begründete Erkenntnisse und Theorien der Sozialen Arbeit tatsächlich im Berufsalltag von SozialarbeiterInnen? Mir ist keine empirische Studie bekannt, die diese Frage für die Soziale Arbeit in Deutschland repräsentativ und hinreichend beantwortet. Von jungen KollegInnen auf die Notwendigkeit einer wissenschaftlichen Grundlage für praktische Soziale Arbeit angesprochen, rechtfertigen sich die „alten Häsinnen und Hasen" mit Erklärungen wie: „Dafür haben wir keine Zeit!" – „Theorie und Praxis sind zwei ganz verschiedene Welten und haben nichts miteinander zu tun!" – „Ich habe da so meine eigenen Erfahrungen!" – „Theorie verhindert doch nur eine persönliche Begegnung mit den Klienten!" – „In der Praxis muss man spontan und kreativ sein!" – „Die Sachzwänge erlauben das nicht!" – usw.[2] Offensichtlich gibt es bei SozialarbeiterInnen eine gewisse Abneigung gegen „Wissenschaft und Theorie" und zugleich einen babylonischen Sprach- und Verständniswirrwarr beim Gebrauch der Begriffe „Wissenschaft", „Theorie", „Praxis" und „Ausbildung". Dieser Wirrwarr kann geordnet werden, wenn man sich der Wissenschaftstheorie zuwendet und die dort erarbeiteten Definitionen und verbreiteten Differenzierungen übernimmt. Diese Entwirrung ist eine der ersten Aufgaben jeder Wissenschaftsdisziplin.
Bei der Sozialen Arbeit sind wie bei Medizin, Recht und den anderen Professionen aus inhaltlichen und formalen Gründen die drei Bereiche Wissenschaft (Forschung), Praxis (Anwendung) und Lehre (Ausbildung) zu unterscheiden. So wie es Medizin als Wissenschaft (Forschung), als Praxis (Anwendung) und als Lehre (Ausbildung) gibt, gibt es *Soziale Arbeit als Wissenschaft (Forschung), Soziale Arbeit als Praxis (Anwendung) und Soziale Arbeit als Lehre (Ausbildung).* Alle drei Bereiche machen zusammen die Profession Soziale Arbeit aus. Jeder Bereich hat seine eigenen Aufgaben, die von den Aufgaben der anderen Bereiche deutlich zu unterscheiden sind. Jeder der drei Bereiche bezieht sich in eigenständiger Weise auf denselben Gegenstandsbereich der Sozialen Arbeit, ist aber zugleich mit den anderen Bereichen zirkulär ver-

2 Ich stütze meine Aussagen auf die Rückmeldungen mehrerer Hundert Studierender nach ihren praktischen Studiensemestern.

bunden und hat letztlich in je eigener Weise den KlientInnen der Sozialen Arbeit zu dienen (siehe Abbildung 1).

Abbildung 1: Soziale Arbeit als Wissenschaft, Praxis und Ausbildung

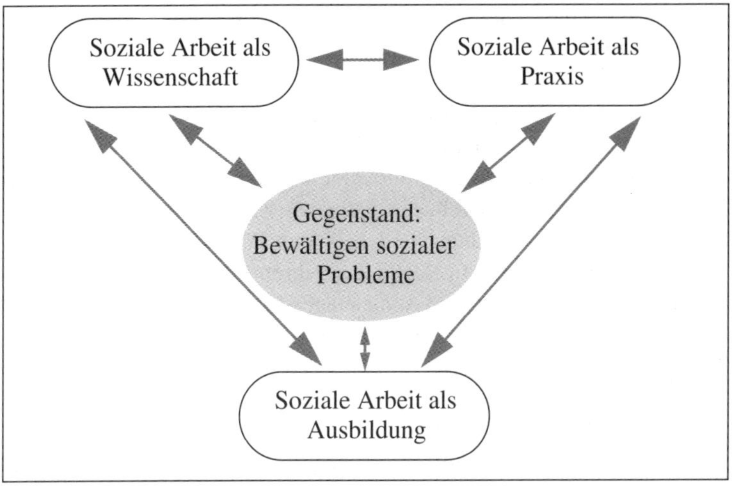

Das „Bewältigen sozialer Probleme“ ist in einem weiten Sinne nach meiner Kenntnis traditionell und international der Gegenstandsbereich der Sozialen Arbeit, so wie „menschliches Erleben und Verhalten“ heute als Gegenstandsbereich der Psychologie und „menschliche Gesundheit“ als Gegenstandsbereich der Medizin angesehen werden.
Soziale Arbeit als Wissenschaft erforscht mit wissenschaftlichen Erkenntnis- und Forschungsmethoden soziale Probleme und deren Bewältigung. Soziale Arbeit als Praxis handelt mit professionellen Handlungsmethoden auf der Grundlage wissenschaftlichen Wissens, damit soziale Probleme im Alltag konkret bewältigt werden. Soziale Arbeit als Ausbildung bildet für die Praxis und die Forschung der Sozialen Arbeit aus. Nochmals anders formuliert: Soziale Arbeit als Wissenschaft ist reflexive und Soziale Arbeit als Praxis ist tätige Antwort auf soziale Probleme. Soziale Arbeit als Ausbildung lehrt das reflexive und tätige Antworten auf soziale Probleme. (Siehe Staub-Bernasconi 1991, 3.) Auf das Eigenständige und die enge Verflechtung der drei Bereiche Wissenschaft, Praxis und Ausbildung in der Sozialen Arbeit hat Alice Salomon schon

vor 75 Jahren aufmerksam gemacht. (Salomon 1927, 109ff.) Die Unterscheidung von Sozialer Arbeit als Wissenschaft und Sozialer Arbeit als Praxis mag als umständlich erscheinen. Praktisches Handeln und wissenschaftliches Arbeiten sind jedoch – nicht nur für mich – zwei verschiedene Dinge. Eine klare sprachliche und inhaltliche Abgrenzung ist meiner Einsicht nach notwendig, um die Zusammenarbeit von PraktikerInnen und WissenschaftlerInnen in der Sozialen Arbeit zu verbessern. Eine Missachtung der jeweiligen Bereichsgrenzen führt unweigerlich zu erheblichen Irritationen und Kompetenzstreitigkeiten bei den Beteiligten. Das schwierige Verhältnis von WissenschaftlerInnen und PraktikerInnen in der Sozialen Arbeit gründet meiner Meinung nach zum großen Teil eben darin, dass die Grenzen der eigenen Zuständigkeiten und Kompetenzen zu wenig beachtet werden. Wenn WissenschaftlerInnen die Praxis Sozialer Arbeit zum Beispiel als ihren (alleinigen) Gegenstand ansehen und sich mit der Praxis vorwiegend kritisch befassen, um eine „neue Praxis" zu erwirken, dann ist es verständlich, wenn PraktikerInnen WissenschaftlerInnen als arrogante BesserwisserInnen erleben und „die Wissenschaft" ablehnen. In der Wissenschaftswelt ist es meines Wissens allgemein nicht üblich, die Praxis einer bestimmten Berufsgruppe zum alleinigen Gegenstand einer Wissenschaftsdisziplin zu machen. Das sollte auch für die Soziale Arbeit gelten.

Von der Ausbildung von SozialarbeiterInnen wird heute generell erwartet, dass die Studierenden selbstverständlich Soziale Arbeit in Theorie und Praxis kennen lernen. Die Studienreformkommission der Ständigen Konferenz der Kultusminister der Länder in der Bundesrepublik Deutschland „Pädagogik/Sozialpädagogik/Sozialarbeit" hat für die Zeit nach 1945 als allgemeine Meinung in Deutschland festgestellt, dass der Praktiker in der Sozialen Arbeit überprüfbare Handlungskonzepte auf wissenschaftlicher Grundlage brauche und dass die auf bestimmte Kommunikationsstrukturen ausgerichteten separaten Methoden überwunden werden müssten. Man befinde sich derzeit (im Jahre 1984) auf dem Weg zu einer Praxis auf der Basis einer Sozialarbeitswissenschaft. (Sekretariat der Ständigen Konferenz der Kultusminister der Länder in der Bundesrepublik Deutschland 1984, 23) Bereits 17 Jahre später haben die Ständige Konferenz der Kultusminister der Länder und die Hochschulrektorenkonferenz in der von ihnen beschlossenen Rahmenordnung für die Diplomprüfung im Studiengang Soziale Arbeit an deutschen Fachhochschulen festgestellt, „dass die heute der Sozialen Arbeit zugrunde liegenden wissenschaftlichen Erkenntnisse/Theorien und Methoden unter dem Begriff einer Wissenschaft der Sozialen Arbeit zusammengefasst werden können, auch wenn diese wissenschaftspolitisch nicht allseits umfassend anerkannt ist und sich noch nicht institutionalisiert hat." (Sekretariat der Ständigen Konferenz der Kultusminister der Länder in der Bundesrepublik Deutschland 2001, 49) Damit ist Soziale Arbeit zum ersten Mal in Deutschland von den dafür zuständigen politischen Gremien offiziell als Wissenschaft anerkannt und die Wissenschaft Soziale Arbeit zugleich als Grundlage der Ausbildung für die Soziale Arbeit bestätigt worden.

Bei der Sozialen Arbeit als Ausbildung ist zu unterscheiden zwischen einer anwendungsorientierten Ausbildung für die Praxis (primär an Fachhochschulen) und einer forschungsorientierten Ausbildung für Forschung, Lehre und Leitungsaufgaben (primär an Universitäten). Entwicklung und Pflege der Wissenschaft durch Forschung sind nach dem geltenden deutschen Hochschulrecht vor allem Aufgabe der Universitäten. In vielen Ländern ist Soziale Arbeit als wissenschaftliche Disziplin an Universitäten etabliert, in den USA und Kanada zum Beispiel seit über 80 Jahren, in Schweden, Finnland seit 25 Jahren. (Siehe Soydan 1999, Kirk/Reid 2002 u.a.)

In Deutschland wird Soziale Arbeit zwar seit 1970 an Fachhochschulen unterrichtet, ist aber als eigenständige wissenschaftliche Disziplin und grundständiger Studiengang an deutschen Universitäten bislang nicht vertreten. An den Universitäten ist Sozialpädagogik in der Regel eine Studienrichtung beziehungsweise eine Subdisziplin der Erziehungswissenschaft; ihre Eigenständigkeit als Einzelwissenschaft wird aus den eigenen Reihen bestritten. (Siehe Krüger 1998, 311; Reyer 2002 u.a.)

Die deutschen Fachhochschulen haben durch anwendungsbezogene Lehre eine Bildung zu vermitteln, die zu selbstständiger Anwendung wissenschaftlicher Kenntnisse und Methoden in der Berufspraxis befähigt. Das Fehlen der Wissenschaft Soziale Arbeit an deutschen Universitäten wirkt sich u.a. dahingehend aus, dass empirisch-theoretische Forschungen der Sozialen Arbeit nicht in dem Maße durchgeführt werden, wie es aus fachlichen und sozialpolitischen Gründen für die Praxis und die Ausbildung der Sozialen Arbeit zwingend erforderlich wäre. Es stellt sich daher die Frage, inwieweit die Qualität der praktischen Sozialen Arbeit und der Ausbildung in Deutschland durch diese Benachteiligung der Wissenschaft Soziale Arbeit beeinträchtigt wird.

International gilt: „As the social work profession has matured, social workers have increasingly turned their attention toward research and the creation of knowledge designed to further social work's mission, whatever it is deemed to be." (Reamer 1993, 119)

2. ZIEL, ZWECK UND AUFBAU DIESES STUDIENBUCHES

In diesem Buch stelle ich Soziale Arbeit als grundsätzlich selbstständige beziehungsweise relativ autonome Wissenschaftsdisziplin – ihren Werdegang, ihre Grundlagen und ihre Perspektiven – dar. Soziale Arbeit als Praxis und als Lehre/Ausbildung behandele ich nur am Rande und nur hinsichtlich ihrer Interdependenzen mit der Wissenschaft Soziale Arbeit.

Eine entscheidende Rolle bei der weiteren Entwicklung der Sozialen Arbeit als Wissenschaft und der Anwendung wissenschaftlich begründeten Wissens in der Praxis fällt den jetzt Studierenden als den zukünftigen ForscherInnen, PraktikerInnen und LehrerInnen der Sozialen Arbeit zu. Doch viele Studierende, die sich für wissenschaftliches Fragen und Forschen in der Sozialen Arbeit interessieren, beklagen für die Mehrzahl deutschsprachiger fachwissenschaftlicher Publikationen:

- Die Fokussierung auf die Soziale Arbeit fehlt.
- Philosophische und wissenschaftstheoretische Grundlagen für Soziale Arbeit werden häufig nicht erwähnt oder ausgeführt. Mitunter wird aber auch deren Kenntnis auf sehr hohem Niveau vorausgesetzt, ohne dass Zugänge dazu gegeben werden.
- Die AutorInnen drücken sich zumeist zu abstrakt und kompliziert aus und bevorzugen auch dann noch Fremdwörter, wenn gute deutsche Ausdrücke verfügbar sind.
- Es wird oft in großem Umfang auf Literatur aus anderen Fachdisziplinen (Begriffe, Arbeitsweisen, Theorien) zurückgegriffen und vorausgesetzt, dass sie bekannt ist.
- Die Vielfalt sehr unterschiedlicher Methoden, Ansätze, Modelle, Entwürfe und Theorien verwirrt und hilfreiche Orientierungskriterien fehlen.

Dieses Buch habe ich als *Studienbuch* für Studierende, PraktikerInnen und ehrenamtliche HelferInnen (Volunteers) der Sozialen Arbeit und

zur Orientierung für VertreterInnen anderer Berufe, die in Feldern der Sozialen Arbeit tätig sind, konzipiert, zugleich möchte ich mit meinen Ausführungen auch die fachwissenschaftliche Diskussion beleben.
Dieses Studienbuch soll

- aufzeigen, dass Soziale Arbeit – wie andere Handlungswissenschaften (zum Beispiel Medizin, Ökonomie und Pädagogik) – eine ganz normale Wissenschaftsdisziplin mit langer internationaler Tradition ist,
- vermitteln, dass Soziale Arbeit eng in ein Netzwerk verwandter Professionen eingebunden ist,
- darauf hinweisen, wie vielfältig Menschen in Theorie und Praxis jeweils auf die sie bedrängenden sozialen Probleme ihrer Zeit reagiert haben,
- in wissenschaftliches Fragen, Forschen, Erkennen und Denken im Rahmen Sozialer Arbeit einführen,
- Verständnis für kontroverse philosophische und wissenschaftstheoretische Grundlegungen wissenschaftlicher Aussagen wecken und Orientierungskriterien anbieten,
- das weite und oft schwer zu überschauende Feld der Wissenschaft Soziale Arbeit strukturieren,
- zu einer vertieften wissenschaftlichen Reflexion Sozialer Arbeit anregen und ermutigen,
- möglichst elementar und anschaulich darstellen,
- die LeserInnen vor zu schneller und zu großer Zustimmung bewahren.

Der Aufbau dieses Buches folgt seiner Ziel- und Zweckbestimmung. Im *ersten Teil* wird Soziale Arbeit als Teil der Kulturen dargestellt. Am Anfang wissenschaftlichen Forschens stehen in der Regel viele Fragen. Mit Fragen über Fragen zur Wissenschaft Soziale Arbeit bereite ich Thesen zur Wissenschaft Soziale Arbeit vor. Diese Fragen haben mich beim Verfassen des Buches geleitet, und ich habe sie hier auch deswegen platziert, um zur persönlichen Auseinandersetzung mit ihnen und meinen Antworten anzuregen. Ein Weg, sich mit meinen Ausführungen zu befassen, könnte es sein, zuerst alle Fragen für sich zu beantworten, um erst danach meine Antworten zu lesen und die eigenen Antworten mit meinen kritisch zu vergleichen. In zwölf Thesen zum Werdegang und zu den

Grundlagen der Wissenschaft Soziale Arbeit habe ich meine Antworten auf die Fragen zusammengefasst; sie bilden den Kern dieses Buches.
Im *zweiten Teil* beschreibe ich historisch-kritisch in großen Zügen den Werdegang der Sozialen Arbeit mit dem Schwerpunkt auf der Wissenschaft Soziale Arbeit. Dabei wird erkennbar, dass die professionelle Soziale Arbeit mit den Bereichen Wissenschaft, Praxis und Ausbildung in der heutigen Form ein Produkt der modernen Gesellschaft und eng mit dem historischen Prozess der Zivilisation, Industrialisierung, Individualisierung und Demokratisierung verbunden ist.
Wer sich mit der Wissenschaft Soziale Arbeit befassen will, kommt selbstverständlich nicht umhin, sich anfangs mit ihren philosophischen und wissenschaftstheoretischen Grundlagen und den allerersten Fragen zum menschlichen Leben und den vielfältigen Antworten auf diese Fragen zu befassen. Im *dritten Teil* „Philosophische und wissenschaftstheoretische Grundlagen der Wissenschaft Soziale Arbeit" werden daher Fundamente und Eckpunkte benannt, deren Bestimmung und Handhabung für die Entfaltung der Wissenschaften und damit auch der Wissenschaft Soziale Arbeit unverzichtbar sind. Unsere Erkenntnisquellen sind Erfahrung und Verstand, auf mehr oder anderes können wir Menschen nicht zurückgreifen. Unsere Antworten auf die vielen Fragen zum menschlichen Leben machen unser Menschen- und Weltbild aus, von dem wiederum unser Denken und Handeln geleitet wird. Auch wissenschaftliches Denken und Handeln gehen von solchen persönlichen philosophisch-weltanschaulichen Vorentscheidungen aus, denn niemand kann seine diesbezüglichen persönlichen Vorentscheidungen einfach übergehen. Die wichtigsten Unterschiede in den grundlegenden erkenntnis- und wissenschaftstheoretischen Annahmen werden skizziert, da die jeweilige Entscheidung für oder gegen eine Annahme das Verständnis von Wissenschaft mitsamt dem Forschungsansatz und der Theoriebildung weitgehend bestimmt. Der Unterschied von Alltagswissen und wissenschaftlichem Wissen wird herausgearbeitet. Die Gegenstandsbestimmung, die Methodologie verbunden mit der Wertfrage, die Theoriebildung sowie die Forschung werden als Organisationselemente jeder Wissenschaftsdisziplin beschrieben. Die Einflussfaktoren auf Wissenschaft werden erörtert und die Frage nach dem Nutzen und der Anwendung von wissenschaftlichem Wissen wird behandelt.
Die Wissenschaft Soziale Arbeit existiert – eingebettet in eine Gruppe sozialwissenschaftlicher Disziplinen – evident seit Jahrhunderten mit

mannigfaltigen Ansätzen, Entwürfen und Theorien, dennoch wird sie immer wieder ignoriert beziehungsweise in Frage gestellt. Zu Beginn des *vierten Teils* „Die Wissenschaft Soziale Arbeit“ werden verbreitete Infragestellungen der Sozialen Arbeit als Wissenschaft referiert und danach wird gezeigt, dass die Wissenschaft Soziale Arbeit die in der internationalen Fachwelt geltenden Kriterien für eine grundsätzlich selbstständige Handlungswissenschaft erfüllt. Recht unterschiedlich scheinen in Geschichte und Gegenwart die Bestimmungen des Gegenstandsbereichs der Sozialen Arbeit zu sein. Die nähere Untersuchung ergibt allerdings, dass es sich letztlich im weiten Sinn immer um das Bewältigen sozialer Probleme handelt. Um soziale Situationen und Lagen als sozial problematisch definieren zu können, bedarf es anwendbarer fachwissenschaftlicher und ethischer beziehungsweise moralischer Bewertungskriterien. Letzteres sind vor allem die allgemeinen Menschenrechte; sie sind konstitutiv für die Soziale Arbeit und in den Ethikkodizes der Berufsverbände der Sozialen Arbeit sind sie verbindliche professionelle Verhaltensnormen für deren Mitglieder (PraktikerInnen, WissenschaftlerInnen, Studierende und Lehrende). Soziale Arbeit ist – wie alle anderen Wissenschaften auch – mit anderen Wissenschaftsdisziplinen, ihren Bezugswissenschaften, vernetzt. Um die Bezugswissenschaften für die Soziale Arbeit nutzen zu können, ist es erforderlich, ihre Eigenarten und ihre Arbeitsweisen zu kennen und zu wissen, wie man an das jeweilige Fachwissen kommen und es in die eigene Tätigkeit einbinden kann. Nach dem Abschnitt über die Forschung der Sozialen Arbeit werden Theoriebildung sowie Theorien und Modelle Sozialer Arbeit dargestellt.
Im *fünften Teil* „Der Beitrag der Wissenschaft Soziale Arbeit zu Praxis und Ausbildung Sozialer Arbeit“ werden die Interdependenzen von Wissenschaft und Praxis/Profession Sozialer Arbeit sowie von Wissenschaft und Lehre/Ausbildung der Sozialen Arbeit aufgezeigt und erörtert.
Als Resümee meiner Ausführungen steht *zum Schluss*: Die Wissenschaft Soziale Arbeit ist und bleibt eine notwendige Wissenschaft.

3. Einige (selbst-)kritische Vorbemerkungen

Der Werdegang einer einzelnen wissenschaftlichen Disziplin kann heute nur noch bedingt isoliert beschrieben werden. An die Stelle von monodisziplinären Historiographien ist mehr und mehr die Geschichte von Disziplingruppen getreten, innerhalb derer interdisziplinäre Beziehungen und Konflikte, fachinterne Umlagerungen von Problemfeldern, Veränderungen von Selbst- und Fremdbildern der betroffenen Disziplinen dargestellt werden. (Siehe Lepenies 1981a, II.) Insofern habe ich die Wissenschaft Soziale Arbeit innerhalb ihrer Disziplingruppe (den Menschenwissenschaften) und in enger Verbindung mit ihren Bezugswissenschaften betrachtet und dargestellt, soweit das eben in einem so eng begrenzten Rahmen wie in dem eines Studienbuches möglich ist.

Wenn viele und sich mitunter ausschließende Fakten und Aussagen zu einer Sache vorliegen, wie das zum Beispiel auch bei der Wissenschaft Soziale Arbeit der Fall ist, muss jede/r, die/der sich eine eigene Meinung bilden will, aus der Fülle auswählen; das heißt, sie/er muss vernünftigerweise prüfen, abwägen und sich dann entscheiden. Bei meinen Entscheidungen habe ich mich von den Regeln empirisch-theoretischen und historisch-kritischen Arbeitens leiten lassen und bewusst darauf geachtet, die Fachliteratur nicht wie einen Steinbruch zu benutzen und nur das herauszubrechen, was meine persönlichen Auffassungen stützen könnte.

Manche LeserInnen werden meiner Definition von Wissenschaft und wissenschaftlichem Wissen nicht oder nur bedingt zustimmen können. Einigen mag die Definition zu weit, anderen zu eng sein, für Dritte wiederum mag sie ganz und gar falsch sein. Bei meiner Definition habe ich mich um einen möglichst weithin akzeptablen gemeinsamen Nenner bemüht, der modernen Auffassungen von Wissenschaft entspricht und genügend Spielraum für weitere Spezifizierungen und Differenzierungen lässt.

Soziale Arbeit hat meiner Meinung nach nur dann eine Chance, im Wissenschaftsbetrieb als wissenschaftliche Disziplin allgemein anerkannt und ernst genommen zu werden, wenn sie sich als empirisch-theoretische Wissenschaft ausweist und wenn sich ihre VertreterInnen entsprechend verhalten. So ist es meines Erachtens unabdingbar, sich mit den gegenwärtigen sozialen Problemen der jetzt lebenden Menschen zu befassen und Wege zu erforschen, diese Probleme zu bewältigen. Für wenig hilfreich halte ich es, wenn mit leichter Zunge und getragen von einer narzisstischen Eitelkeit immer wieder neue visionäre Theorien in die Welt gesetzt und als epochale Novität und zukunftsweisend ausposaunt werden, sich bei näherem Hinsehen aber schnell als „alte Trampelpfade" oder „eleganter Unsinn" erweisen. Marotten und Glasperlenspiele dieser Art tragen wirklich nichts dazu bei, die Mühseligkeit menschlicher Existenz zu erleichtern und KlientInnen beim Bewältigen ihrer sozialen Probleme zu helfen. Nur allzu häufig sind solche Produkte eher dazu geeignet, die Soziale Arbeit insgesamt der Lächerlichkeit preis zu geben und als Wissenschaft in Misskredit zu bringen. Die wissenschaftskritische Analyse postmoderner radikaler Konstruktionen in den Sozialwissenschaften durch Alan Sokal und Jean Bricmont enthält meines Erachtens ausreichend Impulse für eine selbstkritische Besinnung auch in der Sozialen Arbeit. (Sokal/Bricmont 1999)

Der begrenzte Rahmen eines Studienbuches und die Absicht, Werdegang und Grundlagen der Wissenschaft Soziale Arbeit darzustellen, machen es erforderlich, Inhalt und Form des Buches gemäß der Holzschnitttechnik zu gestalten. Im Holzschnitt kann man die Natur der Dinge und doch zugleich Abstraktion wiedergeben sowie Konstruktion und Sinnlichkeit auf einfache Weise verbinden. Komplexes wird vereinfacht. Differenzierungen werden bisweilen vernachlässigt. Kleingefügtes wird weggelassen. Die Ausgestaltung der Details bleibt weiteren Studien und Arbeiten überlassen. Das Elementarisieren und die Komplexitätsreduktionen können dazu führen, dass Fragen und Antworten, Probleme und Theorien verkürzt und auf diese Weise verfremdet dargestellt werden. Diese Möglichkeit konnte trotz aller Bemühungen um Sorgfalt nicht ausgeschlossen werden. Mit den zahlreichen Literaturangaben benenne ich die Quellen meiner Ausführungen, um ihre Überprüfung zu ermöglichen und zu weiteren vertiefenden Studien anzuregen.

Ein amerikanischer Kollege fragte mich, als ich ihm das Konzept dieses Buches vorgestellt hatte: „How to do?" – Nun, dieses Buch soll kein „Kochbuch für die Armenküche" und auch kein „Manual für SozialarbeiterInnen" sein. SozialarbeiterInnen werden immer wieder von Leuten gedrängt, einfache Antworten zu geben: „Ist es so oder so? Stimmt's oder stimmt's nicht?" Reduzierte Aussagen (Stigmatisierungen) über KlientInnen und ihre Lebenssituation und simple Vorschläge zum Bewältigen sozialer Probleme eignen sich für parteipolitische Parolen, aber nicht zur Beschreibung, Einschätzung und Erklärung komplexer sozialer Sachverhalte, der Entwicklung von Theorien und Modellen zur Bewältigung dieser Probleme und für verantwortungsbewusstes soziales Handeln. Mit diesem Buch möchte ich ermutigen, die Praxis der Sozialen Arbeit empirisch-theoretisch zu fundieren und so dazu beitragen, dass sich arme, behinderte, suchtkranke, obdachlose und andere hilfsbedürftige Menschen mehr denn je darauf verlassen können, dass SozialarbeiterInnen wissenschaftlich fundiert tätig sind, und die große Wertschätzung, die die Soziale Arbeit für die Bevölkerung Deutschlands hat, gerechtfertigt ist.

Teil 1:
Soziale Arbeit ist Teil der Kulturen

Einleitung

Der Begriff „Kultur“ stammt vom lateinischen Substantiv „cultura“ (gleich „Landbau, Pflege [des Geistes und des Körpers]“) ab und bedeutet ursprünglich die Pflege und Ausbildung der menschlichen Fähigkeiten über den bloßen Naturzustand hinaus, später die Gesamtheit der geistigen und künstlerischen Lebensäußerungen eines Volkes. (Duden 2001, 458f.) Im Altertum und im Mittelalter wurden hierfür auch „humanitas“ und „civilitas“ gebraucht. Auch wenn das Wort „Kultur“ erst seit dem 17. Jahrhundert n.Chr. in der deutschen Sprache bezeugt ist, so ist das, was mit „Kultur“ gemeint ist, durch die frühesten Menschenfunde schon für die Zeit des Auftretens menschlicher Intelligenz nachgewiesen. Ohne Kultur gibt es kein menschliches Leben und die Menschen haben in den verschiedenen Zeiten und Räumen unterschiedliche Kulturen entwickelt. (Siehe Giddens 1995, 35-65; Rehberg 2001 u.a.)
Die Menschen haben zu allen Zeiten und auf allen Kontinenten ihr Land bearbeitet und ihre Sitten sorgsam gepflegt. Insbesondere durch gegenseitiges Helfen und Erziehen wurde und wird menschliches Zusammenleben erst möglich und aktiv gestaltet. Jeder Mensch ist existenziell darauf angewiesen, dass ihn andere Menschen unterstützen. In der Antike bezeichnete man den Menschen deswegen als „zoon politikon“ oder „ens sociale“ (das „gesellig lebende Wesen“), als „homo ad iuvandum paratus“ („der zum Helfen bereite Mensch“) und auch als „homo educandus“ (der „erziehungsbedürftige Mensch“). Menschen sind darauf angewiesen, dass sie von anderen Menschen angeleitet und „ins Leben“ geführt werden, und Menschen ist es wiederum aufgegeben, andere Menschen zu etwas anzuleiten, ihren Geist und ihre Persönlichkeit zu bilden, ihre Entwicklung zu fördern und sie „ins Leben“ zu führen.
Der Blick über mehr als sechstausend Jahre Kultur- und Geistesgeschichte lehrt uns: Es gibt viele, sich stark voneinander unterscheidende Kulturen und die sogenannte westliche, aus der griechisch-römischen Antike entstandene Kultur ist nur eine neben anderen. Im „westlichen“ Kulturkreis haben sich Grundzüge einer geschichtlichen Vorstellung vom Werden der Welt und der Menschheit verfestigt, als gäbe es nur diesen einen Entwurf einer universalen Menschheitsgeschichte, die von Europa ausgeht. Selbstverständlich gibt es auch andere, nicht auf Euro-

pa zentrierte Weltbilder und Auffassungen vom Werden der Welt, zum Beispiel bei den Menschen in Nord-, Mittel- und Südamerika, Nord-, Inner- und Südafrika, Nord-, Süd- und Ostasien, Australien und in der Pazifischen Inselwelt. Die Lebensgemeinschaften in diesen Regionen haben eigene Kulturen mit eigenen Perspektiven der Weltgeschichte und mit eigenen Formen des Helfens und Erziehens entwickelt. Soziale Arbeit – in einem weiten Sinne als Helfen und Erziehen verstanden – gehört zu jeder Kultur; die Ziele und Formen der Sozialen Arbeit sind selbstverständlich vielfältig und kulturabhängig.
In den Augen der BewohnerInnen anderer Kontinente ist Europa nur ein Subkontinent Asiens, und Deutschland ist nur ein Land von vielen Ländern auf diesem Subkontinent. Von den derzeit 6 Milliarden BewohnerInnen der Erde leben nur 80 Millionen in Deutschland. Prozentual ausgedrückt heißt das: 1% der Weltbevölkerung lebt in Deutschland beziehungsweise von 100 Menschen (M) auf der Welt ist ein Mensch eine/ein Deutsche/r (D). Bildlich dargestellt sieht die Relation so aus:

MMMMMMMMMM MMMMMMMMMM MMMMMMMMMM
MMMMMMMMMM MMMMMMMMMM MDMMMMMMMM
MMMMMMMMMM MMMMMMMMMM MMMMMMMMMM
MMMMMMMMMM.

Die Perspektiven, aus denen die Welt gesehen und interpretiert wird, sind abhängig von Zeiten, Räumen und bestimmten geschichtlichen Bedingungen, in denen die Menschen leben. Die „westliche Perspektive“, die der modernen Sozialen Arbeit zugrunde liegt, ist nur eine von verschiedenen Perspektiven, die Welt zu sehen und zu gestalten. Und die „deutsche Perspektive“, Soziale Arbeit zu sehen und zu gestalten, ist wiederum nur eine Perspektive aus den westlichen Perspektiven.

1. Der barmherzige Samariter und die Frage nach dem Ursprung der Sozialen Arbeit

Der Begriff „Soziale Arbeit“ taucht in deutschsprachigen Publikationen erstmals Ende des 19. Jahrhunderts auf. Eine frühe Quelle hierfür ist bei dem Juristen und Nationalökonomen Lorenz von Stein (1815-1890) zu finden. „Sociale Arbeit“ ergibt sich für ihn aus der unmittelbaren Ableitung und Beschäftigung mit der „socialen Frage“ und ist ein Sammelbegriff für vielfältige Antworten auf diese Frage. Der Kontext der wirtschaftlichen, gesellschaftlichen, politischen und kulturellen Rahmenbedingungen, in dem der Begriff „Soziale Arbeit“ gebildet wurde, erlaubt auch seine inhaltliche Füllung. Der Begriff „Soziale Arbeit“ nimmt den soziostrukturellen Wandel auf, dem die Soziale Arbeit in Theorie und Praxis während des 20. Jahrhunderts unterworfen war, und löste weltweit frühere Bezeichnungen für soziale Tätigkeiten und Berufe ab. (H. Maier 1998, 13f.) In Frankreich sprach man um die Wende vom 19. zum 20. Jahrhundert ebenfalls von „travail social“ und in den angloamerikanischen Ländern von „social work“. Obgleich die berufliche Tätigkeit, die nun mit „Soziale Arbeit“ bezeichnet wurde, in der Sache nicht neu war, sehen viele AutorInnen hier die Geburtsstunde der beruflichen Sozialen Arbeit. Andere AutorInnen stellen das infrage und sehen den Ursprung der sozialen Berufe schon viele Jahrhunderte früher, zum Beispiel in den Evangelien des Christentums.

Das Gleichnis vom barmherzigen Samariter wird oft als Ausgangspunkt für die berufliche Soziale Arbeit angesehen. (Siehe C.W. Müller 1999, 9ff.; Rauschenbach 1999, 157f.) Der Evangelist Lukas erzählt: „Ein Mann ging von Jerusalem hinab nach Jericho und fiel unter die Räuber; die plünderten ihn aus, schlugen ihn, machten sich davon und ließen ihn halbtot liegen. Zufällig ging ein Priester denselben Weg hinab. Er sah ihn und ging vorüber. Ebenso kam ein Levit an der Stelle vorbei, sah ihn und ging vorüber. Ein Samariter aber, der vorbei kam, sah ihn und wurde von Mitleid bewegt. Er trat hinzu, verband seine Wunden und goß Öl und Wein darauf; dann setzte er ihn auf sein eigenes Lasttier, brachte ihn in eine Herberge und trug Sorge für ihn.“ (Lukasevangelium 10, 30-34)

Gravierende exegetische Argumente sprechen dagegen, dieses Gleichnis für die Entstehung sozialer Berufe heranzuziehen. Das Gleichnis wird häufig ohne den Kontext, in dem es steht und zu dem es gehört, erzählt. Vor dem Gleichnis steht bei Lukas die Perikope, in der Jesus von einem Gesetzeslehrer gefragt wurde, was zu tun sei, um das ewige Leben zu erlangen. (Lukasevangelium, 10, 25-28) Jesus antwortete auf diese Frage mit dem Gebot der Gottes- und Nächstenliebe und hob damit die geltenden Gesetze und ihre Auslegung durch die Gesetzeslehrer (das waren Schriftgelehrte und Pharisäer) auf. Mit dem Gleichnis vom barmherzigen Samariter hat Jesus die seiner Weisung folgende Frage, wer denn der Nächste im Sinne des neuen Gebotes sei, beantwortet. Lukas zeigt mit dem Gleichnis vom barmherzigen Samariter provokant, dass das alte Gesetz, nach dem sich die Vorübergehenden korrekt verhalten haben, nicht mehr gilt und vom neuen Gebot der Gottes- und Nächstenliebe abgelöst worden ist. (Siehe Ernst 1994, 259-267 u.a.)

In den christlichen Kirchen wird ungeachtet des exegetischen Befundes bis in die Gegenwart hinein das Gleichnis vom barmherzigen Samariter zusammen mit den Seligpreisungen der Bergpredigt Jesu (Matthäusevangelium 5, 1-11) und anderen Aussagen Jesu – wie zum Beispiel „Was immer ihr einem dieser meiner geringsten Brüder getan habt, das habt ihr mir getan.“ (Matthäusevangelium 25, 31-46) – benutzt, um gelebten Glauben und – professionelles – Helfen miteinander zu verbinden und theologisch zu begründen; zum Beispiel bei der Begründung des Leitbildes des Deutschen Caritasverbandes. (Siehe Caritas 7 [98] 1997, 7 [100] 1999; Lehner 1997 u.a.) Als historisches Zeugnis für den Ursprung sozialer Berufe taugt dieses Gleichnis also wenig.

Wenn man die Berufsgeschichte der Sozialen Arbeit mit Ereignissen und Texten aus dem frühen Christentum verbinden will, dann kann nach meiner Auffassung auf die „Einsetzung der Sieben“ aus der Apostelgeschichte zurückgegriffen werden. Dieser Text enthält in mehrfacher Hinsicht wichtige Aussagen über die Entstehung der sozialen Berufe. Der Text heißt: „In jenen Tagen, als die Zahl der Jünger zunahm, entstand bei den Hellenisten Unwille über die Hebräer, weil ihre Witwen bei der täglichen Armenunterstützung („diakonia“) zurückgesetzt würden. Da beriefen die Zwölf eine Versammlung der Jünger (das waren die Mitglieder der christlichen Gemeinde, E.E.) und erklärten: ‚Es ist nicht recht, dass wir das Wort Gottes vernachlässigen und den Tisch besorgen. Wählt darum, Brüder, aus euerer Mitte sieben Männer aus, die in gutem Ruf stehen und voll des Geistes („pneumatos“) und der Weisheit („sophia“) sind, die wollen wir für dieses Werk bestellen. Wir aber wer-

den weiter beim Gebet und Dienst des Wortes bleiben.‘ Der Vorschlag fand den Beifall der ganzen Versammlung. Sie wählten Stephanus, einen Mann voll des Glaubens und des Heiligen Geistes; ferner Philippus, Prochorus, Nikanor, Timon, Parmenas und Nikolaus, einen Proselyten aus Antiochia.“ (Apostelgeschichte 6, 1-7)
Die frühchristliche Gemeinde war in der Großstadt Jerusalem um 40 n.Chr. auf über 5000 männliche Mitglieder angewachsen; Frauen wurden zu der Zeit nicht gezählt. Die Gemeinde setzte sich aus Hellenisten, das waren Juden, die außerhalb Palästinas gelebt hatten und im Alter nach Palästina zurückgekehrt waren, und Hebräern, das waren einheimische Juden, zusammen. Über die Armenunterstützung in der Gemeinde war Streit ausgebrochen. Das Judentum kannte damals bereits zwei verschiedene Arten der Armenunterstützung. Ortsansässige Arme bekamen freitags von dafür eigens bestellten Armenpflegern Geld für 14 Mahlzeiten; dieses Geld war zuvor in der „Büchse“ von zwei Armenpflegern bei den Ortseinwohnern eingesammelt worden. Ortsfremde Arme, also nur vorübergehend anwesende Arme, erhielten täglich lediglich Nahrungsmittel; diese waren zuvor in der „Schüssel“ von drei Armenpflegern in den Häusern eingesammelt worden. Die christliche Urgemeinde hatte mit der täglichen Unterstützung von armen Gemeindemitgliedern eine von den Juden verschiedene Organisation der Armenpflege eingeführt, da sie eine Gütergemeinschaft mit einer Art Hilfswerk praktizierte. Die Hellenisten problematisierten den Hebräern gegenüber, dass die Witwen von Hellenisten bei der Verteilung der Nahrungsmittel in der Gemeinde benachteiligt würden. Diese Frauen hatten keine Verwandten vor Ort und waren daher besonders auf öffentliche Unterstützung angewiesen. (Siehe Haenchen 1965, 213-222 u.a.)
Die Situation war zum sozialen Problem geworden, weil aus Sicht der Hellenisten Grundbedürfnisse ihrer Witwen nicht befriedigt wurden und außerdem gegen die Gleichbehandlung der Gemeindemitglieder verstoßen wurde. Es wurde nicht danach gefragt, wer an diesen Vorkommnissen schuld war. Die Größe der Gemeinde reichte als Begründung für die Benachteiligung der Gemeindemitglieder aus. Das soziale Problem wurde organisatorisch, das heißt in diesem Falle durch Arbeitsteilung, gelöst. Ab jetzt waren neu berufene Diakone für die tägliche Armenunterstützung zuständig. Neben dem Beruf des Apostels gab es nun auch den Beruf des Diakons in der Urkirche. Zulassungsvoraussetzungen für den neuen Beruf waren: „einen guten Ruf haben und voll des

Geistes und der Weisheit sein". Nach den einschlägigen Kommentaren haben die beiden Begriffe „Geist" und „Weisheit" (griechisch: „pneuma" und „sophia") sowohl im Judentum als auch bei den Griechen ein breites Bedeutungsspektrum. Häufig wurden die beiden Begriffe miteinander verknüpft und ergänzten einander. Im Judentum standen sie zusammen für „Klug- und Kundigsein zum Zwecke praktischer Gestaltung", also für eine „praktische Lebensklugheit", und in den philosophischen Schulen der hellenistischen Zeit standen sie für „verwirklichtes Wissen". Ursprung und Quelle der Weisheit waren im Judentum und bei den Hellenen die Lehren der Weisen und Könige der Vorzeit, die eigenen Erfahrungen, die ein Mensch im Laufe seines Lebens sammelt – deshalb galten alte Menschen als weise –, außerdem Belehrung und Zucht sowie Gottes Weisheit, die dem Menschen von Gott geschenkt wird. (Siehe Kittel 1966, 465-529.)
Der aus dem ersten Jahrhundert n.Chr. stammende Text der Apostelgeschichte bezeugt: Helfen als Beruf

- gab es schon im ersten Jahrhundert n.Chr. in großen Städten, wie zum Beispiel in Jerusalem;
- ist keine Erfindung des Christentums, organisierte Armenfürsorge gab es zum Beispiel schon vorher im Judentum;
- ist keine neue europäische Errungenschaft, denn den Beruf des Armenpflegers gab es vor 2000 Jahren schon in anderen Kulturen, zum Beispiel in Palästina/Vorderasien;
- ist kein spezifischer Frauenberuf, sondern wurde bereits vor 2000 Jahren auch von Männern ausgeübt;
- hat als Zulassungsvoraussetzungen schon vor 2000 Jahren praktische Lebensklugheit und ein in der jeweiligen Epoche und in der jeweiligen Kultur als qualifiziert angesehenes Wissen.

2. Fragen über Fragen zur Wissenschaft Soziale Arbeit

Studienbücher sind meiner Meinung nach weder „Katechismen" noch „Dogmatiken", die nichts als die „wahre Lehre" enthalten und verbreiten. „Ein guter Lehrer bringt seine Schüler nicht einfach dazu, eine Lebensform zu *akzeptieren*, er gibt ihnen auch die Mittel an die Hand, *sie in der richtigen Perspektive* zu sehen und sie vielleicht sogar *abzulehnen*. Er wird versuchen zu *beeinflussen* und zu *schützen*. Er wird nicht nur Propaganda für seine Ansichten machen, er wird einen Bestandteil hinzufügen, der sie entgiftet, sie weniger tödlich macht und der die Menschen davor schützt, von ihnen überwältigt zu werden." (Feyerabend 1992, 55)
Fragen und (methodisches) Zweifeln sind Ausgangspunkte für jede Erkenntnisgewinnung und jeden wissenschaftlichen Fortschritt, zugleich aber auch Gift für FundamentalistInnen und DogmatikerInnen, die ausschließlich ihre eigenen Auffassungen gelten lassen und diese als sakrosankt propagieren. Bevor ich zwölf Thesen zum Werdegang und zu den Grundlagen der Wissenschaft Soziale Arbeit darlege, vertiefe und begründe, möchte ich einen Katalog „Fragen über Fragen zur Wissenschaft Soziale Arbeit" einfügen. Von diesen Fragen bin ich beim Verfassen dieses Buches ausgegangen. Wenn ich den Fragenkatalog hier platziere, dann möchte ich anregen und dazu einladen, sich mit den Fragen und meinen Antworten auseinander zu setzen und sich durch eigenes (Quellen-)Studium kundig zu machen, um auf diese Weise zu eigenen Antworten zu kommen. (Weitere Fragen siehe zum Beispiel bei Hepworth/Rooney 1997; Schilling 1997; Schneider 1999 u.a.)

(1) Fragen zur persönlichen Erlebensgeschichte mit Armut, Not, Elend, Minderheit, Benachteiligung, Unterdrückung, Verfolgung und Hilfe

- In welcher Weise haben Sie in Ihrem Leben persönlich und hautnah Armut, Not, Elend, Minderheit, Benachteiligung, Unterdrückung und/oder Verfolgung erlebt? Skizzieren Sie ein für Sie bis heute besonders stark nachwirkendes Erlebnis. Was ist damals passiert? Wer war alles beteiligt?

- Wie sind Sie mit diesem Erlebnis umgegangen? Was haben Sie mit Ihren Empfindungen getan?
- Welches Erklärungsmuster haben Sie damals für das Geschehen gefunden?
- Welche Werte sind Ihrer Meinung nach damals verletzt und missachtet worden?
- Was ist damals geschehen, um Ihnen und den anderen Betroffenen zu helfen?
- Wer hätte was wie – anders – machen müssen, damit den Betroffenen nachhaltiger geholfen worden wäre?
- Was haben Sie für sich als Erkenntnis aus diesem Erlebnis abgeleitet?
- Wie erklären Sie heute das, was damals geschehen ist?

(2) Fragen zum Werdegang der Sozialen Arbeit als Wissenschaft der modernen Gesellschaft

- Was ist für Sie konstitutiv für die Soziale Arbeit?
- Seit wann kann man von professioneller Sozialer Arbeit sprechen?
- Wie definieren Sie „Wissenschaft“?
- Welche wissenschaftlichen, wirtschaftlichen, politischen und kulturellen Ereignisse haben zur Entstehung der modernen Sozialen Arbeit geführt und ihren Werdegang gefördert?
- Was kennzeichnet Ihrer Auffassung nach moderne Gesellschaften?
- Seit wann, in welcher Weise und von wem werden „soziale Fragen“ international erforscht?
- Wie ist die Soziale Arbeit in die Entstehungsgeschichte der Sozialwissenschaften eingebunden?
- Welche neuen sozialen Fragen und sozialen Probleme können sich aus der fortschreitenden Globalisierung als Herausforderung und Aufgabe für die Soziale Arbeit als Wissenschaft ergeben?

(3) Fragen zu den philosophischen und wissenschaftstheoretischen Grundlagen der Wissenschaft Soziale Arbeit

- Auf welche Weise können wir überhaupt erkennen und wahrnehmen?
- Wie weit können wir uns auf unsere Sinne und unseren Verstand verlassen?
- Welche Bedeutung hat die Sprache für das menschliche Zusammenleben und für die wissenschaftliche Erkenntnisgewinnung?
- Welche Erkenntnisse können bewiesen werden und wie können wissenschaftliche Aussagen überprüft werden?
- Inwieweit kann man von objektivem und subjektivem, von absolutem und relativem Wissen sprechen?
- Wodurch unterscheiden sich wissenschaftliche und populär- beziehungsweise nichtwissenschaftliche Aussagen? Wie genau kann diese Unterscheidung sein?
- Welche Werte und Normen gelten für die wissenschaftliche Forschung?
- Wie wirken Machtbalancen und -beziehungen in einer Gesellschaft auf die Erkenntnisgewinnung, die Anerkennung von Wissen und Wissenschaftsdisziplinen?

(4) Fragen zur Wissenschaft Soziale Arbeit

- Was ist das Gemeinsame der vielen Arbeitsfelder der Sozialen Arbeit?
- Wem nutzt Soziale Arbeit? Wer ist an ihr interessiert?
- Welche Ziele sollte die Wissenschaft Soziale Arbeit verfolgen?
- Welche Aufgaben sollte die Wissenschaft Soziale Arbeit wahrnehmen?
- Wer bestimmt diese Ziele und Aufgaben? Wer sollte sie bestimmen?
- Wie lassen sich professionelle und ehrenamtliche Soziale Arbeit voneinander unterscheiden?
- Worin unterscheidet sich professionelle Soziale Arbeit von den Tätigkeiten anderer sozialer Berufe?

- Wie kann ein/e SozialarbeiterIn das begründen, was er/sie tut?
- Inwieweit ist die Wissenschaft Soziale Arbeit autonom?
- Welche Theorien und Handlungsmethoden muss eine SozialarbeiterIn kennen und beherrschen, um kompetent und professionell tätig sein zu können?
- Welche Forschungsmethoden entsprechen den Aufgaben und der Eigenart Sozialer Arbeit?
- Welche Bezugswissenschaften sind für die Soziale Arbeit relevant? Warum?
- Inwieweit hat die Wissenschaft Soziale Arbeit ein politisches Mandat?
- Wann ist Soziale Arbeit überflüssig?

(5) Fragen zur kritischen Reflexion von Theoriebildung und Theorien

- Welche Unterstützung können PraktikerInnen der Sozialen Arbeit von der Wissenschaft Soziale Arbeit erwarten?
- Welche wissenschaftliche Theorie der Sozialen Arbeit bevorzugen Sie? Auf welche Argumente stützen Sie Ihre Wahl?
- Welche Interessen verfolgen Frauen bei der Auswahl beziehungsweise Entwicklung von Theorien der Sozialen Arbeit? Welche Interessen verfolgen Männer?
- Welche Theorien der Sozialen Arbeit sind in Deutschland, welche in anderen Ländern verbreitet?
- Welche philosophischen und wissenschaftstheoretischen Positionen sind Ihrer Meinung nach als Basis für eine Theorie der Sozialen Arbeit unabdingbar? Warum?
- Was sind die Folgen „realistischer" und „konstruktivistischer" Erkenntnistheorien für die Praxis Sozialer Arbeit?
- Welche Theorie der Sozialen Arbeit begründet Ihr Professionsverständnis?
- Inwieweit sollen Theorien der Sozialen Arbeit „konkrete Utopien" sein?

(6) Fragen zur ethischen Verantwortung

- Was verstehen Sie unter „Menschenwürde" und wie begründen Sie sie?
- Wie begründen Sie die allgemeinen Menschenrechte?
- Welche Menschenrechtsfragen sind Ihrer Meinung nach für die Soziale Arbeit zentral?
- Welche ethischen Aussagen haben für Sie Vorrang? Warum?
- Welche Rolle spielen christliche Werte wie „Gottes- und Nächstenliebe" für Sie als ethische Grundlage der Sozialen Arbeit?
- Inwiefern sollte die Ethik der Sozialen Arbeit advokatorisch sein?
- Was spricht dafür und was dagegen, Soziale Arbeit als Menschenrechtsprofession zu deklarieren?
- Welche Chancen hat Soziale Arbeit, menschenwürdige Gesellschaften zu garantieren?

(7) Fragen zur Interdependenz von Wissenschaft, Praxis und Ausbildung der Sozialen Arbeit

- Nach welcher Theorie ist die praktische Soziale Arbeit an Ihrer Praktikumsstelle beziehungsweise an Ihrem Arbeitsplatz ausgerichtet?
- Welche Theorie der Sozialen Arbeit favorisiert und praktiziert der Träger der Einrichtung offiziell? Welche inoffiziell, aber faktisch?
- Wie wird diese Theorie beziehungsweise die Theorielosigkeit begründet?
- Wie wird mit der Theorie beziehungsweise Theorielosigkeit an Ihrer Praktikumsstelle beziehungsweise an Ihrem Arbeitsplatz konkret umgegangen?
- Welche Theorie sollte der Träger Ihrer Praktikumsstelle beziehungsweise Ihres Arbeitsplatzes Ihrer Meinung nach vertreten und praktizieren?
- Wie begründen Sie Ihren KlientInnen gegenüber Ihre Handlungsweisen?
- Welche Konflikte kann es in Kürze mit dem Träger wegen Ihrer Theorie geben? Worum kann es dabei gehen?

- Wie können die Konflikte gelöst werden? Welche Möglichkeiten für einen fachlichen Diskurs sehen Sie?
- Worin besteht für Sie die wissenschaftliche Fundierung der Ausbildung in Sozialer Arbeit?

(8) Fragen zur weiteren Entwicklung der Wissenschaft Soziale Arbeit

- Was müsste geschehen, damit die Soziale Arbeit als Wissenschaft im deutschen Wissenschaftsbetrieb allgemein anerkannt wird?
- Wie könnte der internationale Austausch beziehungsweise die Rezeption wissenschaftlicher Publikationen – insbesondere von Forschungsberichten und -ergebnissen – verbessert werden?
- Wie könnte der Austausch zwischen Wissenschaft und Praxis der Sozialen Arbeit gefördert werden?
- Was können Sie persönlich zur Entwicklung einer wissenschaftlich fundierten Praxis der Sozialen Arbeit beitragen?
- Was erhoffen Sie für sich von der Wissenschaft Soziale Arbeit?

3. Zwölf Thesen zum Werdegang und zu den Grundlagen der Wissenschaft Soziale Arbeit

Auf die zentralen Fragen nach der Wissenschaft Soziale Arbeit und an die Wissenschaft Soziale Arbeit möchte ich mit zwölf Thesen antworten. Selbstverständlich kann ich nur einen Teil der vielen Fragen behandeln, und ich tue das auch nicht in der oben vorgegebenen Reihenfolge. Diese Thesen markieren nach meiner Auffassung den Werdegang und die Grundlagen der internationalen Wissenschaft Soziale Arbeit.

These 1:
Soziale Arbeit ist Teil jeder Kultur, weil Helfen und Erziehen als Grundformen menschlichen Handelns konstitutiv für jede Kultur und für die Soziale Arbeit sind.

Helfen und Erziehen sind Grundformen menschlicher Kultur, und Soziale Arbeit kann in einem weiten Sinne als institutionalisiertes Helfen, das ein Kontinuum von Bilden, Lernen, Lehren, Pflegen und Heilen beinhaltet, verstanden werden. (Siehe Lowy 1983, 128; Gängler 2001; C.W. Müller 2001 u.a.) Berufsbezeichnungen für in der Sozialen Arbeit Tätige spiegeln diesen Berufsinhalt wider. Im Iran nennt man Sozialarbeiter beispielsweise „madadgar", das heißt „der, der hilft". (Belardi 2001, 1605) In Deutschland kennen wir kennzeichnende Berufsbezeichnungen wie „Armenpfleger", „Fürsorger", „Wohlfahrtspfleger", „Sozialerzieher", „Sozialarbeiter" und „Sozialpädagoge".
In der Sozialen Arbeit handelt es sich sowohl beim Helfen als auch beim Erziehen um Spezialformen des Helfens und Erziehens. Soziale Arbeit wendet sich – so sieht es die „International Federation of Social Workers" heute – den Barrieren, Ungleichheiten und Ungerechtigkeiten, die es in der Gesellschaft gibt, zu. „Sie reagiert genauso auf Krisen und Notlagen wie auf alltäglich auftretende persönliche und soziale Probleme. Soziale Arbeit benutzt eine große Vielfalt von Kompetenzen, Techniken und Aktivitäten, die sich im Einklang mit ihrer systemischen Ausrichtung auf Personen und ihre Umwelt befinden. Die Interventionen der Sozialen Arbeit reichen von in erster Linie auf Personen ausgerich-

teten psychosozialen Prozessen bis zur Beteiligung an der Gesetzgebung, Planung und Entwicklung des Sozialen. Dies schließt Beratung, Klinische Sozialarbeit, Gruppenarbeit, sozialpädagogische Arbeit, Familienberatung und -therapie ebenso mit ein wie Bemühungen, Menschen dabei zu unterstützen, Dienstleistungen und Ressourcen des Staates und der Gemeinden zu erhalten. Die Interventionen umfassen ebenfalls Sozialmanagement, Gemeinwesenarbeit sowie das Engagement in sozialen und politischen Aktionen, um auf die Politik des Sozialen und ökonomische Entwicklungen einzuwirken. Die systemische Ausrichtung der Sozialen Arbeit ist universell, doch die Prioritäten der Praxis Sozialer Arbeit werden von Land zu Land und von Zeit zu Zeit variieren, je nach den kulturellen, historischen und sozioökonomischen Bedingungen."[3]

These 2:
Der Werdegang der Sozialen Arbeit als Praxis und als Wissenschaft hängt eng mit dem gesellschaftlichen Prozess der Zivilisation, der Industrialisierung, der Individualisierung und der Demokratisierung zusammen.

Die Denk- und Forschungstätigkeit der Menschen ist ein kontinuierlicher Prozess, der sich über Generationen hinzieht. Der Anfang der Wissenschaft Soziale Arbeit kann deshalb nicht genau festgelegt werden, vielmehr sind die Entstehung und der Werdegang der Sozialen Arbeit als andauernder Prozess, an dem viele Menschen beteiligt sind und dessen genauen Anfang man nicht kennt und nicht kennen kann, zu beschreiben.
Ein mehrere Jahrhunderte dauernder Prozess hat zu den modernen Gesellschaften geführt, wie sie sich heute in den Industriestaaten der ganzen Welt zeigen. Dieser von England und Frankreich ausgehende und sich über Europa und Nordamerika weltweit ausbreitende Prozess ist gekennzeichnet durch Zivilisiation, durch Industrialisierung mit Urbanisierung, Arbeitsteilung, Spezialisierung, Bürokratisierung und Mobilität, durch Individualisierung und natürlich durch Demokratisierung; um hier nur die wichtigsten Kennzeichen dieses Prozesses zu nennen.

3 International Federation of Social Workers (IFSW) 2000; englischer Originaltext abgedruckt in Teil 4 Abschnitt 2.4; ins Deutsche übersetzt von E.E.

Die Lebensbedingungen haben sich im Verlauf dieses Prozesses zwar generell für die Menschen verbessert; es haben sich jedoch auch gerade infolge dieses Prozesses bestehende soziale Probleme zugespitzt und zusätzlich neue soziale Probleme ergeben. Die professionelle Spezialisierung darauf, soziale Probleme im Auftrag des Staates zu bewältigen, also Menschen, die sich in Not befinden, von Amts wegen zu helfen und Kinder und Jugendliche von Amts wegen zu erziehen, ist ein Produkt der industrialisierten modernen Gesellschaft. Zur industrialisierten Gesellschaft gehört nicht zuletzt die Ökonomisierung aller Lebens- und Arbeitsbereiche; auch der soziale Bereich wurde vom Kosten-Nutzen-Denken erfasst und zugleich als Markt, auf dem man Geld verdienen kann, entdeckt.
Die sich seit dem 17. und 18. Jahrhundert in Europa durchsetzende Aufklärung, der radikale Wandel der Lebensbedingungen durch die industrielle Revolution und die damit verbundene „soziale Frage" führten im 18. und 19. Jahrhundert in Europa und Nordamerika zur Entstehung neuer (Sozial-)Wissenschaften, zu denen die Wissenschaft Soziale Arbeit gehört.

These 3:
Die Antwort auf die Frage nach dem Anfang und dem Werdegang der Sozialen Arbeit als Wissenschaft hängt davon ab, wie und in welchen historischen und gesellschaftlichen Verflechtungszusammenhängen die Begriffe „Wissenschaft" und „Soziale Arbeit" benutzt und definiert werden.

Das Gelingen von Kommunikation hängt in hohem Maße von der Verständigung über das, was man mit den benutzten Wörtern meint, ab. Dieser Grundsatz für eine erfolgreiche menschliche Verständigung gilt selbstverständlich auch für den Umgang mit den Begriffen „Wissenschaft" und „Soziale Arbeit". Ohne Definition dieser Begriffe wären die Ausführungen und der wissenschaftliche Diskurs über die Soziale Arbeit als Wissenschaft ein frustrierendes Verwirrspiel. Also muss zunächst gesagt werden, was hier unter „Wissenschaft" und „Soziale Arbeit" verstanden wird. Zu erinnern ist daran, dass es bereits viele solcher Definitionen gibt. Der Inhalt dieser Definitionen hängt von den Personen, der Epoche und der Gesellschaft, in der sie gegeben wurden, ab. Denn auch Definitionen im wissenschaftlichen Diskurs sind Lebenspro-

dukte und werden immer in einem bestimmten historischen Kontext, unter bestimmten gesellschaftlichen Bedingungen und auf eine bestimmte Ausgangssituation hin formuliert.
Erkenntnis- und Wissenschaftstheorien sind ungeeignet, um die Wissenschaft Soziale Arbeit zu begründen beziehungsweise zu definieren, weil in vielen Wissenschaftsdisziplinen auf dieselben Erkenntnis- und Wissenschaftstheorien zurückgegriffen wird; sie sind daher kein Unterscheidungskriterium für Wissenschaftsdisziplinen. Die Erkenntnis- und Wissenschaftstheorien einer Wissenschaftsdisziplin werden vielmehr in der Regel aus der Eigenart ihres jeweiligen Gegenstandsbereiches abgeleitet, daher hat die Bestimmung der Wissenschaft Soziale Arbeit – wie bei allen anderen Wissenschaftsdisziplinen – über die Festlegung ihres Gegenstandsbereiches zu erfolgen.

These 4:
Der Begriff „Wissenschaft" beinhaltet sowohl das gezielte, systematische, kritische und reflektierte Bemühen um Erkenntnisgewinnung als sozialen Prozess als auch die so gewonnenen, in Sprache gefassten, begründeten und überprüfbaren Erkenntnisse und die daraus abgeleiteten Theorien und Modelle für die Praxis.

Es ist eine beobachtbare Tatsache, dass alles, was als wissenschaftliche Erkenntnis ausgewiesen wird, aus alltäglichen Erkenntnissen und Gedanken hervorgeht. Insofern handelt es sich bei jeder Wissenschaft zunächst um einen sozialen Prozess, in dem Antworten auf Fragen gefunden und weiter gegeben werden. Wann wird eine Erkenntnis als wissenschaftlich bezeichnet und wann nicht? Welche Merkmale muss eine Aussage erfüllen, damit sie als wissenschaftlich anerkannt wird? Die Forschungen zu diesen Fragen ergeben, dass es viele, epochen- und kulturabhängige Varianten von Wissenschaftsdefinitionen gibt und dass einzelne Auffassungen in den jeweiligen Epochen und Kulturen favorisiert wurden.
Am Anfang der abendländischen Kultur stand die enge Verbindung von prinzipieller Fragestellung und praktischem Handeln, die von den Griechen geleistet worden ist. Auf dieser Verbindung beruht nach allgemeiner Auffassung die ganze Kraft unserer Kultur auch heute noch. (Werner Heisenberg 1901-1976) Die Freiheit der Forschung und das kritische, neuzeitliche Wissenschaftsverständnis haben sich seit dem hohen Mit-

telalter vor allem mit der Gründung der Universitäten im europäischen Kulturkreis durchgesetzt. Die „wissenschaftliche Revolution" seit dem 15. Jahrhundert hat zu naturwissenschaftlichen Entdeckungen und Erfindungen und als Konsequenz dieser Erfolge dazu geführt, dass auch heute noch weitgehend Wissenschaft mit Naturwissenschaft gleichgesetzt wird. (Rossi 1997) Im 17. Jahrhundert haben Johannes Kepler, Galileo Galilei und Isaak Newton die modernen Naturwissenschaften dadurch begründet, dass sie einzelne Vorgänge in der Natur aus ihrem Zusammenhang herausgelöst und mit Hilfe von Experimenten untersucht haben. Empirisch-theoretische Ansätze werden seitdem „spekulativen" Ansätzen vorgezogen. WissenschaftlerInnen bemühen sich in modernen Gesellschaften, durch Tatsachenbeobachtungen nicht zu belegende Bilder von Geschehenszusammenhängen, Mythen, Glaubensvorstellungen und metaphysischen Spekulationen durch empirisch fundierte Theorien zu ersetzen. Damit sind Modelle von Zusammenhängen gemeint, die durch Tatsachenbeobachtungen überprüfbar, belegbar und korrigierbar sind. (Elias 1996, 53f.) WissenschaftlerInnen forschen nach Antworten auf die Fragen: Was? – Wie? – Warum?

These 5:
Soziale Arbeit befasst sich mit der Konstitution sozialer Probleme, ihrer Bewältigung und der Untersuchung des Zusammenhangs beider im Kontext des gesellschaftlichen Prozesses.

„Helfen und Erziehen" können zwar im weitesten Sinne als konstitutiv für die Soziale Arbeit angesehen werden, aber Nachbardisziplinen der Sozialen Arbeit wie Pädagogik und Psychologie befassen sich auch mit „Helfen und Erziehen". Ein Rückgriff auf Armut, Not, Elend, Minderheit, Benachteiligung, Unterdrückung, Verfolgung u.a. als spezifischer Gegenstand der Sozialen Arbeit bringt auch keine eindeutige Abgrenzung zu anderen Wissenschaftsdisziplinen. Vergleicht man national und international verbreitete Definitionen für Soziale Arbeit, dann ergibt sich, dass sich Soziale Arbeit (auch als Armenpflege, Fürsorge, Sozialarbeit, Sozialpädagogik usw.) mit der Konstitution sozialer Probleme, ihrer Bewältigung und der Theoretisierung des Zusammenhangs beider im Kontext des gesellschaftlichen Prozesses befasst hat und befasst. (Vgl. Marzahn 1996, 244; Klüsche 1999 u.a.)
Soziale Probleme sind keine neuen Phänomene. Die Thematisierung von Armut, Not, Elend, Minderheit, Benachteiligung, Unterdrückung, Ver-

folgung usw. als soziale Probleme ist erst ein Produkt der modernen Gesellschaft. (Groenemeyer 1999, 25) Soziale Probleme – ihre Definition, ihre institutionelle Beantwortung und ihre wissenschaftliche Erforschung – wandeln sich mit den gesellschaftlichen Bedingungen.
Die gegenwärtig weltweit am meisten verbreitete und akzeptierte Definition der Sozialen Arbeit ist die der International Federation of Social Workers (IFSW):
„Die Profession Soziale Arbeit fördert sozialen Wandel, Problemlösungen in zwischenmenschlichen Beziehungen sowie die Befähigung und Befreiung von Menschen zur Verbesserung ihres Wohlbefindens. Gestützt auf wissenschaftliche Erkenntnisse über menschliches Verhalten und soziale Systeme greift Soziale Arbeit dort ein, wo Menschen und ihre Umwelt aufeinander einwirken. Grundlagen der Sozialen Arbeit sind die Prinzipien der Menschenrechte und der sozialen Gerechtigkeit.“[4]

These 6:
Soziale Arbeit basiert auf humanitären und demokratischen Idealen, sie weiß sich den Menschenrechten und der sozialen Gerechtigkeit verpflichtet. Diese Werte resultieren aus dem Respekt vor der Gleichheit und der Würde aller Menschen.

Soziale Arbeit ist eine handlungsorientierte Wissenschaft mit dem Ziel einer menschenwürdigen Gesellschaft; zu ihr gehörten und gehören daher unabdingbar die Entscheidung für bestimmte Werte und Normen und die Auseinandersetzung mit Fragen der Ethik und Moral. Viele Jahrhunderte lang wurde Soziale Arbeit im Abendland mit christlichen Werten wie der Gottes- und Nächstenliebe oder den Seligpreisungen der Bergpredigt begründet. In den biblischen Bildern und Forderungen erscheint der Notleidende als Individuum und die Frage, weshalb jemand in Not geraten ist, wird weitgehend vernachlässigt beziehungsweise religiös erklärt. In einer Handlungswissenschaft, wie es die Soziale Arbeit ist, können Werte und Normen nicht mehr, wie zum Beispiel in den Soziallehren des Christentums und des Islam, mit einer Offenbarung Gottes beziehungsweise Allahs begründet werden. Die Aufklärung, die Sä-

4 International Federation of Social Workers (IFSW) 2000; englischer Originaltext abgedruckt in Teil 4 Abschnitt 2.4; ins Deutsche übersetzt von E.E.

kularisation und die Demokratisierung der Gesellschaft haben mit der Französischen Revolution (1789) zu neuen gesellschaftlichen Werten und „vernünftigen“ Begründungen für die Soziale Arbeit geführt. Heute gilt für die Soziale Arbeit: „Professionelle Soziale Arbeit basiert auf humanitären und demokratischen Idealen, und diese Werte resultieren aus dem Respekt vor der Gleichheit und Würde aller Menschen. Seit ihrem Beginn vor über einem Jahrhundert hat die professionelle Soziale Arbeit sich auf die menschlichen Bedürfnisse konzentriert und die Entwicklung der Stärken der Menschen vorrangig unterstützt. Menschenrechte und soziale Gerechtigkeit dienen als Motivation und Rechtfertigung für sozialarbeiterisches Handeln. Professionelle Soziale Arbeit ist bemüht – solidarisch mit den Benachteiligten –, Armut zu lindern und verletzte und unterdrückte Menschen zu befreien, um ihre soziale Integration zu erwirken. Die Werte von Sozialer Arbeit sind in den nationalen und internationalen Ethik-Kodizes der Profession dargestellt.“ [5]

These 7:
Soziale Arbeit als Wissenschaft, als Praxis und als Lehre (Ausbildung) bedingen und ergänzen sich gegenseitig; sie sind nicht zu trennen, aber zu unterscheiden.

Die Entwicklung der modernen Sozialen Arbeit ist stark beeinflusst von der griechischen Antike, dem Judentum und dem Christentum. In der griechischen Antike, im Judentum und im Christentum sind soziales und religiöses Leben sowie das Recht eng miteinander verbunden; dazu gehört auch eine enge Verflechtung von Ausbildung beziehungsweise Lehre und Praxis. Die jeweiligen Bereiche lassen sich zwar voneinander unterscheiden, aber nicht voneinander trennen.
Soziale Arbeit ist Teil staatlicher Sozialpolitik, kirchlicher Caritas und Diakonie sowie privater Initiativen, und sie hat sozialpolitische Entwicklungsträger ganz unterschiedlicher Art in sich aufgenommen. Insbesondere die klassische Armenfürsorge, die im engeren Sinne sozialpädagogischen Traditionen und Elemente des öffentlichen Gesundheitswesens sind hier eine Verbindung eingegangen. Praxis (Anwendung), Wissenschaft (Forschung und Theorie) und Lehre (Ausbildung) der So-

---

5 International Federation of Social Workers (IFSW) 2000; englischer Originaltext abgedruckt in Teil 4 Abschnitt 2.4; ins Deutsche übersetzt von E.E.

zialen Arbeit sind – historisch und fachlich begründet – eng miteinander verflochten. (Siehe Salomon 1927; Wendt 1995b; Soydan 1999; Ratzinger 2001; Mühlum 2001 u.a.) Bei anderen Professionen (zum Beispiel bei der Medizin) ist das nicht anders. Praxis, Wissenschaft und Lehre der Sozialen Arbeit sind aufgrund ihrer Eigenheiten einerseits zu unterscheiden, andererseits sind ihre Interdependenzen zu berücksichtigen. Die International Federation of Social Workers (IFSW) führt dazu aus: „Soziale Arbeit bezieht sich in ihren verschiedenen Formen auf die vielfältigen und komplexen Beziehungen zwischen Menschen und ihrer Umwelt. Ihr Ziel ist es, Menschen zu befähigen, ihr gesamtes Potenzial zu entwickeln, ihr Leben zu bereichern und sozialen Dysfunktionen vorzubeugen. Soziale Arbeit ist auf Problemlösung und Veränderung ausgerichtet. In diesem Sinne sind SozialarbeiterInnen AnwältInnen für sozialen Wandel sowohl in der Gesellschaft als auch im Leben von Individuen, Familien und Gemeinwesen. Soziale Arbeit ist ein Netzwerk von Werten, Theorien und Praxis.“[6]

These 8:
Soziale Arbeit ist eine grundsätzlich selbstständige beziehungsweise relativ autonome Disziplin, näherhin eine Handlungswissenschaft, und gehört historisch, methodisch und inhaltlich zur Gruppe der Sozialwissenschaften.

Die Disziplinenstruktur gegenwärtiger Wissenschaften ist ein relativ spätes Produkt der Entwicklung neuzeitlicher Wissenschaft. Zur Ausgrenzung einzelner Disziplinen kam es erst zu Beginn des 19. Jahrhunderts. Im Bereich der Naturwissenschaften waren Chemie und Physik die ersten Wissenschaftsdisziplinen. In den Geisteswissenschaften – dieser Begriff tauchte erst am Ende des 19. Jahrhunderts auf – wurden etwa zur gleichen Zeit die klassische Philologie und die Geschichte in weitere Disziplinen aufgeteilt, wie zum Beispiel in Griechisch, Latein beziehungsweise in Geschichte des Altertums, des Mittelalters und der Neuzeit. Die Sozialwissenschaften gingen erst zum Ende des 19. Jahrhunderts aus einer Synthese von Natur- und Geisteswissenschaften hervor. Die Universitäten wurden zur selben Zeit „zu dem institutionellen

6 International Federation of Social Workers (IFSW) 2000; englischer Originaltext abgedruckt in Teil 4 Abschnitt 2.4; ins Deutsche übersetzt von E.E.

Ort der disziplinären Struktur der modernen Wissenschaft". (Stichweh 1994, 17f.) Die rasante Entwicklung der Wissenschaften führte dazu, dass immer neue Einzeldisziplinen gebildet wurden. Zur Gruppe der zunächst nicht in Subdisziplinen ausgegliederten Sozialwissenschaften gehörte von Anfang an die „Soziale Arbeit" (auch Wissenschaft von der Armut, Fürsorgewissenschaft, Wohlfahrtswissenschaft genannt) mit eigenen Forschungsmethoden, wissenschaftlichen Theorien, formalisierten Ausbildungsgängen, eigenen Lehrstühlen an Universitäten, internationalen Fachpublikationen, Verbänden und Gesellschaften. Erst zu Beginn des 20. Jahrhunderts wurden die Sozialwissenschaften unterteilt, indem sich stärker theoretisch beziehungsweise methodisch orientierte SozialwissenschaftlerInnen (Soziologie) von stärker handlungsorientierten SozialwissenschaftlerInnen (Soziale Arbeit) distanzierten. (Siehe Hinkle/Hinkle 1960; Leitner 1981; Lepenies 1981; Kirk/Reid 2002 u.a.)

Auch wenn eine Wissenschaftsdisziplin aufgrund ihrer Einbindung ins Wissenschaftssystem und ihrer Abhängigkeit von einflussreichen Gruppen der Gesellschaft – zum Beispiel bei der Setzung ihrer Werte und Normen – nur relativ autonom sein kann, ist sie dennoch grundsätzlich selbstständig, weil sie eigene Forschungsmethoden, eigene wissenschaftliche Theorien, eigene formalisierte Ausbildungsgänge, eigene Lehrstühle usw. hat. Die relative Autonomie der einzelnen Wissenschaftsgruppen beziehungsweise -disziplinen innerhalb des gesamten Wissenschaftssystems war für führende Wissenschaftler – wie zum Beispiel für Auguste Comte (1798-1857) – eine Selbstverständlichkeit.

Soziale Arbeit ist von ihrem Ursprung her handlungs- beziehungsweise aktionsorientiert und insofern ist die Wissenschaft Soziale Arbeit eine Handlungswissenschaft, die Wege erforschen und zeigen will, wie ein Ist-Zustand in einen Soll-Zustand gebracht werden kann.

These 9:

In der Wissenschaft Soziale Arbeit werden empirisch-theoretisch die Entstehung und die Bedingungen sozialer Probleme der Menschen als Einzelne, als Gruppen und in ihrer Gesamtheit erforscht sowie Theorien und Modelle zum Bewältigen dieser Probleme entwickelt.

Armut, Not, Elend, Minderheit, Benachteiligung, Unterdrückung, Verfolgung usw. sind in den hochkultivierten und modernen Gesellschaften

immer schon thematisiert und bedacht worden. Bevorzugte Orte dieser Thematisierungen waren Philosophie und Religion beziehungsweise Theologie. Philosophen und Theologen haben Armut und Not aus der Sicht ihrer Lehrmeinungen und Weltbilder erklärt. Diese Erklärungen sollten meistens den Umgang der Zeitgenossen mit Armen und Notleidenden legitimieren, wie zum Beispiel beim Italiener Thomas von Aquin (1225-1274), oder auch bestimmte neue Verhaltensweisen vorschreiben, wie zum Beispiel beim Spanier Juan L. Vives (1492-1540).
Im Zentrum einer empirisch fundierten Wissenschaft Soziale Arbeit stehen keine Postulate sozialer Ideale, sondern die Erforschung beobachtbarer sozialer Prozesse und gesellschaftlicher Verflechtungen, in deren Verlauf menschliches Wissen und Denken in eine immer bessere Übereinstimmung mit einem immer umfassenderen beobachtbaren Tatsachenbereich gebracht wird. (Elias 1996, 54f.) Seit der Aufklärung im 18. Jahrhundert werden soziale Probleme empirisch-theoretisch erforscht und Theorien zu ihrer Bewältigung entwickelt. Dabei handelt es sich um Theorien zum sozialen Wandel der Gesellschaft wie beispielsweise die Theorien des Franzosen Claude Henri de Saint-Simon (1760-1825) und der Nordamerikanerin Jane Addams (1860-1935) bis hin zu individuumszentrierten Theorien wie beispielsweise die des Schweizers Johann H. Pestalozzi (1746-1827) und der Nordamerikanerin Mary Richmond (1861-1928). (Soydan 1999)
International gilt heute: „Soziale Arbeit gründet ihre professionellen Methoden auf einer systematisierten Sammlung von empirisch begründetem, aus Forschung und Praxisevaluation gewonnenem Wissen, einschließlich lokalem und kontextspezifischem Wissen. Es wird die Komplexität von Interaktionen zwischen Menschen und ihrer Umwelt anerkannt sowie die Fähigkeit der Menschen, davon beeinflusst zu werden als auch die vielfältigen Einflüsse auf sie zu verändern, einschließlich biopsychosozialer Faktoren. Die professionelle Soziale Arbeit greift auf Theorien über menschliche Entwicklung, menschliches Verhalten und soziale Systeme zurück, um komplexe Situationen zu analysieren und individuelle, organisatorische, soziale und kulturelle Veränderungen zu fördern."[7]

---

7 International Federation of Social Workers (IFSW) 2000; englischer Originaltext abgedruckt in Teil 4 Abschnitt 2.4; ins Deutsche übersetzt von E.E.

These 10:
Die Vielfalt philosophischer und wissenschaftstheoretischer Perspektiven führt in der Theoriebildung der Sozialen Arbeit zu verschiedenen Schulen und Denktraditionen, die in sich jeweils begrenzt und befragenswürdig sind. Eine Zentraltheorie ist weder möglich noch wünschenswert.

Wissenschaft hat zum Ziel, Neugier zu befrieden und Verbesserungen in der Welt vorzunehmen. Ein Blick in die internationale Geschichte der Sozialen Arbeit zeigt bereits eine große Vielfalt, Neugier zu befrieden und Verbesserungen in der Welt vorzunehmen. Die Wissenschaft der Sozialen Arbeit baut wie alle anderen Wissenschaften auch auf den Erfahrungen der Menschen in ihrem persönlichen und gesellschaftlichen Leben und auf ihrem Verstand auf. Denken und Handeln in den Wissenschaften der modernen Gesellschaften sind „christlich-westlich" geprägt. Bei näherer Betrachtung erkennt man schnell, wie unterschiedlich die Denk- und Lebensgewohnheiten selbst innerhalb der christlich-westlichen Welt sind; man vergleiche nur Denken und Handeln von Süd- und NordeuropäerInnen. Mit der Globalisierung trifft westliches Denken und Handeln auf die Kulturen im Osten und im Süden, in denen anders gedacht und gehandelt wird als im Westen. Allein die Begegnung der westlichen Welt mit der muslimischen Welt zeigt, dass es ganz andere Denk- und Lebensgewohnheiten gibt, die selbstverständlich auch zu ganz anderen Menschen- und Weltbildern führen als wir sie im Westen kennen und gewohnt sind.
Wenn nun Erfahrung und Verstand Grundlagen, Quelle und Medium sozialwissenschaftlicher Thematisierungen sind und Erfahrungen und ihre „vernünftige Aufbereitung" sehr verschieden sein können und sind, dann gibt es auch viele verschiedene Zugangswege zur Erforschung sozialer Probleme und zur Entwicklung von Bewältigungswegen und -modellen. Der Vergleich der verschiedenen Theorien und eine Überprüfung ihrer Reichweite und Geltung lassen die Begrenztheit und die Fragwürdigkeit der einzelnen Theorien sehr bald erkennen.
Noch immer existiert der Wunsch nach einer Zentraltheorie; diese kann es aber aufgrund der vielfältigen und unterschiedlichen Voraussetzungen zur Theoriebildung bei den einzelnen WissenschaftlerInnen und wegen der demokratischen Struktur moderner Gesellschaften nicht geben. Die Vielfalt der Theorien und Modelle ist nicht gleich zu setzen mit einer pluralen Beliebigkeit.

These 11:
Die Beziehungen zwischen der Sozialen Arbeit und anderen Wissenschaftsdisziplinen („Bezugswissenschaften“) können mit den Begriffen Multidisziplinarität, Interdisziplinarität und Intradisziplinarität beschrieben werden.

Soziale Arbeit ist – wie alle anderen Wissenschaftsdisziplinen auch – eine relativ autonome Wissenschaftsdisziplin; sie ist im Verbund mit anderen Wissenschaften, die sich gleichfalls auf das menschliche Leben beziehen, entstanden. Zusammen bilden diese Disziplinen eine Gruppe, die Menschenwissenschaften. (Norbert Elias) Zu diesen gehören vor allem Biologie, Medizin, Recht, Pädagogik, Psychologie, Soziologie und Soziale Arbeit. Die gemeinsame Entstehungsgeschichte und der Mensch als gemeinsamer Gegenstand ihrer Forschungen verbinden die Menschenwissenschaften untereinander. Unter diesen Wissenschaftsdisziplinen bestehen Interdependenzen und gemeinsame Bezüge. („Bezugswissenschaften“). Art und Weise dieser Bezüge und Wechselwirkungen zwischen der Sozialen Arbeit und ihren Bezugswissenschaften sind verschieden.
Multidisziplinarität heißt, dass VertreterInnen mehrerer Wissenschaftsdisziplinen unabhängig voneinander mit verschiedenen Fragestellungen den gleichen Gegenstandsbereich erforschen. Ihre Forschungsergebnisse werden nicht miteinander verknüpft, sondern stehen lediglich als isolierte Erkenntnisse nebeneinander. Bei Interdisziplinarität erforschen VertreterInnen mehrerer Wissenschaftsdisziplinen mit verschiedenen Fragestellungen gemeinsam den gleichen Gegenstandsbereich, tauschen ihre Erkenntnisse untereinander aus, ergänzen sich und vernetzen ihre Erkenntnisse, um zu einer tragfähigen und verantwortbaren Synthese verschiedener Methoden und Einzelerkenntnisse zu kommen. Transdisziplinarität beinhaltet für mich dasselbe wie Interdisziplinarität. Intradisziplinarität bedeutet, dass innerhalb einer Wissenschaftsdisziplin die Fragestellungen, Methoden und Erkenntnisse der Bezugswissenschaften in die eigene Arbeit integriert werden und zum Tragen kommen. Insofern kann Soziale Arbeit auch als Integrationsdisziplin (Kenntnisse und Arbeitsweisen verschiedener Disziplinen werden in die Soziale Arbeit integriert, das heißt zusammengeführt) bezeichnet werden.

These 12:
Von den gesellschaftlichen Machtbalancen und -beziehungen hängen sowohl die Entstehung und die Definition sozialer Probleme als auch die Durchsetzung bestimmter Bewältigungsformen sowie die öffentliche Anerkennung der Sozialen Arbeit als Wissenschaftsdisziplin ab.

Menschen leben in kleinen und großen Gruppen („Figurationen“) zusammen, und menschliches Handeln ist in eine Vielzahl von Verflechtungszusammenhängen („Interdependenzgeflechten“ oder „Figurationen“) hineingestellt, die sich in einer mehr oder weniger labilen Machtbalance befinden. (Elias 1986a, b, 1996, 1999) Nach Max Weber (1864-1920) bedeutet Macht jede Chance, in einer sozialen Beziehung den eigenen Willen durchzusetzen, gleichviel worauf diese Chance beruht. Die sehr verschiedenen Chancen und Formen der Durchsetzung und der Beeinflussung beruhen generell auf einem Überlegenheits- beziehungsweise Abhängigkeitsverhältnis zwischen Personen, Gruppen, Organisationen, Staaten und Gesellschaften.
Für die Soziale Arbeit gilt, dass die Personen und Gruppen einer Gesellschaft mit der größten Durchsetzungsmacht bestimmen, welche Werte und Normen gelten, welche sozialen Situationen als sozial problematisch angesehen werden, und wenn sie als sozial problematisch anerkannt sind, welche Wege zur Problembewältigung gegangen werden. Hier verbirgt sich ein brisantes Konfliktpotenzial für die Soziale Arbeit. Selbst die Aufnahme einer wissenschaftlichen Disziplin in die akademische Welt der Universitäten hängt von Machtbalancen und -beziehungen in dem betroffenen Staat ab. Ein imposantes Beispiel hierfür ist die Etablierung der Psychologie als Wissenschaft an den deutschen Universitäten. Im Dritten Reich brauchte man für die Kriegsführung unbedingt sehr gut ausgebildete Wehrmachtspsychologen, deswegen wurde 1941 der Diplomstudiengang Psychologie mit der Teildisziplin Wehrmachtspsychologie an den Universitäten in Deutschland eingerichtet. Vorher gab es keinen Studiengang Psychologie. (Siehe Hellfritsch 1991 u.a.)
Viele Gruppen sind an dem Bewältigen sozialer Probleme interessiert, und die jeweils stärkste Gruppe setzt sich mit ihren Interessen, Ansprüchen und Forderungen durch (siehe Abbildung 2).

Abbildung 2: Am Bewältigen sozialer Probleme und damit an der Sozialen Arbeit Interessierte und Beteiligte

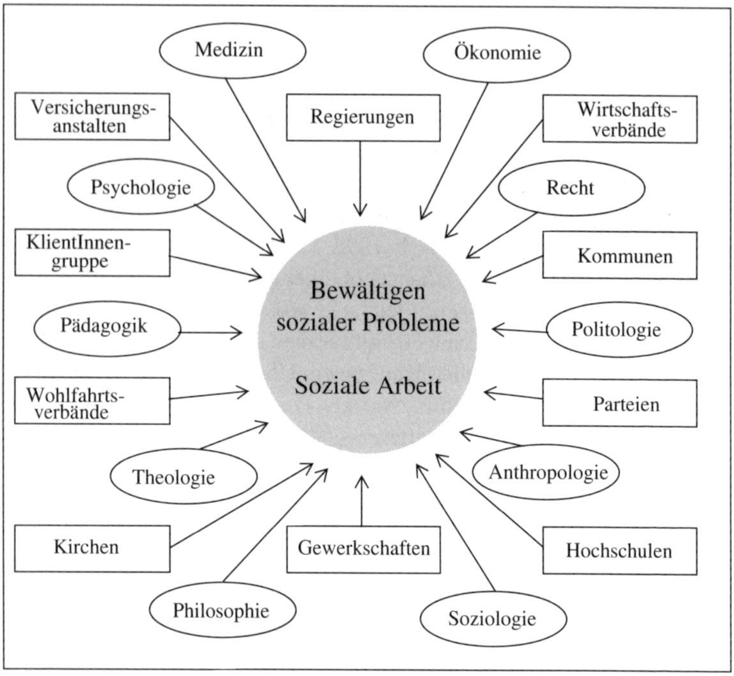

Die internationale Geschichte der Sozialen Arbeit ist geradezu geprägt von Konflikten und Machtkämpfen bei der Definition von sozialen Problemen und bei den Entscheidungen, welche Wege zur Bewältigung der sozialen Probleme zu beschreiten sind. Die Forderungen nach Menschenwürde und sozialer Gerechtigkeit von SozialarbeiterInnen standen und stehen nicht selten den speziellen Interessen von Menschen in Machtpositionen entgegen.

Teil 2:
Der Werdegang der Sozialen Arbeit als Wissenschaft der modernen Gesellschaft – eine historisch-kritische Rückbesinnung

Einleitung

Wenn man eine Wissenschaftsdisziplin kennen lernen will, dann muss man sie historisch betrachten, das heißt man muss ihrem Werdegang in dem historischen und gesellschaftlichen Kontext nachgehen. Während Geburtstag und Geburtsjahr eines Menschen in der Regel bekannt sind, ist das bei Wissenschaftsdisziplinen anders. Dort lässt sich kein genaues Anfangsdatum feststellen, man kann höchstens ein Jahr als Geburtsjahr festsetzen. Oft wird das Erscheinen eines Werkes zur Geburtsstunde einer Wissenschaftsdisziplin erklärt; zum Beispiel beginnt die moderne Soziologie für viele mit dem Hauptwerk „Cours de la philosophie positive" des Franzosen Auguste Comte (1798-1857) im Jahre 1842. (Vgl. Mikl-Horke 1997, 13-20 u.a.) Gegen solche Festsetzungen spricht, dass das Wissen einer Generation auf dem Wissen der vorhergehenden Generation aufbaut, und diese hat ihr Wissen wiederum auf dem Wissen der ihr vorhergehenden Generation aufgebaut usw. Jeder einzelne Mensch ist mit seinem Wissen in das Wissen seiner Generation und damit auch in das Wissen der Generationenkette eingebunden. Gründer, Erfinder, Entdecker und WissenschaftlerInnen sind selbstverständlich gleichfalls in das Wissen ihrer Zeit eingebunden. Oftmals haben sie etwas entdeckt oder erfunden, was „gerade in der Luft" lag; andere ZeitgenossInnen haben unabhängig von ihnen Gleiches oder Ähnliches gewusst oder entdeckt.

Über den Anfang der modernen Profession Soziale Arbeit gibt es verschiedene Auffassungen: Für die einen hat die professionelle Soziale Arbeit mit der vom Frühkapitalismus produzierten Massenarmut („Pauperismus") im 19. Jahrhundert begonnen. (Siehe Staub-Bernasconi 1986; Mollenhauer 1987, VI; Landwehr/Baron 1991; Popple 1995; C.W. Müller 1996 u.a.) Andere AutorInnen sind der Auffassung, dass bereits mit dem Wandel vom Mittelalter zur Neuzeit Soziale Arbeit als Beruf entstanden sei. (Siehe Scherpner 1974; Sachße/Tennstedt 1980; Mollenhauer 1987, VI; Wendt 1995b; Marzahn 1996 u.a.) Für die National Association of Social Workers (NASW), dem Berufsverband der SozialarbeiterInnen in den USA, steht wiederum fest, dass mit Jane Addams (1860-1935) im Jahre 1898 die Profession Soziale Arbeit begonnen hat. (http://naswdc.org)

Die Geschichte der professionellen Sozialen Arbeit ist so komplex wie das Leben der Menschen komplex ist. Soziale Arbeit hat sich wie andere Professionen auch in einem mehrere Jahrhunderte dauernden Prozess zu ihrer heutigen Gestalt entwickelt. Die gesellschaftlichen, wirtschaftlichen, politischen und kulturellen Ereignisse, die zu der modernen Sozialen Arbeit geführt haben, sind zu erforschen und zu beschreiben, und die daran beteiligten Menschen sind mit ihrer Bedeutung für und ihrem Einfluss auf den Werdegang der Sozialen Arbeit herauszuarbeiten.
In den folgenden Abschnitten zeichne ich wichtige Entwicklungslinien der Sozialen Arbeit nach und benenne für den Entwicklungsprozess relevante gesellschaftliche Bedingungen, Interdependenzgeflechte und Personen, die nach meiner Auffassung zu der Sozialen Arbeit, wie wir sie heute in der modernen Gesellschaft antreffen, geführt haben. Die historischen Quellen bezeugen für den Werdegang der Sozialen Arbeit eine enge Verflechtung von Praxis, Ausbildung und Wissenschaft. (Siehe Popple 1995; Alexander 1995; Wendt 1995b u.a.) Diese enge Verflechtung gibt es bei fast allen Wissenschaftsdisziplinen und ist kein Spezifikum der Sozialen Arbeit. (Siehe Bahner 1982a,b; Stichweh 1994; Serres 1994; Reble 1999 u.a.)
Im Fokus meiner historisch-kritischen Rückbesinnung auf den Werdegang der Sozialen Arbeit steht Soziale Arbeit als Wissenschaft. Historisch-kritisch nenne ich diese Rückbesinnung deswegen, weil eine kritische Haltung unabdingbar zur Geschichtsforschung gehört, um „die gefundenen Quellen fehlerfrei auszuwerten, das heißt, ihnen durch einen Schleier von Entstellung und Lückenhaftigkeit, von Verworrenheit und Mehrdeutigkeit, von Widersprüchen, Tendenzen und Lügen ein möglichst hohes Maß von wahren Aussagen abzuzwingen." (Brandt 1980, 9) Zur Überprüfung meiner Auswahl von Fakten und Herausarbeitung von Entwicklungslinien sowie zur Vertiefung der Studien verweise ich auf die einschlägige Fachliteratur. (Klages 1972; Scherpner 1974, 1979, 1984; Zimbalist 1977; Sachße/Tennstedt 1980, 1988, 1992; Leitner 1981; Lepenies 1981a, b, c, d; Mollenhauer 1987; Landwehr/Baron 1991; Knobel 1992; Henning 1994, 1995, 1997; Zeller 1994; Wendt 1995b; Popple 1995; Alexander 1995; Marzahn 1996; Mikl-Horke 1997; C.W. Müller 1997, 1999, 2000; Lowe/Reid 1999; Soydan 1999; Korte 2000; Grebing 2000a; Hering/Münchmeier 2000; Kendall 2000; Kirk/Reid 2002 u.a.)
Die Abschnitte 2, 3 und 4 dieses Teiles sind jeweils in gleicher Weise aufgebaut. Zunächst beschreibe ich den wirtschaftlich-politischen und

gesellschaftlichen Wandel, dann die Entwicklung von Wissenschaft und Ausbildung und schließlich die Entwicklung der Sozialen Arbeit mit dem vorrangigen Interesse an der Entwicklung der Wissenschaft Soziale Arbeit.

1. Helfen und Erziehen in archaischen, hochkultivierten und modernen Gesellschaften

Von unserer gegenwärtigen Forschungslage aus stellen wir Fragen an die Geschichte und erhalten Antworten, die uns das Gegenwärtige neu sehen lassen. In der Antike galt der Satz: „Nichts Neues unter der Sonne. Alles ist schon einmal da gewesen." Friedrich Nietzsche (1844-1900) sprach von der „ewigen Wiederkehr des Gleichen". Für eine Wissenschaftsgeschichte kann solch ein Kreismodell des Geschichtsverlaufs nicht gelten, vielmehr ist auf ein Spiralen- oder ein Prozessmodell zurückzugreifen, das prinzipiell die Möglichkeit des gesellschaftlichen Wandels und des Erkenntnisfortschritts einräumt, man würde sonst sein eigenes Verständnis von Wissenschaft negieren. Nur darf man sich den gesellschaftlichen Wandel und den Fortschritt des Wissens im Einzelnen nicht kontinuierlich und geradlinig (linear) vorstellen. (Siehe Pongratz 1967, 7ff.) Der Soziologe Norbert Elias (1897-1990) sieht in der „natürlichen Wandelbarkeit des Menschen" eine der wenigen „sozialen Konstanten" und die Verflechtungsordnung des Menschen und der Zusammenhang von Psychogenese und Soziogenese bestimmen für ihn den „Gang des geschichtlichen Wandels". Psychogenese ist für Elias die Entwicklung der einzelnen Menschen und Soziogenese die Entwicklung menschlicher Gesellschaften. (Siehe Elias 1988, 1990.)

Die heutige Soziale Arbeit und damit auch die heutige Wissenschaft Soziale Arbeit ist das Ergebnis gesellschaftlicher Veränderungen, die zu der modernen Gesellschaft geführt haben. Was kennzeichnet die moderne Gesellschaft? Von welchen anderen Gesellschaftsformen ist die moderne Gesellschaft zu unterscheiden? Wie ist die moderne Gesellschaft entstanden? Welchen Platz und welche Aufgaben haben „Helfen und Erziehen" als Konstitutiva der Sozialen Arbeit in der modernen Gesellschaft?

Der Begriff „Gesellschaft" gehört zu den heute am häufigsten benutzten Wörtern unserer Sprache, nicht nur in den Sozialwissenschaften. (Vgl. Schäfers, 1992 110-114 u.a.) Seit dem 15. Jahrhundert wird das Wort, das von den mittelhochdeutschen Wörtern „gesellen" („zum Gefährten machen") und „gesellеschaft" („Vereinigung mehrerer Gefährten, freundschaftliches Beisammensein; Freundschaft; Liebe; Gesamtheit der Gäste;

Handelsgenossenschaft“) kommt, auch auf die soziale Ordnung der Menschheit bezogen. (Duden 2001, 272) Davon ausgehend sind viele differente Definitionen von „Gesellschaft“, einem der komplexesten Begriffe der Sozialwissenschaften, vorgenommen worden, zum Beispiel als Bezeichnung für die Tatsache der Verbundenheit von Lebewesen, für eine menschliche Vereinigung zur Befriedigung und Sicherstellung gemeinsamer Bedürfnisse, für eine größere Gruppe, deren Zweck und Ziel durch ein voran gestelltes Adjektiv („geschlossene Gesellschaft“) oder Substantiv („Reisegesellschaft“) bestimmt wird, usw. Häufig ist die inhaltliche Bestimmung des Begriffs „Gesellschaft“ eng mit dezidierten Gesellschaftstheorien verknüpft. (Siehe Schäfers 1992, 294-317 u.a.)
Das Adjektiv „modern“ gibt wenig Aufschluss über die Merkmale der „modernen Gesellschaft“. Etymologisch seit dem Anfang des 18. Jahrhunderts bezeugt ist es aus dem Französischen („moderne“) entlehnt und geht auf das lateinische Wort „modernus“ („neu, neuzeitlich“) zurück. In diesem Sinne steht „modern“ im Gegensatz zu „antik“ („altertümlich“), wie auch das Substantiv „Moderne“ („neue, neueste Zeit“) im Gegensatz zu „Antike“ („Altertum“) steht. (Duden 2001, 535) Es bedarf also einer inhaltlichen Füllung des Begriffs „moderne Gesellschaft“. (Siehe Giddens 1995, 35-65; Joas 2001 u.a.)
Aus der Vielfalt der Begriffsbestimmungen greife ich auf die – vor allem in der Sozialen Arbeit – weit verbreiteten Ausführungen von Niklas Luhmann (1927-1998) in seinem Artikel „Formen des Helfens im Wandel gesellschaftlicher Bedingungen“ (Luhmann 1979) zurück. Luhmann unterscheidet archaische, hochkultivierte und moderne Gesellschaftstypen, die einander im Laufe der gesellschaftlichen Evolution abgelöst haben.
Archaische Gesellschaften sind nach Luhmann „segmentär differenzierte, auf der Basis von Verwandtschaft oder Wohngemeinschaft in gleiche Einheiten eingeteilte Gesellschaftssysteme auf einer geringen Entwicklungsstufe. Sie sind Systeme von geringer Komplexität, kennen Arbeitsteilung hauptsächlich auf der Basis von Geschlechts- und Altersrollen und zeigen keine oder nur geringfügige Ansätze zur Ausdifferenzierung politischer Herrschaft.“ (Luhmann 1979, 24) Beispielhaft kann man hierfür nicht nur generell die Lebensformen der Menschen in der Alt-, Mittel- und Jungsteinzeit nennen, sondern auch auf bis in die Gegenwart hinein existierende Lebensgemeinschaften von „Ureinwohnern“ in Papua-Neuguinea, Australien und Südamerika hinweisen.

Hochkultivierte Gesellschaften sind nach Luhmann „größer und komplexer, kennen in einigen Hinsichten bereits funktionale Differenzierung, vor allem besondere Rollensysteme für Religion und politische Herrschaft, die sich aus der archaischen Geschlechterordnung herausheben. Sie kennen Städte mit einem beträchtlichen Maß an wirtschaftlicher Arbeitsteilung, bilden zuweilen Großreiche, orientieren sich zumindest in führenden Kreisen an generalisierten Symbolstrukturen eines kosmisch-religiösen Glaubens und zeigen bereits eine ausgeprägte Schichtendifferenzierung." (A.a.O.) Hochkulturen nach dieser Bestimmung sind ab 3000 v.Chr. in Ägypten, im Zweistromland, in Kleinasien, Palästina, China, Indien und Persien entstanden. Die Macht wird in diesen Reichen zumeist von allein herrschenden (Priester-)Königen (zum Beispiel „Pharao") mittels einer zentralisierten Staatsverwaltung und eines großen Heeres ausgeübt. In den vornehmlich an Flussoasen gegründeten Städten werden die anfallenden Aufgaben (Handwerk, Verteidigung, Kult, Verwaltung, Technik) aufgeteilt, so dass eine differenzierte, hierarchisch gegliederte Gesellschaft mit scharf gegeneinander abgegrenzten Schichten (Herrscher, Priester, Krieger, Beamte, Handwerker, Händler, Bauern und Sklaven) entsteht. In Europa waren während des Mittelalters bis in die Neuzeit hinein die meisten Lebensgemeinschaften (Reiche, Länder, Staaten) hochkultivierte Gesellschaften, die sich im 19. und 20. Jahrhundert in moderne Gesellschaften wandelten. Auch heute gibt es Staaten auf der Welt, die diesem Entwicklungsstand zuzuordnen sind und sich erst auf dem Wege zur modernen Gesellschaft befinden, zum Beispiel Schwellenländer in Asien und Afrika.

Die moderne Gesellschaft fasst nach Luhmann „zunehmend die gesamte bewohnte Welt in ein gigantisches Sozialsystem zusammen. Sie beruht strukturell auf einem hohen Maß funktionaler Differenzierung vor allem in Politik, Wirtschaft, wissenschaftlicher Forschung und familiärem Intimbereich und gewinnt dadurch Abstraktionsmöglichkeiten, mit deren Hilfe sie ihre Beziehung zur natürlichen Umwelt technisch-industriell umstrukturieren und auf ein hohes Niveau relativer Unabhängigkeit bringen kann. Sie entwickelt eine nicht mehr übersehbare, nicht mehr zentral kontrollierbare Vielfalt von Möglichkeiten des Erlebens und Handelns und eine Eigendynamik, die den sozialen Wandel über alle historisch bekannten Maße hinaus beschleunigt." (A.a.O.) Grundlage der modernen Gesellschaft ist die Überzeugung, dass die Welt als erkennbare Wirklichkeit vorgegeben ist und als solche auch erkannt wer-

den kann. Es ist eine Aufgabe der Wissenschaft, nach objektiven und realen Fakten und Gesetzen zu suchen; dabei kann sie sich auf Erfahrung und Vernunft verlassen. Folglich beschreibt, misst, rechnet, bewertet und erklärt die moderne Forschung. Qualifikation, Ausbildung, Mobilität und Flexibilität sind die bei ArbeitnehmerInnen vorrangig gefragten Kompetenzen, die vor Arbeitslosigkeit schützen sollen.
Der modernen Gesellschaft werden vor allem vier signifikante Ursprünge aus der Zeit vor der Aufklärung (im 18. Jahrhundert) zugeschrieben: erstens die Entdeckung und Eroberung Amerikas seit 1492, zweitens die wissenschaftlich-technische Machtergreifung der Menschen über die Natur, drittens die Revolution der Kommunikationsstrukturen durch die Erfindung des Buchdrucks (um 1445); viertens die Kraft des Geldes als Kommunikationsmittel ersten Ranges.
Vom 16. Jahrhundert an haben sich in Europa nach und nach immer mehr Staaten (England, Schottland, Frankreich, Deutschland u.a.) zu modernen Gesellschaften gewandelt, im 19. Jahrhundert wurde dann von Europa ausgehend zunächst Nordamerika von der Modernisierung erfasst und im 20. Jahrhundert schließlich die meisten Staaten der Welt. Selbstverständlich sind die Übergänge von einem zum anderen Gesellschaftstyp fließend und der Grad der Modernisierung der einzelnen Staaten ist sehr verschieden. Bezeichnungen wie „Industriestaaten", „Schwellen-" oder „Entwicklungsländer" drücken diese Unterschiede aus.
Wechselseitiges *Helfen und Erziehen* ist für den Aufbau archaischer Gesellschaften genauso unerlässlich wie für hochkultivierte und für moderne Gesellschaften, allerdings wandeln sich mit dem Wandel der gesellschaftlichen – insbesondere der wirtschaftlich-politischen – Bedingungen auch die Bedingungen für den Bedarf an Hilfe und Erziehung, für die Formen des Helfens und Erziehens und für die wissenschaftliche Erforschung und Reflexion von Helfen und Erziehen. (Siehe Luhmann 1979.)
In *archaischen Gesellschaften* ist das *persönliche wechselseitige* Helfen selbstverständlich und gehört zu den normierten Pflichten. Wer Hilfe annimmt, der setzt sich unvorhersehbaren persönlichen Gegenerwartungen aus. Die Größe und Lage der Gesellschaft erzwingt und erlaubt die Institutionalisierung dieser Art des Helfens. In gleicher Weise gehört das Erziehen der Kinder zu den normierten Pflichten der Erwachsenen, häufig der biologischen Eltern, mitunter aber auch aller Erwachsenen der Lebensgemeinschaft.

In *hochkultivierten Gesellschaften* entfällt durch die Arbeitsteilung und Schichtendifferenzierung ein wesentliches Moment der Motivation zur unmittelbaren Wechselseitigkeit des Helfens, nämlich die Umkehrbarkeit des persönlichen Hilfebedarfs. Es wird selten und strukturell bedeutungslos, dass der Helfende hilft, weil er selbst in die Lage dessen kommen könnte, dem er hilft. Helfen ist keine persönliche Interaktion mehr, sondern ein Status konstituierendes Prinzip, eine Standespflicht, in mehr häuslich-patrimonalen Verhältnissen auch eine fürsorgliche Verantwortung. Zugleich wird das Helfen als Tugend religiös begründet. Hilfen (wie zum Beispiel Almosen) sollen freiwillig gegeben werden. Es bilden sich Professionen (Ärzte, Juristen, Priester u.a.), um in ungewöhnlichen Lagen zu helfen; sie schaffen Sicherheit und bieten Problemlösungen durch spezialisierte Formen des Umgangs mit solchen Problemen. Der Dank wird durch Geld geleistet; Geld wird zum generalisierten Hilfsmittel. In den Städten sammeln Armenpfleger Nahrungsmittel und Geld, um Bedürftige zu unterstützen, wie zum Beispiel in Jerusalem. (Siehe Teil 1 Abschnitt 1.)
Die *moderne Gesellschaft* konstituiert eine Umwelt, in der *organisierte Sozial- und Bildungssysteme* entstehen können, die sich aufs Helfen und Erziehen spezialisieren. Helfen und Erziehen werden in diesem Stadium des Wandels wegen der damit durch funktionale und strukturelle Differenzierung und Leistungsspezialisierung verbundenen Vorteile auf Organisationen, deren Aufgabe das Helfen und Erziehen ist, verlagert. Die Organisation der Sozialen Arbeit setzt Kommunikationswege, Programme und Personen voraus, und der Staat verantwortet und garantiert letztlich durch Gesetzgebung und Kostenübernahmen ein Mindestmaß an sozialer Hilfe für seine BürgerInnen. (Siehe Luhmann 1979.)
Für manche SozialwissenschaftlerInnen wird die moderne Gesellschaft durch die *postmoderne Gesellschaft* abgelöst, weil die Grundlagen der modernen Gesellschaft überholt seien. (Siehe Lyotard 1993 u.a.) Für VertreterInnen der Postmoderne kennzeichnet die These von Nietzsche „Dass die Welt nicht der Inbegriff einer ewigen Vernünftigkeit ist, lässt sich endgültig dadurch beweisen, dass jenes Stück Welt, welches wir kennen – ich meine unsere menschliche Vernunft – nicht allzu vernünftig ist." die postmoderne Gesellschaft; es erfolgt eine klare Absage an die Vernunft als verlässliche Quelle der menschlichen Erkenntnis. In der postmodernen Gesellschaft gebe es weder eine reale Wirklichkeit, wird gesagt, diese sei subjektiv und werde sozial konstruiert, noch eine Un-

terscheidung zwischen „richtig und falsch“, sondern nur verschiedenste Sichtweisen. Es komme zu einer kontinuierlichen Entwicklung der Individualisierung, die zu pluralen Lebensformen und Familienstrukturen und zu sozialer Beziehungslosigkeit führe; diese habe unübersehbare Spaltungs- und Abgrenzungsprozesse zur Folge. Verstärkt werde dieser Prozess durch den zunehmenden Abbau sozialer Sicherungen im Zuge der Globalisierung. Die Thesen der Postmoderne gelten als spekulativ und werden von weiten Teilen der Wissenschaftswelt als „unvernünftig“ abgelehnt. (Siehe Sokal/Bricmont 1999 u.a.) Im Folgenden befasse ich mich mit dem Werdegang der Sozialen Arbeit als Wissenschaft der modernen Gesellschaft und damit meine ich die gegenwärtige Gesellschaft. Die Argumente dafür, dass eine postmoderne Gesellschaft mittlerweile die moderne Gesellschaft abgelöst habe, überzeugen mich insgesamt nicht. So sind gesellschaftliche Phänomene, die als neu und kennzeichnend für die postmoderne Gesellschaft angegeben werden, für HistorikerInnen keine neuen Phänomene. Die Lebensformen und Familienstrukturen waren im 18. und 19. Jahrhundert in Europa zum Beispiel mindestens so plural wie heute, und die Menschen in den jetzigen Industriestaaten waren nie zuvor so gut sozial und wirtschaftlich abgesichert wie heute.

2. Die Entwicklung in Europa vom 11. bis zum 18. Jahrhundert

In der Zeitspanne vom 11. bis zum 18. Jahrhundert haben sich die für die heutige moderne Gesellschaft grundlegenden Wandlungen, häufig pauschal als industrielle und demokratische Revolutionen bezeichnet, vollzogen. Darüber hinaus hat sich das geistige und wirtschaftliche Zentrum Europas vom Mittelmeerraum (Italien, Griechenland) in das nördliche Europa (Vereinigtes Königreich von Großbritannien, Frankreich, Deutschland) verlagert.

2.1 Wandel der wirtschaftlich-politischen und gesellschaftlichen Bedingungen

Mit dem 11. Jahrhundert hat in ganz Europa ein enormer wirtschaftlicher Aufschwung begonnen. (Siehe Henning 1994 u.a.) Günstige klimatische Voraussetzungen erhöhten die landwirtschaftliche Produktion. Sie ging einher mit einem deutlichen Bevölkerungswachstum und der Erschließung neuer bewirtschafteter Flächen durch Rodung von Wäldern. Die Durchsetzung der Dreifelderwirtschaft ermöglichte eine Steigerung des Ertrags der bewirtschafteten Flächen. Gleichermaßen Grundlage und Folge der wirtschaftlichen Blüte in Europa während des Hochmittelalters waren die Ausdehnung des Handels und des Handwerks. Die Ausweitung der handwerklichen Produktion, das Entstehen gewerblicher Märkte und die Ausdehnung des Fernhandels bildeten die Grundlage für Stadtneugründungen und für das Aufblühen der Städte. Um 1300 n.Chr. lebten etwa 12 Millionen Menschen im deutschen Gebiet, davon etwa 10% in Städten, die anderen auf dem Land in bäuerlichen Betrieben. Damit ging einher eine Ausdifferenzierung der Aufgaben und der Befugnisse der Verwaltung, des Handels und des Handwerks und eine zunehmende Autonomie der Stadt und der Stadtbevölkerung (Patrizier, Zunftangehörige, Kaufleute) von den feudalen Besitz- und Rechtsverhältnissen der Stadtherren. Im Sozialgefüge des hohen Mittelalters stellten die Städte das vorwärts drängende Element dar; denn im ländlichen

Bereich blieben die feudalen Grundstrukturen und die ständische Ordnung trotz aller Änderungen erhalten.
Kriege und Schlachten zerstörten immer wieder ganze Landstriche und verursachten Leid und Not. Missernten, Hungersnöte, Seuchen, Feuer- und Wasserkatastrophen führten zu Armut, Elend und Tod. Die Abhängigen und Untertanen wurden trotz Besserung der Lebensverhältnisse ausgebeutet und blieben politisch ohnmächtig. Den wenigen Herrschern und Reichen standen viele Beherrschte und Arme gegenüber. Das waren hörige Bauern, besitzlose Tagelöhner, Angehörige „unehrlicher Berufe“ (Spielleute, Huren), Witwen, Waisen, Krüppel, Kranke und Alte. (Siehe Sachße/Tennstedt 1980, 23-30.)
Im Spätmittelalter, ab der Mitte des 14. Jahrhunderts, verschlechterten sich in Europa die allgemeinen Lebensbedingungen: Mit der Pest raubte (ab 1349) eine neue Seuche in immer neuen Wellen Millionen von Menschen das Leben. In der landwirtschaftlichen Produktion machte sich neben den üblichen Naturkatastrophen die Klimaverschlechterung („kleine Eiszeit“) negativ bemerkbar. Der nicht zuletzt durch die Folgen der Kreuzzüge entfaltete Handel verringerte die Naturalwirtschaft zu Gunsten der Geldwirtschaft (Bildung von Monopolen, Ausdifferenzierung der Produktion).
Die Zeit des Hochmittelalters war die Blütezeit des religiös-kirchlichen Lebens und der kirchlichen Kultur mit einer höchsten Machtentfaltung des Papsttums im Abendland. Das Christentum war in ganz Europa ausgebreitet. Das Verhältnis von Kirche und Staat, Papsttum und Kaisertum machte starke Wandlungen durch.
Mit der Entdeckung Amerikas (1492) wurde eine neue Epoche der Weltgeschichte eingeleitet. Die Jahrzehnte vor und nach 1500 gelten als Zeitenwende vom Mittelalter zur Neuzeit und als Beginn der Europäisierung der Erde. Nach dem „Untergang Konstantinopels“ (1453) wurden neue Verkehrswege (zum Beispiel nach Indien) gesucht und gefunden – mit teilweise erheblichen Veränderungen für die mittelmeerischen Handelszentren. Nikolaus Kopernikus (1473-1543) begründete das bereits in der Antike entworfene heliozentrische Weltbild neu (1514). Nach der Kirchenspaltung von 1054 in eine griechische und eine römische Kirche führte die von Martin Luther (1483-1546) hervorgerufene Reformbewegung zu einer weiteren Spaltung der Einheit der römischen (westlichen) Kirche mit weit reichenden Folgen für ganz Europa. Die Verschlechterung der Lebensverhältnisse im Spätmittelalter kulminier-

te in teilweise heftigen Konflikten (Bauernaufstände um 1525). Vielfach verstärkten sich wirtschaftlich-soziale und religiöse Konflikte, die wiederum von den Mächtigen genutzt wurden, ihren Machteinfluss auszuweiten. Die italienischen Banken ersetzten das Münzgeld durch Briefgeld und revolutionierten dadurch den gesamten Handel und schufen mit einem Schlage den ersten Kapitalismus. Mit der aufblühenden Geldwirtschaft differenzierte sich in den Städten ein „Geldadel" (Kaufleute, Handwerker, Bankiers, Produzenten) aus, dessen Wirtschaften verstärkt der „Profitmaximierung" diente. Dadurch wurden die ständisch-feudalen Ordnungen in den Städten weiter aufgelöst. Die Bevölkerung flüchtete in großen Massen vom Land in die Städte („Stadtluft macht frei"). In den Städten bildete sich ein frühes Proletariat (handwerkliche Lohnarbeiter), das in Armenvierteln in Elend und Not lebte; vielen blieb das Betteln als einzige Einnahmequelle.

Neben englischen Denkern wie Thomas Hobbes (1588-1679), John Locke (1632-1704), David Hume (1711-1776) u.a. sahen Franzosen wie Blaise Pascal (1623-1662), François-Marie Voltaire (1694-1778), Charles-Louis Montesquieu (1689-1755), Jean-Jacques Rousseau (1712-1776) u.a. das Verhältnis von Vernunft und Glauben neu, übten an den herrschenden Zuständen scharfe Kritik und beeinflussten damit nachhaltig die öffentliche Meinung. Das wachsende Selbstbewusstsein führte zu zahlreichen Konflikten und Aufständen. Bürger, Bauern, Industriearbeiter und die Armen in Stadt und Land wehrten sich zunehmend gegen soziale Ungerechtigkeit, Ausbeutung und Unterdrückung. Am Ende des 18. Jahrhunderts stand die Französische Revolution (1789).

Die Französische Revolution mit ihren Zielen Freiheit, Gleichheit und Brüderlichkeit löste starke politische Bewegungen in Europa aus. Der Expansionsdrang Frankreichs unter der Herrschaft Napoleons zwang auch Großbritannien zu Abwehrmaßnahmen, die zu Steuererhöhungen, Getreidesubventionen, Verlust europäischer und überseeischer Märkte führten und diese wieder zu Arbeitslosigkeit und Hungersnöten der Bevölkerung. Neue Staatsideen wurden entwickelt, wie zum Beispiel in Frankreich von Marie Jean de Condorcet (1743-1794) und in England von Thomas Paine (1737-1809). Der Klassenstaat sollte zu Gunsten von Staatsformen abgelöst werden, in denen das Volk der Souverän ist („Demokratisierung") und ein hohes Maß an gleichen Lebensbedingungen für alle geschaffen wird.

Die Anzahl der Menschen in Europa nahm im 18. Jahrhundert schnell zu; allein auf den Britischen Inseln wuchs die Bevölkerung im Laufe des

Jahrhunderts nahezu um das Doppelte. Der größte Teil der Europäer war unterernährt und in einem schlechten Gesundheitszustand. Schon eine Missernte reichte aus, dass Tausende von Armen einer Region verhungern mussten. Die verheerenden Wirkungen von Typhus, Pest und Cholera wurden durch die unzureichenden hygienischen Verhältnisse in den proletarischen Elendsvierteln sowie durch die Unterernährung und die Kriege gefördert; viele hunderttausend Menschen wurden auch noch im 18. Jahrhundert Opfer dieser Seuchen.
Die Entwicklung der Naturwissenschaften und Technik beschleunigte sich und fand einen ersten Höhepunkt. In England war dieser Prozess am weitesten fortgeschritten. Die alten arbeitsintensiven Produktionsmethoden (Handwerk, Verlagssystem, Manufaktur usw.) wurden durch neue (Mechanisierung, maschinelle Massenproduktion usw.) ersetzt. Durch den Einfluss der calvinistischen Ethik wurde die Arbeit neu bewertet. Fleiß, Sparsamkeit und nüchternes Gewinnstreben über den Eigenbedarf hinaus galten als tugendhaft und schafften die religiös-ethische Basis für eine kapitalistische, an Profitmaximierung orientierte Gesellschaft. (Siehe Grebing 2000a u.a.) Die Gesellschaft spaltete sich in neue Klassen: in Unternehmer („Kapitalisten") und in ungelernte ArbeiterInnen („ProletarierInnen"). Ein Überangebot an freigesetzten ArbeiterInnen ermöglichte es den Unternehmern, die Arbeitslöhne und -bedingungen niedrig zu halten. Geringes Einkommen, geschundene Gesundheit, Arbeitslosigkeit und anderes mehr hatten erbärmliche Lebensbedingungen zur Folge. Die weit verbreiteten sozialen Missstände führten zu Not und Verelendung weiter Kreise der Bevölkerung; trotzdem wuchs die Bevölkerung stetig und rasch.

2.2 Entwicklung von Wissenschaft und Ausbildung

Das europäische Bildungswesen lag im Mittelalter fast ganz in den Händen der römischen Kirche. (Siehe Bihlmeyer-Tüchle 1962b, 339-362 u.a.) Wegen des Verfalls der Stifts-, Dom- und Klosterschulen des frühen Mittelalters und im Zusammenhang mit der allgemeinen Hebung der Kultur und des wissenschaftlichen Strebens wurden neue universale Studienanstalten (in Paris, Bologna, Oxford) gegründet. Die Lehrer der Hauptdisziplinen Theologie, Recht, Medizin und der Philosophie als ihrer gemeinsamen Vorstufe und Grundlage schlossen sich zur Wahrung

ihrer Interessen zu einer Korporation zusammen, schafften eine Verfassung und erlangten staatlich-kirchliche Anerkennung nebst Privilegien (Persönliche Sicherheit, Selbstverwaltung, eigene Gerichtsbarkeit, Steuerfreiheit, Promotionsrecht u.a.). Der Name „Universität" für Sammelstätte aller Wissenschaften (Lateinisch: „universitas litterarum") kam erst gegen Ende des 14. Jahrhunderts in Deutschland auf. Forschung und Lehre waren an den Universitäten, deren Gründung von der Zustimmung des Papstes abhing und deren Lehrer fast alle Kleriker waren, durch eine einheitliche – christliche – Weltanschauung geprägt. Die Sprache des Unterrichts, der Gelehrten und der Kirche war Latein. Die höhere Bildung wurde im Abendland von der Kirche und ihren Klerikern bestimmt und kontrolliert. Gegner der kirchlichen Lehre wurden durch die Inquisition rigoros verfolgt.
Die große Mehrheit der Bevölkerung – insbesondere die Frauen – blieb von jeglicher Bildung ausgeschlossen und konnte weder schreiben noch lesen. Die Philosophie und die Theologie waren im Hochmittelalter die führenden Wissenschaftsdisziplinen. Mit der (Hoch-)Scholastik fand eine spezifische Form des wissenschaftlichen Argumentierens (Begründung der Glaubensinhalte) und der Systematisierung des Wissens seinen Höhepunkt. Diese wissenschaftlichen Bemühungen waren vor allem durch neue naturwissenschaftliche Themen (in Medizin, Astronomie, Mathematik) hervorgerufen, die durch die Erforschung der Schriften des „heidnischen" Philosophen Aristoteles (384-324 v.Chr.) und arabisch-islamischer und jüdischer Autoren aufgeworfen und in Kommentaren und Summen (das sind zusammenfassende und abschließende Systeme der Welterkenntnis) reflektiert wurden. Es wurden aber auch kritische Stimmen gegen autoritätsorientierte Wissenschaftsauffassungen laut; so forderte der englische Franziskaner Roger Bacon (um 1214-1292) als Methode wissenschaftlichen Arbeitens das Zurückgehen auf die unmittelbare Erfahrung, das heißt auf die Beobachtung und Befragung der Natur mittels des Experiments, in dem er die Quelle allen wahren Weltwissens und der Macht sah.
Johann Gutenberg (um 1400-1467) entwickelte um 1450 den Buchdruck und schuf damit die Dokumentations-, Informations- und Kommunikationsmöglichkeiten, auf denen die moderne Welt und die neuzeitliche Wissenschaft aufbauen konnten. Die Verbreitung von Büchern förderte die Unabhängigkeit des Einzelnen und damit auch die politische Demokratie sowie das bürgerliche Recht. Die Sammlung der Bücher in Bibli-

otheken ermöglichte allen den Zugang zu den Quellen des Wissens und auf der Grundlage des Buchdrucks wurden neue pädagogische Konzepte entwickelt. Eine ähnliche Bedeutung für die Entwicklung des Wissens und der gesamten Kultur hatte Jahrhunderte früher die Erfindung der Schrift und Jahrhunderte später die Erfindung der elektronischen Medien. Hier wird erkennbar, dass die Entwicklung des menschlichen Wissens eng mit der Entwicklung seiner Trägermedien zusammenhängt.
Das 15. und 16. Jahrhundert war – gerade auch im Selbstbewusstsein der Menschen – die Zeit der „Renaissance“ und des Humanismus. Charakteristisch ist die „Entdeckung der Welt und des Menschen“. (Jakob Burckhardt 1891-1974) Damit verbunden waren eine stärkere Diesseitsorientierung, die starke Züge einer Säkularisierung zeigte, und die Förderung der analytischen wissenschaftlichen Betrachtung. Allein durch Denken und allgemeine logische Schlüsse (Prinzipien) wurde Wahrheit gefunden. Natur und Geist waren absolut verschiedene Dinge. Das Buch der Natur sollte mit Hilfe der Mathematik gelesen werden. Die Einführung des systematischen Zweifels als Ausgangspunkt und Methode der Philosophie und der Wissenschaft durch René Descartes (1596-1650) und die große Akzeptanz dieses revolutionären Ansatzes bei den Gelehrten der Zeit markierten einen radikalen Umbruch im Denken und im Verständnis von Wissenschaft. (Siehe Rossi 1997 u.a.)
Es dominierten zwar noch die Werke von Aristoteles und der kirchlichen (scholastischen) Ausleger, doch die Lehren dieser „Väter“ galten nicht mehr als unanfechtbar. Mit neuen Lehrmeinungen wurden Aristoteles und die kirchlichen Lehrer kritisiert, auf theologische Begründungen wurde jetzt oft verzichtet. Mit der stärkeren Orientierung an der Wirklichkeit gewannen die Naturwissenschaften an Zuspruch. Einer ihrer profiliertesten Vertreter war der englische Philosoph und Staatsmann Francis Bacon (1561-1626), der mit der induktiven Methode (Gewinnung von allgemeinen Sätzen aus Einzelerfahrungen) neue Wege der Erkenntnisgewinnung einforderte. (Bihlmeyer-Tüchle 1962b, 426-441 u.a.)
In der Theologie gab es den Zwei-Wege-Streit, die Auseinandersetzung zwischen der Via moderna („Nominalismus“) und der Via antiqua („Realismus“). Die scharfe Trennung von Vernunft und Offenbarung durch die Nominalisten war für die Entwicklung der Naturwissenschaften als empirische Wissenschaften, die nicht auf religiöse und metaphysische Ziele ausgerichtet waren, äußerst förderlich. Umberto Eco hat diesen

Konflikt in seinem Roman „Der Name der Rose“ (1986) literarisch aufbereitet.
Der Aufbau des modernen Staatensystems (Staatsformen, Gewalten, Regierung, Einsatz von Diplomatie, Rationalisierung der Verwaltung usw.) wurde in den Staatstheorien des Italieners Niccoló Machiavelli (1469-1527), der Engländer Thomas Hobbes und John Locke u.a. gefordert und theoretisch begründet.
Die menschliche Vernunft machte für die Aufklärer des 18. Jahrhunderts das Wesen des Menschen aus. Die Vernunft enthalte den allgemeingültigen Wertmaßstab für alle menschlichen Tätigkeiten und Lebensverhältnisse in sich und deshalb seien die Grundsätze für die Gestaltung des Gemeinschaftslebens und die Kultur aus ihr abzuleiten. Größter und einflussreichster Denker der Zeit war der Königsberger Philosoph Immanuel Kant (1724-1804) mit seinen „Kritiken“. (Siehe Störig 1989, 345-432 u.a.) Die Aufklärung durchwirkte als einflussreiche Geistesbewegung fast alle kulturellen Bereiche: die Geschichtsauffassung (Fortschrittsglaube), das Rechts- und Staatsleben und die Verfassungslehre (Naturrecht, Menschenrechte, Gewaltenteilung, Staatsaufbau auf der Grundlage von Vereinbarungen), das Erziehungswesen (Erziehung zu naturgemäßer, von der Vernunft bestimmter sittlicher Lebensweise, Erziehungsanspruch für alle Schichten), die Theologie und Religion (Kampf gegen dogmatische und kirchliche Bevormundung, Säkularisation, Wissenschaftsgläubigkeit) und die Philosophie (Rationalismus, Empirismus). Diese neuen Weltanschauungen förderten die (Natur-)Wissenschaften, die zahlreiche Entdeckungen machten und technische Erfindungen hervorbrachten. Die Erfindung des Mikroskops (vermutlich um 1600 in Holland) hat beispielsweise erst den Zugang zur Welt des winzig Kleinen eröffnet, damit unzählbar viele Entdeckungen ermöglicht und so die Wissenschaft und das menschliche Wissen insgesamt nachhaltig gefördert. Die alten kognitiven Fähigkeiten, die für persönlich und subjektiv gehalten wurden, wurden durch die neuen Technologien kollektiv und objektiv. Die ökonomische Theorie des Schotten Adam Smith (1723-1790), in seinem Werk „Der Wohlstand der Nationen“ (1776) niedergelegt, wird heute noch benutzt, um die freie und soziale Marktwirtschaft und die Verantwortung des Staates für den Wohlstand seiner BürgerInnen theoretisch zu begründen. (Siehe Recktenwald 1993.)
Im Verlauf des 18. Jahrhunderts setzte sich der Begriff „Wissenschaft“ als Bezeichnung für die Naturwissenschaften und die Mathematik

durch. Zwischen Wissenschaft und Philosophie wurde zunehmend unterschieden, beide wiederum wurden entschieden zur Theologie hin abgrenzt. Philosophie und Wissenschaft blieben auch im 18. Jahrhundert Angelegenheiten ausschließlich für Männer. Frauen hatten keinen Zutritt zu den Schulen, Universitäten und Zirkeln, in denen über die Fragen und Probleme der Zeit und des Lebens nachgedacht, diskutiert und entschieden wurde.

2.3 Entwicklung der Sozialen Arbeit

Dort, wo Bedürftige sozial und rechtlich in einen grundherrschaftlichen Familienverband oder in eine zünftig verfasste Handwerkerorganisation eingebunden waren, fanden sie auch organisierte Hilfen, denn das Bürgertum und die Zünfte bildeten die zwei wichtigen Säulen für die soziale Sicherung der Menschen im europäischen Mittelalter; den anderen blieb nur die Unterstützung durch private „Liebestätigkeit" („Caritas") oder sie mussten betteln. (Siehe Ratzinger 2001, 432-540; Sachße/Tennstedt 1980, 23-177 u.a.) Ein zünftiger Bürger, der arm war, konnte auf Unterstützung hoffen, ein armer Nichtbürger, der keiner Zunft angehörte, dagegen nicht. Die Armen wurden durch Almosen unterstützt. Die Verteilung der Almosen war durch Almosen- oder Bettelordnungen, die von den obersten Gremien der Städte (Bürger- oder Stadtrat) erlassen wurden, festgelegt. Zentraler Ort für die städtische Armenfürsorge war das Armenhaus oder das Hospital („Bürgerspital") einer Stadt. Es kam sehr bald zu Unterscheidungen der Hospitäler in Pfründner-, Armen-, Waisen-, Alten- und Aussätzigenhäuser sowie in Zucht- und Arbeitshäuser. Träger und Betreiber waren in der Regel die Kirche und ihre Ordensgemeinschaften; es gab aber auch Stiftshospitäler und städtisch-bürgerliche Hospitäler. Die Spenden (Stiftungen, Testamente u.a.), aus denen die Almosen bestritten und die Spitäler unterhalten wurden, waren religiös motiviert. Die Armenlehre und die Almosen- und Spendentheorien im Hoch- und Spätmittelalter waren wegen der gesellschaftlichen Dominanz der Kirche durchweg religiös und theologisch geprägt. Eine herausragende Bedeutung hat die Almosenlehre des italienischen Dominikanerpaters Thomas von Aquin (1225-1274), dessen Thesen über die Jahrhunderte hin bis in die Gegenwart weltweit die christliche Soziallehre geprägt haben und auch heute noch beeinflussen. (Thomas von Aquino 1985a, b, c; Engelke 1998, 29-40 u.a.)

Zu den Aufgaben der Mitarbeiter der Armenfürsorge und in den Spitälern gehörten die Verwaltung und Verteilung der Almosen, die Leitung der Spitäler, die Durchsetzung der Armen- und Bettelordnungen, die Sozialdisziplinierung, die Vertreibung der Bettler u.a. Die kirchlichen Hospitäler wurden in der Regel von Klerikern und Ordensmitgliedern geleitet, die städtisch-bürgerlichen Einrichtungen von Armenpflegern und Armenvögten. Die Ausbildung für die Kleriker und Ordensmitglieder bestand zunächst in ihrer Ausbildung zum kirchlichen Amt und dann in ihrer Berufung für die soziale Tätigkeit. Die Ausbildung der meisten Kleriker war meistens eine einfache Schulbildung – in deren Zentrum die Kenntnis der Bibel stand – und eine mehr handwerksmäßige Schulung in den liturgischen Funktionen als Gehilfen eines Pfarrers. Die Ausbildung von Richtern und Ärzten verlief nach einem ähnlichen Muster. An den Universitäten wurden in erster Linie künftige hohe Staatsbeamte und Kirchenfürsten ausgebildet.
Die Städte stellten für die Armenfürsorge ehemalige Soldaten und Polizisten hauptberuflich an; diese hatten in ihrem früheren Beruf das Verwalten und das „Durchgreifen" gelernt. Damit waren sie für ihre neuen Aufgaben bestens vorbereitet, denn diese bestanden vor allem darin, Ordnung und Ruhe unter den Armen der Stadt herzustellen und zu halten. Die Tätigkeit eines Almosen- oder Armenpflegers war häufig aber auch ein Ehrenamt, in das ehrbare und angesehene Bürger der Stadt vom Stadtrat auf Zeit gewählt wurden. (Siehe Vives 1973 u.a.)
Seit dem 15. Jahrhundert gab es nachweislich in ganz Europa Theorien zu Armut, Armutsentstehung und Armutsbekämpfung, vor allem im Kontext theologischer und (sozial-)philosophischer Abhandlungen wie zum Beispiel die Theorien des Straßburger Münsterpredigers Johann Geiler von Kaysersberg (1445-1510) und des Schotten John Major (1470-1550). Diese Theorien wurden – wie auch schon die von Thomas von Aquin u.a. – an den bedeutendsten europäischen Universitäten (Bologna, Paris, Köln u.a.) gelehrt und von den Kanzeln in den großen Kirchen Europas gepredigt, hatten aber keinen Einfluss auf die Ausbildung der Armenpfleger, wohl auf die Ausbildung der Kleriker. (Siehe Scherpner 1974; Ratzinger 2001 u.a.)
Mit der Entdeckung der neuen Welt war in der „alten Welt" die Vision einer „Neuzeit" verbunden, wie sie zum Beispiel von dem englischen Politiker und Humanisten Thomas More (1478-1535) in seinem Staatsroman „Utopia" beschrieben worden ist. (Morus 1987) Vom 16. Jahrhundert an wurden unter dem Einfluss von Humanisten wie Erasmus

von Rotterdam (1466-1536) Arme und Bettler zunehmend als Menschen entdeckt, und es wurde Wert auf ihre Erziehung und Besserung gelegt. In seiner Schrift „De subventione pauperum“ verband der in Brügge lebende Spanier Juan L. Vives (1492-1540) theologische und pädagogische Überlegungen zur Armut mit praktischen Ordnungsmaßnahmen und Förderprogrammen für Arme und Bettler. Zu diesen Förderprogrammen zählten die Zucht- und Arbeitshäuser, um dort vor allem junge Menschen „aufzuziehen“. (Vives 1881, 1919, 1973, Scherpner 1974 u.a.) Das zu dem Substantiv „Zucht“ gehörende Verbum heißt „züchten“ und in dieser Bedeutung wurde es damals verstanden, nicht im Sinne von „züchtigen“ gleich „(durch Schläge) bestrafen“. (Siehe Duden 2001, 952.) Getragen von der Erwartung eines Friedensreiches Gottes strebte der Böhme Johann Amos Comenius (1592-1670) danach, durch eine Bildungsreform das menschliche Dasein zu verbessern: „Alle müssten in allem unterrichtet werden.“ (Siehe Reble 1999, 114-121 u.a.)

Im Zusammenhang mit der Gründung von Armenschulen sind zahlreiche Schriften entstanden, in denen die enge Verknüpfung von Armenfürsorge und Armenerziehung selbstverständlich war; zum Beispiel von dem Deutschen August Hermann Francke (1663-1727) und von dem Engländer John Bellers (1654-1725). Einen sehr großen Einfluss hatten selbstverständlich auch die Theorien der christlichen Reformer Martin Luther (1483-1546) aus Wittenberg und Jean Calvin (1509-1564) aus Genf auf das soziale Leben und die Soziale Arbeit, sie haben diesen Einfluss bis in die Gegenwart hinein.

Gotthold Ephraim Lessings (1729-1781) berühmte Abhandlung „Die Erziehung des Menschengeschlechts“ (1777) gilt als Grundlagenschrift der deutschen Aufklärung. Darin prophezeite Lessing, dass die Zeit kommen werde, in der jeder Mensch die Wahrheit selbst, ohne Vermittlung der Kirche, erkennen und das Gute tun werde, weil es das Gute ist und nicht aus Furcht vor Strafen. Diese Neuzeit würde in seiner Zeit mit dem Wechsel der Menschen vom „historischen Kirchenglauben“ zum „allgemeinen Vernunftglauben“ beginnen.

Im Umfeld der Französischen Revolution schrieben die Franzosen Jean Jacques Rousseau (1712-1778), Marie Jean le Condorcet (1743-1794), Claude Henri de Saint-Simon (1760-1825) und Charles Fourier (1772-1837) sowie der sich als Schüler Rousseaus verstehende Schweizer Johann Heinrich Pestalozzi (1746-1827) Werke, die als wegweisend für die Theoriebildung der modernen Sozialen Arbeit angesehen werden. (Siehe Wendt 1995b, 51-62 u.a.) Auf den Frühsozialisten Saint-Simon und seine methodologischen und inhaltlichen Arbeiten zum Sozialen führen einige AutorInnen die Entstehung der Soziologie (siehe Mikl-Horke 1997, 13ff.) und andere die Entstehung der Wissenschaft Soziale Arbeit zurück (Soydan 1999). (Siehe Teil 4 Abschnitt 6.)

3. Die Entwicklung in Europa und Nordamerika im 19. Jahrhundert

Das 19. Jahrhundert, das in Europa nach den markanten Zäsuren 1789 begann und 1914 endete, war ein Jahrhundert der Anfänge, der Utopien und der Revolutionen. Was früher nur erhofft wurde, sollte jetzt Realität werden. Man sah wie nie zuvor die Alternativen zum bestehenden schlechten Zustand der Welt nicht im Jenseits, sondern im zukünftigen Diesseits, nicht in einer anderen Welt, sondern in den wirklichen Veränderungen dieser Welt. Aus der Französischen Revolution entstand die demokratische Vision der Volkssouveränität auf der Basis der Menschen- und Bürgerrechte mit dem Versprechen „Freiheit – Gleichheit – Brüderlichkeit". Aus England kam die industrielle Revolution, die Schwester der demokratischen Revolution, mit dem Versprechen allgemeinen Wohlstands und des größten Glücks für den Einzelnen und die größtmögliche Zahl von Menschen. Die Emanzipation des Einzelnen wurde begleitet von der Klage über die Entzweiung des Einzelnen mit der Allgemeinheit, über das Schwinden allgemein verbindlicher Werte und über den Verlust an konkret erlebter Gemeinschaft in einer unfassbaren abstrakten Gesellschaft.
Nachdem sich Nordamerika am Ende des 18. Jahrhunderts seine Unabhängigkeit von den Kolonialmächten Großbritannien und Frankreich erkämpft hatte und in der Verfassung der neu gebildeten USA die Volkssouveränität durch demokratische Grundrechte garantiert wurde, entdeckten viele Menschen Nordamerika als das „Land der unbegrenzten Möglichkeiten". Diese Entdeckung führte zum Ende der letzten europäisch-abendländischen Epoche und zum Beginn eines weltweit ausgerichteten Zeitalters.

3.1 Wandel der wirtschaftlich-politischen und gesellschaftlichen Bedingungen

Mit kleinen Unterbrechungen war das 19. Jahrhundert in Europa und in Nordamerika durch einen ungeheueren wirtschaftlichen Aufschwung,

der durch die fortschreitende Industrialisierung ausgelöst wurde, geprägt. (Siehe Schnerb 1983; Henning 1995 u.a.) An dessen Früchten partizipierten die Menschen völlig unterschiedlich: nur wenigen Menschen, die sich unermesslich bereicherten, standen unzählbar viele Menschen, die sich gegen ihre Ausbeutung nicht wehren konnten und völlig verarmten (Arbeitslose, Kranke, Alte, Waisen, Witwen, Invaliden, Bettler und auch Lohnabhängige), gegenüber. Der Reichtum der Wenigen wurde nicht zuletzt durch die Ausbeutung von Menschen, die in außereuropäischen Ländern („Kolonien“) lebten, gewonnen. Die Großmächte (USA, England, Deutschland, Frankreich, Japan und mit Abstand Italien und Russland) kämpften um die Aufteilung der Welt und wollten über Reichtum und Macht der Nationen ein für alle Mal entscheiden. Nationalismus, Machtpolitik, Monopol- und Finanzkapitalismus und die zunehmende Verflechtung von Staat und Wirtschaft kennzeichneten dieses Jahrhundert. Arbeiterbewegung, Frauenbewegung, Demokratisierungsbestrebungen, Sozialismus und Pazifismus waren die Gegenbewegungen dazu. Die Auseinandersetzungen wurden durch zahlreiche bi- und multilaterale Kriege und viele große und kleine Aufstände und Revolutionen ausgetragen.
Der Umbruch von der feudalen Agrar- zur kapitalistischen Industriegesellschaft strebte in den Großmächten einem Höhepunkt entgegen. Die agrarisch-konservativ geprägten aristokratischen Großgrundbesitzer wurden im wirtschaftlichen, politischen und sozialen Bereich immer mehr zurückgedrängt; das ging nicht ohne Konflikte ab. An Einfluss gewannen VertreterInnen des modernen Industrie- und Finanzkapitals. Die IndustriearbeiterInnen rekrutierten sich vor allem aus der Landbevölkerung, die sich von der Lohnarbeit in der Stadt eine Alternative zu ihrer ärmlichen Existenz auf dem Dorf erhofften. Die Beschäftigtenzahl in der Industrie übertraf bei weitem die in der Landwirtschaft. Der Wirtschaftsboom produzierte in den großen Industrienationen (England, Schottland, Deutschland, Norditalien, Frankreich, USA, dann auch Belgien, Holland und die Schweiz) unvorstellbare soziale Probleme. Die Lebensbedingungen der Menschen waren insbesondere in den ArbeiterInnen-Ghettos der Industriezentren (zum Beispiel Chicago, Baltimore, London, Berlin, Paris, Prag u.a.) elendig: Schwere körperliche Arbeit, lebensgefährliche Arbeitsplätze, geringer Lohn, Kinder- und Frauenarbeit, viele Unfälle und Erkrankungen, lange Arbeitszeiten, verschleißende Arbeitsbedingungen, geringe Löhne, teuere Mieten, Wohnungsnot, Obdachlosigkeit,

unhygienische Verhältnisse, Krankheiten, Seuchen, Arbeitslosigkeit, Armut – ein Teufelskreis selbst für die Arbeitsfähigen. Die ArbeiterInnen wohnten mit ihren Familien unter katastrophalen Bedingungen auf engstem Raum (12 und mehr Personen in einem Zimmer) in städtischen Elendsvierteln. Kinder und Jugendliche waren besonders von den durch die Industrialisierung bedingten neuen Lebensbedingungen betroffen: sie – und zumeist auch ihre Mütter – mussten unter härtesten Bedingungen arbeiten, um den notwendigsten Lebensunterhalt für sich und ihre Familien zu erwerben. Noch elender war meistens das Schicksal der Behinderten, der Kranken (ohne Familie), der Alten (ohne Angehörige) und der elternlosen Kinder, denn mit der Beseitigung der alten feudalen und zünftigen Ordnungen um 1800 fielen die alten Formen (Familie, Zunft, Grundherr) sozialer Einbindung und Hilfeleistung weitgehend weg und mit der Stadtflucht lösten sich für die meisten Menschen die alten sozialen Bindungen in Familie, Verwandtschaft und Dorfgemeinschaft auf.

Das Recht auf Freizügigkeit und die „Binnenwanderung zur Arbeit" hatten zur Folge, dass um 1900 etwa 48% aller EinwohnerInnen im Deutschen Reich außerhalb der Gemeinde ihrer Geburt lebten. Die Gemeinden, denen die Aufgabe der Hilfestellung oblag, bekamen schnell zu spüren, dass der rapide anwachsende Hilfebedarf mit den überkommenen öffentlichen (geschlossenen) Einrichtungen (Waisenhäuser, Bewahranstalten, Zucht- und Arbeitshäuser) nicht mehr zu bewältigen war. Ab Mitte des 19. Jahrhunderts schafften fast alle deutschen Staaten neue Rechtsgrundlagen und Organisationsformen für die Unterstützung der Armen, die nicht mehr an den Geburtsort des Betreffenden gebunden war („Unterstützungswohnsitz-Gesetz", Aufbau von Orts- und Landesarmenverbänden).

Viel später als in *England* und *Frankreich* erfolgte in *Deutschland* die industrielle Revolution und die Herausbildung des Nationalstaates (Bildung des Deutschen Reiches 1871); diese sozio-ökonomischen Veränderungen und die politischen Einigungsversuche prägten das 19. Jahrhundert in Deutschland. Die Industrialisierung verlief in Deutschland insbesondere in der zweiten Hälfte des Jahrhunderts sehr schnell. Die ArbeiterInnen sammelten ab Mitte des Jahrhunderts ihre Kräfte, um sich gegen ihre Ausbeutung zu wehren; sie gründeten Gewerkschaften, Arbeiterparteien, Konsumvereine und Genossenschaften, um für sich politische und wirtschaftliche Macht zu erlangen. Im Jahre 1848 veröffent-

lichte der 30-jährige deutsche Philosoph und Nationalökonom Karl Heinrich Marx (1818-1883) zusammen mit dem 28-jährigen deutschen Kaufmann Friedrich Engels (1820-1895), beide waren Mitglieder des Kommunistischen Bundes, das Kommunistische Manifest, in dem sie die bürgerliche Gesellschafts- und Wirtschaftsordnung radikal kritisierten und das internationale Proletariat zum Klassenkampf aufriefen: „Proletarier aller Länder vereinigt euch!" Mit der Abschaffung des Privateigentums an den Produktionsmitteln durch die Revolution der Arbeiterklasse sollte unter dessen Führung die Entwicklung zu einer klassenlosen Gesellschaft eingeleitet werden. Der politische und wissenschaftliche Sozialismus wurde zur großen Bewegung gegen Liberalismus und Kapitalismus. (Siehe Euchner 2000; Grebing 2000b u.a.)
Bis zu Beginn des 19. Jahrhunderts teilte man Europa in *Nord- und Südeuropa* auf. Russland und Polen gehörten zu den nördlichen Ländern. Mit den Kriegszügen Napoleons von Westen nach Osten begann eine neue Einteilung Europas. Auf den Atlanten wurde die Trennlinie zwischen *West- und Osteuropa* von der nördlichen Adria zur Ostsee gezogen. Osteuropa war weitgehend gleich mit Russland und Polen, das nach den Teilungen größtenteils zum Zarenreich gehörte. Im Westen bekam Russland bald aufgrund grausamer Interventionen des Militärs innerhalb und außerhalb Russlands den Stempel eines barbarischen Reiches der Despotie, der Unterdrückung und der Rückständigkeit aufgedrückt. Osteuropa wurde zum Gegenbild der aufgeklärten und modernen Gesellschaft in Westeuropa und Nordamerika stilisiert. Gespeist wurde dieses Bild u.a. durch die Machtstrukturen in Russland. Der Zar als oberster Herr des Landes gab der Gesellschaft Strukturen von oben vor; so konnten sich keine horizontalen (demokratischen) Strukturen bilden. Die Unteilbarkeit von Macht und Besitz führte in Russland dazu, dass die Gesellschaft nicht bürgerlich werden konnte. Die Gesellschaftspyramide kannte nur den höchsten Herrn und die völlig von ihm abhängenden Untertanen. Das Fehlschlagen von Reformen, die beginnende Industrialisierung und die Verarmung der Bauern erzeugten eine andauernde revolutionäre Gärung mit Streiks, Sozial- und Agrarrevolten, die aber keinen wirklichen Wandel der gesellschaftlichen Verhältnisse hervorbrachten.
Nordamerika veränderte sich im 19. Jahrhundert wirtschaftlich, sozial, politisch und demographisch ähnlich schnell wie die Industriestaaten Europas. Die Vereinigten Staaten von Nordamerika (USA) stiegen in

der Zeit von 1865 bis 1920 zu einer Weltmacht auf. Von 1860 bis 1914 verdreifachte sich die Bevölkerung der USA, rund 21 Millionen davon waren Einwanderer, die meisten von ihnen stammten aus Europa. Die gewaltige Bevölkerungsvermehrung, ein noch stärkeres, durch zunehmend kapitalintensive, organisatorisch und technisch bedingte Produktivitätssteigerung getragenes Wirtschaftswachstum und die letzte Phase der Erschließung des Kontinents prägten diese „Neue Welt". Trotz erheblicher Schwierigkeiten in der Landwirtschaft (zum Beispiel durch Überangebot und Absatzprobleme) brachten die Verstädterung und die Industrialisierung eine gesteigerte Nachfrage. Ungehemmt und mit starker Tendenz zur Kapitalkonzentration entwickelte sich unter hohem Zollschutz eine starke Grundstoff- (Kohle, Stahl, Erdöl) und Verbrauchsgüterindustrie, begleitet von einem enormen Ausbau des Verkehrswesens (Eisenbahnen) und schnellem Wachstum der Städte (New York, Chicago, Baltimore, Boston, Philadelphia u.a.). Kleine Wirtschaftsunternehmen entwickelten sich zu Riesenkonzernen, zum Beispiel Standard Oil (Rockefeller) oder Steel Corporation (Carnegie), die das Volksvermögen weitgehend kontrollierten. Die in großer Menge produzierten Massengüter hoben den Wohlstand der Mittelschicht. Die Arbeiterorganisationen forderten bessere Arbeitsbedingungen und höhere Löhne und wehrten sich ziemlich erfolglos gegen die unbarmherzige Ausbeutung der ArbeiterInnen, weil schlagkräftige Gewerkschaften fehlten. Die aufblühenden Industrieunternehmen in den nordamerikanischen Großstädten (Maschinenbau, Textil, Glas) zogen vor allem die Einwanderer mit ihren Familien an; diese hofften, dort Arbeit und Wohnung zu finden. Der Konkurrenzkampf der Arbeitsuchenden war jedoch äußerst hart. Auch Frauen und Kinder mussten in den Betrieben und Fabriken arbeiten. Korruption, Spekulation, Ausbeutung, demütigende Diskriminierung der AfroamerikanerInnen („Neger") und gewalttätige rassistische Aktionen führten zu sozialen Spannungen und Protestbewegungen, die politisch-soziale Reformen anstrebten. Die nordamerikanische Gesellschaft war auf soziale Probleme dieser Art nicht vorbereitet. Die wohlhabenden BürgerInnen fühlten sich in ihren vornehmen Stadtvierteln von den Armen aus den Elendsvierteln bedroht. Trotz der Gefährdung von Gleichheit (durch Rassendiskriminierung) und Freiheit (durch Kapitalkonzentration) schritt die allgemeine Demokratisierung in der präsidialdemokratischen Republik mit bundesstaatlicher Verfassung fort. Tragende Verfassungsprinzipien waren die

Volkssouveränität unter der Herrschaft des Rechts, die Bindung an einen Grundrechtskatalog, der Föderalismus und die Gewaltenteilung.

3.2 ENTWICKLUNG VON WISSENSCHAFT UND AUSBILDUNG

Der wirtschaftliche Aufschwung in den westlichen Industriestaaten ging einher mit einer Explosion der (Natur-)Wissenschaften und wissenschaftlicher Erkenntnisse. Das eine bedingte das andere. Die mit ihren zahlreichen neuen Erkenntnissen und Theorien aufblühenden Naturwissenschaften übten zu Beginn des 19. Jahrhunderts auf das Alltagsleben der Menschen großen Einfluss aus. Das fast unerschöpfliche Reservoir an neuen Erkenntnissen und an wissenschaftlichem Wissen wurde zunehmend von industrieller Technik – auch für die alltäglichen Aufgaben im Haushalt – genutzt und wälzte den Lebensalltag aller BürgerInnen um. Wissenschaft wurde in der Öffentlichkeit zunehmend mit Naturwissenschaft gleichgesetzt. Im Englischen steht seitdem „science" sowohl allgemein für „Wissenschaft" als auch speziell für „Naturwissenschaft"; mit „humanities" werden die „Geisteswissenschaften" bezeichnet.
Die Problemstellungen der Wissenschaften veränderten sich, traditionelle Gegenstände der Wissenschaften wurden neu gesehen und mit neuen Erkenntnismethoden erforscht. An den Universitäten bestimmten die Einzelwissenschaften zunehmend das Geschehen, die Philosophie verlor ihre ehemals führende Rolle. Den herkömmlichen metaphysischen Weltbildern wurden völlig neue Weltbilder („Positivismus", „Materialismus") gegenübergestellt. Die neuen erkenntnistheoretischen Methoden des analytisch-empirischen, experimentellen Vorgehens zeigten insbesondere dort, wo dieses Wissen technisch umgesetzt werden konnte, wie nützlich und ertragreich sie sind. Staatliche Forschungsförderung und private Investitionen in die Wissenschaft waren Anreiz und Grundlage für ungezählte (natur)wissenschaftliche Entdeckungen und technische Entwicklungen (wie Fernsprecher, Telefon, Elektro- und Benzinmotor, Motorflugzeug u.a.) Der wissenschaftliche Fortschritt in Physik, Biologie, Chemie und Medizin führte zu einem Glauben an Wissenschaft und Technik. Der wissenschaftliche Fortschrittsglaube wurde für viele zu einer Weltanschauung, die die traditionellen christlichen Wertordnungen in Frage stellte. (Siehe Serres 1994 u.a.)
Naturwissenschaftliche Vernunft wurde zu einer „instrumentellen Vernunft" (Max Horkheimer 1895-1973), das heißt zu einer Vernunft mit

einem erkenntnisleitenden Interesse an Macht und Nutzen, aber nicht an Aufklärung. (Siehe Horkheimer/Adorno 1999, 9-49.) Wissen wurde zur Macht und naturwissenschaftliches Wissen bedeutete Macht zuerst über die Natur, dann über das Leben und schließlich über die Menschen. Aus Naturwissenschaft und Technik gewann Europa jenes Verfügungswissen, um aus den Ressourcen der kolonisierten Länder eine weltumspannende Zivilisation aufzubauen. Aus der westlichen Welt wurde zunehmend die moderne Welt, deren historische Ursprünge man nicht mehr erkennen konnte, weil sie überall gleich aussah.

Im Verlauf des 19. Jahrhunderts wurde mit dem (geschichtlichen) Verstehen (Hermeneutik) eine Erkenntnismethode entworfen und begründet, die für die sogenannten „Geisteswissenschaften" konstitutiv ist und den Naturwissenschaften und deren empirisch-analytischen (erklärenden) Forschungsmethoden gegenübergestellt wurde. Zwar fanden sich in den Sozialwissenschaften zahlreiche VertreterInnen des naturwissenschaftlichen Weltbildes und Erkenntnisideals („älterer Positivismus": Auguste Comte, John S. Mill, Gustav Th. Fechner, Wilhelm Wundt u.a.). Es fanden sich aber auch namhafte AnhängerInnen eines hermeneutischen Forschungsansatzes (Gustav Schmoller, Max Weber, Hermann Ebbinghaus, Wilhelm Dilthey u.a.). Die VertreterInnen hermeneutischer (erkenntnis-)theoretischer Positionen – wie zum Beispiel der Philosoph und Pädagoge Herman Nohl (1879-1960) – favorisierten die sogenannte „Lebensphilosophie", die in den Jahrzehnten um 1900 in vielgestaltiger Form „in Mode" war. Sie betonten die Bedeutung des Irrationalen, Innerlichen, Seelischen, Erlebnismäßigen und Dynamischen und verstanden sich als Gegenbewegung zu einem mechanistisch-schematischen, mathematisch-rationalen und statischen Wirklichkeitsverständnis der Naturwissenschaften.

Die starke Tendenz in den Wissenschaften, möglichst alles zu quantifizieren, führte an den Universitäten außerdem zur Errichtung von Forschungs- und Übungslaboratorien. Die Universitäten waren nicht mehr primär ein Ort der Lehre, sondern wurden auch ein Ort der Forschung.

Die Bedeutung des Krieges war im 19. Jahrhundert so groß, dass in einer eigenständigen Kriegswissenschaft untersucht wurde, ob „ein Konflikt des Lebendigen, wie er sich in dem Kriege bildet und löst, allgemeinen Gesetzen unterworfen bleibt und ob diese eine nützliche Richtschnur des Handelns abgeben können." (Clausewitz 1991, 136) Der preußische General und Kriegswissenschaftler Carl von Clausewitz (1780-1831) hielt die Kriegswissenschaft für eine Erfahrungswissenschaft, untersuchte in seiner berühmten Abhandlung „Vom Kriege" (1832) das Wesen des Krieges und verband damit eine viel beachtete wissenschaftstheoretische Reflexion des Verhältnisses von Theorie und Praxis. (Clausewitz 1991, 15f., 101-177) Für Forschung und Lehre der Kriegswissenschaft wurden eigene Akademien und Hochschulen des Militärs eingerichtet.

Mit der Säkularisation des Kirchengutes und der Auflösung des Deutschen Reiches (Reichsdeputationshauptschluss 1803) wurde den Kirchen in Deutschland nach französischem Beispiel die Leitung und Kontrolle über die meisten Lehranstalten und Universitäten genommen; damit fiel die einseitige weltanschauliche Bindung der WissenschaftlerInnen an die Kirche weg. Diese Freiheit führte zu neuen philosophischen und wissenschaftstheoretischen Fundierungen der Wissenschaft. So wurde zum Beispiel im wissenschaftlichen Materialismus die Ansicht vertreten, dass geistige und Verhaltensphänomene in den Begriffen der Mathematik und Physik beschrieben werden könnten und in wissenschaftlichen Erklärungen übernatürliche Kräfte, die nicht empirisch beobachtet werden könnten, vermieden werden müssten. Menschlicher Geist und menschliches Verhalten waren danach Teil der natürlichen Welt und konnten ebenso naturwissenschaftlich und materialistisch beschrieben und untersucht werden wie andere Phänomene in der Welt.

Die Veränderungen in der Wissenschaftswelt wirkten sich auch auf die Theoriebildung zum menschlichen Zusammenleben aus, zuvor vor allem eine Domäne von Theologie und Sozialphilosophie. An ihre Stelle traten nun Sozialwissenschaften, die die Zusammenhänge menschlicher Gesellschaften aus verschiedenen Perspektiven und mit neuen Methoden systematisch erforschten. Die Interaktionen zwischen Einzelnen und Gruppen, das Verhältnis des Einzelnen zur Gesellschaft, die Funktionsweisen gesellschaftlicher Subsysteme und deren Interdependenzen sowie gesamtgesellschaftliche Strukturen und Prozesse wurden analysiert und beschrieben. Die verschiedenen Interessen am und Zugänge zum menschlichen Leben führten zu Spezialisierungen und damit zu Teildisziplinen der Sozialwissenschaften, zum Beispiel zu (Sozial-)Anthropologie, Demographie, Ethnologie, (Sozial-)Psychologie, Rechtswissenschaft, Soziologie, Soziale Arbeit (Wohlfahrtspflege) und Wirtschaftswissenschaften. Die damalige Pädagogik gehörte zu den Geisteswissenschaften. Die VertreterInnen der Teildisziplinen kamen wiederum aus

unterschiedlichen Denktraditionen und philosophischen Richtungen sowie wirtschaftlich-gesellschaftlichen Kontexten und divergierten zudem in ihren Vorgehensweisen, Terminologien und konkreten Erkenntniszielen beträchtlich. Daraus entstanden in den Sozialwissenschaften von Beginn an konkurrierende Schulen und Institutionen. (Mittelstraß 1995c, 860f.) In der Soziologie entstanden so zum Beispiel in Frankreich, Deutschland und den USA eigene, national geprägte Soziologieschulen. (Siehe Klages 1972; Lepenies 1981a, b, c, d; Mikl-Horke 1997; Korte 2000 u.a.)
In allen Industrieländern expandierte mit der Industrialisierung das Schulwesen, weil für die Arbeit in den Fabriken und auch für das Militär gut ausgebildete junge Männer gebraucht wurden. Mit der zunehmend durchgesetzten allgemeinen Schulpflicht wuchs der Bedarf an Lehrern; zur Ausbildung der Lehrer benötigte man wiederum eine Erziehungslehre (Pädagogik). Diese wurde in der Regel im Rahmen der Philosophie als praktische Philosophie gelehrt. (Siehe Reble 1999 u.a.)

3.3 Entwicklung der Sozialen Arbeit

Die tiefgreifenden Veränderungen der wirtschaftlich-gesellschaftlichen Lebensbedingungen in den Industriestaaten im 19. Jahrhundert erforderten und bewirkten neue Formen und Wege der Sozialen Arbeit. Zu diesen neuen Formen und Wegen gehörte die „Verwissenschaftlichung des Sozialen“ und ihre Organisation. (Sachße/Tennstedt 1988, 18-22)

(1) Soziale Bewegungen und Institutionen

Die während des 19. Jahrhunderts mit dem wirtschaftlich-gesellschaftlichen Wandel explosionsartig angewachsenen sozialen Probleme in den europäischen und nordamerikanischen Industrieländern („soziale Frage“, „Pauperismus“) verstärkten die Entwicklung sozialer Ideen und Bewegungen. In Deutschland wurden die Reformideen und -bewegungen aus dem Sozialismus (siehe Euchner 2000; Grebing 2000b u.a.), aus dem Protestantismus (siehe Jähnichen/Friedrich 2000 u.a.) und aus dem Katholizismus (siehe Stegmann/Langhorst 2000 u.a.) entwickelt. Getragen von diesen Bewegungen reagierten immer mehr Menschen einzeln oder in Form von Zusammenschlüssen (Genossenschaften, Gesellschaften,

Vereine u.a.), um der sozialen Misere beizukommen. Zahlreiche private und kirchliche Vereinigungen wurden – vornehmlich in den Großstädten – als Ergänzung zur kommunalen Armenfürsorge gegründet. (Siehe Sachße/Tennstedt 1980, 179-324; 1988, 9-45; Alexander 1995; Wendt 1995b; Hering/Münchmeier 2000, 19-76 u.a.) Zu diesen Aktivitäten haben in Deutschland gehört: Konsum- und Produktionsgenossenschaften, Hilfs-, Kranken-, Invaliden- und Sterbekassen, Betreuungs- und Pflegegemeinschaften, Lesegesellschaften und Bildungsgemeinschaften, Arbeitervereine, Gewerkschaften und Arbeiterparteien wurden gegründet, um die Lebenslage der ArbeiterInnen zu verbessern. Rettungshäuser, Kindergärten, Kinderrettungsvereine, Jünglings- und Gesellenvereine, Caritas- und Elisabethenvereine, Innere Mission zur Jugend-, Alters-, Kranken- und Gefährdetenhilfe waren das Ergebnis der „Privatwohltätigkeit" der Kirchen und anderer privater Träger. Als Beispiel nenne ich die Erziehungsanstalt für Kriegswaisen und verwahrloste Kinder, die Johannes Daniel Falk (1768-1826) mit seiner „Gesellschaft der Freunde in der Not" 1813 in Weimar eröffnet hat; sein pädagogisches Leitmotiv war: „Erziehung zur Freiheit durch Erziehung in Freiheit". Schon 1833 hatte das „Barmherzigkeitsgenie" Johann Hinrich Wichern (1808-1865) mit seiner Schrift „Hamburgs wahres und geheimes Volksleben" die erschütternden sozialen Probleme in seiner Heimatstadt anschaulich geschildert und eine größere Öffentlichkeit aufgerüttelt. Er hatte bereits das sogenannte Rettungshaus für verwahrloste Kinder in Hamburg eröffnet und leitete es, als er 1848 die Gründung der Inneren Mission (heute „Diakonisches Werk der Evangelischen Kirche in Deutschland e.V.) initiierte. (Wichern 1933) Zur selben Zeit gründete der katholische Priester und frühere Schuhmachergeselle Adolf Kolping (1813-1865) in Köln einen örtlichen Gesellenverein. Ziel Kolpings war es, die jungen Handwerksburschen, die auf der Wanderschaft (einem Teil ihrer Ausbildung) gefährdet waren, kriminell zu werden, dabei zu unterstützen, auf dem rechten Weg zu bleiben. Das Werk Kolpings besteht in der Deutschen Kolpingsfamilie und dem internationalen Kolpingwerk weiter. (Siehe Ratzinger 2001, 541-588 u.a.)

Die Vielfalt der Hilfen wurde im letzten Viertel des 19. Jahrhunderts öffentlich als ineffizient kritisiert. Reformvorschläge zur Zentralisierung und besseren Kooperation wurden unterbreitet und umgesetzt, zum Beispiel durch die Gründung des „Deutschen Vereins für Armenpflege und Wohltätigkeit", des „Deutschen Vereins für öffentliche Gesundheits-

pflege“, der „Centrale für private Fürsorge“, der Reorganisation des Hilfesystems im „Straßburger System“, dem „Deutschen Caritasverband e.V.“ u.a.
Der Staat reagierte auf die Missstände und deren Folgen (insbesondere auf die Arbeiterbewegung) mit neuen Arbeitergesetzen und einer neuen allgemeinen Sozialgesetzgebung: Krankenversicherungsgesetz (1883), Unfallversicherungsgesetz (1884) und Invaliden- und Altersversicherungsgesetz (1889). Bei der Arbeiter- und Armenpolitik wurden in den Industriestaaten verschiedene Wege gegangen.
In *Frankreich* änderten die Französische Revolution und die Erklärung der Menschen- und Bürgerrechte die soziale Denkweise einschneidend. Die Fürsorge war nicht mehr länger eine Angelegenheit der Kirche, sondern wurde zum Recht des Bürgers und zur Pflicht des Staates. Eine entsprechende Gesetzgebung erfolgte aber erst zu Beginn des 20. Jahrhunderts. In den *Niederlanden* waren bis 1800 kirchliche und öffentliche Armenfürsorge kaum voneinander zu unterscheiden; aber erst 1912 wurde Gesetz, dass der Staat ergänzend zu der privaten Armenfürsorge tätig werden muss. In *Großbritannien* wurden trotz heftiger Widerstände der wohlhabenden Bevölkerung die Armengesetze („Poor Law“) im Jahre 1834 erlassen. Einer der heftigsten Kritiker war der 32jährige englische Pfarrer und Nationalökonom Robert T. Malthus (1766-1834), dessen Streitschrift „An essay on the principle of population as it affects the future improvement of society, with remarks on the speculations of Mr. Godwin, Mr. Condorcet, and other Writers“ zu Beginn des 19. Jahrhunderts erschien und große Resonanz fand. (Malthus 1977) Der wohlhabende Universitätslehrer Malthus rechnete darin mit den Sozialtheorien seines Landsmanns William Godwin (1756-1836) und des Franzosen Marie Jean Condorcet (1743-1794) scharf ab, griff die vom englischen Staat geplanten Armengesetze heftig an und lehnte grundsätzlich jede Form von (staatlicher) Armenfürsorge ab; seine Ansicht begründete er u.a. mit dem von ihm entwickelten empirisch-mathematischen Bevölkerungsgesetz. Dennoch wurden zahlreiche Einzelinitiativen gegründet, um die Armen zu unterstützen, zum Beispiel im Jahre 1869 die Charity Organisation Society (COS) und die Settlementbewegung. In den *USA* war die Privatwohltätigkeit seitens der zahlreichen Kirchengemeinden und Stiftungen besonders wichtig, weil die Bundesstaaten sich nicht für die Armenpflege einsetzten. In *Russland* führte die Verarmung der Bauern (Gründe hierfür waren die Ausbeutung durch die

Landbesitzer und die einsetzende Industrialisierung) zum Kampf gegen den Zarismus. Streiks, Sozial- und Agrarrevolutionen prägten das Jahrhundert in Russland. Zu den Wortführern des Aufstands gehörte der russische Schriftsteller und Sozialreformer Leo Tolstoi (1828-1910), dessen Werke und radikale Sozialideen in ganz Europa verbreitet waren und zahlreiche SozialreformerInnen außerhalb Russlands inspirierten (zum Beispiel Jane Addams in Chicago und Alice Salomon in Berlin).

(2) Ausbildung für soziale Berufe

Das Prinzip der reinen Ehrenamtlichkeit wurde in der Armenfürsorge endgültig aufgegeben, und viele Städte setzten berufliche Fürsorgekräfte (zunächst vornehmlich Männer) ein. Diese übernahmen vor allem Kontroll- und Aufsichtsaufgaben im Auftrag der kommunalen Obrigkeit („friendly visiting"). Ehrenamtliche Pfleger wurden u.a. deswegen abgelehnt, weil sie – wie sich gezeigt hatte – zu großzügig Unterstützungen bewilligen würden. In den kirchlichen Vereinen und Organisationen der Caritas und der Diakonie waren in der Mehrzahl Ordensmitglieder und Kleriker hauptamtlich tätig. Diese MitarbeiterInnen verfügten häufig über eine theologische oder/und pflegerische Ausbildung.
Im 19. Jahrhundert entfaltete sich unter der Monarchie im Deutschen Reich das Beamtentum. Die Rechtsstellung der Beamten wurde durch Gesetze detailliert geregelt, insbesondere hinsichtlich der Rechte und Pflichten; ein Laufbahnsystem, dessen einzelne Laufbahnen – auch für die Mitarbeiter der Armenfürsorge – bestimmte Qualifikationen bei den Bewerbern voraussetzte, wurde installiert. Die Verberuflichung in der „socialen Arbeit" erreichte damit eine neue Qualität. Mussten die hauptberuflichen MitarbeiterInnen in den Arbeits- und Zuchthäusern im späten Mittelalter vornehmlich für die Einhaltung der Hausordnung sorgen und bedurften die aus Offizieren und Witwen rekrutierten AufseherInnen deswegen keiner besonderen fachlichen Qualifikation, so erforderte das Hilfesystem in den industrialisierten Staaten des 19. Jahrhunderts (gekennzeichnet durch Organisation, Rationalisierung und Bürokratisierung) spezielle fachliche Kenntnisse und Kompetenzen, um den neuen Ermittlungs- und Vermittlungsaufgaben („assessment and intervention") in der kommunalen und privaten Sozialen Arbeit gerecht zu werden.
Die Empörung sozial engagierter Frauen im 19. Jahrhundert über Leiden, Armut und Unrecht in der Bevölkerung ging einher mit ihrer Un-

zufriedenheit über die Kompetenzen der Helferinnen in den verschiedenen sozialen Diensten. Für sie reichte angesichts des Ausmaßes der sozialen Probleme eine Almosen gebende Soziale Arbeit nicht mehr aus. Die Empörung der Frauen verband sich mit konkreten wissenschaftlichen Anliegen, vor allem im Hinblick auf die Erfassung der sozialen Probleme. Anfänglich dienten die Arbeitsweisen der Ärzte und Rechtsanwälte als Vorbild, um für die Problemanalyse die richtigen Fragen zu stellen und die richtigen Daten zu sammeln. Das Instrumentarium und die Mittel hierzu waren eine zuverlässige, unverzerrte, überprüfbare, sich auf Fakten und nicht auf Gerüchte, kirchliche Moralvorstellungen und bürgerliche Ressentiments verlassende Ermittlung sowie eine Analyse und Diagnose der vorhandenen sozialen Probleme.
In Großbritannien bildete Octavia Hill (1838-1912) von der Mitte des 19. Jahrhunderts an MitarbeiterInnen der Charity Organisation Society (COS) für ihre Tätigkeit als „friendly visitors" aus. (Siehe Kendall 2000 u.a.) Jahrzehnte später wurden in englischen und nordamerikanischen Städten Schulen („Schools for Social Workers") gegründet, um dort einerseits neue Erkenntnisse über „soziale Krankheiten" zu erforschen und andererseits Fachkompetenzen als Ergänzung zu persönlichen Kompetenzen zu vermitteln. Die „Schools of Social Work" wurden von Beginn an in das Hochschulsystem integriert. (Siehe Alexander 1995, 2632-2635 u.a.) Mary Richmond (1861-1928) forderte 1897 eine Ausbildung der SozialarbeiterInnen mit dem Hauptziel, den professionellen Helfern („charity workers") bessere „kognitive Gewohnheiten und höhere Ideale" im Umgang mit Individuen und Familien zu vermitteln. Es kam ihr bei der Ausbildung der SozialarbeiterInnen darauf an, Theorie und Praxis in der richtigen Weise zu kombinieren. Allein auf den guten Charakter der SozialarbeiterInnen sich zu verlassen, reichte ihr für eine qualifizierte Arbeit nicht aus. Eine fachlich qualifizierende Ausbildung und reichlich Erfahrungen sollten hinzukommen. (Siehe Teil 4 Abschnitt 6.4.)
In Deutschland begann Johann H. Wichern etwa zu derselben Zeit wie Octavia Hill in Großbritannien, junge Männer für ihre Tätigkeit in Waisenhäusern auszubilden. Jeanette Schwerin (1852-1899) gründete 1893 zusammen mit anderen Frauen die Berliner „Mädchen- und Frauengruppen für soziale Hilfsarbeit" und bildete dort Frauen für Soziale Arbeit aus. 1899 wurde nach dem Vorbild der Seminare für Kindergärtnerinnen des Pestalozzi-Fröbel-Hauses in Berlin (1873/74 gegründet) der

erste „Jahreskursus zur Ausbildung für soziale Berufsarbeit" durchgeführt. (Zeller 1994, 32-37 u.a.)

(3) Wissenschaftliche Philanthropie

Allgemein anerkannt ist, dass die Sozialwissenschaften gleichzeitig mit den wichtigsten Erscheinungsformen des sozialen Wandels, den Großstädten und den Fabriken, aufkamen. (Lepenies 1981a, b, c, d u.a.) Die sozialen Erschütterungen im Zuge der Industrialisierung und Verstädterung führten in Europa und in Nordamerika nicht nur zu Protestbewegungen und sozialreformerischen Bestrebungen, sondern auch zur Forderung, „Philanthropie (Wohltätigkeit) auf eine wissenschaftliche Grundlage" zu stellen. Mit dem Titel „Wissenschaftliche Wohltätigkeit" erschien im Jahre 1889 in den USA eine Abhandlung von Glendower Evans. Darin wurde die Anwendung wissenschaftlicher Maßstäbe auf die Wohltätigkeit mit der Hinzuziehung des Arztes im Krankheitsfalle verglichen und gefordert, dass man ebensoviel Intelligenz und wissenschaftliches Denken für das Verständnis und die Veränderung von sozialen Kräften anwendet wie dies in der Welt der Medizin, die damals wegen großartiger Erfolge in der Forschung und der Entwicklung neuartiger Behandlungsmethoden höchst angesehen war, üblich sei. Zur gleichen Zeit forderte Walter Wilcox eine engere Verbindung zwischen den Universitäten und den Wohltätigkeitsvereinigungen, um damit ein potenzielles soziales Versuchsfeld zu schaffen; eine solche Verbindung würde sich positiv auf die Gründlichkeit der Sozialen Arbeit auswirken und ihr eine wissenschaftliche Grundlage geben. Ein anderer Zeitgenosse, Daniel Fulcomer, Dozent für Sozialwissenschaften an der Universität von Chicago, war der Meinung, dass die Nachteile der Wohltätigkeit mit Hilfe vertiefter Kenntnisse in der Wissenschaft vom Menschen beseitigt werden könnten. Charles D. Kelogg vertrat zeitgleich die Auffassung, dass Statistiken die Ursachen, augenblicklichen Umstände und die sinnvollsten Maßnahmen auf dem Gebiet der Armenfrage erhellen könnten. Und D.O. Kellog schrieb bereits 1880, dass Wohltätigkeit eine Wissenschaft sei, die Wissenschaft von der Sozialtherapeutik mit ihren eigenen Gesetzen wie sie andere Wissenschaften auch eigen seien. (Siehe Germain 1977, 21.)
In Deutschland muss die „Verzahnung von Sozialwissenschaft und Sozialreform in der Zeit des Kaiserreichs als Bestandteil eines umfassen-

den Prozesses der Verweltlichung von Gesellschaft, von Lebenspraxis und Lebensbestimmung verstanden werden, in dem auch das überkommene christliche Selbstverständnis und die christliche Motivation von Fürsorge und Wohltätigkeit zunehmend von säkularen Leitmotiven und Rechtfertigungen verdrängt wurden.“ (Sachße/Tennstedt 1988, 18) Die Wissenschaftlichkeit von Sozialreform bildete nach Sachße/Tennstedt dabei eine neue Legitimationsgrundlage, die sich sowohl gegenüber einer unreflektiert-spontanen, caritativen Hilfsmotivation als auch gegenüber dem traditionell polizeilich-repressiven Fürsorgeverständnis abgrenzte. Armut und Not der „unteren Volksschichten“ erschienen nicht länger gottgewollt und natürlich, sondern als gesellschaftliche Probleme, sozial bedingt und daher auch politisch gestalt- und aufhebbar. Die Wissenschaft sollte Notwendigkeit und Möglichkeit sozialer Reformen aufzeigen. Als wissenschaftliche Leitdisziplinen kommunaler Sozialreform traten in Deutschland im letzten Drittel des 19. Jahrhunderts Nationalökonomie und Hygiene in den Mittelpunkt. Hervorragende Anwälte der Sozialreformen waren der Nationalökonom Gustav von Schmoller (1838-1917) und der Mediziner und Sozialpolitiker Rudolf Virchow (1821-1902). Mit „Kathedersozialismus“ hat man die Bemühungen in der Nationalökonomie bezeichnet, Sozialreform als Sozialwissenschaft zu konzipieren. (Siehe Sachße/Tennstedt 1988, 19-22; Wendt 1995b, 98-118, 134-149 u.a.)

(4) Social Science Movement

In den USA wurde die Soziologie zum Ausdruck und Abbild amerikanischer Zivilisation, der Demokratie und des „way of life“. Man verstand sich in den USA selbst als die fortschrittlichste, modernste Gesellschaft und die EuropäerInnen haben dem zugestimmt; so wurde die amerikanische Soziologie zu der Soziologie der modernen Gesellschaft schlechthin. „Das Erbe der Aufklärung, das die europäische Soziologie in sich trug, konnte erst in Amerika mit dem Anspruch auf praktische Umsetzung auftreten, konnte erst hier zur ‚angewandten Aufklärung‘ werden.“ (Mikl-Horke 1997, 163)

Wenigstens vier Gründe sprechen nach Hinkle/Hinkle dafür, dass die amerikanische Soziologie im Wesentlichen als eine Antwort auf die sozialen Fragen entstand, die mit der Industrialisierung und Verstädterung auftraten:

Erstens weist die Herkunft der ersten bedeutenden Forscher der Soziologie auf diese Tatsache hin. Vielfach war die reformerische Einstellung eine säkularisierte Version des christlichen Gedankens von Erlösung und ewigem Heil und stand in direktem Zusammenhang mit religiösen Erlebnissen im Lebenslauf der Forscher. Fast alle stammten aus Pastorenfamilien oder waren selbst Theologen.

Zweitens befanden sich die akademischen Institutionen, in denen die Soziologie Bedeutung erlangte, in Städten, die besonders stark von sozialen Problemen, die aus der Industrialisierung und Verstädterung resultierten, betroffen waren, zum Beispiel in Chicago, der bedeutendsten Stadt des Mittleren Westens der USA.

Drittens stammt der Berufsverband der Soziologen in direkter Linie aus einer allgemein intellektuellen Bewegung, die sich für verbesserte Lebensbedingungen in den Städten einsetzte, dem sogenannten „Social Science Movement“. Die Mitglieder dieser Bewegung beschäftigten sich mit Wissenschaft und Sozialreform und sahen die Wissenschaft als Mittel zum Zweck, die durch Industrialisierung und Verstädterung entstandenen Lebensbedingungen zu verbessern.

Viertens befassten sich die Soziologen – als die allgemein sozialwissenschaftlichen Vorlesungen in soziologische umgewandelt wurden (zwischen 1885-1895) – vornehmlich mit praktischen Sozialproblemen, die mit der Verelendung der Städte zusammenhingen, mit Verarmung, Wohltätigkeit, wissenschaftlich gelenkten Wohlfahrtsmaßnahmen, Fürsorge, Arbeitslosigkeit, Wanderarbeitertum, Kinderarbeit, Berufstätigkeit der Frauen, Jugend- und Erwachsenenkriminalität, Auflösung der Familien, Alkoholismus, Migranten und Rassismus. (Hinkle/Hinkle 1960, 28-32)

Das vorrangige Anliegen vieler amerikanischer Soziologen aber war es, dass ihre Wissenschaft gesellschaftlich anerkannt wurde. Deswegen bemühte man sich um eine kognitive und soziale Identität der Soziologie, die die gesellschaftlich erwünschten Merkmale einer Wissenschaft erfüllte. Wissenschaftliche Fächer gewinnen und bewahren ihre Identität aber nicht nur dadurch, „dass sie sich auf bestimmte Traditionsbestände berufen, sondern auch dadurch, dass sie sich von bestimmten Traditionsbeständen distanzieren“. (Lepenies 1981a, IX) Führende Soziologen haben sich im Zuge der organisatorischen Abgrenzung erfolgreich dafür eingesetzt, dass sozialer Wandel und Sozialreformen nicht (mehr) zum Gegenstandsbereich der Soziologie gezählt wurden und somit der Weg

frei war, dass Soziologie als „exakte Wissenschaft" nach dem Vorbild der Naturwissenschaften ihr Ziel erreichen konnte. (Siehe Hinkle/Hinkle 1960; Leitner 1981; Deegan 1988 u.a.)
Der aus Norwegen stammende und in den USA lebende Sozialwissenschaftler Thorstein Veblen (1857-1929) beschrieb in seiner ökonomischen „Theorie der feinen Leute", dass in seiner Zeit Colleges und Universitäten, die ursprünglich „der Unterrichtung der niederen Klassen in den unmittelbar nützlichen Wissenszweigen gewidmet" waren, zu höheren Lehranstalten umgewandelt wurden und damit keine Zentren des praktischen Wissens mehr waren, sondern Orte der höheren klassischen Bildung. (Veblen 2000, 348-382) Nach Veblen „fiel zum Beispiel der zunehmende Reichtum jener Familien, die ihre Kinder in die Colleges des Mittleren Westens der USA schickten, ungefähr mit jenem Zeitpunkt zusammen, als für akademische und gesellschaftliche Feierlichkeiten in Universitätskreisen der Abendanzug des Herrn und das Décolleté der Damen als einzige den gelehrten Feiern angemessene Kleider zunächst gewünscht und später vorgeschrieben wurden." (Veblen 2000, 356) Für Veblen waren Bildung und Wissen „Ausdruck der Geldkultur" und die Universitäten Einrichtungen der begüterten („müßigen") Klasse und diese Klasse bestimmte, was an den Universitäten gelehrt wurde und was nicht gelehrt werden durfte. Sozialreformen waren der begüterten Klasse höchst unerwünscht. (Siehe Addams 1902, 1907, 1960, 1981.)
Die Theorie Veblens macht verständlich, dass SoziologInnen sich von den SozialreformerInnen, die einen sozialen Wandel anstrebten und damit die begüterte Klasse angriffen, nicht nur distanziert haben, sondern diese als „unwissenschaftlich" abwerten und ausgrenzen mussten, wenn sie selbst gesellschaftlich (das heißt von der begüterten Klasse) als Wissenschaft anerkannt werden wollten. Dennoch konnte sich die Soziale Arbeit in Nordamerika an den Hochschulen und Universitäten neben der Soziologie und den anderen Sozialwissenschaften etablieren und durchsetzen. Das post-sekundäre Bildungssystem wurde in Nordamerika anders als in Deutschland primär von freien Trägern organisiert und betrieben. So haben Privatpersonen, Stiftungen, Wohlfahrtsverbände und Kirchen, die sich für soziale Reformen eingesetzt haben, selbst Universitäten gegründet und dort „Social Work" in den Wissenschaftsbetrieb integriert. (Siehe Frumkin/Lloyd 1995; Hopps/Collins 1995; Popple 1995 u.a.)

(5) Die Begriffe „Sozialpädagogik“ und „Soziale Arbeit“ tauchen auf

In der Mitte des 19. Jahrhunderts tauchte die neue Wortschöpfung „*Sozialpädagogik*“ in der pädagogischen Literatur bei mehreren Autoren auf. Über lange Zeit wurde als Quelle für diesen Begriff der Volksschullehrer, Schulpolitiker und Führer der Lehrerschaft Friedrich Adolph Diesterweg (1799-1860) genannt, der 1851 erstmals von „Sozialpädagogik“ sprach, damit aber keine Pädagogik im Sinne einer Erziehung zur, von und durch die Gemeinschaft meinte, wie es später zum Beispiel Paul Natorp tat. Als frühe Autoren für den Terminus „Sozialpädagogik“ werden außerdem Karl Hermann Scheidler (1795-1866) und Karl Wilhelm Eduard Mager (1820-1858) genannt. (Siehe Wendt 1995b, 217ff.; Konrad 1998 u.a.)

Zum Ende des 19. Jahrhunderts benutzte der deutsche Jurist und Nationalökonom Lorenz von Stein (1815-1890) den Begriff „sociale Arbeit“ in seiner Schrift „Die Frau auf dem socialen Gebiet“ (1880). Für Stein ergab sich „soziale Arbeit“ aus der unmittelbaren Ableitung und Beschäftigung mit der „socialen Frage“. „Sociale Arbeit“ verfolgt nach Stein sittliche, wirtschaftliche und bildungsbezogene Ziele, ihr Gegenstand sind die arbeitende Klasse und die Armut, nicht die Hilfe für den Einzelnen, sondern die ganze Aufgabe, die er die „Hebung und Veredelung der nichtbesitzenden Klassen“ nannte. Durch die „sociale Arbeit“ sei eine Doppelaufgabe der Hilfe vorgegeben: „Die Helfenden sollen einmal mit den Mächten ringen welche das Ganze, die Classe als solche, bewältigen, und zugleich sollen sie dem Einzelnen als solchen die hilfreiche Hand bieten; die Hülfe muß eine systematische, organische für die ganze Classe, und eine freie, individuelle für die Einzelnen in derselben sein.“ „Sociale Arbeit“ war für von Stein in gleicher Weise die Aufgabe von Frauen und Männern. (H. Maier 1998, 13ff., 568ff.) Die Aussagen von Stein deuten darauf hin, dass im 19. Jahrhundert ein Paradigmenwechsel in der bisherigen Theorie und Praxis der Armenpflege und Fürsorge stattgefunden hat; danach vollzog und organisierte sich „sociale Arbeit“ nicht mehr „naturwüchsig“, sondern wurde von gesellschaftlichen Gruppen wie auch vom Staat bewusst zur Bewältigung sozialer Umbrüche gestaltet. (H. Maier 1998, 13ff.)

In derselben Zeit, in der von Stein erstmals von „socialer Arbeit“ sprach, tauchte auch in Frankreich der Terminus „travail social“ (die wörtliche Übersetzung von „sociale Arbeit“ ins Französische) auf: „Le terme ‚travail social‘ apparaît en France à la fin du XIXe siècle dans le secteur de la philanthropie et de la charité organisée; il a alors un sens général et signifie toute activité menée dans le cadre en vue d'un bien." (Barreyre u.a. 1995, 409) Zur selben Zeit war der englische Terminus „social work" (alternativ auch „charity work" und „community work") in den angloamerikanischen Ländern verbreitet. Die 1904 in Boston/USA gegründete Ausbildungsstätte für Sozialarbeiter hieß „School for Social Workers" und die Schule in Philadelphia/USA (1908) „Training School for Social Work". (Popple/Reid 1999, 14) „Sociale Arbeit" beinhaltet seitdem ebenso wie „social work" und „travail social" Unterstützungs- und Erziehungsaufgaben sowie sozialpolitische Aufgaben; mit diesem komplexen Inhalt sind diese Begriffe seit dem Ende des 19. Jahrhunderts weltweit verbreitet. (Siehe Teil 4 Abschnitt 2.4.) Mit „Sozialpädagogik" wurden primär Erziehungsaufgaben bei Kindern und Jugendlichen – „alles was Erziehung, aber nicht Familie und nicht Schule ist" (Bäumer 1929a, 3) – verbunden, sie ist vorwiegend im deutschen Sprachraum verbreitet. (Siehe Niemeyer/Schröer/Böhnisch 1997; Konrad 1998; Kornbeck 2002 u.a.)

4. Die weltweite Entwicklung seit dem 20. Jahrhundert

Der Begriff „Globalisierung“ und das, was damit beschrieben wird, sind nicht neu. Der Prozess der Zivilisation, der Industrialisierung und der Demokratisierung erfasste im 20. Jahrhundert von Europa und Nordamerika ausgehend die Länder der ganzen Welt. „Welt“-ereignisse sind charakteristisch für dieses Jahrhundert. Zwei Weltkriege dienen den Historikern sogar zur Einteilung dieses Jahrhunderts: es gibt die Zeit vor dem Ersten Weltkrieg, den Ersten Weltkrieg (1914-1918), die Zeit zwischen den zwei Weltkriegen, den Zweiten Weltkrieg (1939-1945) und die Zeit nach dem Zweiten Weltkrieg. Die moderne Gesellschaft mit der modernen Sozialen Arbeit als gesellschaftliche Reaktion auf die spezifischen sozialen Probleme der modernen Gesellschaft sind am Ende dieses Jahrhunderts weltweit verbreitet. (Hopps/Collins 1995, 2266 u.a.)

4.1 Wandel der wirtschaftlich-politischen und gesellschaftlichen Bedingungen

Kein Ereignis steht für das ganze Jahrhundert, eine große Anzahl von Ereignissen ist für das 20. Jahrhundert und die Entwicklung der Sozialen Arbeit in diesem Jahrhundert bedeutsam. Das zeigen schon die vielen Namen, die dem Jahrhundert gegeben wurden: Maschinen-, Kunststoff- und Atomzeitalter, Zeitalter des Automobils, der Raumfahrt, des Totalitarismus und des Terrorismus, der Weltkriege, der Massen, der Massenmorde und der Massenkommunikation, amerikanisches, russisches, atlantisches, pazifisches Jahrhundert usw.
Das 20. Jahrhundert wurde durch den bipolaren Kampf um die Weltherrschaft geprägt. Die imperialen Ambitionen Russlands, seine Bestrebungen, Europa und dann die ganze Welt zu beherrschen, waren Konstanten während des gesamten 20. Jahrhunderts. Der Kampf endete mit der Niederlage des historischen Kommunismus, symbolisiert im Fall der Berliner Mauer 1989. Mit dem Zusammenbruch der kommunistischen Herrschaft in Osteuropa und dem Zerfall der Sowjetunion ging

auch der Kalte Krieg zu Ende. Seitdem ist die Welt den US-amerikanischen Bestrebungen ausgesetzt, eine „monopolare Welt" unter der Hegemonie der USA einzurichten.
Der totale Krieg, der totale Terror und die totale Herrschaft haben das 20. Jahrhundert zum blutigsten Jahrhundert der Weltgeschichte gemacht. Man muss annehmen, dass mehr als 30 Millionen Menschen auf den Schlachtfeldern und in den Gefangenenlagern der beiden Weltkriege zu Tode gekommen sind. Die Statistiker geben an, dass 170 Millionen Menschen (in der Sowjetunion 62 Millionen, in China 35 Millionen, in Deutschland 21 Millionen Menschen) von Regimen vernichtet worden sind.
Die Kolonialmächte Großbritannien, Frankreich, Niederlande, Deutschland, Belgien, Dänemark und Portugal herrschten noch zu Beginn des 20. Jahrhunderts über Menschen, Rohstoffe und Absatzmärkte auf der Hälfte der Erde. Vor dem Ersten Weltkrieg verschärfte der Kolonialismus die Spannungen in Europa. Erst nach dem Zweiten Weltkrieg errangen immer mehr Länder ihre Unabhängigkeit. Der Zweite Weltkrieg und der Aufstieg der Nicht-Kolonialmächte USA und Sowjetunion zu den hegemonialen Polen der Nachkriegszeit brachte das Ende der europäischen Kolonialreiche und die Ausbreitung der Nationalstaaten über weite Teile der Dritten Welt. Heute sind 198 Staaten Mitglied bei den Vereinten Nationen (UN) mit Sitz in New York. Experten rechnen damit, dass die Zahl der Staaten bald auf 500 anwachsen und die Weltbevölkerung sich innerhalb der nächsten 50 Jahre von jetzt 6 Milliarden Menschen auf 12 Milliarden Menschen verdoppeln wird. (Siehe http://www.un.org.)
Die politischen, wirtschaftlichen und gesellschaftlichen Folgen des Imperialismus sind bis heute nicht überwunden; man muss vielmehr feststellen, dass sich imperialistisches und kapitalistisches Denken und Handeln im Verlauf dieses Jahrhunderts weltweit durchgesetzt haben. Die Chancen der Globalisierung werden vorwiegend von Menschen der Industrienationen genutzt, da es in den Entwicklungsländern für gewöhnlich an der notwendigen Infrastruktur fehlt. Aber auch in den reichen Ländern profitiert nicht jeder von dem Strukturwandel. Für viele Menschen bedeuten Rationalisierung und Flexibilisierung den Verlust ihres Arbeitsplatzes. Und so sind viele der sozialen Probleme (wie zum Beispiel Armut, Aids, Arbeitslosigkeit, Alkohol- und Drogenabhängigkeit, Gewalt, Körperbehinderungen, Kriminalität, Rassismus, Straßen-

kinder, Flucht, Asyl, Frauendiskriminierung, Migration, Prostitution) in den einzelnen Staaten nicht zuletzt auch ein Ergebnis des weltweiten Kapitalismus und Imperialismus.
Die Menschen sind wie schon in den vorigen Jahrhunderten vom Land in die Städte gezogen, nun in die neuen Megastädte (das sind Städte mit mehr als 10 Millionen EinwohnerInnen) Buenos Aires, Sao Paulo, Mexiko-City, Lagos, Kairo, Teheran, Bombay, Delhi, Jakarta, Peking, Tokio u.a. Dort mangelt es an Wasser, die Luft ist schlecht und der Wohnraum knapp. Wer erleben möchte, wie die Menschen im 19. Jahrhundert in den Elendsvierteln von Berlin und Chicago gelebt haben, kann das heute unter Lebensgefahr in den Slums, Favelas, Barriadas und Freetowns der Megastädte. Hier leben viele Millionen Straßenkinder, ohne geregelte Ernährung und ohne Schutz durch Erwachsene, erzogen „von der Straße“. Hunger, Diebstahl, Raub, Mord und Totschlag sind an der Tagesordnung.
Wenige Wochen nach dem Ende des Zweiten Weltkrieges – am 26. Juni 1945 – haben 50 Nationen die Vereinten Nationen (UN) mit den Zielen Sicherung des Weltfriedens, Schutz der Menschenrechte, Gleichberechtigung aller Völker und Besserung des allgemeinen Lebensstandards in der Welt gegründet. Mitglieder können grundsätzlich alle Staaten werden, die die „Charter of the United Nations“ (1945) und die „Universal Declaration of Human Rights“ (1948) anerkennen und die bereit sind, den Verpflichtungen der Charter und der Deklaration nachzukommen. In den Menschenrechtspakten der UN werden jedem Menschen sein Selbstbestimmungsrecht sowie weitere bürgerliche und politische, wirtschaftliche, soziale und kulturelle Rechte garantiert; Rassendiskriminierung, Apartheid, Völkermord, Sklaverei, Folter und Zwangsarbeit werden dagegen geächtet und unter Strafe gestellt. Die Vereinten Nationen sind zwar an ihrem 1945 gefassten Gründungsanspruch, Frieden in aller Welt zu schaffen, bis heute gescheitert, dennoch gebührt ihnen das Verdienst, zum Forum für die entstehende globale Gesellschaft geworden zu sein und viele Kriege verhindert zu haben. (Siehe Menschenrechte 1998; http://www.un.org/Overview/Charter.)
Frankreich, Belgien, Luxemburg, Italien, die Niederlande und die Bundesrepublik Deutschland haben 1957 in Rom die Europäische Wirtschaftsgemeinschaft mit dem Ziel, die Volkswirtschaften der Mitgliedsländer zu einem gemeinsamen europäischen Markt zu verschmelzen, gegründet. Seitdem ist die Mitgliederzahl der Europäischen Gemein-

schaft (EU) auf 15 gestiegen, die Aufnahme weiterer Staaten stets kurz bevor. Aus einer Gemeinschaft, die vor allem wirtschaftliche Ziele verfolgte, wurde Schritt für Schritt eine politische Union. „Europa“ (EU) hat der Mehrheit seiner BewohnerInnen Wohlstand und Sicherheit gebracht. (Siehe http://www.europa.eu.int.)
Die schon in der Aufklärung begonnene negative Stilisierung Polens, Russlands und der anderen Staaten des Ostens („arm, rückständig, gewalttätig“) wurde auch im 20. Jahrhundert im Westen beibehalten, auch wenn sie die Realität – insbesondere in den Großstädten – zum Teil verzerrt. Im Osten und im Westen hält sich – auch nach 1989 – die Denkfigur, dass Russland bei entsprechenden radikalen Reformen (Demokratie, Marktwirtschaft) den gleichen Entwicklungsstand wie der Westen erreichen könnte. Diese Erwartung wird durch die angestrebte Wiedervereinigung Europas, mit der Einbindung Russlands und anderer Oststaaten in die EU, verstärkt. Trotzdem löst die Vorsilbe „Ost“ im Westen recht selten Sympathien aus.
Deutschland hat sich in den letzten hundert Jahren stark verändert. Nicht nur ein gewaltiger sozialer, kultureller und ökonomischer Wandel ist festzustellen, sondern auch die politische Struktur Deutschlands hat sich grundlegend gewandelt. (Siehe Henning 1995, 1997; Geißler 1996 u.a.) Aus dem Deutschen Kaiserreich wurde nach der Weimarer Republik, dem Dritten Reich und der Teilung in die Bundesrepublik Deutschland und die Deutsche Demokratische Republik schließlich das wiedervereinigte Deutschland, ein demokratischer Sozialstaat. Nach den Weltkriegen mussten allein in Deutschland viele Millionen Kriegsteilnehmer auf dem Arbeitsmarkt untergebracht werden, außerdem mussten jeweils mehrere Millionen „kriegsbeschädigte“ Menschen versorgt werden. Mehrere Millionen Kinder und Jugendliche hatten in den Kriegen ihren Vater – häufig auch ihre Mutter – verloren, für diese Waisen musste der Staat ebenfalls sorgen. Eines der dringendsten sozialen Probleme aber stellte die Reintegration der Jugend dar, deren durch Kriegs- und Nachkriegserfahrungen geprägtes Wert- und Normverständnis häufig von der gesellschaftlichen Normalität abwich. Schädigungen oder Verlust der Familie, anhaltende Jugendarbeitslosigkeit und fehlende Ausbildungsmöglichkeiten forcierten die Jugendproblematik. Die Bombardements hatten Städte und Wohnungen zerstört, es herrschte eine ungeheuere Wohnungsnot.
Das zweigeteilte Deutschland erlebte als verkleinertes „Modell der Weltspaltung“ alle Spannungen und Konflikte der Großmächte hautnah. Die

Errichtung der Mauer, die Räumung der Grenzzone und der Schießbefehl des SED-Regimes zementierten 1961 die Teilung in zwei deutsche Staaten. In der Bundesrepublik Deutschland führte die „freie Marktwirtschaft" in kurzer Zeit zum deutschen „Wirtschaftswunder" mit Vollbeschäftigung, Lohnerhöhungen und Arbeitszeitverkürzungen. „Gastarbeiter" wurden im europäischen Ausland von amtlichen deutschen Stellen gezielt in ihren Heimatländern angeworben, um den Mangel an Arbeitskräften zu beseitigen. Die längere Verweildauer der ausländischen GastarbeiterInnen, der zunehmende Familiennachzug, die relativ hohe Geburtenzahl und die zahlreichen Entlassungen von ausländischen Arbeitskräften aus ihren Arbeitsverhältnissen nach dem wirtschaftlichen Abschwung veränderten die Lebensverhältnisse der ausländischen Wohnbevölkerung in Deutschland gravierend. Schlagworte wie „soziale Eingliederung", „Integration auf Zeit", „Multi-Kulti-Gesellschaft" und „Ausländer-Raus" kennzeichneten die damit verbundenen sozialen Problematiken.
Die internationale Frauenbewegung sah in der Ausbildung und in der beruflichen Tätigkeit einen wichtigen Baustein zur Emanzipation der Frauen. Wie in den USA so forderten auch die Frauen in den Ländern Europas Gleichheit und Freiheit für sich und wollten ihre geschlechtsrollenspezifischen Benachteiligungen in allen Bereichen des gesellschaftlichen und politischen Lebens beseitigen. Dabei verfolgte die proletarisch ausgerichtete Frauenbewegung durchaus nicht dieselben Ziele wie die bürgerliche Frauenbewegung. Die bürgerlichen Frauen waren für Haushalt und Kindererziehung – darin häufig von Dienstmädchen unterstützt – zuständig und ihre Männer, die außer Haus arbeiteten, verdienten das Einkommen zum Lebensunterhalt; das ermöglichte den Frauen insgesamt nur eine begrenzte Lebenserfüllung und Mitwirkung im gesellschaftlichen Bereich. Demgegenüber waren die Arbeiterfrauen wegen des geringen Einkommens ihrer Männer gezwungen, selbst in Fabriken zu arbeiten oder als Dienstmagd ihre Arbeitskraft zu verkaufen. Dieses Element der erzwungenen Lohnarbeit unterscheidet beide Bewegungen in ihrem gemeinsamen Ziel, einer (bezahlten) gesellschaftlichen Betätigung nachgehen zu können. Zur Rechtfertigung außerhäusiger Erwerbsarbeit drehten die Frauen die biologistische Argumentation ihrer Gegner um: Was diesen als Legitimation zur „Verbannung" der Frauen in den Haushalt diente, verwendeten jene nun zur Begründung für ihre berufliche Tätigkeit in bestimmten Bereichen. Die natürliche Disposition der Frauen insgesamt, nicht nur die der Mütter,

befähige sie zum „mütterlichen“, das heißt wärmenden, hegenden und pflegenden Umgang mit Menschen, die krank oder in Not sind. Diese für den Familienbereich akzeptierten Fähigkeiten reklamierten sie nun auch für gesellschaftliche Aufgaben, insbesondere für soziale Tätigkeiten, wie etwa Kranken und Notleidenden zu helfen. Das Prinzip „Mütterlichkeit“ wurde als spezifisch frauliche Kritik an den „männlichen“ Prinzipien Konkurrenz, Eigennutz und Spezialisierung verstanden, die die kapitalistische Gesellschaft beherrschten. Die Frauen wollten ihre fraulichen und mütterlichen Werte auch außerhalb des Hauses in die Gesellschaft aktiv – in Übereinstimmung mit den Zielen der bürgerlichen Frauenbewegung – einbringen. In diesem Sinne wurde „Mütterlichkeit“ zu einem zentralen Wert insbesondere der bürgerlichen (und mittelbar auch der proletarischen) Frauenbewegung. (Siehe Sachße 1986, Zeller 1987; Wendt 1995b, 166-185; Eggemann/Hering 1999; Paulini 2001 u.a.)

Die Vorbereitungen zum Eintritt in den Krieg lösten in den USA und Europa starke – pazifistische – Gegenbewegungen aus; insbesondere Frauen aus der Frauenbewegung engagierten sich zusätzlich in der Friedensbewegung. (Siehe Addams 1907, 1922; Nearing 1972 u.a.) Während des ganzen Jahrhunderts fanden sich – regional und international – immer wieder Menschen in Friedens- und Bürgerrechtsbewegungen zusammen, um gegen Krieg, Gewalt, Rassismus, Unterdrückung und Ausbeutung anzugehen.

In den westeuropäischen Industriestaaten veränderte sich aufgrund der starken Abnahme von Geburten und der gleichzeitigen tendenziellen Verlängerung der Lebenswartung die Bevölkerungsstruktur stark: immer mehr ältere Menschen standen und stehen immer weniger jungen Menschen gegenüber. Aus diesen demographischen Veränderungen ergaben sich neue soziale Probleme (Generationenprobleme), sowohl bei der Versorgung und Erziehung der Kinder und Jugendlichen als auch bei der Betreuung und Pflege alter Menschen. 1975 lebten noch zwei Drittel der Deutschen im traditionellen Familienhaushalt mit Kindern, 1995 waren es nur noch 50%. In den sogenannten Entwicklungsländern dagegen bemüht man sich, den „Geburtenüberschuss“ zu reduzieren, um eine Bevölkerungsexplosion zu verhindern.

In der Weltwirtschaft spielen nationale Grenzen eine immer geringere Rolle. Die einzelnen Volkswirtschaften sind voneinander abhängig, ein Ereignis in einem Staat kann globale Folgen haben. Die neuen Informationstechnologien intensivieren den Strukturwandel noch. Information, früher ein teueres und schwierig zu beschaffendes Gut, ist prinzipiell für alle in kurzer Zeit verfügbar. Das führt in vielen Branchen dazu, dass Unternehmen miteinander in weltweiter Konkurrenz stehen. Auch das Kapital strömt schneller als je zuvor auf der Suche nach den höchsten Renditen um die Welt. Die Staaten büßen an Einfluss ein, internationale Unternehmen treffen wichtigere Entscheidungen als Regierungen. Für die BürgerInnen bedeutet das den Verlust ihrer demokratischen Mitspracherechte in ihrem Staat. In vielen Bereichen der Politik werden nationale Grenzen irrelevant: Probleme und ihre Lösungen machen vor den Schlagbäumen, sofern es sie überhaupt noch gibt, keinen Halt. Die Probleme fließen ineinander und die Interdependenzgeflechte der beteiligten Menschen und ihrer Organisationen gehen über die Grenzen hinweg. Weder in der Beschäftigungs-, Sozial-, Steuerpolitik noch in der Umwelt- oder Sicherheitspolitik sind nationale Alleingänge und Problemlösungen denkbar.

4.2 Entwicklung von Wissenschaft und Ausbildung

Im Verlauf des 20. Jahrhunderts sind der Forschritt in der Wissenschaft und ein hoher Ausbildungsstandard der Bevölkerung immer stärker zur Grundlage und Voraussetzung für den Wohlstand eines Staates geworden. Das gilt nicht nur für die arbeitsteilig organisierten Industrieländer, sondern generell für alle Länder der Welt.

(1) Entdeckungen und Theorien

Seitdem die Menschen zu den Sternen aufblicken, machen sie sich Gedanken und Bilder über die Welt. Ein völlig neues Weltbild hat der deutsche Physiker Albert Einstein (1879-1955) mit seiner Allgemeinen Relativitätstheorie am Anfang des 20. Jahrhunderts entworfen. Demnach sind Raum und Zeit miteinander verbunden, bilden ein Raum-Zeit-Kontinuum und sind nicht absolut, sondern relativ. Wissenschaftlich fundierte „Weltbilder“ sind in der Folge extrem abstrakt, und viele sehen in der Theorie Einsteins eine Begründung für ihre Haltung, die sich in dem Satz „Es ist alles relativ!“ ausdrückt. Der deutsche Physiker Werner Heisenberg (1901-1976) formulierte 1927 eine mathematische Gleichung für die Erkenntnis, dass es keine objektive Beobachtung gebe. Danach ist es nicht möglich, zugleich den Ort und die Geschwindigkeit (genauer: den Impuls) eines sich bewegenden Elementarteilchens präzise zu bestimmen, weil die Messung selbst das Messergebnis beeinflusst.

Der Wiener Nervenarzt Sigmund Freud (1856-1939) veröffentlichte 1900 in seinem Buch „Die Traumdeutung“ seine Theorie einer wissenschaftlich systematischen Traumdeutung, von der er annahm, sie sei der „Königsweg“ zum Unterbewusstsein des Menschen. Die Psychoanalyse Freuds gewann weltweit großen Einfluss darauf, menschliches Erleben und Verhalten zu erklären und psychische Erkrankungen zu therapieren. Die beiden US-Amerikaner John B. Watson (1878-1958) und Burrhus F. Skinner (1904-1990) waren maßgeblich an der Entwicklung des Behaviorismus beteiligt, einer streng an die Naturwissenschaften ausgerichteten Psychologie, die sich auf das empirisch beobachtbare, mathematisch quantifizierbare Verhalten beschränkt und das Verhalten als Folge eines nach dem Reiz-Reaktions-Schema ablaufenden Lernprozesses ansieht. Nach der Theorie von der „full functioning person“ des US-Amerikaners Carl C. Rogers (1902-1987) ist der Mensch von Natur aus gut und unter normalen Bedingungen entwickelt er ein ausgeglichenes, realistisches, ihm selbst und anderen förderliches Verhalten. Ziel der „client-centered-therapy“ von Rogers ist es, dem Klienten zu helfen, sich selbst aus Verfremdungen zu befreien. Alle drei miteinander konkurrierenden „psychologischen Schulen“ hatten und haben bis heute einen großen Einfluss auf die Soziale Arbeit. (Siehe Teil 4 Abschnitt 6.)

Ein einschneidendes Ereignis für das Verständnis von Wissenschaft war der Bau und der Abwurf der ersten Atombombe 1945; damit ist der größte Schrecken, den je wissenschaftliches Wissen über die Menschheit gebracht hat, verbunden. Die Atombombe hat gezeigt, dass nicht erst die technische Anwendung wissenschaftlicher Erkenntnisse, sondern bereits die Forschung selbst gesellschaftliche Tatsachen schafft und die politische Situation verändert. Damit ist die Trennung von vermeintlich reiner und wertfreier Wissenschaft von der technischen Anwendung ihrer Ergebnisse ad absurdum geführt worden; dennoch wird dieser Zusammenhang von WissenschaftlerInnen ignoriert, wenn sie meinen, dass sogenannte Grundlagenforschung einen verantwortungsfreien Raum habe, in dem erst einmal ganz unbefangen nach der „reinen Wahrheit“ gesucht werden könne und man danach noch die freie Wahl

habe zu entscheiden, ob die Forschungsergebnisse angewandt werden sollen oder nicht.
Die Problematik der „reinen Wissenschaft“ war letztlich auch Inhalt des sogenannten „Positivismusstreites“, der in den sechziger und siebziger Jahren vor allem die SozialwissenschaftlerInnen in zwei Lager gespaltet hat. Auf der einen Seite standen VertreterInnen des Kritischen Rationalismus, also einer empirisch-analytischen Wissenschaftstheorie in der Tradition des Positivismus, mit den Wortführern Karl R. Popper (1902-1994) und Hans Albert (1921*). Auf der anderen Seite stritten VertreterInnen der Kritischen Theorie („Frankfurter Schule“), also einer dialektisch-kritischen Wissenschaftstheorie in der Tradition der Emanzipationsbewegungen mit den Wortführern Theodor W. Adorno (1903-1969), Max Horkheimer (1895-1973) und Jürgen Habermas (1929*). Der Streit um die „richtige“ Wissenschaftsauffassung ging einher mit einer Politisierung der Sozialwissenschaften einerseits sowie der Akzeptanz und Ausweitung der sozialempirisch-erfahrungswissenschaftlichen Forschungsmethoden andererseits. (Siehe dazu Teil 3 Abschnitt 3.)
Mit Beginn der achtziger Jahre erschienen die ersten leistungsfähigen Personal Computer (PC) auf dem Weltmarkt; damit begann der unaufhaltbare Siegeszug der Computerwissenschaften (Informatik) und der Kommunikationstechnologie in alle Lebensbereiche; für die Forschung eröffneten sich völlig neue Dimensionen der Erkenntnisgewinnung. Die Erfindung der Computer wirkt ähnlich revolutionär auf die Wissenschaft und das gesamte Leben der Menschheit wie die Erfindung der Schrift und des Buchdrucks. Die audiovisuellen Medien (Fernsehen, Video, Film u.a.) und die „neuen Medien“ (Kabel- und Satellitenfernsehen, Video- und Bildschirmtext, Computer, Telefax u.a.) drängen die gedruckten „alten Medien“ mehr und mehr in den Hintergrund. Global agierende Multi-Media-Konzerne bestimmen die Kommunikationskultur, selektieren Informationen und streben danach, politische und gesellschaftliche Prozesse in ihrem Sinne zu beeinflussen und die Menschen für ihre profitorientierten Zwecke und Ziele zu instrumentalisieren.
In der Genforschung wurden in den neunziger Jahren Kenntnisse und Methoden für den gezielten Eingriff in die Erbanlagen der Lebewesen entdeckt und entwickelt; Erbträger (Gene) können entnommen und eingefügt, Aufbau und Eigenschaften von Pflanzen, Tieren und Menschen können verändert werden. Der Mensch verfügt damit erstmals über Möglichkeiten, durch gezielte Veränderungen direkt in die Entwicklung des

Lebens einzugreifen. Die sich daraus ergebenden Chancen, Risiken und Gefährdungen für das Leben des Einzelnen und für das Zusammenleben aller Menschen sind noch nicht annäherungsweise erfasst. Die Biowissenschaften sind die neuen Hoffnungsträger der Menschheit geworden und werden entsprechend gefördert.

(2) Europäisierung des Ausbildungssystems

In den Industriestaaten wurden die Bildungssysteme (Volksschule, Grundschule, Realschule, Gymnasium, Berufs- und Hochschule) intensiv ausgebaut. Am Ende des 20. Jahrhunderts hat in den führenden Industriestaaten ein Drittel eines Jahrgangs einen ersten berufsqualifizierenden Hochschulabschluss. An den Universitäten lehrten und forschten die Professoren in Personalunion; sie behielten ihre herkömmlichen Privilegien (Freiheit der Lehre, Sonderstatus als Beamte). An den Hochschulen, die sich einer ständig steigenden Zahl Studierender gegenüber sahen, wurden Forschung und Lehre zunehmend in eine Vielzahl Einzelwissenschaften und Studiengänge aufgeteilt. Durch die Gründung von außeruniversitären Forschungsinstituten erfolgte ein erster Einbruch in das Forschungsmonopol der Universitäten. Frauen durften sich 1901 erstmals an deutschen Universitäten – mit dem Status von Gasthörerinnen – immatrikulieren; während das Verhältnis von Studentinnen und Studenten insgesamt gesehen mittlerweile ausgewogen ist, sind Frauen auch heute noch eine Minderheit unter den HochschullehrerInnen.

Das angloamerikanische Bildungssystem setzte sich nach dem Zweiten Weltkrieg weltweit – insbesondere in den Industriestaaten – durch. Das deutsche Hochschulsystem wurde und wird dadurch mehr und mehr in seinen Grundstrukturen herausgefordert. Nachdem Hochschulangelegenheiten in Deutschland bislang im Rahmen der Kulturhoheit Ländersache waren, sorgt die Europäisierung in allen Lebensbereichen für einschneidende Veränderungen im Bildungsbereich. In der Gemeinsamen Erklärung der Europäischen Bildungsminister vom 19. Juni 1999 in Bologna heißt es:

„Inzwischen ist ein Europa des Wissens weitgehend anerkannt als unerlässliche Voraussetzung für gesellschaftliche und menschliche Entwicklung sowie als unverzichtbare Komponente der Festigung und Bereicherung der europäischen Bürgerschaft. Dieses Europa des Wissens kann

seinen BürgerInnen die notwendigen Kompetenzen für die Herausforderungen des neuen Jahrtausends ebenso vermitteln wie ein Bewusstsein für gemeinsame Werte und ein Gefühl der Zugehörigkeit zu einem gemeinsamen sozialen und kulturellen Raum." (http://www.unige.ch/cre/activities/Bologna)
Die wichtigsten erklärten Ziele der europäischen Bildungsminister sind die Einführung eines Systems leicht verständlicher und vergleichbarer Abschlüsse, mit dem Ziel, die arbeitsmarktrelevanten Qualifikationen der europäischen BürgerInnen ebenso wie die internationale Wettbewerbsfähigkeit des europäischen Hochschulsystems zu fördern; die Einführung eines Systems, das sich im Wesentlichen auf zwei Hauptzyklen stützt: einen Zyklus bis zum ersten Abschluss („undergraduate") und einen Zyklus nach dem ersten Abschluss („graduate"). Regelvoraussetzung für die Zulassung zum zweiten Zyklus ist der erfolgreiche Abschluss des ersten Studienzyklus, der mindestens drei Jahre dauert. Der nach dem ersten Zyklus erworbene Abschluss attestiert eine für den europäischen Arbeitsmarkt relevante Qualifikationsebene. Der zweite Zyklus sollte mit dem Master und/oder der Promotion abschließen. Einführung eines Leistungspunktsystems als geeignetes Mittel der Förderung größtmöglicher Mobilität der Studierenden. Leistungspunkte sollten auch außerhalb der Hochschulen erworben werden können. Förderung der Mobilität durch Überwindung der Hindernisse, die der Freizügigkeit in der Praxis im Wege stehen. Förderung der europäischen Zusammenarbeit bei der Qualitätssicherung im Hinblick auf die Erarbeitung vergleichbarer Kriterien und Methoden. Förderung der erforderlichen europäischen Dimensionen im Hochschulbereich, insbesondere in Bezug auf die Entwicklung von Curricula, die Zusammenarbeit zwischen den Hochschulen, Mobilitätsprojekte und integrierte Studien-, Ausbildungs- und Forschungsprogramme.

(3) Ausdifferenzierung und Etablierung vieler Einzeldisziplinen

Die im 19. Jahrhundert begonnene Ausdifferenzierung der Wissenschaften wurde im 20. Jahrhundert fortgesetzt und führte zur Etablierung zahlreicher Einzeldisziplinen an den Universitäten. Durch das an den Universitäten geltende Prinzip der Einheit von Forschung und Lehre bedeutete die Aufnahme einer Wissenschaftsdisziplin in das universitäre Lehrangebot zugleich eine Etablierung dieser Einzeldisziplin als Wissenschaft, denn keine Lehre ohne Forschung!

Im Jahre 2001 haben die Hochschulen in Deutschland Studiengänge in den acht Fächergruppen Ingenieurwissenschaften (22), Mathematik, Naturwissenschaften (12), Agrar- und Forstwissenschaften (4), Gesundheitswesen (6), Rechts- und Wirtschaftswissenschaften (4), Gesellschafts- und Sozialwissenschaften (9), Sprach- und Kulturwissenschaften, Kunst und Gestaltung (19) und für Lehrämter (5) angeboten. In Klammern steht die Zahl der in der Fächergruppe jeweils angebotenen Studiengänge. Es gibt nur ein paar Studiengänge, die ausschließlich als Fachhochschulstudiengänge angeboten werden, darunter die Studiengänge für Sozialarbeit, Sozialpädagogik, Sozialwesen mit zwei speziellen Ausnahmen. (Bund-Länder-Kommission für Bildungsplanung und Forschungsförderung [BLK] Bundesanstalt für Arbeit 2001) Für die Mehrzahl der Studiengänge haben die Ständige Konferenz der Kultusminister der Länder in der Bundesrepublik Deutschland (KMK) und die Konferenz der Rektoren und Präsidenten der Hochschulen in der Bundesrepublik Deutschland (HRK) gemeinsam Rahmenordnungen beschlossen. (Siehe http://www.kmk.org.)
Die Entwicklung der Einzeldisziplinen und ihre Etablierung an den Hochschulen verlief bei den Erziehungs- und Sozialwissenschaften ähnlich. Im *ersten Drittel des 20. Jahrhunderts* gab es nur einzelne Lehrstühle für das jeweilige Fachgebiet, die Fragestellungen und Themen wurden in der Regel in größeren Zusammenhängen behandelt.
Mit psychologischen Fragen hatte man sich beispielsweise an den Universitäten im Rahmen von Philosophie und Medizin schon seit Jahrhunderten befasst. Aber erst 1875 wurde erstmals ein Lehrstuhl für Philosophie an der Universität Leipzig in einen Lehrstuhl für Psychologie umgewandelt. (Krampen 1992) Zu Beginn des 20. Jahrhunderts wurden weitere Lehrstühle für Psychologie – damals „Seelenkunde" und „Psychophysik" genannt – eingerichtet. 1926 war Psychologie als Hauptfach im Rahmen der Promotion an elf deutschen Universitäten zugelassen. (Siehe Wertheimer 1970, Bahner 1982a, b u.a.)
Pädagogische Grundfragen wurden in Deutschland bis zum Beginn des 20. Jahrhunderts als Wissens- und Handlungskomplex im Rahmen der praktischen Philosophie, der praktischen Theologie und der LehrerInnenausbildung behandelt. (Tenorth 1994, 17) Für die Volksschullehrerbildung wurde in Deutschland 1926 mit den Pädagogischen Akademien eine besondere Hochschulart geschaffen, die ihr Zentrum nicht in der Wissenschaft wie die Universitäten, sondern in der Idee der Erziehung

hatte. Lehrstühle für Pädagogik wurden an deutschen Universitäten erstmals im ersten Drittel des 20. Jahrhunderts eingerichtet, häufig in Verbindung mit dem Lehrgebiet Philosophie. So hatten drei bis heute für die deutsche Sozialpädagogik bedeutende Professoren Lehrstühle für Philosophie und Pädagogik inne, Paul Natorp (1854-1924) in Marburg, Herman Nohl (1879-1960) in Göttingen und Aloys Fischer (1880-1937) in München.

Als die Deutsche Gesellschaft für Soziologie (DGS) 1909 gegründet wurde, gab es in Deutschland weder einen Lehrstuhl für Soziologie noch eine soziologische Fachzeitschrift. Die Mitglieder des ersten Vorstandes kamen aus der Ökonomie, Statistik, Philosophie, Psychologie, Geschichte, Rechtswissenschaft, Sozialpolitik und Theologie. Die ersten theoretischen Entwürfe und sozialempirischen Forschungen erfolgten im Rahmen anderer Fachwissenschaften (vornehmlich der Philosophie und der Ökonomie). In Deutschland gab es erstmals 1919 in Köln einen Lehrstuhl für Volkswirtschaftslehre und Soziologie, dann 1927 in Hamburg den ersten Lehrstuhl für Soziologie und 1930 den zweiten in Frankfurt a.M. Anstatt Soziologie wurden zeitweise auch die Namen „Soziale Physik“ und „Gesellschaftswissenschaft“ für das Fach verwendet. (Glatzer 1995, 215f.)

Mit *Beginn des zweiten Drittels des 20. Jahrhunderts* wurden die Erziehungs- und Sozialwissenschaften in Deutschland verboten, behindert oder sie wurden dem Nationalsozialismus „gleichgeschaltet“. Ein universitärer Diplom-Studiengang Psychologie mit dem Abschluss Dipl.-Psychologe wurde 1941 in Deutschland etabliert. (Siehe Hellfritsch 1991 u.a.)

Im *dritten Drittel des 20. Jahrhunderts* konnten sich die Erziehungs- und Sozialwissenschaften an den deutschen Universitäten entfalten und etablieren, ausgenommen die Soziale Arbeit.

Nach der Phase der Normierung, Gleichschaltung und Ideologisierung der Psychologie im Dritten Reich wurden Forschung und Ausbildung der Psychologie den neuen Bedingungen angepasst. Rechtlich hielt man sich in der Ausbildung noch bis 1973 an die Prüfungsordnung aus dem Jahre 1941. Danach setzte erst die Phase der Reformen und Ausweitung ein. (Siehe Krampen 1992; http://www.dgps.de u.a.)

Ein universitärer Diplom-Studiengang Erziehungswissenschaft mit dem Abschluss „Dipl.-Pädagoge“ wurde in Deutschland erst im Jahre 1970 eingerichtet. Für das Fach werden in Deutschland zwei Namen parallel benutzt: „Pädagogik“ steht für eine eher geisteswissenschaftliche

und „Erziehungswissenschaft“ für eine eher sozialwissenschaftliche Ausrichtung. VertreterInnen der beiden Richtungen konkurrieren miteinander. (Siehe Böhm 1995, 2002; Böhm/Wenger-Hadwig 1998 u.a.)
Obgleich Pädagogik/Erziehungswissenschaft heute an den Universitäten etabliert ist, wird ihre Wissenschaftlichkeit aus den eigenen Reihen und vornehmlich von empirisch orientierten SozialwissenschaftlerInnen regelmäßig neu in Frage gestellt. Das Verhältnis von Allgemeiner Pädagogik und Sozialpädagogik ist ein „Dauerbrenner“. (Siehe Krüger/Rauschenbach 1994; Wigger 1996; Reyer 2002b u.a.)
Die „Deutsche Gesellschaft für Erziehungswissenschaft (DGfE)“ besteht aus mehreren Sektionen. Die 8. Sektion ist die Sektion „Sozialpädagogik“, die sowohl Sozialpädagogik als auch Pädagogik der frühen Kindheit umfasst; sie führt als englischsprachigen Titel „Social Work and Social Pedagogy“. Die DGfE, die Sektion „Sozialpädagogik“, der Bundesverband der Diplom-Pädagoginnen und Diplom-Pädagogen (BV-Päd) und der Berufsverband Deutscher Diplom-Pädagogen und Diplom-Pädagoginnen (BDDP) sind mit internationalen Vereinigungen von PädagogInnen und ErziehungswissenschaftlerInnen verbunden, nicht mit denen der Sozialen Arbeit. (Siehe http://www.dgfe.de.)
Die Etablierung der Soziologie als eigenständige Wissenschaftsdisziplin setzte in Deutschland gleich nach dem Zweiten Weltkrieg ein; 1960 gab es bereits 40 Lehrstühle für Soziologie und bald darauf einen universitären Diplom-Studiengang Soziologie mit dem Abschluss „Dipl.-Soziologe“. (Siehe Siefer 1995 u.a.) Die „Deutsche Gesellschaft für Soziologie“ (http://www.soziologie.de) ist in Sektionen aufgeteilt; eine davon ist die Sektion „Soziale Probleme und soziale Kontrolle“, die die Zeitschrift „Soziale Probleme“ herausgibt und auf ihrer Webseite Links zu Einrichtungen, die sich mit der wissenschaftlichen Erforschung sozialer Probleme befassen, angibt. (Siehe http://www.uni-bielefeld.de/sozprob/links.htm.) Die DGS, die Sektion „Soziale Probleme und soziale Kontrolle“ und der Berufsverband Deutscher Soziologen sind den internationalen Gesellschaften für Soziologie angeschlossen, aber nicht denen der Sozialen Arbeit.

4.3 ENTWICKLUNG DER SOZIALEN ARBEIT

Soziale Arbeit wurde im Laufe des 20. Jahrhunderts in allen modernen Industriestaaten zu einem großen Beschäftigungsfeld. Manche sprechen sogar – zumindest für Deutschland – von einem sozialpädagogischen Jahrhundert (Thiersch 1992b; Kappeler 1999; Rauschenbach 1999 u.a.). Mit der Zunahme der Aufgaben und Arbeitsfelder der Sozialen Arbeit wuchsen auch die Anforderungen an die Wissenschaft und die Ausbildung der Sozialen Arbeit. Die Diskussion über die Ausbildung für soziale Berufe in Deutschland zu Beginn des 20. Jahrhunderts bezeugt, dass bereits damals zwischen Sozialer Arbeit als Wissenschaft, Praxis und Ausbildung unterschieden wurde. (Vgl. Salomon 1927, 172-192; Orthbandt 1980, 267-275 u.a.) Im Folgenden beschreibe ich zunächst kurz die Entwicklung der Arbeitsfelder der Sozialen Arbeit, dann die der Ausbildung und der Wissenschaft Soziale Arbeit. Auf die Interdependenzen der drei Bereiche weise ich im Verlauf der Beschreibung hin. In diesem Abschnitt konzentriere ich mich auf die Entwicklung in Deutschland, berücksichtige aber auch internationale Aspekte. Zur Entwicklung und Situation der Sozialen Arbeit in anderen europäischen und außereuropäischen Ländern verweise ich auf die einschlägige Fachliteratur und auf die Webseiten der Fach- und Berufsverbände für Soziale Arbeit. Für Italien, Österreich, Frankreich, Spanien, Schweden, Niederlande, Großbritannien, Finnland, Schweiz, Belgien, Ungarn und die USA stehen Beiträge in den Sammelbänden von Puhl/Maas 1997; Göppner/Oxenknecht-Witzsch 1998; Marynowicz-Hetka/Wagner/Piekarski 1999; Chytil/Seibel 1999; Seibel/Walter 1998; Kersting/Riege 2001; Otto/Thiersch 2001 u.a. Über die USA informiert ausführlich die „Encyclopedia of Social Work“ der National Association of Social Workers (1995, 1997); weitere Informationen kann man über die Webseite der International Federation of Social Workers (IFSW) mit Links zu den Webseiten ihrer Mitgliedsverbände aus 77 Nationen und anderen Institutionen und Organisationen der Sozialen Arbeit erhalten. (http://www.ifsw.org)

(1) Die Entwicklung der Praxis der Sozialen Arbeit

Die staatlichen Bemühungen im Sozialbereich konzentrierten sich im 20. Jahrhundert in den Industriestaaten – auch in Deutschland – stark auf die Arbeitsfähigen und -willigen. (Siehe Sachße/Tennstedt 1988, 46-217, 1992; Landwehr/Baron 1991; Wendt 1995b; C.W. Müller 1997, 1999, 2001; Rauschenbach 1999; Hering/Münchmeier 2000 u.a.) Zwar haben einige Gemeinden bereits vor dem Ersten Weltkrieg mit der Umgestaltung der traditionellen Armenpflege und ihrer Ausgestaltung als „sociale Fürsorge" beziehungsweise mit der behördlichen Organisation und Professionalisierung der Fürsorgearbeit (wie zum Beispiel im Straßburger System) begonnen, es waren aber – paradoxer Weise – die Bedingungen im Ersten Weltkrieg und dann in der Weimarer Republik, die in Deutschland den Wohlfahrtsstaat und den Auf- und Ausbau des Wohlfahrtssystems, das heißt einer behördlichen, rational organisierten öffentlichen und organisierten privaten Fürsorge, ermöglichten. Nach der ersten gesetzlichen Festlegung sozialpädagogischer Arbeitsfelder im Reichsjugendwohlfahrtsgesetz (RJWG) Anfang der zwanziger Jahre brachten insbesondere die Gesetzgebungen im Bildungs- und Sozialwesen neue Differenzierungen und Aufgabenfelder für SozialpädagogInnen und SozialarbeiterInnen; zum Beispiel: Ausweitung der Allgemeinen Sozialen Dienste, Heimerziehung mit neuen Betreuungsformen wie Wohngemeinschaften und betreutes Einzelwohnen, Sozialpsychiatrische Dienste, Altenhilfe, Bewährungshilfe, Erziehungsberatung, Frauenhäuser, Sucht- und Drogenarbeit, sozialpädagogische Familienhilfe, Schuldnerberatung usw.

Mit der Übernahme wohlfahrtsstaatlicher Tätigkeiten galt es, die „moderne" behördliche Familien- und Jugendfürsorge effektiv und effizient auszugestalten, durch Qualifizierung der MitarbeiterInnen (Ausbildung, Fortbildung), durch Systematisierung der Aufgaben, durch Rationalisierung der Aufbau- und Ablauforganisation und anderes mehr. Die behördliche öffentliche Fürsorge wie auch die organisierte „Privatwohltätigkeit" sowie die gewachsene korporative Zusammenarbeit von Staat und Verbänden fanden auf der Grundlage des rechts- und verfassungsstaatlichen Aufbaus ihre rechtliche und administrative Gestalt. Von dieser Entwicklung und Dynamik war der Ausbau des öffentlichen, kommunalen Fürsorgesystems geprägt. (Siehe Landwehr/Baron 1991, 73-138; Sachße/Tennstedt 1992, 84-97; Wendt 1995b, 186-216 u.a.)

Die kommunale Armenfürsorge wurde teilweise in besondere Zweige ausdifferenziert („sociale Ausgestaltung": Gesundheits-, Säuglings-, Jugend-, Erwerbslosenfürsorge). Mit der Einführung der Kranken-, Unfall- und Invaliditätsversicherung (1883-1889), der Neugestaltung und

Ausweitung der Leistungsansprüche (1911) in der Reichsversicherungsordnung (RVO) wurde zwar ein bedeutsamer Anfang einer staatlichen Sozialpolitik gemacht, und schließlich wurden auch die sozialistischen Parteien und die Gewerkschaften der Arbeiter weitgehend in das Staatsgefüge integriert, doch zunächst erhielten im Bedarfsfall nur wenige eine Hilfe von den Versicherungen. Mit dieser Lösung wurde jedoch die „Arbeiterfrage" von der „Armenfrage", die „Sozialversicherung" von der „Armenfürsorge" abgetrennt.
Die desolate Situation der Bevölkerung hatte zur Folge, dass der Staat seine fürsorgerischen Tätigkeiten ausweiten musste und sich dabei auch der Unterstützung durch organisierte private Wohltätigkeit (Frauenvereine, Wohlfahrtsverbände u.a.) bediente. Wegen der Notlage breiter Bevölkerungskreise nach dem Krieg konnte dieses gewachsene wohlfahrtsstaatliche System öffentlicher und privater Fürsorge nicht einfach zurückgenommen werden. Auf der Grundlage des rechts- und verfassungsstaatlichen Aufbaus fanden die sozialen Tätigkeiten des Wohlfahrtsstaats ebenso ihre rechtliche und administrative Gestalt wie der Ausbau der Wohlfahrtsverbände (Rechtsstatus, Finanzierung) und die Institutionalisierung der Zusammenarbeit beider Akteure. Beim Ausbau der Verwaltung und der Ämterstruktur ergaben sich einige typische Schwierigkeiten, die sich auf die Spannung zwischen „Verwaltung" (Innendienst) und „Fürsorge" (Außendienst) reduzieren lassen.
In der Fürsorge ein Feld beruflicher Tätigkeit von Frauen zu sehen, hing eng zusammen mit dem Bedeutungswandel, den die Armenpflege vor allem im Ersten Weltkrieg und danach durch den rapiden Rückgang des Volkswohlstandes erfuhr. Als Symptome für diesen Rückgang gelten: Aufbrauchen der Vorräte, Zehren vom „Kapital"; Verlust an Menschen (1,5 Millionen Männer im arbeitsfähigen Alter wurden getötet, das führte zu einer Veränderung der Altersstruktur und bedeutete eine Erweiterung der Kinder- und Altenfürsorge); Wohnungsnot; qualitative Verschlechterung der Arbeitskraft durch lange Arbeitsentwöhnung und Unterernährung; Geburtenrückgang; Verschlechterung des Gesundheitszustandes insbesondere bei Kindern; Absinken der Reallöhne unter das Existenzminimum (Zuschüsse der Fürsorge). Um ihren Lebensunterhalt zu sichern, mussten viele Arbeiter entweder erhebliche Überstunden leisten oder durch „Schwarzarbeit" das Defizit ausgleichen; Frauen und Kinder mussten ebenfalls arbeiten. (Siehe Landwehr/Baron 1991, 106-138 u.a.) Eine wichtige Rolle in der Fürsorge nahm die Familienfürsorge

ein, nicht nur wegen der materiellen Notlage der Familien, sondern auch deswegen, weil sich unter dem Einfluss der gesellschaftlichen Veränderungen die Struktur und die Funktion der Familie veränderten.
Nach der Machtergreifung der Nationalsozialisten wurden in kurzer Zeit die Grundzüge der „neuen Fürsorge" formuliert. Diese hatte allein dem Nutzen der „Volksgemeinschaft" und des „Volkskörpers" zu dienen. „Gemeinschaftsschädliche", „Minderwertige" und „Unnütze" erhielten keine Hilfe mehr oder wurden liquidiert. Die über 700 000 „Krüppel" und „geistig Gebrechlichen", die 1925/26 in der Reichsgebrechlichenzählung ermittelt wurden, waren den Nationalsozialisten ein wesentlicher Ansatzpunkt für ihre Antifürsorge, die zu Aussonderung und Vernichtung führte. (Siehe Landwehr/Baron 1991, 173-217; Sachße/Tennstedt 1992, 173-177; Sünker 1996; Kappeler 2000 u.a.)
Die sozialen und politischen Bedingungen in den ersten Jahren nach dem Zweiten Weltkrieg waren so, dass sich die Hilfebedürftigen in weiten Bereichen selbst helfen und die sozialen Akteure bei ihren Hilfen weitgehend improvisieren mussten. In den fünfziger Jahren begannen dann in der Bundesrepublik Deutschland (BRD) die Vorbereitungen zur systematischen Neugestaltung der Sozialpolitik und der Fürsorge. (Siehe Landwehr/Baron 1991, 219-299; Wendt 1995b, 272-309; Hering/Münchmeier 2000, 189-221 u.a.) Zahlreiche Gesetze und Maßnahmen wurden erlassen, um die ungeheueren sozialen Probleme in den Griff zu bekommen: Bundessozialhilfegesetz (BSHG), Jugendwohlfahrtsgesetz (JWG), Wohnungsbauförderungsgesetz, Bundesjugendplan, Arbeitslosenversicherung, Lastenausgleich usw. Das Bundessozialhilfegesetz als grundlegende gesetzliche Rahmenordnung für Prinzipien, Leistungen und Organisation der Sozialhilfe trat 1962 in Kraft und löste die überkommenen fürsorgerechtlichen Regelungen ab. Die individuelle Betreuung und Hilfe für den Einzelnen im Falle seiner Bedürftigkeit wurde durch konkrete, genau beschriebene Angebote und Leistungen geregelt. Die Entwicklung von der Armenfürsorge zur umfassenden sozialen Hilfe wurde mit dem BSHG abgeschlossen; das Verhältnis der öffentlichen Träger zu den freien Trägern der Wohlfahrtspflege wurde geregelt. Das überarbeitete Reichsjugendwohlfahrtsgesetz (RJWG) wurde 1953 wieder als wichtigste Grundlage des Jugendhilferechts eingeführt und 1961 mit wesentlichen Änderungen als Gesetz für Jugendwohlfahrt (JWG) neu verkündet. Es behandelte die Jugendwohlfahrtsbehörden (Jugendamt) und ihre Aufgaben sowie deren Verhältnis zur freien Jugendhilfe.

Jedes Kind hatte nach dem JWG ein Recht auf Erziehung zur leiblichen, seelischen und gesellschaftlichen Tüchtigkeit. Im Gesetz zur Neuordnung des Kinder- und Jugendhilferechts (KJHG) wurden 1990 dringende Korrekturen und Ergänzungen des JWG vorgenommen.
Die Spitzenverbände der Freien Wohlfahrtspflege – Arbeiterwohlfahrt, Deutscher Caritasverband, Diakonisches Werk, Deutscher Paritätischer Wohlfahrtsverband, Deutsches Rotes Kreuz und die Zentralwohlfahrtsstelle der Juden in Deutschland – nahmen nach dem Krieg sofort einzeln und als Bundesarbeitsgemeinschaft der Freien Wohlfahrtspflege e.V. ihre Tätigkeiten wieder auf. Der Deutsche Verein für öffentliche und private Fürsorge war von Anfang an maßgeblich am Aufbau des Sozialwesens in der Bundesrepublik Deutschland beteiligt. (Siehe Bundesarbeitsgemeinschaft der freien Wohlfahrtspflege 1985, 2002; Landwehr/Baron 1991, 139-172; Sachße 1994; Wendt 1995b; Krug 1997 u.a.)
Nach der in den fünfziger Jahren herrschenden Lehre der Politischen Ökonomie des Marxismus-Leninismus bedurfte die sozialistische Gesellschaft in der Deutschen Demokratischen Republik (DDR) keiner Sozialpolitik, weil diese Gesellschaft nach Auffassung des Regimes in der DDR die gerechteste und sozialste aller denkbaren Ordnungen sei. Sozialpolitik und Soziale Arbeit seien nur dort nötig, wo die soziale Frage, hiermit war die Spaltung der Gesellschaft in Arme und Reiche gemeint, noch weiter existiert. Praktisch aber stand auch die DDR nach dem Zweiten Weltkrieg vor denselben sozialen Problemen wie die BRD. (Siehe Seidenstücker 1996 u.a.) Diese Probleme versuchte sie mit dem Aufbau eines sozialistischen Versicherungs-, Bildungs- und Gesundheitssystems zu bewältigen. Die Staatsführung selbst leugnete allerdings die real existierenden sozialen Probleme: „Unser Volk hat auf Grund der Entwicklung der Produktivkräfte und der sozialistischen Verhältnisse einen Lebensstand erzielt, wie noch nie in seiner Geschichte. Arbeitslosigkeit ist für uns ein Begriff aus einer anderen, fremden Welt. Gewährleistet sind uns soziale Sicherheit und Geborgenheit, Vollbeschäftigung, gleiche Bildungschancen für alle Kinder des Volkes.“ (Siehe G. Winkler 1989, 232; Lampert 1996, 99-144 u.a.) Offiziell gab es keine Soziale Arbeit, faktisch gab es jedoch Soziale Arbeit in den Feldern der Erziehung, Arbeit und Gesundheit und mit alten, kranken und behinderten Menschen.
Nach der Wiedervereinigung wurde das Sozialwesen in den neuen Bundesländern gemäß den gesetzlichen und gesellschaftlichen Rahmenbe-

dingungen der Bundesrepublik Deutschland um- und aufgebaut. (Siehe Wendt 1995b, 353-372 u.a.)

(2) Ausbildung in der ersten Hälfte des 20. Jahrhunderts

Der weltweite Wandel der Wirtschafts- und Sozialstruktur im 20. Jahrhundert führte nicht nur zu neuen Systemen der sozialen Sicherung, sondern auch zu neuen (sozialen) Berufen, Wissenschaftsdisziplinen und Ausbildungen. Mit der Verberuflichung der Tätigkeiten im Wohlfahrtsbereich am Ende des 19. und am Anfang des 20. Jahrhunderts erschlossen sich Frauen ein wichtiges Feld für berufliche Betätigung und eigenständige Erwerbsarbeit, sie traten in Konkurrenz zu den nach allgemeinem Urteil der Zeit schlecht ausgebildeten männlichen Mitarbeitern der Armenpflege und Fürsorge. Die praktischen Erfahrungen, die die Frauen in der Sozialen Arbeit machten, aber auch legitimatorische Absichten, veranlassten die Protagonistinnen der Frauenbewegung im Wohlfahrtsbereich sich dafür einzusetzen, dass für diese Tätigkeit entsprechend ausgebildet und das für die Gestaltung der sozialen Hilfestellung und Unterstützung erforderliche Wissen beschafft und vermittelt wurde. Deswegen wurden die Bestrebungen für eine systematische und auf wissenschaftlicher Grundlage aufbauende Ausbildung in Sozialer Arbeit um die Jahrhundertwende und dann verstärkt während und nach dem Ersten Weltkrieg intensiviert. (Siehe Knobel 1992; Zeller 1994; Wendt 1995b, 166-185; Frumkin/Lloyd 1995; Kendall 2000 u.a.)
In Deutschland und in den anderen Industriestaaten wurden dafür eigens soziale Frauenschulen gegründet. Die Frauen waren dazu gezwungen, weil sie – von Ausnahmen abgesehen – bis in das erste Drittel des 20. Jahrhunderts hinein keinen ordentlichen Zugang zu den Universitäten hatten, sie waren in der Regel nur als Gasthörerinnen geduldet. Auf diesem Wege wurden gewissermaßen zwei „Notlagen" miteinander verbunden: die gesellschaftliche und berufliche Benachteiligung von Frauen und die Not der Armen, Alten, Kinder usw. So ausgebildete Frauen übernahmen sehr bald in großer Zahl hauptberuflich Aufgaben im Fürsorgewesen. (Siehe Salomon 1927; Sachße 1983, 30-36; Zeller 1987, 1994; Sachße/Tennstedt 1988, 15-67; Landwehr/Baron 1991, 27-71 u.a.) Außerhalb Deutschlands wurde Soziale Arbeit nicht nur an neu gegründeten Schulen unterrichtet, sondern auch an Universitäten. Salomon publizierte zum Beispiel eine „Liste der ausländischen Schulen für

Soziale Arbeit“. In Nordamerika gab es zum Beispiel bereits im ersten Jahrzehnt des 20. Jahrhunderts an den Universitäten in New York, Chicago, Boston, Philadelphia und Toronto eine „School of Social Work“ beziehungsweise „Faculty of Social Work“; in Großbritannien an den Universitäten in Birmingham, Bristol, Edinburgh, Glasgow, Leeds, London und in osteuropäischen Ländern an den Universitäten in Prag, Warschau. (Siehe Salomon 1927, 255-305; Popple 1995; Hopps/Collins 1995; Lowe/Reid 1999; Kendall 2000 u.a.)
In den Jahreskursen zur beruflichen Weiterbildung in der Wohlfahrtspflege setzte Salomon ab 1899 ihre Auffassung um, „dass soziale Arbeit systematischer Vorbereitung bedurfte, dass Kenntnisse der rechtlichen und ökonomischen Struktur der Gesellschaft sowie der menschlichen Seite der Armut nötig waren“. (Salomon 1983, 55) Damit begann in Deutschland die systematische Ausbildung für die berufliche Soziale Arbeit auf wissenschaftlicher Grundlage. In Berlin (1889, 1910), Hannover (1905), München (1909), Elberfeld (1910), Leipzig (1911), Frankfurt a.M. (1913) und in anderen Städten wurden Soziale Frauenschulen eingerichtet; 1913 waren es bereits 14 Schulen. Sozialpädagogische Institute – wie zum Beispiel das von Gertrud Bäumer (1873-1954) in Hamburg geleitete – wurden in die sozialen Frauenschulen eingegliedert. (Salomon 1927, 78)
Vor dem Hintergrund der Ausbildungsaktivitäten der Frauen wurde zunehmend ein Qualifizierungsbedarf für Männer in sozialen Berufen (Sozialbeamte) gesehen; aber erst von den zwanziger Jahren an wurden zunächst Seminare und dann Schulen für Wohlfahrtspfleger gegründet, zum Beispiel vom Deutschen Caritasverband in Freiburg i.Br.
Alice Salomon und viele ihrer Mitstreiterinnen standen den Universitäten und der Ausbildung zu sozialen Berufen an den (Männer-)Universitäten skeptisch gegenüber. Sie meinten, dass die „Professoren keine Beziehung zu dieser Arbeit haben und sie nicht schätzen.“ (Salomon 1927, 102) Außerdem brauche die Soziale Arbeit eine auf das praktische Handeln bezogene Theorie, und zwar auf ein Handeln, das sich um das Wohl des Menschen in seiner Ganzheit bemühe. Das könnten die deutschen Universitäten nicht geben. Nicht zuletzt deswegen gründete Salomon mit führenden VertreterInnen der Sozialen Arbeit 1925 die „Deutsche Akademie für Soziale und Pädagogische Frauenarbeit“, um sich von den Universitäten abzugrenzen, aber trotzdem für eine wissenschaftliche Fundierung der „Sozialen und Pädagogischen Frauenarbeit“ zu sorgen. (Salomon 1984, 214ff.; Knobel 1992, 30-41 u.a.)

An einzelnen deutschen Universitäten gab es im ersten Drittel des 20. Jahrhunderts dennoch Lehrstühle für Soziale Arbeit (Fürsorge, Wohlfahrtspflege, Sozialpädagogik) ähnlich wie für Pädagogik, Psychologie und Soziologie. Ab 1911 war Christian J. Klumker (1868-1942) Dozent für Armenwesen und soziale Fürsorge an der Akademie für Sozial- und Handelswissenschaften in Frankfurt a.M., ab 1914 Extraordinarius für Armenpflege und Soziale Fürsorge an der Universität Frankfurt a.M. und 1920 wurde er zum ersten ordentlichen Professor für Fürsorgewesen und Sozialpädagogik in Deutschland ernannt. Der Lehrstuhl, dem ein Forschungsinstitut für Fürsorgewesen und Sozialpädagogik angeschlossen war, wurde nach Klumkers Emeritierung 1934 (vermutlich) aus politischen Gründen nicht wieder besetzt. (H. Maier 1999, 307-312) Der Münsteraner Caritasdirektor Heinrich Weber (1888-1946) wurde 1922 Ordinarius für soziales Fürsorgewesen und Gesellschaftslehre an der Universität Tübingen und war zugleich mitverantwortlich für das Forschungsinstitut für Wirtschafts- und Sozialwissenschaften. Nachdem die Nationalsozialisten Weber 1935 von dem Lehrstuhl verdrängt hatten, wurde er nicht wieder besetzt. (H. Maier 1999, 608f.) An anderen Universitäten wurden spezielle Ausbildungsgänge für soziale Berufe (zum Beispiel ab 1912 in Köln und ab 1921 in Münster i.W.) durchgeführt. Herman Nohl (1879-1960) führte in den zwanziger Jahren an der Universität Göttingen Kurse für sozialpädagogische Wohlfahrtspfleger durch, mit einer eigenen Prüfungsordnung für männliche Wohlfahrtspfleger. An der Theologischen Fakultät der Universität Freiburg i.Br. wurde 1919 ein Lehrstuhl für Caritaswissenschaft und 1925 ein Institut für Caritaswissenschaft eingerichtet; beide Institute bestehen noch. (Siehe Salomon 1927, 172-192, Knobel 1992, 20-25.)

Die Machthaber im Dritten Reich lösten in Deutschland die Ausbildungsstätten für Soziale Arbeit auf beziehungsweise bestimmten die Lehrinhalte nach ihrer nationalsozialistischen Ideologie und separierten die deutsche Soziale Arbeit von den internationalen Verbänden und Organisationen. Renommierte VertreterInnen der deutschen Sozialen Arbeit wie Alice Salomon, Siddy Wronsky (1883-1948) und Walter Friedländer (1891-1984) mussten ins Ausland emigrieren, andere kooperierten mit den neuen Machthabern, wie zum Beispiel Hans Muthesius (1885-1977) und Wilhelm Polligkeit (1876-1960). (Siehe Schrapper 1993 u.a.)

(3) Ausbildung in der zweiten Hälfte des 20. Jahrhunderts

Nach dem Zweiten Weltkrieg begann für die Soziale Arbeit in Deutschland eine neue Ära, nicht nur für die Praxis, sondern auch für die Ausbildung und die Wissenschaft. (Siehe Knobel 1992; Rauschenbach 1996; Homfeldt/Merten/Schulze-Krüdener 1999; Rauschenbach/Züchner 2001 u.a.) In den meisten Industrieländern war an der Ausbildung für SozialarbeiterInnen nichts Grundsätzliches verändert worden; sie wurde weiterhin an eigenen Schulen, Akademien und Universitäten durchgeführt und die Forschung gehörte dazu. (Siehe Frumkin/Lloyd 1995 u.a.)
In Deutschland wollten die westlichen Siegermächte die Soziale Arbeit neu aufbauen und wieder international anschließen. Junge deutsche SozialarbeiterInnen wurden deshalb an amerikanischen Universitäten ausgebildet, um die deutsche Soziale Arbeit nach angloamerikanischen Vorbildern aufzubauen. Die „Sektion für Sozialwesen der Konferenz über Sozialwissenschaften in Deutschen Universitäten“ setzte sich 1948 für die Ausbildung für Sozialfürsorge an Universitäten ein. Sie begründete das damit, dass dadurch die Fürsorgetätigkeit in Deutschland gestärkt, soziale Forschung auf dem Gebiet der Sozialfürsorge den Universitäten zum Vorteil gereichen würde und die Universitäten spezialisierte Berufslehrgänge für diejenigen anbieten müssten, die späterhin in den Schulen für Sozialfürsorger unterrichten sollten. (Siehe Feustel/Labonté-Roset 1992.) Diese Forderungen wurden jedoch nicht realisiert; die Ausbildung wurde an Höheren Fachschulen für Sozialarbeit/Sozialpädagogik durchgeführt, also im sekundären Bildungsbereich.
Erst im Zuge der Bildungsreform der sechziger Jahre wurde in der Bundesrepublik Deutschland die Ausbildung für Sozialwesen (Sozialarbeit/Sozialpädagogik) von den Höheren Fachschulen an die neu gegründeten Fachhochschulen, die zum tertiären Bildungsbereich gehören, verlegt. Die Universitäten blieben für die Soziale Arbeit weiterhin verschlossen. In dem neuen universitären Studiengang Erziehungswissenschaft wurde Sozialpädagogik als eine Studienrichtung (neben: Erwachsenenbildung/Weiterbildung, Sonderpädagogik, Pädagogik der frühen Kindheit und Schulpädagogik) geführt. Beide Studiengänge wurden von Anfang an als grundsätzlich getrennte Studiengänge konzipiert und durchgeführt. Die Fachhochschulstudiengänge wurden nicht der Erziehungswissenschaft beziehungsweise Pädagogik zugeordnet. Spezielle Studienmodelle für das Sozialwesen wurden an Gesamthochschulen etabliert. Die Studienordnungen für die Studiengänge Sozialwesen, Sozialarbeit, Sozialpäda-

gogik und Sozialarbeit/Sozialpädagogik an den Fachhochschulen in den Bundesländern (es gab keine Einigung auf einen einheitlichen Namen) bestanden in der Regel – wie im sekundären Bildungsbereich – aus der Akkumulation von Fächern, die mit Fachwissenschaften wie Medizin, Pädagogik, Psychologie, Soziologie, Recht usw. identisch waren. In manchen Studienordnungen, wie zum Beispiel in Bayern, wurde in einer Fußnote darauf hingewiesen, dass Sozialarbeit/Sozialpädagogik das zentrale Fach sei, auf das alle anderen Fächer auszurichten seien. Diese Fußnote hat jedoch kaum jemand gelesen, geschweige denn befolgt.
Im Auftrag der Kultusministerkonferenz (KMK) und der Hochschulrektorenkonferenz (HRK) hat eine Studienreformkommission Pädagogik/Sozialpädagogik/Sozialarbeit 1984-1988 die Studiensituation für die Ausbildungsbereiche Pädagogik und Sozialwesen analysiert und für das Sozialwesen festgestellt, „daß der Praktiker überprüfbare Handlungskonzepte auf wissenschaftlicher Grundlage brauche, wobei die auf bestimmte Kommunikationsstrukturen ausgerichteten separaten Methoden überwunden werden müßten." Die derzeitige Phase sei sowohl im angelsächsischen wie im deutschsprachigen Raum durch eben diese Überwindung hin zu einer generellen sozialarbeiterischen und sozialpädagogischen Praxis auf der Basis einer Sozialarbeitswissenschaft gekennzeichnet. In die Sozialarbeitswissenschaft würden Brückentheorien, die Beiträge zum Zusammenhang von Absichten und Wirkungen interpersonalen Verhaltens, zur Interdependenz von Menschen und jeweiligen Systemen, zwischen verschiedenen Systemen sowie zwischen Gesellschaft und Sozialarbeit lieferten, integriert. Darüber hinaus stellte die Kommission fest, dass sich „eine eigene Sozialarbeitsforschung (Social work research)" entwickelt habe. (Sekretariat der Ständigen Konferenz der Kultusminister der Länder in der Bundesrepublik Deutschland 1984, 23f.) Die Kommission empfahl einen eigenständigen und einheitlichen Studiengang für Sozialwesen (Sozialpädagogik/Sozialarbeit) an Fachhochschulen mit praxisbezogener Ausbildung auf wissenschaftlicher Grundlage, aufgrund dessen der Abschlussgrad „Diplom-Sozialarbeiter" beziehungsweise „Diplom-Sozialarbeiterin" verliehen wird. Auswahl und Zuordnung der Lehrinhalte sollten an den beruflichen Aufgaben des Sozialarbeiters orientiert und dafür in der Studienordnung so genannte Ausbildungsbereiche gebildet werden, um die isolierte Vermittlung fachspezifischer Kenntnisse zu überwinden und die problemorientierte Integration der Beiträge aus den beteiligten Disziplinen zur

Erklärung und Lösung von Aufgabenstellungen im Sozialwesen zu ermöglichen. Vier Ausbildungsbereiche sollten die bisherigen Fächer (Medizin, Psychologie, Recht usw.) ablösen: „Menschliche Entwicklung und soziales Umfeld“, „Sozialpolitik, soziale Dienste sowie Organisationen und Institutionen sozialer Arbeit“, „Konzepte und Methoden der Sozialarbeit und der Sozialpädagogik“ und „Praxis“. Diesen Ausbildungsbereichen wurden die vier Fächergruppen „Gesellschaftswissenschaften“, „Humanwissenschaften“, „Rechtswissenschaften und Verwaltungslehre“ sowie „Beruflich-methodisches Handlungskonzept (Praxistheorie)“ zugeordnet. Trotz der oben zitierten Feststellung blieben Sozialarbeitswissenschaft und Sozialarbeitsforschung im neuen Curriculum ausgespart! Es blieb bei „beruflich-methodischen Handlungskonzepten“. Der Sozialen Arbeit wurde damit eine eigenständige wissenschaftliche Grundlegung im eigenen Studiengang vorenthalten. (Sekretariat der Ständigen Konferenz der Kultusminister der Länder in der Bundesrepublik Deutschland 1984, 1988)
Die Studienreformkommission Pädagogik/Sozialpädagogik/Sozialarbeit hat getrennt von der Rahmenordnung für den Studiengang Sozialwesen auch eine Rahmenordnung für die Diplomprüfung im Studiengang Erziehungswissenschaft erarbeitet, die wie die Rahmenordnung für den Studiengang Sozialwesen von der Kultusministerkonferenz verabschiedet worden ist. In keiner der beiden Rahmenordnungen ist in irgendeiner Weise auf die andere Rahmenordnung Bezug genommen worden. (Sekretariat der Ständigen Konferenz der Kultusminister der Länder in der Bundesrepublik Deutschland 1989)
Auf Vorschlag einer Studienreformkommission des Bayerischen Wissenschaftsministeriums wurde 1995 in Bayern eine neue Rahmenstudienordnung für den Fachhochschulstudiengang „Soziale Arbeit“ in Kraft gesetzt. Der vorhergehende Studiengang „Sozialwesen“ wurde nicht nur umbenannt, sondern der neue Studiengang baute auf der Fachwissenschaft Soziale Arbeit auf und das Studium wurde in die drei Studienbereiche „Allgemeine Grundlagen der Sozialen Arbeit“, „Bezugswissenschaftliche Grundlagen der Sozialen Arbeit“ und „Berufliches Handeln in der Sozialen Arbeit“ eingeteilt. Im Hauptstudium wurden die Studienbereiche durch Studienschwerpunkte, in denen die Studierenden exemplarisch auf die Praxis vorbereitet werden sollen, ergänzt. Rahmenstudienordnungen des Wissenschaftsministeriums waren 1995 nach dem Bayerischen Hochschulgesetz für alle Fachhochschulstudiengänge

in Bayern verbindlich, daher waren alle 11 bayerischen Fachhochschulen mit einem Studiengang Sozialwesen verpflichtet, die neue Rahmenstudienordnung unverzüglich zu übernehmen. Mit einem Mal gab es auf diese Weise 11 reformierte Studiengänge „Soziale Arbeit“ in Bayern. Die Gegner der Studienreform haben dafür gesorgt, dass die für Fachhochschulen verpflichtenden Rahmenstudienordnungen aus dem Bayerischen Hochschulgesetz gestrichen wurden. (Siehe Eikelmann/Hutter 1996.)

Diese Studienreform hat eine Welle weiterer Studienreformen auf Bundes- und Länderebene ausgelöst. (Siehe Engelke 1996; Grohall 1997 u.a.) Den Höhepunkt dieser Reformbewegung bildet die von der deutschen Hochschulrektorenkonferenz (HRK) und der Kultusministerkonferenz (KMK) im Jahre 2001 beschlossene „Rahmenordnung für die Diplomprüfungsordnung im Studiengang Soziale Arbeit an Fachhochschulen“. Darin wird festgestellt, „dass sich ein eigenständiges, spezifisch-fachwissenschaftliches Wissen der Sozialen Arbeit entwickelt hat, welches dem Studium als eigenständige Grundlage dienen kann. Dies macht erforderlich, die wissenschaftlichen Fächer und Lernbereiche der Sozialpädagogik und der Sozialarbeit – eine weitgehende Überschneidung der Aufgabengebiete in der Praxis hat längst stattgefunden – in der Ausbildung gleichrangig zu verbinden und als gemeinsamen Studiengang Soziale Arbeit zu konzipieren.“ (Sekretariat der Ständigen Konferenz der Kultusminister der Länder in der Bundesrepublik Deutschland 2001, 34) Weiter heißt es: „Der erziehungswissenschaftliche Beitrag zum Studium ist ein wichtiger, integrativer Teil der fachwissenschaftlichen Grundlagen und der Fachwissenschaft Soziale Arbeit.“ (A.a.O. 42) Und weiter: „Die Prüfungsgebiete sind auf der Grundlage der wissenschaftlichen Theorien, der professionellen Kenntnisse und Fähigkeiten der Sozialen Arbeit sowie unter Berücksichtigung des Fremd- und Selbstverständnisses der Profession Soziale Arbeit gebildet worden ... Die Prüfungsgebiete folgen nicht der Gliederung der üblichen Wissenschaftsdisziplinen (Psychologie, Soziologie, Erziehungswissenschaft, Rechtswissenschaft usw.), sondern gehen davon aus, dass die heute der Sozialen Arbeit zugrunde liegenden wissenschaftlichen Erkenntnisse/Theorien und Methoden unter dem Begriff einer Wissenschaft der Sozialen Arbeit zusammengefasst werden können, auch wenn diese wissenschaftspolitisch nicht allseits anerkannt ist und sich noch nicht institutionalisiert hat.“ (A.a.O. 56)

Mit dem Beschluss der KMK und HRK im Jahre 2001 wurde die Soziale Arbeit erstmals in ihrer hundertjährigen Ausbildungsgeschichte in

Deutschland von den dafür zuständigen Gremien der Hochschulen und der Landesregierungen offiziell als eigenständige Fachwissenschaft anerkannt.

(4) Wissenschaftlichkeit Sozialer Arbeit – Akzeptationen und Negationen

Die Forderungen nach einer Wissenschaft Soziale Arbeit und die Feststellung, dass Soziale Arbeit eine Wissenschaft sei, wurden während des 20. Jahrhunderts regelmäßig im In- und Ausland von den unterschiedlichsten Standpunkten aus angegriffen. Dennoch wurde die Entwicklung der Wissenschaft Soziale Arbeit (Philanthropie, Fürsorge, Wohlfahrtspflege) – eng verknüpft mit der Entwicklung der Praxis und der Ausbildung Sozialer Arbeit – kontinuierlich weitergeführt. Allerdings wurde immer neu versucht, diese Entwicklung zu verhindern oder, wenn das nicht möglich war, sie zumindest zu behindern. Stuart A. Kirk und William J. Reid haben diesen Prozess in ihrem Buch „Science and social work: a critical appraisal" für den angloamerikanischen Sprachraum ausführlich beschrieben. (Kirk/Reid 2002) Da ich im Teil 4 die Grundlagen der Wissenschaft und der Forschung der Sozialen Arbeit ausführlich dargestellt habe, charakterisiere ich im Folgenden das Wechselspiel zwischen Forderung und Widerstand mit einer kleinen Collage.
„Jede Wohlfahrtspflege muß basiert sein auf wissenschaftlicher Forschung." hieß es 1911 in der 3. Auflage des von Johannes Conrad u.a. herausgegebenen Handwörterbuches für Staatswissenschaften. „Wir müssen eine klare Erkenntnis darüber haben, nach welcher Richtung die Entwicklung unseres sozialen Lebens geführt werden soll und diese Erkenntnis auch unsere Wohlfahrtspflege leiten lassen. Auch diese Forderung kann ohne Assistenz der Wissenschaft nicht erfüllt werden." (Zit. nach Sachße/Tennstedt 1988, 19)
„Is Social Work a Profession?" Über diese Frage wurde auf dem Kongress der National Conference of Charities and Correction 1915 in Baltimore heftig gestritten. Im Mittelpunkt stand die These von Abraham Flexner: „Social Work is hardly eligible for the status of a Profession". Flexner hatte an der Sozialen Arbeit im Vergleich mit der Medizin auszusetzen, dass sie keine eigenständigen Methoden und keinen „body of scientific knowledge" besitze und deshalb keine Profession sei. Dieser Auffassung traten andere Mitglieder des Kongresses engagiert entgegen. (Wendt 1995b, 247ff.; Kirk/Reid 2002, 1-11 u.a.)

Die Konferenz Sozialer Frauenschulen Deutschlands (Wohlfahrtsschulen) hat bereits 1917 als erste Richtlinie für die Ausbildung beschlossen: „Die theoretische Ausbildung soll eine allgemein sozialwissenschaftliche sein." (Siehe Feustel/Labonté-Roset 1992.)
Maurice J. Karpf, der Vorsitzende der amerikanischen Konferenz sozialer Schulen in den dreißiger Jahren meinte, dass man eine Wissenschaft entwickeln könne, die für die Soziale Arbeit dasselbe bedeutet wie für den Arzt die Erkenntnis normaler und anormaler Körperfunktionen, die Kenntnis von den Mitteln, mit denen anormale zu beseitigen und normale zu fördern sind, und wie für den Ingenieur das Wissen, um Brücken zu bauen, Tunnels zu bohren und im Voraus die Sicherheit solcher Anlagen berechnen und garantieren zu können. (Salomon 1933)
Ilse von Arlt erklärte 1958 in Wien: „Soll die Fürsorge ihren ungeheueren Aufgaben in der modernen Welt entsprechen, so muß sie sich des Werkzeugs bedienen, das anzuwenden wir gewöhnt sind, der Wissenschaft … Wenn es also bisher keine Fürsorgewissenschaft gibt, dann muß bewiesen werden, daß es eine solche geben kann – und wenn kann, dann auch muß." (Arlt 1958, 51f.)
Von den fünfziger Jahren an wurde auch in Deutschland nicht mehr länger gefordert, dass es eine Wissenschaft Soziale Arbeit geben müsse, vielmehr wurde verlangt, die Wissenschaft Soziale Arbeit anzuerkennen und im Wissenschafts- und Hochschulsystem zu etablieren. Diese neue Einstellung ergab sich aus der Erkenntnis und dem gewachsenen Selbstbewusstsein, dass in der Sozialen Arbeit bereits seit Jahrzehnten international geforscht wurde und ein umfassendes wissenschaftliches Wissen vorhanden war.
Herbert Lattke (1909-1990) forderte zum Beispiel in den fünfziger Jahren, „Sozialarbeitswissenschaft" wie in den USA als eigenständigen Wissenschaftszweig mit Grund- und Hilfswissenschaften anzuerkennen und an deutschen Hochschulen zu institutionalisieren. (Lattke 1968) Albert Mühlum ging 1982 davon aus, dass die Sozialarbeitswissenschaft „notwendig, möglich und in Umrissen bereits vorhanden ist". Sie bedürfe der konsequenten Weiterentwicklung, sei von anderen Sozialwissenschaften zu unterscheiden und werde sich gegen alle Widerstände durchsetzen. (Mühlum 1996a, 236f.) Dieselbe Auffassung vertraten zum Beispiel Wolf Rainer Wendt (Wendt 1994), Jan Tillmann (Tillmann 1994) und Reiner Feth (Feth 1996). Zu den jungen Wissenschaftlern, die nach dem Zweiten Weltkrieg in den USA „social work" studiert haben, gehört Hans Pfaffenberger (1922*); er verknüpft seit den siebziger Jahren So-

zialpädagogik (als Wissenschaft) und Sozialarbeitswissenschaft miteinander und fordert den Ausbau und die Etablierung der Sozialarbeitswissenschaft/Sozialpädagogik. Für ihn ist mit dem „Projekt Entwicklung Sozialarbeitswissenschaft/Sozialpädagogik zur eigenständigen wissenschaftlichen Disziplin" die Klärung des Wissenschaftsverständnisses und des Professionsverständnisses und -selbstverständnisses eng verbunden. Ihre Reflexion sei ebenso konstitutiv und funktional für das Projekt wie die handlungsorientierende und praxisfundierende Funktion und die fortlaufende Umsetzung in die Ausbildungspraxis durch große und kleine strukturelle und „innere" Reformen und Reformschritte. (Pfaffenberger 2000, 44)

Zu den eigentümlichen Phänomenen der Wissenschaftsgeschichte der Sozialen Arbeit gehört es, dass gerade VertreterInnen aus der Gruppe der Erziehungs- und Sozialwissenschaften sich als GegnerInnen der Wissenschaft Soziale Arbeit hervorgetan haben. Im Verlauf des 20. Jahrhunderts haben vor allem VertreterInnen der Soziologie, der Nationalökonomie und der (Sozial-)Pädagogik um die öffentliche Anerkennung ihrer Wissenschaftlichkeit und die Autonomie ihrer Wissenschaft gekämpft. Probate Mittel in diesem Kampf waren und sind die Betonung der eigenen Wissenschaftlichkeit, die Negation der Wissenschaft Soziale Arbeit und eine strikte Abgrenzung zur Sozialen Arbeit. Dieses Verhalten kann damit zusammenhängen, dass für die Entwicklung aller jungen Wissenschaften die Abgrenzung und die (Über-)Betonung ihrer Autonomie existentiell wichtig sind. Nach der Etablierung von Soziologie, Nationalökonomie und Pädagogik an den Universitäten gleichen die Beziehungen der drei „Geschwister" zur Sozialen Arbeit Beziehungen zwischen Etablierten und Außenseitern. (Siehe Elias/Scotson 1990.)

In vielen Städten des Deutschen Reiches hatten sich um die Wende zum 20. Jahrhundert Gruppen, Vereine und Institute gebildet, die sich wissenschaftlich mit den sozialen Problemen der Zeit befassten und Wege aus Armut und Elend suchten. Der „Verein für Socialpolitik" und das „Institut für Gemeinwohl" in Frankfurt a.M. ragten als Orte wissenschaftlicher Analysen der Problemverursachung und der Umgestaltung der freien und öffentlichen Fürsorge aus den zahlreichen Aktivitäten heraus. Nach den Vorstellungen führender Nationalökonomen, wie zum Beispiel von Gustav von Schmoller (1838-1917), dem Mitbegründer des Vereins für Socialpolitik, sollte Nationalökonomie eine „moralisch-politische Wissenschaft" sein. Wissenschaftliche Erkenntnisse sollten zugleich verbindliche Normen für die politische Ausgestaltung der sozialen Beziehungen umfassen. Damit pflegte Schmoller die Nähe zur Sozialen Arbeit; bedeutende Personen der Sozialen Arbeit haben deshalb damals Nationalökonomie studiert und darin promoviert, zum Beispiel Alice Salomon und Ilse von Arlt. Die ersten Lehrstühle für Fürsorge und Sozialpädagogik waren den Fakultäten für Wirtschafts- und Sozialwissenschaften zugeordnet. Die Bemühungen anderer VertreterInnen der Nationalökonomie, sich gegen eine Politisierung sozialer Reformen von rechts und links abzusichern und über dem politischen und ökonomischen Interessenkampf zu stehen, führten nicht zuletzt zur Abgrenzung der Nationalökonomie von der Sozialen Arbeit. (Siehe Leitner 1981; Sachße/Tennstedt 1988, 19-22; Hering/Münchmeier 2000, 55ff.; H. Maier 1999, 527f. u.a.)

In den 20er Jahren setzte sich in der amerikanischen Soziologie der schon im 19. Jahrhundert angestrebte Wandel zur Anerkennung als akademischer Beruf und als wissenschaftliche Disziplin durch. Die Soziologen strebten danach, die Soziologie zu einer exakten Wissenschaft nach dem Vorbild der Naturwissenschaften zu machen. (Hinkle/Hinkle 1960, 49) SoziologInnen, die ihre Forschung mit der Sozialreform verbanden, wurden persönlich, fachlich und institutionell ausgegrenzt. In Chicago traf diese Abgrenzungspraxis vor allem Jane Addams, die ihr vorrangiges Ziel darin sah, den Menschen in den Armenvierteln mit Hilfe sozialwissenschaftlicher Methoden zu helfen. Die männlichen Soziologen der Chicagoer Universität, William I. Thomas (1863-1947), Robert E. Park (1864-1966) und Ernest W. Burgess (1886-1966), sahen dagegen Hull-House und die Armenviertel lediglich als „soziologische Labors" an; dieses lehnte Addams völlig ab. (Eberhart 1995, 80-85; Deegan 1988 u.a.) Sozialreform, das heißt die praktische Anwendung der soziologischen Erkenntnisse, wurde nicht mehr länger mit Soziologie verbunden und sollte von sogenannten Sozialtechnikern vorgenommen werden. Park machte mit seinen Kollegen die wissenschaftliche Methodik zum zentralen Anliegen der Soziologie, lenkte „die sozialreformerische Begeisterung in die Bahnen einer sauberen und objektiven Erforschung des Großstadtlebens" (Stadtsoziologie trat an die Stelle der Sozialreform) und erreichte so die Anerkennung der Soziologie als akademische Disziplin. (Hinkle/Hinkle 1960, 70; Baker 1981, 244-270) Diese Abgrenzung hat die Entwicklung der Wissenschaft Soziale Arbeit in den USA zwar behindert, aber nicht verhindert. (Siehe National Association of Social Workers 1995, 1997 u.a.)

Nach der Gründung der Deutschen Gesellschaft für Soziologie und deren Abspaltung vom Verein für Sozialpolitik lag das Schwergewicht der soziologischen Aktivitäten in Deutschland im Bereich der Theorienproduktion. Die deutschen Soziologen definierten und praktizierten Soziologie – im Unterschied zu ihren amerikanischen Kollegen – vor allem als ein theoretisches Unternehmen und haben sich ebenfalls von der Sozialen Arbeit distanziert. (Siehe Leitner 1981 u.a.) In den neueren Darstellungen der Wissenschaftsgeschichte der Soziologie taucht die gemeinsame Geschichte mit der Sozialen Arbeit nicht mehr auf. (Siehe Mikl-Horke 1997; Korte 2000 u.a.)

In der zweiten Hälfte des 20. Jahrhunderts fällt in Deutschland eine dichte Beziehung zwischen (Sozial-)Pädagogik und Soziale Arbeit auf. Diese Verbindung hat eine alte Tradition und ist mit den Werken von Juan L. Vives (1881, 1912, 1973), Jean Jacques Rousseau (1981, 1990, 1995), Johann Heinrich Pestalozzi (1945, 1946, 1949), Paul Natorp (1922, 1974), Herman Nohl (1927, 1965, 1967, 1970, 1988), Klaus Mollenhauer (1973, 1977, 1982, 1987, 1991, 1992, 1996) u.a. über 400 Jahre bestens dokumentiert. Die traditionelle Verbundenheit der deutschen (Sozial-)Pädagogik mit der Sozialen Arbeit und die durch zahlreiche Angriffe auf die Wissenschaftlichkeit der (Sozial-)Pädagogik provozierten Anstrengungen, (Sozial-)Pädagogik als autonome Wissenschaftsdisziplin zu profilieren, haben meines Erachtens zu einem zwiegespaltenen Verhalten von VertreterInnen der (Sozial-)Pädagogik zur Sozialen Arbeit geführt: Universitäre SozialpädagogInnen lehnen Soziale Arbeit als Wissenschaft entschieden ab, gebrauchen den Begriff Soziale Arbeit aber zugleich synonym für Sozialpädagogik und verteidigen die Einbettung der Sozialpädagogik alias Soziale Arbeit in die Erziehungswissenschaft. Der Erziehungswissenschaftler Werner Thole hat zum Beispiel einen 976 Seiten umfassenden Sammelband mit dem Titel „Grundriss Soziale Arbeit" herausgegeben und darin Soziale Arbeit als sozialpädagogisches – das heißt in seinem Verständnis als erziehungswissenschaftliches – Projekt vorgestellt. (Thole 2002, 13-59) Ein anderer Erziehungswissenschaftler, Heinz Hermann Krüger, schreibt: „Die Subdisziplin der Sozialpädagogik, die vielleicht besser mit dem neueren Begriff der ‚Sozialen Arbeit' charakterisiert werden kann, da sich ihr Aufgabenfeld sowohl aus der Tradition der Sozialpädagogik als auch der Armenfürsoge und Sozialarbeit (vgl. Sachße/Tennstedt 1980, 1988, 1992) ergibt, beschäftigt sich mit außerfamilialer und außerschulischer

Erziehung und Hilfen von der Beratung, über die Jugendarbeit, die Heimerziehung, die Drogenberatung bis hin zur Unterstützung alter Menschen (vgl. Thiersch 1994, S.137)." (Krüger 1998, 311) Für den von Krüger zitierten Hans Thiersch ist Soziale Arbeit allerdings eine praxisbezogene, kritische Handlungswissenschaft, die die unterschiedlichen Traditionen von Sozialpädagogik und Sozialarbeit integriert, da für Thiersch die Konzepte von Professionalisierung und Alltagsorientierung auf das Handeln in konkreten Situationen zielen. Die Aussage, Soziale Arbeit müsse sich am Erziehungsbegriff und damit an der Erziehungswissenschaft orientieren, ist für Thiersch obsolet und weist seiner Meinung nach nur auf eine überfällige Diskussion innerhalb der Erziehungswissenschaft hin. (Thiersch 1996, 620ff.)

(5) Nationale und internationale Vereinigungen

Von 1916 an trafen sich Vertreterinnen der Sozialen Frauenschulen in der „Konferenz Sozialer Frauenschulen Deutschlands", um miteinander über die Ausbildung zu beraten und sich in ihren Entscheidungen abzustimmen. Später wurde daraus die „Konferenz der Sozialen Frauenschulen/Konferenz der deutschen Wohlfahrtsschulen". 1937 haben die Nationalsozialisten die Konferenz aufgelöst; 1947 hat sie sich neu konstituiert und ging 1960 in die „Konferenz der deutschen Schulen für Sozialarbeit" über. Diese Konferenz wurde 1976 durch die „Konferenz der Fachbereichsleitungen der Fachbereiche für Sozialwesen in der Bundesrepublik Deutschland (KFS)" und diese wiederum wurde 1995 durch den „Fachbereichstag Soziale Arbeit (FBT-Soziale Arbeit)" abgelöst. Alle Konferenzen waren maßgeblich an den Studienreformen und Auseinandersetzungen über die Etablierung der Wissenschaft Soziale Arbeit beteiligt.

Im Jahr 1928 schlossen sich auf Initiative von Alice Salomon in Paris Hochschulen und andere Ausbildungseinrichtungen für Soziale Arbeit in der „International Association of Schools of Social Work" (IASSW) zusammen, um durch internationale Kongresse, Konferenzen, Seminare, Projekte und Publikationen VertreterInnen von Ausbildungseinrichtungen der Sozialen Arbeit Gelegenheit zum Austausch von Informationen und Erfahrungen zu geben. Die deutsche Konferenz Sozialer Frauenschulen war Gründungsmitglied. Am Ende des 20. Jahrhunderts sind mehr als 400 Hochschulen und andere Ausbildungsstätten der Sozialen

Arbeit sowie 50 nationale Verbände in mehr als 90 Ländern (mit den Regionalverbänden Afrika, Asien und Pazifik, Europa, Lateinamerika und Nordamerika) der International Association of Schools of Social Work (IASSW) angeschlossen. Auf der Webseite der International Association of Schools of Social Work (IASSW) werden Links zu regionalen und nationalen Gliederungen der IASSW angegeben, zum Beispiel auch zur European Asssociation of Schools of Social Work (EASSW). (http://www.eassw.org)
Die *Deutsche Gesellschaft für Sozialarbeit* – Forum für Wissenschaft und Praxis – wurde im Jahre 1989 gegründet. Sie vertritt die Sache der Sozialen Arbeit nach innen, in der Diskussion von Entwicklungen und Perspektiven sozialer Dienste und gemeinwesenbezogener Aktionen, und nach außen, durch öffentliche Darstellung von Zielen und Aufgaben der Sozialen Arbeit, und widmet sich der internationalen Zusammenarbeit auf dem Gebiet von „social work". (Siehe http://www.deutsche-gesellschaft-fuer-sozialarbeit.de.)
So wie in den anderen Industriestaaten haben SozialarbeiterInnen auch in Deutschland Anfang des 20. Jahrhunderts Berufsverbände gegründet, unterschieden nach Konfession, Geschlecht und Arbeitsgebiet, auch in Verbindung mit Gewerkschaften. Im Jahre 1903 gab es bereits den ersten Berufsverband von sozial tätigen Frauen der evangelischen Kirche, den „Verband der Berufsarbeiterinnen der Inneren Mission", und 1912 den „Verband der Jugendgruppen und Gruppen für soziale Arbeit". Nach 1933 wurden fast alle Berufsverbände aufgelöst. Nach dem Zweiten Weltkrieg wurden in der Bundesrepublik Deutschland wieder Berufsverbände der Sozialen Arbeit gegründet. 1994 haben sich die beiden Verbände DBS und BSH zum Deutschen Berufsverband der Sozialarbeiter/Sozialarbeiterinnen, Sozialpädagogen/Sozialpädagoginnen, Heilpädagogen/Heilpädagoginnen (DBSH) zusammengeschlossen; 2002 wurde der Name in „Deutscher Berufsverband für Soziale Arbeit e.V." geändert; die Kurzform DBSH blieb erhalten. (Siehe Reinicke 1990; Paulini 2001; http://www.dbsh.de.)
Die „International Conference of Social Work" wurde 1928 in Paris gegründet mit dem Ziel, durch internationale Veranstaltungen und Publikationen den Austausch von Informationen und Erfahrungen zwischen Personen und Organisationen aus dem Bereich der Sozialen Arbeit zu fördern. An der Gründungsversammlung nahmen VertreterInnen aus 41 europäischen Ländern teil. Alle zwei Jahre finden seitdem Weltkon-

gresse über weltweit grundsätzliche Themen der Sozialen Arbeit statt. Außerdem wurde in demselben Jahr ebenfalls in Paris als weltweite Vereinigung von BerufsvertreterInnen der Sozialen Arbeit das „ständige *internationale Sekretariat für Sozialarbeiter*" gegründet, das bis zum Zweiten Weltkrieg tätig war. 1956 wurde in München die „International Federation of Social Workers (IFSW)" als Nachfolgeorganisation des ständigen internationalen Sekretariates gegründet. Die knappe Selbstbeschreibung der IFSW auf ihrer Webseite lautet: „The International Federation of Social Workers recognises that social work originates variously from humanitarian, religious and demokratic ideals and philosophies; and that it has universal application to meet human needs arising from personal-societal interactions, and to develop human potential. Professional social workers are dedicated to service for the welfare and self-fulfillment of human beings; to the development and disciplined use of scientific knowledge regarding human behaviour and society; to the development of resources to meet individual, group, national und international needs und aspirations; to the enhancement and improvement of the quality of life of people; and to the achievement of social justice." Berufsverbände von SozialarbeiterInnen aus 77 Nationen sind heute Mitglied der IFSW; vertreten sind die Berufsverbände aus „Argentina, Australia, Austria, Bahrain, Bangladesh, Belarus, Benvin, Bolivia, Brazil, Bulgaria, Canadia, Chile, China, Columbia, Croatia, Cuba, Cyprus, Czech Republic, Denmark, Dominican Republic, Egypt, Faeroe Islands, Finland, France, Germany, Ghana, Greece, Hong Kong, Hungary, Iceland, India, Ireland, Israel, Italy, Japan, Kenya, Korea, Kuweit, Kyrgyz Republic, Latvia, Lebanon, Lesotho, Lithuania, Luxembourg, F.Y.R.o. Macedonia, Malaysia, Malta, Mauritius, Marocco, Mongolia, Netherlands, Netherlands Antilles, New Zealand-Aotearoa, Nicaragua, Niger, Nigeria, Norway, Peru, Philippines, Poland, Portugal, Romania, Russian Federation, Singapore, Slovak Republic, South Africa, Spain, Sri Lanka, Sweden, Switzerland/Liechtenstein, Tanzania, Uganda, Ukraine, United Kingdom, United States of America, Uruguay, Zimbabwe." (http://www.ifsw.org) Alle 450.000 Mitglieder der IFSW haben sich verpflichtet, sich an der von der IFSW beschlossenen Definition der Sozialen Arbeit zu orientieren und den ebenfalls beschlossenen Berufskodex („Code of Ethics") einzuhalten. Der Deutsche Berufsverband für Soziale Arbeit (DBSH) ist Mitglied der IFSW und jedes Mitglied des DBSH ist zugleich Mitglied der IFSW.

Teil 3: Philosophische und wissenschaftstheoretische Grundlagen der Wissenschaft Soziale Arbeit

Einleitung

Begriffe wie „Wissenschaft“, „Theorie“, „Konzept“, „Methoden“ und auch „Praxis“ benutzen wir im Alltag ganz selbstverständlich. Dabei tun wir häufig so, als ob diese Begriffe von allen Menschen in gleicher Weise verstanden und gebraucht werden. Aber ist das auch wirklich so? Diese Begriffe gibt es schon sehr lange und ihre Geschichte ist wechselvoll. Jede Zeit hat eigene Auffassungen über diese Begriffe und darüber, was unter ihnen zu verstehen ist. Große Unterschiede in der Bestimmung dieser Begriffe bestehen darüber hinaus von einem Kulturkreis zum anderen. Innerhalb der Epochen und Kulturkreise gibt es außerdem noch verschiedene miteinander konkurrierende Auffassungen über das, was unter „Wissenschaft“, „Theorie“ und „Praxis“ und über ihr Verhältnis zueinander zu verstehen ist. (Siehe Mittelstraß 1995a, b, c, 1996 u.a.)
Zu den allgemeinen Aufgaben der Philosophie gehörte es, diese Begriffe und das, was mit ihnen gemeint ist, zu reflektieren und zu definieren. Heute hat die Wissenschaftstheorie – auch Wissenschaftslehre, Erkenntnistheorie oder Epistemologie genannt – diese Aufgabe als relativ eigenständige Disziplin weitgehend übernommen. Mitunter scheint es sogar so zu sein, als ob die Wissenschaftstheorie mittlerweile für die Philosophie überhaupt steht. Die Wissenschaftstheorie versteht sich als die Wissenschaft von den Wissenschaften (Wissenschaftswissenschaft) und erforscht das Entstehen von Wissen, seine Bedingungen und Voraussetzungen, seine Ziele und Zusammenhänge, seine Querverbindungen und Grenzen, ist somit Selbstreflexion der Wissenschaft. (Rombach 1979, 9)
Das Arbeitsfeld der Wissenschaftstheorie umfasst mehrere Teildisziplinen: Wissenschaftsgeschichte, Wissenschaftssoziologie, Wissenschaftspsychologie, Wissenschaftslogik, Wissenschaftsmethodologie, Wissenschaftsphilosophie u.a.

Zu den wichtigen Aufgaben der WissenschaftstheoretikerInnen zählt es, allgemeine Kriterien und Kennzeichen für Wissenschaft und wissenschaftliches Wissen zu erarbeiten und zu überprüfen, ob Erkenntnisse mit Wissenschaftsanspruch auch wirklich als solche legitimiert sind. Die besonderen Bedingungen der Erkenntnisgewinnung in den jeweiligen Fachwissenschaften sind jeweils von den FachwissenschaftlerInnen für ihre eigene Disziplin zu erforschen und zu benennen; dieses gilt auch

für die Soziale Arbeit. (Siehe Teil 4.) Das Studium einer jeden Wissenschaft enthält daher zwangsläufig auch immer eine Auseinandersetzung mit philosophischen und wissenschaftstheoretischen Fragen und Antworten, da wissenschaftliches Erkennen und Denken sich selbst bis in die Gründe und Anfänge zu reflektieren hat. (Rombach 1979, 7)
Die gegenwärtige wissenschaftstheoretische Diskussion über das Verständnis und in der Folge auch über die Anwendung von Wissenschaft ist weithin durch kontroverse Klärungs- und Definitionsversuche bestimmt. Eine einheitliche und allgemein anerkannte Auffassung gibt es nicht. Das betrifft sowohl die allgemeine als auch die fachwissenschaftliche Diskussion. (Siehe Lay 1971, 1973; Ströker 1973; Rombach 1974, 1979; Seiffert 1985, 1989; Eberhard 1987; Kriz/Lück/Heidbrink 1990; Mittelstraß 1995a, b, c, 1996; Hollis 1995; Bunge 1996; Tschamler 1996; Balzer 1997; Kron 1999 u.a.)
Zunächst werden im ersten Abschnitt dieses Teils die Quellen unserer Erkenntnis, Erfahrung und Verstand, und die Bedeutung des gesellschaftlichen und historischen Kontextes, in dem wir erkennen und denken, beschrieben. Die Streitgespräche der wissenschaftstheoretischen Schulen über ihre Positionen lassen deutlich werden, dass den verschiedenen Auffassungen verschiedene philosophische und erkenntnistheoretische Annahmen zugrunde liegen. Diese grundverschiedenen Annahmen führen auch in der Sozialen Arbeit zu verschiedenen Meta- und Objekttheorien. (Siehe Reamer 1993; Dewe/Otto 2001 u.a.) Hier können die diesbezüglichen Streitfragen mit den Beantwortungsvarianten lediglich benannt werden. Sodann wird bestimmt, was hier unter Wissenschaft und wissenschaftlichem Wissen verstanden wird, und Wissenschaft(sverständnis) als wandelbar dargestellt. Darauf aufbauend werden Entstehung und Ausdifferenzierung wissenschaftlicher Disziplinen beschrieben sowie Kennzeichen und Kriterien zur Organisation von wissenschaftlichem Wissen erörtert. Da Menschen über die zu gebenden Antworten streiten, wirken natürlich auch „ganz menschliche" Faktoren, wie sie sich aus der Persönlichkeit jeder/s einzelnen WissenschaftlerIn und der Scientific Community ergeben, bei den Entscheidungen mit. Beobachten und Handeln, Denken und Tun, Theorie und Praxis, Wissenschaft und ihre Anwendung fordern ständig zu neuen Verhältnisbestimmungen heraus, da es hierbei um das Zusammenspiel vieler Menschen und damit auch um Macht und Herrschaft geht. Äußere Einflüsse auf die Wissenschaftsentwicklung spielen dabei eine nicht un-

erhebliche Rolle, da muss selbstverständlich danach gefragt werden, wem Wissenschaft nutzt beziehungsweise nutzen soll. Zum Abschluss dieses Teils werden die Interdependenzen von Wissenschaft (Theorie), Praxis und Ausbildung behandelt und ein Interdependenzmodell für die Profession Soziale Arbeit vorgestellt.

1. Über das Erkennen

Kinder können mit ihrem ständigen Fragen „Warum ist das so?“ und „Woher weißt Du das?“ Erwachsene wirklich nerven. Der Alltag und seine Routinen haben nämlich häufig dazu geführt, dass erwachsene Menschen sich fraglos verhalten; sie haben vergessen, dass sie, als sie selbst Kinder waren, genauso ausdauernd und gründlich gefragt haben. Was ist aus ihrem Frage-Hunger geworden? Haben sie ein für alle Mal sättigende Antworten erhalten? Wer sein Alltagsgeschäft unterbricht und sich dem radikalen Fragen der Kinder aussetzt, muss feststellen, dass ihm für viele Fragen eine hinreichend begründete und zufrieden stellende Antwort fehlt, ja, dass sich viele Fragen anscheinend überhaupt nicht beantworten lassen und offen bleiben. Aus welchen Quellen schöpfen wir unser Wissen? Wie verlässlich sind unsere Antworten?

1.1 Unsere Erkenntnisquellen: Erfahrung und Verstand

Jedes Erkennen beginnt damit, dass wir etwas erleben. Unter „Erleben“ kann die unmittelbare, unreflektierte, gleichwohl bewusste Sich-Selbstgegebenheit, in der Welt (Objekt) und Ich (Subjekt) ungeschieden gegenwärtig sind, verstanden werden. Der Inhalt des Erlebens und die Vollzugsweise des Erlebens fallen zusammen. (Siehe Mittelstraß 1995a, 586.) Erleben ist das subjektive Innewerden von Vorgängen oder Zuständen, besonders von Inhalten (Erlebnissen), die von uns als bedeutsam empfunden werden. Offen ist dabei allerdings, was jemand jeweils als bedeutsam empfindet und welche Eindrücke aufgenommen und in Erinnerung behalten werden. Aus dem Erlebten wird Erfahrung.

„*Erfahren*“ bedeutet ursprünglich, durch Fahren (Wandern) einen anderen Ort zu erreichen beziehungsweise eine Landschaft zu erkunden. Jemand, der in ein anderes Land fährt, macht seine Erfahrungen, das heißt er empfängt Eindrücke und nimmt auf, was ihm „widerfährt“. Hierbei wird – bewusst und unbewusst – subjektiv ausgewählt, denn nicht alle Eindrücke bleiben in gleicher Weise in der Erinnerung haften; deswegen können zwei Menschen von unterschiedlichen Erfahrungen berichten, obgleich sie zusammen dieselbe Reise gemacht und dasselbe erlebt haben. Im alltäglichen Sprachgebrauch bedeutet Erfahrung (Griechisch: „empeiria“, lateinisch: „experientia“) heute meistens die aus dem Umgang mit vielen Menschen und Sachen gewonnene persönliche Kenntnis, im Unterschied zu „bloßem Buchwissen“. Jemand besitzt Erfahrung mit etwas, wenn er diesbezüglich weiß, was er zu erwarten und wie er sich zu verhalten hat. Dazu muss er Erfahrungen (Mehrzahl!) gemacht, das heißt Erlebnisse im Umgang mit den fraglichen Dingen oder Menschen gesammelt und geordnet haben. Wiederholte Erlebnisse werden gespeichert und bilden die „Erfahrung“, im Unterschied zu dem durch Denken erworbenen Wissen. Erfahrung bezieht sich auch auf die durch lange Praxis in der Ausübung bestimmter Handlungen erworbene Geübtheit. So kann jemand Erfahrungen bei der Pflege von Kakteen, beim Backen von Brot, beim Herstellen von Kachelöfen oder im Umgang mit schwierigen Menschen gemacht haben.

In der Philosophie ist Erfahrung allgemein eine bestimmte Form der Erkenntnis, „Empirie“ genannt, und steht meistens für jedes schlichte Wahrnehmen, das durch Einwirkung von außen ausgelöst wird. Äußere Empirie wird die Wahrnehmung körperlicher Gegenstände und Vorgänge durch die Sinne (Sinneserkenntnis), innere Empirie das Erleben der eigenen inneren (seelischen) Zustände und Betätigungen, die retrospektive Erfassung von Bewusstseinsinhalten (Bewusstsein) genannt.

Der griechische Philosoph Aristoteles (384-324 v.Chr.) verstand unter Empirie so etwas wie ein aus vielen im Gedächtnis bleibenden Wahrnehmungen sich bildendes Vermögen, die Dinge richtig zu erkennen und zu beurteilen, ein Vermögen („Potenz“), aus dem Wissenschaft und Technik hervorgehen. Zu der Erfahrung muss für ihn die „vernünftige Einsicht“ hinzukommen.

Mit „*Verstand*“ (Lateinisch: „ratio“, englisch: „understanding“) werden diejenigen Erkenntnisfähigkeiten des Menschen bezeichnet, die es mit dem regelmäßigen Verknüpfen von Elementen zu Zusammenhängen (zum Beispiel logische Beziehungen zwischen Prämissen und Konklusionen oder Mitteln und Zwecken) zu tun haben. Ein Zusammenhang wird zum Beispiel „verstanden“. Verstand ist dabei sowohl von den prinzipiellen Bedingungen allen Erkennens und Handelns (Vernunft) und von der sinnlichen Wahrnehmung als auch vom Willen und von den emotiven und gewollten Affekten unterschieden. Für den Königsberger Philosophen Immanuel Kant (1724-1804) ist der Verstand das Vermögen der begrifflichen Bestimmung von Inhalten in Urteilen und das Vermögen, Gegebenes einheitlich unter Regeln zu bringen. (Siehe Mittelstraß 1996, 528f.) Der Volksmund appelliert an den „gesunden Menschenverstand".

Mit „*Vernunft*" (Lateinisch: „intellektus", englisch: „reason") wird in der deutschen Philosophie die Fähigkeit des Menschen, sich gemeinsam über die aller Verstandestätigkeit und sinnlichen Wahrnehmung vorausliegenden und durch sie vorausgesetzten Prinzipien Rechenschaft geben zu können, bezeichnet. In der Philosophie ist mit „Vernunft" – im Gegensatz zur Sinnlichkeit – das Vermögen des Menschen gemeint, „Ideen" zu bilden, die Dinge und Geschehnisse der Welt in ihrem äußeren und inneren Zusammenhang zu begreifen. Da solche durch Vernunft begriffenen Bedingungen allgemein, das heißt ohne Ansehen der Person gelten sollen, ist mit dem Begriff der Vernunft der Anspruch auf Intersubjektivität (Universalität) verbunden. (Siehe Mittelstraß 1996, 518f.) „Das ist vernünftig!" sagen wir oft auf Anhieb, wenn wir etwas beurteilen. Man sagt auch, dass man jemanden wieder „zur Vernunft" bringen muss.

Die Bestimmung von Verstand und Vernunft sowie die Klärung ihres Verhältnisses gehören zu den großen Fragen, mit denen die abendländische Philosophie sich ständig befasst hat.

Erkenntnis (Lateinisch: „cognitio", englisch: „knowledge") ist das Ergebnis von Erkenntnisprozessen, Zugängen des Menschen zur Welt. Erkennen bedeutet umgangssprachlich „etwas einsehen", „Einsicht nehmen in etwas" und schließlich „einsichtig werden". In einem weiteren Sinne meint man, dass mit dem Erkennen ein dem betrachteten Sachverhalt „adäquates Wissen" erworben wird und zwar so, dass man den betrachteten Sachverhalt auch wirklich kennt. Erkenntnis steht im Gegensatz zu den unabgesicherten und häufig subjektiven Orientierungsweisen des Meinens und des Glaubens für das begründete Wissen eines Sachverhaltes. (Siehe Mittelstraß 1995a, 575.)

Zwischen einer unmittelbaren, durch Anschauung oder Eingebung – durch Intuition (Lateinisch: „intuitio", englisch: „intuition") – und einer mittelbaren, durch Nach-Denken – durch Reflexion (Lateinisch: „reflexio", englisch: „reflection") – erworbenen Erkenntnis wird unterschieden. Die nur auf dem Wege der Erfahrung zu gewinnenden empirischen Erkenntnisse werden *nachfolgende Erkenntnisse* (Lateinisch: „a posteriori") und die von der Erfahrung unabhängigen Erkenntnisse werden als *vorhergehende, erste Erkenntnisse* (Lateinisch: „a priori") und so-

fern sie keine Erfahrungsmomente enthalten, als reine Erkenntnisse bezeichnet.
Erfahrung und Verstand stehen nach Kant als Quellen menschlichen Wissens zur Verfügung. Über das Zusammenspiel dieser beiden Erkenntnisquellen, ihr Gewicht in diesem Zusammenspiel und ihre Verlässlichkeit gibt es kontroverse Auffassungen, die in verschiedenen Erkenntnistheorien ausformuliert sind. Für die einen dominiert zum Beispiel im Erkenntnisprozess die Erfahrung, für die anderen der Verstand, für Dritte spielt wiederum die Vernunft eine entscheidende Rolle. (Siehe Seiffert/Radnitzky 1989, 48ff. u.a.)
Wie erfahren wir, ob jemand etwas erkannt hat und was jemand erkannt hat? In der Regel dadurch, dass darüber gesprochen wird. Die Aneignung der *Sprache* und die Fähigkeit des *Sprechens* sind wohl die menschlichsten aller menschlichen Leistungen. Sprache ist notwendig, um Erkanntes zu benennen (Signifikationsfunktion) und sich anderen mitzuteilen (Kommunikationsfunktion). Sprache, Sprachfähigkeit, Sprachhandlung und Sprachverwendung – ihre physiologischen und psychologischen Voraussetzungen, ihre Struktureigenschaften usw. – werden in verschiedenen Wissenschaftsdisziplinen untersucht. Mit dem Begriff „Sprache“ können verschiedene Inhalte verbunden werden, so nennen wir einzelne Verständigungssysteme von Gruppen und Völkern jeweils Sprache (zum Beispiel Englisch oder Chinesisch) und verwenden den Begriff auch für schriftliche Texte und Formulierungen (zum Beispiel die Sprache des Dichters). Zu den viel diskutierten Problemen gehören der Zusammenhang und die Bindeglieder von Gegenstand (englisch: „referent“), sprachlichem Zeichen (englisch: „symbol“) und Idee (englisch: „thought; idea“) in dem so genannten semantischen Dreieck. (Siehe Mittelstraß 1996, 47-71.)
Sprachen und Sprechen müssen gelernt werden. Die Sprachproduktion des Kindes umfasst während des ersten Lebensjahres verschiedene Arten von Schreien und Plappern. Im dritten Lebensjahr kann ein Kind in der Regel Drei- bis Fünfwortsätze sagen und Dargestelltes kommentieren; erst danach lernt es, synchron und interdependent „Ich“ zu sagen, statt sich selbst mit dem Vornamen zu benennen, „Nein“ zu sagen, statt zu tun, was es tun soll, und zu fragen. (Siehe Michaelis/Niemann 1999.)
Aussagen und Fragen sowie Fragen und Aussagen bestimmen forthin weitgehend die kognitive, sprachliche und soziale Entwicklung des Kindes und später auch das Leben des erwachsenen Menschen.

1.2 ERKENNEN IM GESELLSCHAFTLICHEN UND HISTORISCHEN KONTEXT

Der Mensch ist nicht allein auf dieser Welt, er ist Mensch nur deshalb, weil er mit anderen Menschen umgeht und weil er Geschichte hat. Und der Mensch ist Teil einer doppelten Bewegung: der gesellschaftlichen einerseits und der historischen andererseits. In beide Bewegungen wird der Mensch hineingeboren und seine persönliche Entwicklung („Psychogenese") ist eingebunden in die Erkenntnisprozesse und die Erkenntnisse seiner Umgebung und seiner Zeit („Soziogenese"). Menschliches Wissen ist nach Norbert Elias (1897-1990) das Ergebnis des langen, anfanglosen Lernprozesses der Menschheit. (Elias 1988, XII)

(1) Der gesellschaftliche Kontext

Als Säuglinge und Kleinkinder sind Menschen extrem egozentrisch und scheinen sich von ihrer Umgebung nicht beeinflussen zu lassen. Sie bestehen darauf, dass ihre Bedürfnisse sofort gestillt werden müssen, während sie die Bedürfnisse der anderen um sich herum überhaupt nicht wahrnehmen. Kinder müssen sich erst an das Vorhandensein anderer Menschen, die ebenfalls Bedürfnisse haben, gewöhnen. Zugleich müssen sie lernen, dass die Bedürfnisse anderer Menschen mit den eigenen Bedürfnissen konkurrieren können und die daraus sich ergebenden Konflikte bewältigt werden müssen. Und schließlich müssen sie lernen, Verzögerungen bei der Erfüllung eigener Bedürfnisse zu ertragen. Erst durch diesen Lern- und Sozialisierungsprozess wird der einzelne Mensch lebensfähig.

Für die Entwicklung einer sozialen Kompetenz ist ab der Geburt in der Regel zunächst die Mutter die wichtigste Bezugsperson für das Kind. Ab der zweiten Hälfte des ersten Lebensjahres werden auch andere Personen, wie der Vater, die Großeltern und Geschwister, für den Sozialisationsprozess wichtig. Die Fähigkeit zur gegenseitigen Bindung und Ausrichtung (englisch: „attachment") ist den Menschen angeboren und interkulturell nachweisbar. Die sozialen Kontakte werden intensiv gestaltet und zum Ende des ersten Lebensjahres hat das Kind gelernt, zwischen bekannten und fremden Personen zu unterscheiden. Im Verlauf des zweiten Lebensjahres bieten sich dem Kinde Möglichkeiten, sich als Individuum auf andere Personen und auf neue Erfahrungen einzulassen, mit der gleichzeitigen Erprobung und Absicherung, wie stark das bisherige „attachment“ noch trägt und die Ängste vor neuen Kontakten und Erfahrungen aufzufangen vermag. Bis zum Ende des zweiten Lebensjahres und noch darüber hinaus ist das Spielen durch ein eigenes, unabhängiges Tun gekennzeichnet. Kinder gleichen Alters spielen nebeneinander her, ohne dass es zu wirklichen Interaktionen im Spiel kommt. Erst ab dem dritten Lebensjahr lernt das Kind, kompliziertere Formen der sozialen Interaktion aufzunehmen und sich in immer komplexere soziale Zusammenhänge einzulassen. Die sozialen Interaktionen von etwa Gleichaltrigen bieten Gelegenheit zu Austausch, gemeinsamen Aktionen oder zu Auseinandersetzungen von PartnerInnen. (Siehe Michaelis/ Niemann 1999, 55f.) Es dauert dann noch einige Jahre, bis das Kind wahrnehmen kann, dass es (nur) ein Mensch unter vielen Menschen auf der Welt und sein Leben vom Zusammenleben mit anderen Menschen, Tieren, Pflanzen und Mineralien in vielfacher Hinsicht abhängig und geprägt ist.

Jeder Mensch wird in bestimmte Sozialstrukturen hineingeboren, lebt in einer bestimmten Gruppe von Menschen und muss sich von Geburt an den Strukturen und Regeln dieser Gruppe anpassen. Diese Gruppe ist wiederum eine Gruppe unter den vielen Gruppen von Menschen, die zusammen die menschliche Gesellschaft bilden. Viele Menschen bilden die Welt und die einzelnen Menschen sind von dieser Vielfalt her zu denken. Jeder Mensch ist zugleich einzigartig und universal, zugleich ein einmaliges Individuum in der gesamten Menschheitsgeschichte und dann auch nur eines von vielen Milliarden gleichen Exemplaren. Die Struktur, die Dynamik und die Zwänge menschlichen Zusammenlebens kann man nicht verstehen und erklären, wenn man jeden einzelnen Menschen für sich betrachtet, sondern nur, wenn man von der Vielheit der Menschen, von den vielfältigen Graden und Arten ihrer Abhängigkeit und Angewiesenheit aufeinander ausgeht.

„Was wir als gesellschaftliche Zwänge bezeichnen, sind die Zwänge, die viele Menschen entsprechend ihrer eigenen gegenseitigen Abhängigkeit aufeinander ausüben. Aber dieser einfache Gedankenschritt scheint für viele Menschen heute noch kaum weniger schwer vollziehbar zu sein als ehedem der Gedanke, dass die Erde nur ein Sonnenplanet unter anderen ist. Vielleicht ist die Selbstdistanzierung, die das Sehen der eigenen Person als eine Person unter anderen verlangt, gegenwärtig noch etwas zu schwer; vielleicht ist es schwierig, den Gedanken zu vollziehen, dass die vielen einzelnen Menschen niemals in einer völlig zufälligen und willkürlichen Art und Weise miteinander leben.“ (Elias 1990, 184)

Wo immer man hinblickt, stößt man auf die Interdependenz gesellschaftlicher, das heißt innerstaatlicher und zwischenstaatlicher, Prozesse. Heute leben 6 Milliarden Menschen auf dem kleinen Planeten Erde. Jede Sekunde kommen drei Menschen hinzu, zehntausend Menschen in jeder Stunde, 100 Millionen Menschen im Jahr. Das heißt: alle zehn Jahre vermehrt sich die Menschheit. 11,5 Milliarden Menschen werden für das Jahr 2050 prognostiziert. 95% des Bevölkerungszuwachses entfallen auf die ärmeren Regionen der Welt. Nach Schätzungen werden 5 Milliarden Menschen im Jahr 2025 in Asien, 1,6 Milliarden in Afrika und 750 Millionen in Lateinamerika leben. Und jeder einzelne Mensch hat das Bedürfnis zu atmen, zu trinken, zu essen, zu wohnen, zu lernen, zu arbeiten usw. Jeder benötigt Luft, Wasser, Brot, Wohnung, Schule, Arbeit usw. Riesige finanzielle, wirtschaftliche, soziale und kulturelle Unterschiede bestehen zwischen den Industriestaaten und den übrigen Staaten der Welt. Die Lebensressourcen sind ungleich verteilt. Regionale und weltweite soziale Probleme und Konflikte sind deshalb vorprogrammiert und unausweichlich.
Mit der modernen Technologie sind auch die informationstechnologischen Grundlagen für einen weltweiten, fast unbegrenzten Austausch von Erkenntnissen und Informationen geschaffen worden. Wir werden täglich über viele Ereignisse aus der ganzen Welt informiert, wissen also, was in der Welt passiert, und nehmen an diesen Ereignissen teil. Ungleiches erleben wir gleichzeitig: hungernde und abgemagerte Kinder im Sudan – naschende und zu dicke Kinder in Deutschland; verängstigte Flüchtlinge in deutschen Asylbewerberlagern – stolze deutsche Touristen auf der ganzen Welt, auch in Ländern, aus denen Asylanten nach Deutschland geflohen und hier unerwünscht sind. Die Globalisierung wirkt sich auf alle Lebensbereiche aus, auch auf die Soziale Arbeit vor Ort und in der Region. Ausdruck dieser Globalisierung sind u.a. die zunehmend weltweiten Aktivitäten sozialer Organisationen, für den Einzelnen in Deutschland zum Beispiel persönlich erfahrbar, indem sie/er gebeten wird, für die Finanzierung einer Armenküche in Petersburg, eines Kinderheims in Rumänien, eines Projektes für Straßenkinder in Recife oder für ein Mädchenprojekt in Thailand zu spenden.

(2) Der historische Kontext

Zu Beginn des zweiten Lebensjahres ist die *Erinnerungsfähigkeit* des Kindes noch sehr labil. Die Zunahme der Speicherkapazität hängt eng mit Reifungsprozessen im Großhirn zusammen. Mit drei bis vier Jahren kann ein Kind schon verschiedene vor seinen Augen versteckte Dinge wiederfinden, mehrere Silben nachsprechen, einfache kurze Sätze wiederholen und auch von abwesenden Dingen erzählen. Die Labilität des Erinnerungsvorgangs im Kleinkind- und Vorschulalter führt dazu, dass die Vorstellungen noch leicht beeinflussbar sind und Kinder öfters Erinnerungstäuschungen unterliegen. Es dauert bis zum Schulkindalter, ehe das Kind feste Vorstellungen von Vergangenem hat. (Siehe Michaelis/Niemann 1999.)

Den meisten Menschen ist nicht bewusst, dass das, was sie jeden Tag praktisch erleben, „*Geschichte*" ist. Sie leben tatsächlich in ihrer Geschichte, erkennen dieses nicht, sind sich dessen nicht bewusst und haben folglich auch kein „Geschichtsbewusstsein". Geschichte kann man verstehen als das Nebeneinander von mindestens zwei als verschieden erlebte Lebenssituationen. Wir scheinen auf die Gegenwart fixiert zu sein und vernachlässigen unsere Einbindung in die Geschichte. Wir denken und empfinden, dass wir einmalig sind und dass es unsere Situation und unsere Probleme noch nie gegeben hat. Unsere Lebenssituation hat es zwar so, wie sie jetzt ist, noch nie zuvor gegeben und dennoch ist sie nicht völlig neu. Wenn wir nach dem Neuen fragen, dann müssen wir das Alte sehen, und dann sehen wir auch, dass das Alte nie so alt gewesen und das Neue nie so neu gewesen ist, wie es scheint. (Hans-Georg Gadamer 1900-2002) Die gegenwärtige Situation ist immer das Ergebnis vorhergegangener Entwicklungen. Die Vergangenheit vergeht nicht, sondern wirkt weiter. Probleme, die sich in der Gegenwart stellen, sind häufig eine Konsequenz aus früheren Problemlösungen.

Menschen werden im Unterschied zu anderen Lebewesen als vernunftbegabte Lebewesen angesehen. Als vernünftige Menschen müssten wir eigentlich aus unserer eigenen Geschichte und der Geschichte anderer Menschen lernen. Aber tun wir das? Betrachten wir zum Beispiel die Geschichte der Menschen, um das Verhalten unserer Vorfahren kennen zu lernen, was sie als sozial problematisch definiert haben und wie sie mit den sozialen Problemen ihrer Zeit umgegangen sind? Befassen wir uns mit den praktischen und theoretischen Bewältigungsversuchen sozialer Probleme unserer Eltern, Großeltern, Urgroßeltern und lernen daraus? „Es braucht uns durchaus nicht zu überraschen, daß unsere alten Vorfahren in der Lage waren, Ideen und Verfahren zu finden, die potentielle Konkurrenten für unsere fortgeschrittensten wissenschaftlichen

Theorien sind. Warum sollten sie weniger intelligent gewesen sein als wir?“ (Feyerabend 1992, 113)

Die Erkenntnisse und das Wissen eines einzelnen Menschen sind auch das Ergebnis des langen Erkenntnis- und Lernprozesses der Menschheit. Jeder einzelne Mensch, wie groß sein eigener innovatorischer Beitrag auch sein mag, baut auf dem vorhandenen Wissensschatz seiner Vorfahren auf und vermehrt ihn gegebenenfalls. Es leben nicht nur 6 Milliarden ZeitgenossInnen mit uns auf der Welt, sondern nach Schätzungen der Deutschen Stiftung Weltbevölkerung haben 100 Milliarden Menschen vor uns auf der Welt gelebt. (Süddeutsche Zeitung, 1.4.2003) Wir bauen als Nachfahren auf dem auf, was unsere Vorfahren uns hinterlassen haben. Wir sind fest eingebunden in die mannigfaltigen Erkenntnisprozesse, an denen sehr, sehr viele Menschen beteiligt waren und weiterhin beteiligt sind. Erkenntnisse haben je eigene Lebensgeschichten; diese sind zu entdecken und bei der Übernahme, Weiterentwicklung und Anwendung der Erkenntnisse mit zu berücksichtigen.

2. Offene Fragen und grundlegende Antworten

Antworten auf philosophische Grundfragen wie: Was sehen wir? Können wir unseren Augen trauen? Was ist wirklich? Kann Wirkliches überhaupt erkannt werden? Wie sind der Erkennende und das zu Erkennende aufeinander bezogen? usw. stehen am Anfang jeder Wissenschaft und ihrer Theorien. Zum Selbstverständnis von Wissenschaft gehört die kritische Reflexion dieser Fragen, denn als Ergebnis dieser Reflexion werden der Geltungsbereich der Aussagen, die Wert- und Normensetzungen sowie Ziele und Perspektiven der Wissenschaft benannt; die Antworten sind das philosophische Fundament der Wissenschaft. (Wagner 1980; Reamer 1993, XII; Hollis 1995; Bunge 1996 u.a.) Die Grundfragen nach unserem Sein und weitere Lebensfragen werden nicht nur in der Wissenschaft, sondern auch in der Philosophie, in der Kunst und in den Religionen in je eigener Weise behandelt und vielfältig beantwortet. Die Fülle und Vielfalt der verschiedenen Zugänge zum Leben und zur Welt machen deutlich, dass die gegenwärtig weit verbreitete Präferenz von wissenschaftlichem Wissen, die bisweilen zu einer naiven Wissenschaftsgläubigkeit geworden ist, nicht in der Sache selbst, sondern vor allem in gesellschaftlichen Entscheidungsprozessen begründet ist, die von den Machtstrukturen und -balancen in einer Gesellschaft beziehungsweise in einem Staat bestimmt werden.

2.1 Grundfragen der Menschen

Unzählbar viele Fragen können zu unserer komplexen Lebenswelt gestellt werden und sind im Laufe der Menschheitsgeschichte auch gestellt worden. Fragen werden gestellt, erheben sich von selbst oder drängen sich auf. Wer fragt? Wer wird gefragt? Was wird gefragt? Mit welchem Ziel, mit welcher Absicht, mit welchem Interesse wird gefragt? Wonach wird gefragt? Wie wird gefragt? Was geht dem Fragen voraus? Worauf baut das Fragen auf? Setzt Fragen Vorwissen voraus? Kann man nur nach etwas fragen, das man schon „irgendwie“ kennt, von dem man eine Ahnung hat?

Fragen ist eine Handlung und eine Haltung, mittels derer einzelne oder mehrere sich an Dritte richten. Eine Frage wird formuliert durch den Text, der von dem einen an den anderen geht. Fragen geht auch damit einher, dass sich jemand nach außen preisgeben und etwas mitteilen soll, was der Befragte anderen oder auch sich gegenüber bislang verborgen gehalten hat. Manche Fragen bleiben einfach im Raum stehen, so, als wenn sie an niemanden gerichtet sind.
Fragen können belästigen, bedrängen, ermutigen, elektrisieren; sie können absichtsvoll und zielgenau gestellt sein. Menschen werden ausgefragt. Antworten werden hinterfragt. Es gibt offene und geschlossene, direkte und indirekte Fragen. Bei Zweifeln wird nachgefragt. Man kann fragen, um sich zu orientieren, sich zu vergewissern, seine Neugier zu befrieden, jemanden zu prüfen, zu beschämen oder bloß zu stellen. Man kann fragen, um sein Wissen zu vermehren, aber auch, um zu desorientieren und zu verwirren. Beim Fragen kann es zu Streit über die Antwort, aber auch über die Zulässigkeit des Fragens kommen. Fragliches kann höchst fraglich werden.
Fragen wirkt in Situationen hinein und definiert Machtverhältnisse. Etwas oder jemanden in Frage stellen und antworten müssen treffen beim Gericht, beim Militär und in der Schule aufeinander. Ein Netz von Fragen wird ausgeworfen, um darin jemanden zu fangen, zum Beispiel in einem Verhör bei Gericht. Fragen können Ausdruck von Macht sein; derjenige, der fragt, macht sich zum Herrn.
Sind Fragen Ausdruck einer Haltung des Suchens? Nicht unbedingt; ein alter und bewährter Gaunertrick ist es, durch Fragen und Gegenfragen eigene Positionen zu überspielen und eigene Bekenntnisse zu umgehen. Manche Fragen legen die Antwort so fest, dass sie keine Freiheit für den Befragten lassen. Die Frage kommt dann als Befehl daher: „Sag mal …“. Freiheit ist gegeben, wenn Fragen nicht beantwortet werden müssen und „Nein, aber …“ gesagt werden kann. Die Weigerung, eine Frage zu beantworten, die Verneinung der Frage als Frage weist auf eigenständiges Sagen, das sich aus dem Widersprechen ergibt, hin. (Bodenheimer 1984, 97)
Liefert Fragen den Grundstock der Weisheit und des Wissens? Wächst Erkenntnis aus dem Fragen? Um Antworten begründen zu können, bedarf es eines Klimas, in dem die Fragenden bereit sind, die Begründungen anzuerkennen. Ist das Fragen die Folge vom Staunen? Das Erstaunen oder das Verblüfftsein über etwas muss der Frage nicht vorausgehen und geht auch nicht immer voraus.

Das Fragezeichen schließt den Fragesatz ab und zeigt, dass hier noch etwas offen und abzuschließen ist. Die Gestaltpsychologie lehrt, dass unsere Sinne danach tendieren, ein offen gelassenes Gebilde für ihre eigene Wahrnehmung als abgeschlossen zu erleben. Und wenn dieser Abschluss dem Wahrnehmen nicht gelingen will, so macht das Vorstellen sich die Wahrnehmung gefügig und die Wahrnehmung gibt nach. Sie sieht, was das Vorstellen befiehlt. „Je überzeugender nun das offen gelassene Merkzeichen dem Vorstellen ein geschlossenes Ganzes vorlegt, um so drängender äußert sich das Bestreben, dieses Offengebliebene als ein geschlossenes Gebilde, als rundum Ganzes und Vollkommenes wahrzunehmen." (Bodenheimer 1984, 74f.)

Fragen leben von Aussagen. Aussagen sind darauf angewiesen, dass sie durch Erfahrung und Verstand ausgewiesen werden. Fragen dagegen bringen es fertig, beständig nur dem Letztgehörten nachzugehen, Widersprüche in dem Ausgesagten aufzuzeigen, die allerdings in der Darstellung und nicht in der Sache begründet sind. Fragen provozieren, Aussagen evozieren das Überdenken von Möglichkeiten, ob etwas so oder anders sein kann.

Die Philosophiegeschichte ist geprägt vom Fragen und von der Vielfalt, die Welt zu sehen, zu erklären, zu verstehen; sie bezeugt aber auch, wie umstritten und fragwürdig die Sichtweisen und Antworten sind. (Siehe Hirschberger 1961, 1963; Störig 1989; Kunzmann/Burkhard/Wiedmann 1991; Mittelstraß 1995a, b, c, 1996 u.a.) Die Kontroversen bestehen bis in die Gegenwart hinein. Und da methodologische Entscheidungen auf philosophischen Grundannahmen aufbauen, setzen sich die Kontroversen über die philosophischen Grundannahmen in der Diskussion über die wissenschaftlichen Erkenntnis- und Handlungsmethoden fort. Die Vielfalt der philosophischen Prämissen führt also zu einer Vielfalt wissenschaftlicher Forschungsmethoden und Theorien. Die Entscheidung für eine bestimmte Erkenntnismethode hängt davon ab, welchen persönlichen und weltanschaulichen Zugang jemand zu den philosophischen Grundfragen hat und welche Antworten aufgrund des jeweiligen historischen, gesellschaftlichen und biographischen Kontextes nahe liegen beziehungsweise „vernünftig" sind. Ein Wandel in den philosophischen Grundannahmen führt zu einem Wandel in den wissenschaftlichen Fragestellungen und Antworten. Jede wissenschaftliche Aussage ist darum innerhalb ihres philosophischen – nicht nur erkenntnistheoretischen – Ansatzes zu verstehen. Es macht wenig Sinn, einzel-

ne Aussagen aus ihrem Zusammenhang (zum Beispiel aus Theorien) herauszunehmen und mit einzelnen Aussagen aus anderen Zusammenhängen zu vergleichen, ohne die jeweiligen philosophischen Prämissen für die einzelnen Aussagen bei dem Vergleich zu berücksichtigen.
Die Entscheidungen für bestimmte Ansätze liegen – in demokratischen Gesellschaften – im Ermessen der einzelnen WissenschaftlerInnen. Insofern liegt ein gewisses Maß an persönlichem Ermessen der Bestimmung und der Auswahl von wissenschaftlichen Erkenntnissen zugrunde. Philosophische Grundentscheidungen gehen anderen Entscheidungen in der Wissenschaft immer voraus und sind als solche zu qualifizieren und zu reflektieren, denn Wissenschaftstheorie ist zwar eng mit der Philosophie verbunden, aber nicht mit ihr gleich zu setzen. Methodologische Entscheidungen sind philosophisch zu begründen.
Eine verbreitete Praxis, Philosophie auf Erkenntnistheorie zu reduzieren, ändert nichts daran, dass auch Erkenntnistheorie nur ein Teilbereich der Philosophie ist. Erkenntnistheorie ist lediglich die Lehre vom Erkennen und den Voraussetzungen von Erkenntnis und befasst sich nicht generell mit dem Leben und der Welt. (Siehe Seiffert 1989, 1-4 u.a.)
In der Philosophie geht es vorrangig um die Beantwortung der vier Fragen:

- Was kann ich wissen?
- Was soll ich tun?
- Was darf ich hoffen?
- Was ist der Mensch?

Diese Fragen wurden und werden in vielen Variationen gestellt und von den unterschiedlichsten Standpunkten aus beantwortet. Die vielfältigen Antworten lassen sich nach meiner Einsicht auf jeweils zwei alternative Perspektiven, von denen aus die Fragen beantwortet werden, zurückführen. Im Folgenden stelle ich diese Alternativen dar; sie können als Unterscheidungskriterien für Wissenschaftsauffassungen und wissenschaftliche Theorien angesehen werden, da ja auch die Theorien letztlich auf Vorentscheidungen („Prämissen“) hinsichtlich der unausweichlichen philosophischen Grundfragen aufgebaut werden. Die hier gezeigten Alternativen sollen lediglich Orientierung bieten und zu einem vertiefenden Studium anregen. Da ich die jeweiligen Anworten nur knapp benennen kann, verweise ich zur Ergänzung und Vertiefung meiner Ausführungen auf die philosophische und wissenschaftstheoretische Fachliteratur. Ich erläutere zunächst kurz den jeweiligen Fragenbereich und skizziere danach alternative Antworten (siehe Abbildung 3).

Abbildung 3: Alternative Antworten auf philosophische Grundfragen

Grundfragen	Antwort	Alternative Antwort
Subjekt-Objekt-Verhältnis	Subjektivismus	Objektivismus
Wahrheit	Korrespondenztheorie	Konsenstheorie
Geltung	absolut	relativ
Freiheit	frei sein	determiniert sein
Werte	Wertrealismus	Wertsubjektivismus
Leib-Seele-Verhältnis	Monismus	Dualismus
Gott	Realität	Mythos

Anmerkung:
Die untereinander stehenden Antworten bilden nicht unbedingt einen logischen Zusammenhang.

(1) Das Subjekt-Objekt-Verhältnis

Erkennen spielt zwischen dem Erkennenden (dem Subjekt der Erkenntnis) und dem Zu-Erkennenden (dem Objekt oder Gegenstand der Erkenntnis) im Raum der Sprache und mit der Vorgabe von Interessen. (Lay 1971, 23) Die Streitfrage heißt hier: Wie sind das Erkenntnissubjekt und das Erkenntnisobjekt aufeinander bezogen? Es ist die Frage nach der „erkenntnistheoretischen Struktur“ der Erkenntnis. Als alternative Sichtweisen kann man bei den Antworten finden:

- *Subjektivismus*

Das Subjekt – der konkrete erkennende Mensch – ist für den Erkenntnisvorgang entscheidend, gemäß dem Satz des griechischen Philosophen Protagoras: „Der Mensch ist das Maß aller Dinge.“ Die beschriebenen Dinge und Vorgänge existieren nur in der vom Subjekt hervorgebrachten Weise, sind also „subjektiv“. Form und Inhalt des „Erkannten“

werden vom Subjekt nicht nur benannt oder bestimmt, sondern hervorgebracht. Erkenntnisse sind deswegen abhängig von den wandelbaren Eigenheiten einzelner Menschen oder der Menschheit insgesamt (den persönlichen und gesellschaftlichen Erkenntnisvoraussetzungen); sie sind nichts als menschliche Konstruktionen („Psychologismus", „radikaler Konstruktivismus"). Zum Beispiel: Die Menschen haben keinen Zugang zu der Landschaft, wie sie wirklich ist; die Landkarten über diese Landschaft kommen daher aus den Menschen, die sie zeichnen.

- *Objektivismus*

Das Zu-Erkennende (das Erkenntnisobjekt) ist wirklich zu erkennen und existiert unabhängig („objektiv") vom Erkennenden (dem Erkenntnissubjekt). Die menschlichen Erkenntniskräfte zielen auf real vorhandene und erkennbare Gegenstände, und diese Erkenntnisobjekte selbst bestimmen die Erkenntnis. Die Dinge und Vorgänge in der Welt selbst werden vom Erkennenden mit seinen Sinnen erfasst und mit seiner Sprache beschrieben. Die menschlichen Erkenntnisse geben das wirklich Existierende wieder. Das Erkannte repräsentiert das Objekt zuverlässig („Realismus", „Ontologismus"). Zum Beispiel: Die Menschen erkennen die Landschaft, wie sie wirklich ist; realistische, empirisch gegebene Erkenntnisse sind die Grundlage für die Landkarte über diese Landschaft.

(2) Wahrheit

Im schlichten Alltagsverständnis bedeutet „Wahrsein" zunächst die Übereinstimmung einer Aussage mit dem von ihr gemeinten Sachverhalt. Eine Aussage kann demnach wahr oder falsch sein. Aber: Was ist Wahrheit? Diese alte Frage ist nicht einfach zu beantworten, wie uns Pilatus, Nathan der Weise u.a. belehrt haben. Die zwei alternativen Sichtweisen, auf die sich die Antworten hierzu reduzieren lassen, sind:

- *Korrespondenztheorie*

Das Erkannte ist wahr, wenn die Aussagen des Erkennenden (des Erkenntnissubjektes) über das Erkenntnisobjekt mit dem in der Realität existierenden und erkennbaren Erkenntnisobjekt korrespondieren. Im Idealfall geben Erkennen, Verstand und Sprache des Menschen den wirklichen Sachverhalt wieder; die Erkenntnisse des Menschen stimmen mit der Lebenswirklichkeit überein. Wahrsein bedeutet dann: Erkenntnis und Sein sind kongruent. Ein Beispiel: Die Landkarte bildet die Landschaft genauso ab, wie sie wirklich („real") ist; die Zeichnung stimmt mit der wirklichen Landschaft überein.

- *Konsenstheorie*

Der Erkennende (das Erkenntnissubjekt) kann nicht wissen, ob er eine zutreffende Aussage über das Erkenntnisobjekt gemacht hat, weil er nicht außer sich selbst sein kann und sich deshalb auch nicht vergewissern kann, ob seine Aussage auch wirklich mit einer eventuell existierenden Wirklichkeit übereinstimmt oder nicht übereinstimmt. Als wahr gilt deshalb das, was aufgrund eines Konsenses von vernünftigen Menschen nach vernünftigen Verfahrensregeln als wahr angenommen wird. Alle Möglichkeiten, die verfügbaren Argumente und Gegenargumente zu überprüfen, sind in dem Diskurs zur Wahrheitsdefinition auszunutzen. Zum Beispiel: Experten diskutieren darüber, wie sie die Landschaft sehen, und streben die Einigung auf eine Sichtweise an; diese wird zur Grundlage der Landkarte. Die Frage, ob die Landkarte „wirklich" stimmt, ist indiskutabel.

(3) Geltung

Wenn man Erkenntnisse hat, ist zu fragen: In welchem Umfang, für welche Dauer und für wen gelten diese Erkenntnisse? Die Geltung einer Erkenntnis sagt etwas darüber aus, inwieweit und für wen eine Erkenntnis gilt oder sogar verpflichtend ist. Die zwei Perspektiven zur Geltung von Erkenntnissen ergeben sich letztlich als Konsequenz aus den Perspektiven bei der Wahrheit:

- *Absolute Geltung*

Menschliches Erkennen hat einen wirklichen Zugang zur „Wahrheit an sich". Da die Erkenntnisse auf das wirkliche Sein selbst zurückgeführt werden und dieses abbilden, haben sie Real- oder Seinsgeltung und sind damit allgemein gültig und absolut. Die menschliche Erkenntnis ist wirklich wahr und gilt generell für jeden Menschen in jeder Epoche und Kultur; diese Wahrheit ist geschichtslos, objektiv und somit unwandelbar. Ein Beispiel: Wenn nachgewiesen ist, dass die Landkarte das Land wirklich abbildet, dann „stimmt" sie ein für allemal und alle können sich stets darauf verlassen.

- *Relative Geltung*

Da ein wirklicher Zugang zum Sein nicht möglich ist, gibt es auch keine an einer Wirklichkeit gebundenen, absoluten Erkenntnisse. Unsere Erkenntnisse sind daher abhängig von dem historischen und gesellschaftlichen Kontext, in dem sie gewonnen werden, und den Menschen, die sie finden. Erkenntnisse sind somit relativ, geschichtlich bedingt, subjektiv und folglich wandelbar. Wenn vernünftige Gründe gegen die bisherigen Erkenntnisse bekannt werden, dann endet die Geltung dieser Erkenntnisse. Ein Beispiel: Die Landkarte gilt nur solange, wie die Experten den Konsens über ihre Sichtweisen der Landschaft für vernünftig halten und gelten lassen.

(4) Freiheit

Unter frei sein versteht man allgemein jedes Nichtgebundensein, jedes Nichtbestimmtsein, das Fehlen äußerer oder innerer Zwänge. Obgleich die Begriffe „frei" und „autonom" bisweilen synonym gebraucht werden, möchte ich sie nicht gleichsetzen. Das sich vom Griechischen „autónomos" herleitende deutsche Wort „autonom" bedeutet „nach eigenen Gesetzen lebend, selbstständig, unabhängig". (Duden 2001, 60) Fragt man nach der Freiheit des Menschen, dann geht es um die grundsätzliche Frage: Wird der Mensch in seinem Leben, in seinem Denken, Wollen und Handeln bestimmt oder nicht bestimmt? Und wenn er bestimmt wird, ist zu fragen: Wer oder was bestimmt wie den Menschen? Noch einmal anders gefragt: Ist der Mensch an bestimmte Vorgaben von außen oder von innen gebunden oder nicht?

- *Frei sein*

Der Mensch ist von seiner Natur her ein in jeder Hinsicht freies Lebewesen, das die Fähigkeit zur Selbstbestimmung hat, sich unabhängig von Vorgegebenheiten frei entscheiden und diese Entscheidungen frei verwirklichen kann. Allein der Mensch verfügt über diese Freiheit. Freiheit ist eine Wesensbestimmung des Menschen und bezieht sich nicht nur auf das persönliche Denken, Wollen und Handeln, sondern auch auf das politische und gesellschaftliche Handeln. Frei sein bedeutet nicht Willkür im Sinne einer regellosen Wahl, sondern die grundsätzliche Möglichkeit, aus mehreren Möglichkeiten auszuwählen. („Liberalismus") Als Beispiel die Aussage: „Ich bin frei und kann machen, was ich will."

- *Determiniert sein*

Alles Geschehen in der Welt verläuft nach Gesetzen und jede Wirkung hat eine hinreichende Ursache („Kausalitätsprinzip"); somit ist auch das menschliche Leben eindeutig bestimmt. Das Freiheitsbewusstsein des Menschen ist ein Fehlurteil und resultiert aus einer Verkennung der Ursachen und der den Menschen determinierenden Kräfte. Menschliches Denken, Wollen und Handeln sind abhängig von Vorgegebenheiten und Zwängen, die das Denken, Wollen und Handeln des Menschen determinieren. („Determinismus") Das Wort „determinieren" kommt von dem lateinischen Verbum „determinare" gleich „ab-, begrenzen". Bei guter Kenntnis der Vorgegebenheiten und Gesetze kann man voraussagen, wie ein Mensch sich entscheiden und handeln wird. Als Beispiel die Aussage: „Ich habe keine Wahl, denn alles ist vorausbestimmt."

(5) Werte

Jeder einzelne Mensch steht täglich vor der Frage „Was soll ich tun?" und ist gezwungen, darauf zu antworten. Einmal geht es darum, ob das, was ich vorfinde, so bleiben soll; das heißt ich bewerte ein Ereignis oder eine Situation. Und dann geht es darum, wenn ich etwas verändern möchte, wie etwas werden soll. Auf welche Werte und Normen können wir zurückgreifen? Wie können wir unsere Entscheidungen für bestimmte Werte und Normen begründen? Auf welche Argumente und Autoritäten können wir uns stützen? Auch hier können zwei alternative Perspektiven unterschieden werden:

- *Wertrealismus*

Die Dinge beziehungsweise das Sein und die Werte sind so eng miteinander verflochten, dass keine Seite isoliert von der anderen gesehen werden kann. Die Wirklichkeit selbst ist normativ, in ihr sind die Werte und Normen vorgegeben durch Erfahrung und Verstand zu erkennen.

Die so im Sein, das heißt auch in der Natur, erkennbaren Werte sind absolut und unwandelbar; man spricht folglich vom „Naturrecht". Alles Erkennen und Verstehen kommt zudem bewusst oder unbewusst aus einer wertenden Grundhaltung heraus. „Ist-" und „Soll-Sätze" gehören zusammen. Wertentscheidungen lassen sich im Erkenntnisprozess nie ausklammern, nur sichtbar machen und reflektieren.

- *Wertsubjektivismus*

Die Dinge beziehungsweise das Sein und die Werte sind zwei völlig verschiedene Größen; sie befinden sich in keiner wechselseitigen Abhängigkeit. Die Natur bietet keine Ansatzmöglichkeit, Werte und Normen in ihr zu erkennen oder aus ihr zu begründen. Tatsachenerhebung und Werturteil, Erfahrungswissen und Bewertungen sind deshalb radikal und prinzipiell zu trennen. „Soll-Sätze" können nicht von „Ist-Sätzen" abgeleitet werden. Wir Menschen entscheiden („subjektiv") über die Werte und ihre Geltung. Die Entscheidungen darüber, was als wertvoll anerkannt wird und was nicht, können widerrufen und geändert werden. Die Antwort auf die Frage: „Was soll ich tun?" ist das Ergebnis kommunikativer und vernünftiger Prozesse, deshalb spricht man hier von einer „Konsensethik".

(6) Leib-Seele-Verhältnis

Unter dem Begriff „Leib-Seele-Verhältnis" wurde in der Philosophie die Art der Beziehung von Körper (griechisch: „Soma") und Seele (griechisch: „Psyche") des Menschen bedacht. Heute wird in der Wissenschaft nicht mehr von „Seele" gesprochen, sondern von „Psyche" oder „Bewusstsein". Die Fragen nach ihrer Wechselwirkung aber sind geblieben. Wie spielen der organische Körper und die Psyche des Menschen zusammen? Wirken sie überhaupt aufeinander ein? Und wenn sie aufeinander einwirken: Wie geschieht das? Wird unser Bewusstsein von hirnphysiologischen Substanzen und Prozessen bestimmt? Oder bestimmt unser Bewusstsein unseren Körper? Die Erkenntnisse der Psychosomatik, in der heute u.a. die Beziehungen von „Körper" und „Psyche" erforscht werden, zeigen uns, wie aktuell für jeden von uns dieses Verhältnis und das Wissen über dieses Verhältnis ist, handelt es sich dabei doch auch um Erkenntnisse, die unser Gesundsein betreffen.

• *Monismus*

Ein materialistischer Monismus anerkennt nur die Wirklichkeit des Stofflichen, des organischen Körpers, und leugnet das Dasein einer unstofflichen Seele oder Psyche. Ein spiritualistischer Monismus sieht im Leiblichen nur die äußere Erscheinungsweise der einzigen geistigen Wirklichkeit. Und der psychophysische Parallelismus und die Identitätstheorie halten das Leibliche und das Seelische für die beiden Seiten oder Erscheinungsweisen einer einzigen, in sich untrennbaren Wirklichkeit.

• *Dualismus*

Der reine Dualismus in seiner extremsten Form trennt das Seelische und das Körperliche rigoros und leugnet jede Wechselwirkung zwischen Leib und Seele. Weniger extreme Vertreter nehmen eine Wechselwirkung zwischen zwei gleichwertigen Vollsubstanzen, die in einzelnen Akten aufeinander einwirken, an. Nach einer anderen Auffassung sind Leib und Seele zwar je eigene Substanzen, sie sind aber zu einem lebenden Ganzen verbunden und bewirken zusammen das Lebendigsein dieses Ganzen.

(7) Gott

Zu allen Zeiten haben Menschen gefragt: „Was darf ich hoffen?" und/ oder „Was ist das eigentliche Sein, das heißt das Sein, das alles zusammenhält, allem zugrunde liegt, aus dem alles, was ist, hervorgeht?" (Jaspers 1998, 24) Diese Fragen sind vielfältig und häufig sehr „eigen" beantwortet worden. Das Wasser, das Feuer, die Luft, das Unbestimmte, die Materie, die Atome oder das Leben wurden als das benannt, was allem zugrunde liegt; am häufigsten taucht als Antwort die Idee „Gott" auf. Mit dem Begriff „Gott" wird unfassbar viel verbunden, insbesondere dann, wenn es um die Hoffnung von Menschen geht.

• *Realität Gott*

Für viele Menschen existiert (ein) Gott, der in die Geschicke der Welt eingreifen kann und Grund ihrer Hoffnung auf eine gute Zukunft ist. Gott hat die Welt und den Menschen erschaffen und ist für die Menschen Zuflucht und Heil: „Gott ist meine Hoffnung." Für die einen gibt

Gott sich in der Natur zu erkennen, für andere berichten Propheten über ihn, für andere hat er sich in seinem Sohn Jesus geoffenbart. Durch Offenbarungen ist Gott für die Menschen gewiss, real gegeben und als solche Realität auch erfahrbar. Für manche ist Gott nur im Glauben erfahrbar, für andere wiederum lässt sich die Existenz Gottes zwingend beweisen („Gottesbeweise"). Der Mensch soll Gott und seinen Nächsten lieben und sich dem Willen Gottes und seinen Geboten fügen.

- *Mythos Gott*

Die Existenz (eines) Gottes, der die Welt geschaffen hat und weiter in ihr wirkt, wird ausdrücklich verneint und als Mythos angesehen. Für vernünftige und aufgeklärte Menschen gibt es weder Hinweise noch Gewissheit über seine Existenz. Von der Idee, dass es einen Gott gibt, kann man vernünftigerweise nicht schon auf die wirkliche Existenz (eines) Gottes schließen. Die Gottesidee ist folglich ein abstrakter Gedanke, eine Hilfskonstruktion für die Menschen, die zu schwach sind, um ohne solch einen Mythos ihr Leben bewältigen zu können. Alle Gottesvorstellungen sind in dieser Perspektive Illusionen und sind zum Beispiel das Ergebnis von Wunschprojektionen der Menschen, die mit ihrer sozialen Situation unzufrieden sind.

In philosophischen, anthropologischen, pädagogischen und soziologischen Abhandlungen wird stets von „dem Menschen" geredet. Doch über die bekannten antiken Bestimmungen des Menschen als eines Lebewesens, das sich durch seine Seele, seinen Geist, seine Vernunft vom Tier unterscheidet und das ein von Natur aus „politisches/soziales Wesen" ist, kam man praktisch nicht hinaus. Vielleicht ist mehr auch gar nicht möglich, wenn man philosophisch-allgemein „den Menschen" charakterisieren oder gar definieren möchte. Die Philosophie der Existenz hat hervorgehoben, der Mensch sei das Wesen, das sich zu sich selbst verhalten könne. Darin wird das Moment der Verantwortung benannt. Die Freiheit des Menschen und damit das Prinzip der Verantwortlichkeit beziehungsweise des zurechenbaren, bestrafbaren Handelns wurde im Grunde schon immer anerkannt oder vorausgesetzt. Alle derartigen Aussagen gelten als allgemeine und abstrakte Aussagen für sämtliche Exemplare der Spezies Mensch. Damit ist ein Gleichsein, eine Gleichheit aller Menschen als Menschen ausgesprochen und sachlich

gemeint, also auch die Gleichheit von Mann und Frau und die Gleichheit aller sogenannten Rassen. Diese *Einheit und Gleichheit aller Menschen* zu erkennen stellt eine Abstraktionsleistung dar, die auf der Wahrnehmung aller Verschiedenheiten beziehungsweise Ungleichheiten der Menschen beruht, die uns allen hinlänglich bekannt sind. (Vgl. Schlette 1989)
Jeder Mensch muss sich faktisch für die eine oder andere Antwort aus dem weiten Spektrum möglicher Antworten auf diese die menschliche Existenz betreffenden Fragen entscheiden. Aus den bewussten oder unbewussten, reflektierten oder unreflektierten Entscheidungen für einzelne Perspektiven entsteht unser Bild vom Menschen und seiner Welt. (Siehe Reamer 1993; Mittelstraß 1996, 654ff.; Jaspers 1997, 1998; Schilling 2000 u.a.)

2.2 Werte, Normen und Menschenrechte

Wie soll man leben? Was ist gut? Was ist schlecht? Was ist richtig? Was ist falsch? Was darf ich tun? Was soll ich tun? Was ist meine Pflicht? Wie kann ich verwirklichen, was ich für richtig und gut halte? Wann ist das Leben eines Menschen gelungen? Tagtäglich werden wir mit diesen Fragen konfrontiert und tagtäglich entscheiden wir für uns und auch für andere, ob etwas gut oder schlecht, richtig oder falsch ist. Wir können uns dem Bewerten nicht entziehen. Wir erfahren uns nicht nur als vernünftige und soziale, sondern auch als moralische Lebewesen, die ihre Bedürfnisse, Gesinnungen, Strebungen und Handlungen bewerten, an einem Sollensmaßstab messen. Deshalb sucht jeder Mensch nach seiner moralischen Identität, nach moralischer Konsistenz und Kontinuität. (Siehe Kohlberg 1984; Höffe 1992; Krämer 1992; Tugendhat 1994; MacIntyre 1995 u.a.)

(1) Werte und werten

In allen Kulturen wird gewertet und nach den Werten, das heißt nach der Beschaffenheit und der Einschätzung von Objekten, Bedürfnissen, Gesinnungen, Strebungen und Handlungen, und nach deren Begründung beziehungsweise Rechtfertigung gefragt. Menschen schätzen andere Menschen als minder-, voll-, gleich- oder hochwertig ein; Dinge werden als wertvoll oder wertlos angesehen. Während in der Volkswirtschaft schon seit mehreren Jahrhunderten vom Gebrauchs- und Tauschwert der Waren und Güter gesprochen wird, verwendet die Philosophie erst seit dem 19. Jahrhundert den Begriff „Wert". Die Frage nach den Werten menschlichen Lebens wurde aber schon vorher unter dem Titel des Guten und seiner Gutheit („bonum et bonitas") bedacht und war der Sache nach immer ein zentrales Problem der Philosophie. (Siehe Mittelstraß 1996, 661-672.)

Ein Blick auf die Wertediskussion zeigt, dass die Bestimmung des Begriffs „*Wert*" (englisch: „value") weitläufig und offen ist. Bezieht man zusätzlich verwandte Begriffe wie „Norm", „Bedürfnis", „Einstellung", „Wertorientierung" und „Einschätzung" ein, so lassen sich fast 200 verschiedene Definitionen für den Wertbegriff finden. Das Wort „Wert" ist die substantivierte Form des Adjektivs „wert", das vom Verbum „werten" abgeleitet ist. Lebendig wird der Begriffsinhalt von „werten" durch die Präfixbildungen und Zusammensetzungen: abwerten, aufwerten, bewerten, entwerten und verwerten. (Vgl. Duden 2001, 924)

Eng verbunden mit dem Begriff „Wert" ist der Begriff „*Norm*". Man nennt häufig „Werte und Normen" zusammen. Im Mittelhochdeutschen wurde das Substantiv „Norm" aus dem lateinischen Wort „norma" gleich „Winkelmaß; Richtschnur, Regel, Vorschrift" gebildet und entlehnt. (Duden 2001, 563) Von dem Substantiv wurde im 19. Jahrhundert das Verbum „normieren" und im 20. Jahrhundert „normen" mit der gemeinsamen Bedeutung „einheitlich festsetzen, gestalten, (Größen) regeln" abgeleitet. „Normal" ist etwas, das „der Norm entspricht, regelrecht, üblich, gewöhnlich ist". „Normalisieren" heißt, „etwas normal gestalten, auf ein normales Maß zurückführen". Werte geben den Inhalt von Normen an und bilden so die Richtschnur für das Normale (zum Beispiel als Rechtsnormen).

Werte werden nach der inhaltlichen Eigenart in rein materielle, biologische (zum Beispiel die Gesundheit), psychische (zum Beispiel die Lust) und geistige (zum Beispiel die Bildung) Werte eingeteilt. Die geistigen Werte werden nochmals unterteilt in intellektuelle (zum Beispiel die Weisheit), ästhetische (zum Beispiel die Schönheit) und sittliche (zum Beispiel die Gerechtigkeit) Werte. Üblich ist noch eine formale Einteilung in Selbst- (Eigen-) und Dienstwert (Nutzwert). Der Dienstwert führt als Fremdwert nur zu einem anderen Wert, wie zum Beispiel die Arznei zur Gesundheit. Der Selbstwert ist entweder ein Vollendungs-

wert (der Wert an sich, zum Beispiel die Schönheit) oder ein Lust- beziehungsweise Befriedigungswert (zum Beispiel das Angenehme). Der Lust- oder Befriedigungswert ist ein Reaktionswert, der naturgemäß mit der Erreichung des eigentlichen Selbstwertes verbunden ist (zum Beispiel Freude an der erkannten Wahrheit).
Eine natürliche Stufenfolge der Werte ergibt sich aus der Aufteilung in materielle (Geld, Besitz, wirtschaftliche Sicherheit) und immaterielle (Freiheit, Humanität, Bildung) Werte. Weit verbreitet ist die Auffassung, dass immaterielle Werte erst dann angestrebt werden, wenn die materiellen erreicht sind. Bei Bertolt Brecht heißt das: „Erst kommt das Fressen, dann die Moral."
Unterschieden werden individuelle und gesellschaftliche Werte. In dieser Unterscheidung und der Verbindlichkeit bestimmter Werte liegt die Brisanz der Wertediskussion. Jeder Mensch muss für sich aus der Vielfalt der Möglichkeiten, sein Leben zu gestalten, auswählen. Um nicht in einem Chaos zu verkommen, muss er sich Leitziele oder Maßstäbe setzen, an denen er sich ausrichtet. Diese Ziele sind persönlich gesetzte Werte, die das Leben bestimmen und angestrebt werden sollen. Menschliche Gemeinschaften sind gleichfalls darauf angewiesen, Leitlinien (Normen) festzulegen, nach denen sich ihre Mitglieder richten müssen. Fraglich ist, ob die persönlichen Werte des Einzelnen mit den in der Gemeinschaft institutionalisierten Werten, die für alle verbindlich sind, übereinstimmen oder nicht. Falls sie nicht übereinstimmen, liegt ein Werte- und Interessenskonflikt vor.

(2) „Ethik" und „Moral"

Die Begriffe „Ethik" und „Moral" tauchen oft im Zusammenhang mit „Werte und Normen" auf. Die beiden Begriffe werden im Alltag häufig deckungsgleich gebraucht, in der Fachwelt werden sie jedoch unterschieden.
Der Begriff „*Ethik*" (englisch: „ethics") stammt von dem griechischen Wort „éthos" gleich „Gewohnheit, Herkommen, Gesittung, Charakter; Sitte, Brauch" ab. (Duden 2001, 190) Ethik ist zunächst die Lehre von der Moral im Sinne der handlungsleitenden Sitten und Gebräuche. Die Ausgangs- und Hauptfrage ist die nach der Möglichkeit einer guten Moral, das heißt nach einer solchen Moral, nach der wir gut leben, gerecht handeln und vernünftig über unser Handeln und Leben entscheiden und

urteilen können. (Siehe Mittelstraß 1995a, 592-599.) Die Fachdisziplin Ethik ist dann die systematische Bemühung, richtige Werte und Normen und deren Begründung für das richtige und gute Handeln zu ermitteln und an praktisches Handeln in Wissenschaft, Wirtschaft, Politik usw. weiterzugeben.

Ethik wird eingeteilt in:

- Ethik des guten Lebens, auch Strebensethik genannt, weil es hier um das Streben nach dem Gelingen und Glücken des eigenen Lebens geht;
- Ethik der richtigen Urteile über Handlungsalternativen, auch normative Ethik genannt;
- Ethik der Institutionen, durch welche die Bedingungen sowohl für Optionen des guten Lebens als auch für die rechte Urteilsfindung bereitzustellen sind. (Siehe Krämer 1992; Tugendhat 1994 u.a.)

Der Begriff „*Moral*" (englisch: „morals") geht zunächst auf das lateinische Wort „moralis" (gleich „die Sitten betreffend, sittlich") zurück, dann aber auch auf das lateinische „mos" gleich „Gewohnheit beziehungsweise der zur Regel gewordene Wille". (Duden 2001, 538) Im Rahmen der Philosophie und Gesellschaftstheorie wird der Begriff „Moral" in einer deskriptiven und in einer normativen Bedeutung gebraucht. In der ersten Bedeutung werden Handlungsregeln und Ziele beschrieben, die in einer Gruppe oder Gesellschaft faktisch handlungsanleitend oder verbindlich sind. Auch wenn moralische Orientierungen faktisch gelten, bedeutet das noch nicht, dass sie gerechtfertigt sind. In der normativen Bedeutung wird unter „Moral" verstanden, dass Normen vernünftig begründet und gerechtfertigt sind. (Siehe Mittelstraß 1995b, 932f.)

(3) Werte und Normen finden und begründen

Zwei verschiedene Grundhaltungen lassen sich meines Erachtens bei der Findung und Begründung von Werten und Normen unterscheiden:

- *Die Werte sind den Menschen durch die Natur („Naturrecht") oder eine göttliche Autorität („Gottes Gebote") vorgegeben.*

Transzendentalphilosophische und ontologisch-normative Werttheorien gehen von einem allumfassenden Seinsbegriff aus. Dem Sein kommt eine innere Wesens- und Zielstruktur zu. Mit dem Seienden ist das Gute identisch, auf dem der Wert aufbaut. Der Wert fällt als abstrakte Gutheit mit dem konkreten Guten und so mit dem Seienden zusammen (als Beispiel die Aussage: „Der Mensch ist von Natur aus gut."). Der Wert als Haltung, durch die der Mensch auf das Gute antwortet, ist nach dieser Auffassung ebenfalls ganz in den gegebenen Seinsstrukturen vorgezeichnet und nichts anderes als deren vollendete Ausprägung. Werterkenntnis verläuft rational, gliedert die Wertgehalte und Werthaltungen durch und führt sie ausdrücklich auf die entsprechenden Seinsstrukturen zurück. Die Werterfahrung greift über das Rationale hinaus und umfasst alle menschlichen Tätigkeiten, namentlich sein Streben und sein Fühlen. Aus der spontanen Sicherheit, der bewegenden Kraft und der gesamtmenschlichen Fülle der Werterfahrung nährt sich die Werterkenntnis. Zu erkennen ist eine Stufenfolge oder Hierarchie der Werte. Diese führt von den Sachwerten über die Vitalwerte, die ästhetischen und die Wahrheitswerte zu den sittlichen und religiösen Werten. Die Werte stehen bei dieser Auffassung grundsätzlich und absolut fest. Einen Wertewandel kann es danach prinzipiell nicht geben und alle Menschen sind diesen Werten zu jeder Zeit verpflichtet.

In Religionen werden Werte und Normen mit der Autorität Gottes begründet. Moses erhielt zum Beispiel von Jahwe, dem Gott Israels, zehn Gebote für das Volk Israel. Der weise Moses bezog seine Autorität für die Aufforderungen „Du sollst" beziehungsweise „Du sollst nicht" von einer noch größeren, absoluten Autorität. (Buch Exodus 20, 1-21) Für Christen gibt Jesus von Nazareth als Sohn Gottes zahlreiche Werte und Normen vor (zum Beispiel in der Bergpredigt). Diese Werte kulminieren alle in dem Gebot der Gottes- und Nächstenliebe; den Menschen, die die göttlichen Gebote nicht erfüllen, werden Sanktionen angedroht: „... werdet ihr nicht ins Himmelreich eingehen." (Matthäus 5, 20) Der höchste Wert im Christentum ist die Heiligkeit, weil sie die Erfüllung aller sittlichen und religiösen Werte bedeutet, die dem Menschen als dem Ebenbild Gottes im Hinblick auf sein letztes Ziel in Gott gegeben sind.

Im Islam ist der Koran Gottes ewiges Wort und die Theologen begründen die Gebote mit der Autorität Allahs und seines Propheten Mohammed. Auch hier werden Belohnung beziehungsweise Bestrafung durch Allah für das Einhalten beziehungsweise Übertreten der Gebote angekündigt.

- *Die Werte werden von den Menschen selbst gefunden und gesetzt („Diskursethik“).*

Ewige, unvergängliche Werte, die alle Menschen, alle Gesellschaften und alle Zeiten binden und aus der Natur abzuleiten sind, gibt es nach dieser Auffassung nicht. So wie sich alle Menschen und Gesellschaften wandeln, sind nach diesem Verständnis alle Werte prinzipiell einem Wandel unterworfen. (Siehe Klages/Hippler/Herbert 1992 u.a.) Wertrelativismus oder -subjektivismus heißt diese Ansicht, die den Werten eine nur relative Geltung zuschreibt. Das Seiende und die Werte existieren nicht nur unabhängig voneinander, sondern sind grundsätzlich getrennte Größen. Der Mensch selbst verfügt demnach über Werte und ihre Zuordnung zum Sein; er übernimmt die Rolle, die in der transzendentalphilosophischen und ontologisch-normativen Werttheorie die Natur oder Gott inne hat. Gott und die Metaphysik werden folglich aus der Gestaltung der Welt herausgenommen. „Normen, Werte und Zwecke gelten nicht an sich, sondern sind von Subjekten für Subjekte gesetzt, und sie haben außerhalb von Subjektivität keinerlei Geltung.“ (Krämer 1992) Der Mensch bestimmt, was wie wertvoll ist und hebt diese Bestimmung auch wieder auf. Ob ein Wert und welcher Wert einem bestimmten Seienden (einem Ding oder einer Handlung) zugesprochen wird, hängt allein vom einzelnen Menschen oder der Gruppe von Menschen ab, für die diese Werte gelten sollen. Die Wertentscheidungen und Wertfestsetzungen hängen nach diesem Verständnis beim Einzelnen von vielen Faktoren ab, zum Beispiel von der Umwelt, dem Lebensalter, dem finanziellen Einkommen, der Gesundheit, und können mit der Vernunft begründet werden, aber auch willkürlich sein. In Gruppen und Gesellschaften sind Wertfestsetzungen das Ergebnis harter Kämpfe. Die Sieger dieser Kämpfe, also die Stärksten, bestimmen folglich die in der Gruppe oder Gesellschaft herrschenden Werte und Normen.
Werten, schätzen, lieben und schaffen, das ist nach Friedrich Nietzsche die Aufgabe des Menschen. „Werte legt erst der Mensch in die Dinge, sich zu erhalten; er schuf erst den Dingen Sinn, einen Menschensinn. Darum nennt er sich Mensch, das ist: der Schätzende.“ (Nietzsche 1967a, 583) Nach Nietzsche setzen die „Herren der Erde“ (das sind die Herrschenden, die Starken und Vornehmen) die Werte für die Menschheit und für die Völker fest. Die Werte dienen demnach allein der Stabilisierung von Herrschaft. In dieser Tradition der „Umwertung aller Werte“ werden Werte und Wertwandel heute gesehen als „Wortgeklin-

gel, das nichts erklärt und nur zu einem taugt: das Subjekt mit allen möglichen moralischen Attacken zu überziehen, um es zu veranlassen, sich doch noch von den historisch gewordenen Gewalten überziehen zu lassen". (Dux 1987, 164)

Trotz der radikalen Kritik an den Werten und Normen, ist festzustellen, „dass das, was im soziologischen Begriffsarsenal als ‚Wert' gehandelt wird, sich als eine realistische Verarbeitung von historisch-konkreten Erfahrungen herstellt. Dadurch wird den ‚Werten' wie dem ‚Wertwandel' das Moment der subjektiven oder kulturspezifischen Beliebigkeit genommen. Der Spielraum des Menschen, sich selbst zu bestimmen, ist so groß nicht, wie es die soziologische Theorie ihn glauben machen will. Und schon gar nicht ist er beliebig. Einzig der Blick auf die Bedingungen, unter denen er sich auch noch sein Selbstverständnis schafft, verschafft ihm jenes Stück an Freiheit, Bedürfnisse, in denen die Chancen seiner Lebensform liegen, aufzunehmen und zu realisieren." (Dux 1987, 165)

(4) „Menschenwürde" und „Menschenrechte"

Im Zentrum der Wertediskussion stehen die beiden Begriffe „Menschenwürde" und „Menschenrechte". Die „Menschenwürde" (englisch: „human dignity") ist ein abstrakter Begriff, ohne einen fassbaren, definierbaren Inhalt, denn sprachgeschichtlich geht das Substantiv „Würde" auf das althochdeutsche Verbum „wirdigen" gleich „ehren; anerkennen; für wert halten" zurück. (Duden 2001, 935) Die Menschenwürde ist ein hoher ethischer Wert, aber ihr argumentativer Wert ist gering. Der Artikel 1 Absatz 1 des deutschen Grundgesetzes „Die Würde des Menschen ist unantastbar." ist keine instrumentelle Norm, mit der man Entscheidungen begründen kann, sondern eine symbolische Norm, die inhaltlich noch auszufüllen ist.
Konkret zu füllen ist der Begriff „Menschenwürde" zum Beispiel durch den ethischen Diskurs beziehungsweise Dialog. Solche Diskurse beziehungsweise Dialoge über geltende Werte und Normen, also auch über das, was mit Menschenwürde konkret gemeint ist, werden offiziell und inoffiziell, formell und informell geführt (zum Beispiel in Parlamenten, Ethik-Kommissionen, auf Tagungen, aber auch in Seminaren und auch in Cafés). Für offizielle und formelle Diskurse beziehungsweise Dialoge gibt es bestimmte Regeln, nach denen man zu möglichst einvernehm-

lichen Ergebnissen kommen möchte. Solche Regeln sind zum Beispiel: Der Diskursgegenstand muss von allen Beteiligten als identisch erfasst werden. Der Diskurs ist auf die konkrete Wirklichkeit, also praktisch ausgerichtet. Eine Letztbegründung kann es hier nicht geben. Es gelten die abstrakten Regeln der allgemeinen Argumentationstheorie. Es sind alle Argumente zugelassen. Kein Konsens ist endgültig. Jedes Argument ist grundsätzlich widerlegbar; falls es nicht widerlegbar ist, wird vermutet, dass es wahr ist. Die komplexen und problematischen Erkenntnisse können von einzelnen Menschen nicht bewältigt werden, es bedarf vielmehr stets einer korporativen Anstrengung vieler Menschen. In normativen Fragen lässt sich oft nur negativ sagen, was eindeutig verboten ist, nicht aber, was eindeutig erlaubt ist.

Ein weithin verbreiteter Konsens über bestimmte Werte wird in der Regel in Rechtsnormen kodifiziert; die „Menschenrechte" (englisch: „human rights") sind die Kodifizierung dessen, was unter „Menschenwürde" verstanden wird. Die Geschichte der Kodifizierung der Menschenrechte beginnt in der Aufklärung. Wichtige Stationen auf dem Weg zu der Allgemeinen Erklärung der Menschenrechte durch die Vereinten Nationen (1948) waren die Virginia Bill of Rights (1776), die amerikanische Unabhängigkeitserklärung (1776) und die Erklärung der Menschen- und Bürgerrechte in Frankreich (1789). (Siehe Menschenrechte 1998 u.a.)

Die Generalversammlung der Vereinten Nationen hat am 10. Dezember 1948 eine „Allgemeine Erklärung der Menschenrechte" als das von allen Völkern und Nationen zu erreichende gemeinsame Ideal verkündet, da die Anerkennung der allen Mitgliedern der menschlichen Familie innewohnende Würde und ihrer gleichen und unveräußerlichen Rechte die Grundlage der Freiheit, der Gerechtigkeit und des Friedens in der Welt bilde. Wichtige Artikel für die Soziale Arbeit sind:

> Artikel 1 (Freiheit, Gleichheit, Brüderlichkeit):
>
> „Alle Menschen sind frei und gleich an Würde und Rechten geboren. Sie sind mit Vernunft und Gewissen begabt und sollen einander im Geiste der Brüderlichkeit begegnen."
>
> Artikel 25 (Soziale Betreuung):
>
> „1. Jeder Mensch hat Anspruch auf eine Lebenshaltung, die seine und seiner Familie Gesundheit und Wohlbefinden einschließlich Nahrung, Kleidung, Wohnung, ärztlicher Betreuung und der notwendigen Leistungen der sozialen Fürsorge gewährleistet; er hat das Recht auf Sicherheit im Falle von

Arbeitslosigkeit, Krankheit, Invalidität, Verwitwung, Alter oder von anderweitigem Verlust seiner Unterhaltsmittel durch unverschuldete Umstände.

2. Mutter und Kind haben Anspruch auf besondere Hilfe und Unterstützung. Alle Kinder, eheliche und uneheliche, genießen den gleichen sozialen Schutz."

Artikel 28 (Angemessene Sozial- und Internationalordnung):

„Jeder Mensch hat Anspruch auf eine soziale und internationale Ordnung, in welcher die in der vorliegenden Erklärung angeführten Rechte und Freiheiten voll verwirklicht werden können."

In der Konvention zum Schutz der Menschenrechte und Grundfreiheiten durch den Europarat (1950), in den Menschenrechtspakten über bürgerliche und politische Rechte und über wirtschaftliche, soziale und kulturelle Rechte durch die Vereinten Nationen (1976) und in weiteren Beschlüssen und Verträgen wurde die Allgemeine Erklärung weiter ausformuliert, fortgeführt und konkretisiert. (Siehe Menschenrechte 1998 u.a.)

Die Menschenrechte sind von ihrer Entstehung her als Abwehrrechte entwickelt worden. Staatliche Eingriffe in vorgegebene Privatverhältnisse sollten eingeschränkt werden; Ausnahmen sollten nur möglich sein auf der Grundlage ordnungsgemäßer Gesetze. Von Anfang an trugen die Menschenrechte ein über die reine Abwehr hinaus gehendes Potenzial in sich, weil die Vereinten Nationen zu ihrer Begründung mit der Allgemeinheit der Menschennatur argumentiert hat. Allen Menschen kommen danach grundsätzlich dieselben Rechte zu. Der schwedische Friedensforscher Johan Galtung hat die außerordentliche Bedeutung der Vereinten Nationen für die Begründung und Geltung dieses vielfach naturrechtlich formulierten, überstaatlichen Allgemeinheitsanspruches der Menschenrechte mit dem Satz pointiert: „An die Stelle Gottes trat die UN-Generalversammlung." (Galtung 2000, 9)

2.3 Philosophie, Kunst, Religion und Wissenschaft – verschiedene Wege zu erkennen und Erkanntes zu vermitteln

Erfahrung und Verstand sind die beiden Quellen unserer Erkenntnisse. Wie wir diese Quellen nun nutzen, unsere gewonnenen Erkenntnisse be- und verwerten und anderen mitteilen, das kann so vielfältig geschehen wie das menschliche Leben vielfältig ist. Philosophie, Kunst, Religion

und Wissenschaft stehen für diese mannigfaltigen und gleichwertigen Zugänge und Ausdrucksformen. In ihnen gehen Menschen je eigene Wege, um zu Erkenntnissen zu gelangen, das Erkannte und ihr Wissen auszudrücken und es anderen mitzuteilen, sei es in einer Abhandlung, einem Essay, einem Roman, einer Grafik, einer Sinfonie, einem Psalm oder einer wissenschaftlichen Theorie.
Das Wort „*Philosoph*" stammt von dem Griechischen „philó-sophos" gleich „Freund der Weisheit". (Duden 2001, 606) In Griechenland waren damit ursprünglich alle gemeint, die sich um Erkenntnisse in irgendeinem beliebigen Wissensgebiet bemühten. Was Philosophie heute ist und was sie wert ist, ist umstritten. Man erwartet von ihr außerordentliche Aufschlüsse über das Leben oder lässt sie als gegenstandsloses und unnützes Denken gleichgültig beiseite. Man sucht bei ihr Gewissheiten, die sonst nicht zu erhalten sind, oder sieht in ihr eine brotlose Träumerei und überflüssiges Grübeln. PhilosophInnen fragen nach dem Sein und unserem Dasein im Ganzen. Für einen wissenschaftsgläubigen Menschen ist es das Schlimmste, dass die Philosophie gar keine allgemein gültigen Ergebnisse hat, etwas, das man wissen und damit besitzen kann. (Jaspers 1998, 9ff.)
„Kunst kommt von Können", sagt man. Das Wort „Kunst" bedeutete zunächst in enger Anlehnung an das Verb „können" „Wissen, Weisheit, Kenntnis, auch Wissenschaft". Dann wurde „Kunst" auch im Sinne von „durch Übung erworbenes Können, Geschicklichkeit, Fertigkeit" verwendet. Erst später stand es für die Schöpfungen des Menschen in Malerei, Bildhauerei, Dichtung und Musik. (Duden 2001, 460) In der Kunst werden Erfahrungen und Erkenntnisse schöpferisch-gestaltend mit Vorstellungskraft, Phantasie und Kreativität so in Texte, Töne, Bilder und Bewegungen umgesetzt, dass andere Menschen diese Erfahrungen und Erkenntnisse ebenfalls (nach-)erleben, empfinden, erfahren und erkennen können.
Das Wort „*Religion*" wird von dem lateinischen Wort „relegere" mit der Bedeutung „sich hinwenden, verweisen", aber auch von dem lateinischen Wort „religare" mit der Bedeutung „zurückbinden, anbinden" abgeleitet; nach christlichem Verständnis ist damit die Rückbindung an Gott gemeint. (Duden 2001, 667f.) Religiöse Menschen überschreiten nach ihren Aussagen die mit den Sinnen erfahrbare Welt zu einem sinngebenden Jenseits, zu einem Urgrund, zu einem Unbedingten und Unvergänglichen, Gott genannt. Dieser Urgrund gilt als heilig, wird ange-

betet und mit Worten und in Handlungen (Gebärden, Tanz, Waschungen, Segnungen, Opfer, Opfermahl usw.) verehrt. Gott beantwortet die Fragen der gläubigen Menschen, ordnet und bestimmt ihr Verhalten durch Gebote und ist ihre bleibende Hoffnung. Im Unterschied zu natürlichen Religionen, die das Heilige im erfahrbaren Leben erkennen, verstehen sich das Christentum und auch der Islam ausdrücklich als Offenbarungsreligionen. Die Christen glauben, dass Gott den Menschen durch Jesus Christus alles das offenbart hat, was notwendig ist, um das ewige Heil zu erlangen. Der Islam versteht sich als Überhöhung des Judentums und des Christentums und gründet sich auf Mohammed, den Koran und die heilige Überlieferung.

Sehen, Erkennen und das erkannte Wissen Ordnen kennzeichnen ganz allgemein „*Wissenschaft*“. Das deutsche Wort „Wissen“ gehört sprachgeschichtlich zu der indogermanischen Sprachwurzel „ueid“ und bedeutet „erblicken, sehen“. Aus „Ich habe gesehen“ ist dann „Ich habe erkannt“ und später „Ich weiß“ geworden. Ein Wissender hat etwas erblickt und dadurch etwas erkannt. „Wissen“ hängt also etymologisch eng mit „sehen“ und „erkennen“ zusammen. Das Wort „wizzenschaft“ taucht erst ab dem 16./17. Jahrhundert im deutschen Sprachraum auf. Es wird für den lateinischen Begriff „scientia“ im Sinne von „ein geordnetes, in sich zusammenhängendes Gebiet von Erkenntnissen“ gebraucht. (Duden 2001, 931) WissenschaftlerInnen fragen nach einem eng eingegrenzten Gegenstand in der Welt, den sie untersuchen, um zu entschleiern, was dem Menschen verborgen ist.

Die Wissenschaft ist eine Quelle des Wissens, ja sogar eine sehr wichtige – aber Mythen, Märchen, Romane, Epen, Lieder, Musicals, Aquarelle, Federzeichnungen und viele andere Schöpfungen nichtwissenschaftlicher Traditionen sind das auch. Diese verschiedenen Kulturen stehen in einem spannungsreichen Verhältnis zueinander. Viele Fragen und Themen der Wissenschaft werden auch in den anderen Kulturen behandelt, nur eben anders. Die Grenzen zwischen diesen Kulturen sind oft fließend, nach Wolf Lepenies befindet sich die Soziologie zum Beispiel zwischen Wissenschaft und Literatur. (Lepenies 1985) PhilosophInnen, KünstlerInnen und TheologInnen haben ebenso wie WissenschaftlerInnen in Geschichte und Gegenwart eindrucksvoll soziale Fragen und soziale Probleme aufgegriffen, erforscht, Lösungswege vorgeschlagen und deren Realisierung eingefordert. Auf die Theoriebildung in der Sozialen Arbeit wirken beispielsweise bis heute nachhaltig die Staatstheorien der Philosophen Plato (427-347 v.Chr.), John Locke (1632-1704) und Thomas Hobbes (1588-1679), die Ethiken von Aristoteles (384-322 v.Chr.) und Immanuel Kant (1724-1804) ein. Zahlreiche Werke der Weltliteratur haben die Soziale Arbeit beeinflusst. Die naturalistischen Schriftsteller Charles Dickens (1828-1910) in England, Emile Zola (1840-1902) in Frankreich und Gerhart Hauptmann (1862-1946) in Deutschland haben zum Beispiel in ihren Werken die Not einzelner Menschen und allgemeine soziale Missstände in den industrialisierten Städten realistisch beschrieben und dadurch soziale Reformen in ihren Ländern angestoßen. Blues, Spirituals und Gospels sind erfüllt vom Leiden farbiger Menschen, die als Sklaven von weißen Farmern unterdrückt und ausgebeutet wurden; sie sind eine einzige Anklage gegen Rassismus. Die Bibel und andere religiöse Schriften boten und bieten vielen Menschen Motivation und Vorbilder für ihr soziales Engagement; siehe zum Beispiel auch die Verbindung von Religion und Wissenschaft in der Caritas- und in der Diakoniewissenschaft.

In dem zweiten Dialog der zwei Dialoge über Erkenntnis des Philosophen, Wissenschaftstheoretikers und Naturwissenschaftlers Paul Feyerabend (1924-1994) wendet der eine Dialogpartner kritisch gegen den Vorrang der Wissenschaft, den sie in den industrialisierten, westlichen Ländern eingenommen hat, ein:

„Alles was Sie tun können, wenn Sie wirklich bei der Wahrheit bleiben wollen, ist *eine Geschichte zu erzählen*, die nicht wiederholbare Elemente Seite an Seite neben vagen Analogien zu anderen Geschichten aus demselben Bereich enthält. Nun sind die Philosophen (und auch einige Wissenschaftler) gewohnt, Analogien zu Prinzipien zu erheben und zu behaupten, (1) daß diese Prinzipien allem Denken zugrunde liegen, (2) daß sie für die Erfolge der Wissenschaft verantwortlich sind, und (3) daß die Wissenschaft deshalb Anspruch auf eine zentrale Stellung in unserer Kultur hat. (1) und (2) sind falsch und (3), die Schlußfolgerung daraus, auch.“ (Feyerabend 1992, 152f.)

Wissenschaft und wissenschaftliche Entdeckungen erscheinen uns nach Feyerabends Meinung nur darum so überaus wichtig, weil wir konditioniert sind, sie für wichtig zu halten. Seine Kritik richtet sich gegen eine „philosophisch naive Wissenschaft, die den Platz einnehmen will, den vorher Religion und Theologie hatten, eine wissenschaftlich naive Philosophie, die die Wissenschaft in den Himmel hebt, und die wiederum von den Wissenschaftlern in den Himmel gehoben wird.“ (Feyerabend 1992, 74)

Der Mediziner, Psychologe und Philosoph Karl Jaspers (1883-1969) hat ebenfalls vor dem „Machtwillen in Psychologie und Soziologie“ gewarnt, da sie sich seiner Meinung nach auf dem Wege zu einer Totalwissenschaft befinden, wenn sie das Ganze des Menschseins zu ihrem vermeintlichen Gegenstand machen und sich so zu einer Weltanschauung verwandeln, unter Verlust ihrer Wissenschaftlichkeit. Dagegen „können wir uns als wir selbst nur behaupten durch das Philosophieren, das in jedem Menschen sich vollzieht, aber durch das ausdrückliche und planmäßige Philosophieren zur Klarheit gebracht wird.“ (Jaspers 1997, 114-117)

Versuche, das gesamte Wissen, das uns Philosophie, Kunst, Religion und Wissenschaft zur Verfügung stellen, in einem Ganzen zu vereinigen, müssen angesichts der unfassbaren Fülle und Vielfalt heutigen Erkennens und Wissens scheitern. Die Zeiten, in denen Menschen wie Leonardo da Vinci (1452-1519), Johann Wolfgang von Goethe (1749-1832) und Albert Einstein (1879-1955) noch in der Lage waren, eine Vielzahl des Erkennens und Wissens ihrer Zeit in sich zu vereinigen, sind endgültig vorbei.

„Nichts ist in dieser Welt so genau, dass es nicht noch genauer, nichts ist so gerade, dass es nicht noch gerader werden könnte, und nichts ist so wahr, dass es nicht noch wahrer sein könnte“, hat der Jurist, Philosoph und Theologe Nikolaus von Kues (1401-1464) über den unendlichen Weg der Erkenntnis gesagt. (Zit. nach Hirschberger 1961, 575; Nikolaus von Kues 2001; Flasch 2001 u.a.) Bei diesem Weg handelt es sich nicht um (den) einen Weg, sondern um viele Wege, die wir gehen können, um uns der Wahrheit zu nähern und die Welt zu verstehen. Und jeder Weg hat seine eigene Kraft und Gültigkeit, genauso wie jeder Weg seine ihm eigenen Grenzen hat.

3. Wissenschaftliches Wissen

Menschen sehen, erkennen und wissen etwas. Jeder Mensch weiß etwas und benötigt Wissen, um leben und sich in der Welt orientieren zu können. Wissen wird selbst erworben und/oder von anderen übernommen. Es wird allgemein zwischen Alltagswissen, wissenschaftlichem Wissen und Berufswissen unterschieden. Nach den Entscheidungen für bestimmte philosophische Prämissen stehen weitere Entscheidungen für bestimmte wissenschaftstheoretisch gegebene Varianten bei der Definition dessen, was man unter Wissenschaft versteht und welche Erkenntnismethoden als wissenschaftlich akzeptiert werden, an. Aus diesen Festlegungen resultiert wiederum, welches Wissen als wissenschaftliches Wissen anerkannt und welches Wissen als nicht-wissenschaftliches Wissen deklariert wird.

3.1 Alltagswissen – wissenschaftliches Wissen – Berufswissen

Ist jeder Mensch ein „Wissenschaftler", da ja jeder über Wissen verfügen muss und auch verfügt? Welcher Art ist das Wissen, über das jede Frau und jeder Mann verfügen? Welche Kriterien gibt es, Alltagswissen von wissenschaftlichem Wissen und Berufswissen zu unterscheiden? Ich werde im Folgenden solche Merkmale anführen, die in der Fachwelt eine weite Zustimmung finden, also einen Konsens repräsentieren. Auf weitere Differenzierungen und detailliertere Definitionen, die es selbstverständlich auch gibt, muss ich hier verzichten; sie überschreiten den Rahmen dieser Grundlegung. (Siehe Mittelstraß 1996, 717-764 u.a.)

(1) Alltagswissen

Jeder Mensch erwirbt für sich in seinem Alltag ein persönliches Wissen und gewinnt ständig weitere Erkenntnisse hinzu. Dieses Wissen wird Alltagswissen genannt. (Siehe Thiersch 1997.) Unsere täglichen Wahrnehmungen, Erlebnisse und Erfahrungen bilden die Basis für diese Erkenntnisgewinnung. Ausgerichtet auf unsere Lebensziele deuten wir diese Erkenntnisse, schaffen uns auf diese Weise Vorstellungen vom Leben und machen sie zum Leitfaden unserer Handlungen und begründen damit auch unser Verhalten. Im Verlauf unseres Lebens bilden wir ganz persönliche Auslegungsmuster über das Leben und für unser Leben. Jeder Mensch verfügt über entsprechende ihm eigene Interpretationsmuster, an denen er sich orientiert. Diese Interpretationsmuster können bewusst, aber auch unbewusst sein; sie können benannt werden oder aber auch unbenannt bleiben. In jedem Fall aber bestimmen sie unser Handeln; außerdem geben wir mit ihnen unserem Leben Sinn. Wir organisieren unseren Alltag und bestehen ihn mit Hilfe unseres Alltags- oder Lebenswissens. Andere Menschen können uns jedenfalls aufgrund unserer in der Regel recht beständigen Deutungen und Verhaltensmuster erkennen und verstehen. Wir werden dadurch für andere berechenbar. Die Entstehungs- und Anwendungsweise dieser Denk- und Handlungsmuster hat dazu geführt, sie auch als Alltagstheorien zu bezeichnen. In ihnen ist das Erleben mehr oder weniger bewusst zu Erfahrungen verarbeitet, ausgelegt und abgelagert worden, und zwar so, dass es in späteren Situationen wieder belebt werden kann. Was immer wir an Neuem erleben, wir benennen es und integrieren es in unsere Alltagstheorie. Diese zu uns gehörende Alltagstheorie bedeutet für uns Sicherheit, unser Leben zu bewältigen. Wir haben so eine mehr oder weniger verlässliche Orientierung für unser Leben in uns.

Werden unser Alltagswissen und unsere Alltagstheorien von anderen angezweifelt, dann wird dieses Wissen meistens mit dem Argument verteidigt: „Ich habe in meinem Leben meine Erfahrungen gemacht. Und die kann mir keiner nehmen!" Durch diesen Rückzug auf die eigene Lebensgeschichte und ganz persönliche Erfahrungen entzieht sich der Alltagswissende einer Auseinandersetzung über die Qualität seines Wissens. Er weicht Fragen und Zweifeln aus und versucht sein Wissen eben dadurch für sich abzusichern. Als Ergebnis dieser Wissensabsicherung kann Alltagswissen leicht erstarren. Es wird schnell zur subjektiv begründeten und für Dritte nicht nachprüfbaren Überzeugung, die gegen Angriffe jeder Art heftig verteidigt wird. Eine Infragestellung des Alltagswissens bedeutet für viele nicht weniger als eine Infragestellung ihrer Person und ihres Lebenssinns. So wird verständlich, wenn Altes gegen Neues heftig verteidigt wird.

Alltagswissen wird in der Regel nicht ausdrücklich thematisiert oder reflektiert. Wir leben mit ihm als einer selbstverständlichen Ressource für den alltäglichen Umgang miteinander. Es ist ein Sockel gemeinsamer (impliziter) Werte, Vorstellungen, Meinungen und Grundannahmen, auf denen unser Denken und Handeln beruht und mit denen wir unser Denken und Handeln bestreiten. Wird dieses Wissen explizit thematisiert und kritisch reflektiert, dann kann es leicht seine selbstverständliche Kraft als Verständigungs- und Verstehensressource verlieren, und es können verdrängte und überspielte Widersprüche, Brüche und Risse zutage treten. Aufmerksam reflektiertes Alltagswissen kann zu einer anderen Qualität von Wissen werden, wenn es nicht mehr als fraglos gegeben, sondern als fragwürdig angesehen wird. So kann es zur Basis neuen Verstehens und Verständigens werden.

(2) Wissenschaftliches Wissen

Wissenschaftliches Erkennen setzt ebenfalls bei der alltäglichen Lebenswelt an und beginnt mit einem bestimmten Maß an Alltagswissen, bleibt aber dabei nicht stehen, sondern geht darüber hinaus. (Lay 1971, 70) Beim wissenschaftlichen Erkennen wird einerseits die Kenntnis von etwas erweitert, andererseits werden aber zugleich auch die Bedingungen der Erkenntnisgewinnung hinterfragt und öffentlich gemacht. Der Erkenntnisprozess bezieht sich sowohl auf das zu Erkennende selbst (als „Gegenstand“) als auch auf den Weg, der zu dem zu Erkennenden führt (als „Methode“). Durch diese grundlegende Zweiseitigkeit des Erkenntnisprozesses wird die Wissenschaft erst zur Wissenschaft. Der Naturwissenschaftler und Philosoph Heinrich Rombach (1923*) bezeichnet diese Zweiseitigkeit der Erkenntnisgewinnung als *wissenschaftstheoretisches Grundgesetz*. (Rombach 1979, 9; 1981) Die Erkenntnisgewinnung wird dadurch nicht nur produktiver, sie wird auch reflexiver und gewinnt so allein die eigentümliche Schärfe und Komplexität, die eben wissenschaftliches Wissen auszeichnet.
„Wissenschaft schreitet immer nach zwei Seiten vor. Einmal erarbeitet sie neue Kenntnisse, indem sie sich immer weiter in die Gegenstandsstrukturen hineingräbt und diese nach Umfang, Zusammenhang und Begründung ausforscht; zum andern arbeitet sie sich zurück in die eigenen Voraussetzungen, indem sie sich immer differenzierter die Bedingungen ihres gezielten Zugangs auf das Seiende verdeutlicht, ebenso die Vorfestlegungen und Beschränkungen solcher Bedingungen, die Notwendigkeit von Neuentwürfen in der Erkenntnis- und Verstehensbasis etc. Wissenschaft kann immer nur soweit (nach außen) voranschreiten,

wie sie (nach innen) an Boden und Voraussetzung schafft und klärt. Die beiden grundlegenden Forschungstendenzen (nach außen und nach innen) bedingen sich gegenseitig, so dass sie im Grunde ein einziges Geschehen ausmachen, das Geschehen der Wissenschaft überhaupt." (Rombach 1979, 9f.)

Alltagswissen entsteht aus den alltäglichen Erlebnissen, die jemand mit den Erkenntnisgegenständen seiner Umgebung macht. Der einzelne Mensch als Subjekt des Erkennens sucht sich in seiner Lebenswelt willkürlich Gegenstände aus oder trifft zufällig auf Gegenstände, die er näher betrachtet oder übersieht (siehe Abbildung 4).

Abbildung 4: Erkenntnisgegenstände beim Alltagswissen und beim wissenschaftlichen Wissen

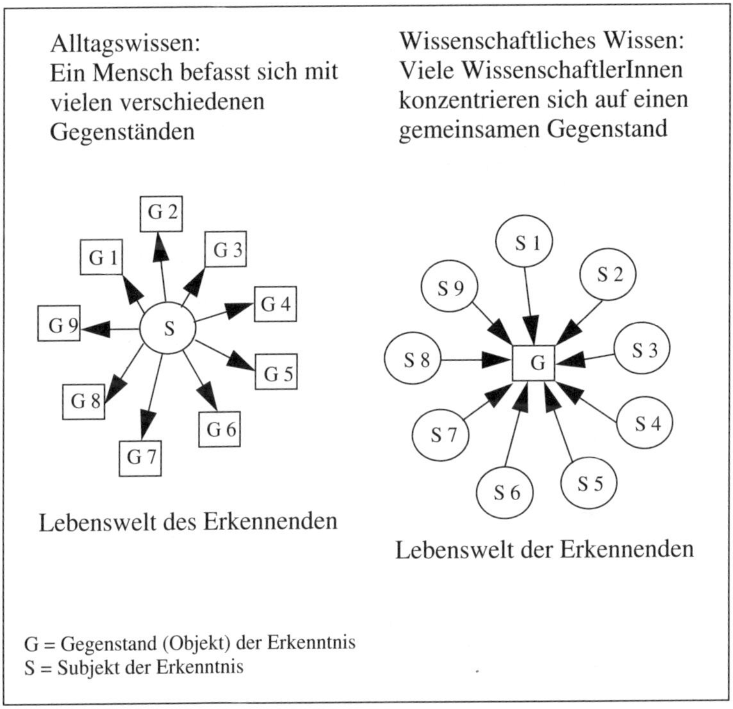

WissenschaftlerInnen wählen als Subjekte der Erkenntnis einen speziellen Gegenstand aus der Lebenswelt aus und erforschen ihn gemeinsam mit anderen WissenschaftlerInnen ihrer Fachdisziplin. Dieser Erkenntnisgegenstand wird mit einer gezielten Forschungsfrage systematisch untersucht, um über ihn neue Erkenntnisse zu gewinnen.
Reflexion wird beim Alltagswissen in der Regel weitgehend vernachlässigt. Die Erkenntnisgegenstände werden vom Erkenntnissubjekt einfach (das heißt hier „unreflektiert") wahrgenommen, das Wahrgenommene wird in das vorhandene Wissen des Erkenntnissubjektes einbezogen und steht danach als persönliche Überzeugung fest (siehe Abbildung 5).

Abbildung 5: Reflexion beim Alltagswissen und beim wissenschaftlichen Wissen

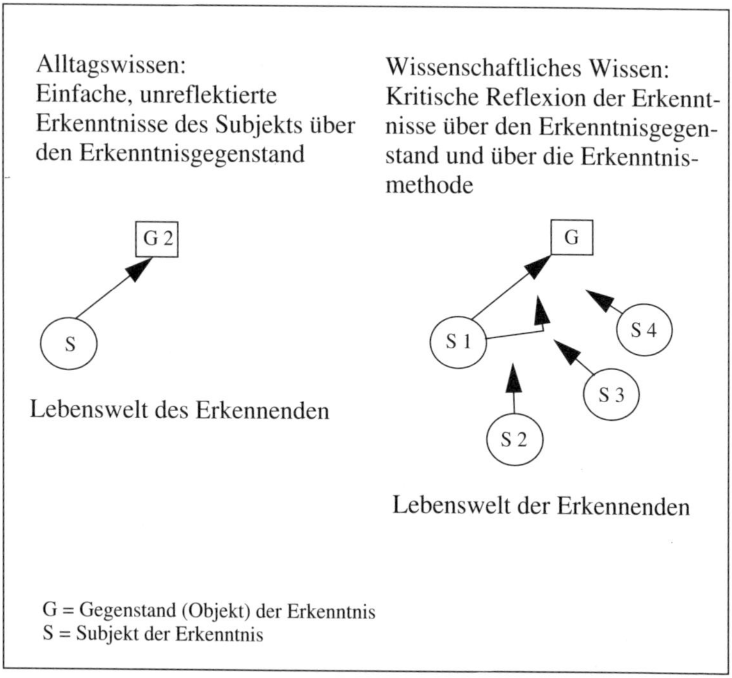

Beim wissenschaftlichen Wissen jedoch werden sowohl der Forschungsweg als auch die neu gewonnenen Erkenntnisinhalte systematisch reflektiert und der öffentlichen Kritik ausgesetzt. Reflexion und die damit verbundene Öffnung für Fragen und Kritik an der Forschung sind ein konstitutives Kriterium für wissenschaftliches Arbeiten. (Siehe Wagner 1980 u.a.) In letzter Konsequenz sind beim wissenschaftlichen Wissen neben dem Erkenntnisinhalt und dem Erkenntnisweg auch der historische, gesellschaftliche und biographische Kontext, in dem die WissenschaftlerInnen leben und forschen, und sein Einfluss auf die Forschung zu hinterfragen und zu reflektieren (siehe Abbildung 6).

Abbildung 6: Die dreifache Reflexion von wissenschaftlichem Wissen

Reflexion:
(1) der Erkenntnisse über den Erkenntnisgegenstand selbst
(2) des Erkenntnisweges
(3) des Einflusses der Lebenswelt auf den Erkentnnisprozess (historischer Kontext u.a.)

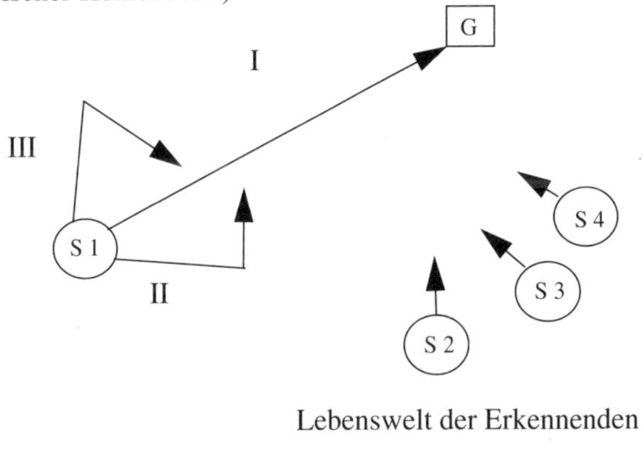

G = Gegenstand (Objekt) der Erkenntnis
S = Subjekt der Erkenntnis

Durch die öffentliche Reflexion des eigenen Erkenntnisweges und des Lebensweltkontextes wird wissenschaftliches Wissen überprüfbar, diskutierbar und kritisierbar und das gewonnene Wissen begründet. Erst eine (selbst-)reflexive und (selbst-)kritische Haltung der WissenschaftlerInnen ermöglicht einen wirklichen Erkenntnisfortschritt (siehe Abbildung 7).

Abbildung 7: Gegenüberstellung von Alltagswissen und wissenschaftlichem Wissen

Alltagswissen	Wissenschaftliches Wissen
Lebenswelt	Wissenschaftswelt
schlichte Beobachtung	reflektierte Beobachtung
einmalig oder wiederholt	systematisch wiederholt (gezielte Forschung)
Lebenserfahrung	wissenschaftliche Erkenntnis
Umgangssprache	wissenschaftliche Sprache
Alltagstheorien	wissenschaftliche Theorien
zufällige Überprüfung im Alltag	systematische Überprüfung mittels reflektierter Kontrolle

Menschliche Erkenntnisse werden benannt, ausgesprochen, aufgezeichnet oder aufgeschrieben und so an andere Menschen weitergegeben. *Alltagswissen* wird in einer Alltagssprache ausgedrückt und mitgeteilt, wissenschaftliches Wissen dagegen in einer *Wissenschaftssprache*. Die alltägliche Sprache ist zunächst auch die Sprache der WissenschaftlerInnen; sie gebrauchen sie wie jeder andere Mensch und sind auch als WissenschaftlerInnen an sie gebunden, um sich in der Wissenschaft zu verständigen. „Denn die vorwissenschaftliche Realität, welche die Ansätze wissenschaftlichen Fragens bietet, ist je schon durch Sprache bestimmt, durch ihre Struktur gegliedert, wird ihrem Sinngehalt gemäß verstanden und gedeutet." (Ströker 1973, 39) Aufgabe der Wissenschaft ist es demnach auch, die Vermittlung von Erkenntnissen in und durch die Sprache zu kultivieren und zu reflektieren. WissenschaftlerInnen greifen auf Wörter mit alltäglichem Sinn zurück und versehen weitläufig gebrauchte Wörter mit einem speziellen und eng umgrenzten Sinn („Begriffsexplikation und -definition"). Auf genau definierten Grundbegriffen baut wissenschaftliches Denken auf. „Jede wissenschaftliche

Erkenntnis muss sich sprachlich so repräsentieren lassen, dass es möglich ist, dass ein anderer das sprachlich Formulierte ohne Unschärfen im Wesentlichen ‚versteht'." (Lay 1971, 80) Ein idealer wissenschaftlicher Text muss so klar sein, dass der Leser ihn nur ein einziges Mal lesen muss, um ihn zu verstehen. Im Unterschied dazu muss der ideale Roman den Leser dazu bringen, den Text immer und immer wieder zu lesen, weil er wie das menschliche Leben ist, komplex und widersprüchlich. Das Verhältnis von Wirklichkeit und Sprache sowie von Erkenntnis und Sprache ist nicht ganz so einfach, wie das im Alltag scheint; dieses Verhältnis zu erforschen, ist u.a. Aufgabe der Sprachphilosophie. (Siehe Seiffert 1989, 313-326.)

(3) Berufswissen

Vom allgemeinen Alltagswissen und vom wissenschaftlichen Wissen lässt sich ein spezifisches alltagsgeprägtes Berufswissen unterscheiden. Beim Berufswissen werden Erfahrungen gesammelt, die sich aus dem Erleben und Handeln im jeweiligen beruflichen Aufgabenfeld ergeben. Es basiert sowohl auf den Erfahrungen einzelner Menschen als auch auf den Erfahrungen einer ganzen Berufsgruppe; die Erfahrungen aus dem Umgang mit Holz führten zum Beispiel zum Berufswissen der Schreiner und Zimmerleute. Berufliche Erfahrungen sind über lange Zeit im Umgang mit bestimmten Anforderungen und speziellen beruflichen Aufgaben und den gefundenen und in der Praxis erprobten Lösungswegen gemacht worden. Begründet wird Berufswissen zumeist mit dem Argument der persönlichen und langjährigen Berufserfahrung. Dieses Berufswissen wird im Rahmen der Berufsausbildung, durch Erfahrungsaustausch unter BerufskollegInnen und durch systematische Fortbildung gewonnen. Gleiche Auffassungen werden in Berufstheorien zusammengefasst und durch Schulen vertreten. Berufswissen und Berufstheorien kommen in der Berufskunde zusammen und werden an die Auszubildenden in Praxis und Schule weitergegeben. Für die meisten Berufe existieren mehr oder weniger ausdifferenzierte alltagsgeprägte und von wissenschaftlichem Wissen durchsetzte Berufstheorien. Dieses nur selten ausformulierte Berufswissen leitet die in dem jeweiligen Beruf Tätigen bei ihrer Arbeit und dient auch dazu, um Begründungszusammenhänge für die jeweilige Handlung herzustellen. Berufswissen wird in der Regel als tradiertes Fachwissen einer Berufsgruppe („Zunft", „Handwerk") übernommen, ohne dass es systematisch überprüft wird. Es ist gewissermaßen in der

Praxis bewährtes Allgemeingut dieser Berufsgruppe und wird als solches von der Öffentlichkeit respektiert. Auch PraktikerInnen, die ausdrücklich Theorien für ihre berufliche Arbeit ablehnen, handeln nach ihren eigenen Berufstheorien beziehungsweise nach ihren Alltagstheorien, sie haben keine andere Möglichkeit.
Die fachlichen Anforderungen und der Fortschritt wissenschaftlicher Forschung haben dazu geführt, dass in vielen Berufen heute auch auf wissenschaftliches Wissen zurückgegriffen wird/werden muss. Insofern werden im Berufswissen gegenwärtig vielfach Alltagswissen und wissenschaftliches Wissen projektorientiert miteinander verbunden. Berufswissen kann daher als eine Verbindung („Kompositum") von Alltagswissen und wissenschaftlichem Wissen angesehen werden, in Berufstraditionen erworben und in ständiger Auseinandersetzung mit neuen Berufserfahrungen und wissenschaftlichen Erkenntnissen weiter entwickelt.

3.2 WISSENSCHAFTSTHEORETISCHE GRUNDFRAGEN UND ALTERNATIVE ANTWORTEN

Mit dem wissenschaftstheoretischen Grundgesetz (siehe Teil 3 Abschnitt 3.1), so könnte man meinen, sei ein enger Rahmen für das Verständnis von Wissenschaft und für die Entwicklung einer Wissenschaftsdisziplin gesteckt. Die Wirklichkeit sieht anders aus. Es bleiben trotz dieser Festlegung noch viele Gestaltungsmöglichkeiten offen. Diese Gestaltungsmöglichkeiten ergeben sich zum einen aus der Beantwortung der philosophischen und weltanschaulichen Grundfragen, die bei jedem Vollzug von Wissenschaft – explizit oder implizit – erfolgen muss und faktisch auch erfolgt, zum anderen aus den ebenfalls unumgänglichen Entscheidungen für bestimmte Perspektiven bei den wissenschaftstheoretischen Alternativen. Die Entscheidungen ergeben dann gebündelt den Ansatz beziehungsweise die Grundzüge einer Wissenschaftstheorie, aus der wiederum spezifische wissenschaftliche Methoden des Erkennens und Forschens abgeleitet werden. (Siehe Seiffert/Radnitzky 1989; Kriz/Lück/Heidbrink 1990; Hollis 1995; Mittelstraß 1995a, b, c, 1996; Tschamler 1996; Balzer 1997; Kron 1999 u.a.)

Abbildung 8: Alternative Antworten auf wissenschaftstheoretische Grundfragen

Grundfragen	Antwort	Alternative Antwort
Wissenschaftsbegriff	Ein einheitlicher Wissenschaftsbegriff gilt.	Verschiedene Wissenschaftsbegriffe stehen nebeneinander.
Erkenntnisinteresse	Reines Erkenntnisinteresse.	Technisches, praktisches, emanzipatorisches Erkenntnisinteresse.
Methode der Erkenntnisgewinnung	Erleben, Verstehen; Intuition.	Beobachten, Erklären; Experiment.
Begründung	Kausal-linear, mathematisch-logisch.	Durch Evidenz und Einsicht.
Art der Theoriebildung	induktiv	deduktiv
Wertproblematik	Werten ist ausgeschlossen.	Werten gehört dazu.
Verhältnis von „Wissenschaft“ und „Gesellschaft“	Trennung	Vernetzung

Anmerkung:
Die untereinander stehenden Antworten bilden keine zusammenhängende Wissenschaftstheorie.

Wichtige wissenschaftstheoretische Grundfragen und alternative Antworten auf diese Fragen (siehe Abbildung 8) sind:

(1) Der Wissenschaftsbegriff

Wenn von Wissenschaft gesprochen wird, ist zu allererst zu fragen, ob es einen einheitlichen Wissenschaftsbegriff oder ob es mehrere Wissenschaftsbegriffe nebeneinander gibt beziehungsweise geben darf.

- *Ein einheitlicher Wissenschaftsbegriff*

Ein Verständnis von Wissenschaft ist für die gesamte Wissenschaftswelt und damit auch für jede einzelne Wissenschaftsdisziplin verbindlich. Auf diesem „einzig möglichen" Wissenschaftsbegriff basiert die gesamte Forschung; danach werden Aufgaben, Ziele, Zwecke, Forschungsmethoden und auch die Anwendung in allen wissenschaftlichen Einzeldisziplinen bestimmt und begründet. Diese eine wissenschaftliche Auffassung (im Grunde handelt es sich um eine Weltanschauung) ist gegen alle anderen durchgesetzt worden. Die gesamte Scientific Community und natürlich auch jede/r einzelne WissenschaftlerIn müssen sich in ihrer Arbeit nach dieser einen Wissenschaftsauffassung richten; zuwider Handelnde werden bestraft. Einheitswissenschaften sind das Ergebnis von Einheitsgesellschaften. Ein Beispiel: Im Marxismus-Leninismus wird für den Aufbau des Sozialismus und Kommunismus das Prinzip der Einheit aller Wissenschaften gefordert.

- *Mehrere verschiedene Wissenschaftsbegriffe*

Die Scientific Community und die einzelnen WissenschaftlerInnen entscheiden sich für je eigene Wissenschaftsverständnisse; diese und die daraus abgeleiteten Forschungsmethoden werden vorrangig von der Eigenart des Forschungsgegenstandes, aber auch durch andere Faktoren (siehe Teil 3 Abschnitt 5), bestimmt. Auf die WissenschaftlerInnen wird kein Zwang ausgeübt, auch nicht gefordert, dass sie sich bestimmter vorgegebener Erkenntnismethoden bedienen und sich einem einheitlichen, für alle verbindlichen Denkansatz unterordnen. Toleranz und Pluralismus, Freiheit der Forschung und Lehre charakterisieren die Wissenschaftsvielfalt in demokratischen Gesellschaften. Ein Beispiel: Natur-, Geistes- und SozialwissenschaftlerInnen unterscheiden sich hinsichtlich ihrer Wissenschaftsverständnisse beträchtlich; es gibt auch verschiedene Verständnisse von Wissenschaft in den einzelnen Wissenschaftsdisziplinen.

(2) Erkenntnisinteresse

Was veranlasst jemanden, etwas zu erforschen? Welches Interesse leitet WissenschaftlerInnen bei ihrer Erkenntnisgewinnung? Zwei konträre Auffassungen sind bei der Beantwortung dieser Frage vorzufinden.

- *Reines Erkenntnisinteresse*

Der Erkenntnissuchende wird von nichts anderem geleitet als von dem reinen Wunsch nach Erkenntnis. Das von äußeren Zwecken frei gehaltene Neugierverhalten charakterisiert WissenschaftlerInnen und ihre Haltung zu Welt und Gesellschaft. (Lay 1971, 38) Wissenschaftliche Forschung wird um ihrer selbst willen betrieben, andere Motivationen oder Interessen sind nicht vorhanden. Ein Beispiel: Jemand erforscht die Schwerkraft, weil er von der wechselseitigen Anziehungskraft von Körpern, die er beobachtet hat, fasziniert ist und mehr darüber wissen möchte.

- *Technisches, praktisches oder emanzipatorisches Erkenntnisinteresse*

Jeder Erkenntnisvorgang ist von vornherein von Interessen der Forschenden geleitet. Diese Interessen ergeben sich nicht aus dem Forschungsobjekt selbst, sondern aus dem gesellschaftlichen und/oder persönlichen Kontext des erkennenden Subjektes. Sowohl das wissenschaftliche Denken als auch das wissenschaftliche Handeln der WissenschaftlerInnen werden von Interessen geleitet, die sich nicht aus der Wissenschaft selbst begründen lassen. Erkenntnisprozesse können insgesamt oder auch einzeln durch technische, praktische oder emanzipatorische Interessen geleitet werden. Ein Beispiel: Jemand erforscht die Schwerkraft, um die Entwicklung von Raumfahrtprogrammen zu unterstützen und damit zur politischen Vorherrschaft seines Vaterlandes beizutragen.

(3) Methode der Erkenntnisgewinnung

Methoden sind Zugangsweisen, um Erkenntnisse über Gegenstände zu gewinnen. Wilhelm Dilthey (1833-1911) hat zwischen Natur- und Geisteswissenschaften unterschieden und seinen Unterscheidungsmerkmalen entsprechend beiden Wissenschaften je eigene Erkenntnismethoden zugeordnet: „Natur erklären wir, Geist verstehen wir.“ Mit dieser Aufteilung der Wissenschaften geht eine Polarisierung der Erkenntnismethoden einher.

- *Beobachten, Erklären – Experiment*

Erklären ist nach Dilthey das Erkenntnisverfahren der Naturwissenschaften und bezieht sich auf eine Wirklichkeit, die nicht vom Menschen selbst hervorgebracht ist. Hier handelt es sich um den sachlogischen Aspekt des Erwerbs oder der Vermittlung von Wissen. Eine Sache wird durch Aufzeigen des Entstehens, der Funktion, der Anwendungsmöglichkeiten usw. aufgehellt. Die empirische Erfahrung ist die Zugangsweise zum Tatsächlichen und Vorgegebenen und daher der alleinige Weg wissenschaftlicher Erkenntnis. Als Methoden werden nur die Beobachtung (die sinnliche Wahrnehmung) und das wiederholbare Experiment anerkannt. Die beobachteten Tatsachen sind zu beschreiben (Deskription, Protokollaussagen), zu erklären und nach den erkannten Gesetzmäßigkeiten zu ordnen. Ein Beispiel: Ein beobachteter Vorgang – zum Beispiel: ein Dachstein fällt schneller auf die Erde als eine Gänsefeder – wird unter kontrollierten Bedingungen (das heißt experimentell) vielfach wiederholt, um so seine Gesetzmäßigkeiten empirisch zu erfassen.

- *Erleben, Verstehen – Intuition*

Verstehen ist nach Dilthey das Erkenntnisverfahren der Geisteswissenschaften und bezieht sich auf eine Wirklichkeit, die vom Menschen selbst hervorgebracht ist. Hierbei handelt es sich um den subjektbezogenen Aspekt des Erwerbs oder der Vermittlung von Wissen. Verstehen gründet im „Vertrautsein mit etwas", im Ein- und Mitfühlen, im Erfassen von etwas aufgrund von existentieller Mitbetroffenheit. Die empirische Beobachtung des Äußeren reicht nicht aus, um das Wesen eines Gegenstands adäquat zu erfassen. Erleben, Verstehen und Intuition ermöglichen erst als zusammengehörende Methoden den Zugang zur wirklichen Wirklichkeit. Mit diesen Methoden lässt sich die Lebenswelt in ihrer Ganzheit durchleuchten und so kann man zum inneren Grund eines Erkenntnisobjektes gelangen und es begreifen. Ein Beispiel: Die Frage nach dem Wesen des Menschen kann nur deshalb beantwortet werden, weil der Forscher selbst Mensch ist und insofern am Menschsein partizipiert; er kann Menschliches verstehen und das Verstandene ausdrücken und mitteilen.

(4) Begründung

Wenn Aussagen gemacht oder Urteile gefällt worden sind, dann wird allgemein erwartet, dass sie begründet werden (können). Argumente müssen dafür angeführt werden, dass sich etwas so verhält, wie behauptet wird, dass es sich verhält. So muss begründet werden, warum etwas für wahr gehalten wird. Erklärung und Verständnis werden zwar bisweilen schon als Begründung angesehen, doch gelten in der Wissenschaftsgeschichte andere Arten der Begründung:

- *Kausal-lineare und mathematisch-logische Beweisführung*

Kausalität bedeutet einmal den Einfluss einer Ursache auf ihre Wirkung und die sich darauf gründende Beziehung, dann die Gesetzmäßigkeit, mit der die Wirkung von einer Ursache abhängt oder mit der die Ursache ihre Wirkung linear (das heißt geradlinig) hervorbringt. Gleiche Ursachen haben gleiche Wirkungen („Kausalitätsprinzip“). Kausale Beziehungen lassen sich experimentell nachweisen. Als Begründung wird nur eine formallogisch-mathematische Beweisführung akzeptiert, das heißt aus ersten Sätzen (Axiomen), die nicht in dieser Weise begründet werden können, werden weitere Sätze mit streng mathematisch-logischen Verfahren abgeleitet. Ein Beispiel ist die einfache logische Schlussfolgerung: Wenn a = b und b = c, dann a = c.

- *Evidenz und Einsicht*

Evidenz bezeichnet sowohl das klare Sichzeigen, Offenbarsein und Einleuchten eines Sachverhaltes als auch das unfragliche Einsehen und Wahrnehmen des Sachverhaltes und begründet die persönliche Gewissheit, dass etwas so ist und nicht anders. Jeder vernünftige Zweifel an der Gewissheit, dass die gewonnenen Erkenntnisse tatsächlich der Realität entsprechen, ist ausgeschlossen, nur unvernünftiger Zweifel bleibt bestehen. Die Evidenz wird mit guten, das heißt vernünftigen und einsichtigen Argumenten gestützt; es fehlt jedoch die Möglichkeit einer empirischen Überprüfung. Ein Beispiel: PädagogInnen – wie zum Beispiel Jean Jacques Rousseau – weisen darauf hin, dass ihre Aussagen über Wissenschaft und Erziehung für jeden einsichtig, also evident seien.

(5) Art der Theoriebildung

Wie kommt man überhaupt zu Theorien? Wovon geht man aus? Nach welchem Prinzip werden Theorien aufgebaut? Zwei alternative Wege sind:

- *Induktion*

Einzelfälle werden beobachtet und es werden bestimmte Merkmale oder Gesetzmäßigkeiten (zum Beispiel Kausalzusammenhänge) erkannt. Von dem in wenigen Einzelfällen Erkannten wird dann geschlossen, dass es auch für alle anderen gleichartigen Fälle gelten muss. Ein allgemeines Gesetz oder ein System von Aussagen wird aus der Einzelerkenntnis erschlossen. Dieses Gesetz oder diese Theorie wird dann verallgemeinert und auch für alle nicht beobachteten, aber gleich gelagerten Fälle angenommen („Induktion" oder „aufsteigende Schlussfolgerung"). Ein Beispiel: Aus der einen Beobachtung, dass dieser eine Dachstein schneller zur Erde gefallen ist als diese eine Feder, wird geschlossen, dass alle Dachsteine schneller zur Erde fallen als Gänsefedern.

- *Deduktion*

Eine allgemeine Aussage steht am Anfang der Theoriebildung. Man geht dann vom Allgemeinen zum weniger Allgemeinen und schließlich zum Besonderen. Es wird angenommen, dass die allgemeine Aussage für alle gleichartigen Fälle gilt. Jeder gleichartige Einzelfall oder jedes Besondere fällt unter das Allgemeine. Vom Allgemeinen wird das Besondere abgeleitet („Deduktion" oder „absteigende Schlussfolgerung"). Ein Beispiel: Aus der Erfahrung, alle Dachsteine fallen schneller als Gänsefedern zur Erde, wird geschlossen, dass jeder Dachstein, den es gibt, schneller als eine Gänsefeder zur Erde fällt.

(6) Wertproblematik

Bei der Frage nach der Bedeutung der Werte und Normen in der Wissenschaft geht es darum, ob die Wissenschaft sich ausschließlich mit der Frage „Was ist?" oder auch mit der Frage „Was soll sein?" befassen soll. Die alternativen Anworten sind:

- *Werten gehört dazu*

Wirklichkeit und Wert sind so eng miteinander verflochten, dass keine Seite isoliert gesehen werden kann. Alles Erkennen und Verstehen kommt bewusst oder unbewusst aus einer wertenden Grundhaltung heraus. „Ist-" und „Soll-Sätze" gehören zusammen. Die Weltanschauung des Erkennenden – auch der WissenschaftlerInnen – lässt sich im Erkenntnisprozess niemals ausklammern, nur sichtbar machen und in den Erkenntnisprozess einbeziehen. Wissenschaft ist normativ und setzt bewusst und wissentlich Werte. Ein Beispiel: Die Forschenden untersuchen nicht nur die Lebenssituation armer Menschen, sondern geben auch an, wie diese Menschen leben sollen.

- *Werten wird ausgeschlossen*

Wirklichkeit und Werte sind verschiedene Größen. Tatsachenerhebung und Werturteil, Erfahrungswissen und Bewertungen sind radikal und prinzipiell zu trennen. „Politik gehört nicht in den Hörsaal." (Max Weber 1864-1920) Nur mit dieser Maxime ist die Wissenschaftlichkeit von Aussagen zu gewährleisten. Wissenschaft kann die Frage: „Was sollen wir tun?" nicht beantworten. Wissenschaft hat prinzipiell voraussetzungslos und wertfrei zu sein, da „Soll-Sätze" nicht von „Ist-Sätzen" abgeleitet werden können. Ein Beispiel: Die Forschenden untersuchen nur die Lebenssituation armer Menschen und stellen ihre Forschungsergebnisse der Öffentlichkeit zur Verfügung.

(7) Das Verhältnis von „Wissenschaft" und „Gesellschaft"

Wissenschaft wird von Menschen betrieben, die Mitglieder einer bestimmten Gesellschaft beziehungsweise eines bestimmten Staates sind. In welchem Verhältnis stehen nun „Wissenschaft" und „Gesellschaft" zueinander?

- *Trennung*

„Wissenschaft" und „Gesellschaft" sind zwei voneinander getrennte, eigenständige Partnerinnen beziehungsweise autonome Systeme. Die Wissenschaft verwaltet sich selbst und forscht autonom. Der Staat alimentiert die Wissenschaft lediglich, indem er finanzielle und andere unterstützende Ressourcen zur Verfügung stellt. Die Entscheidungen darüber, was und mit welchem Ziel erforscht wird, liegt allein in der Zuständigkeit der Wissenschaft. Ein Beispiel: WissenschaftlerInnen können sich ausschließlich auf ihre Forschung konzentrieren und leben in einer von der übrigen Gesellschaft getrennten Wissenschaftswelt.

• *Vernetzung*

Die Vorstellung von einer Trennung von „Wissenschaft" und „Gesellschaft" ist ein Kunstprodukt, beide sind in vielfältiger Weise eng miteinander vernetzt. Einerseits ist die Wissenschaft ein Produkt der jeweiligen Gesellschaft und ein gesellschaftlicher Produktionsfaktor, andererseits hat die Wissenschaft eine sozialkritische Funktion für die Gesellschaft. Die WissenschaftlerInnen haben sich nicht nur mit den Forschungsmethoden und ihrer Realisierung zu befassen, sondern auch mit der gesellschaftspolitischen Bedeutung ihrer Forschung in der Gesellschaft. Ein Beispiel: Nach dem Abwurf der Atombomben haben viele AtomphysikerInnen ihre gesellschaftliche Verantwortung für ihre Forschung erkannt.

Die Entscheidungen für bestimmte Antworten auf die wissenschaftstheoretischen Grundfragen bilden das Fundament für das Gesamtverständnis von Wissenschaft und die Bildung von Wissenschaftstheorien.

3.3 Heutiges Verständnis von Wissenschaft

Die Menschen der verschiedenen Epochen sind eigenständig mit der Erkenntnis- und Wissensgewinnung umgegangen: Da gibt es Epochen, in denen allein das Wort des Weisen galt. Die Lebenserfahrung von Greisen, Propheten, Philosophen oder Königen war dann als Weisheit(-slehre) das allgemein anerkannte und tradierte Wissen der Zeit. In späteren Epochen befassten sich „die Wissenschaftler" – Frauen spielten damals in der Öffentlichkeit keine Rolle, auch nicht in der Wissenschaft – wieder primär damit, die Lehren dieser Weisen auszulegen und auf die eigene Zeit zu übertragen. So ging es im Abendland des 13. und 14. Jahrhunderts vor allem darum, die Lehren des griechischen Philosophen Aristoteles (384-322 v. Chr.) zu erforschen und auf die Fragen der Zeit hin auszulegen. Später bildete wiederum die Auslegung der Kommentare zu den Werken von Aristoteles und anderen Weisheitslehrern „die Wissenschaft". Mit den Naturwissenschaften wuchs ein neues Wissenschaftsverständnis, wobei Anfänge bereits im späten Mittelalter zu erkennen sind; man hielt sich nur an das sinnlich (empirisch) Wahrnehmbare, an das, was man messen, wiegen und zählen konnte. (Siehe Rossi 1997.) Das so Gegebene kann nach dieser Auffassung als das Wirkliche

und Tatsächliche allein sinnvoller Weise erforscht werden; alle Fragen über das sinnlich erfahrbar Vorgegebene hinaus sind nutzlos, weil die Antworten auf diese – metaphysischen („übernatürlichen“) – Fragen und Gegenstände letztlich nicht zu überprüfen sind.
Wissenschaft ist das „Geschäft“ von Menschen. Der Wandel der Wissenschaft hängt daher eng zusammen mit den persönlichen und sozialen Veränderungsprozessen der Menschen, die sich mit Wissenschaft befassen. Für die europäische Wissenschaftsgeschichte ist festzustellen, dass sie von Männern bestimmt und geprägt worden ist. Männer haben bis zum Anfang des 20. Jahrhunderts Frauen daran gehindert, sich an der Wissenschaft zu beteiligen. Für Auguste Comte (1798-1857), den Begründer der positivistischen Soziologie, beispielsweise waren Frauen minderwertig und für die Wissenschaft ungeeignet, weil sie seiner Meinung nach unfähig zur Abstraktion sind und ihre Leidenschaften ihre Ratio stören. Frauen waren für Comte von Natur aus und daher für alle Zeiten den Männern unterlegen. (Lepenies 1985, 23ff.)
Die Wissenschaft und das Verständnis von Wissenschaft haben sich wie alles Endliche in ihrer Gesamtform wie in ihren Einzelinhalten gewandelt, denn die Ziele und Wege des Erkennens verändern sich mit ihren kulturellen, politischen und wirtschaftlichen Rahmenbedingungen. (Siehe Rombach 1979, 14-19, 1981.) Systematische Erkenntnisgewinnung – als das, was der Sache nach Wissenschaft ausmacht – hat es zu allen Zeiten gegeben und hat in ihrer Geschichte viele verschiedene Gestalten und Erscheinungsformen angenommen. Jede Epoche und jede Kultur hat ihr eigenes Wissen und ihre eigenen Kriterien dafür, wann ein Wissen allgemein anerkanntes Wissen ist. Die Wissenschaft teilt immer bestimmte elementare Grundüberzeugungen ihrer Zeit und ihrer Gesellschaft und wird dadurch tief geprägt. Jede Zeit hat deshalb ihre Wissenschaft und die ZeitgenossInnen bestimmen für jede Zeit neu, was für sie Wissenschaft ist. Dabei ist zu bemerken, dass sich meistens sowohl eine bestimmte Weltanschauung als auch eine bestimmte Wissenschaftsauffassung im Unterschied zu anderen Auffassungen gesellschaftlich und historisch durchsetzt und das Wissenschaftsverständnis der Zeit dominiert; das trifft auch für unsere Zeit zu. Die Bilder („Paradigmen“), die sich die Zeitgenossen von der Welt gemacht haben, stehen selbstverständlich in einem engen Zusammenhang mit ihrem Wissenschaftsverständnis. Um Wissenschaft jeweils zu verstehen, muss man also die epochale Grundform kennen, in der sie gewachsen ist. (Siehe Rombach

1979, 151f.) Wenn man die heute geltenden Kriterien für Wissenschaftlichkeit zugrunde legt, dann können die Weisheitslehren früherer Epochen und anderer Kulturen nur bedingt als wissenschaftliches Wissen bezeichnet werden. Man bezeichnet dieses Wissen dann als vorwissenschaftliches Wissen.

Was wird heute am Anfang des 21. Jahrhunderts unter Wissenschaft verstanden? Sowohl in Diskussionen als auch in Fachpublikationen wird das Wort „Wissenschaft" so selbstverständlich gebraucht, als ob allseits klar sei, was damit gemeint ist. Es fällt auf, dass AutorInnen nur selten mitteilen, was sie konkret meinen, wenn sie den Begriff „Wissenschaft" benutzen. Häufig verbirgt sich das jeweilige Wissenschaftsverständnis zwischen den Zeilen und muss erst entdeckt werden. Die Entdeckungen bezeugen, dass das Verständnis von Wissenschaft bei den AutorInnen nicht so eindeutig und übereinstimmend ist, wie es vordergründig zu sein scheint. In einem weit verbreiteten Handlexikon zur Wissenschaftstheorie wird definiert: „Wissenschaft ist dort, wo diejenigen, die als Wissenschaftler angesehen werden, nach allgemein als wissenschaftlich anerkannten Kriterien forschend arbeiten." (Seiffert 1989, 391) Offen bleibt in solch einer Definition, welches denn nun die „allgemein als wissenschaftlich anerkannten Kriterien für Wissenschaft" sind.

Ich habe zahlreiche explizite und implizite Definitionen und Verständnisse von Wissenschaft aus dem letzten Jahrhundert dahingehend überprüft, welche Kriterien für das, was jeweils unter Wissenschaft verstanden wird, am häufigsten genannt werden. Das Ergebnis meiner Studien fasse ich in der These zusammen:

Der Begriff „Wissenschaft" beinhaltet sowohl das gezielte, systematische, kritische und reflektierte Bemühen um Erkenntnisgewinnung als sozialen Prozess als auch die so gewonnenen, in Sprache gefassten, begründeten und überprüfbaren Erkenntnisse und die daraus abgeleiteten Theorien und Modelle für die Praxis.

Die Kriterien im Einzelnen kurz dargestellt:

- *Erkenntnisgewinnung*

Erkenntnisgewinnung ist ein sozialer Prozess, an dem viele Menschen beteiligt sind. Wissenschaftliches Arbeiten lebt von der Neugier und der Wissbegierde und hat zum Ziel, neue Erkenntnisse zu gewinnen, um im Wissen voranzuschreiten. Wissenschaft wird vom Fragen und Suchen bestimmt; der Zweifel an dem vorhandenen Wissen ist größer als die (Selbst-)Zufriedenheit über dieses Wissen und stärker als die Bereitschaft, dieses Wissen als sakrosankt zu verteidigen.

- *Gezielte Erkenntnisgewinnung*

Wissenschaftliches Forschen ist auf einen bestimmten Erkenntnisgegenstand ausgerichtet und nicht auf das Leben allgemein. Die zugespitzte Forschungsfrage zielt auf die Erforschung eines eng eingegrenzten Ausschnittes aus der Lebenswelt.

- *Systematische Erkenntnisgewinnung*

Systematisches Vorgehen in der Wissenschaft bedeutet einmal, dass bei der Erkenntnisgewinnung nach einem vernünftigen, plausiblen und kontrollierbaren Plan vorgegangen wird, und zum anderen, dass die Aussagen aufeinander bezogen, miteinander verknüpft und in ein Aussagennetz (eine Theorie) eingebunden werden.

- *Kritische Erkenntnisgewinnung*

Alte und neue, fremde und eigene Erkenntnisse werden nach genau benannten, präzisen Maßstäben grundsätzlich in Frage gestellt: Könnte es nicht auch ganz anders sein? Die Voraussetzungen, von denen aus etwas kritisiert wird, werden benannt und mitgeteilt, damit die Kritik selbst wieder nachprüfbar und damit kritisierbar wird.

- *Reflektierte Erkenntnisgewinnung*

Die Aufmerksamkeit wird auf den Vollzug des Denkens und Handelns, also auf das Denken und Handeln selbst zurückgerichtet („reflektiert“), um sich und seine Tätigkeit zu erfassen und sich seiner selbst zu vergewissern. Es wird zum Beispiel hinterfragt, wie, in welchem Kontext, mit welchem Interesse und mit welchen Methoden bestimmte Erkenntnisse gewonnen worden sind.

- *Überprüfbares Wissen*

Die besten einleuchtenden Erkenntnisse sind nicht wissenschaftlich, wenn sie nicht überprüft werden können, das heißt durch ein explizites, methodisch kontrolliertes Verfahren abgesichert sind. Die einzelnen Verfahrensschritte müssen expliziert und dokumentiert werden sowie nach begründeten Regeln ablaufen. Hauptaufgabe der Überprüfung ist es, Mängel, Fehler sowie sachliche und logische Widersprüche in der Forschung und Theoriebildung aufzudecken.

- *Begründetes Wissen*

Gegenüber dem unabgesicherten und häufig subjektiven Meinen steht das wissenschaftliche Wissen unter Begründungsanspruch. Wissenschaftliche Aussagen sind dann begründet, wenn sie gegenüber allen vernünftig und kompetent argumentierenden Gesprächspartnern zur Zustimmung gebracht werden können. Solche rationalen Dialoge sollen unvoreingenommen, zwanglos und nicht persuasiv durchgeführt werden.

- *In Sprache gefasstes Wissen*

In der Wissenschaft sind die Erkenntnisse auf den Punkt beziehungsweise auf den Begriff zu bringen; die Forschungsfrage, die Forschungsmethode und das Forschungsergebnis sind sprachlich genau, verständlich und eindeutig darzustellen, so dass sie für andere nachvollziehbar sind. Die Darstellung aus einer erkennbaren Ich-Perspektive ist angemessen und schadet der „Wissenschaftlichkeit" keinesfalls.

Angesichts der unzählbaren Publikationen zum Stichwort „Wissenschaft" bin ich mir der Grenzen dieser Definition bewusst. Zur kritischen Auseinandersetzung mit meiner Definition empfehle ich, die einschlägige Fachliteratur zu studieren. (Siehe Rombach 1981; Popper 1982, 1984; Luhmann 1990; Kuhn 1991; Feyerabend 1992; Serres 1994; Bunge 1996; Mittelstraß 1996, 719-764; Tschamler 1996; Kron 1999; Wissenschaftsrat 2000 u.a.)

3.4 Verschiedene Ansätze von Wissenschaftstheorien mit ihren Erkenntnismethoden

Das griechische Wort „méthodos" bedeutet wörtlich etwa „das Nachgehen; der Weg zu etwas hin". „Methoden" sind ihrem ursprünglichen Wortsinn nach Wege, die man auf etwas hin geht. Im heutigen wissenschaftlichen Kontext sind Methoden „der Weg oder Gang einer Untersuchung“ oder „ein nach festen Regeln oder Grundsätzen geordnetes Verfahren“. (Duden 2001, 524) Methoden sind erforderlich, um Erkenntnisse zu erlangen. Zu unterscheiden sind die Methoden, die PraktikerInnen bei ihrer Arbeit in der Praxis anwenden (Handlungsmethoden), von den Methoden, die von WissenschaftlerInnen zur Erforschung des Gegenstands ihrer Disziplin benutzt werden (Erkenntnismethoden). In diesem Abschnitt geht es um die wissenschaftlichen Methoden des Erkennens. Wissenschaftliche Erkenntnismethoden sind Wege, um zu wissenschaftlichem Wissen zu kommen. Mit wissenschaftlichen Methoden werden wissenschaftliche Erkenntnisse über Erkenntnisgegenstände erworben, aufgebaut, geordnet, verknüpft und überprüft. Diese Verfahrensweisen betreffen weniger die Art und Weise des Umgangs mit den Gegenständen eines Gegenstandsbereichs als vielmehr die Zugänge zu einem bestimmten Gegenstandsbereich. (Rombach 1979, 21ff.) Die Methoden sind jeweils eingebettet in bestimmte Antworten auf die philosophischen und wissenschaftstheoretischen Grundfragen. Diese Antworten bilden zusammen ein System von Aussagen über Wissenschaft mit den daraus abzuleitenden Erkenntnismethoden, eine Wissenschaftstheorie.

Manche wissenschaftstheoretischen Methoden und Wissenschaftstheorien lassen sich nur schwer von anderen abgrenzen; die Grenzen sind fließend und Aussagen gleichen sich. Die WissenschaftlerInnen halten sich außerdem nicht immer an vorgegebene Wegmarkierungen und weichen von dem „offiziellen“ Weg, das heißt von einer allgemein üblichen Kennzeichnung einer wissenschaftlichen Methode, ab. So verwirrt es, wenn mitunter für dieselben Auffassungen verschiedene Namen benutzt oder mit demselben Namen verschiedene Inhalte bezeichnet werden.

Alle methodischen Vorentscheidungen stellen Einschränkungen und Abgrenzungen dar, die sich auf Inhalt und Gestalt der Wissenschaftstheorie sowie auf die Forschungsergebnisse und ihre Geltung auswirken. Es gibt Versuche, die verschiedenen Erkenntniswege als soziogenetische Entwicklungsstufen darzustellen. Die Erkenntniswege sind demnach Antworten auf die verschiedenen sozioökonomischen Herausforderungen in der Menschheitsgeschichte und entsprechen auch der Psychogenese des menschlichen Individuums. (Siehe Eberhard 1987.)

Jede Wissenschaftsdisziplin muss für sich ihre eigenen Erkenntnis- und Forschungsmethoden finden, denn die Erkenntnismethoden hängen vom zu erforschenden Gegenstand ab. Die Übertragung einer Erkenntnismethode aus einer wissenschaftlichen Disziplin in eine andere Disziplin kann völlig verfehlt sein, wenn sie dem Gegenstand der anderen Disziplin nicht entspricht. Töne lassen sich beispielsweise nicht mit den Augen hören, und fließendes Wasser kann man nicht im Sieb auffangen. Vom Gegenstand der jeweiligen Disziplin her sind die wissenschaftlichen Erkenntnismethoden eigens zu entwickeln. Derselbe Gegenstand kann aber auch mit verschiedenen Methoden erforscht werden. Mit einer Methode lässt sich nur ein kleiner Ausschnitt aus der gesamten Wirklichkeit des Gegenstandsbereichs und aus einem kleinen Blickwinkel erfassen.

In einer Wissenschaftsdisziplin können verschiedene Wissenschaftstheorien mit verschiedenen Erkenntnismethoden nebeneinander existieren; sie müssen sich nicht gegenseitig ausschließen. Der gemeinsame Forschungsgegenstand der Disziplin, auf den sich alle Aussagen beziehen müss(t)en, kann verhindern, dass aus der Vielfalt von Theorien innerhalb einer Wissenschaftsdisziplin ein großer Wirrwarr wird. Eine Einigung aller WissenschaftlerInnen eines Faches auf dieselbe Erkenntnismethode beziehungsweise auf eine einheitliche Metatheorie ist weder möglich noch erforderlich. Die Vielfalt der Erkenntnismethoden führt zu einer Vielfalt der Perspektiven und damit zu einer Vielfalt des Wissens. Die diversen Erkenntnisse können miteinander konkurrieren oder als gegenseitige Ergänzung akzeptiert und miteinander verknüpft werden.

Es gibt viele Wege nach Rom, und es gibt auch viele Erkenntniswege zum Gegenstand einer Wissenschaftsdisziplin. Verschiedene Meinungen gibt es selbstverständlich auch darüber, welches der kürzeste, der schönste, der sicherste oder der richtige Weg nach Rom ist. Bei der Vielfalt der wissenschaftstheoretischen Methoden und Wissenschaftstheorien ist das ähnlich. Die Wissenschaftsgeschichte kennt Epochen, in denen die VertreterInnen unterschiedlicher Richtungen harmonisch miteinander gelebt und sich gegenseitig ergänzt haben. Es gibt aber auch Zeiten, in denen VertreterInnen der verschiedenen Richtungen heftig gegeneinander gekämpft haben.

Insbesondere aktuelle Probleme oder konkrete Forschungsfragen mit erheblicher gesellschaftspolitischer Brisanz haben Methodendiskussionen und Methodenstreit ausgelöst. In diesen Methodenstreitereien ging es nicht um einzelne Thesen der Wissenschaften, sondern um grundsätzliche Verfahrensweisen, die wiederum aus den verschiedenen Wirklichkeits- und Wissenschaftsverständnissen abgeleitet werden. Es blieb und bleibt selten bei einer allseits tolerierten Meinungsvielfalt; häufig genug wird beansprucht, dass eine – die eigene – Meinung eben doch die beste oder die richtige ist.

In Streitzeiten grenzen sich die VertreterInnen der Richtungen mit ihren jeweiligen Ausdifferenzierungen rigoros gegeneinander ab und erstarren schnell zu dogmatischen Lehrgebäuden, die vehement verteidigt werden. Die VertreterInnen kontroverser Auffassungen stehen dann einander unversöhnlich gegenüber und bekämpfen sich gegenseitig. Ignorieren, Abwerten, Verunglimpfen, Behindern und Ausgrenzen ersetzen dann Diskutieren, Tolerieren, Unterstützen, Achten und Aufnehmen. Die Richtungskämpfe im Streit um die „richtige" Wissenschaftstheorie erinnern mitunter an die Kämpfe der Päpste und Gegenpäpste im Mittelalter: Jeder bannt jeden. Der Bannstrahl heißt aber nicht mehr „Häresie", sondern „Ideologie" oder „Populärwissenschaft". Das verwirrt und fordert umso mehr zu einer persönlichen kritischen Auseinandersetzung mit den PäpstInnen der Wissenschaft und ihren Lehrmeinungen heraus.

Zu den Pflichten wissenschaftlich Arbeitender gehört es, Rechenschaft über ihren methodischen Zugang zum Gegenstand ihrer Disziplin zu geben. Die Gründe für die Wegbestimmung sind nach dem wissenschaftstheoretischen Grundgesetz offenzulegen und zu reflektieren. Diese wissenschaftstheoretische Standortbestimmung sollte vor jeder inhaltlichen Aussage stehen.

Seit der intensiven wissenschaftstheoretischen Diskussion nach 1950 (siehe Rombach 1979, 20-49 u.a.) werden mehrere Wissenschaftstheorien und ihre Erkenntnismethoden in der Sozialen Arbeit nebeneinander vertreten. Einige haben bereits eine lange Tradition, andere sind noch jung. Im Folgenden beschreibe ich einige für die Wissenschaft Soziale Arbeit relevante Ansätze von Wissenschaftstheorien mit ihren Erkenntnismethoden. Auf fünf Ansätze und ein Prinzip wird nach meiner Kenntnis bislang hauptsächlich zurückgegriffen. Ich beschreibe hier nur ihre Grundzüge, damit die Ansätze und Methoden in ihrer Bedeutung und Konsequenz verstanden und voneinander abgegrenzt werden können. Weitere Differenzierungen und Vertiefungen der vorgestellten Wissenschaftstheorien sowie die Ergänzung meiner Auswahl mit anderen Ansätzen müssen dem ergänzenden Studium überlassen bleiben. (Siehe Rombach 1974, 1979; Eberhard 1987; Seiffert/Radnitzky 1989; Reamer

1993; Mittelstraß 1995a, b, c, 1996; Bunge 1996; Tschamler 1996; Balzer 1997; Dewe/Otto 1996, 2001 u.a.)

(1) Der hermeneutische (geisteswissenschaftliche) Ansatz

Das Wort „hermeneuein“ stammt aus dem Griechischen und bedeutet „auslegen, erklären“. „Hermeneutik“ verweist auf den Götterboten Hermes der griechischen Mythologie. Wie Hermes die Botschaften der Götter den Menschen schnell überbrachte, soll die Wissenschaft den Sinn und Gehalt von fremden Texten erfassen und in einer verständlichen Sprache den Menschen vermitteln. Hermeneutik ist traditionell die Interpretation von Texten verschiedenster Art, dann aber auch in einem weiteren Sinne die Auslegung der Lebenswirklichkeit. Als hermeneutische Methode bezeichnet man das Verstehen, Auslegen und Deuten von Dokumenten und den Voraussetzungen, Mitteln, Zielen und Kriterien für das Auslegen. Umfassende sprachgeschichtliche und philologische Kenntnisse gehören zur Auslegung von Schrifttexten, umfassende geschichtliche, anthropologische, soziologische und sozialpsychologische Kenntnisse gehören zur Auslegung von Lebenswelten. Fundament der vielen Typen, Konzepte und Techniken der Hermeneutik ist die Trias: Erleben – Ausdrücken – Verstehen. Jede Interpretation, Auslegung, Deutung besteht im Aufbau eines sinnhaften Zusammenhanges, der einen anderen vermuteten sinnhaften Zusammenhang abbilden soll. Aus Zeichen, die von außen sinnlich gegeben sind und die wir erleben, wird ein Inneres erkannt. Jede Lebensäußerung enthält einerseits Einmaliges, Individuelles, andererseits immer auch Allgemeines, Objektives. Das eine führt zu elementarem Verstehen, das andere zum Verstehen von Ganzheit. Aus dem Einzelnen und seinen Verbindungen soll das Ganze verstanden werden, doch setzt das Verständnis des Einzelnen schon das volle Verständnis des Ganzen voraus. Insofern besteht ein – hermeneutischer – Zirkel zwischen dem Verstehen des Einzelnen und dem Verstehen des Ganzen. Eigentlich muss man schon wissen, was man erst wissen will. Das Wesentliche der Lebenswirklichkeit gilt es zu erkennen, sprachlich auszudrücken und zu verstehen. Werte und Ziele gehören zur Lebenswirklichkeit hinzu, sind also auch Gegenstand wissenschaftlicher Reflexion.

Offen bleibt die Frage: Wie erhält der Hermeneut Sicherheit, dass seine Interpretation auch wirklich zutrifft? Die einen antworten, dass die Interpretationen nichts mit der Wirklichkeit zu tun hätten, sie seien reine

Projektionen beziehungsweise Konstruktionen des Beobachtenden beziehungsweise Deutenden. („Nominalismus“, „radikaler Konstruktivismus“) Andere wiederum sagen, dass die Interpretationen Wirklichkeiten wiedergeben würden, die real existieren und dem menschlichen Erkennen und Denken vorgegeben seien. („Ideenrealismus“, „Ontologismus“) Im Mittelpunkt eines hermeneutisch-pragmatischen Ansatzes steht die schlichte („konservative“) Interpretation der Lebenswelt; beim kritisch-hermeneutischen Ansatz wird das Ziel verfolgt, die alltägliche Lebenswelt zu verstehen, die Widersprüche in ihr aufzudecken, die Menschen darüber aufzuklären und sie so zu emanzipieren. Für viele ist der hermeneutische Ansatz der typische und wichtigste Ansatz in den Geistes- und Sozialwissenschaften, für andere steht fest, dass keine Wissenschaftstheorie und keine Wissenschaft ohne Hermeneutik auskommen kann. (Siehe Geldsetzer 1989; Mittelstraß 1995b, 85-90; Kron 1999, 208-229 u.a.)

(2) Der phänomenologische Ansatz

Der Begriff „Phänomenologie“ ist ein Kunstwort und steht für die lange Geschichte, alle erdenklichen Erscheinungen (griechisch: „phainómenon“ gleich das „Erscheinende“, das „Einleuchtende“) der Welt zu analysieren, um ihren Sinn und ihre Bedeutung zu entdecken, das im Bewusstsein der Menschen Gegebene unter Ausklammerung der Frage nach seiner empirisch-zufälligen Realität rein in seinem Wesen zur Anschauung zu bringen und dadurch die ihm innewohnenden Zusammenhänge einsichtig zu machen. Diese Entdeckungsmethode geht – mit vielen Änderungen des Verständnisses von „Phänomen“ und des konkreten Vorgehens – bis in die griechische Antike zurück. Phänomenologisch vorzugehen bedeutet, den sinnlichen Erfahrungsbereich denkend und empfindend zu überschreiten beziehungsweise hinter sich zu lassen (zu „transzendieren“), um so die Lebenswirklichkeit im Sinne des Wesenhaften zu erfassen. Dem liegt die Annahme zugrunde, dass das „Eigentliche“ (lateinisch „proprium“), „Objektive“ eines Seienden nicht mit den Sinnen zu erfassen ist. Die Hauptregel der phänomenologischen Methode heißt folglich: „Zu den Sachen selbst kommen.“ Das Übersinnliche, Überweltliche, Übernatürliche (und gegebenenfalls das Göttliche) ist hinter den Erscheinungen der Dinge zu begreifen. Der „sinngebende Boden“ aller möglichen menschlichen Erkenntnisse ist aufzudecken und in

einer Abfolge exakter Konstitutionsanalysen als Beweisgrund aller Wissenschaft zu finden.
Wie gelangt man zu den Sachen selbst? Das geschieht durch eine schrittweise Rückführung (Reduktion) des Unwesentlichen auf das Wesentliche. Um dazu vorzustoßen, ist das Vorgefundene einfach hinzunehmen, wie es ist. Von Vor-Urteilen und Vor-Stellungen jeder Art ist Abstand zu nehmen; vorgefasste eigene Meinungen, bekannte und überlieferte Theorien sind aufzugeben, alles Erklären hat zu unterbleiben. Durch Variation der Vorstellungsmuster und Herausheben der allgemeinen Strukturen und Bedeutungen wird von den zufälligen Eigenheiten der Vorstellungsinhalte abgesehen (zum Beispiel von Ausdehnung, Farbe, Gewicht usw.). Es zeigt sich das Wesen („Wesensschau") im Licht der Evidenz seiner „Selbstgegebenheit". Die in der Wesensschau sichtbar gewordenen Vorstellungscharaktere und transzendentalen Strukturen werden zusammengefasst als das Wesen einer Erscheinung. Diese wesentlichen Regelstrukturen sind unabhängig von faktischen Verflechtungen und Kontingenzen.
Die Phänomenologie hat – nach Auffassung ihrer Vertreter – als kritisches Korrektiv gegenüber konstruierten und konstruierenden Theorien, geschichtlichen Traditionen und sozialen Verbindlichkeiten, die sich vermittelnd und insofern möglicherweise verfälschend zwischen menschliche Erfahrung und Welt stellen, mit seinem Hinweis auf das ursprünglich Gegebene, das ursprüngliche Sehen und sich Zeigen in der Wissenschaft eine aufklärende Funktion. Unterschiedlich werden die Fragen beantwortet, ob die „Dinge an sich" (Immanuel Kant) auch wirklich zu erkennen sind und wie die Wesensschau überprüft werden kann. (Siehe Rombach 1979, 49-55; Orth 1989, 242-255; Mittelstraß 1995c, 115-123; Kron 1999, 189-208 u.a.)

(3) Der kritisch-rationale (empirisch-analytische, positivistische, naturwissenschaftliche) Ansatz

Basis für alle wissenschaftliche Erkenntnis ist das dem Menschen erkennbar Vorgegebene, Vorgesetzte (lateinisch „positum"). Das sind Tatsachen im Sinne von wahrnehmbaren Sachverhalten, auf die sich die Vernunft (lateinisch: „ratio") verlassen kann. Das Positive – im Sinne von: das Vorgegebene – ist das Sichere, das sich jedem Versuch des Denkens, es anzuzweifeln und wegzudiskutieren, widersetzt. Nur diejenige Erkenntnis darf als wahr gelten, die sich nach Materie und Form ausweisen,

also gemessen, gewogen und gezählt werden kann. Kann sich die Erkenntnis nicht so ausweisen, darf sie nur als subjektive Meinung gelten, aber nicht als wissenschaftliche Erkenntnis. Das Gegebene wird einfach hingenommen; es wird nicht danach gefragt, woher es gegeben ist. Diese Frage ist sinnlos, denn sie kann nicht durch einen erneuten Rückgang auf ein Gegebenes beantwortet werden. Nur solche Sätze sind wissenschaftlich sinnvoll, die einer Überprüfung durch Erfahrung („Empirie") zugänglich sind („Positivismus"); gewonnen werden diese Sätze mittels Analysen der Erfahrung, das heißt „empirisch-analytisch".
Der Rationalismus geht davon aus, dass die Welt logisch und gesetzmäßig berechenbar beschaffen ist und der Mensch mit Hilfe seiner Vernunft („ratio") die Wirklichkeit erkennen und ordnen sowie angemessen handeln kann. Die sinnliche Erfahrung allein genügt nicht. Der traditionelle Rationalismus vertritt die Auffassung, dass es möglich ist, sicheres Wissen zu erreichen. Es muss und kann der objektive Beweis für eine Aussage erbracht werden („Verifikationsprinzip"). Der Kritische Rationalismus bestreitet diese Möglichkeit. Die Forderung nach einer sicheren Begründung von Wissen ist danach schon deshalb fragwürdig, weil jede Erkenntnis, die man für eine solche Begründung benutzen will, selbst wieder infrage gestellt werden kann. Konsequenterweise geht man davon aus, dass der Mensch bei jeder Erkenntnis fehlbar ist, sich also immer irren kann, so dass keine Erkenntnis jemals absolut sicher sein kann. Begriffe und Vorstellungen sind sinnvoll, solange sie von der Wirklichkeit nicht in Frage gestellt werden. Wir nähern uns stückweise der Wahrheit. Unser Wissen ist „kritisches Raten", ein Gewebe von Vermutungen, ein Netz von vernünftigen Hypothesen, deren Wahrheit nie sicher ist („Vernunftwissen") und die strengen Prüfungen ausgesetzt werden, damit sie sich bewähren können. Aufgabe der ForscherInnen ist es, Hypothesen und Theorien zu entwerfen und zu versuchen, sie zu widerlegen, mit anderen Worten: kritisch zu sein („Falsifikationsprinzip"). Ist eine Theorie sehr häufig der „Bewährungsprobe" eines Falsifikationsversuches unterzogen und nicht widerlegt worden, kann sie als „bewährt" gelten. Das bedeutet nicht, dass sie „richtig" oder „wahr" ist, da sie ja bei einer erneuten Überprüfung immer noch widerlegt werden kann. Theorien können sich über empirische Tests der Realität nur annähern, diese aber niemals ganz erfassen. Dieser erfahrungswissenschaftlich orientierte Ansatz definiert Theorien als Systeme von in sich widerspruchsfreien, allgemein gültigen, falsifizierbaren, wertfreien und intersubjektiv nachprüfbaren Sätzen. Die einzelnen Sätze einer Theorie

heißen Basissätze. Diese Sätze behaupten, dass sich in einem individuellen Raum-Zeit-Gebiet ein beobachtbarer Vorgang abspielt (Karl R. Popper 1902-1994). Alle Aussagen, die sich nicht empirisch überprüfen lassen (zum Beispiel Wertsetzungen und Normentscheidungen) können nicht als wissenschaftliche Aussagen gelten. (Siehe Albert 1989; Kriz/ Lück 1990, 140-144; Mittelstraß 1995c 464-468 u.a.)

(4) Der kritisch-theoretische (dialektische, emanzipatorische) Ansatz

Als „Kritische Theorie" lässt sich allgemein jede wissenschaftliche Theorie bezeichnen, die sich kritisch mit bereits vorhandenen Theorien oder mit der Lebenswelt auseinandersetzt. Da der Begriff „kritisch" rein formal die Infragestellung des jeweils Bestehenden bezeichnet, kann in dieser Hinsicht jede Position, von der aus Stellung bezogen wird, als kritisch bezeichnet werden. So hat sich auch der Faschismus als kritische Theorie verstanden. Im Sprachgebrauch hat sich allerdings die Auffassung durchgesetzt, nach der fast ausschließlich die sich als progressiv empfindenden Theorien notwendiger Gesellschaftsveränderung als kritische Theorien bezeichnet werden. Das liegt mit daran, dass „Kritische Theorie" zum Eigennamen einer bestimmten Denkschule, der Frankfurter Schule, geworden ist.
Beeinflusst von Karl Marx wird die „spätbürgerlich-faschistoide Gesellschaft" der 30er Jahre des 20. Jahrhunderts kritisiert. Diese Kritik gilt auch der Wissenschaft jener Zeit; diese hätte sich lediglich die Erweiterung unseres Tatsachenwissens zum Ziel gesetzt und so die ungerechte Gesellschaft und ihre Herrscher gestützt. Die wissenschaftstheoretische Auffassung der traditionellen Theorie ist für die Vertreter der Kritischen Theorie eine verengte Sichtweise der Wirklichkeit; indem sich die Wissenschaft darauf beschränke, rein formal nach den Regeln einer Wissenschaftslogik zu arbeiten, versäume sie die über die reine Wissenschaftslogik hinausgehende Frage nach der Wirklichkeit selbst zu stellen. Die absolute Trennung von Faktum und Gesellschaft sei ein Kunstprodukt der Reflexion, durch zweite Reflexion abzuleiten und zu widerrufen. Objektivität sei nur zu erlangen durch Reflexion der gesellschaftlichen Bedingtheit des Erkenntnisinteresses, daher sei nach dem erkenntnisleitenden Interesse jeder Forschung/Wissenschaft zu fragen. Die Ziele menschlichen Handelns gehören zu den Aufgaben wissenschaftlicher Reflexion und dürfen nicht dem vorwissenschaftlichen Raum der Gesellschaft überlassen bleiben. Konkret muss gefragt wer-

den, ob ein angestrebter zukünftiger Zustand besser ist als der gegenwärtig vorhandene. Die bestehende Gesellschaft soll nicht nur zutreffend beschrieben werden, damit man technisch erfolgreich in ihr handeln kann, vielmehr ist sie zugleich kritisch an der normativen Vorstellung einer nicht nur denkbaren, sondern real als möglich nachzuweisenden herrschaftsfreien und gerechten Gesellschaft zu messen. Aus der Konfrontation des Bestehenden mit der normativen Idee einer vernünftigen Gesellschaft, diese Konfrontation wird „Hinterfragen" genannt, lässt sich die Unvernünftigkeit der Wirklichkeit erkennen. Die Widersprüche der Gesellschaft werden sichtbar und zum Ansatzpunkt für eine Veränderung der Gesellschaft auf eine vernünftige Gesellschaft hin.

Das Ziel der „Kritischen Theorie" wird in der Aufklärung und in der Emanzipation des Menschen, der durch Selbstreflexion die Möglichkeit hat, sich von den gegebenen gesellschaftlichen Verhältnissen zu distanzieren, gesehen. „Wir hegen keinen Zweifel …, dass die Freiheit in der Gesellschaft vom aufklärenden Denken unabtrennbar ist." (Horkheimer/Adorno 1998, 3)

Im Diskurs der Betroffenen wird über die grundlegenden Werte und Normen entschieden; im herrschaftsfreien Dialog soll möglichst eine Übereinstimmung herbeigeführt werden. Alle WissenschaftlerInnen sind der Aufklärung und der Emanzipation verpflichtet. (Siehe Simon-Schaefer 1989a; Mittelstraß 1996, 270f.; Horkheimer/Adorno 1998; Kron 1999, 229-247 u.a.)

(5) Der historisch-materialistische (dialektische, marxistisch-leninistische) Ansatz

Historisch-materialistisch oder marxistisch-leninistisch lässt sich jede Methode nennen, die sich mehr oder weniger explizit auf die Lehren von Karl Marx (1818-1883) bezieht. Doch lassen sich erhebliche Unterschiede feststellen, je nachdem, welcher Aspekt aus dem vielschichtigen Gedankengut von Marx betont oder aber vernachlässigt wird. Als das thematisch wie methodologisch grundlegende Werk mit Paradigmafunktion gilt „Das Kapital" von Marx. Ein Leitsatz für Marx heißt: „Die Philosophen haben die Welt nur verschieden interpretiert, es kommt darauf an, sie zu verändern (Ludwig Feuerbach)." Erkenntnis und Wissenschaft haben keinen Sinn in sich selbst, sondern sie dienen der Antwort auf die Frage: „Wie ist eine etappenweise in die Barbarei versinkende Gesellschaft in eine menschliche zu transformieren?" Der Ansatz von Marx steht in der Tradition der großen historischen Emanzipationsbewegungen, mit Kämpfen und Revolutionen, mit den tiefsten Leidenschaften und den höchsten Hoffnungen der Menschheit. (Kamper 1979, 88) Allein schon diese Nähe macht die enge Verbindung von Praxis und Theorie deutlich. Theoretische Instrumente sind sowohl Erkenntnis- als auch gesellschaftliche Veränderungsmittel. Daraus ergibt sich eine Einheit von Theorie und Praxis. Das dialektisch-historische Wissenschaftsverständnis betont den Zusammenhang von gesellschaftlicher Erfahrung (Geschichte) und Theorie. Kern des marxistisch-leninistischen Denkens ist die These von der Dialektik der Wirklichkeit, die mit der dialektischen Methode erfasst werden kann. Das Grundgesetz der Dialektik wird sowohl im Bereich der Natur („dialektischer Materialismus“) als auch für die gesellschaftliche Entwicklung („historischer Materialismus“) postuliert. Die Grundannahme, dass die ökonomischen Gesetzmäßigkeiten den gesamten Gesellschaftsprozess determinieren, gilt auch für die Wissenschaft. Die gesellschaftlichen Verhältnisse bestimmen nicht nur die Objektwahl der Wissenschaft, sondern auch die Erkenntnismöglichkeiten in Umfang und Intensität sowie die wissenschaftlichen Methoden und ihre Anwendung. Wissenschaft ist ein Produkt der Gesellschaft. Die Gesamtheit der Produktionsverhältnisse bildet die ökonomische Struktur der Gesellschaft. Auf dieser ökonomischen Basis baut sich der soziale, rechtliche, politische und geistige Lebensprozess (Überbau) auf. Das gesellschaftliche Sein bestimmt das Bewusstsein der Menschen. Der Widerspruch von Lohnarbeit und Kapital kennzeichnet den derzeitigen Entwicklungsstand der Gesellschaft. Die Logik des Kapitals ist Profitmaximierung; sie führt zum Ausbeutungsverhältnis von Kapitalisten und Arbeitern. Ziel ist die Überwindung der bürgerlich-kapitalistischen Gesellschaft durch das revolutionäre Proletariat. Auf dem Boden einer marxistisch-leninistischen Gesellschaftstheorie wird eine Einheitswissenschaft konzipiert, der sich alles einzufügen hat. Zweck des wissenschaftlichen Arbeitens ist es, die Natur zu beherrschen und die gesellschaftlichen Prozesse bewusst auf eine Beendigung der Klassengesellschaft hinzusteuern. (Siehe Kamper 1979; Simon-Schäfer 1989b; Mittelstraß 1995b, 776-781 u.a.)

(6) Das anarchische Prinzip

Abschließen möchte ich diesen Abschnitt mit kritischen Überlegungen des Wissenschaftstheoretikers Paul Feyerabend (1924-1994). In seinem

Buch „Wider den Methodenzwang“ von 1975 hat Feyerabend für ein anarchisches Prinzip für die Wissenschaft und die Erkenntnistheorie plädiert. (Feyerabend 1993) Mit diesem Prinzip geht Feyerabend dagegen an, dass VertreterInnen einzelner Wissenschaftstheorien für ihre Theorie beanspruchen, dass diese für alle wissenschaftlichen Erkenntnisprozesse und für jeden Erkenntnisgegenstand gelten. Die Verpflichtung auf bestimmte Wissenschaftstheorien und ihre Erkenntnismethoden ist nach Feyerabend für das wissenschaftliche Erkennen schädlich und sinnlos, weil nach seiner Auffassung mit dieser „dogmatischen Haltung“ der Erkenntnisfortschritt in der Wissenschaft verhindert wird. Der einzige Grundsatz, dem Wissenschaften im Interesse des Fortschritts folgen sollten, sei: „anything goes“ („Mach es wie du willst.“). Feyerabend plädiert mit dieser Aufforderung keinesfalls für Willkür in der Wissenschaft, wie ihm häufig unterstellt wird, sondern fordert dazu auf, die von den vorherrschenden Schulen festgelegten Erkenntniswege zu verlassen und neue Wege, die den Erkenntnisgegenständen (besser) angepasst sind, zu kreieren, um so zu neuen Erkenntnissen zu gelangen. Aufgabe der Wissenschaftstheorie sei es vor allem, sich für Neuschöpfungen einzusetzen, statt Traditionen und Vorherrschaften zu verteidigen und zu legitimieren.

„Man kann also eine Tradition schaffen, die durch strenge Regeln zusammengehalten wird und die auch einen gewissen Erfolg hat. Ist es aber wünschenswert, eine solche Tradition zu unterstützen und alles andere auszuschließen? Soll man ihr das Alleinvertretungsrecht auf dem Gebiet der Erkenntnis einräumen, so daß jedes Ergebnis, das nach anderen Methoden gewonnen wurde, von vornherein gar nicht als Konkurrenz zugelassen wird? Diese Frage möchte ich … stellen. Und meine Antwort ist ein festes und vernehmliches NEIN.“ (Feyerabend 1993, 17)

3.5 Paradigmenbildung und -wechsel

In der wissenschaftlichen Entwicklung gibt es keine eindeutige, geradlinige und kontinuierliche Zunahme der Erkenntnisse. Wissenschaftliches Wissen wächst nicht stetig. Es gibt Zeiten ruhigen Wachsens, Zeiten lebhafter Umbrüche, aber auch Zeiten des Stillstands. Wie wandelt und entwickelt sich wissenschaftliche Erkenntnis? Als Antwort auf diese Frage sind verschiedene Modelle für die Wissenschaftsentwicklung

entworfen worden. (Siehe Lukas 1979, 38-72 u.a.) Ein heute weit verbreitetes Erklärungsmodell arbeitet mit dem Begriff „Paradigma“ als zentraler Kategorie, es ist von dem nordamerikanischen Philosophen und Historiker Thomas Kuhn entworfen und 1962 veröffentlicht worden (Kuhn 1991). Mit dem Wechsel von Paradigmen hat Kuhn wissenschaftliche Entwicklung (Fortschritt) und Wissenschaftsgeschichte erklärt.
Der Begriff „Paradigma“ stammt von dem griechischen Wort „parádeigma“ gleich „Beispiel, Vorbild, Muster“ ab, ist in der Mitte des 18. Jahrhunderts von Georg Christoph Lichtenberg (1742-1799) eingeführt worden und kann Verschiedenes bedeuten. Nach Kuhn wird der Ausdruck Paradigma in zwei verschiedenen Bedeutungen gebraucht. „Einerseits steht er für die ganze Konstellation von Meinungen, Werten und Techniken usw., die von den Mitgliedern einer gegebenen Gemeinschaft geteilt werden. Andererseits bezeichnet er ein Element in dieser Konstellation, die konkreten Problemlösungen, die, als Modell oder Beispiele gebraucht, explizite Regeln als eine Basis für die Lösung der übrigen Probleme der ‚normalen Wissenschaft‘ ersetzen können.“ (Kuhn 1991, 186)
Ein Paradigma ist nach Kuhn das, was den Mitgliedern einer Scientific Community gemeinsam ist, und umgekehrt besteht eine wissenschaftliche Gemeinschaft aus Menschen, die ein Paradigma teilen. Die Anhänger eines bestimmten Paradigmas stimmen darin überein, dass sie sich denselben Mustern, Modellen, Werten, Regeln und Methoden in der wissenschaftlichen Praxis unterwerfen. Die Entscheidung für ein bestimmtes Paradigma beinhaltet die Festlegung auf eine bestimmte Art des Erkennens, Denkens und Handelns. (Kuhn 1991)
Ein bekanntes Paradigma aus der Wissenschaftsgeschichte ist zum Beispiel das geozentrische Weltbild: Die Sonne bewegt sich um die Erde. Paradigmen im Sinne von Weltbildern der Wissenschaften gelten für eine begrenzte Zeit, dann werden sie aufgrund neuer Erkenntnisse durch neue Paradigmen abgelöst. Das geozentrische Paradigma wurde zum Beispiel von dem heliozentrischen Paradigma abgelöst: Die Erde dreht sich um die Sonne.
Nach Kuhns historischem Entwicklungsschema entwickelt sich eine Disziplin aus einer vorparadigmatischen Phase zu einer normalen Wissenschaft. In der vorparadigmatischen Phase gibt es kein verbindliches Paradigma als Forschungsrahmen für die Disziplin, es bestehen viele, auch unvereinbare Paradigmen nebeneinander und es gibt auch keine

einheitliche Methodologie. Die Wissenschaft wird zur normalen Wissenschaft, wenn die Paradigmenvielfalt von einem einzigen allgemein akzeptierten Paradigma abgelöst worden ist. Dieses Monopol kann dadurch angreifbar werden, wenn mit dem vorherrschenden Paradigma nicht mehr alle Probleme der Disziplin gelöst werden können. Mit einem alternativen Paradigma beginnt die revolutionäre Phase der Wissenschaftsdisziplin, in der der nicht nur mit rationalen Argumenten ausgetragene Konkurrenzkampf über die beiden Paradigmen so lange stattfindet, bis sich ein Paradigma durchgesetzt hat.

Die einzelnen wissenschaftlichen Fachgebiete benötigen als Basis für ihre wissenschaftliche Arbeit Paradigmen, denn die WissenschaftlerInnen einer wissenschaftlichen Disziplin sind ja nach Kuhn mit demselben Paradigma miteinander verbunden. Manche WissenschaftstheoretikerInnen anerkennen – so wie Kuhn – ein Fachgebiet nur dann als Wissenschaftsdisziplin, wenn für dieses Fachgebiet ein einheitliches Paradigma erstellt und anerkannt ist.

Bei einem Paradigma lässt sich nicht entscheiden, ob es „richtig“ oder „falsch“ ist. Vielleicht stellt sich später einmal heraus, dass es sich bewährt hat. Ob ein bestimmtes Paradigma anerkannt wird, hängt wesentlich von der Zustimmung der maßgeblichen WissenschaftlerInnen ab. Vernünftige Gründe allein reichen dabei für die Ablösung eines alten Paradigmas zu Gunsten eines neuen nicht aus. Die Macht einzelner Gruppen innerhalb der Gemeinschaft der WissenschaftlerInnen und der Einfluss von außen auf die WissenschaftlerInnen spielen eine entscheidende Rolle bei der Paradigmenfindung und -durchsetzung.

Wissenschaft schreitet fort, indem neue Paradigmen entwickelt werden, die – je nach Konstellation – Chancen auf allgemeine Anerkennung haben. Ein neues Paradigma bedeutet, dass ein Forschungsgebiet auf eine neue Grundlage gestellt wird. Die Erkenntnismöglichkeiten und die Erkenntnisse verändern sich, neue Erkenntnisse werden möglich. (Siehe Kuhn 1991; Mittelstraß 1995c, 33-40 u.a.)

Es hat sich aber gezeigt, dass bislang keine Fachdisziplin den Anspruch eines einheitlich anerkannten Paradigmas erfüllen kann und dass es in allen Fachdisziplinen eine Vielfalt an Paradigmen gibt. Kuhn hat erklärt, dass er selbst „seinen Begriff“ des Paradigmas nicht länger gebrauche, da er nicht für alle Interpretationen gerade stehen könne, die gemacht wurden. (Die Zeit Nr. 18, 28.4. 1995)

4. Organisation von Forschen und Wissen

Die Auseinandersetzungen mit den jeweiligen epochalen Herausforderungen für die Menschen hinsichtlich

- der menschlichen Beziehung zur Natur,
- des Zusammenlebens von Menschen innerhalb einer einzelnen Überlebenseinheit,
- des Zusammenlebens in der Form einer Pluralität von Überlebenseinheiten,
- des Zusammenlebens mit sich selbst

bestimmen das Leben und die Entwicklung einer Gesellschaft und damit auch die Entwicklung der Wissenschaft einer Gesellschaft. (Elias 1990, 76) Je mehr Forschungsmethoden entwickelt und je mehr Erkenntnisse gewonnen wurden, desto wichtiger wurde es, die Forschungsmethoden und die Erkenntnisse zu organisieren. Die Organisation von Forschen und Wissen ist im Großen und Ganzen in Wissenschaftssystematiken dargestellt. (Siehe Seiffert/Radnitzky 1989, 344-352.) Diesen Systematiken liegt in der Regel eine Aufteilung der Wissenschaft in Wissenschaftsdisziplinen zugrunde.

4.1 Entstehung, Ausdifferenzierung und Autonomie von Wissenschaftsdisziplinen

Zwei konträre Auffassungen sind über den Ursprung der heutigen Wissenschaft und der Wissenschaftsdisziplinen verbreitet. Nach der einen Auffassung liegt der Ursprung aller Wissenschaften in der Religion, nach der anderen in der Philosophie. Beide Auffassungen werden meines Erachtens den empirischen Daten der Wissenschaftsgeschichte und der Komplexität von Wissenschaft nicht gerecht. (Siehe Seiffert/Radnitzky 1989, 411-446; Luhmann 1990; Stichweh 1994; Serres 1994; Mittelstraß 1996, 726-730; Rossi 1997 u.a.) Anknüpfend an meine Ausführungen über die Entwicklung von Wissenschaft und Ausbildung in Teil 2 (Abschnitte 2.2; 3.2; 4.2) beschreibe ich hier Grundzüge der Entstehung, Ausdifferenzierung und Autonomie von Wissenschaftsdisziplinen.

(1) Auswirkungen der Arbeitsteilung in der Gesellschaft auf die Wissenschaft

Die Bildung von Wissenschaftsdisziplinen hängt vom Umfang des Wissensfundus und dem Entwicklungsstand einer Gesellschaft ab. Seit dem ausgehenden Mittelalter wird die europäische Geschichte durch den Prozess der Industrialisierung geprägt. Erst eine forcierte Arbeitsteilung hat nach Meinung der Nationalökonomen diesen Prozess ermöglicht, weil nur durch die Arbeitsteilung eine große Steigerung menschlicher Leistungen auf mannigfaltigen Gebieten möglich sei. (Siehe Smith 1993, 9-21 u.a.) Eine derartige Spezialisierung auf bestimmte, eng eingegrenzte Aufgaben gibt es in den archaischen und hochkultivierten Gesellschaften nicht, obgleich es dort auch eine einfache Arbeitsteilung gibt. Eine Folge der extensiven Arbeitsteilung ist die Trennung von vielem, was ursprünglich zusammengehörte. Als tragendes Prinzip der Industrialisierung wurde die Arbeitsteilung in allen Arbeitsbereichen, auch in der Wissenschaft, eingeführt. Für die Wissenschaft wurden, getrennt von „der Praxis", eigene soziale und organisatorische Strukturen auf- und ausgebaut. Die Universitäten wurden der gesellschaftliche Ort für Wissenschaft, Forschung und Lehre. Das riesige Wissenswachstum erzwang eine Einteilung in Wissensbereiche, die über die traditionellen zwei großen Wissensbereiche – Natur- und Geisteswissenschaften – hinaus ging. Die immer differenzierter werdenden Anforderungen an die Wissenschaft in der modernen Gesellschaft führten zugleich zu einer immer größer werdenden Spezialisierung auf immer kleinere Fachgebiete. Im Rahmen der Universitätsorganisation entstanden auf diese Weise neue Wissenschaftsdisziplinen und neue Fakultäten. In den Fakultäten wurden verwandte Wissenschaftsdisziplinen organisatorisch zusammengefasst. Die zunehmende wissenschaftliche Spezialisierung und die damit verbundene Ausschließlichkeit, mit der man sich mit den speziellen Bereichen befasste, hatte nicht nur Vorteile. Schon frühzeitig wurde erkannt, dass mit der Spezialisierung die Zusammenschau des Wissens verloren gehen könnte. Man versuchte dem durch neue Formen interdisziplinärer Kooperation und Theorienbildung zu begegnen. (Elias 1996, 48ff.)

(2) Differenzierte Wissenschaftssysteme in differenzierten Gesellschaften

Je differenzierter eine Gesellschaft ist, desto zahlreicher, vielfältiger und interdependenter sind auch die Wissenschaftsdisziplinen. Wer heute in eine Klinik eines industrialisierten Staates geht, findet viele Abteilungen vor, zum Beispiel Chirurgie, Innere Medizin, Gynäkologie, Psychiatrie usw. In Universitätskliniken sind diese Abteilungen weiter spezialisiert, die Chirurgie zum Beispiel in Abteilungen für Kopf-, Thorax-, Neuro- und Gefäßchirurgie. Diese Abteilungen spiegeln wider, wie weit die Spezialisierung und die Differenzierung der Wissenschaften, hier am Beispiel der Medizin, in der modernen Gesellschaft fortgeschritten sind. Wer dagegen ein Krankenhaus in einem der vorindustriellen Länder Zentralafrikas betritt, findet in der Regel nur selten mehr als drei Abteilungen vor.

Mit der Differenzierung in zahlreiche Wissenschaftsdisziplinen, der Spezialisierung auf kleine Forschungsfelder und mit der Institutionalisierung der Wissenschaftsdisziplinen wird recht verschieden umgegangen. Institutionalisierungsprozesse verlaufen wie Stabilisierungsprozesse, in denen es um die historische und die soziale Identität geht, auf die sich alle WissenschaftlerInnen berufen können. (Siehe Lepenies 1981a, II.) Es lässt sich gerade bei jungen Wissenschaftsdisziplinen eine starke Tendenz feststellen, den Grad ihrer Eigenständigkeit und Autonomie gegenüber anderen (gleichaltrigen) Wissenschaftsdisziplinen überzubetonen und ihre theoretische und praktische Interdependenz mit anderen Spezialgebieten, auch vor sich selbst, zu verdecken oder zu vernachlässigen.

„Schrebergarten“ ist ein typisch deutsches Wort, das zugleich für eine bestimmte Mentalität steht. Jeder Schrebergärtner hat seine eigene Parzelle in einer Gartenkolonie; auf kleinstem Raum hat er sein Gartenhaus gebaut, Brunnen, Mistbeet und Komposthaufen angelegt und um das Ganze einen hohen Zaun mit Sichtschutz gezogen. An der Tür mit einem starken Schloss hängt ein großes Schild mit der Aufschrift: „Betreten verboten“, darunter ist der Name der Parzelle liebevoll hingemalt. Mit Wissenschaftsdisziplinen wird nicht selten – vor allem in Deutschland – nach „Schrebergärtnerart“ verfahren, wenn sie umzäunt werden und höchster Wert auf das Eigene („Proprium“) und die Abgrenzung zu anderen Disziplinen gelegt wird. Tatsächlich ist diese Art der Disziplinsicht wenig nützlich; sie bestätigt nur die frühe Sorge von Comte u.a., dass die zunehmende Spezialisierung dazu führen könnte, dass die Menschen sich in einem „Haufen von Einzelheiten“ verlieren und Abgrenzung, Identitätsbetonung und Besitzstandswahrung eines Spezialgebietes für wichtiger als den gemeinsamen Erkenntnisfortschritt halten. Wissenschaftliche Disziplinen und Wissenschaft sind von ihrem Ursprung und von ihrer gesamten Anlage her übergreifend und interdependent wie offene Landschaften angelegt.

(3) Wissenschaftsdisziplinen sind nicht autonom, sondern relativ autonom

Die Vorstellung von (absolut) unabhängig (autonom) voneinander entscheidenden, handelnden und „existierenden" Einzelmenschen ist ein Kunstprodukt der Menschen, das für eine bestimmte Stufe in der Entwicklung ihrer Selbsterfahrung charakteristisch ist. Diese Vorstellung beruht zum Teil auf einer Verwechselung von Ideal und Tatsache. (Elias 1978a, LXV) In gleicher Weise ist die Vorstellung von „autonomen Wissenschaftsdisziplinen" ein Kunstprodukt, bei dem Wunschbild und Tatsache verwechselt werden. Die relative Autonomie von Wissenschaften bezieht sich nach Elias auf drei verschiedene, aber völlig interdependente Aspekte der Wissenschaften (Elias 1996, 62ff.). Es handelt sich um folgende Aspekte:
Erstens ist das Gegenstandsgebiet einer Wissenschaftsdisziplin *innerhalb des gesamten Universums der Geschehenszusammenhänge* relativ autonom, das heißt das Gegenstandsgebiet ist kein Einzelgebiet, das unabhängig von seiner Verknüpfung mit anderen Gebieten behandelt werden kann. Die Gliederung des wissenschaftlichen Universums in eine Reihe spezifischer Einzeltypen, also vor allem in physikalische, biologische und soziologische Wissenschaften, würde nach Elias in der Tat höchst schädlich für die berufliche Aufgabe von Wissenschaftlern sein, wenn sie nicht einer Gliederung des Universums selbst entspräche. Daraus ergibt sich für die Erforschung eines Gegenstandsgebietes eine sachlich gebotene Kooperation aller Wissenschaftsdisziplinen, die in irgendeiner Weise mit diesem Gegenstandsgebiet verbunden sind. Wegen des gemeinsamen Bezuges auf dasselbe Gegenstandsgebiet spricht man von Bezugswissenschaften.
Zweitens sind die Theorien von diesem Gegenstandsgebiet relativ autonom, *sowohl im Verhältnis zu vorwissenschaftlichen Gedankenbildern von diesem Gegenstandsgebiet, die mit den Begriffen Zweck, Sinn, Absicht usw. arbeiten, wie im Verhältnis zu Theorien von anderen Gegenstandsgebieten.* Es ist immer wieder festzustellen, dass Theorien für kleinste Spezialgebiete der Wissenschaft entwickelt und als eigenständig beziehungsweise neu dargestellt werden, ohne Rücksicht auf die

Einbindung des Gegenstandsgebietes und der Erkenntnisse darüber in ein höchst komplexes Beziehungsgefüge des Universums und ohne Rücksicht auf die Einbindung des eigenen Wissens in den vorhandenen Wissensfundus.

Drittens ist eine Wissenschaftsdisziplin *im Institutionsgefüge der akademischen Forschung und Lehre* relativ autonom. Jede „neue" Wissenschaftsdisziplin entsteht aus „alten" Wissenschaftsdisziplinen, indem eine neue Konzentration in Form und Inhalt auf einen kleineren Ausschnitt des traditionellen Gegenstandsbereichs der „Mutterdisziplin" erfolgt. Neue Wissenschaftsdisziplinen sind Ableger (zum Beispiel Sozialpsychologie aus der Psychologie), Verbindungen (zum Beispiel Biologie und Medizin zu Biomedizin) und/oder Trennungen (zum Beispiel Soziologie und Soziale Arbeit aus Sozialwissenschaften) vorhandener Wissenschaftsdisziplinen, Denkströmungen, Forschungsmethoden und auch insofern miteinander verbunden und relativ autonom.

Die VertreterInnen der wissenschaftlichen Berufsgruppen (SpezialistInnen für ein bestimmtes Fach) sind *sowohl im Verhältnis zu nichtwissenschaftlichen als auch zu anderen wissenschaftlichen Berufsgruppen* relativ autonom. Bei der Lösung praktischer Probleme geht es um die Aufgabe, etwas zu lösen, was wirklich vorhanden ist. Im konkreten Alltag sind daran üblicherweise mehrere nichtwissenschaftliche und wissenschaftliche Berufsgruppen beteiligt. Die verschiedenen Berufsgruppen haben verschiedene Zugänge zu dem Gegenstandsgebiet und somit auch Lösungsvorschläge für das praktische Problem. Die verschiedenen Zugänge und Lösungsansätze sind durch die relative Autonomie des Gegenstandsgebietes beziehungsweise des praktischen Problems sowie durch die verschiedenen Perspektiven der beteiligten Menschen gerechtfertigt. Die Integration der einzelnen Wissenschaftsdisziplinen in Disziplingruppen hat deswegen für Forschung, Praxis und Lehre einen hohen Stellenwert.

Insgesamt gesehen ist Wissenschaft *im Gefüge aller gesellschaftlichen Gruppen und Institutionen* eingebunden und schon deswegen relativ autonom. Eine Wissenschaftdisziplin erhält zum Beispiel nur dann einen Platz im Wissenschaftsgefüge und im universitären Ausbildungssystem, wenn sie den Erwartungen derjenigen, die über die Finanzierung dieser Etablierung entscheiden, entspricht und auch deren Bedingungen erfüllt. Die Antworten auf die Fragen: „Wem nützt die neue Wissenschaftsdisziplin und wem kann sie – wie auch immer – schaden?“ entscheiden über Unterstützung beziehungsweise Ablehnung. Der direkte und indirekte Einfluss von Personen und Gruppen auf das, was in der Wissenschaft allgemein und mit den einzelnen Wissenschaftsdisziplinen speziell geschieht oder auch nicht geschieht, ist hinlänglich bekannt und wurde schon oft beschrieben. (Siehe Teil 3 Abschnitt 5.)

4.2 Ebenen, Arten und Methoden der Forschung

Forschung (englisch: „research“) und Darstellung der Forschung (englisch: „presentation“) sind konstitutiv für wissenschaftliche Tätigkeit. (Siehe Lamnek 1993a, b; Kromrey 1998; Friedrichs 1999; Fortune/Reid 1999; Mayring 2000; Atteslander 2000; Flick 2002 u.a.) Die Denk- und Forschungstätigkeit der Menschen ist ein kontinuierlicher Prozess, der sich über Generationen hinzieht. Das Vorgehen des einzelnen Menschen beim Denken, beim Erkennen und beim wissenschaftlichen Forschen baut sich auf dem der vorangehenden Generationen auf. Um zu verstehen und zu erklären, wie Menschen in diesen Tätigkeiten vorgehen, muss man den langen gesellschaftlichen Prozess der Entwicklung des Denkens und Wissens kennen und berücksichtigen. (Elias 1996, 37f.) Es ist eine beobachtbare Tatsache, dass alle wissenschaftlichen Erkenntnisse aus nichtwissenschaftlichen Gedanken und Erkenntnissen hervorgehen.

Eine gezielte und systematische Erforschung eines Gegenstands mit anerkannten wissenschaftlichen Methoden zielt auf – besseres – Kennenlernen von Unbekanntem, möchte Verschleiertes entschleiern und soll zu neuen wissenschaftlichen Erkenntnissen führen. Wissenschaft hat sich nicht immer vom Forschen her verstanden. Bis ins 15. Jahrhundert hinein bestand wissenschaftliches Arbeiten darin, das zu erläutern, was von den Weisen aller Welt als „das Wesen der Dinge“ angesehen worden ist. Dieses statische Wissen ist in der modernen Gesellschaft von einem dynamischen Wissen abgelöst worden. Statt feste Standpunkte zum Leben und zur Welt auszulegen, begab man sich nun auf die Suche nach neuen, bisher unbekannten Erkenntnissen. Forschen wurde zu einer neuen geistigen Haltung gegenüber der Welt und dem menschlichen Wissen. Forschen bedeutet zu erkunden, wie die wirkliche, reale Welt beschaffen ist, sich intellektuelle Entwürfe (Theorien) über diese Welt

zu machen und diese Entwürfe an der Welt sinnlich (das heißt empirisch) zu überprüfen. (Siehe Rombach 1974, 13-20.)
Wissenschaftliches Erkennen, also Forschen, ist ein Sonderfall menschlichen Erkennens (C.W. Müller 1996) und lebt von treffenden Fragen und begründeten Antworten. Die Tätigkeit der WissenschaftlerInnen besteht darin, bewusst und systematisch Fragen im Zusammenhang mit den Gegenständen beziehungsweise Gegenstandsbereichen ihrer Disziplinen zu stellen, Methoden für die Beantwortung dieser Fragen zu finden beziehungsweise zu entwickeln, um mit diesen Methoden dann begründete und überprüfbare Antworten auf die Fragen zu finden. (Ströker 1973, 5)
Im Unterschied zur Erkenntnisgewinnung im Alltag wird bei der Forschung bewusst und systematisch nach Antworten auf eng zugespitzte Fragen gesucht. Die beim Forschen benutzten Quellen, Methoden und Ergebnisse werden dokumentiert, kritisch reflektiert und veröffentlicht. Dadurch sollen eine den ganzen Horizont umfassende Bearbeitung der Forschungsfrage und ein Gedankenaustausch über die Forschung – die benutzten Methoden und die erhaltenen Ergebnisse – gesichert und kontrolliert werden.
Zur Forschung gehört es selbstverständlich, die generellen Voraussetzungen und Umstände aufzudecken, unter denen die Erkenntnisse gewonnen worden sind, die allgemeine Forschungssituation (Stand der Forschung), die umgreifende Geschichte und Kultur, aber auch die Person der ForscherInnen (gleich historisch-biographischer Kontext) zu benennen. (Rombach 1979, 18) Fragen nach den Abhängigkeiten der Forschung und dem erkenntnisleitenden Interesse sind zu stellen und zu beantworten. Die Aufgabe der SozialwissenschaftlerInnen ist es, „die sich wandelnden Muster, die Menschen miteinander bilden, und die Natur dieser Bindungen, die Struktur dieses Wandels sich und anderen verständlich zu machen. Die Forscher selbst sind mit in diese Muster einverwoben.“ (Elias 1990, 24) ForscherInnen können nicht aufhören, an den sozialen und politischen Angelegenheiten ihrer Gruppe und ihrer Zeit teilzunehmen, können nicht vermeiden, von ihnen betroffen zu werden. Ihre eigene Teilnahme, ihr Engagement ist eine der Voraussetzungen für ihr Verständnis ihres Forschungsgegenstandes, die sie als (Sozial-)WissenschaftlerInnen zu lösen haben.
Die kritische Reflexion des Gegenstandsbereichs, der Methoden und der Aussagensysteme (Theorien) gehört zum Wesen jeder Wissenschaft. Insofern ist jede Wissenschaft an sich eine „kritische Wissenschaft“. (Rombach 1974, 26) Eine Wissenschaft, die diese kritische Re-

flexion vernachlässigt oder gar unterlässt, erstarrt zu einer Ideologie. Ideologien widersetzen sich jedem Versuch, sich auf ihre Angemessenheit hin überprüfen zu lassen; sie sind das Gegenteil von Wissenschaft. IdeologInnen verteidigen ihre Antworten, WissenschaftlerInnen leben vom Fragen.
Forschung geschieht in der menschlichen Lebenswelt und ihre Erkenntnisse, die Forschungsergebnisse, sind Lebensprodukte. ForscherInnen verfügen auch nur über die Erkenntniswerkzeuge zum Wahrnehmen, Erinnern, Vergleichen, Bewerten, Ordnen usw., die allen Menschen zur Verfügung stehen. ForscherInnen stehen immer im Kräftefeld sozialer Beziehungen, im Schnittpunkt verschiedener, ja gegensätzlicher Erwartungen. Als Mitglieder einer Gesellschaft nehmen die ForscherInnen an dem gesellschaftlichen Macht- und Interessenspiel der Gesellschaft ihrer Epoche teil. So wird die Forschung auch zum charakterisierenden Ausdruck der in einer Gesellschaft geltenden Werte und Ziele. Kennzeichnend ist nicht nur das, was erforscht wird, sondern gerade auch das, was nicht erforscht wird. (Siehe Albrecht 1999; Atteslander 2000, 110ff. u.a.)

(1) Ebenen der Forschung

Auf verschiedenen Ebenen kann geforscht werden und wird geforscht. Drei Forschungsebenen lassen sich idealtypisch unterscheiden:

- *Erforschen der sinnlichen Welt („empirische Forschung“)*
  Die zentralen Fragen heißen hier: Was ist los? Was geschieht beziehungsweise ist geschehen? Dieses ist die Ebene der Beobachtung, Wahrnehmung und Beschreibung bestimmter Ereignisse. Sie bleibt ungeordnet und diffus, wenn sie nicht ausreichend durch die zweite Ebene geordnet wird.
- *Entwickeln intellektueller Entwürfe („Methoden-, Theorien- und Modellforschung“)*
  Die zentralen Fragen heißen hier: Wie ist das Erfasste zu verstehen? Wie ist es zu erklären? Was kann man daraus ableiten? Dieses ist die Ebene allgemeiner Ideen, Theorien und Modelle. Sie bleibt von Gefühlen und Spekulationen beherrscht, wenn sie nicht ausreichend von der ersten Ebene getragen wird.
- *Überprüfen, wie bestimmte Theorien in der Praxis wirken („Evaluationsforschung“)*
  Die zentralen Fragen heißen hier: Was hat die Anwendung der Erkenntnisse bewirkt? Was ist geändert worden? Warum hat sich etwas

geändert? Oder: Warum hat sich nichts geändert? Dieses ist die Ebene der Überprüfung durch Beobachtung, Wahrnehmung, Beschreibung und Vergleich.

ForscherInnen streben danach, einen stetig wachsenden Bestand („Fundus“) an Einzelbeobachtungen und einen gleichermaßen stetig wachsenden Bestand an Theorien und Modellen mit Hilfe einer ununterbrochenen kritischen Konfrontation beider Bestände immer wieder in Übereinstimmung zu bringen. „Die grundsätzliche Interdependenz und der Wechselverkehr zwischen empirischen und theoretischen Untersuchungen sind die Struktureigentümlichkeiten, die alle empirisch-theoretischen Wisssenschaften miteinander teilen und die sie von nichtwissenschaftlichen Erkenntnisbemühungen unterscheiden.“ (Elias 1990, 63) Um der Zielsetzung empirisch-theoretischer Wissenschaften gerecht zu werden, bedarf es nach Elias erheblich differenzierterer Begriffe als „wahr“ und „falsch“. Mit einem relativen „weniger“ und „mehr“ statt einer absoluten Zweiteilung in „wahr“ oder „falsch“, das heißt mit der Verwendung komparativer Begriffe wie „weniger, mehr, kleiner, größer“ statt polarer Begriffe wie „wenig, viel, klein, groß“ bringt man zum Ausdruck, dass jede Forschung im Bereich der empirisch-theoretischen Forschung relativ offen und nicht abgeschlossen ist. (A.a.O., 63f.)

(2) Arten der Forschung

Wer forscht, verbindet damit einen bestimmten Zweck. Zu welchem Zweck wird geforscht? Zwei Forschungszwecke und daraus abgeleitet werden heute zwei Forschungsarten (Forschungstypen) in der Fachliteratur grundsätzlich unterschieden: erkenntnis- und anwendungsorientierte Grundlagenforschung und anwendungsbezogene Forschung (siehe Wissenschaftsrat 2000, 11):

- *Erkenntnis- und anwendungsorientierte Grundlagenforschung*

Der Begriff „Grundlagenforschung“ wird in der Wissenschaft trotz erheblicher Einwände als Gegensatz zu „anwendungsbezogener Forschung“ verwendet. Unter Grundlagenforschung hat man früher vornehmlich eine „zweckfreie, nicht auf Anwendungen hin ausgerichtete Forschung“ verstanden, heute versteht man darunter sowohl eine erkenntnis- als auch eine anwendungsorientierte Forschung. Erkenntnisorientierte Grundlagenforschung ist die wissenschaftliche Beschäftigung mit dem systematischen und methodischen Fundament einer wissenschaftlichen Disziplin, also die wissenschaftliche Bemühung um deren methodisch erste Schritte, Ziele und grundlegende Verfahrensweisen. (Mittelstraß 1995a, 825) Die Grundlagen eines Faches zu erforschen bedeutet, ohne besondere Vorgaben die möglichen und gebotenen Herangehensweisen an den Gegenstandsbereich (Erkenntnismethoden) wissbegierig zu erforschen und zum Beispiel Theorien zu entwerfen und zu überprüfen. Unter anwendungsorientierter (im Unterschied zu anwendungsbezogener) Grundlagenforschung versteht man eine Forschung, die ein für sehr verschiedene Anwendungen wesentliches Wissen, das heißt aus dem Zusammenhang jeder bestimmten Anwendung herausgelöstes Wissen, bereitstellen soll. Bei der Grundlagenforschung herrschen nach Atteslander in der Regel folgende Merkmale vor: Gewinnung allgemeiner Erkenntnis, umfassende Erhebung, kombinierter Einsatz von Methoden und Langzeitforschung. (Atteslander 2000, 64) Als wichtiges Argument für die Grundlagenforschung gilt: „Gerade für die praktische Bedeutung der Wissenschaft ist es wichtig, Wissenschaft zu betreiben, die nicht von praktischer Zielsetzung ausgeht. Was nämlich von praktischer Bedeutung sein wird, ist unvorhersehbar." (Rombach 1974, 120f.)

- *Anwendungsbezogene Forschung*

In der anwendungsbezogenen Forschung soll Wissen für bestimmte Einzelzwecke gewonnen und bereit gestellt werden. Vorhandenes Grundlagenwissen soll für die Anwendung, also für die Praxis in ihren verschiedenartigen Ausgestaltungen, fruchtbar gemacht werden. (Siehe Wissenschaftsrat 2000, 11-16.) Darum wird diese Forschungsart auch angewandte Forschung und Praxisforschung genannt. Bei der anwendungsbezogenen Forschung (Atteslander spricht von Bedarfsforschung) herrschen nach Atteslander in der Regel folgende Merkmale vor: Gewinnung strategischer Erkenntnis, Erhebung eingegrenzter Daten, einzelner Einsatz von Methoden und Momentaufnahmen durch punktuelle Erhebung. (Atteslander 2000, 65)

Nicht der Forscher selbst hat in der Regel das Forschungsprojekt initiiert, sondern ein Auftraggeber mit ganz spezifischen Interessen; man spricht daher auch von Auftragsforschung. Dabei ist der Auftraggeber nicht selten mehr an der Verwertung der Ergebnisse interessiert als an dem Forschungsdesign und der Durchführung des Projektes. Bisweilen

werden Ziel und Zweck von Forschung konterkariert, wenn der Auftraggeber vorher schon festsetzt, welche Ergebnisse am Ende herauskommen müssen, die dann „wissenschaftlich“ nachgewiesen werden sollen. Aus dem Grund ist es angebracht, bei Auftragsforschungen auf die Interessen der Auftraggeber zu achten.
Zur angewandten Forschung zählt auch die Evaluationsforschung. Laufende oder abgeschlossene Maßnahmen beziehungsweise Modellprojekte werden durch externe ForscherInnen (GutachterInnen), die nicht mit der Planung und Durchführung der Maßnahmen beziehungsweise Projekte befasst waren, begleitet und hinsichtlich ihres Erfolges beziehungsweise ihrer Effizienz überprüft. Evaluierungen (gleich „Einschätzungen, Bewertungen, Beurteilungen“) begleiten in der Regel den gesamten Verlauf eines Maßnahmen- oder Projektprogramms von der Planung über die Durchführung bis zum Abschluss und der (internen) Auswertung. (Siehe Heiner 2001.)

(3) Methoden der Forschung

Mit welchen Methoden wird geforscht? Das Repertoire anerkannter Forschungsmethoden ist beinahe unerschöpflich. Aus den verschiedenen Wissenschaftstheorien sind jeweils eigene Forschungsmethoden und für die jeweiligen Gegenstandsbereiche der verschiedenen Wissenschaftsdisziplinen sind gleichfalls eigene Forschungsmethoden entwickelt worden. (Siehe Teil 3 Abschnitt 3.4.) Die tatsächlich verwendeten Forschungsmethoden variieren, abhängig vom Forschungsgegenstand, vom Ziel und vom Zweck der Forschung, aber auch vom Wissenschaftsverständnis, erheblich. Den Forschungsmethoden ist gemeinsam und kennzeichnet sie als wissenschaftlich, dass sie ForscherInnen ermöglichen, neue Erkenntnisse zu gewinnen, diese zu überprüfen und einen Konsens darüber zu gewinnen, ob jeweils neue Forschungsergebnisse im Zusammenhang des empirisch-theoretischen Prozesses einen Fortschritt des menschlichen Wissens, verglichen mit dem jeweils vorangehenden Wissensstand, darstellen oder nicht. (Elias 1990, 37f.) Über die Vielfalt der Methoden empirischer Sozialforschung und die Methoden im Einzelnen informiert die einschlägige Fachliteratur. (Siehe Lamnek 1993a, b; Opp 1995; Kromrey 1998; Friedrichs 1999; Fortune/Reid 1999; Mayring 2000; Atteslander 2000; Flick 2002 u.a.)
Bei der für die Soziale Arbeit relevanten empirischen Sozialforschung werden *drei Aspekte* unterschieden:

- *Die Methode*

Mit dem Begriff Methode werden die einzelnen Erhebungs- und Auswertungsverfahren bezeichnet, also Anamneseerhebung, Interview, Fragebogen, teilnehmende Beobachtung, Dokumentenanalyse und weitere quantitative und qualitative Forschungsmethoden.

- *Die Methodologie*

Mit dem Begriff Methodologie wird darauf hingewiesen, dass Erhebungs- und Auswertungsverfahren mit ihren einzelnen Arbeitsschritten (wie Hypothesen- und Theorienbildung, empirische Erhebung, Überprüfbarkeit, Begründung usw.) einen inneren Zusammenhang aufweisen müssen und dass Methoden nicht beliebig kombiniert werden können.

- *Der Forschungsplan*

Mit dem Stichwort Forschungsplan (Design) wird auf die Anlage, auf das Konzept des Forschungsprojektes verwiesen. Entscheidend für die Wahl eines bestimmten Forschungsplanes ist die möglichst adäquate Umsetzung der Forschungsfrage in dem gewählten theoretischen Bezugsrahmen und im Hinblick auf das festgelegte Forschungsziel im Rahmen der verfügbaren personellen, zeitlichen und finanziellen Ressourcen. Hierzu gehören u.a. die Entscheidungen für den Forschungsansatz, die Methode beziehungsweise die Kombination der Methoden der Datenerhebung, die Festlegung des Auswahlplanes, das heißt des Stichprobenmodells und -umfangs, ferner ein Zeit- und Kostenplan. Der Forschungsplan beinhaltet viele einzelne Entscheidungen, die die Forschungsergebnisse erheblich beeinflussen können; es bedarf deshalb einer gründlichen Prüfung ihrer Vor- und Nachteile.

Alle WissenschaftlerInnen stimmen heute – unabhängig von ihrer jeweiligen Wissenschaftsauffassung – einvernehmlich darin überein, dass Wissenschaft ohne Forschung undenkbar ist. Und für alle sind die wissenschaftlichen Hochschulen in der Regel der vornehmliche Ort des Forschens. Selbstverständlich wird auch außerhalb der wissenschaftlichen Hochschulen geforscht. Forschungsinstitute werden von Konzernen (für Bedarfs- und Industrieforschung), Interessenverbänden, Parteien usw. betrieben. So einig sich die WissenschaftlerInnen über die Notwendigkeit von Forschung sind, so zerstritten sind sie oft in der Setzung und Bewertung der Ziele, Aufgaben, Methoden und des Erkenntniswertes einzelner Forschungsprojekte. Unterschiedliche wissenschaftstheoretische Prämissen können ebenso zu diesen Kontroversen führen wie unterschiedliche persönliche und gesellschaftliche beziehungsweise staatliche Erkenntnisinteressen. (Siehe Teil 3 Abschnitt 5.)

4.3 ORGANISATIONSELEMENTE VON WISSENSCHAFTSDISZIPLINEN

Ein mehr oder weniger großer Wissensbestand allein macht noch keine Wissenschaftsdisziplin aus. Die Wissensmenge muss erst irgendwie „diszipliniert" werden, damit eine „Wissenschaftsdisziplin" daraus wird. Diesem Zweck dienen Organisationselemente, die die Wissenschaften keinesfalls einengen oder sie an ihrer Entwicklung hindern, vielmehr ermöglichen sie erst ein Voranschreiten in der Erkenntnisgewinnung und eine begründete und überprüfbare Anwendung des Wissens.
Jedes Fachgebiet, das heute von der Scientific Community und damit letztlich auch von der Öffentlichkeit als Wissenschaftsdisziplin anerkannt werden will, muss folgende Voraussetzungen, die zugleich die tragenden Organisationselemente von Wissenschaftsdisziplinen bilden, erfüllen: Die Aussagen, die das Fachgebiet betreffen, müssen sich auf einen gemeinsamen Gegenstand beziehen, die Erkenntnismethoden müssen benannt und wissenschaftliche Theorien müssen formuliert sein; die Forschung bezieht sich auf alle drei Organisationselemente. Die persönliche Präferenz der WissenschaftlerInnen für bestimmte philosophisch-weltanschauliche und wissenschaftstheoretische Perspektiven und Antworten, von denen aus an den Gegenstandsbereich herangegangen wird und die Erkenntnismethoden ausgewählt werden, beeinflusst den Umgang mit den einzelnen Organisationselementen und deren inhaltliche Aufbereitung. Die persönlichen Prämissen sind als subjektive Einflussfaktoren zu berücksichtigen, denn nichts ist subjektiver als eine Objektivität, die die eigene Subjektivität in der Reflexion ausspart.

(1) Der Gegenstand der Wissenschaftsdisziplin

Das, was in einer Wissenschaftsdisziplin untersucht wird, heißt allgemein Gegenstand (auch Gegenstandsbereich, Gegenstandsgebiet oder lateinisch: „Objekt") dieser Wissenschaft. Der Begriff „Gegenstand" kann insofern missverstanden werden, als handele es sich hierbei um ein materielles Gegenüber, also um einen Baum oder einen Stern. „Gegenstand" einer Wissenschaft können auch immaterielle Vorgänge und Ereignisse (zum Beispiel Prozesse und Funktionen) sein. (Siehe Mittelstraß 1995a, 714ff.; Elias 1996, 62f. u.a.) Der Gegenstand einer Wissenschaftsdisziplin ist nur ein kleiner Ausschnitt aus der gesamten Realität der Lebenswelt. Auf diesen kleinen Teil des Ganzen richtet sich die gesammelte Aufmerksamkeit der Mitglieder einer Disziplin. (In einem metaphorischen Vergleich ausgedrückt: Fischer fahren auf das Meer, um Fische zu fangen.) Die Geschlossenheit („Kohäsion") jeder Wissenschaftsdisziplin hängt von der Einigung aller Beteiligten auf denselben Lebensweltausschnitt ab. Da derselbe Ausschnitt aus unterschiedlichen Perspektiven betrachtet werden kann, unterscheidet die traditionelle Philosophie zwischen einem Material- und einem Formalobjekt. Die Gegenstände, wie sie an sich sind, sowohl mit den wesentlichen als auch mit den zufälligen Bestimmungen, nennt man Materialobjekt. (In dem metaphorischen Vergleich sind das die Fische.) Der bestimmte Gesichtspunkt – die Bestimmung oder Form –, unter dem eine Wissenschaft ihren Gegenstand betrachtet, heißt Formalobjekt. (In dem metaphorischen Vergleich: Die Fischer wollen nur bestimmte Fische fangen.) Dasselbe Materialobjekt kann Gegenstand verschiedener Wissenschaftsdisziplinen sein. Es wird dann aber jedesmal unter einem anderen, je eigenen Gesichtspunkt erforscht. (In dem metaphorischen Vergleich: Eine Gruppe der Fischer will Heringe, die andere Schollen und die dritte Gruppe will Thunfische fangen.) Die Disziplinen stimmen dann zwar im Materialobjekt (Fische) überein, nicht aber im Formalobjekt (Heringe, Schollen, Thunfische). Durch die Verschiedenheit des Formalobjekts unterscheiden sich dann auch die Wissenschaften voneinander. Im metaphorischen Vergleich: Der Fisch ist Gegenstand der Wissenschaft (Materialobjekt). Der Fisch kann unter verschiedenen Perspektiven untersucht werden (Formalobjekt), es können die chemische Zusammensetzung, die physiologischen Funktionen, das Verhalten usw. erforscht werden (Formalobjekte). Der Chemiker erforscht den Fisch unter dem Aspekt der chemischen Zusammensetzung, der Physiologe unter dem Aspekt der physiologischen Funktionen und der Zoologe unter dem Aspekt des Verhaltens. Der Fisch wird also als Materialobjekt unter anderen formalobjektiven Aspekten jeweils zum Gegenstand der Chemie, der Physiologie, der Zoologie u.a. Da Heringe, Schollen, Thunfische usw. im Meer leben, gehört das Meer zum Geschehenszusammenhang; insofern gehört in dem metaphorischen Vergleich beispielsweise die Meeresforschung (Ozeanologie) zu den Bezugswissenschaften. (Im metaphorischen Vergleich: Wer Fische fangen will, sollte das Gewässer, in dem sie leben, kennen.)

(2) Die Methoden der Erkenntnisgewinnung (Metatheorie)

Wissenschaftliche Erkenntnisse werden mit Forschungsmethoden erworben, gesichtet, geordnet, verknüpft und überprüft. (Siehe Mittelstraß 1995b, 876-887 u.a.) Diese Erkenntnismethoden hängen vom Gegenstand (Formalobjekt) der jeweiligen Wissenschaft ab. (In dem metaphorischen Vergleich ausgedrückt: Die Fischer benötigen geeignete Netze, um die Fische fangen zu können.) Die Erkenntnismethoden werden nach der Eigenart der verschiedenen Gegenstandsbereiche für die jeweilige Wissenschaftsdisziplin bestimmt und angewendet. (In dem metaphorischen Vergleich: Je nach Fischart werden die entsprechenden Netze ausgewählt. Für den Fang der Heringe werden andere Netze benötigt als für den Fang der Schollen oder Thunfische.) Die Übertragung einer Methode von einer wissenschaftlichen Disziplin in eine andere Disziplin kann völlig verfehlt sein, wenn sie dem Gegenstand der anderen Disziplin nicht entspricht. (In dem metaphorischen Vergleich: Mit weitmaschigen Thunfischnetzen kann man die kleinen Heringe nicht fangen.) In einer Wissenschaftsdisziplin können mehrere verschiedene Methoden nebeneinander existieren und müssen sich nicht gegenseitig ausschließen. Eine Einigung aller WissenschaftlerInnen in einer Disziplin auf dieselbe Methode ist nicht notwendig. (In dem metaphorischen Vergleich: Die Fischer benutzen verschiedene Verfahren, die Netze durchs Meer zu schleppen.) Es handelt sich dann um miteinander konkurrierende Lösungswege. Die Vielfalt der Erkenntnismethoden führt zu einer Vielfalt der Lösungswege und damit auch zu einer Vielfalt der praktizierten Lösungen. In dieser Vielfalt gibt es Widersprüche und Entsprechungen, Ausschlüsse und Ergänzungen.

Wissenschaftstheorien und die daraus abgeleiteten Erkenntnismethoden, mit denen ein Gegenstand erforscht wird, werden als Metatheorie bezeichnet. Die Entscheidung für bestimmte Wissenschaftstheorien und ihre Erkenntnismethoden hängt nicht zuletzt von den philosophischweltanschaulich bedingten Vorentscheidungen, die aufgrund persönlicher Lebenserfahrungen und Alltagstheorien gefällt worden sind, ab.

(3) Die Systeme inhaltlicher Aussagen (Objekttheorien)

Lehrsätze („Theoreme") werden die kleinsten Aussageeinheiten in der Wissenschaft genannt. Wenn wissenschaftliche Aussagen zu einem bestimmten Gegenstand als wissenschaftliche Theorie gelten sollen, dürfen diese Aussagen („Theoreme") niemals für sich allein stehen, sondern müssen in einen Verbund oder in ein System von Aussagen eingebunden sein. Dieser Aussagenverbund („System") muss einen bestimmten Grad an Abgeschlossenheit erreicht haben. (Siehe Luhmann 1990, 403-432; Mittelstraß 1996, 259-270 u.a.) Verbund oder System ist hier zu verstehen als „Einheit der mannigfaltigen Erkenntnisse unter einer Idee" (Immanuel Kant). Weder eine Einzelerkenntnis noch viele zusammenhanglose Erkenntnisse machen ein System oder eine Theorie aus. Ein System entsteht erst durch Zusammenhang und Ordnung nach einem gemeinsamen Ordnungsprinzip, durch das jedem Teil im Ganzen seine Position und Funktion zugeschrieben wird. „Theorien sind Modelle beobachtbarer Zusammenhänge." (Elias 1996, 39) Ein solcher auf innere Vervollständigung angelegter Zusammenhang, der gleichsam nicht zur Ruhe kommt, bevor nicht der Aussagenverbund wenigstens in seiner kleinstmöglichen Einheit hergestellt ist, wird Theorie genannt. „Theorie will das benennen, was insgeheim das Getriebe zusammenhält." (Theodor W. Adorno). Die Kriterien darüber, ob die für die wissenschaftlichen Aussagen einer Theorie notwendige Abgeschlossenheit erreicht ist oder nicht, müssen aus dem Aussagensystem selbst entnommen werden. (Siehe Rombach 1974, 20-23.)
Die Begriffe „System", „Theorie" und „Wissenschaft" werden mitunter auch synonym benutzt. In einer Wissenschaftsdisziplin können mehrere Theorien als konkurrierende Erkenntnisangebote entwickelt werden und nebeneinander existieren. Theorien werden allmählich abgelöst aufgrund der Einsicht, dass sie angesichts einer leistungsfähigeren Theorie entbehrlich geworden sind. (Siehe Ströker 1973, 102f.)
Wissenschaftliche Theorien gibt es in den verschiedensten „Größenklassen" und „Reichweiten". Über die Größe, die mögliche Reichweite und Geltung von Theorien wird unter den WissenschaftlerInnen gestritten. Verbreitet sind Differenzierung in Makro-, Mezzo- und Mikrothe-

orien, in Gesamt-, Groß- und Teiltheorien und in universelle und spezifische Theorien. (Siehe Teil 4 Abschnitt 6.2.) Jede Wissenschaft enthält in sich Stufen und Schachtelungen von Theorien, von denen die kleinere zufolge ihrer relativen Abgeschlossenheit in der größeren selbst wieder wie ein Element behandelt werden kann. „Kleinere" Theorien werden auch *Teiltheorien* genannt. Es handelt sich dabei um relativ abgeschlossene Teildisziplinen eines Faches, für die ein abgeschlossenes System von Thesen, Thesenbegründungen und Thesenkonsequenzen besteht, die keine wesentliche Weiterentwicklung mehr zulassen und in der vorliegenden Form ihre gesicherte technische Verwendung finden können. Das gilt zum Beispiel für die Mechanik oder die Anatomie. Von Theorien wird auch dann gesprochen, wenn von größeren wissenschaftlichen Zusammenhängen, die jeweils einen Betrachtungshorizont (einen Aspekt) definieren, gesprochen wird. In diesem Sinne können zum Beispiel die Psychoanalyse oder die Verhaltenstheorie als *Großtheorien* bezeichnet werden. Aufgrund des aspektiven Charakters solcher Theorien oder Ansätze treten leicht unüberbrückbar erscheinende Gegensätze („Polarisierung") auf.

Ein Pluralismus der Ansätze ist nicht nur zu dulden, sondern zu fordern. Je komplexer der Gegenstand einer Wissenschaft ist, desto ausgeprägter ist der Methoden- und Theorienpluralismus. Eine komplexe Wirklichkeit kann nicht durch eine einfache Theorie begriffen werden. Scheinbar widersprüchliche Theorien können im Hinblick auf je unterschiedliche Bezugsrahmen ihre Gegensätzlichkeit verlieren und in einer Gesamttheorie ihren Platz finden. Die *Gesamttheorie* bietet ein Dach („Ordnungsprinzip"), unter dem die einzelnen Theorien unterkommen können. Pluralismus bedeutet hier also nicht, dass Theorien isoliert und wie zum Selbstzweck nebeneinander stehen, sondern miteinander verbunden sind und demselben Zweck dienen.

Eine Unterscheidung der Theorien zwischen *Meta- und Objekttheorien* ist üblich und wichtig für die Diskussion der Forschungswege und der Arbeitsergebnisse.

In *Metatheorien* werden Aussagen über die Wege („Erkenntnismethoden"), die zum Gegenstand der Disziplin hinführen sollen/können, zusammengestellt und begründet. Metatheoretische Aussagen sind das Ergebnis methodologischer Reflexionen über die Voraussetzungen, Bedingungen, Möglichkeiten und Grenzen des Erkennens und Forschens in einer Disziplin. Metatheorien haben also nur unmittelbar etwas mit dem Wissenschaftsgegenstand selbst zu tun.

In *Objekttheorien* werden Aussagen, die sich auf den Gegenstand der Wissenschaft selbst beziehen, zusammengefasst; sie sind Systeme von inhaltlichen Aussagen einer Wissenschaft über ihren Gegenstand. Objekttheorien sind von Metatheorien abhängig, da Metatheorien den Objekttheorien jeweils vorausgehen.
Der *Entwurf*, der *Versuch* oder das *Konzept* einer Theorie liegt dann vor, wenn methodische Zugänge zu einem Gegenstand, wichtige Erklärungsbegriffe und/oder das Gerüst eines Aussagensystems in großen Zügen skizziert sind. Diese Begriffe sollen in der Regel nur deutlich werden lassen, dass die Theorie noch nicht fertig ist. Es fehlen noch wichtige Ausführungen, um von einer Theorie sprechen zu können.
Von einem Theorieansatz spricht man dann, wenn zwar ein Aspekt (oder ein Ordnungsprinzip), von dem aus die Theorie „angesetzt" werden soll, deutlich herausgestellt worden ist, die Theorie selbst aber als System von Aussagen insgesamt noch nicht ausgearbeitet ist.
Der Begriff „*Modell*" wird in der Alltags- und Wissenschaftssprache vielfältig verwendet; seine Bedeutung lässt sich „allgemein als konkrete, wegen ‚idealisierender' Reduktion auf relevante Züge, faßlichere oder leichter realisierbare Darstellung unübersichtlicher oder ‚abstrakter' Gegenstände oder Sachverhalte umschreiben. Dabei tritt die Darstellung der objekthaften Bestandteile hinter der Darstellung ihrer relational-funktionalen Beziehungen (Strukturen) zurück." (Mittelstraß 1995b, 911) Der Gebrauch von Modellen ist in den einzelnen Wissenschaftsdisziplinen verschieden. Eine besondere Bedeutung haben Modelle in der formalen Logik und in der Mathematik. In den Sozialwissenschaften arbeitet man mit Modellen, wenn man aus Gründen der Vereinfachung die Untersuchung auf bestimmte, jeweils als wesentlich betrachtete Phänomene in einem Bereich beschränken möchte oder wenn man aus Gründen der didaktischen Veranschaulichung komplexe Vorgänge darstellen möchte. (Siehe Opp 1995, 87-101 u.a.) Mitunter wird Modell auch im Sinne von Entwurf gebraucht, um das Vorläufige und Unfertige auszudrücken (wie Entwurf, Versuch oder Konzept).
Zusammenfassend ist festzuhalten, dass man nach allgemeiner Auffassung im weiten Sinn dann von wissenschaftlichen Theorien sprechen kann, wenn mindestens folgende formalen *Anforderungen* erfüllt sind:

- Der *Gegenstand*, auf den sich die Theorie bezieht, ist exakt definiert.

- Die ausgewählten und angewandten wissenschaftlichen *Erkenntnis- und Forschungsmethoden* sind benannt, das heißt in der Metatheorie zusammengestellt worden.
- Mehrere begründete *Aussagen*, die mit den benannten wissenschaftlichen Erkenntnismethoden gewonnen worden sind, werden zum Gegenstand gemacht.
- Die Aussagen sind untereinander *verbunden*.
- Ein gewisser *Grad der Abgeschlossenheit* des Aussagenverbundes ist erreicht, das heißt die Objekttheorie ist entwickelt worden.

5. Beeinflussung von Erkenntnisprozessen

Das Deckengemälde einer Klosterbibliothek in Süddeutschland zeigt die vier Evangelisten beim Aufschreiben der Evangelien: sie sitzen im Kreis, haben ihre Köpfe zum Himmel gedreht und notieren, was Gott ihnen vom Himmel her „ins Ohr flüstert". Für den Künstler und die Christen im Mittelalter stammten die Evangelien direkt von Gott und waren damit sakrosankt. Im vorigen Jahrhundert wurde diese Auffassung von Theologen entmythisiert, und es wurde von den christlichen Kirchen anerkannt, dass die Bibel von Menschen geschrieben worden ist. Manche „weltlichen" WissenschaftlerInnen tun so, als wären ihre Erkenntnisse und Theorien „himmlische Botschaften", objektiv gegeben und ebenfalls sakrosankt. Sie vermeiden jeden Bezug zu ihrer Person, schreiben zum Beispiel niemals „Ich", sondern „Wir" oder benutzen die Passivbildung. Doch „Wissenschaft fällt nicht vom Himmel", sondern wird von konkreten Menschen betrieben, genauso wie die Texte der Bibel von konkreten Menschen im Kontext menschlicher Geschichte und Erfahrungen verfasst worden sind. Wissenschaft und wissenschaftliche Theorien sind Lebensprodukte und Wissenschaft – hier verstanden als Gemeinschaft der WissenschaftlerInnen (Scientific Community) – lebt nach denselben Regeln wie andere menschliche Gemeinschaften oder Gruppen auch. Die Dynamik und die Entscheidungen der Gemeinschaft der WissenschaftlerInnen wiederum hängen von den persönlichen Eigenarten und Neigungen der einzelnen WissenschaftlerInnen ab, die diese Gemeinschaft bilden. Und da diese Gemeinschaft inmitten der Welt lebt, ist sie vielen Einflüssen ausgesetzt, die auf sie einwirken. „Der Prozeß der Annahme von Versuchsergebnissen ist genauso mit persönlichen Elementen und Gruppeneigenheiten durchsetzt wie der Entdeckungsprozeß." (Feyerabend 1992, 157)

5.1 Die persönliche Beteiligung von WissenschaftlerInnen an Erkenntnisprozessen

Die Entscheidungen darüber, wie Wissenschaft aufgefasst wird, welche wissenschaftlichen Methoden der Erkenntnisgewinnung ausgewählt werden, welche Art und Weise bei der Systematisierung und der Darstellung der Ergebnisse angewandt wird, wie die eigenen Entscheidungen und mit welchem Anspruch sie vertreten werden, hängt nicht zuletzt auch von der Eigenart des jeweiligen erkennenden/forschenden Menschen ab. Folgende die Person der WissenschaftlerInnen betreffenden Faktoren beeinflussen meiner Meinung nach Wissenschaft und Forschung nachhaltig:

- *Persönlichkeitsstruktur*

WissenschaftlerInnen sind wie alle anderen Menschen auch konkrete Personen mit bestimmten Charaktereigenschaften. Das, womit jemand sich wissenschaftlich befasst, wie sie/er forscht und wie sie/er darüber informiert, hängt auch davon ab, wie sie/er als Person beschaffen ist. Selbst bei kreativen NaturwissenschaftlerInnen hat man erkannt, dass in ihren Theorien psychologisch fassbare persönliche Motivstrukturen verborgen sind. Es wurde gezeigt, wie sich zum Beispiel phobische, zwangsneurotische und schizoide Denkmuster der WissenschaftlerInnen in ihren Theorien abbilden. Was also sogar bei der Bearbeitung hochabstrakter naturwissenschaftlicher Materien nachzuweisen ist, tritt erst recht zutage, wenn AutorInnen sich vornehmlich Gedanken über Menschen und soziale Fragen machen. (Richter 1988; vgl. auch Riemann 1975)
In der Art und Weise, wie WissenschaftlerInnen mit den philosophischen Grundfragen und ihren Antworten darauf umgehen, lassen sich zwei Haltungen, die vom Inhalt der Antworten ziemlich unabhängig sind, erkennen: Die einen sind sich ihrer Erkenntnisse und Grundannahmen fraglos gewiss. Nur ihre eigenen Ansichten und ihr eigenes Wissenschaftsverständnis halten sie für richtig und beurteilen alles andere danach. Die (Selbst-)Sicherheit ist diesen „WissenschaftlerInnen" näher als jeder Zweifel. Die anderen haben sich auch für bestimmte Antworten entschieden, erleben aber weiterhin viel Fragwürdiges an den eigenen Erkenntnissen und sind sich ihres Wissens keinesfalls sicher: Der Zweifel („Vielleicht stimmt es? Vielleicht stimmt es aber auch nicht?") ist ihnen näher als die Selbstgewissheit.

- *Geschlechtszugehörigkeit*

Zu unserem Menschsein gehört es, dass wir nicht als Mensch, sondern als Frau oder Mann leben. In der Wissenschaft wurden die Geschlechterdifferenz und ihre Auswirkungen auf Erkenntnisprozesse und die Eigenart des Wissens lange Zeit ignoriert. „Der Wissenschaftler" war als geschlechtsneutrales beziehungsweise ungeschlechtliches Individuum selbstverständlich und wurde nicht in Frage gestellt. Die Erfahrungen und Erkenntnisse von Männern wurden bedenkenlos verallgemeinert, ohne zu hinterfragen, ob Frauen dieselben Erfahrungen und Erkenntnisse haben. Feministische Wissenschaftstheoretikerinnen sprechen deswegen von einer „Männerwissenschaft" und plädieren dafür, die Geschlechtlichkeit als einen Faktor bei der Analyse von wissenschaftlichen Erkenntnissen und Theorien zu berücksichtigen. Für die Soziale Arbeit nenne ich beispielsweise die Theorie von Jane Addams. (Siehe Engelke 1998, 144-158.)

- *Familiales und soziales Umfeld*

Die meisten Menschen wachsen in Familien auf und leben auch später in einer Familie oder in einer familienähnlichen Lebensform. Die Familie als soziale Gruppe hat verschiedene Formen, Größen, Strukturen usw. angenommen und lässt sich heute kaum noch eindeutig definieren. In jeder Form von Familie als Lebensgemeinschaft aber beeinflussen die darin lebenden Menschen (Mutter, Vater, Kinder u.a.) einander. Die Beziehungen zu LebenspartnerInnen und Kindern sind für Erwachsene und ihre Alltagstheorien relevant. Und es ist für die Entwicklung von Kindern und ihr Menschen- und Weltbild zum Beispiel mitentscheidend, ob sie mit beiden Eltern oder nur mit dem Vater oder nur mit der Mutter aufgewachsen sind. Dieser Einfluss lässt sich sehr deutlich bei einigen AutorInnen von Theorien der Sozialen Arbeit erkennen, zum Beispiel bei Jean-Jacques Rousseau, der ohne Mutter, und Johann Heinrich Pestalozzi, der ohne Vater aufgewachsen ist. (Siehe Engelke 1998, 53-65, 78-90.)

- *Sozio-ökonomische Lebenssituation*

Der Gesundheitszustand, die Schulbildung, die Ausbildung, der Berufsweg, die berufliche Anstellung, das finanzielle Einkommen, die Wohnverhältnisse, die Wohnumgebung usw. beeinflussen die Wahrnehmungs- und Gestaltungsmöglichkeiten, die Interessen und Vorurteile von WissenschaftlerInnen. KünstlerInnen und SchriftstellerInnen berichten häufig über den Einfluss ihrer Lebenssituation auf ihre Arbeit. Was für sie gilt, gilt selbstverständlich auch für WissenschaftlerInnen. Jemand, der selbst arm ist, nimmt die Verteilung der Güter anders wahr und urteilt anders darüber als jemand, der reich ist. Als Beispiele nenne ich die Theorien Sozialer Arbeit von Juan L. Vives, der in großer Armut gelebt hat, und Thomas R. Malthus, der sehr wohlhabend war. (Siehe Engelke 1998, 41-52, 91-102.)

- *Gesellschaftspolitischer Standpunkt*

Insbesondere in den Kultur-, Geistes- und Sozialwissenschaften spielen explizit formulierte oder implizit vorhandene gesellschaftspolitische Standpunkte eine bedeutende Rolle. Obgleich selten in wissenschaftlichen Werken ausdrücklich mitgeteilt wird, welche gesellschaftspolitische Position die VerfasserInnen einnehmen, können aufmerksame LeserInnen die jeweilige Position doch „zwischen den Zeilen" entdecken. Mitunter ist dieser Standpunkt aus anderen Zusammenhängen bekannt, zum Beispiel durch ein Engagement in einer politischen Partei. Beispielsweise nenne ich Hans Muthesius, der sich und seine Theorie der Sozialen Arbeit den jeweils herrschenden politischen Machthabern angepasst hat, und Karam Khella, den engagierten Vertreter einer marxistisch-leninistischen Theorie Sozialer Arbeit. (Siehe Engelke 1998, 238-251, 311-323.)

- *Interdisziplinäre Einbindung*

Die Fachdisziplin, die jemand sich gewählt und in der jemand „aufgewachsen" ist, prägt nachweislich die Art und Weise, mit wissenschaftlichen Aufgaben umzugehen. Je enger die fachliche Spezialisierung ist, desto enger ist in der Regel auch der Frage- und Antworthorizont. Die Zusammenarbeit mit anderen Fachdisziplinen eröffnet Zugänge, Interessen usw. für andere Fragestellungen, Arbeits- und Denkweisen und kann belebend auf die eigene Arbeitsweise wirken. Beispielsweise nenne ich die Arbeiten von Herman Nohl, dem Philosophen und Pädagogen, und von Silvia Staub-Bernasconi, der Sozialarbeiterin und Sozialwissenschaftlerin. Bei beiden liegt eine Personalunion verschiedener wissenschaftlicher Disziplinen vor. (Siehe Engelke 1998, 199-211, 363-377.)

- *Ethische und religiöse Überzeugungen*

Ethische und religiöse Überzeugungen als Einflussgrößen auf die wissenschaftliche Arbeit werden in der Wissenschaft – außer in der Theologie – weitgehend tabuisiert. Dabei ist nicht erst seit dem Fall Galilei die enge Verbindung von religiösen Überzeugungen und wissenschaftlicher Forschung bekannt. Die enge Verbindung von Philosophie und Theologie drängt WissenschaftlerInnen gerade bei den philosophischen Vorentscheidungen die Frage auf: Welche religiösen Überzeugungen begünstigen oder verhindern von vornherein bestimmte Fragestellungen und/oder Lösungen? In Handlungswissenschaften werden ausdrücklich Werte und Normen als Ziele gesetzt. Auf welchen persönlichen Überzeugungen bauen diese Entscheidungen für bestimmte Werte und Normen auf und bilden das Fundament für eine Theorie? Als Beispiel nenne ich die theologisch begründete und als solche für alle erkennbare Theorie des Thomas von Aquin. (Siehe Engelke 1998, 29-40.)

- *Persönliche Abhängigkeiten*

Wie frei ist ein Doktorand, in seiner Dissertationsschrift die Auffassungen seines Doktorvaters zu ignorieren oder gar zu widerlegen? Wie weit kann er gehen, wenn er für sich eine Anstellung als wissenschaftlicher Mitarbeiter im Institut seines Doktorvaters anstrebt? Und wie abhängig sind ForscherInnen von den Geldgebern, die ihr Forschungsprojekt finanzieren? Diese Abhängigkeiten bleiben zumeist im Verborgenen, mitunter können sie aus Randbemerkungen oder auffälligen Zusammenhängen geschlossen werden. Beispielsweise nenne ich die Auseinandersetzung von Norbert Elias mit seinem Doktorvater, dem Philosophen Richard Hönigswald, über seine Dissertation; Elias hat zwei verschiedene Fassungen erstellt: eine seinem Doktorvater angepasste für das Promotionsverfahren und eine seinen eigenen Einsichten folgende für die Publikation. (Siehe Korte 1988, 72-78.)

- *Persönliche Bedürfnisse und Interessen*

WissenschaftlerInnen können mitunter viele Argumente für die Vorzüglichkeit ihrer Forschungsergebnisse anführen, aber wenn man genauer hinsieht, erkennt man, dass viele ihrer „Argumente“ nichts als dogmatische Behauptungen, ohne hinreichende Begründung oder sogar mit falschen Daten untermauert sind. Hinter solchem Verhalten steht gewöhnlich ein großes Macht- beziehungsweise Geltungsbedürfnis der/des Wissenschaftlerin/s. Um viel Geld zu verdienen und reich zu werden, wählen sich WissenschaftlerInnen Profit versprechende Forschungsgebiete, zum Beispiel in der Gen- oder Gesundheitsforschung, aus. Beispielsweise nenne ich Thomas R. Malthus, der mit seiner Theorie die sozialpolitischen Ideen seines Vater widerlegen und die Gesetze zur Armenunterstützung in England verhindern wollte. (Siehe Engelke 1998, 91-102.)

- *Einschneidende Erlebnisse und Vorlieben*

Vergleicht man die Biographien von WissenschaftlerInnen mit ihren Theorien, dann kann man bei nicht wenigen entdecken, dass bestimmte Ereignisse in ihrem Leben auf ihre Theorien eingewirkt haben. Besonders markant ist das bei Sigmund Freud. Seine Erfahrungen als Soldat im Ersten Weltkrieg und seine eigene Krebserkrankung (der Pfeifenraucher Freud war an Mund- und Kieferkrebs erkrankt und musste viele Male operiert werden) haben ihn veranlasst, dem Lebensprinzip („Libido") in seiner psychoanalytischen Theorie einen eigenen Destruktionstrieb („Thanatos") gegenüber zu stellen, zunächst hatte er nur das Lebensprinzip berücksichtigt. (Siehe Wyss 1977, 83.) Zu überprüfen ist auch, inwieweit lebenslange Vorlieben oder Hobbys sich auf das Denken ausgewirkt haben. Der Physiker und Konstruktivist Heinz von Foerster (1911-2002) liebte es zum Beispiel zu zaubern, zauberte in Variétés und war bis zu seinem Tode vom Zaubern fasziniert: „Zaubern ist immer etwas Dialogisches, man erfindet gemeinsam eine Welt." Es wäre höchst interessant zu erfahren, welche Rolle von Foersters Vorliebe für das Erfinden von Welten bei seinem Entwurf des radikalen Konstruktivismus gespielt hat. (Siehe Kissler 2002.)

Personenbedingte Einflussfaktoren bleiben bei der Diskussion und der Entscheidung wissenschaftstheoretischer Grundfragen und wissenschaftlicher Methoden und Theorien in der Regel im Hintergrund. Selten benennen WissenschaftlerInnen diese Faktoren oder berücksichtigen sie selbstkritisch bei der Reflexion ihrer Forschung. Der Mythos einer „reinen" Wissenschaft wird – in der Öffentlichkeit zumindest – gepflegt. In den Hinterzimmern der Hochschulen und bei Kongressen aber wird über

das Menschliche und Allzumenschliche in der Wissenschaft, die Eitelkeiten, Profilierungssüchte und Machtgelüste, der anderen natürlich, geredet. Selbstverständlich wirken sich solche „hintergründigen Diskurse“ bei der öffentlichen Wertschätzung und Berücksichtigung von wissenschaftlichen Publikationen aus. Die öffentliche selbstkritische Äußerung des geachteten Schweizer Nobelpreisträgers Heinrich Rohrer beim Treffen der Nobelpreisträger in Lindau 1991 ist eine Ausnahme. Der Physiker Rohrer beklagte den Missbrauch wissenschaftlicher Fachveröffentlichungen, die größtenteils der Befriedigung von Eitelkeit und Geltungsbedürfnis dienten, sachlich aber nicht gerechtfertigt seien: „Wenn wir alles lesen müssten, was wir schreiben, würden wir weniger schreiben.“ (Süddeutsche Zeitung vom 02.07.1991) Konkrete AutorInnen und ihre Publikationen hat Rohrer freilich auch nicht öffentlich genannt.
Die Idealvorstellung von Wissenschaft ist eine Sache, der tatsächliche Ablauf des Wissenschaftsbetriebes ist eine andere Sache. Wissenschaft ist Menschenwerk und darum Stückwerk. Die mit ziemlicher Regelmäßigkeit in den Medien gemeldeten Fälschungen von Forschungsergebnissen, zum Beispiel wiederholt in der deutschen Krebsforschung, unterstützen diese These nachhaltig. Auch wenn die idealen Ansprüche der Wissenschaft in der alltäglichen Praxis nicht leicht zu erfüllen sind, so sind sie doch als Orientierungspunkte für wissenschaftliches Arbeiten notwendig. „Liebe, Enttäuschung, Begehren – all das spielt im Leben der Menschen eine Rolle, also auch in der Wissenschaft.“ (Feyerabend 1992, 163)

5.2 Die Scientific Community

„Die Wissenschaft“ kann auch als Ausdruck für die Gesamtheit der WissenschaftlerInnen stehen, also für eine Menschengruppe beziehungsweise für eine soziale Institution. Wer gehört zu dieser „wissenschaftlichen Gemeinschaft“? Wann ist jemand ein/e WissenschaftlerIn? Welche Kriterien muss jemand erfüllen, um dazuzugehören? Was unterscheidet WissenschaftlerInnen von NichtwissenschaftlerInnen? Fragwürdig ist, ob man nur die Menschen als WissenschaftlerInnen bezeichnen kann, die zum Beispiel durch ihre Anstellung an einer wissenschaftlichen Hochschule per Hochschulgesetz mit Forschung, Lehre und wissenschaftsbezogener Ausbildung beauftragt worden sind. Danach gäbe es nur an wissenschaftlichen Hochschulen WissenschaftlerInnen. Oder muss jemand, um als WissenschaftlerIn zu gelten, bestimmte akademische Qualifikationen wie Promotion, Habilitation u.a. nachweisen? Die Kriterien zur Bestimmung dessen, was ein/e WissenschaftlerIn ist, sind ähnlich vielfältig und kontrovers wie die Kriterien zur Bestimmung von Wissenschaft überhaupt. WissenschaftlerInnen unterscheiden sich (für mich) von NichtwissenschaftlerInnen dadurch, dass sie sich bei ihrer Erkenntnisgewinnung dem wissenschaftstheoretischen Grundgesetz verpflichtet wissen, danach handeln und grundsätzlich bereit sind, sich prüfenden und kritischen Fragen an ihre wissenschaftlichen Arbeiten zu stellen. Insofern kann es grundsätzlich HochschullehrerInnen geben, die keine WissenschaftlerInnen sind, und „PraktikerInnen", die sehr wohl WissenschaftlerInnen sind. Entscheidend sind die wissenschaftliche Haltung sowie das selbstkritische Bewusstsein und Handeln.

Der englische Begriff „scientific community" hat sich inzwischen im deutschen Sprachraum anstelle von „Gemeinschaft der WissenschaftlerInnen" durchgesetzt. Darin sind alle, die sich am Wissenschaftsbetrieb beteiligen, einbezogen. Für die Aufnahme in die Scientific Community gibt es weder offizielle noch inoffizielle Zulassungsvoraussetzungen. Diese kann es auch nicht geben, weil es keine welt- und fächerübergreifende formelle Gesellschaft der WissenschaftlerInnen gibt. Die Scientific Community ist offen, informell und hat keinen Rechtsstatus. Allerdings gibt es viele formelle Gruppierungen, in denen sich WissenschaftlerInnen der ganzen Welt zusammengeschlossen haben, zum Beispiel in Wissenschaftsgesellschaften, Forschungsgemeinschaften, Fachverbänden usw. Diese Gesellschaften, Gemeinschaften, Verbände, Vereinigungen usw. haben sich aber nicht zu einem gemeinsamen Dachverband „Scientific Community" zusammengeschlossen. Die einzelnen Gesellschaften, Verbände usw. haben jeweils eigene Aufnahmekriterien, die wiederum nicht untereinander abgestimmt sind. Trotz dieser offenen Struktur gibt es allgemein recht konkrete Erwartungen an die Mitglieder der Scientific Community. Diese betreffen Verhaltensstandards und autonome Werte für wissenschaftliches Arbeiten und gelten für jeden, der von sich sagt, dass sie/er wissenschaftlich arbeitet. Solche Verhaltensstandards sind zum Beispiel das Offenlegen der benutzten Quellen und Literatur durch exaktes Zitieren, detaillierte Angaben über das For-

schungsdesign, eine wahrhaftige, überprüfbare Darstellung der Forschungsergebnisse u.a.
Die Scientific Community zeigt dieselben Phänomene und Dynamiken wie jede andere Großgruppe auch: Informationsprozesse; Wert- und Normendiskussionen; Wettbewerb; Durchsetzen eigener Interessen; Subgruppenbildungen; Streit um Führungspositionen, Macht und Einfluss; Konformitätsdruck usw.
Das „Zitationskartell“ ist ein typisches Beispiel für solche Gruppenprozesse; danach werden nur Publikationen und Arbeiten von Mitgliedern der eigenen Gruppe beziehungsweise Schule in den Publikationen zitiert. Die Arbeiten von Mitgliedern anderer Gruppen beziehungsweise Schulen werden bewusst nicht erwähnt, sondern ausgeschlossen, auch wenn es sich um wichtige Fachbeiträge handelt. In der Sozialen Arbeit ist zum Beispiel Lutz Rössner mit seinem kritisch-rationalen Ansatz (Rössner 1975, 1977, 1989, 1990a, b) Opfer eines solchen Kartells geworden; von den VertreterInnen einer kritisch-theoretischen Sozialpädagogik wurde sein umfangreiches Werk bewusst ignoriert.
In der Scientific Community besteht gegenwärtig eine weite Übereinstimmung darüber, welche Mindestbedingungen ein Fachgebiet erfüllen muss, damit es heute als Wissenschaftsdisziplin angesehen werden kann. (Siehe Teil 3 Abschnitt 4.) Diese Übereinstimmung ist das Ergebnis zahlreicher ungelenkter informeller Entscheidungsprozesse; der Diskurs darüber wird in der Fachliteratur, auf Kongressen und anderen Kommunikationsforen geführt.

5.3 Die Verflechtungen der Wissenschaft in der modernen Gesellschaft

Wer und was beeinflusst einzelne WissenschaftlerInnen und die Scientific Community? Wird die Wissenschaft überhaupt „von außen“ beeinflusst? Gibt es überhaupt ein „außen“? Was erwartet und was fordert die moderne Gesellschaft von der Wissenschaft? Und was erwartet die Wissenschaft ihrerseits von der Gesellschaft beziehungsweise vom Staat? Was erwarten Regierungen, Wirtschaftskonzerne, Gewerkschaften und/oder Kirchenleitungen? Arbeiten WissenschaftlerInnen isoliert und geschützt vor Einflüssen der Welt in dem sprichwörtlichen „elfenbeinernen Turm“? Ein Blick in die Wissenschaftsgeschichte zeigt, wie groß das Interesse mächtiger Einzelner oder von Gruppen in der Gesellschaft war und ist, Forschung und Wissenschaft nach ihren speziellen Interessen zu lenken: Erinnert sei an den „Fall Galilei". Der italienische Mathematiker und Philosoph Galileo Galilei trat seit 1610 öffentlich für das kopernikanische Weltsystem ein. Die katholische Kirche hielt dagegen an dem geozentrischen Weltsystem fest, auf das sie ihre Lehre aufgebaut hatte. Es kam zu einem Prozess mächtiger Kirchenfürsten gegen Galilei; in dem Prozess wurde er verurteilt und musste seine Erkenntnisse widerrufen. Solch massiver Druck auf WissenschaftlerInnen ist nun keineswegs nur für das „finstere" Mittelalter typisch. Die Erkenntnisse vom Ausmaß der Wissenschaftssteuerung im NS-Deutschland und in der stalinistisch geprägten Sowjetunion machen deutlich, wie abhängig WissenschaftlerInnen von den Mächtigen ihres Landes auch in unserer Zeit sein können und es häufig sind.

Seither wird verstärkt über die Bedeutung und den Einfluss staatlicher Wissenschaftspolitik durch direkte oder indirekte Forschungsförderung (zum Beispiel durch Zweck- und Umfangsbestimmung von Forschungsprogrammen, Auswahl von Forschungsprojekten, Besetzung von Lehrstühlen und Kommissionen, die über die Vergabe von Forschungsprojekten entscheiden, usw.) diskutiert. (Siehe Wissenschaftsrat 2000.) Den Zusammenhang von Wissenschaft und politischer Struktur in den Ländern näher zu untersuchen, gehört zu den wichtigen Aufgaben der Wissenschaftssoziologie. Gefragt wird danach, welche Prioritäten innerhalb der staatlich geförderten und dadurch zunehmend gesteuerten Wissenschaftsentwicklung gesetzt werden und wer über die Richtlinien dieser Steuerung nach welchen Kriterien entscheidet. (Lepenies 1979, 178f.) Die Antworten zu diesen Fragen liegen sehr weit auseinander. Die einen behaupten, Wissenschaft sei in Forschung und Lehre in Demokratien wie Deutschland frei; die anderen sagen dagegen, Wissenschaft sei auch hier vorwiegend an die Interessen der herrschenden Gruppen gebunden. (Siehe Lukas 1979, 31-72.) Festzuhalten ist wohl: Wissenschaft geht weder als Teil der Gesellschaft völlig in ihr auf und wäre daher in allem von den Vorgaben der mächtigen Gruppen in der Gesellschaft beziehungsweise dem Staat abhängig, noch ist sie ein unabhängiges, der Gesellschaft gegenüberstehendes eigenes System, in dem autonom darüber befunden werden könnte, welche Ziele und Aufgaben verfolgt oder nicht verfolgt werden. Vielmehr entfalten und bestimmen sich beide, Gesellschaft/Staat und Wissenschaft, in einem lebendigen, bisweilen recht konfliktträchtigen Wechselverhältnis. (Siehe Rombach 1979, 171; Elias 1988, 1990; Luhmann 1990; Serres 1994 u.a.)

6. Die Interdependenzen von Wissenschaft, Praxis und Ausbildung

Schulen waren im Abendland bereits in der Antike der Ort, an dem sowohl gelehrt als auch nach neuen Erkenntnissen gesucht wurde. Besonders einflussreich waren damals die Schulen der von Platon gegründeten Akademie und des von Aristoteles gegründeten Peripatos. Platon und Aristoteles haben in ihren Schulen ihre Lehren vorgetragen und diese dort ebenfalls im Dialog mit ihren Schülern und in Disputationen mit anderen Gelehrten weiterentwickelt. Die Schüler haben für ihr Leben (die Praxis) gelernt. Diese personale und örtliche Verknüpfung ist über die Jahrhunderte bis in die Gegenwart hinein charakteristisch für das Verhältnis von Wissenschaft/Forschung (englisch: „research"), Ausbildung/Lehre (englisch: „education") und Praxis (englisch: „practice") geblieben. Wenn sich die drei Bereiche auf einen gemeinsamen Gegenstandsbereich ausrichten, bilden sie eine Profession (siehe Abbildung 1: Soziale Arbeit als Wissenschaft, Praxis und Ausbildung, S. 27).

Schon bei den Akademikern und Peripatetikern Griechenlands ging es 400 Jahre vor Christus nicht nur um sachliche Inhalte, sondern immer auch um das gesellschaftliche Prestige der Lehrer und ihrer Schulen. Inhaltlich-fachliche Interessen und das Streben nach Prestige haben die Interdependenzen von Wissenschaft, Praxis und Ausbildung bis in dic Gegenwart hinein beeinflusst; beide Aspekte sind bei der Reflexion der Interdependenzen zu beachten. (Siehe Teil 3 Abschnitt 5.)

An Stelle des Begriffs „Bereich" bevorzuge ich, der Prozess- und Figurationstheorie von Norbert Elias folgend, den Begriff „Figuration", weil für mich bei Forschung, Praxis und Ausbildung konkrete Menschen am Werke sind, die sich nicht auf (abstrakte) Systeme oder Bereiche reduzieren lassen. Elias bezieht in seine Definition von „Figuration" die Menschen und ihr Verhalten ausdrücklich mit ein und setzt sich damit von einem weithin vorherrschenden Typ der Begriffsbildung in den Sozialwissenschaften ab, der sich vor allem bei der Erforschung lebloser Objekte herausgebildet hat, wie zum Beispiel der Begriff „System". (Elias 1996, 121-145)

Die Figurationen einer Profession sind eng miteinander verknüpft; es bestehen zahlreiche Interdependenzen sowohl untereinander als auch

mit dem Gegenstandsbereich, der in der Sozialen Arbeit ja auch wieder aus Figurationen, den KlientInnen der Sozialen Arbeit, besteht. In den Figurationen einer Profession wird relativ eigenständig gedacht und gehandelt. Jede Figuration hat ihre eigenen Aufgaben, die von den Aufgaben der anderen Figurationen deutlich zu unterscheiden sind. Jede der drei Figurationen befasst sich zwar in eigenständiger Weise mit demselben Gegenstandsbereich der Profession, ist jedoch zugleich mit den anderen Figurationen zirkulär verbunden und letztlich in die Aufgaben und Ziele der gesamten Profession eingebunden.
Bisweilen werden in der Fachliteratur für den Begriff „Wissenschaft" die Begriffe „Theorie" und „Disziplin", für den Begriff „Ausbildung" der Begriff „Lehre" und für den Begriff „Praxis" der Begriff „Profession" verwendet; manchmal synonym, manchmal aber auch mit einem anderen Begriffsinhalt.

6.1 Die Gegenwörter „Theorie und Praxis"

Die Begriffe „Theorie" und „Praxis" sind Gegenwörter; wird das eine Wort genannt, dann taucht das andere in der Regel gleich mit auf. Der eine Begriff kann schlecht ohne den anderen sein, und sie haben auch eine gemeinsame Geschichte. Diese lange und komplizierte Geschichte kann hier nicht dargestellt werden, sie ist Gegenstand zahlreicher wissenschaftlicher Abhandlungen. (Siehe zum Beispiel Habermas 1978, 1981 u.a.) Ich kann hier lediglich Grundzüge der Bestimmung des Verhältnisses von Theorie und Praxis darstellen.
Das Fremdwort „*Theorie*" ist seit dem 18. Jahrhundert in der deutschen Sprache bezeugt. Es ist aus dem griechisch-lateinischen Substantiv „theoría" mit der Bedeutung „das Zuschauen; die Betrachtung, die Untersuchung; die wissenschaftliche Erkenntnis usw." entlehnt worden. Das griechische Substantiv „theorós" liegt dem Substantiv „theoría" zugrunde und bedeutet „Zuschauer". Ein Theoretiker ist demzufolge ein Mensch, der sich etwas anschaut und es aufmerksam betrachtet, eben ein Beobachter, der zur Praxis Distanz hat. Die Bedeutung des Wortes „theoretisch" wird im 17. und 18. Jahrhundert bereits eingeengt auf „rein wissenschaftlich; gedanklich; gedacht, vorstellungsmäßig; ohne hinreichenden Bezug auf die Wirklichkeit". „Theoretiker" wurde synonym für „Wissenschaftler, Gelehrter". (Duden 2001, 846) Umgangssprachlich

wurde mit dem Begriff Theoretiker dann aber bald ein wirklichkeitsfremder Mensch, ein „Hans-guck-in-die-Luft", ein Mensch mit „zwei linken Händen", der für die Praxis untauglich ist, verbunden. Diese Wertung ist auch heute noch verbreitet.

Sprachgeschichtlich geht das Wort „*Praxis*" auf das griechische Substantiv „praxis" zurück. Dieses Substantiv leitet sich von dem Verbum „prássein" gleich „tun, verrichten, ausführen, vollbringen usw." ab. Praxis steht demnach für „das Tun, die Tätigkeit; Handlungsweise; Geschäft, Unternehmen; Wirklichkeit, Tatsächlichkeit". (Siehe Duden 2001, 627.) Das seit dem 17. Jahrhundert in der deutschen Sprache belegte Fremdwort „Praxis" erschien zuerst mit der Bedeutung „(Berufs-)Ausübung, Tätigkeit; Verfahrensart". Im 18. Jahrhundert stand es dann im Unterschied zu „Theorie" als Bezeichnung für die tätige Auseinandersetzung mit der Wirklichkeit und die daraus gewonnene (Lebens-)Erfahrung. Ein Praktiker ist danach ein Mensch mit Erfahrung, die auf aktives Tun und Handeln zurückgeht. Das so gewonnene Wissen ist praktikabel, das heißt brauchbar, benutzbar, zweckmäßig, und hat sich in der Praxis bewährt. Praktisches Wissen wird in Alltags- und Berufstheorien (siehe Teil 3 Abschnitt 3) gebündelt.

Parallel zum Begriff „Praxis" ist der Begriff „*Technik*" in die deutsche Sprache eingeführt worden. Der griechische Begriff „téchne" bezeichnet allgemein „Kunstfertigkeit, das Machen und das Gemachte" im Gegensatz zum Gegebenen, zur Natur. Technik ist eine Weise des Handelns (mit künstlichen Gegenständen und Verfahren), die praktischen Zwecken dient. Der Techniker will etwas machen, bewerkstelligen; ihn interessieren Zusammenhänge, die über das Funktionieren seiner Technik hinausgehen, nicht. (Duden 2001, 840)

In früheren Epochen waren die Menschen in einer Person zugleich praktisch und theoretisch tätig; sie haben sich etwas – theoretisch – ausgedacht, diese Überlegungen dann – praktisch – verwirklicht und das Praktizierte wieder aus der Distanz überdacht. Insofern sind die Menschen ursprünglich Theoretiker und Praktiker in einer Person, wie es an der Arbeit eines Bildhauers gut nachzuvollziehen ist: Der Bildhauer entwirft in seiner Vorstellung eine Plastik. Dann geht er daran, einen Stein nach seiner Vorstellung mit Hammer und Meißel zu bearbeiten. Immer wieder unterbricht er sein Tun, tritt ein paar Schritte von seinem Werkstück zurück, betrachtet es aus der Distanz und vergleicht seine Arbeit mit seiner Vorstellung. Nach dieser Betrachtung muss er sein Bild unter

Umständen verändern, weil die Eigenart des Materials eventuell die Umsetzung seiner Vorstellung nicht zulässt. Danach geht er wieder an die Arbeit, korrigiert das eine oder andere an der entstehenden Plastik und schafft solange weiter, bis schließlich Theorie und Praxis für ihn übereinstimmen und er zufrieden auf sein fertiges Werk schauen kann. Bei den Zuordnungsvarianten von Theorie (gleich Wissenschaft) und Praxis lassen sich vereinfacht vier Grundformen unterscheiden:

- *Zwischen Theorie und Praxis gibt es keine Verbindung.*

Die Theorie hat ihre eigene Lebenswelt und auch die Praxis hat ihre eigene Lebenswelt. Beide leben zwar zusammen in einer Gesellschaft oder in einem Staat, zwischen ihnen findet aber keinerlei Austausch statt. Die WissenschaftlerInnen forschen, um die Wahrheit zu erkennen, und tauschen ihre Erkenntnisse nur unter sich aus; an der Praxis sind sie weder interessiert, noch beteiligt. Die PraktikerInnen haben überhaupt keinen Zugang und auch kein Verständnis für die „abgehobene Welt" der TheoretikerInnen und sind vollauf damit beschäftigt, pragmatische Lösungen für den Alltag zu finden und zu verwirklichen.

- *Praxis hat Vorrang vor Theorie.*

Die Praxis wird höher bewertet als die Theorie, denn sie hat „nicht nur die Würde des Allgemeinen, sondern auch der unmittelbaren Wirklichkeit". (Lenin, zitiert nach Buhr/Kosing 1979, 261) Aus der Praxis werden die Fragen gestellt, die die Wissenschaft zu beantworten hat. Wissenschaftliches Wissen dient der Praxis und wird im und am Lebensalltag überprüft. Die Theorie hat sich in der Praxis zu bewähren und/oder wird nach dem Nutzen für die Praxis bewertet. Die Praxis ist für eine empirisch orientierte Wissenschaft das entscheidende Kriterium der Wahrheit beziehungsweise Bewährung. Die Wissenschaft passt sich den Verhältnissen an, folgt und dient der Praxis.

- *Theorie hat Vorrang vor Praxis.*

Die Wissenschaft wird höher eingeschätzt als die Praxis, weil ihre Erkenntnismethoden qualifiziert und somit den Erkenntnissen der PraktikerInnen überlegen sind. Die Erkenntnisgewinnung folgt eigenen Forschungs- und Erkenntnisdynamiken der WissenschaftlerInnen und ist autonom. Wissenschaft dient der Wahrheitsfindung. Die Wissenschaft ist normativ, setzt Werte und Normen und bestimmt die Aufgaben und Ziele für die Praxis. Die Praxis richtet sich nach der Wissenschaft und die Praxis wird an den Vorgaben der Wissenschaft auf ihre Leistungen und Effizienz hin überprüft.

- *Theorie und Praxis stehen miteinander in einem polaren Spannungsfeld.*

Praxis und Theorie sind zwei gleichrangige Aspekte menschlicher Wirklichkeit und gehören zusammen wie die zwei Seiten einer Münze. Nur miteinander können sie die ganze Wirklichkeit menschlicher Lebensbewältigung umgreifen. Daher müssen Praxis und Theorie in ihrer Zuordnung und Ergänzung gemeinsam bedacht werden. Beide ereignen sich in derselben Lebenswelt und sind aufeinander angewiesen. Jeder Versuch, die beiden voneinander zu trennen oder sie gar als unversöhnliche Gegensätze darzustellen, ist künstlich. In gleicher Weise taugen die Versuche wenig, der Theorie einen zeitlichen oder gar qualitativen Vorrang vor der Praxis einzuräumen. Genauso wenig Sinn macht es, die Praxis zeitlich oder qualitativ der Theorie vorzuziehen. Beide begleiten einander und sind immer zugleich. Ihre Entsprechung kann als „zirkuläre Bewegung" verstanden werden. Theorie ist eine Form der Praxis und Praxis ist eine Wirklichkeitsgestalt einer bestimmten Theorie, nämlich der grundlegenden Selbst- und Weltauslegung des Menschen. (Rombach 1979, 17)
Theorie und Praxis durchwirken sich gegenseitig, ohne ihre Eigenart verlieren zu müssen. Deshalb gilt: „Nichts ist für PraktikerInnen praktischer als eine gute Theorie." (Kurt Lewin 1890-1947) Und umgekehrt gilt auch: „Nichts ist für TheoretikerInnen anregender als eine gute Praxis."

6.2 Das elitäre Selbstbewusstsein von WissenschaftlerInnen

Eine der vielen Folgen der Arbeitsteilung im Prozess der Zivilisation und Industrialisierung ist die Trennung von körperlicher und geistiger Tätigkeit und damit verbunden die Trennung von „Praxis" und „Theorie". „Theorie" wurde zur beruflichen Aufgabe von einigen Menschen,

den „Geistesarbeitern“. „Praxis“ wurde zur Aufgabe vieler anderer Menschen, den „Werktätigen“. Die Arbeitsteilung führte in letzter Konsequenz zu zwei Gruppen in der Gesellschaft, den PraktikerInnen und den TheoretikerInnen. Für die Theorie (hier synonym für Wissenschaft) wurden eigene soziale und organisatorische Strukturen wie die Universitäten geschaffen. Mit dem starken Wachstum des Wissens, der immer stärker werdenden Spezialisierung auf kleinste Fachgebiete und dem Entstehen einer eigenen „Lebenswelt Wissenschaft“ wurde die Kluft zwischen WissenschaftlerInnen und PraktikerInnen breiter und tiefer. Aus einer sachlich geforderten Arbeitsteilung entstand eine organisatorische, räumliche und personelle Trennung von Theorie und Praxis. Das führte im Lebensalltag dazu, dass TheoretikerInnen und PraktikerInnen einander kaum noch wahrnahmen. Beide Lager schlossen sich zunehmend in einer jeweils eigenen Welt mit eigenen Denk- und Handlungsmustern, einer eigenen Sprache und einem eigenen Lebensstil ein. Das Ergebnis ist ein auch heute noch gespanntes Verhältnis zwischen WissenschaftlerInnen und PraktikerInnen, insbesondere deswegen, weil WissenschaftlerInnen sich seit Jahrhunderten als (geistige) Elite des Volkes verstehen, für sich Privilegien („akademische Freiheit“) verlangen und auch erhalten haben (zum Beispiel in den Hochschulgesetzen).
„Sobald gelehrte Männer merken, daß sie an Talent, Klugheit und Kenntnissen vor anderen hervorragen oder man sie wenigstens für große Gelehrte halte, so kennt ihr Stolz kein Maß und kein Ziel mehr, und sie kommen sich vor, als ob sie unter Vieh als die einzigen wahren Menschen lebten; das ist eine unbegreifliche Anmaßung.“ So hat Juan L. Vives im Jahre 1523 das Verhalten der Gelehrten seiner Zeit charakterisiert. (Vives 1912, 222) Wenn heute viele NichtakademikerInnen aufgrund ihrer Erfahrungen mit AkademikerInnen feststellen: „Für AkademikerInnen beginnt der Mensch erst mit dem Doktortitel!“, dann haben sich die Gelehrten anscheinend über die Jahrhunderte bis in die Gegenwart hinein wenig verändert.
Für Thorstein Veblen stand (1899) die Gelehrsamkeit nach ihrer Herkunft und frühen Entwicklung in ziemlich engem Zusammenhang „mit den religiösen Funktionen der Gesellschaft, besonders mit jenen Sitten und Gebräuchen, in denen sich die einer überirdischen müßigen Klasse geleisteten Dienste ausdrücken“; er war überzeugt, dass „die gelehrte Klasse in allen primitiven Gesellschaften aus großen Eiferern der Form und des Vortritts, aus Verfechtern der hierarchischen Ordnung, des Ri-

tuals, der zeremoniellen Gewänder und ähnlichen gelehrten Zubehörs besteht.“ (Veblen 2000, 352) Veblen sah viele Berührungspunkte zwischen dem Amt des Priesters und demjenigen des Gelehrten. „Die Vorliebe für gelehrtes Ritual läßt aber auch vermuten, daß es noch weitere Berührungspunkte zwischen dem Amt des Priesters und demjenigen des Gelehrten gibt … Selbst heute (1899, E.E.) besteht in der Gemeinschaft der Gelehrten noch immer die Sitte, Barett und Talar zu verwenden, Matrikulations-, Initiations- und Abschlußzeremonien zu veranstalten und Titel, Würden und Privilegien in einer Weise zu verleihen, die an eine Art apostolischer Nachfolge der Gelehrten erinnert. Die Sitten und Gebräuche der priesterlichen Orden bilden ohne Zweifel das nächstliegende Vorbild für alle diese Erscheinungen des gelehrten Zeremoniells, für die Gewänder, die sakramentale Initiation, die Vermittlung besonderer Würden und Tugenden durch Auflegen der Hände und für ähnliches.“ (Veblen 2000, 352ff.) Die von Veblen beschriebenen Sitten werden heute zu Beginn des 21. Jahrhunderts an Universitäten und auch an Fachhochschulen gerade wieder neu belebt und blühen prächtig auf, zum Teil gegen den (vergeblichen) Widerstand von ProfessorInnen, die kein elitäres Selbstbewusstsein haben.
Seit dem 17. Jahrhundert ist „Professor“ als akademischer Titel für Hochschullehrer und „Professur“ als Bezeichnung für „Lehrstuhl, Lehramt“ bezeugt. Der Begriff „Profession“ gleich „Beruf, Gewerbe“ geht auf das lateinische Substantiv „professio“ gleich „öffentliches Bekenntnis (zu eincm Gewerbe), Gewerbe, Geschäft“ zurück. Das Substantiv gehört wiederum zum lateinischen Verbum „profiteri (professum)“ gleich „öffentlich bekennen, erklären“. Der Begriff „Professor“ geht auf denselben Wortstamm zurück und bedeutet „öffentlicher Lehrer“; eigentlich „jemand, der sich (berufsmäßig und öffentlich zu einer wissenschaftlichen Tätigkeit) bekennt“. (Duden 2001, 631f.) In den Hochschulgesetzen ist auch heute genau geregelt, wer den Titel „Professor“ beziehungsweise „Professorin“ führen darf. Der Stellenwert des Titels ist für ProfessorInnen selbst außerordentlich hoch. Deutsche UniversitätsprofessorInnen haben zum Beispiel bis zur höchsten Instanz geklagt, um zu verhindern, dass HochschullehrerInnen an Fachhochschulen den Titel „Professor“ führen dürfen. Die Richter sind dem Begehren der Kläger zwar nicht gefolgt; aber nach dem Richterspruch dürfen sich allein ProfessorInnen an Universitäten UniversitätsprofessorIn nennen; das tun sie auch, um sich von den ProfessorInnen an Fachhochschulen abzuheben.

WissenschaftlerInnen wird bisweilen nachgesagt, dass sie im „elfenbeinernen Turm“ leben; damit ist gemeint: sie müssen sich nicht mit den Herausforderungen des Alltags abplagen, können ohne wirtschaftliche Not, zeitlichen Druck und ohne Sachzwänge forschen und brauchen auch niemandem über ihr Tun Rechenschaft abzulegen. Der Elfenbeinturm der WissenschaftlerInnen steht als Symbol für elitäres und vom Alltag abgehobenes Leben. Das provoziert natürlich Fragen wie: Wozu braucht man überhaupt WissenschaftlerInnen? Was und wem nutzt eigentlich Wissenschaft?

Die Ansicht, dass Wissenschaft sich aus ihrem praktischen Nutzen begründet und begründen muss, ist weit verbreitet. Diese pragmatisch-technologische Begründung resultiert aus einem sehr speziellen Verständnis von Wissenschaft. Wissenschaft als Haltung des Menschen, über sich und seine Lebenswelt hinaus zu reflektieren, geht nicht nur nach meiner Auffassung über einen bloß praktischen Nutzen hinaus. Wissenschaft als ein wichtiger Weg der Menschheit, sich selbst und seine Umwelt anzuschauen, zu erforschen und zu deuten, begleitet die Menschen vom Anfang ihrer Geschichte an und gehört zum Alltag der Menschen.

6.3 DIE WENIG ANGESEHENE UND VERNACHLÄSSIGTE LEHRE

Hochschulen haben den Auftrag zu forschen und zu lehren. Von den HochschullehrerInnen wird in der Regel verlangt, dass sie diesen Auftrag erfüllen und in Personalunion zugleich LehrerInnen und ForscherInnen sind. LehrerInnen benötigen jedoch andere fachliche Kompetenzen als ForscherInnen. ForscherInnen haben mit wissenschaftlichen Methoden neue Erkenntnisse zu gewinnen. LehrerInnen haben mit pädagogischen (didaktischen) Methoden Studierenden Wissen und Handlungskompetenzen zu vermitteln. Nicht jede/r HochschullehrerIn verfügt über die Kompetenzen für beide Aufgaben. Die personale Vermengung von Forschungs- und Lehrauftrag einerseits und die Vorliebe von HochschullehrerInnen für die angesehenere Forschung andererseits haben dazu geführt, dass die Lehre unter HochschullehrerInnen generell wenig angesehen ist und vernachlässigt wird. So kommt es dazu, dass ProfessorInnen beispielsweise in ihren Lehrveranstaltungen, zu denen sie ja verpflichtet sind, nur über ihre Forschungsprojekte berichten oder

aus ihren Büchern vorlesen. Das Vortragen von Forschungsergebnissen oder das Vorlesen eigener (oder auch fremder) Bücher allein genügt jedoch keinesfalls didaktisch-pädagogischen Ansprüchen an die Ausbildung und hat dazu führt, dass zahlreiche Vorlesungen an den Hochschulen weder lehrreich noch attraktiv sind.
Der Schotte Adam Smith hat sich zu diesem Phänomen bereits 1789 in seinem Buch „Der Wohlstand der Nationen" geäußert: „Disziplin und Zucht an Colleges und Universitäten sind in der Regel nicht zugunsten der Studenten, sondern im Interesse oder, besser gesagt, zur Bequemlichkeit der Dozenten erdacht und eingeführt worden und stets darauf abgestellt, die Autorität des Lehrers zu wahren und die Studenten zu zwingen, ganz gleich ob er seinen Pflichten nachkommt oder nicht, sich ihm gegenüber in jedem Fall so zu verhalten, als ob er seine Kollegs mit größter Sorgfalt und größtem Können hielte." (Smith 1993, 649)
Die Geringschätzung der Lehre an Hochschulen hat eine lange Tradition. Vor wenigen Jahren ist für alle ProfessorInnen, nicht nur in Deutschland, die regelmäßige Evaluierung der Lehrveranstaltungen per Gesetz eingeführt worden, um Qualität und Niveau der Lehrveranstaltungen zu verbessern. (Siehe Wissenschaftsrat 2000, 16-22.)
Im Hochschulunterricht sind Lehr- und Lernprozesse anzustoßen, zu begleiten, zu korrigieren und auszuwerten. Die zu vermittelnden Lehr- und Lerninhalte sind auf die anzustrebenden professionellen Kompetenzen hin auszuwählen, zu definieren und auf der Grundlage wissenschaftlichen Wissens und Forschens in ein Gesamtkonzept zu integrieren. In der Geschichte der Bildungs- und Hochschulsysteme sind ständig Reformen, die jeweils sowohl das gesamte System als auch einzelne Figurationen (wie Institutionen, Studiengänge, Studien- und Prüfungsordnungen usw.) betrafen, durchgeführt worden. Bei den Reformen ging es stets darum, das Bildungs- beziehungsweise Hochschulsystem an die jeweiligen gesellschaftlichen Anforderungen anzupassen. Diese Anpassungsprozesse waren von harten Auseinandersetzungen über Ziele, Inhalte, Methoden und Kontrollen der Ausbildung begleitet, denn ein Geflecht von Betroffenen und Interessierten ist an der Einrichtung, Erhaltung beziehungsweise Reform von Studiengängen interessiert: Die Studierenden, die Lehrenden, die Hochschulleitungen, die Arbeitgeber und Anstellungsträger, die Berufsverbände und Gewerkschaften, die Länder- und Bundesregierungen. Manche Streitpunkte kehren immer wieder, gehören geradezu zum Ritual von Studienreformen. Meistens wird darüber

gestritten, ob überhaupt eine Reform notwendig ist und wenn ja, welche wissenschaftliche Theorie des Faches die Grundlage für das Curriculum bilden soll. Bemühungen um Studienreformen sind häufig zugleich Bemühungen um eine (verbesserte) Anerkennung des gesamten Faches oder/und einzelner Theorien.

Die Hochschulen haben nach dem Hochschulgesetz die ständige Aufgabe, Studieninhalte und Studienformen, Studiengänge und Prüfungsordnungen im Hinblick auf die Entwicklungen in Wissenschaft und Kunst, auf die Bedürfnisse der beruflichen Praxis und auf notwendige Veränderungen in der Berufswelt zu überprüfen, weiterzuentwickeln und neue Studiengänge zu etablieren. Wann sind Reformations- beziehungsweise Reformierungsprozesse angesagt? Spätestens dann, wenn für neue Aufgaben ausgebildet werden muss, wenn die Lebensräume der Hochschule für die Lehrenden und Studierenden allzu „heimisch" geworden sind, der „harte Lehrstuhl" gegen ein „weiches Lehrsofa" ausgetauscht worden ist, persönliche Interessen, Privilegien und Besitzstände sach- und fachorientierte Entscheidungen verhindern, die eigentliche fachliche und didaktische Aufgabenstellung verloren gegangen ist, kein fruchtbarer Austausch zwischen HochschullehrerInnen und der beruflichen Praxis mehr stattfindet usw.

Hindernisse für (über-)fällige Reformen sind träge Selbstzufriedenheit, unbeteiligte Indifferenz, illusionäre Beurteilung der Lage sowie Privilegien und Besitzstände von ProfessorInnen und auch von Studierenden. Reformunwillige reagieren auf Reformbestrebungen mit Restauration, also mit dem Bemühen, die alte Ordnung rigoros und machtvoll beizubehalten; konzediert werden höchstens kleine Veränderungen an marginalen Punkten.

Die Berücksichtigung der bei allen Wissenschaftsdisziplinen gegebenen Einbindung in Disziplingruppen (das heißt in der Praxis die Verknüpfung mit den Bezugswissenschaften) und die Entwicklung und Durchführung von Synthesemodellen in der Ausbildung sind schwierig und eine ständige Herausforderung für die Lehrenden. Zur Wissenschaft gehört eine prinzipielle Offenheit für neue Erkenntnisse und weiterführende Entwicklungen; dasselbe gilt für die Lehre. Lehre beziehungsweise Ausbildung auf wissenschaftlicher Basis ist deshalb ohne die ständige Bereitschaft zur Reformierung des Studiums widersinnig und nutzlos. Reformen von Hochschul- und Studienordnungen können nicht nur Peripheres, sondern müssen immer auch den Kern treffen: „Curricula semper reformanda!"

6.4 Wissenschaftliches Wissen begründet Professionen

Medizin, Theologie und Jura hatten vom Beginn der Neuzeit an eine herausragende Stellung im Staat und an den Universitäten; denn aus diesen Wissenschaften stammten vor allem diejenigen, die Leitungsaufgaben in Kirche und Staat inne hatten. Diese herausragende Stellung wurde sprachlich dadurch ausgedrückt, dass man diese Berufe nicht als Berufe, sondern als Professionen bezeichnet hat. An diesen drei Professionen wurde gemessen, ob andere Berufe gleichfalls zu den gehobenen Berufen, den Professionen, gezählt werden und ihre Vertreter an den entsprechenden Ausprägungen der Professionen in Einkommen, Status, Prestige und Einfluss partizipieren konnten. Der Weg vom Beruf zur Profession wurde Professionalisierung genannt. Zur Beschreibung und Erklärung der Professionalisierung wurden zahlreiche Professionalisierungstheorien entworfen. Es gab zahlreiche Diskussionen über die Fragen: Was ist denn Medizin, Theologie und Jura, also den Professionen, wirklich gemeinsam? Wodurch unterscheiden sich Berufe und Professionen? Welche Bedeutung hat wissenschaftliches Wissen für die Professionalisierung? (Siehe Gildemeister 1996; Dewe/Otto 2001 u.a.)

Der beschreibende Vergleich der traditionell als Profession anerkannten Medizin, Recht und Theologie ergab mehrere, allen gemeinsame Merkmale. Die Merkmale wurden in verschiedenen Modellen und Theorien zusammengestellt, zum Beispiel in dem Attributionsmodell von Carr-Saunders/Wilson. (Siehe Kornbeck 2000.) Danach haben Professionen folgende Merkmale:

- Existenz von systematisch entwickeltem wissenschaftlichem Wissen als Grundlage für das professionelle Handeln.
- Institutionalisierte Muster der Zugangsregelung zu der Profession, zum Beispiel Qualifikationsnachweise wie Staatsexamina oder Diplome.
- Formalisierte Ausbildungsprozesse, zum Beispiel Studiengänge an Hochschulen.
- Formalisierte Muster der Anwendung des Wissens und Verhaltenskodizes, die durch Kammern als Körperschaften der Selbstverwaltung der Profession festgesetzt und überwacht werden.
- Existenz einer Ethik der Profession (Code of Ethics), der alle Mitglieder der Profession verpflichtet sind.

- Für die Aufrechterhaltung der Ordnung und Normalität im Staat nützlich.
- Altruistische Dienstleistung ohne Profitorientierung.

Alternativ zu den Attributionsmodellen wurden andere (soziologische) Professionstheorien entwickelt, zum Beispiel funktionalistische, machttheoretische und strukturtheoretische Professionstheorien, um kritisierte Unzulänglichkeiten der Attributionsmodelle zu beseitigen. (Siehe Gildemeister 1996; Merten/Olk 1999; Dewe/Otto 2001 u.a.) In einem neueren Modell zur Professionalisierung hat K. Jakob Kornbeck die drei Prozesse Institutionalisierung, Kommodifizierung und Verwissenschaftlichung/Akademisierung mit den drei Hürden Vereinigung der Ausübenden, Lizenzierung der Ausübenden und Monopolisierung des Tätigkeitsfeldes miteinander verbunden. Nach Kornbeck erlangt eine Tätigkeit im Zuge ihrer Institutionalisierung eine Anerkennung, die sie früher nicht beziehungsweise nicht vollständig gehabt hat. Durch die Kommodifizierung wird die Tätigkeit besoldet und unterscheidet sich von ehrenamtlicher, unbezahlter Tätigkeit. Verwissenschaftlichung/Akademisierung bedeutet, dass die Tätigkeit auf wissenschaftlichem Wissen aufbaut und die Ausbildung im tertiären Bildungsbereich, also an der Hochschule, stattfindet. Die erste zu nehmende Hürde ist, dass sich diejenigen, die im gleichen Tätigkeitsfeld sind, organisieren (zum Beispiel in Berufsverbänden). Die nächste Hürde ist die Einführung eines Lizenzverfahrens für die Ausübung der Tätigkeit. Mit Überspringen der letzten Hürde (Monopolisierung) wird erreicht, dass niemand außer denen, die die offizielle Lizenz haben, diese Tätigkeit ausüben darf. (Kornbeck 2000, 171f.)

Vergleicht man die diversen Professionstheorien miteinander, dann zeigt sich, dass in allen Theorien die Entwicklung und Anwendung von wissenschaftlichem Wissen als konstitutiv für die Professionalisierung und für Professionen angesehen wird. Die Geschichte der Professionen und ihrer Wissenschaften bezeugt außerdem die Integration der Professionen beziehungsweise ihrer Wissenschaften in das tertiäre Bildungssystem und wissenschaftliches Wissen als Grundlage der Ausbildung für die professionelle Praxis. (Für die Medizin siehe zum Beispiel Eckart 2000)

Das Spektrum der Arbeitsfelder, auf denen die Mitglieder einer Profession tätig werden können, ist sehr breit. Alle Arbeitsfelder lassen sich letztlich den drei Figurationen Wissenschaft/Forschung, Ausbildung/Lehre und Praxis dieser Profession zuordnen. Mitglieder der Profession

Medizin, also MedizinerInnen, können in der Medizin-Wissenschaft, in der Medizin-Ausbildung und in der Medizin-Praxis tätig werden. Und ProfessorInnen der Medizin bezeichnen und verstehen sich genauso als MedizinerInnen wie es die PraktikerInnen der Medizin tun. Alle MedizinerInnen gehören der Ärztekammer an. Das Gemeinsame aller MedizinerInnen ist ihre Mitgliedschaft in der Profession Medizin, erst in zweiter Linie wird danach differenziert, in welchem Arbeitsfeld der Medizin jemand tätig ist, in der Lehre, in der Forschung oder in der Praxis. Selbstverständlich können Mitglieder einer Profession zugleich auch Mitglied anderer Gruppen sein und die Mitgliedschaft zu einer anderen Gruppe kann für sie eine größere Bedeutung als die Mitgliedschaft zur Profession haben. Für ProfessorInnen kann beispielsweise der Status als ProfessorIn und die Zugehörigkeit zur Gruppe der ProfessorInnen wichtiger sein als der Status und die Zugehörigkeit zur Profession. Empirisch zeigt sich das zum Beispiel darin, welchem Berufsverband jemand angehört. Jemand, der sich primär als ProfessorIn versteht, ist Mitglied des Berufsverbandes der HochschullehrerInnen. Jemand, der sich vor allem als Mitglied der Profession versteht, ist Mitglied des entsprechenden Berufsverbandes. Jemand, der sich als Mitglied der Profession und als Hochschullehrer versteht, ist Mitglied des Berufsverbandes der Profession und des Berufsverbandes der HochschullehrerInnen.

6.5 Ein Interdependenzmodell für die Profession Soziale Arbeit

In der angloamerikanischen Fachliteratur wird die „profession social work" in die Figurationen „research", „practice" und „education" unterteilt. (Siehe Thomas/Pierson 1995, 296f.; National Association of Social Workers 1995a, b, c 1997; Soydan 1999, 21; Kirk/Reid 2001, 49f. u.a.) Diese Unterteilung von Professionen ist generell in der Wissenschaftswelt üblich. In der Psychologie, in der Medizin, in der Rechtswissenschaft, in der Physik, in der Chemie usw. unterscheidet man national und international die Figurationen „research", „practice" und „education". In der deutschsprachigen Fachliteratur zur Sozialen Arbeit ist das anders. Weit verbreitet ist dort die Trennung und Gegenüberstellung von Disziplin (gleich Wissenschaft) und Profession (gleich Praxis). „Soziale Arbeit als Profession und Disziplin" hat Werner Thole zum Beispiel seine Einführung in dem von ihm herausgegebenen „Grundriss

Soziale Arbeit“ (Thole 2001) überschrieben. „Profession und Wissenschaft Sozialer Arbeit“ heißt ein von Armin Wöhrle herausgegebener Sammelband. (Wöhrle 1998) „Sozialpädagogik als Wissenschaft und Profession“ ist der Titel des Buches von Christian Niemeyer über Grundlagen, Kontroversen und Perspektiven der Sozialpädagogik. (Niemeyer 2003)

Für Thole kennzeichnet „der Begriff der Profession das sozialpädagogische Praxissystem“ und mit dem Begriff der Disziplin ist „das gesamte Feld der wissenschaftlichen Theoriebildung und Forschung sowie auch das Handlungsfeld charakterisiert, in dem sich die Forschungs- und Theoriebildungsprozesse realisieren.“ (Thole 2001, 15) Thole bezieht sich auf Rudolf Stichweh, wenn er ausführt: „Geht es wissenschaftlichen Disziplinen primär darum, über Forschung, Reflexion und Produktion von Theorien Welt- und Gesellschaftsbilder zu kreieren und zu beeinflussen, wünschen Professionen ihre AdressatInnen und KlientInnen durch Handeln zu beeindrucken, zu ‚bilden‘ und zu ‚helfen‘.“ (A.a.O.) Für Stichweh, der dem systemtheoretischen Ansatz von Niklas Luhmann folgt, sind Professionen und Disziplinen zwei Systeme beruflichen Handelns in modernen Gesellschaften. (Stichweh 1994, 278-336) Sowohl die von Stichweh selbst in seinem Buch zusammengetragenen Daten als auch die sich aus den Bezeichnungen und vorgelegten Definitionen von Disziplin und Profession ergebenden Verwirrungen sprechen gegen die Dichotomie „Disziplin und Profession“. Das von Stichweh vorgelegte Datenmaterial lässt auch andere Schlussfolgerungen, Definitionen und Modelle als die in dem von ihm vorgelegten systemtheoretischen Ansatz zu, zum Beispiel mit einem handlungstheoretischen Ansatz. (Siehe Dewe/Otto 2001, 1404f.)

Die Reduktion des komplexen Feldes von Wissenschaft, Ausbildung und Praxis auf zwei Systeme, die Benennung dieser beiden Systeme mit den Begriffen Disziplin und Profession und die strikte Gegenüberstellung dieser beiden Systeme wird der gegebenen Sachlage nicht gerecht. (Siehe auch B. Müller 1999.) Wenn das System des praktischen Handelns mit den KlientInnen als Profession bezeichnet wird, dann irritiert, dass sich die Mitglieder des Systems der wissenschaftlichen Theoriebildung und Forschung, also der Disziplin, auch heute noch ProfessorInnen (für bestimmte Fachgebiete) nennen, so genannt werden möchten und jede/n PraktikerIn verklagen, die/der sich ProfessorIn nennt, weil sie/er damit nach Auffassung der ProfessorInnen gegen § 132a StGB (Missbrauch von Titeln und Berufsbezeichnungen) verstößt.

Es ist an der Zeit, dieses in den Augen der Wissenschaftswelt skurrile Eigengewächs eingehen zu lassen; es hat sich nicht nur nicht bewährt, sondern auch noch neue, unnötige Probleme produziert (zum Beispiel ein gerüttelt Maß Verwirrungen).

Die Wissenschaft steht der menschlichen Lebenswelt, der Praxis, nicht gegenüber, sondern sie ist in sie einbezogen. „Wissenschaft und Leben bilden eine Einheit, die nicht mehr als Störfeld, sondern als Wechselbedingung empfunden wird." (Rombach 1979, 170) Für die Darstellung der Wechselbedingungen und -beziehungen der drei Figurationen einer Profession, ihrem Zusammenspiel und ihrer Ausrichtung auf einen gemeinsamen Gegenstand bietet sich ein *Interdependenzmodell* an. Im Mittelpunkt dieses Modells steht der gemeinsame Gegenstandsbereich der Profession, auf den alle Aktivitäten in den drei Figurationen Praxis, Forschung und Ausbildung in je eigener Weise gerichtet sind. Wenn man eine Figuration einer Profession erforschen möchte, dann sind dabei die Eigenart dieser Figuration, ihre Interdependenzen mit den anderen Figurationen (die gegenseitigen Abhängigkeiten, Beeinflussungen und Wechselwirkungen) und die Bedeutung des Gegenstands für diese Figuration zu berücksichtigen.

Die Figurationen Wissenschaft, Praxis und Ausbildung und ihr gemeinsamer Gegenstandsbereich lassen sich bei der Profession Soziale Arbeit genauso wie bei jeder anderen Profession auch als *Interdependenzmodell* darstellen (siehe Abbildung 9, nächste Seite).

Die Profession selbst ist wiederum eingebettet und eingebunden in eine Vielzahl von Interdependenzen mit anderen Figurationen. Die einzelnen Figurationen sind:

- Der *Gegenstandsbereich der Sozialen Arbeit* bildet den Mittelpunkt und das Gemeinsame der Profession und ihrer drei Figurationen und der Menschen, die zu ihnen gehören. Die Menschen (KlientInnen), um die es hier (als Gegenstandsbereich) geht, stehen im Fokus der Profession und ihr Wohlbefinden ist das Maß für die Qualität und den Nutzen der einzelnen Figurationen und der Profession insgesamt.
- In der *Wissenschaft Soziale Arbeit* erforschen WissenschaftlerInnen der Sozialen Arbeit den Gegenstandsbereich. Auf der Grundlage von Alltagstheorien und Wissenschaftstheorien untersuchen sie mit Hilfe wissenschaftlicher Methoden den Gegenstandsbereich und entwickeln wissenschaftliche (Handlungs-)Theorien und Modelle. Die wis-

senschaftlichen Theorien und Modelle Sozialer Arbeit (einschließlich der Theorien aus den Bezugswissenschaften) werden sowohl von der Praxis Sozialer Arbeit als auch von der Ausbildung Sozialer Arbeit kritisch übernommen. Die WissenschaftlerInnen stellen sich ihrerseits der Kritik aus der Praxis und lassen sich von den PraktikerInnen und HochschullehrerInnen inspirieren und in ihrer Forschung unterstützen.

Abbildung 9: Ein Interdependenzmodell der Profession Soziale Arbeit

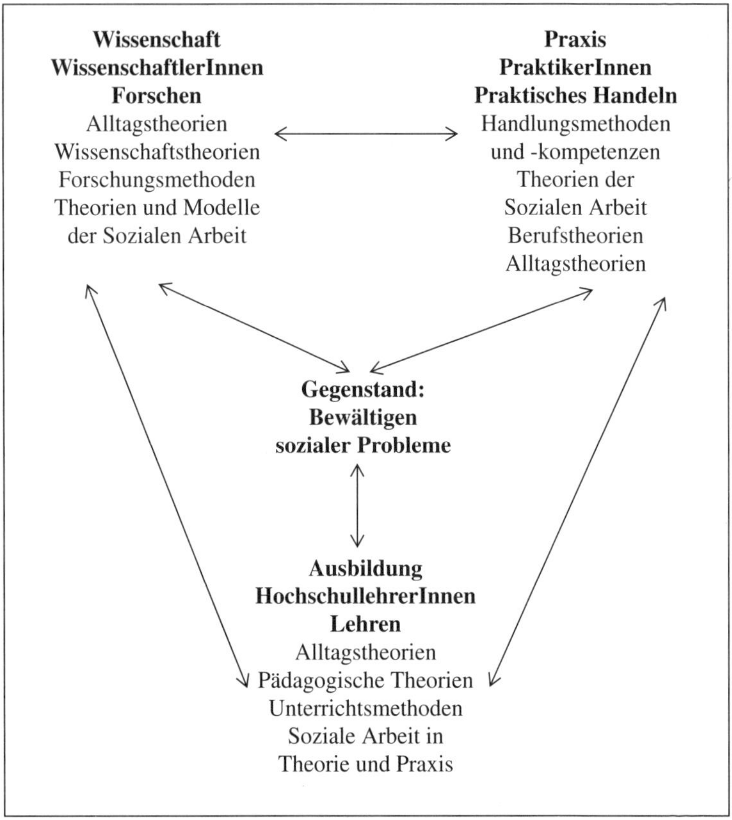

- In der *Praxis Soziale Arbeit* verfügen die PraktikerInnen über eigene Alltags- und Berufstheorien. Auf dieser Grundlage befassen sie sich mit wissenschaftlichen Theorien und Modellen der Sozialen Arbeit, überprüfen sie kritisch hinsichtlich ihrer Anwendbarkeit und ihrem Nutzen für das professionelle Handeln und wenden sie gegebenenfalls in der Praxis an. Zugleich überprüfen die PraktikerInnen das, was ihnen in den Aus- und Weiterbildungen von HochschullehrerInnen vermittelt worden ist und vermittelt wird. HochschullehrerInnen und WissenschaftlerInnen erhalten von den PraktikerInnen ein Feedback auf ihre Forschung und Lehre. Die PraktikerInnen stellen sich ihrerseits der Kritik von HochschullehrerInnen und WissenschaftlerInnen.
- In der *Ausbildung Soziale Arbeit* vermitteln HochschullehrerInnen wissenschaftliche Erkenntnisse, Theorien und Modelle Sozialer Arbeit, praktisches Wissen und Fertigkeiten mit Hilfe von pädagogischen Theorien und Methoden (des Lehrens und Lernens) an die Studierenden, damit sie in den Arbeitsfeldern der Sozialen Arbeit (Forschung, Praxis oder Lehre) kompetent und erfolgreich tätig werden können. Grundlage der Vermittlung sind eigene fachliche Kenntnisse und pädagogisch-didaktische Kompetenzen der HochschullehrerInnen aus Forschung und Praxis der Sozialen Arbeit. WissenschaftlerInnen und PraktikerInnen erhalten von den HochschullehrerInnen ein Feedback über ihre Forschung und Praxis. Die HochschullehrerInnen stellen sich ihrerseits der Kritik von PraktikerInnen und WissenschaftlerInnen.

Die *selbstkritische Reflexion der Interdependenzen*, des Austausches und der Kooperation der Figurationen innerhalb der Profession Soziale Arbeit und der Profession insgesamt mit ihrer Umwelt ist eine gemeinsame Aufgabe aller Mitglieder der Profession. Die beteiligten Figurationen und die zu ihnen gehörenden Menschen unterstützen, behindern oder verhindern mit ihren Aktivitäten, Möglichkeiten, Grenzen und Interessen die Professionalisierung der Sozialen Arbeit; zusammen sind sie ebenfalls mitverantwortlich für den Status, die Wirkung und die Anerkennung der Sozialen Arbeit in der Gesellschaft.

In dem folgenden Teil 4 befasse ich mich nur mit der Wissenschaft Soziale Arbeit; ihre Verbindungen mit der Praxis und der Ausbildung in der Sozialen Arbeit werden im Teil 5 behandelt.

Teil 4:
Die Wissenschaft Soziale Arbeit

Einleitung

„Die Zweifel an der Wissenschaftlichkeit der ‚Rechtswissenschaft‘ sind alt.“ stellt Johann Braun fest. (Braun 1997, 307) „Ist die Psychologie eine Wissenschaft?“ fragt Angelika Wisniewski. (Wisniewski 1992) „Pädagogik – eine Wissenschaft?“ fragt Walter Braun. (Braun 1992). „Ist die Soziologie noch eine Wissenschaft?“ fragt Richard Senett. (Senett 1994) „Ist die Biologie eine autonome Wissenschaft?“ fragt Ernst Mayr. (Mayr 1997) „Erhält die Medizin ihre Wissenschaftlichkeit nicht von uns?“ fragen NaturwissenschaftlerInnen. „Kann die Theologie überhaupt eine Wissenschaft sein?“ fragen nicht nur AtheistInnen. Da ist es nur allzu verständlich, wenn gefragt wird: „Sind Soziale Arbeit und Wissenschaft kompatibel?“ (Barber 1996)

Bei diesen Fragen nach der Wissenschaftlichkeit bleibt in der Regel verborgen, was die Fragenden unter Wissenschaft verstehen und welche Kriterien sie für Wissenschaftlichkeit anlegen. Insofern reicht ein „Ja“ oder „Nein“ auf die Frage „Sind Soziale Arbeit und Wissenschaft kompatibel?“ letztlich nicht aus. Die Frage kann nach meiner Auffassung nur dann begründet und hinreichend beantwortet werden, wenn erstens die Kriterien für Wissenschaftlichkeit feststehen und wenn zweitens (empirisch) überprüft worden ist, ob diese Kriterien tatsächlich erfüllt sind. Dabei ist zu berücksichtigen, dass Kriterien, wie sie für Naturwissenschaften gelten, nur mit den nötigen Abänderungen für Sozialwissenschaften herangezogen werden können. Über diese Kriterien besteht nun wirklich kein Konsens. Nicht nur das. Meine Untersuchung hat ergeben, dass die große Mehrheit der AutorInnen, die sich dezidiert zur Wissenschaftlichkeit der Sozialen Arbeit geäußert haben, nicht einmal erwähnt haben, was sie jeweils unter Wissenschaft und Sozialer Arbeit verstehen. Insofern fehlt solchen Bewertungen das Fundament, auf dem sie bauen; sie sind deswegen „grundlos“ und im wissenschaftlichen Diskurs zu vernachlässigen.

Im Teil 1 habe ich meine Auffassungen zu Wissenschaft und Soziale Arbeit thesenhaft mitgeteilt, im Teil 2 habe ich davon ausgehend den Werdegang der Sozialen Arbeit als Wissenschaft, Praxis und Ausbildung mit dem Fokus auf der Wissenschaft Soziale Arbeit beschrieben und im Teil 3 habe ich die philosophischen und wissenschaftstheoretischen Grundlagen der Wissenschaft Soziale Arbeit behandelt sowie mein Verständnis von Wissenschaft dargelegt und begründet. Auf diesem Fundament bauen in diesem Teil 4 meine Ausführungen zur Wissenschaft Soziale Arbeit als einer grundsätzlich selbstständigen beziehungsweise relativ autonomen Wissenschaftsdisziplin auf. Zur Charakterisierung der Wissenschaft Soziale Arbeit benutze ich mit „grundsätzlich selbstständig“ eine juristische und mit „relativ autonom“ eine sozialwissenschaftliche Qualifizierung.

Die Wissenschaft Soziale Arbeit ist eine Sozialwissenschaft, näherhin eine Handlungswissenschaft, und zählt für mich – wie zum Beispiel auch Geschichte, Psychologie, Soziologie, Pädagogik, Ethnologie, Anthropologie, Ökonomie und Medizin – zur Gruppe der Menschenwissenschaften. Die Menschenwissenschaften versuchen gemeinsam auf dringende Fragen der Zeit, die die Menschen und ihr Zusammenleben betreffen, angemessene Antworten zu finden, indem sie sich bei der Suche nach den Antworten auf fundierte wissenschaftliche Untersuchungen stützen. „Denn es wird des Nachdenkens vieler Menschen bedürfen und der Kooperation verschiedener Wissenschaftszweige, die heute oft durch künstliche Schranken getrennt sind, um die brennenden Fragen der Menschen und ihrer Lebensgemeinschaften nach und nach zu beantworten.“ (Elias 1978a, LXXIXf.)

Wissenschaftsdisziplinen sind nicht nur in Wissenschaftsgruppen integriert, sondern auch länderübergreifend angelegt. Regionale Ausprägungen sind bei den Wissenschaftsdisziplinen selbstverständlich, ausschließliche Zentrierungen auf ein Land sind selten und wohl auch fragwürdig. Geforscht und gelehrt wird heute mehr denn je problemorientiert, interdisziplinär und international. (Siehe Wissenschaftsrat 2000.)

Beim Aufbau dieses Teiles habe ich mich an den Organisationselementen von Wissenschaftsdisziplinen und ihre wechselseitigen Verknüpfungen orientiert, um das „weitläufige Gelände“ der Sozialen Arbeit als Wissenschaft auszuleuchten, überschaubar und begehbar zu machen.[8] (Siehe Teil 3 Abschnitt 4.3.)

---

8 Das Bild für die Situation der Theoriediskussion habe ich von Thiersch/ Rauschenbach 1987, 986 übernommen.

1. Soziale Arbeit ist eine Menschenwissenschaft

Wenn seit mehr als 100 Jahren einerseits der Prozess der Konstituierung und Etablierung der Sozialen Arbeit als Wissenschaft läuft (siehe Teil 2), andererseits aber bis heute – nicht nur Deutschland, dort aber auffallend stark – die Soziale Arbeit als Wissenschaft immer wieder in Frage gestellt wird, dann ist nach den Einwänden, Widerständen und Hindernissen zu fragen und auch danach, um welche Interessen es dabei geht.

1.1 Einwände, Widerstände und Hindernisse

Es ist unergiebig, den Verlauf der Debatte im deutschsprachigen Raum über die Frage, ob Soziale Arbeit außer Praxis auch Wissenschaft sei, hier wiederzugeben; die vorgebrachten Argumente sind selten originell, die AutorInnen wiederholen sich häufig und nicht wenige AutorInnen offenbaren in ihren Beiträgen mangelhafte Sachkenntnisse. (Siehe die Sammelbände Wendt 1994; Merten/Sommerfeld/Koditek 1996; Puhl 1996; Pfaffenberger/Scherr/Sorg 2000 u.a. sowie die vielen einschlägigen Artikel in den Fachzeitschriften der letzten Jahrzehnte.) Ähnliche Debatten mit ähnlichen Argumentationen und Polemiken kehren regelmäßig wieder – übrigens auch bei anderen Wissenschaften – und begleiten den Werdegang der Wissenschaft Soziale Arbeit. Im Folgenden stelle ich verbreitete Einwände und Widerstände sowie erkennbare Hindernisse dar, ohne jeweils genau anzugeben, was von wem wann wie und mit welcher Intention gesagt worden ist. Den fachkundigen LeserInnen werden die VertreterInnen der Einwände und die ErbauerInnen der Widerstände mehr oder weniger bekannt sein, deshalb kann ich in diesem Zusammenhang auf genauere Angaben verzichten. Einwände werden in der Regel aus persönlichen, fachlichen und/oder (bildungs-)politischen Gründen erhoben. Widerstände werden zumeist dann aufgebaut, wenn die Einwände entkräftet, nicht beachtet oder übergangen werden. Hindernisse können sich aus gesellschaftlich bedingten Strukturen oder der Eigenart der Sozialen Arbeit ergeben und wie große Stolpersteine oder hohe Sperrzäune die Entwicklung der Sozialen Arbeit behindern.

(1) Einwände

- *Kein Grund für eine neue Disziplin*

Es gibt weder einen überzeugenden Anlass noch eine vernünftige Fragestellung, die eine neue Disziplin begründen könnten. Die vorgebrachten Argumente für eine Wissenschaft Soziale Arbeit sind sachlich unbegründet und die angeführten neuen Aufgaben werden in dem etablierten Wissenschaftssystem bereits bestens erfüllt.

- *Nur ein Berufsfeld*

Bei der Sozialen Arbeit handelt es sich um keine akademische Disziplin, sondern um ein Berufsfeld. „Ist es wirklich sinnvoll, Berufsfelder zu Wissenschaften zu machen? Was spricht dagegen, dass eine akademische Weiterqualifizierung für Interessierte nicht im Berufsfeld selbst, sondern in einem der Bezugsfächer stattfindet? Der Vorzug der Sozialen Arbeit ist jetzt doch die große Praxisnähe. Wird dieser Vorzug erhalten bleiben, wenn die Soziale Arbeit eine Wissenschaft und ein Studiengang an der Universität wird?" wird fragend eingewendet.

- *Keine einheitlichen Fachbezeichnungen*

Die zahlreichen differenten Fachbezeichnungen wie Armenpflege, Diakonie, Caritas, Fürsorge, Wohlfahrt, Sozialerziehung, Volkspflege, Sozialarbeit, Sozialpädagogik, Sozialwesen, Soziale Arbeit usw. sind Ausdruck der Aufsplitterung des Fachgebietes und dafür, dass es keine fachliche Identität gibt. Die befremdliche Schrägstrichbezeichnung „Sozialarbeit/Sozialpädagogik" für das Fach und der Streit über die Reihenfolge „Sozialarbeit/Sozialpädagogik" oder „Sozialpädagogik/ Sozialarbeit" bestätigen den Eindruck, dass es sich hier um Verschiedenes und miteinander Unvereinbares handelt.

- *Keine homogene Berufstradition*

Es gibt keine homogene Berufstradition wie sie etwa bei TheologInnen, JuristInnen und MedizinerInnen anzutreffen ist. Die Namen ArmenpflegerIn, FürsorgerIn, Kindergärtnerin, JugendleiterIn, VerwalterIn, BewährungshelferIn, KontrolleurIn, GesundheitspflegerIn, VolkspflegerIn, SozialtherapeutIn, HeimleiterIn, AufsichtsbeamtIn, GerichtshelferIn,

SozialarbeiterIn, SozialpädagogIn usw. stehen dafür, dass kein allgemeines, einheitliches Selbstbewusstsein als Beruf in der Sozialen Arbeit gewachsen und damit auch keine Berufsidentität vorhanden ist.

- *Verwirrende Wissenschaftsvorstellungen*

Die impliziten und expliziten Auffassungen über Wissenschaft sind in der Sozialen Arbeit höchst kontrovers und miteinander unvereinbar. Die einen nennen Soziale Arbeit eine Reflexionswissenschaft, andere eine Wirklichkeitswissenschaft und wieder andere sprechen von einer Querschnittswissenschaft. Die Bereitschaft, bewährte und allgemein verbreitete Wissenschaftsdefinitionen und -theorien zu übernehmen, ist in der Sozialen Arbeit gering; groß ist dagegen die Lust, neue (das heißt eigenwillige) Bilder und Sprachspiele für Wissenschaft zu kreieren und Denkansätze anderer schnell als „obsolet“ oder „Ideologie“ abzuqualifizieren.

- *Paradigmenmannigfaltigkeit*

Die Paradigmen der Sozialen Arbeit sind anerkannten Fachdisziplinen entliehen oder fragwürdige und nichtssagende Neuschöpfungen. Weit verbreitete Paradigmen wie das Devianz-Paradigma und das Verelendungs-Paradigma sind kontrovers und innerhalb einer Wissenschaftsdisziplin miteinander unvereinbar. Mit Leichtigkeit und unbekümmert werden irgendwelche Begriffe als „neue“ Paradigmen (zum Beispiel Regionalität, Partizipation) angeboten. Eine Einigung auf ein Paradigma ist für die Soziale Arbeit undenkbar.

- *Konfuse Gegenstandsbestimmungen*

Die Gegenstandsbestimmungen für eine Wissenschaft Soziale Arbeit sind völlig konfus. Es wird sogar behauptet, dass sie keinen Gegenstand benötigt. Bei etablierten Fachwissenschaften wie Physik, Medizin, Psychologie und Soziologie ist der Gegenstandsbereich eindeutig festgelegt und wird von den Mitgliedern der Disziplin respektiert. Die Konfusion in der Sozialen Arbeit ist letztlich nur der Beweis dafür, dass es überhaupt keinen gemeinsamen Gegenstand, der eine Wissenschaft Soziale Arbeit begründen könnte, geben kann.

- *Vorliebe für Werte und Normen*

Werte und Normen spielen in der Sozialen Arbeit eine zentrale Rolle. Dieses sind jedoch subjektive Größen, die aus Weltanschauungen und Religionen abgeleitet werden. Wissenschaft dagegen ist sachlich und wertfrei. „WissenschaftlerInnen" der Sozialen Arbeit können weder so sachlich noch so wertfrei Armut und Elend von Menschen erforschen wie das beispielsweise ein Botaniker bei seiner Untersuchung des Einflusses der Abscisinsäure auf das Stressverhalten von Pflanzen kann.

- *Entlehnte Theorien*

Die Soziale Arbeit verfügt über keine eigenen wissenschaftlichen Theorien. VertreterInnen der Sozialen Arbeit geben das selbst zu und sprechen von Praxistheorien, was auch immer sie darunter verstehen mögen. Alle Forschungs- und Erkenntnismethoden sowie Theorien der Sozialen Arbeit stammen aus der Psychologie, der Soziologie, der Ökonomie, der Anthropologie, den Rechts- und Verwaltungswissenschaften und der Pädagogik. Soziale Arbeit kann schon deshalb keine Wissenschaft sein, weil sie weder über eigene Forschungs- und Erkenntnismethoden noch über eigene Theorien verfügt.

- *Kein Platz im Wissenschaftssystem*

Soziale Arbeit kommt in den Fachbüchern, in denen Wissenschaften aufgezählt und Wissenschaftssystematiken wiedergegeben werden, nicht vor; sie wird auch nicht an den Universitäten unterrichtet. Eine Wissenschaft Soziale Arbeit kann auch nicht in das System der Wissenschaften eingeordnet werden. Soll sie zu den Sozial- oder zu den Geisteswissenschaften gehören? Ist sie eine Subdisziplin der Pädagogik oder der Soziologie? Man kann sie doch nicht als eigenständige Disziplin gleichrangig neben Pädagogik, Soziologie, Medizin, Psychologie platzieren!

(2) Widerstände

- *Schutz vor Konkurrenz*

JournalistInnen, ÄrztInnen, PädagogInnen, PsychologInnen, SoziologInnen, PolitikwissenschaftlerInnen, PfarrerInnen, JuristInnen usw. befassen sich partiell mit Aufgaben der Sozialen Arbeit, auch wenn dieses nicht ausdrücklich der Gegenstandsbereich ihres Faches ist. Universitär qualifizierte SozialarbeiterInnen könnten sie, die sie jetzt Leitungspositionen in sozialen Einrichtungen inne haben, verdrängen. Um fachliche Konkurrenz zu verhindern, leisten VertreterInnen anderer Professionen gegen die vollständige akademische Anerkennung der Wissenschaft Soziale Arbeit starken Widerstand.

- *Loyalität statt kritisches Denken*

Die wichtigsten Dienstherren und ArbeitgeberInnen (der Staat, die Kommunen und die Spitzenverbände der Freien Wohlfahrtspflege) fordern, dass die Ausbildung der SozialarbeiterInnen weniger „theoretisch" und konsequenter an den Anforderungen der Praxis orientiert wird, das heißt zum Beispiel, dass in der Ausbildung mehr wert auf die Einübung von Loyalität gegenüber dem Arbeitgeber sowie auf Fleiß, Pünktlichkeit usw. gelegt werden soll und weniger wert auf die Vermittlung von Theorien und kritischem Denken. Am liebsten wäre ihnen eine Ausbildung wie in einer Verwaltungsakademie.

- *Zu hohe finanzielle Kosten*

SozialarbeiterInnen sollen möglichst wenig kosten. Nach dem Bundesbesoldungsstrukturgesetz werden AbsolventInnen von Fachhochschulstudiengängen in nicht-technischen Berufen (wie zum Beispiel in der Sozialen Arbeit) derzeit von vornherein eine Besoldungsgruppe niedriger eingestuft als AbsolventInnen technischer Berufe; außerdem haben sie nur ein Anrecht auf Besoldungsstufen des gehobenen Dienstes. Dienstherren und ArbeitgeberInnen von SozialarbeiterInnen lehnen schon deswegen eine vollständige Akademisierung ab, da ihr unverzüglich eine Höherstufung in der Besoldung folgen müsste.

- *Widerstände aus der Sozialpolitik*

Soziale Arbeit und Sozialpolitik stehen in einem spannungsreichen Verhältnis zueinander. Die sicherste Aussage, die man über das Verhältnis von Sozialer Arbeit und Sozialpolitik machen kann, ist die, dass es sich um ein ambivalentes Verhältnis handelt. Beide sind aber in einer unterschiedlich definierbaren Weise aufeinander bezogen. SozialpolitikerInnen möchten in der Regel möglichst ungestört über Ziele und Projekte der Sozialen Arbeit entscheiden. Wissenschaftlich fundierte Einlassungen von SozialarbeiterInnen gegen politische Entscheidungen könnten erheblich stören und sind deswegen wenig erwünscht.

- *Universitäten gegen Fachhochschulen*

In Deutschland konkurrieren sowohl Fachhochschulen und Universitäten als auch ProfessorInnen der Fachhochschulen und ProfessorInnen der Universitäten miteinander. Die Fachhochschulen streben ihre Aufwertung und die Gleichstellung mit den Universitäten an, zum Beispiel durch das Promotionsrecht, die gleichen Lehrverpflichtungen und die gleiche Besoldung. Die Universitäten weisen dieses Begehren jedoch strikt zurück und tun alles dafür, dass es beim Zweiklassensystem der Hochschulen bleibt.

- *Gefährdung der universitären Sozialpädagogik*

Der Verbleib der Sozialpädagogik an deutschen Universitäten ist gefährdet, denn in den Empfehlungen des Wissenschaftsrates von 1993 wird die Sozialpädagogik nach Zielsetzung und Ausgestaltung dem Profil von Fachhochschulstudiengängen gleichgesetzt und eine Verlagerung an Fachhochschulen empfohlen. (Wissenschaftsrat 1994, 32) Universitäre SozialpädagogInnen befürchten nicht zuletzt deswegen eine „feindliche Übernahme der Sozialpädagogik durch die Sozialarbeitswissenschaft“ (Reyer 2002, 272), betonen ihre Wissenschaftlichkeit und ihre Zugehörigkeit zur Erziehungswissenschaft und agieren gegen die Anerkennung der Sozialen Arbeit als eigenständige Wissenschaft, um nicht durch sie ersetzt zu werden. Eine Verlegung der universitären Erziehungswissenschaft hat der Wissenschaftsrat nicht empfohlen.

(3) Hindernisse

- *Schrägstrichwissenschaft Sozialpädagogik/Sozialarbeit*

Die Zweiteilung des Handlungsfeldes der Sozialen Arbeit in Sozialpädagogik und Sozialarbeit ist in Deutschland fach-, berufs-, bildungs- und hochschulpolitisch sowie personenbezogen ziemlich verhärtet, obgleich das Konvergenztheorem, wonach beide Handlungsfelder kaum noch voneinander zu unterscheiden sind und sich immer mehr überschneiden, allgemein anerkannt ist. Die persönliche Identifikation mit „Sozialpädagogik“ oder „Sozialarbeit“ ist zu groß und steht überfälligen Reformen im Wege.

- *Keine Qualifikationsmöglichkeit für die Hochschullehre*

Die formalen Voraussetzungen für eine Berufung zu ProfessorInnen an Hochschulen (wie Abschluss eines wissenschaftlichen Hochschulstudiums) können SozialarbeiterInnen in der Sozialen Arbeit strukturbedingt nicht erreichen; deswegen fehlen sie sowohl in der Lehre als auch in der Forschung der Sozialen Arbeit. Ihre Plätze nehmen VertreterInnen anderer Berufe (PsychologInnen, PädagogInnen, BetriebswirtInnen, SoziologInnen, TheologInnen usw.) ein; diese erfüllen zwar die formalen Voraussetzungen, in der Regel kennen sie aber weder Praxis noch Theorie der Sozialen Arbeit, die sie ja vermitteln sollen, aus eigener Erfahrung.

- *Abwertung der Sozialen Arbeit*

Forschung, Theoriebildung und -vermittlung für die Soziale Arbeit liegen nicht in den Händen von SozialarbeiterInnen, sondern Berufsfremde entwickeln seit 30 Jahren in Deutschland aus dem Wissenschafts- und Fachverständnis ihrer jeweiligen Fachdisziplin heraus „Theorien über und für Soziale Arbeit“. Die eigene Wissenschaftsdisziplin wird in der Regel idealisiert und der Sozialen Arbeit wird jede Wissenschaftlichkeit abgesprochen. In beiden Fällen bleiben die empirisch gesicherten und zugänglichen Daten und Fakten über den Werdegang und die Grundlagen der eigenen Disziplin und der Sozialen Arbeit regelmäßig unbeachtet.

- *Fremdbestimmte Studien- und Prüfungsordnungen*

Da die geltenden Studien- und Prüfungsordnungen für Soziale Arbeit überwiegend von berufsfremden ProfessorInnen beschlossen worden sind, stehen in ihnen fast überall die Bezugswissenschaften und nicht die Soziale Arbeit im Vordergrund. Offenkundig kollidiert die Durchsetzung der Sozialen Arbeit als eigenständige wissenschaftliche Disziplin auch an Fachhochschulen mit den Interessen einer großen Mehrheit der dort unterrichtenden ProfessorInnen. Und die für die widrigen Verhältnisse verantwortlichen GegnerInnen der Sozialen Arbeit sind auf Lebenszeit verbeamtet.

- *Gleichsetzung mit den abgeschriebenen KlientInnen*

Soziale Arbeit ist in der Praxis das letzte Glied in der Kette der gesellschaftlich institutionalisierten Bewältigungen sozialer Probleme. Sie ist die „einzige Hilfsstation für diejenigen, die sich finanziell keine private Behandlung leisten können, sowie für solche, die vom professionellen Spezialisten als unbehandelbar erklärt und abgeschrieben werden." (Staub-Bernasconi 1983c, 21) Die KlientInnen der Sozialen Arbeit werden in der Gesellschaft wenig geachtet, oft sogar verachtet. Die Bewertung und Behandlung der Sozialen Arbeit entspricht dem ganz besonderen Ort und Stellenwert ihrer KlientInnen in der Gesellschaft.

- *Männer benachteiligen Frauen*

In der Profession Soziale Arbeit sind vornehmlich Frauen tätig; die Wissenschaftswelt aber wird weitgehend von Männern geprägt. Frauen werden – wie bekannt – von Männern in der Gesellschaft und an den Hochschulen benachteiligt. Disziplinen und Studiengänge, in denen wie in der Sozialen Arbeit Frauen die große Mehrheit bilden, haben deshalb kaum eine Chance, von Männern als gleichwertige Wissenschaftsdisziplinen beziehungsweise Studiengänge anerkannt zu werden.

- *Störende Werte und Normen der Sozialen Arbeit*

Soziale Arbeit ist von ihren Wurzeln her der sozialen Gerechtigkeit und der Gleichberechtigung aller Menschen verpflichtet und strebt einen sozialen Wandel an, wenn soziale Sachverhalte als sozial problematisch definiert, öffentlich gemacht und verändert werden sollen. Soziale Arbeit als wissenschaftliche Reflexion der sozialen Fragen und Probleme stört jeden, der aus sozialen Problemen beziehungsweise aus ihren Entstehungsbedingungen – auf Kosten anderer – einen persönlichen Nutzen zieht, und das sind in der Regel die „einflussreichen Kreise" einer Gesellschaft.

Die Einwände, Widerstände und Hindernisse sind das Ergebnis der unterschiedlichsten historischen, biographischen, gesellschaftlichen, wissenschaftlichen und weltanschaulichen Kontexte und Interessen der Menschen, die sie vertreten beziehungsweise aufbauen. Es darf nicht übersehen werden, dass nicht wenige VertreterInnen der an der Sozialen Arbeit interessierten wissenschaftlichen Disziplinen und gesellschaftlichen Gruppen versteckt oder offen, direkt oder indirekt den Weg der Sozialen Arbeit als Wissenschaft beeinflussen, begrenzen, behindern und/ oder ganz und gar verhindern möchten (siehe Abbildung 2: Am Bewältigen sozialer Probleme und damit an der Sozialen Arbeit Interessierte und Beteiligte). „Wissenschaft fällt nicht vom Himmel", auch die Wissenschaft Soziale Arbeit nicht. Trotz dieser Einwände, Widerstände und Hindernisse hat sich die Wissenschaft Soziale Arbeit weltweit entwickelt. (Siehe Teil 2.)

1.2 Zum Status der Wissenschaft Soziale Arbeit

Für den Wissenschaftstheoretiker Heinrich Rombach gibt es „eine Strenge der Unterscheidung, in der sich nur das als Einzelwissenschaft und ‚Disziplin' behauptet, was entweder durch eine methodologische Differenz oder durch eine klare Grenze im Objektfeld definieren vermag." (Rombach 1979, 15f.) Rombach räumt ein, dass es umso schwerer fällt, den zugrunde liegenden Wissenschaftsbegriff und die methodologischen Implikate überzeugend nach außen zu explizieren, je komplizierter eine Wissenschaft ist. „Aber die Schwierigkeit und Unabgeschlossenheit der Selbstformulierung des Wissenschaftsbegriffs in einer Disziplin ist kein Argument gegen ihre Wissenschaftlichkeit – so wie überhaupt die Kompliziertheit des Problems kein Argument gegen es selbst ist." (A.a.O.)

Für den Soziologen Norbert Elias kann jede Wissenschaftsdisziplin nur relativ autonom sein. Elias begründet die relative Autonomie einer Wissenschaftsdisziplin mit der relativen Autonomie des Gegenstandsbereichs dieser Wissenschaftsdisziplin innerhalb eines gesamten Universums der Geschehenszusammenhänge. Eine Folge davon ist dann wiederum die relative Unabhängigkeit der wissenschaftlichen Theorie über diesen Gegenstandsbereich und schließlich die relative Selbstständigkeit dieser Wissenschaftsdisziplin im Institutionsgefüge der akademischen Betriebe. (Elias 1996, 62f.)

Die von Rombach, Elias und anderen WissenschaftstheoretikerInnen zur Qualifizierung von Wissenschaftsdisziplinen angeführten Kriterien können nach meiner Einsicht in *formale* und *inhaltliche* Kriterien unterschieden werden. Formale Kriterien beziehen sich auf die historische und soziale Identität einer Wissenschaftsdisziplin, inhaltliche Kriterien beziehen sich auf die kognitive Identität einer Wissenschaftsdisziplin. In diesem Abschnitt stelle ich anhand formaler Kriterien wie Geschichte, Leitwissenschaft, Name, Scientific Community, Organisationen und Institutionen, Publikationen und öffentliche Anerkennung den Status der Wissenschaft Soziale Arbeit dar und in den folgenden Abschnitten stelle ich anhand inhaltlicher Kriterien wie Gegenstandsbereich, Werte und Normen, Bezugswissenschaften, Forschung, Theorien und Modelle der Sozialen Arbeit die Grundlagen der Wissenschaft Soziale Arbeit dar und überprüfe, inwieweit die Wissenschaft Soziale Arbeit Kriterien für die Anerkennung als Wissenschaftsdisziplin erfüllt.

(1) Eine mehr als hundertjährige Geschichte

Mit dem Prozess der Industrialisierung und der Entstehung der modernen Gesellschaft hat sich auch die moderne Soziale Arbeit als Praxis, Wissenschaft und Ausbildung weltweit herausgebildet. (Siehe Teil 2.) Die Wissenschaftsgeschichte der Sozialen Arbeit bezeugt, dass die Soziale Arbeit erstens eine integrierende Größe und ein Korrektiv in der modernen Gesellschaft ist, dass zweitens Wissenschaft, Praxis und Ausbildung der Sozialen Arbeit eng miteinander verflochten sind, dass drittens die Wissenschaft Soziale Arbeit fest in die Gruppe der Menschenwissenschaften eingebunden ist und dass viertens die Konkurrenz zwischen Sozialarbeit und Sozialpädagogik eine spezielle Problematik der Sozialen Arbeit in Deutschland ist.
Die historisch-kritische Rückbesinnung kann keine Antworten auf die wissenschaftstheoretischen und empirisch-theoretischen Fragen der Sozialen Arbeit bringen (siehe Sachße 1995), sie bestätigt aber, dass die Soziale Arbeit im Vergleich mit den anderen sozialwissenschaftlichen Disziplinen eine gleichwertige, grundsätzlich selbstständige beziehungsweise relativ autonome Fachdisziplin mit langer Tradition ist und auch nicht auf ein Berufsfeld reduziert werden kann. Es zeigt sich auch, dass die Wissenschaft Soziale Arbeit in ihrer Entwicklung im Unterschied zu anderen Sozialwissenschaften – vor allem in Deutschland – behindert beziehungsweise vernachlässigt worden ist. Diese Vernachlässigung ist mit ein Ergebnis des Abbruchs der internationalen Verbindungen und der

Gleichschaltung der Sozialen Arbeit während der Herrschaft der Nationalsozialisten. (Siehe Althaus 1937; Otto/Sünker 1986; Cogoy/Kluge/Meckler 1989; Sünker 1991; Kramer 1991; Schrapper 1993; Kappeler 2000 u.a.)

Die speziellen Verhältnisse haben in Deutschland nach dem Ende der Weimarer Republik zu einer nationalen Zentrierung der Sozialen Arbeit geführt; seit zwei Jahrzehnten suchen deutsche WissenschaftlerInnen der Sozialen Arbeit wieder verstärkt Anschluss an internationale Organisationen und Kongresse der Sozialen Arbeit. Der 4. Bundeskongress Soziale Arbeit „Gestaltung des Sozialen – eine Herausforderung für Europa" im Jahr 2001 in Mainz war ein unübersehbares Zeichen für die wachsende internationale Orientierung der Sozialen Arbeit in Deutschland. (Siehe Puhl 1997; Göppner/Oxenknecht-Witsch 1998; Seibel/Lorenz 1998; Chytil/Seibel 1999; Kersting/Riege 2001 u.a.)

Zahlreiche AkteurInnen der Sozialen Arbeit haben seit der Mitte des 19. Jahrhunderts aus Verantwortung für die Qualität der praktischen Tätigkeit der FürsorgerInnen, WohlfahrtspflegerInnen, SozialarbeiterInnen usw. die wissenschaftliche Fundierung der Sozialen Arbeit und eine Wissenschaft der Philanthropie, der Wohlfahrtspflege, der Fürsorge oder der Sozialen Arbeit gefordert. Stellvertretend und exemplarisch zitiere ich die Österreicherin Ilse von Arlt:

„Die ungeheuere Verantwortung, als Fürsorger in das Leben anderer einzugreifen, kann nur jener tragen, der die Grundlage aller Fürsorge, die genaue Kenntnis der Bedingtheit menschlichen Gedeihens, aus eigener Anschauung und im Geiste der Wissenschaft erworben hat." (Arlt 1921, 6)

Die AkteurInnen der Sozialen Arbeit, die eine Wissenschaft Soziale Arbeit gefordert haben, haben auch Profile dieser Wissenschaft entworfen und ihre Aufgaben benannt. Stellvertretend zitiere ich wieder Arlt, die nach 50 Jahren aktiver Teilnahme am internationalen Diskurs über Soziale Arbeit am Ende ihres Lebens geschrieben hat:

„Soll die Fürsorge ihren ungeheueren Aufgaben in der modernen Welt entsprechen, so muß sie sich des Werkzeuges bedienen, das anzuwenden wir gewöhnt sind, der Wissenschaft! Die bloßen Entlehnungen aus verschiedenen Wissenschaften, wie sie bisher üblich sind, haben zwar viel Gutes geschaffen, aber vielfach auch Umwege bewirkt und können nie eine volle harmonische Leistung erreichen. Medizin, Hygiene, Pädagogik, Psychologie, Jurisprudenz werden zu voller Auswirkung erst

kommen, wenn die Grundwissenschaft, die Lehre von der Armut und ihrer Behebung, aufgebaut ist und alle anderen als wertvolle Helfer einbezieht." (Arlt 1958, 51)
Aufgabe der angewandten Armutsforschung ist für Arlt „das Erkennen von eingetretenen oder drohenden Schäden, das Verstehen ihrer unmittelbaren und entfernteren Ursachen, ihrer weiteren Wirkungen, mögen sie der Person selbst oder der Umwelt anhaften, Verständnis für das Tempo der Lageverschlechterung. Die Analyse sämtlicher günstiger oder ungünstiger Faktoren, die Kenntnis der möglichen und der vorhandenen Hilfsweisen, die Wege zu ihrer Einleitung, das Überprüfen ihrer Wirksamkeit." (A.a.O., 51)
Da nach Arlts Auffassung mit dem Wort „Wissenschaft" oft Missbrauch getrieben wird, „sei in dem Bereich des Helfens der strenge Maßstab angelegt. ‚Wissenschaft ist systematisiertes Wissen, ist eine geordnete, durch Ideen und Hypothesen zur Einheit verbundene Vielheit von Erfahrungen und auf Erfahrungen beruhenden Begriffen, Urteilen und Schlüssen.'" (A.a.O., 52)
Arlt hat erwartet: „Sobald wissenschaftlich gearbeitet wird, ergibt sich das Entscheidende, daß man ein Nichtwissen oder Mißerfolge zugeben darf. Der Dilettant aber, der Kurpfuscher, der unvorbereitete Laie steht und fällt mit der Unabänderlichkeit seiner Behauptungen. Zweifel kommen ihm selten, weil er sein Beobachtungsfeld künstlich eingeengt hat. Er macht im guten Glauben nur die Beobachtungen, die in sein Bild passen." (Arlt 1958, 53)
Wie weit sind die Forderungen Arlts und der anderen AkteurInnen realisiert worden? Die heutige Wissenschaft Soziale Arbeit entspricht – nicht nur nach meiner Auffassung – dem Profil, das Arlt und die andere ProtagonistInnen der Sozialen Arbeit von der Wissenschaft Soziale Arbeit gezeichnet haben, und sie erfüllt auch zunehmend die ihr gestellten Aufgaben. (Siehe Teil 4 Abschnitte 2 bis 6.) Arlt selbst hat mit ihren Forschungen und ihrer Theorie entscheidend mit dazu beigetragen, dass es heute international eine „Grundwissenschaft von der Armut und ihrer Behebung" gibt. (Siehe Arlt 1911, 1912, 1921, 1925, 1926, 1929, 1930, 1932a, b, 1950, 1958.) Weitere für die Entwicklung der Wissenschaft Soziale Arbeit bedeutsame AutorInnen habe ich im Stammstrauch der Theorien Sozialer Arbeit zusammengestellt. (Siehe Teil 4 Abschnitt 6.6.) Die International Federation of Social Workers präsentiert auf ihrer Webseite „Historical Persons in International Social Work" mit einer

kurzen Würdigung ihrer Leistungen für die Soziale Arbeit. (http://www.ifsw.org/Info/1.2.info.html)

(2) Keiner Leitwissenschaft unterstellt

Immer wieder wird erörtert, an welche Leitwissenschaft die Soziale Arbeit gekoppelt sei. (Siehe Ferchhoff/Kurtz 1998, 21ff. u.a.) Mit Leitwissenschaft ist eine Wissenschaft gemeint, die andere, ihr unter- oder beigeordnete Wissenschaften („Subwissenschaften") anleitet. Zumeist werden Soziologie und Pädagogik als Leitwissenschaften für die Soziale Arbeit diskutiert.
Die Frage nach einer Leitwissenschaft ist spätestens seit der Erkenntnis, dass jede Einzelwissenschaft in eine Gruppe von Wissenschaften gehört und relativ autonom ist, überholt. Der Anspruch, eine Wissenschaftsdisziplin sei (absolut) autonom und „Leitwissenschaft" anderer Disziplinen, ist anachronistisch. Jede Wissenschaftsdisziplin ist auf Austausch mit und Unterstützung von anderen Wissenschaftsdisziplinen angewiesen. Alle Wissenschaftsdisziplinen sind relativ eigenständig und mit anderen Wissenschaftsdisziplinen vielfach vernetzt. Jede Wissenschaftsdisziplin hat offene Grenzen und kann sich zu ihren NachbarInnen nur bedingt klar abgrenzen, denn die Übergänge sind fließend und die Gegenstandsbereiche überschneiden sich teilweise. Herkömmliche Wissenschaftssystematiken mit eindeutig markierten Abgrenzungen und Hierarchien sind äußerst fragwürdig; sie entsprechen nicht dem, wie Wissenschaft heute geschieht. In den letzten Jahrzehnten sind immer mehr neue Wissenschaftsdisziplinen gebildet und an den Universitäten etabliert worden, um Problemkomplexe zu erforschen, die in herkömmliche Wissenschaftsdisziplinen nicht hineinpassen, weil sie disziplinübergreifend (trans- beziehungsweise interdisziplinär) sind. Für diese neuen Disziplinen werden aus verschiedenen Disziplinen Teilbereiche beziehungsweise Teilprobleme aus dem Gegenstandsbereich ausgeschnitten, miteinander verbunden und in dieser Komplexion multiperspektivisch erforscht. Für die Zusammenfassung der Forschungsergebnisse aus den verschiedenen Perspektiven braucht man dann eine entsprechend komplexe Metatheorie. (Seiffert/Radnitzky 1989, 349f.) Ein typisches Beispiel hierfür ist „Informatik"; diese „Wissenschaft von der systematischen Verarbeitung von Informationen, vor allem unter dem Aspekt der automatischen Verarbeitung mit Digitaltrechner" verbindet

Mathematik, Physik und Technik miteinander. Andere Wissenskomplexe, die zu neuartigen und ebenfalls grundsätzlich selbstständigen Wissenschaftsdisziplinen geführt haben, sind zum Beispiel „Umwelt" zur Umweltwissenschaft, „Kommunikation" zur Kommunikationswissenschaft, „Kultur" zur Kulturwissenschaft und „Arbeit" zur Arbeitswissenschaft. In der Fachwelt taucht in diesen Zusammenhängen die Frage nach einer „Leitwissenschaft" überhaupt nicht auf. Insofern muss man nach den Interessen, Weltbildern und Kenntnissen derjenigen fragen, die behaupten, dass Soziale Arbeit einer Leitwissenschaft untergeordnet sei beziehungsweise eine solche benötige. Der Prozess der Demokratisierung und der Gleichberechtigung setzt sich nur langsam in dem deutschen Wissenschaftssystem durch; Hierarchisierung und Subordination werden im Denken und Handeln nur allmählich gegen starke Widerstände abgelöst.
Soziale Arbeit ist eine grundsätzlich eigenständige Einzelwissenschaft der Sozialwissenschaften und beinhaltet auch philosophische, historische und ethische (normative) Aspekte (siehe Thiersch 1996, 620); sie ist weder eine Subdisziplin der Erziehungswissenschaft, der Soziologie, der Psychologie oder der Philosophie noch wird sie von diesen Wissenschaften „geleitet".

(3) Ein international verbreiteter Name

GegnerInnen der Wissenschaft Soziale Arbeit monieren, dass sie nicht einmal einen über die Zeit konsistenten eigenen Namen habe. Hingewiesen wird dann auf die „richtigen" Wissenschaften, diese hätten eine viele Jahrhunderte andauernde Namenskontinuität. Dieser Hinweis ist falsch; anstatt von Psychologie wurde früher von „Seelenkunde" und „Psychophysik" gesprochen, für Soziologie wurden die Namen „Soziale Physik", „Gesellschaftswissenschaft" und „Soziallehre" benutzt und für das, was mehrere Jahrhunderte lang unter dem Namen „Praktische Philosophie" gelehrt wurde, stehen heute noch nebeneinander die Bezeichnungen „Pädagogik" und „Erziehungswissenschaft". Selbst bei Naturwissenschaften wie der Physik gibt es beim Namen keine Jahrhunderte andauernde Kontinuität, denn bis ins 19. Jahrhundert hinein wurde zum Beispiel die heutige Physik als „Naturphilosophie", später als „Naturlehre" (lateinisch: „physika") bezeichnet (Alonso/Finn 2000, 2). Erst mit der Etablierung universitärer Lehrstühle für eine Fachdisziplin ha-

ben sich eindeutige Bezeichnungen für diese Fachdisziplinen dauernd durchgesetzt.
Bezeichnungen wie „Armutslehre“, „Fürsorgewissenschaft“, „Wohlfahrtswissenschaft“, „Diakoniewissenschaft“, „Caritaswissenschaft“, „Sozialpädagogik“ standen im deutschsprachigen Raum lange neben der Bezeichnung „Soziale Arbeit“. Für 1920 hat Salomon festgestellt, dass „überhaupt die Worte ‚Wohlfahrtspflege‘, ‚Fürsorge‘ den Ausdruck ‚Soziale Arbeit‘ zurückgedrängt haben, aber für die gleichen Dinge gebraucht werden.“ (Salomon 1927, 13) Sie sprach davon, dass „eine Wissenschaft der Wohlfahrtspflege“ im Entstehen begriffen sei (a.a.O., 55).
Der Begriff „Sozialarbeitswissenschaft“ ist bald nach dem Zweiten Weltkrieg in Deutschland aufgetaucht (siehe Hey 2000), zum Beispiel bei Anton Hunziger (1964) und Herbert Lattke (1968). Helmut Lukas nahm 1979 in seiner Publikation „Sozialpädagogik/Sozialarbeitswissenschaft“ (Lukas 1979) den Begriff auf. Von 1974 bis 1999 gab es an der Technischen Universität Braunschweig einen erziehungswissenschaftlichen Studiengang „Sozialarbeitswissenschaft“ und seit 1997 gibt es an der Universität Bremen einen Studiengang „Sozialarbeitswissenschaft/Diplom-Sozialpädagogik“.
Unter den beiden Begriffen „Sozialpädagogik(wissenschaft)“ und „Sozialarbeitswissenschaft“ haben sich in Deutschland zwei Lager gesammelt. (Siehe Mühlum 1996a, 2001 u.a.) Mit den beiden Bezeichnungen werden konkurrierende Erwartungen, Forderungen und Ansprüche verbunden. Der Name „Sozialarbeitswissenschaft“ wird bisweilen als Kampfbegriff für eine Bewegung gegen die universitäre Sozialpädagogik angesehen. Die Schrägstrichbezeichnung SA/SP und der Verlegenheitsbegriff „Sozialwesen“ sind in den letzten Jahren fast völlig verschwunden. Im letzten Jahrzehnt hat sich auch in Deutschland wieder „Soziale Arbeit“ durchgesetzt. International wird die Bezeichnung „social work“ (mit entsprechender Übersetzung in die jeweilige Landessprache wie französisch „travail social“, spanisch „trabajo social“ usw.) seit über 100 Jahren kontinuierlich als Begriff für die Profession und damit auch für Wissenschaft, Praxis und Ausbildung der Profession benutzt.

(4) Eine internationale Scientific Community

Soziale Arbeit ist national und international als Wissenschaftsdisziplin und damit auch als Scientific Community mehr als 100 Jahre lang lebendig. Seit dem Ende des 19. Jahrhunderts gibt es bis in die Gegenwart hinein internationale Kongresse und Konferenzen, internationale Organisationen mit Mitgliedern aus der ganzen Welt, internationale Fachzeitschriften; hier traf und trifft sich die internationale Scientific Community der Sozialen Arbeit. Wer sich von der Lebendigkeit und der Größe der Scientific Community der Sozialen Arbeit ein eigenes Bild machen möchte, dem sei empfohlen, einen der internationalen Kongresse der International Federation of Social Workers (IFSW) oder der International Association of Schools of Social Work (IASSW) oder die gemeinsame internationale Konferenz von IFSW und IASSW zu besuchen. In Deutschland bietet sich auch der alle zwei Jahre stattfindende Bundeskongress Soziale Arbeit an. Man kann sich auch in das Internet begeben und zum Beispiel http://www.sswr.org/ anklicken. Dann befindet man sich auf der Webseite der „Society for Social Work and Research" und hat Zugang zur internationalen Scientific Community der Sozialen Arbeit. In Deutschland bietet zum Beispiel die Webseite der Deutschen Gesellschaft für Sozialarbeit (DGfS) (http://www.deutsche-gesellschaft-fuer-sozialarbeit.de/dgs) ein Forum für Wissenschaft und Praxis der Sozialen Arbeit.

Die Kritik, dass der für eine Disziplin notwendige Konsens in der Scientific Community der Sozialen Arbeit fehle, muss jeden erheitern, der den „Konsens" in anderen wissenschaftlichen Disziplinen, vor allem bei den SoziologInnen und PsychologInnen, kennt.

In jeder Wissenschaftsdisziplin gibt es pluriforme, heterogene und miteinander unvereinbare Auffassungen und Theorien – auch über ihr „proprium". Die Auffassungen über und die Bewertungskriterien für Wissenschaft sind auch innerhalb der einzelnen Disziplinen unterschiedlich bis kontrovers; ich verweise beispielsweise auf die unterschiedlichen Auffassungen in der Soziologie über die Soziologie. (Siehe Schäfers 1995; Giddens 1995; Elias 1996; Mikl-Horke 1997; Wiswede 1998; Büschges/Abraham/Funk 1998 und Joas 2001.)

„Geradezu tragisch gestaltet sich die Situation, die durch solche Identifizierungsbedürfnisse (für die berufliche Identität der Psychologen, E.E.) für die Gesamtdisziplin ‚Psychologie' heraufbeschworen wird, jedoch dadurch, dass die Proponenten der verschiedenen Systeme eine kaum noch auflösbar erscheinende ‚Glaubenshaltung' entwickeln, aus der heraus sie vor allem mit nichtwissenschaftlichen Mitteln für ‚ihr' System eintreten und sich als treue Anhänger fühlen. So entsteht manchmal der Eindruck, dass psychologische ,Glaubensrichtungen' wie Machtblöcke einander gegenüberstehen. Zudem bilden sich innerhalb der einzelnen Systeme autoritäre Strukturen heraus, die mit einer wissenschaftlichen Arbeitsauffassung prinzipiell nicht vereinbar sind und die alle Basisorientierungen des Systems gleichsam zu Dogmen erstarren lassen." (Jüttemann 1991, 23) Die Situation ist in anderen Menschenwissenschaften nicht viel anders, auch dort fehlt der Konsens in wichtigen Fachfragen.

(5) Weltweit Organisationen und Institutionen für Forschung und Lehre

Zahlreiche Organisationen und Institutionen dienen weltweit der Wissenschaft Soziale Arbeit, forschen und entwickeln wissenschaftliches Wissen und wissenschaftliche Modelle für die Soziale Arbeit. Es ist nicht möglich, sie hier aufzuzählen. Das Internet ermöglicht es dagegen, diese Organisationen und Institutionen schnell kennen zu lernen. Einen einfachen Einstieg hat man zum Beispiel über die Webseite der International Federation of Social Workers (IFSW) (http://www.ifsw.org) oder in Deutschland über die Webseite des Deutschen Berufsverbandes für Soziale Arbeit (DBSH) (http://www.dbsh.de). Die Webseiten der beiden Berufsverbände bieten viele Links zu Organisationen und Institutionen der Sozialen Arbeit auf der ganzen Welt an.
Der Werdegang der modernen Sozialen Arbeit ist u.a. durch eine enge Verknüpfung von Wissenschaft und Ausbildung gekennzeichnet und geprägt. (Siehe Teil 2 Abschnitte 4 und 5.) Forschung und Entwicklung von wissenschaftlichem Wissen der Sozialen Arbeit werden sowohl von der International Association of Schools of Social Work (IASSW) als auch von ihren Tochterorganisationen wie der European Association of Schools of Social Work (EASSW) ausdrücklich zu den Aufgaben ihrer Mitglieder gezählt. Zur IASSW gehören derzeit etwa 2000 und zur EASSW etwa 300 Schulen, Universitäten und Institutionen auf dem tertiären Bildungsniveau, die sich Ausbildung und Wissenschaft der Sozialen Arbeit widmen. Da ich diese hier ebenfalls nicht aufzählen kann, verweise ich wieder auf das Internet als Informationsquelle. Die Webseiten der „International Association of Schools of Social Work (IASSW)" (http://www.iassw.soton.ac.uk/) und des „Council of Social Work Education (CSWE)" (http://www.cswe.org) zeigen hier den Weg zu den virtuellen Türen der Organisationen und Institutionen, die sich mit Ausbil-

dung und Wissenschaft der Sozialen Arbeit in vielen Ländern der Welt befassen. Die Adressen und Webseiten der Hochschulen, die in Deutschland Studiengänge für Soziale Arbeit anbieten, sind u.a. in dem „Studienführer Soziale Arbeit" (Berger 2001, 435-441) zu finden.
Im Jahre 1994 ist die „Society for Social Work and Research (SSWR)" in den USA gegründet worden, sie arbeitet mit Organisationen, die ebenfalls die Förderung der Forschung und damit der Wissenschaft der Sozialen Arbeit zum Ziele haben, eng zusammen. Forschergruppen und Forschungszentren für Soziale Arbeit aus der ganzen Welt sind in der Gesellschaft vertreten, vornehmlich in Verbindung mit Hochschulen (zum Beispiel mit den Universitäten Pittsburgh, Tennesee, Washington, Portsmouth, Cardiff, Albany, Maryland u.a.), mit Einrichtungen in staatlicher Trägerschaft (zum Beispiel mit dem Centre for Evaluation of Social Services in Schweden, dem Finnish Evaluation Unit for Social Services at the National Research and Development Centre for Welfare and Health u.a.) und auch mit Einrichtungen in privater Trägerschaft (zum Beispiel mit dem Canadian Pacific Railway Resource Centre for Social Work u.a.).
Obgleich gegenwärtig nach meiner Kenntnis aus Deutschland keine Forschungseinrichtung in der Mitgliederliste der SSWR aufgeführt wird, wird selbstverständlich auch in Deutschland in Sozialer Arbeit geforscht. Geforscht wird an Universitäten und Fachhochschulen ebenso wie in hochschulunabhängigen Einrichtungen. Publikationen der Forschungen sind über die in der Webliographie angegebenen Datenbanken und Bibliotheken zu finden. In den vergangenen Jahren sind im Verbund mit Fachhochschulen mehrere Forschungsinstitute für Soziale Arbeit gegründet worden, zum Beispiel in Freiburg i.Br. (Siehe Maier 1992, Salustowicz 1995, 1999 u.a.) Zur Forschung an den Hochschulen sind auch die Qualifikationsarbeiten (Diplom-, Master-, Doktor- und Habilitationsschriften), die oft als (kleine) Forschungsprojekte angelegt sind, zu zählen. Jährlich schließen etwa 9000 AbsolventInnen in Deutschland ein Studium der Sozialen Arbeit oder Pädagogik mit dem Studienschwerpunkt Sozialpädagogik ab, das ist ein bislang kaum erschlossener Fundus an Forschung in der deutschen Sozialen Arbeit.
Bereits 1890 hatte der Großunternehmer und Sozialpolitiker Wilhelm Merton (1848-1916) das Institut für Gemeinwohl in Frankfurt a.M. gegründet; dieses sollte sich der wissenschaftlichen Durchdringung sozialer Probleme und der planmäßigen Organisation der Sozialen Arbeit

widmen. Überregional bekannte Forschungseinrichtungen der Sozialen Arbeit in Deutschland sind heute die Arbeitsgemeinschaft Sozialwissenschaftlicher Instiute e.V. (ASI) in Bonn, das Deutsche Jugendinstitut (DJI) in München, das Institut des Rauhen Hauses für Soziale Praxis gGmbH in Hamburg, das Institut für Sozialarbeit und Sozialpädagogik (ISS) e.V. in Frankfurt a.M., das Institut für soziale Arbeit e.V. (ISA) in Münster i.W., das Institut für soziale und kulturelle Arbeit (ISKA) in Nürnberg u.a.

(6) Publikationen in vielen Sprachen der Welt

Die nationale und internationale Fachliteratur der Wissenschaft Soziale Arbeit füllt riesige Bibliotheken. Statt des von vornherein zum Scheitern verurteilten Versuches, hier einen Überblick geben zu wollen, nenne ich symbolisch für den beinahe unerschöpflichen Fundus an in- und ausländischer Fachliteratur nur einige wenige Publikationen, die heute in Fachkreisen zur Standard- und Basisliteratur der Sozialen Arbeit gezählt werden. Zur weiteren Suche verweise ich auf die in der Webliographie angegebenen Datenbanken und Suchmaschinen für die Literaturrecherche.
Stellvertretend für die englischsprachige Fachliteratur nenne ich die von der National Association of Social Workers (NASW) herausgegebene „Encyclopedia of Social Work". Diese dreibändige Enzyklopädie ist 1995 in der 19. Auflage erschienen und umfasst 2750 Seiten. 1997 erschien ein Ergänzungsband mit 428 Seiten. Hinweisen kann ich auch nur auf die große Anzahl ausländischer beziehungsweise internationaler Fachzeitschriften der Sozialen Arbeit, beispielhaft nenne ich „Social Work", „Social Work Abstracts", „European Journal of Social Work" und „Social Work in Europe". Die Society for Social Work and Research (SSWR) gibt mehrere Zeitschriften zur Forschung in Sozialer Arbeit heraus beziehungsweise ist an ihrer Herausgabe beteiligt. Ich nenne als Beispiele „Research on Social Work Practice", „Social Work Research", „The Journal of Social Work Research and Evaluation: An International Publication". (Siehe Webseite der Society for Social Work and Research http://www.sswr.org.)
In Deutschland werden regelmäßig Bibliographien zur Sozialen Arbeit veröffentlicht. Als Beispiele nenne ich die Bibliographien in der Zeitschrift „Soziale Arbeit", in der „Sozialwissenschaftliche Literatur Rund-

schau“ und in den Jahrbüchern des Deutschen Caritasverbandes e.V. Die Publikationspraxis ist jedoch insgesamt gesehen wenig transparent, denn die Publikationen stammen aus mehreren Fachdisziplinen und beziehen sich auf das gesamte weite Handlungsfeld der Sozialen Arbeit. Es ist offen, nach welchen Kriterien die Bibliographien jeweils zusammengestellt sind, welche Publikationen warum aufgenommen und welche warum weggelassen werden. Die Bibliographien bezeugen meines Erachtens lediglich, dass viel publiziert und auch geforscht wird, sagen aber nichts über die Qualität und den Umfang der Forschung aus.
Die Zeitschrift für Soziale Arbeit „sozialmagazin“ hat im Februar 2000 die Ergebnisse einer „Umfrage zur Basis- und Standardliteratur in der Sozialen Arbeit“ veröffentlicht. (Kreft/Wüstendörfer/Wüstendörfer 2000) Ziel der Umfrage war die Beantwortung der Frage: Gibt es in der Sozialen Arbeit mittlerweile einen Kanon von Basis- und Standardliteratur sowie ein Zeitschriftenangebot, das zu kennen und zu nutzen sowohl in der Ausbildung, der Wissenschaft und Forschung als auch in der Praxis regelmäßig erwartet wird? Trotz einer geringen Beteiligung an der Umfrage, stellen die AutorInnen fest, seien die Ergebnisse brauchbar, da sie den Ergebnissen ähnlich seien, die Wendt (1998) mit einem Expertenrating zu Standardwerken für die Soziale Arbeit erzielt hat. Nach der Kategorienbildung der Forscher sind die Titelgruppen „Geschichte der Sozialen Arbeit“, „Allgemeine Grundlagen der Sozialen Arbeit“ und „Fachzeitschriften“ relativ am höchsten verdichtet, alle anderen (auch theoretische Grundlagen) nur mittel oder gering. C.W. Müller hat das Ergebnis der Umfrage anders gewichtet, danach ergibt sich für ihn: „1. Theoretische Grundlagen: 260 Nennungen mit insgesamt 15 Titeln. 2. Methoden/Arbeitstechniken/Handlungsformen: 253 Nennungen mit insgesamt 16 Titeln. 3. Geschichte der Sozialen Arbeit: 202 Nennungen mit insgesamt 7 Titeln. 4. Fachlexika, Wörterbücher, Handbücher, Lehrkommentare: 194 Nennungen mit insgeamt 5 Titeln.“ (C.W. Müller 2000, 43) Der Vergleich mit früheren Studien zu derselben Thematik ergibt, dass die Verdichtungs- und Kanonisierungstendenzen bei der Angabe von Basis- und Standardliteratur der Sozialen Arbeit erheblich zugenommen haben. (Siehe Kreft/Wüstendörfer 2000.)
Für die *Geschichte der Sozialen Arbeit* haben sich ein paar Standardwerke herausgebildet (Sachße/Tennstedt 1980, 1988, 1992; Landwehr/Baron 1991; Wendt 1995; C.W. Müller 1997, 1999; Hering/Münchmeier 2000) Bei den *Handbüchern und Lexika*, die das wissenschaftliche Wis-

sen einer Wissenschaftsdisziplin in der Regel komprimiert darstellen, gibt es ebenfalls eine kleine Gruppe anerkannter Standardwerke (Deutscher Verein für öffentliche und private Fürsorge 1997; Kreft/Mielenz 1996; Stimmer 2000; Otto/Thiersch 2001). *Einführungen* in die Soziale Arbeit (Sozialpädagogik und Sozialarbeit) liegen in großer Zahl und mit unterschiedlichen Schwerpunkten vor (Rünger 1964; Friedländer/Pfaffenberger 1974; Böttcher 1975; Vahsen 1975; Lukas 1979; Martin 1982; C.W. Müller 1987; Mollenhauer 1991; Lüssi 1992; Engelke 1992; Buchkremer 1995; Schilling 1997; Erler 2000; Noack 2001; Thole 2002a u.a.).
Es gibt seit 150 Jahren deutschsprachige *Fachzeitschriften*, die wissenschaftliche Beiträge enthalten und in denen über Forschungen der Sozialen Arbeit berichtet wird. Die ersten deutschen Fachzeitschriften zur Sozialen Arbeit sind bereits in der zweiten Hälfte des 19. Jahrhunderts erschienen, zum Beispiel die „Blätter der Wohlfahrtspflege“ (1848), „Blätter für soziale Praxis“ (1893) und „Die Hilfe. Gotteshilfe, Selbsthilfe, Staatshilfe, Bruderhilfe.“ (1895). Heute sind verbreitet „Blätter der Wohlfahrtspflege. Deutsche Zeitschrift für Sozialarbeit“; „Soziale Arbeit. Zeitschrift für soziale und sozialverwandte Gebiete“; „neue praxis. Zeitschrift für Sozialarbeit, Sozialpädagogik und Sozialpolitik“, „Archiv für Wissenschaft und Praxis der sozialen Arbeit“, „Sozialwissenschaftliche Literatur Rundschau. Sozialarbeit. Sozialpädagogik. Sozialpolitik. Gesellschaftspolitik“. Zu erwähnen sind auch die Fachzeitschriften, die von den Wohlfahrtsverbänden herausgegeben werden, wie „Theorie und Praxis der sozialen Arbeit“ vom Bundesverband der Arbeiterwohlfahrt e.V., „neue caritas“ vom Deutschen Caritasverband e.V. und „Diakonie Dokumentation“ vom Diakonischen Werk der EKD e.V.

(7) Öffentliche Anerkennung

Der Deutsche Berufsverband für Soziale Arbeit (DBSH) hat 1997 eine Studie beim Schweizer Meinungsforschungsinstitut DemoSCOPE in Auftrag gegeben, um die Einstellung der Bevölkerung Deutschlands zur Sozialen Arbeit zu erfahren. Danach wird Soziale Arbeit vor allem im Zusammenhang mit Hilfen in Problemsituationen bei 87% der Bevölkerung als Instrument zur Vermeidung sozialer Konflikte angesehen. Soziale Arbeit schneidet in der Bewertung durch die Bevölkerung deutlich besser ab als dieses viele Beiträge in der politischen und öffentlichen

Diskussion über Soziale Arbeit vermuten lassen. Zwischen 86 und 99% der Bevölkerung halten nach der Studie die einzelnen Arbeitsfelder der Sozialen Arbeit für „wichtig“ oder „besonders wichtig“. 89% sehen die SozialarbeiterInnen als „Ansprechpartner für Schwache und Ausgestossene“, 85% drücken sogar ihre Bewunderung für den Einsatz der SozialarbeiterInnen aus. Diese Zustimmung wird beinahe von allen Bevölkerungsgruppen getragen. (Nodes 1999)
Nationale und internationale Organe des Staates und der Staatengemeinschaften berufen regelmäßig Mitglieder der Scientific Community der Sozialen Arbeit als Mitglieder und Berater in ihre Gremien, wenn es um die Lösung sozialer Probleme geht. Die International Federation of Social Workers (IFSW) hat einen speziellen Beratungsstatus bei verschiedenen Organisationen der Vereinten Nationen, zum Beispiel bei dem Economic and Social Council of the United Nations und bei dem United Nations Children's Fund (UNICEF). Weitere Akkreditierungen der IFSW gibt es bei der International Labor Organization, dem Europarat und der Europäischen Union. In Deutschland sind Mitglieder der Scientific Community der Sozialen Arbeit regelmäßig federführend an der Erstellung der Jugend-, Armuts- und Familienberichte im Auftrag der Bundesregierung und der Länderregierungen beteiligt.
Zu guter Letzt sollte nicht vergessen werden, dass im Jahre 1935 mit Jane Addams eine der wichtigsten ProtagonistInnen der Sozialen Arbeit den Friedensnobelpreis erhalten hat. Für Addams war Soziale Arbeit zugleich Friedensarbeit. (Siehe Addams 1902, 1907, 1913, 1922, 1960, 1981; Staub-Bernasconi 1995, 25-86; Eberhardt 1995 u.a.)

2. Der Gegenstandsbereich der Sozialen Arbeit

Bei dem Gegenstandsbereich (oder auch Objektbereich) einer Wissenschaft handelt es sich um die Gesamtheit der Eigenschaften, Strukturmerkmale, Prozesse und Bewegungsgesetze bestimmter (materieller oder ideeller) Objekte, die von der betreffenden Wissenschaft untersucht werden. (Siehe Teil 3 Abschnitt 4.3.) Das Problem der Konstitution des Objektbereiches einer wissenschaftlichen Theorie als eigenständiger Schritt muss beim Aufbau der Theorie behandelt werden, um den Zusammenhang von Konstruktion und Beschreibung zureichend verstehen zu können. (Mittelstraß 1995b, 1051) Gelingt es nicht, diesen Zusammenhang herzustellen, sind der Objektbereich und die wissenschaftlichen Aussagen inkongruent. Wissenschaftliche Theorien sind nur dann vergleichbar, wenn sie sich eindeutig auf denselben Objektbereich beziehen. Unterscheiden könnte man zwischen absolut und relativ autonomen Gegenstandsbereichen. Der Gedanke aber, dass es überhaupt einen absoluten autonomen Gegenstandsbereich geben könnte, steht – nicht nur nach Norbert Elias – im Widerspruch zur empirisch erfahrbaren Komplexität unserer Welt. Relativ autonom sind Gegenstandsbereiche, weil sie bewusst und gezielt aus der Lebenswelt, in die sie fest eingebunden sind, zum Zwecke der Forschung herausgelöst werden. Die Einbindung des Ausschnittes in seinen lebensweltlichen Kontext wird bei der Forschung zwar methodologisch vernachlässigt, aber dennoch nicht vergessen und bei der Auswertung und Reflexion der Forschungsergebnisse ausdrücklich wieder aufgenommen und beachtet. Verfügt die Wissenschaft Soziale Arbeit über einen relativ autonomen Gegenstandsbereich und erfüllt sie damit ein entscheidendes Kriterium von Wissenschaftsdisziplinen? Befasst sich die Wissenschaft Soziale Arbeit mit Bereichen des menschlichen Lebens, für die niemand sonst „zuständig“ ist?

2.1 Gegenstandsbestimmungen der Sozialen Arbeit

Viele und vielfältige Bestimmungen des Gegenstandsbereichs der Sozialen Arbeit sind in den letzten Jahrzehnten in Deutschland vorgenom-

men worden. (Siehe Puhl/Burmeister/Löcherbach 1996; Klüsche 1999, 68-88 u.a.) Manche AutorInnen erwecken in ihren Beiträgen zur „Gegenstandsdiskussion" den Eindruck, als ob der Gegenstandsbereich erst noch gefunden beziehungsweise sogar neu erfunden werden müsste.
Ein beliebter Ansatzpunkt für die Gegenstandsbestimmung ist die Berufspraxis der Sozialen Arbeit. Die Praxis der Sozialen Arbeit ist, wie die Praxis anderer Berufe auch, durch eine bestimmte Konstellation aus Werten, Zielen, Legitimationen, Wissen und Methoden gekennzeichnet. Lassen sich darin spezifische Inhalte und/oder spezifische Kombinationen der Faktoren erkennen, die „das Wesen der Sozialarbeit" ausmachen? (Lowy 1983, 23) Anders gefragt: Was ist das Gemeinsame der Tätigkeitsfelder Altenarbeit, Betriebliche Sozialarbeit, Bewährungshilfe, Elementarerziehung, Erwachsenenbildung, Erziehungshilfen, Familienhilfen, Soziale Arbeit mit Frauen, Gesundheitshilfen, Heimerziehung, Jugendarbeit, Jugendhilfe, Rehabilitation, Resozialisierung, Soziale Organisation, Soziales Management, Sozialpsychiatrie usw.? Die Schwierigkeiten, einen gemeinsamen Nenner für die Arbeitsfelder zu finden, führten zu Definitionen wie: „Soziale Arbeit ist all das, was Sozialarbeiter tun." Ein anderer Lösungsversuch bestand darin, es einfach bei der Aneinanderreihung der *Berufs- und Handlungsfelder* Sozialer Arbeit zu lassen. Ein solches Gebilde erinnert an Patchwork: Stoffreste werden in harmonischer Buntheit kunstvoll aneinandergenäht. Das kann ganz schön aussehen, aber niemals Gegenstandsbereich einer Wissenschaft sein.
Statt eines Gegenstandsbereiches werden bisweilen auch *Ziele und Aufgaben* genannt. Ein Beispiel: „Das Ziel der Sozialarbeit ist es, das Wohlbefinden der Einzelnen mit der Wohlfahrt der Gesellschaft, in der sie leben, in Einklang zu bringen." (Friedländer/Pfaffenberger 1974, 9) Zielangaben wie „Gerechte Gesellschaft" sind Wertsetzungen beziehungsweise Sollgrößen und resultieren oft aus persönlichen Idealen und/oder institutionalisierten Weltanschauungen. Aufgaben für SozialarbeiterInnen werden in der Fachliteratur in Hülle und Fülle genannt, können aber allein schon deswegen keinen „Gegenstand" abgeben, weil sie schon einen bestimmten Lebensbereich voraussetzen, in dem sie ausgeführt werden sollen, und den gilt es ja zu benennen.
Die traditionelle deutsche *Zweiteilung Sozialarbeit und Sozialpädagogik* zeigt sich zwar noch in der Diskussion über den Gegenstandsbereich: für die Sozialarbeit(-swissenschaft) und für die Sozialpädagogik(-wis-

senschaft) werden bisweilen je verschiedene Gegenstandsbestimmungen vorgenommen. Die allgemeine Tendenz geht aber dahin, *für beide Traditionen zusammen einen gemeinsamen Gegenstandsbereich* zu benennen. Einige Textbeispiele (Hervorhebungen in den Texten durch E.E.) hierfür:

- *Lutz Rössner:*

„Gegeben ist ein Bereich der Sozialarbeit (einer Sozialarbeitspraxis), gegeben sind theoretische Aussagen über diesen Bereich. Und es ist davon auszugehen, daß die praktische Sozialarbeit eine spezifische Tätigkeit ist, was nicht näher hier begründet zu werden braucht, da wir hier auf ein allgemeines ‚Vorverständnis' stoßen. Eine spezifische erzieherische Tätigkeit ist eine spezifische Einflussnahme auf Sozialisationsprozesse, so daß es also in der Sozialarbeit um eine *spezifische Steuerung von Sozialisationsprozessen* geht." (Rössner 1975, 30)

- *Hans Pfaffenberger:*

„Moderne Sozialarbeit/Sozialpädagogik läßt sich bestimmen als *gesellschaftliche Reaktion* auf den durch die industrielle Revolution und die kapitalistische Produktions- und Wirtschaftsweise ausgelösten Wandel der Produktivkräfte und Produktionsverhältnisse und als die für die Industriegesellschaften kapitalistischer Produktionsweise charakteristische Form mitmenschlicher Hilfe im 19./20. Jahrhundert." (Pfaffenberger 1977, 112)

- *Louis Lowy:*

„Das Materialobjekt der SA/SP ist das ‚*Verhalten von Menschen in der Umwelt*'. Somit ist der zentrale Gegenstand von SA/SP als Handlungswissenschaft folgender: Die Bedingungen zu erforschen und zu erkennen, unter denen der agogische Interventions- beziehungsweise Handlungsprozess eingesetzt wird, um Menschen bei der Bewältigung von Aufgaben und Problemen zu helfen, die sich aus den Transaktionen von Menschen mit ihrer mittelbaren und unmittelbaren Umwelt in drei aufeinander bezogenen Lebensbereichen ergeben: 1. in Lebensstufenübergängen, 2. durch Umweltbedingungen, 3. durch zwischenmenschliche Beziehungen und Prozesse." (Lowy 1983, 85f.)

- *C. Wolfgang Müller:*

„Der den Einrichtungen und Maßnahmen von SozArb und SozPäd gemeinsame Nenner scheint darin zu bestehen, die in der Vergangenheit dem Individuum und seiner Ursprungsfamilie geschuldeten *Aufgaben der generativen Wiederherstellung menschlichen Arbeitsvermögens und der intergenerativen Sicherung und Erziehung der Nachkommenschaft zu vergesellschaften beziehungsweise zu verstaatlichen.*" (C.W. Müller 1996b, 504)

- *Silvia Staub-Bernasconi:*

„Soziale Arbeit ist der einzige Beruf – im Unterschied zu Gewerkschaften, Parteien, sozialen Bewegungen –, der seine Verpflichtung zur Solidarität mit den Leidenden in und an der Gesellschaft als auch in und an der Kultur nicht aufgeben kann, ohne seinen Berufsinhalt aufzugeben. Sein Gegenstand sind soziale Probleme im engeren und im weiten Sinne. Soziale Arbeit ist also, will man sie nicht bereits definitorisch disziplinieren, zunächst weder identisch mit einer bestimmten Altersguppe, Randgruppenklientel, Praxis oder Funktion. Sie ist auch kein klar von vorneherein abgrenzbares organisationelles Arbeitsfeld, sondern *sozial gebündelte, reflexive wie tätige Antwort auf bestimmte Realitäten, die als sozial und kulturell problematisch bewertet werden.*" (Staub-Bernasconi 1991, 3)

- *Hans Thiersch:*

„Sozialarbeit hat zum Gegenstand *Probleme der Unterprivilegierung*, der fehlenden materiellen Ressourcen, also der Armut und der Unterstützung in belasteten, unterprivilegierten, ausgegrenzten Lebensverhältnissen … Sozialpädagogik versteht sich als ein Moment der spezifisch neuzeitlichen *gesellschaftlichen Reaktion auf die ‚Entwicklungstatsache'* (Bernfeld 1970). Sie zielt – begründet im besonderen Entwicklungs- und Lernstatus der Kinder – auf Hilfs-, Erziehungs- und Bildungsangebote für Kinder, Heranwachsende und ihre Familien in ihrem Lebensfeld und dabei zunächst auf kompensierende Angebote in belasteten Lebensverhältnissen … Den Problemen angemessen ist allein die unterschiedliche Traditionen integrierende Handlungswissenschaft Soziale Arbeit." (Thiersch 1996, 619f.)

- *Lothar Böhnisch:*

„Aus sozialstrukturell-sozialpolitischer Sicht lässt sich die disziplinäre Eigenart der Sozialpädagogik/Sozialarbeit als institutionelles Ergebnis der industriellen Moderne rekonstruieren … könnte man die Sozialpädagogik/Sozialarbeit durchaus als *gesellschaftliche Reaktion auf die Bewältigungstatsache* verstehen. Das heißt, Sozialpädagogik und Sozialarbeit sind historisch unterschiedlich gewordene, aber gleichermaßen gesellschaftlich institutionalisierte Reaktionen auf typische psychosoziale Bewältigungsprobleme in der Folge gesellschaftlich bedingter sozialer Desintegration. Zu dieser institutionellen Reaktion war und ist die moderne Industriegesellschaft strukturell gezwungen: Sowohl aufgrund ihrer latenten sozialstrukturellen Dauerkrise – die Spannung von Integration und Desintegration ist dem Wesen moderner Arbeitsteilung immanent – als auch wegen der strukturellen Notwendigkeit, die ökonomisch-technische Arbeitsteilung sozial reproduzieren und ausbalancieren zu müssen … Vor diesem historisch-gesellschaftlichen Hintergrund wird auch deutlich, dass die moderne Sozialpädagogik/Sozialarbeit nicht Ablegerin der Pädagogik oder Fürsorge ist, sondern aus der Hintergrundkonstellation gesellschaftlicher Arbeitsteilung ihre moderne Eigenständigkeit herleitet.“ (Böhnisch 2002, 199f.)

Die kontroverse Diskussion über den Gegenstandsbereich der Wissenschaft Soziale Arbeit wird immer wieder dahingehend gedeutet, dass es bei der Sozialen Arbeit im Unterschied zu den etablierten Wissenschaftsdisziplinen keinen Kern („nucleus“) gebe und – wegen der vielen unterschiedlichen Arbeitsfelder, in denen SozialarbeiterInnen tätig sind – auch gar nicht geben könne. Das sei bei den etablierten Wissenschaftsdisziplinen eben anders, diesen sei ein „kerniger“ Gegenstandsbereich eigen.

2.2 Gegenstandsbestimmungen anderer Wissenschaftsdisziplinen

Der Vorzug etablierter Wissenschaftsdisziplinen wie Medizin, Physik, Psychologie, Soziologie oder Pädagogik besteht darin, dass sie sich ihres Gegenstandsbereichs seit langem gewiss sind und dass diese Gewissheit allgemein geteilt und nicht weiter hinterfragt wird. Worauf gründet diese

Gewissheit? Sind die Gegenstandsbereiche von Psychologie, Soziologie, Pädagogik usw. tatsächlich so eindeutig definiert und weithin akzeptiert, wie behauptet wird?

- Zum Beispiel die *Psychologie*

„Die Psychologie hat im Laufe ihrer Geschichte sechs Gegenstandsbestimmungen entwickelt: Seelenwesen, Seelenleben, Bewußtsein, Unbewußtes, Erleben und Verhalten." (Pongratz 1967, 11) Der Gegenstand der Psychologie wandelte sich: „Es ging nicht mehr um die substantielle Seele, sondern nur noch um die aktuellen seelischen Erscheinungen, die zeitweise weitgehend mit den Vorgängen im Bewußtsein gleichgesetzt wurden ... Unbestreitbar ist indessen die heutige Psychologie eine Erfahrungswissenschaft, die auf die Erkenntnis ‚innerer' Prozesse und Verarbeitungsweisen abzielt." (Traxel 1974, 32) Überprüft man die Aussage, dass „heute weitgehende Übereinstimmung darin bestehe, Psychologie inhaltlich als die *Wissenschaft vom Erleben und Verhalten* zu definieren" (Schermer 1999, 17), dann kommt man zu zwei Erkenntnissen: „Erleben und Verhalten" ist in der Tat als Kurzformel für die Bezeichnung des Gegenstandsbereichs der Psychologie verbreitet und weithin akzeptiert. Die Inhaltsbestimmungen und Auslegungen von „Erleben und Verhalten" unterscheiden sich jedoch von AutorIn zu AutorIn beträchtlich; da ist wenig Gemeinsamkeit. (Siehe Bahner 1982a, b; Krech/ Crutchfield 1997; Zimbardo 1995; Spada 1998; Schermer 1999; Steden 1999 u.a.)

- Zum Beispiel die *Soziologie*

Günter Wiswede definiert: „Soziologie sei die Lehre vom sozialen Verhalten (sozialen Handeln) und den sozialen Strukturen (sozialen Gebilden)" (Wiswede 1998, 22) und danach erläutert er die angewandten Begriffe und das Verhältnis der Soziologie zu ihren Nachbardisziplinen. Die Psychologie erwähnt er hierbei nicht, obgleich „Verhalten" allgemein zum Gegenstandsbereich der Psychologie gezählt wird. Anthony Giddens definiert: „Soziologie ist die Untersuchung des gesellschaftlichen Lebens der Menschen, von Gruppen und Gesellschaften. Ihr Gegenstand ist unser eigenes Verhalten als soziale Lebewesen ... Der Gegenstandsbereich der Soziologie ist äußerst weit gespannt und reicht von der Analyse der flüchtigen Begegnungen zwischen Einzelpersonen auf der Straße bis hin zur Untersuchung globaler sozialer Prozesse." (Giddens 1995, 12) Nach Hans Joas untersucht die Soziologie „die Arten und Weisen, wie das menschliche Leben sozial organisiert wird. Sie bedient sich dabei empirischer Forschungsmethoden und Theorien, um das soziale Leben in einem breiten Spektrum von Situationen zu untersuchen." (Joas 2001, 14) Der Überblick über mögliche Definitionen von der Soziologie als Wissenschaft und ihrem Gegenstandsbereich „ließe sich noch beliebig fortsetzen, weil durchweg jeder Autor seine eigene Definition verwendet." (Büschges/Abraham/Funk 1998, 11)

- Zum Beispiel die *Pädagogik beziehungsweise Erziehungswissenschaft*

Die pädagogische Fachliteratur spiegelt eine starke Zerstrittenheit wider. Über ihren Gegenstand und ihre Methode sind sich die AutorInnen nicht einig, selbst über ihren Namen gibt es Streit. Der Ausdruck „Erziehungswissenschaft" (siehe Krüger/Rauschenbach 1994) kündigt in vielen Fällen ein bestimmtes wissenschaftliches Programm an, welches dem der „Pädagogik" (siehe Böhm 1995, 2002; Böhm/Wenger-Hadwig 1998) entgegengesetzt ist. Pädagogen sehen in einer vorwiegend sozialwissenschaftlich orientierten Erziehungswissenschaft in der jüngeren Geschichte den Verfall der Pädagogik. (Braun 1992) Hermann Giesecke stellt am Ende seiner Einführung in die Pädagogik fest: „Die Erziehungswissenschaft hat also keinen eigenen Gegenstand, mit dem sie sich allein beschäftigt. Zwar ist Lernen das Generalthema der Pädagogik; aber erforscht wird das Lernen in erheblichem Maße auch von der Psychologie … Die Position der Erziehungswissenschaft in dem Raum, in dem sich auch andere, vornehmlich empirische Wissenschaften bewegen, ist vielmehr die, daß sie eine Art Zwischenhändlerfunktion zwischen diesen Wissenschaften und der pädagogischen Praxis übernimmt, indem sie deren Erkenntnisse und Denkmodelle auf ein bestimmtes Problem hin umsetzt." (Giesecke 1990, 190) VertreterInnen der Psychologie sprechen der Erziehungswissenschaft nicht weniger als ihre Wissenschaftlichkeit ab oder bezeichnen sie als „angewandte Psychologie". (Vgl. Herzog 1994)

Meine Nachforschungen in der Fachliteratur weiterer etablierter Wissenschaften wie *Medizin* und *Physik* haben zu denselben Ergebnissen

wie bei Psychologie, Soziologie und Pädagogik geführt: Der Gegenstandsbereich der Wissenschaftsdisziplinen hat sich im Verlauf der Geschichte der einzelnen Disziplinen verändert und zu keiner Zeit waren sich die Mitglieder der Scientific Community einer Wissenschaftsdisziplin einig in der Bestimmung des Gegenstandes ihrer Disziplin. Im Unterschied zur Sozialen Arbeit werden nach meiner Kenntnis die unterschiedlichen Auffassungen über den eigenen Gegenstandsbereich in den etablierten Wissenschaftsdisziplinen aber nicht problematisiert. Die etablierten Wissenschaftsdisziplinen verfügen nämlich über weithin akzeptierte, plakative und kernige Kurzformeln wie „Erleben und Verhalten" in der Psychologie, „Soziale Prozesse und Strukturen" in der Soziologie, „Gesundheit und Krankheit" in der Medizin, „Naturvorgänge im Bereich der unbelebten Materie" in der Physik und „Lernen" in der Pädagogik beziehungsweise Erziehungswissenschaft, die als Gegenstandsbestimmung jeweils weithin anerkannt sind. Selbst wenn sie von einigen AutorInnen bestritten werden sollten, wird dadurch weder das Selbstverständnis noch das Erscheinungsbild der etablierten Wissenschaftsdisziplin infrage gestellt. Viel mehr Übereinstimmung ist aber nirgends zu finden, denn die inhaltlichen Auffüllungen dieser Kurzformeln durch die Mitglieder der Scientific Community unterscheiden sich zum Teil nicht nur beachtlich, sondern schließen sich mitunter sogar gegenseitig aus. Untersucht man auch die ausführlichen Gegenstandsbestimmungen der verschiedenen AutorInnen der verschiedenen Wissenschaftsdisziplinen, dann findet man häufig Überschneidungen bei Mitgliedern verschiedener Disziplinen. Das zeigt meines Erachtens den hohen Grad der Verknüpfung dieser Disziplinen (zum Beispiel von Soziologie und Psychologie) und zugleich ihre relative Autonomie.
Für die Bestimmung des Gegenstandsbereichs der Sozialen Arbeit ergibt sich daraus:

- Es ist zu unterscheiden zwischen einer kernigen Kurzformel als allgemein anerkannter Definition des Gegenstandsbereichs und längeren Ausführungen, in denen der Gegenstandsbereich differenziert dargestellt und bestimmt wird.
- Die Kurzformel muss einerseits so weit gefasst sein, dass sie diverse Traditionen, Schulen und Arbeitsbereiche der Sozialen Arbeit umfasst, andererseits aber auch so eng gefasst sein, dass die Grenzen zu anderen Wissenschaftsdisziplinen deutlich werden.

- Die Kurzformel sollte möglichst von der gesamten Profession akzeptiert werden, insbesondere von der Scientific Community; für die detaillierte inhaltliche Auffüllung der Kurzformel und die differenzierten Erläuterungen des Gegenstandsbereiches ist das zwar ebenfalls wünschenswert, aber nicht unbedingt notwendig.

Wenn man die vielen verschiedenen Gegenstandsbestimmungen in einer Wissenschaftsdisziplin sieht, stellt sich die Frage: Wie kann es zu so vielen verschiedenen Definitionen kommen? Warum kann man sich nicht auf eine Definition einigen? Die Vielfalt der Gegenstandsbestimmungen in den einzelnen Wissenschaften hängt nach meiner Auffassung mit den diversen Einflüssen (dem historisch-biographischen Kontext, den persönlichen Lebenserfahrungen, der akademischen Sozialisation, den Interessen und Abhängigkeiten) auf die WissenschaftlerInnen, aber auch mit dem Wandel der allgemeinen Lebensverhältnisse im Verlauf der Jahrzehnte zusammen. (Siehe Teil 3 Abschnitt 5.)

2.3 Der (im-)perfekte Mensch und seine Bedürfnisse

Wie sind wir Menschen für das (Über-)Leben ausgestattet worden? Was benötigen wir, um unseren Lebensweg gehen zu können? Wie perfekt sind wir ausgerüstet? Worüber verfügt ein „normaler" Mensch? Worüber müsste ein perfekter Mensch verfügen? Was unterscheidet perfekte und imperfekte Menschen? Gibt es überhaupt perfekte Menschen? Was wünscht sich ein Mensch? Wonach strebt ein Mensch? Womit ist ein Mensch zufrieden? Wann ist ein Mensch zufrieden? Was bedarf ein Mensch, um sich wohl zu fühlen? Wer muss bedürftigen Menschen etwas geben? Was? Wieviel? Welche Bedürfnisse, Wünsche usw. sind berechtigt? Wer entscheidet darüber, ob Bedürfnisse und das Verlangen nach ihrer Befriedigung berechtigt oder nicht berechtigt sind?

In den Menschenwissenschaften haben sich viele ForscherInnen mit dem (im-)perfekten Menschen befasst, seine Bedürfnisse erforscht und Antworten auf diese vielen Fragen gesucht. Die Beantwortung der *Frage nach der Befriedigung menschlicher Bedürfnisse* ist ein übergeordnetes Problem aller Menschenwissenschaften und von jeher ein spezielles Problem der Sozialen Arbeit. (Siehe Teil 2.)

„Den Ausgangspunkt aller Fürsorge müssen die menschlichen Bedürfnisse abgeben," hat Ilse von Arlt vor 80 Jahren gesagt, „nur von ihrer genauen Einschätzung kann die folgerichtige und vollständige Behebung von Notständen ausgehen." (Arlt 1921, 5f.) Alle Fürsorge sei vom grundlegenden Begriff „Bedürfnisbefriedigung" und dieser von der Zerlegung in Einzelbedürfnisse abhängig und jede Armutsbetrachtung müsse zugleich die Bedürfnisbefriedigung der Gesamtheit des Volkes einbeziehen. (Arlt 1932b, 65) Armut ist für Arlt der Mangel an Mitteln zur richtigen Bedürfnisbefriedigung und damit sowohl von der objektiven gesellschaftlichen Situation, in welcher die Bedürfnisse befriedigt werden, als auch von psychischen Prozessen der Bedürfniswahrnehmung und -interpretation abhängig. Die Begriffe „Armut" und „Hilfsbedürftigkeit" hängen nicht nur bei Arlt, sondern auch bei anderen VertreterInnen der Sozialen Arbeit eng zusammen.

Unsere Erfahrung sagt uns, dass jede Menschin und jeder Mensch bedürftig zur Welt kommt und ihr/sein Leben lang bedürftig bleibt. Der perfekte Mensch ist ein Wunschtraum. Der imperfekte Mensch, der auf Hilfe und Unterstützung angewiesen ist, um seine Bedürfnisse zu befriedigen, ist die alltägliche Realität. Eine komplexe Sozialordnung, in der alle auftretenden Bedürfnisse gleichermaßen befriedigt werden, ist ein Phantasiegebilde; Auseinandersetzungen und Streit wegen der Befriedigung unterschiedlichster Bedürfnisse sind überall auf der Tagesordnung.

Das Substantiv „Bedürfnis" stammt von dem im 15. Jahrhundert gebrauchten Substantiv „bedurfnusse" gleich „Mangel, Dürftigkeit" ab und dieses wiederum von dem althochdeutschen Verbum „bidurfan" gleich „nötig haben". (Duden 2001, 76) Heute wird „Bedürfnis" im Sinne von „Verlangen, Wunsch, Benötigtes" gebraucht und kommt dann in die Nähe zu Begriffen wie „Instinkt", „Trieb", „Wunsch", „Streben", „Motivation", „Wille", „Entschluss", Absicht" und „Zielstrebigkeit". Etymologisch sind der Begriff „Bedürfnis" gleich „Mangel" und der Begriff „arm" miteinander verbunden. Das gemeingermanische Adjektiv „arm" gehört wahrscheinlich im Sinne von „verwaist" zu der indogermanischen Wortgruppe von „Erbe"; das gemeingermanische Substantiv „Erbe" ist urverwandt mit dem lateinischen „orbus" gleich „beraubt" und dem griechischen „orphanós" gleich „verwaist." Im Sinne von „besitzlos" wurde „arm" im Westgermanischen das Gegenwort zu „reich". (Duden 2001, 47, 184) Auch nach unserem heutigen Sprachverständnis sind arme Menschen bedürftige Menschen.

Menschen stehen in ihrem Leben Problemen der Bedürfnisbefriedigung und der Wunscherfüllung gegenüber und haben zu lernen, diese im Zu-

sammenleben mit anderen Menschen zu lösen. Diese Aufgabe setzt voraus, dass sich Menschen ein Bild von der (Um)Welt machen, sie erfassen, beschreiben, bewerten, erklären und das verfügbare Wissen in Pläne und Verhalten zur Veränderung ihrer selbst oder der Umwelt umsetzen. Die Befriedigung eines Bedürfnisses ist sowohl abhängig von der Menge und Verfügbarkeit bedürfnisbefriedigender Güter und Situationen als auch von der Fertigkeit des Individuums, die gegebenen und erreichbaren Lösungsmöglichkeiten zu erkennen und zu nutzen sowie neue Lösungswege zu kreieren. Es gibt Bedürfnisse, die allen Menschen gemeinsam sind, sich aber in Vorrangigkeit und Befriedigungsweisen unterscheiden, und es gibt Bedürfnisse, die sozialkulturell vermittelt, erlernt und (sozial)politisch ausgehandelt werden.
Die Bedürfnisse der Menschen (englisch: „needs“) und der Umgang mit diesen Bedürfnissen sind der Ausgangspunkt für das Selbstverständnis der internationalen Sozialen Arbeit.

2.4 Die „Definition of Social Work“ der International Federation of Social Workers (IFSW)

Die International Federation of Social Workers (IFSW) hat mit ihren 450 000 Mitgliedern aus 70 Ländern drei Jahre lang über eine neue Definition der Sozialen Arbeit, in der die Traditionen Sozialer Arbeit aus fünf Kontinenten eingebunden werden sollten, beraten, um die bisher geltende Definition von 1982 abzulösen. Auf der Vollversammlung der IFSW im Juli 2000 in Montreal, Canada, wurde folgende neue *Definition* für die Profession beschlossen:

„Die Profession Soziale Arbeit fördert sozialen Wandel, Problemlösungen in zwischenmenschlichen Beziehungen sowie die Befähigung und Befreiung von Menschen zur Verbesserung ihres Wohlbefindens. Gestützt auf wissenschaftliche Erkenntnisse über menschliches Verhalten und soziale Systeme greift Soziale Arbeit dort ein, wo Menschen und ihre Umwelt aufeinander einwirken. Grundlagen der Sozialen Arbeit sind die Prinzipien der Menschenrechte und der sozialen Gerechtigkeit.“ [9 und 10]

Die IFSW hat ihre Definition selbst wie folgt kommentiert:
„Soziale Arbeit bezieht sich in ihren verschiedenen Formen auf die vielfältigen und komplexen Beziehungen zwischen Menschen und ihrer

Umwelt. Ihr Ziel ist es, Menschen zu befähigen, ihr gesamtes Potenzial zu entwickeln, ihr Leben zu bereichern und sozialen Dysfunktionen vorzubeugen. Soziale Arbeit ist auf Problemlösung und Veränderung ausgerichtet. In diesem Sinne sind SozialarbeiterInnen AnwältInnen für sozialen Wandel sowohl in der Gesellschaft als auch im Leben von Individuen, Familien und Gemeinwesen. Soziale Arbeit ist ein Netzwerk von Werten, Theorien und Praxis."
Nähere Ausführungen hat die IFSW dann auch zu den Werten, der Theorie und der Praxis der Sozialen Arbeit gemacht:

- *Werte*

„Soziale Arbeit basiert auf humanitären und demokratischen Idealen, und diese Werte resultieren aus dem Respekt vor der Gleichheit und Würde aller Menschen. Seit ihrem Beginn vor über einem Jahrhundert hat die professionelle Soziale Arbeit sich auf die menschlichen Bedürf-

---

9 „The social work profession promotes social change, problem solving in human relationships and the empowerment and liberation of people to enhance well-being. Utilising theories of human behaviour and social systems, social work intervenes at the points where people interact with their environments. Principles of human rights and social justice are fundamental to social work.
Commentary
Social work in its various forms addresses the multiple, complex transactions between people and their environments. Its mission is to enable all people to develop their full potential, enrich their lives, and prevent dysfunction. Professional social work is focused on problem solving and change. As such, social workers are change agents in society and in the lives of the individuals, families and communities they serve. Social work is an interrelated system of values, theory und practice.
Values
Social work grew out of humanitarian and demokratic ideals, and its values are based on respekt for the equality, worth, and dignity of all people. Since its beginnings over a century ago, social work practice has focused on meeting human needs and developing human potential. Human rights and social justice serve as the motivation and justification for social work action. In solidarity with those who are disadvantaged, the profession strives to alleviate poverty and to liberate vulnerable and oppressed people in order to promote social inclusion. Social work values are embodied in the profession's national and international code of ethics."

nisse konzentriert und die Entwicklung der Stärken der Menschen vorrangig unterstützt. Menschenrechte und soziale Gerechtigkeit dienen als Motivation und Rechtfertigung für sozialarbeiterisches Handeln. Professionelle Soziale Arbeit ist bemüht – solidarisch mit den Benachteiligten –, Armut zu lindern und verletzte und unterdrückte Menschen zu befreien, um ihre soziale Integration zu erwirken. Die Werte von Sozialer Arbeit sind in den nationalen und internationalen Ethik-Kodizes der Profession dargestellt."

- *Theorie*

„Soziale Arbeit gründet ihre professionellen Methoden auf einer systematisierten Sammlung von empirisch begründetem, aus Forschung und Praxisevaluation gewonnenem Wissen, einschließlich lokalem und kontextspezifischem Wissen. Es wird die Komplexität von Interaktionen

---

10 Fortsetzung von Fußnote 9:
„*Theory*
Social work bases its methodology on a systematic body of evidence-based knowledge derived from research und practice evaluation, including local and indigenous knowledge specific to its context. It recognises the complexity of interactions between human beings and their environment, and the capacity of people both to be affected by and to alter the multiple influences upon them including theories of human development and behaviour and social systems to analyse complex situations and to facilitate individual, organisational, social und cultural changes.
Practice
Social work addresses the barriers, inequities and injustices that exist in society. It responds to crises and emergencies as well as to everyday personal and social problems. Social work utilises a variety of skills, techniques, and activities consistent with its holistic focus on persons and their environments. Social work interventions range from primarily person-focused psychosocial processes to involvement in social policy, planning and development. These include counselling, clinical social work, group work, social pedagogical work, and family treatment and therapy as well as efforts to help people obtain services and resources in the community. Interventions also include agency administration, community organisation and engaging in social and political action to impact social policy and economic development. The holistic focus of social work is universal, but the priorities of social work practice will vary from country to country and from time to time depending on cultural, historical, and socio-economic conditions." (http:/www.ifsw.org/Publications/4.6e.pub.html)

zwischen Menschen und ihrer Umwelt anerkannt sowie die Fähigkeit der Menschen, davon beeinflusst zu werden als auch die vielfältigen Einflüsse auf sie zu verändern, einschließlich biopsychosozialer Faktoren. Die professionelle Soziale Arbeit greift auf Theorien über menschliche Entwicklung, menschliches Verhalten und soziale Systeme zurück, um komplexe Situationen zu analysieren und individuelle, organisatorische, soziale und kulturelle Veränderungen zu fördern."

- *Praxis*

„Soziale Arbeit wendet sich den Barrieren, Ungleichheiten und Ungerechtigkeiten, die es in der Gesellschaft gibt, zu. Sie reagiert genauso auf Krisen und Notlagen wie auf alltäglich auftretende persönliche und soziale Probleme. Soziale Arbeit benutzt eine große Vielfalt von Kompetenzen, Techniken und Aktivitäten, die sich im Einklang mit ihrer systemischen Ausrichtung auf Personen und ihre Umwelt befinden. Die Interventionen der Sozialen Arbeit reichen von in erster Linie auf Personen ausgerichteten psychosozialen Prozessen bis zur Beteiligung an der Gesetzgebung, Planung und Entwicklung des Sozialen. Dies schließt Beratung, Klinische Sozialarbeit, Gruppenarbeit, sozialpädagogische Arbeit, Familienberatung und -therapie ebenso mit ein wie Bemühungen, Menschen dabei zu unterstützen, Dienstleistungen und Ressourcen des Staates und der Gemeinden zu erhalten. Die Interventionen umfassen ebenfalls Sozialmanagement, Gemeinwesenarbeit sowie das Engagement in sozialen und politischen Aktionen, um auf die Politik des Sozialen und ökonomische Entwicklungen einzuwirken. Die systemische Ausrichtung der Sozialen Arbeit ist universell, doch die Prioritäten der Praxis Sozialer Arbeit werden von Land zu Land und von Zeit zu Zeit variieren, je nach den kulturellen, historischen und sozioökonomischen Bedingungen."

Ergänzt wurden diese Ausführungen mit der Anmerkung: „Diese internationale Definition der Profession Soziale Arbeit ersetzt die IFSW-Definition von 1982. Es versteht sich von selbst, dass Soziale Arbeit im 21. Jahrhundert dynamisch ist und sich weiterentwickelt, deswegen sollte keine Definition als vollständig angesehen werden." (http:/www.ifsw.org/Publications/4.6e.pub.html; ins Deutsche übersetzt von E.E.)

2.5 Das Bewältigen sozialer Probleme ist Gegenstand der Sozialen Arbeit

Der Fachbereichstag Soziale Arbeit, in dem die Fachbereiche Soziale Arbeit (Sozialwesen, Sozialpädagogik, Sozialarbeit) an Fachhochschulen in Deutschland vertreten sind, hat 1995 einen Fachausschuss „Theorie- und Wissenschaftsentwicklung Sozialer Arbeit" eingesetzt, um zur Weiterentwicklung der Wissenschaft der Sozialen Arbeit und ihrer Verankerung in den Studienordnungen beizutragen. Dieser Fachausschuss, dem neun FachhochschulprofessorInnen angehört haben, hat zeitlich parallel, aber ohne Verbindung zur IFSW, an einer Definition des Gegenstandsbereichs der Sozialen Arbeit gearbeitet und das Ergebnis seiner Beratungen im Jahre 1999 publiziert. (Klüsche 1999) Der Fachausschuss hat definiert: *„Der Gegenstand der Sozialen Arbeit ist die Bearbeitung gesellschaftlich und professionell als relevant angesehener Problemlagen.*" (Klüsche 1999, 44) Und weiter heißt es: „Die Wissenschaft der Sozialen Arbeit ist die Lehre von den Definitions-, Erklärungs- und Bearbeitungsprozessen gesellschaftlich und professionell als relevant angesehener Problemlagen." (A.a.O., 50)
Die Definition des Fachausschusses ist im Vergleich mit der Definition der IFSW recht knapp gehalten und eher eine Kurzformel als eine ausführliche Gegenstandsbestimmung. Inhaltlich entsprechen sich beide Definitionen zwar, sind aber nicht deckungsgleich. Die *„Bearbeitung* gesellschaftlich und professionell als relevant angesehener Problemlagen" ist eine sehr viel zurückhaltender formulierte Aussage als „die Förderung des sozialen Wandel und die Lösung von Problemen in zwischenmenschlichen Beziehungen sowie die *Befähigung* und *Befreiung* von Menschen, um ihr Wohlbefinden zu verbessern". Bei „Bearbeitung" schwingt „Verwaltung" mit, bei „Förderung" „Engagement". Die Kernaussagen der IFSW-Definition und der Definition des Fachausschusses sind jedoch gleich und ergeben als *Kurzformel* für den Gegenstandsbereich der Sozialen Arbeit *„Bewältigen sozialer Probleme*". Überprüft man die diversen Gegenstandsbestimmungen für die Soziale Arbeit, dann lassen sich fast alle Ausführungen unter dieser Kurzformel subsumieren. Nicht selten ist diese Kurzformel oder eine leicht veränderte Fassung als Überschrift für ausführliche Gegenstandsbestimmungen zu finden. (Vgl. Puhl/Burmeister/Löcherbach 1996; Klüsche 1999, 52-96)
Was beinhaltet der Begriff „soziales Problem"? Was sind „soziale Probleme"? Das Wort „Problem" stammt von dem griechischen Verbum

„pro-bállein" gleich „vor-werfen, hinwerfen, aufwerfen" ab. Ein Problem ist etymologisch verstanden „etwas Aufgeworfenes"; ab dem 16. Jahrhundert wurde das vom Verbum „probállein" abgeleitete Substantiv „próblema" gleich „das Vorgelegte, die gestellte Aufgabe" als Fremdwort ins Deutsche übernommen. Allmählich erhielt es die Bedeutung „schwierig zu lösende Aufgabe, komplizierte Fragestellung; Schwierigkeit". (Duden 2001, 631) Probleme sind mehr als nur Schwierigkeiten. Schwierigkeiten sind alltägliche unerwünschte Sachlagen, die durch vernünftige Maßnahmen und ohne die Notwendigkeit besonderer Fachkenntnisse behoben werden können. Zu den Schwierigkeiten werden auch alltägliche Lebensschwierigkeiten gezählt, für die niemand eine Lösung kennt und mit denen man zu leben lernen muss. (Watzlawick/ Weakland/Fisch 1975, 58)

Der Begriff „soziales Problem" (englisch: „social problem") wird seit mehr als hundert Jahren in den Sozialwissenschaften benutzt, sein Inhalt ist immer wieder neu bestimmt worden. (Siehe Staub-Bernasconi 1983a, 1995, 1996, 1998a, 2002; Sidler 1989, 1999; Biermann/Bock/Rosenthal/Doehlemann/Grohall/Kühn 1994; Albrecht/Groenemeyer/Stallberg 1999; Groenemeyer 1999a; Schetsche 2000; Peters 2002 u.a.) Nach einer heute in der Soziologie verbreiteten Auffassung sind soziale Probleme „diejenigen gesellschaftlichen Tatbestände, Bedingungen oder Praxen, die Leiden und Störungen verursachen oder als solches aufgefaßt werden. Es muß also das Problematische an gesellschaftlichen Entwicklungen, Strukturen, Institutionen und Praktiken zum Thema gemacht werden, um dann die Bedingungen zu analysieren, unter denen diese zu sozialen, das heißt zu öffentlichen Problemen werden. Die soziologische Diagnose gesellschaftlicher Störungen und sozialer Probleme setzt auch immer Annahmen über einen ‚ungestörten' oder ‚normalen' Zustand der Gesellschaft voraus." (Groenemeyer 1999a, 14) Prinzipiell kann jeder soziale Sachverhalt als sozial problematisch definiert werden (zum Beispiel AIDS, Alkohol, Alter, Arbeitslosigkeit, Drogen, Kinder, Jugendliche, Frauen, Männer, Familien, Geschlecht, MigrantInnen usw.).

Drei Elemente sind den soziologischen Definitionen sozialer Probleme weitgehend gemeinsam:

- Soziale Probleme beziehen sich auf bestimmte konkrete soziale Bedingungen, Strukturen, Prozesse oder Situationen, die als Störung,

Widerspruch oder Funktionsproblem der Gesellschaft analysiert werden können.

- Bestimmte konkrete soziale Bedingungen, Strukturen, Prozesse oder Situationen werden als soziales Problem wahrgenommen, benannt oder sozial konstruiert.
- Die Bestimmung der konkreten sozialen Bedingungen, Strukturen, Prozesse oder Situationen als soziales Problem beinhaltet die Möglichkeit und Notwendigkeit von Veränderungen der Bedingungen, Strukturen, Prozesse oder Situationen und die Entwicklung von Gegenmaßnahmen und Politik. (Groenemeyer 1999a, 15f.)

Soziale Probleme haben in der Gesellschaft soziale Bewegungen ausgelöst, zu diesen gehört auch die „Social Science Movement". (Siehe Teil 2 Abschnitt 4.) Wie im Werdegang der Sozialen Arbeit beschrieben hat sich ein Teil der Sozialwissenschaftler (Soziologie) auf die wissenschaftliche Analyse sozialer Problematiken beschränkt, während ein anderer Teil (Soziale Arbeit) soziale Probleme mit wissenschaftlichen Methoden analysiert und darüber hinaus die Lösung dieser Probleme tatkräftig angestrebt hat.

„Soziale Probleme" werden als eigenständiger soziologischer Gegenstandsbereich angesehen und die soziologische Analyse der sozialen Konstitution sozialer Probleme muss sowohl die Entstehungs- und Entwicklungsbedingungen sozialer Probleme als Frage nach den Prozessen und Bedingungen der gesellschaftlichen Struktur und des sozialen Wandels thematisieren als auch dessen Verarbeitung in der Entwicklung kultureller Muster, symbolischer Sinnsysteme und gesellschaftlicher Praktiken. (Groenemeyer 1999a, 15)

Gegenstand der Sozialen Arbeit ist im Unterschied zur Soziologie das „Bewältigen sozialer Probleme", das heißt nach der IFSW-Definition die Förderung von sozialem Wandel, von Problemlösungen in zwischenmenschlichen Beziehungen sowie die Befähigung und Befreiung von Menschen zur Verbesserung ihres Wohlbefindens. Ziel der Sozialen Arbeit ist es, Menschen zu befähigen, ihr gesamtes Potenzial zu entwickeln, ihr Leben zu bereichern und sozialen Dysfunktionen vorzubeugen. Soziale Arbeit ist auf Problemlösung und Veränderung ausgerichtet. In diesem Sinne sind SozialarbeiterInnen AnwältInnen für sozialen Wandel sowohl in der Gesellschaft als auch im Leben von Individuen, Familien und Gemeinwesen. Insofern Soziale Arbeit auch

eine gesellschaftliche Antwort auf soziale Probleme ist, gehört sie selbst zu ihrem eigenen Gegenstandsbereich. (Siehe Teil 4 Abschnitt 2.4.)
Soziale Probleme können sowohl „bewältigt" als auch „gelöst" werden. In der Fachliteratur wird vornehmlich vom „Bewältigen" (englisch: „to master, to manage, to handle, to cope with"), weniger vom „Lösen" (englisch: „to solve") gesprochen. Der Begriff „bewältigen" setzt sich aus dem Verbum „walten" und dem Präfix „be" zusammen. Das mittelhochdeutsche Verbum „walten" bedeutet von seiner Sprachwurzel her „stark sein, beherrschen". Die Begriffe „Anwalt" und „Gewalt" gehören ebenfalls zu dieser Sprachfamilie. (Duden 2001, 908) Das Präfix „be" drückt u.a. das Zuwenden einer Fähigkeit (wie in „bekleiden" zu dem Substantiv „Kleid") aus, auch das Bewirken eines Zustandes (wie in „besänftigen" zu dem Adjektiv „sanft"). (Duden 2001, 75) Das Wort „lösen" ist von dem mittelhochdeutschen Adjektiv „los" abgeleitet und bedeutet „(ab)schneiden, (ab)schälen, (ab)reißen", dem Sinn nach auch „losmachen, frei machen". (Duden 2001, 494) Der Begriff „bewältigen" beinhaltet also etymologisch abgeleitet, dass jemand seine Aufmerksamkeit, seine Kraft und seine Stärke Menschen, die in sozial problematischen Bedingungen, Strukturen, Prozessen oder Situationen leben, zuwendet, sich zum Anwalt dieser Menschen macht und für sie eintritt, während „lösen" etwas über das Ergebnis der Zuwendung aussagt. Ziel der Zuwendung ist zwar auch die Lösung des Problems, das ist aber nicht immer möglich.
Manche AutorInnen erweitern den Begriff „soziale Probleme" und sprechen von „individuellen und sozialen Problemen". Der Begriff „soziale Probleme" involviert für mich „individuelle beziehungsweise persönliche Probleme", weil bei den gesellschaftlichen Zuständen, Bedingungen, Strukturen, Prozesse oder Situationen immer einzelne Menschen oder Menschengruppen persönlich betroffen sind. Soziale Probleme sind insofern immer auch individuelle beziehungsweise persönliche Probleme. (Vgl. Lowy 1983, 86 u.a.) Andere AutorInnen erweitern die Kurzformel um „Lernprobleme" und sprechen von „sozialen Problemen und Lernproblemen" als Gegenstand der Sozialen Arbeit. (Thiersch/Rauschenbach 1987, 1001) Diese Ergänzung ist nach meiner Auffassung ebenfalls unnötig, weil „Helfen und Erziehen" – insbesondere dann, wenn Kinder und Jugendliche betroffen sind – seit Jahrhunderten konstitutiv für das Bewältigen sozialer Probleme ist. (Vgl. Vives 1973; Pestalozzi 1945, 1946, 1949; Addams 1981; Nohl 1965; Böhm 1995; C.W. Müller 2001 u.a.)

Die Kurzformel „Bewältigen sozialer Probleme“ ist kultur- und epochenunabhängig. Die innere Logik und die Abstraktheit der Kurzformel ermöglichen es, unterschiedliche Bestimmungen sozialer Problematiken und verschiedene Bewältigungsweisen sozialer Probleme darunter zu subsumieren. Was in einer Lebensgemeinschaft ein soziales Problem ist, muss in einer anderen Lebensgemeinschaft keines sein. Die Kriterien dafür, dass soziale Bedingungen, Strukturen, Prozesse oder Situationen als sozial problematisch wahrgenommen werden, werden jeweils durch die Menschen in ihrer Zeit und in ihrer Kultur bestimmt, zum Beispiel durch die Politik. (Groenemeyer 1999c u.a.) So wie in der Medizin die Bestimmung mancher Krankheit (zum Beispiel Psychose) kultur- und epochenabhängig ist (siehe Eckart 2000), so ist die Bestimmung sozialer Problematiken (zum Beispiel „Armut“) in der Sozialen Arbeit kultur- und epochenabhängig. (Siehe Groenemeyer 1999b; Barlösius/ Mayerhofer 2001 u.a.) Unter Armut wurde und wird in verschiedenen Epochen und in verschiedenen Ländern nicht immer dasselbe verstanden; das Meinungsspektrum reicht von Armut als ein erstrebenswertes Ideal bis zu Armut als Produkt kapitalistischer Profitgier. Wenn von Armut gesprochen wird, ist impliziert, dass die Ausstattung von Menschen mit Lebensmitteln, Kleidung, Wohnung, Geld usw. nicht so ist, wie sie „normalerweise“ sein sollte. Manche AutorInnen sprechen von „objektiver Armut“, wenn absolute Bedürfnisse nicht befriedigt werden können, und von „subjektiver Armut“, wenn etwas fehlt, das für einen angemessenen Lebensstandard notwendig wäre. Offen bleibt die Frage nach Kriterien für das, womit jemand „normalerweise“ ausgestattet sein muss. International definiert man Armut heute durch eine Relation: in amtlichen Berichten wird die Armutsgrenze bei einem Haushaltseinkommen von weniger als der Hälfte des Durchschnitts in einem Lande festgesetzt.

Die Festlegung von Normalität und Abweichung von der Norm (Devianz) gehört zu den umstrittensten Themen der Menschenwissenschaften und zählt zu den zentralen Themen in den Theorien der Sozialen Arbeit.

Aus ihrem Gegenstand ergeben sich *für die Wissenschaft Soziale Arbeit* vor allem *folgende Aufgaben*, die in Kooperation mit den anderen Menschenwissenschaften wahrzunehmen sind:

- Die *Bewertung* konkreter sozialer Zustände (Bedingungen, Strukturen, Lagen, Prozesse oder Situationen) von einzelnen Menschen und

Menschengruppen nach den ethischen Prinzipien der Menschenwürde und Menschenrechte.

- Die sozialempirische *Erforschung* konkreter sozialer, als sozial problematisch definierter Zustände (Bedingungen, Strukturen, Lagen, Prozesse oder Situationen), von einzelnen Menschen und Menschengruppen.
- Die wissenschaftliche *Erklärung* dieser sozialen Zustände (Bedingungen, Strukturen, Lagen, Prozesse oder Situationen), ihres Zustandekommens und Weiterbestehens.
- Die *Entwicklung* von Theorien, Modellen und professionellen Handlungsmethoden zum Bewältigen sozialer Probleme.
- Die *Reflexion* des gesellschaftlichen Standortes und der gesellschaftlichen Funktionen der Sozialen Arbeit.
- Die *Überprüfung* der Interventionen der Sozialen Arbeit mit wissenschaftlichen Methoden.

Eine Gegenstandsbestimmung wie die der Sozialen Arbeit ist heute nicht außergewöhnlich. (Siehe Mittelstraß 1998, 134-158; Wissenschaftsrat 2000, 11ff. u.a.) Der Multidisziplinarität und systemhaften Verflechtung der sozialen Probleme entspricht die projektorientierte Verschränkung der Sozialen Arbeit und ihrer Bezugswissenschaften sowie die Notwendigkeit der Kooperation der betroffenen wissenschaftlichen und praktischen SpezialistInnen und GeneralistInnen. Das Denken in der Wissenschaft Soziale Arbeit muss ein Denken in Synthesen sein, denn das Denken und Arbeiten in Synthesen entspricht den synthetischen Leistungen der untersuchten Menschen und ihrer sozialen Probleme. Die Menschen haben eben nicht nur ein einzelnes Problem zu bewältigen, sondern Bündel von Problemen, deren Lösungen dann nur Synthesen auf höherem Niveau sein können. (Siehe Elias 1990, 205ff.) *Keine andere Wissenschaft konzentriert sich auf diesen Gegenstandsbereich und niemand streitet mit der Sozialen Arbeit um ihren Gegenstandsbereich.* Die anderen Menschenwissenschaften befassen sich nur mit Teilaspekten des Gegenstandsbereichs der Sozialen Arbeit. (Siehe Teil 4 Abschnitt 4.)

2.6 Loyalitätskonflikte der Sozialen Arbeit

Die Art und Weise, wie die Bedürfnisse oder die Problemlage eines Menschen oder einer Gruppe von Menschen definiert wird, bestimmt in hohem Maße, was in Bezug darauf getan wird. Wie groß und wie schwer muss ein soziales Problem sein, damit es als solches gewichtet und anerkannt wird? Wer entscheidet, ob ein Zustand sozial problematisch ist? Wer bestimmt für die Soziale Arbeit, dass und wann ein sozialer Sachverhalt sozial problematisch ist und zur Aufgabe für SozialarbeiterInnen wird? Wenn soziale Probleme gelöst werden sollen, dann geht das in der Regel nur dadurch, dass jemand oder etwas anders werden muss. Verändern beziehungsweise Anpassen wird so zum Auftrag der Sozialen Arbeit. Verändern ist ohne Anpassen nicht möglich, so wie Anpassen ohne Verändern nicht möglich ist. Wenn ich etwas oder jemanden verändere, dann bedeutet das, dass ich mir die Gegebenheiten oder den anderen anpasse („aktive Anpassung"). Wenn ich verändert werde, dann passe ich mich den Gegebenheiten oder dem anderen an („passive Anpassung"). Anpassen kann ich mich mit meinem Denken und Tun an meine eigenen Bedürfnisse, Werte und Normen („innere Anpassung"). Ich kann mich aber auch den Stärkeren, dem Milieu, der Marktlage, dem politischen System, der „peergroup" usw. anpassen („äußere Anpassung"). Der Begriff „Anpassung" ist heute weitgehend negativ besetzt. Wer passt sich schon gern an? Und wer möchte schon als angepasst gelten? Ein gewisses Maß an Anpassung ist aber für jeden Menschen notwendig, um zu überleben. Der Streitpunkt liegt in dem Maß der Anpassung (zu viel oder zu wenig Anpassung). Die Frage „Wer muss sich wem anpassen?" verweist darauf, dass *Anpassen und Verändern* mit der *Frage nach Macht* verbunden ist. Die Nähe von Anpassung zu Ohnmachtserfahrungen begründet vermutlich die vorrangig negative Bewertung von Anpassung.
Gelöst werden können Probleme und Konflikte nur durch Veränderungen. Welche Partei muss nachgeben und sich dem Anspruch der anderen Partei anpassen? In Theorien zur Sozialen Arbeit wird ausgeführt, wie Veränderungsprozesse verlaufen (sollen). Zentral ist dabei die Beantwortung der Fragen: Wer soll sich wem anpassen? Welche Rolle spielen dabei die SozialarbeiterInnen? Wie autonom ist die Soziale Arbeit und sind SozialarbeiterInnen in ihren Entscheidungen? Über wie viel Macht und Einfluss verfügen SozialarbeiterInnen? Wem gegenüber haben SozialarbeiterInnen loyal zu sein?

Der Sozialen Arbeit ist wegen der Eigenart ihres Gegenstandsbereichs ein hohes *Konfliktpotenzial* eigen. In der Fachliteratur wird dieses Konfliktpotenzial zumeist als doppeltes Mandat der Sozialen Arbeit behandelt. Damit ist gemeint, dass SozialarbeiterInnen unter Handlungsdruck zwei sich einander ausschließende Aufträge („Mandate") gleichzeitig ausführen sollen. Einerseits verlangt die Kommune beispielsweise von ihnen, möglichst wenig Sozialhilfe zu bewilligen, um Geld zu sparen, andererseits erwarten die KlientInnen aber von ihnen, möglichst großzügig unterstützt zu werden. Dieser Konflikt wird meistens recht plakativ mit Kontrolle im Auftrag des Staates (im Jugendamt, Sozialamt usw.) gegenüber Hilfe auf Wunsch der KlientInnen dargestellt. Man kann statt von einem doppelten Mandat auch von einem mehrfachen *Mandat* der SozialarbeiterInnen sprechen, da sie es in der Regel mit mehr als zwei Parteien, die „etwas von ihnen wollen", zu tun haben und schließlich haben sie auch noch eine eigene Einschätzung des Sachverhaltes und einen eigenen Anspruch an ihre Tätigkeit.
Bei der Bewältigung sozialer Probleme durch die Soziale Arbeit sind – vereinfacht gesagt – drei Figurationen beteiligt: die KlientInnen (Menschen in sozialen Problematiken), die Umwelt (zum Beispiel der Staat, die Stadt, die Nachbarn) und die SozialarbeiterInnen. Aus didaktischen Gründen vernachlässige ich hier weitere Differenzierungen. Innerhalb einer Gesellschaft stehen die drei Parteien in einem Dreiecksverhältnis zueinander, darstellbar als *Dreieck der Sozialen Arbeit* (siehe Abbildung 10).

Abbildung 10: Das Dreieck der Sozialen Arbeit

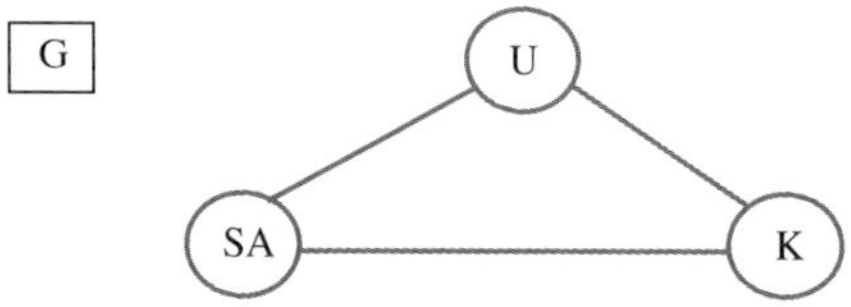

G = Gesellschaft U = Umwelt SA = Soziale Arbeit K = KlientInnen

Vier Grundvarianten des Zusammenspiels der drei Figurationen lassen sich unterscheiden:

- *Die Umwelt passt an.*

Die Umwelt (hier sind es die Stärkeren, die Mehrheit der Gesellschaft oder der Staat) bestimmt, wie sich die KlientInnen (hier sind es die Schwächeren oder eine Minderheit in der Gesellschaft) und die SozialarbeiterInnen zu verhalten haben. Die dominierende Gruppe schafft Rahmenbedingungen nach ihren Vorstellungen (zum Beispiel durch die Gesetzgebung) und erteilt der Sozialen Arbeit einen Auftrag (Mandat), die KlientInnen in diese Rahmenbedingungen einzupassen. Soziale Arbeit hat auf die von den Herrschenden als Störende und Abweichende erlebten Menschen (KlientInnen) so einzuwirken, dass sie sich den von ihnen vorgegebenen Normen fügen. Soziale Arbeit hat – zum Beispiel nach den Vorgaben des Staates – zu funktionieren und die KlientInnen zu normalisieren. Man spricht hierbei von sozialintegrativer, traditioneller, technologischer, therapeutischer oder pädagogischer Sozialer Arbeit. Die SozialarbeiterInnen definieren sich hier als InteressenvertreterInnen der Umwelt, zum Beispiel des Staates (Kontroll- und Vollzugsfunktion) (siehe Abbildung 11).

Abbildung 11: Die Umwelt passt an

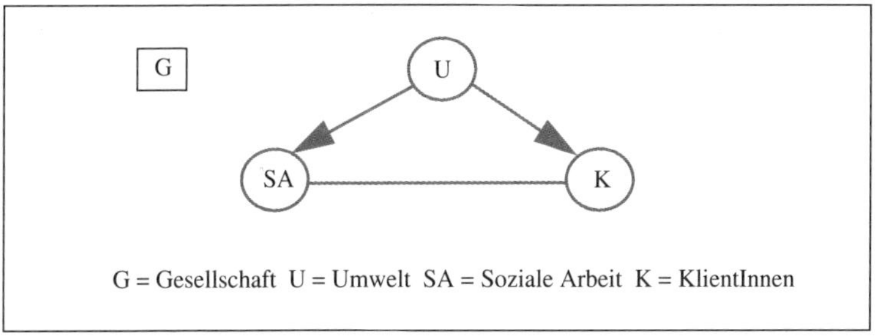

- *Die KlientInnen passen an.*

Die KlientInnen (Gruppe der Schwächeren und Minderheiten) stören sich an den in der Gesellschaft (im Staat) herrschenden Rahmenbedingungen und Normen. Sie entwickeln ihre eigenen Vorstellungen dazu, welche Rahmenbedingungen und Normen für das Leben in der Gesellschaft gelten sollen. Alle, die gesamte Gesellschaft und auch die Stärkeren sollen sich diesen Vorstellungen anpassen, sie zumindest als Rahmenbedingungen und Normen für Minderheiten tolerieren. Soziale Arbeit handelt im Auftrag (Mandat) ihrer KlientInnen und hat die Gesellschaft (den Staat, die Gesetzgebung) den Wert- und Normvorstellungen ihrer KlientInnen anzupassen. Man spricht hier von gesellschaftsverändernder, offensiver, alternativer, systemkritischer oder politischer Sozialer Arbeit. Die SozialarbeiterInnen sehen sich hier als InteressenvertreterInnen ihrer KlientInnen (HelferInnenfunktion) (siehe Abbildung 12).

Abbildung 12: Die KlientInnen passen an

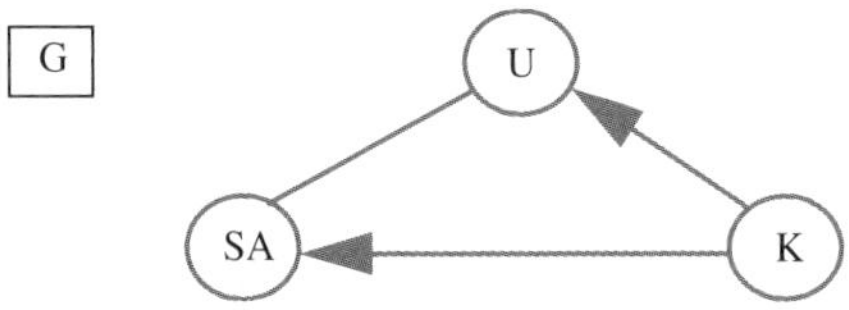

G = Gesellschaft U = Umwelt SA = Soziale Arbeit K = KlientInnen

- *Die Soziale Arbeit passt an.*

Die SozialarbeiterInnen haben eine eigene Vorstellung davon, wie die einzelnen Menschen und Menschengruppen innerhalb einer Gesellschaft miteinander leben und wie soziale Probleme bewältigt werden sollen. Die Gesellschaft insgesamt, also Staat und KlientInnen, soll sich den Normen und Wertvorstellungen der Sozialen Arbeit anpassen. Die SozialarbeiterInnen beanspruchen für sich, autonom zu handeln. Man spricht von autonomer Sozialer Arbeit, die gesellschaftsverändernd, evolutionär, revolutionär, emanzipativ oder konservativ sein kann. Die SozialarbeiterInnen nehmen hier einen eigenständigen professionellen Standort ein (unabhängige ExpertInnenfunktion) (siehe Abbildung 13).

Abbildung 13: Die Soziale Arbeit passt an

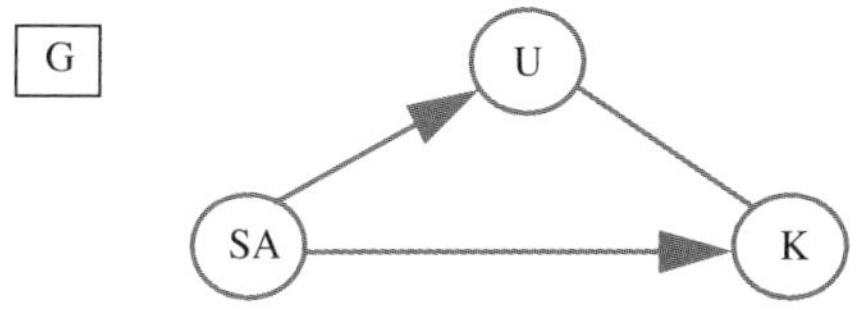

G = Gesellschaft U = Umwelt SA = Soziale Arbeit K = KlientInnen

- *Alle Betroffenen sind am Entscheidungsprozess beteiligt.*

Die Lösungen werden von allen an den sozialen Problemen Beteiligten gemeinsam gesucht. Die primäre Aufgabe Sozialer Arbeit ist es hierbei, die Betroffenen an einen Tisch zu bringen und dann den Diskurs zu initiieren und zu leiten. So können Wege der Problembewältigung gefunden werden, die alle beteiligten Parteien zufrieden stellen. Zur Aufgabe der Sozialen Arbeit gehört es auch, wissenschaftliches Wissen über soziale Probleme und ihre Bewältigungsmöglichkeiten konstruktiv in den Diskurs einzubringen. SozialarbeiterInnen versuchen zum Beispiel zwischen den Forderungen einer Behörde und den Bedürfnissen der KlientInnen zu vermitteln. Man spricht hier von dialogischer oder vermittelnder Sozialer Arbeit (VermittlerInnenfunktion) (siehe Abbildung 14).

Abbildung 14: Alle Betroffenen sind am Entscheidungsprozess beteiligt

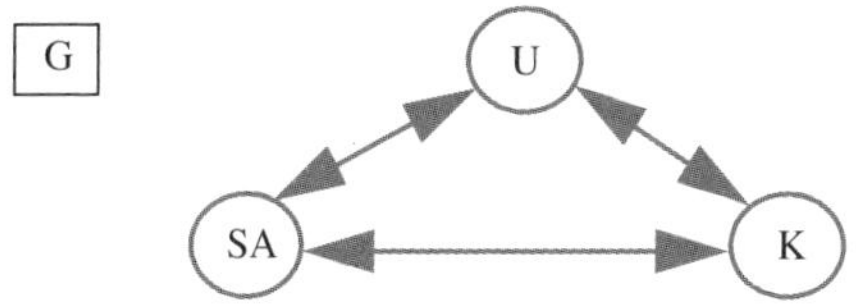

G = Gesellschaft U = Umwelt SA = Soziale Arbeit K = KlientInnen

Die vier Varianten stehen idealtypisch für gesellschaftliche Funktionen Sozialer Arbeit. Je nach den herrschenden Machtbalancen in einer Gesellschaft wird entschieden, ob und wie soziale Probleme in einen erstrebenswerten, als sozial unproblematisch definierten Zustand verändert werden sollen. In der Literatur wird fast immer nur zwischen zwei Funktionen der Sozialen Arbeit unterschieden, sozialintegrativ oder gesellschaftsverändernd zu sein. Mit einer Entweder-Oder-Haltung wird die komplexe Realität sozialer Probleme ignoriert und die vielfältigen Möglichkeiten und Ressourcen, die der Sozialen Arbeit in Theorie und Praxis gegeben sind, werden nicht ausgeschöpft.

3. Werte, Normen und Rechtsgrundlagen der Sozialen Arbeit

Die wohlhabenden BürgerInnen Chicagos fühlten sich Ende der neunziger Jahre des 19. Jahrhunderts in ihren vornehmen Stadtvierteln von den Armen aus den Elendsvierteln bedroht. Zynisch schrieb damals die Chicago Tribune: „Der einfachste Plan ist, den Arbeitslosen anstatt Butter Arsen aufs Brot zu streuen. Das bewirkt in kürzester Frist den Tod und ist den anderen Bettlern eine Warnung, sich in respektvoller Entfernung zu halten." (Stratenwerth 1990, 42f.) „Der Wolf ist der Säuberer des Waldes. Der Frost der Säuberer der Megapolis." Mit dieser Analogie schloss eine Moskauer Tageszeitung im Dezember 2001 ihren Artikel über den Kältetod von 280 obdachlosen Menschen in der russischen Hauptstadt ab. (Süddeutsche Zeitung vom 04.01.2002) Was ist ein Mensch in der modernen Gesellschaft wert? Ist ein Obdachloser weniger wert als ein Villenbesitzer?

SozialarbeiterInnen müssen Tag für Tag Menschen und die Zustände, in denen sie leben, bewerten und darauf aufbauend tätig werden. (Siehe Teil 4 Abschnitt 2.5.) Soziale Probleme lassen sich nicht allein auf spezifische „objektive" soziale Bedingungen zurückführen, sondern sind immer das Ergebnis „subjektiver" Bewertungen, die das Problematische und Konflikthafte des sozialarbeiterischen Alltags ausmachen.

Werte und Werturteile haben für soziale Probleme eine dreifache Bedeutung: Erstens sind sie die Grundlage für die Bewertung bestimmter Sachverhalte, das heißt auf der Grundlage von Werturteilen werden bestimmte Zustände als unerwünscht (gleich „sozial problematisch") und veränderbar definiert; zweitens können sie die Ursache für soziale Probleme abgeben, wenn bestimmte (neue) Werte ein abweichendes Verhalten von (bisher fraglos) übernommenen Werten nahelegen, und drittens sind Werte die Grundlage für Konflikte über die Wahl der Bewältigungsmöglichkeiten für bereits definierte soziale Probleme." (Groenemeyer 1999a, 43)

Auf welche Werte und Normen greifen SozialarbeiterInnen zurück, wenn sie soziale Zustände bewerten (müssen)? Wie begründen sie die von ihnen angewandten Werte und Normen? Wie begründen sie ihre

Handlungen? Gibt es für alle in der Sozialen Arbeit Tätige verbindliche ethische Prinzipien? Welche Ermächtigungsgrundlage haben SozialarbeiterInnen für ihre Bewertungen und Interventionen? Es gehört zu den unverzichtbaren Aufgaben der Wissenschaft Soziale Arbeit, sich mit den ethischen Prinzipien der Sozialen Arbeit (Findung, Begründung, Verwirklichung usw.) zu befassen, sie zu erforschen und zu reflektieren, und sich dabei selbst an die Werte und Normen der Scientific Community zu halten. Die umfangreiche Fachliteratur bezeugt, dass das auch geschieht. (Siehe Wegener 1992; Brumlik 1992, 2001; Pfeifer-Schaupp/Schwendemann 1994; Wronka 1995b; Flynn 1995c; Staub-Bernasconi 1998c; Schneider 1999; Thiersch 1995, 2001; Reamer 2001; Banks 2001; Sünker 2002; Hosemann/Trippmacher 2003 u.a.)
Es gehört aber auch zu den unverzichtbaren Aufgaben der Wissenschaft Soziale Arbeit, sich mit den *Ermächtigungsgrundlagen* für Soziale Arbeit zu befassen. Bei der Diskussion über die ethischen Prinzipien der Sozialen Arbeit wird nach meiner Auffassung zu wenig berücksichtigt, dass die Soziale Arbeit immer schon eine Rechtswirklichkeit vorfindet. In allen Staaten der Welt trifft die Soziale Arbeit auf staatliche Gesetzgebung und Rechtsprechung, in denen die vom Staat anerkannten Werte und Normen nicht nur verbindlich vorgeschrieben sind, sondern für diejenigen, die sich nicht danach richten, Sanktionen festgelegt sind. Die Soziale Arbeit verfügt weder über den Einfluss, ihre Werte und Normen einer Gesellschaft verbindlich vorzugeben, noch hat sie die Macht, allein auf der Grundlage ihrer eigenen Werte und Normen zu handeln. Vielmehr benötigt sie eine rechtliche Ermächtigungsgrundlage für ihr professionelles Handeln. Insofern sind die ethischen Prinzipien nur die eine Seite einer Münze, die andere Seite sind die rechtlichen Grundlagen und die Rechtspraxis in einem Staat. Ethik und Recht gehören in der Sozialen Arbeit untrennbar zusammen. (Siehe Kaufmann/Hassemer 1994; Kreft/Münder 1994; Münder 1994, 1999, 2000; Maas 1996; Hofmann 2000; Lehmann 2000; Bauer/Schimke 2001; Burghardt 2001; Fieseler/Herborth 2001; Zippelius 2003 u.a.)

3.1 ETHISCHE PRINZIPIEN DER SOZIALEN ARBEIT UND IHRE BEGRÜNDUNG

Bei den ethischen Prinzipien geht es um die drei Fragen: Was ist gut? Was darf ich tun? Was muss ich tun? und um die Verschränkung der drei

Fragen miteinander. Bei der ersten Frage geht es um das persönliche Wohlergehen und bei den beiden anderen um Rechte und Pflichten im Zusammenleben. Die ethischen Prinzipien, auf die sich die Soziale Arbeit beruft, lassen sich zwei Traditionen zuordnen. Diese unterscheiden sich sowohl in den Werten als auch hinsichtlich ihrer Begründung. In theologisch begründeten Ethiken stehen Werte wie Liebe und Gehorsam im Vordergrund, in philosophisch begründeten Ethiken stehen Werte wie Freiheit und Gerechtigkeit im Vordergrund. Die verschiedenen Wertsetzungen und ihre Begründungen schließen sich nicht unbedingt gegenseitig aus. (Siehe Teil 3 Abschnitt 2.2.)

(1) Theologisch begründete Werte

Die christliche Lehre und die Praxis der Kirchen haben einen entscheidenden Anteil an der Entwicklung Europas und dem Prozess der Industrialisierung gehabt. Von der Missionierung Europas (8. Jahrhundert) an haben die verschiedenen Ausformungen des Christentums weitgehend das soziale Leben und auch die Werte und Normen für die Soziale Arbeit in Europa geprägt. Für Westeuropa gab es in dieser Entwicklung zwei wichtige Zäsuren: die Reformation im 16. Jahrhundert und die Aufklärung im 18. Jahrhundert.
Das göttliche Gebot der *Gottes- und Nächstenliebe* ist der Kern der christlichen Ethik. Es bezieht sich auf Gott als den Endzweck des Lebens, deswegen hat sich ihm auch der menschliche Verstand zu unterwerfen. Wir schulden jedem Nächsten die Liebe, weil diese uns sowohl nach dem natürlichen Ebenbild Gottes als auch nach der Fassenskraft für die Herrlichkeit Gottes Nächste sind. (Thomas von Aquino 1985c, 200ff.) Ausgangspunkt für die *Werke der Barmherzigkeit* (Hungrige speisen, Durstigen zu trinken geben, Nackte bekleiden, Fremde ins Haus aufnehmen, Kranke besuchen und pflegen, Gefangene trösten und die Toten bestatten) sind die *unbefriedigten Grundbedürfnisse* (hungern, dürsten, nackt sein, obdachlos sein, krank sein, gefangen sein und unbeerdigt sein). (Matthäus 5, 1-2; 25, 31-46) Die *Würde des Menschen* wird theologisch damit begründet, dass der Mensch Ebenbild Gottes sei.
Thomas von Aquin, der einflussreichste christliche Theologe bis in die Neuzeit hinein, dachte nicht daran, den Bedürftigen nachhaltig und ein für allemal von seiner Not zu befreien. Helfen war für ihn momentan und individuell ausgerichtet, nicht auf den sozialen Wandel der Gesell-

schaft. Im Mittelpunkt stand das religiöse Verdienst des Almosenspenders, nicht das Wohl des Armen. Die *Barmherzigkeit* sei „eine *Mitleide* in unserem Herzen mit fremdem Elend; es treibt uns an, zu Hilfe zu kommen, falls wir nur können … Die Barmherzigkeit ist eine gewisse Traurigkeit über das zutage tretende verderbliche oder betrübende Übel." (Thomas von Aquino 1985c, 151-161) *Wohltätigkeit* folge aus dem Wesen der Liebe, durch die das „Höherstehende zur Fürsorge für das Tieferstehende" bewegt werde. Es gab für Thomas und die Kirche keinen Grund, die Abschaffung der Armut zu fordern und sich für eine Gesellschaftsreform einzusetzen. Die Ständeordnung mit den Armen an unterster Stelle wurde als von Gott gegebene Ordnung angesehen, zumal *Armut* in der Kirche auch als ein anzustrebendes *Ideal* galt.

Von diesen ethischen Prinzipien wurde eine helferzentrierte Wohltätigkeit abgeleitet, die im Widerspruch zu den Quellen der christlichen Offenbarung, insbesondere zur Lehre Jesu in den Evangelien, steht. Die Lebenssituation des Bedürftigen wurde dabei kaum beachtet. Die KlientInnen sind letztlich für ihre Notlage selbst verantwortlich gemacht worden; ihnen wurde auch unterstellt, dass sie Schuld auf sich geladen hätten und ihre Not Sühne dafür sei. Die Armen (Klienten) wurden nur dann versorgt, wenn sie bereit waren, sich widerspruchslos in das Gesellschaftsgefüge einzugliedern, andernfalls wurden sie nicht unterstützt, sondern ausgestoßen. Die Armen bildeten den untersten Stand in der Ständeordnung und waren den Mitgliedern der höheren Stände keine gleichwertigen Menschen.

Zu den ethischen Prinzipien der Kirche gehörte viele Jahrhunderte lang das strikte Verbot, für das Ausleihen von Geld *Zinsen* zu nehmen. Zinsen galten als Raub. Im Judentum bestand dieses Verbot nicht, und viele Juden verschafften sich durch das Ausleihen von Geld gegen Zinsen Reichtum und Einfluss. Mit der wachsenden Bedeutung des Leihgeldes für das Wirtschaftsleben gab die Kirche von der Mitte des 16. Jahrhunderts an nach und nach das Zinsverbot auf. Damit wurde das letzte große moralische Hindernis auf dem Wege zu einer profitorientierten Industriegesellschaft beseitigt.

Die evangelischen Reformatoren des 16. Jahrhunderts unterstützten die Entwicklung zur modernen Gesellschaft nicht nur, sondern beschleunigten sie geradezu, allen voran der Schweizer Reformator Johann Calvin (1509-1564) mit seiner Prädestinationslehre (gleich „Vorherbestimmung"), die zu rastloser Tätigkeit antreibt. Von missionarischer Moti-

vation getragen prägte Calvin mit seiner Ethik hinsichtlich Lebensführung, Berufsausübung und Verantwortungsforderung das soziale, wirtschaftliche, politische und kulturelle Leben führender Industriestaaten (Schweiz, Niederlande, England, Schottland und Nordamerika). Der Calvinismus entwickelte sich zur herrschenden Form des Protestantismus (Puritaner, Presbyterianer) in Westeuropa und Nordamerika mit Weltgeltung bis in die Gegenwart hinein, ausgenommen Deutschland. Glauben hieß für Calvin, das Wort der Hl. Schrift als Wort Gottes anzuerkennen. Der Hl. Geist erwecke im Herzen die Gewissheit, dass der Einzelne von Gott gekannt, das heißt auserwählt, sei und zur Gemeinschaft des auserwählten Volkes gehöre. Die Berufsarbeit ist nach Calvin „Gottesdienst" und aus dem (wirtschaftlichen) Erfolg des Menschen könne auf seine Erwählung für das Ewige Leben geschlossen werden. Gehorsam, Fleiß, Erfolg, Reichtum und Dankbarkeit sind die nach Calvin anzustrebenden Werte. Die Bedeutung der Ethik Calvins auf die wirtschaftliche und soziale Entwicklung Europas und Nordamerikas kann nicht hoch genug eingeschätzt werden.
Die Reformatoren betonten den Wert des Einzelnen („Subjekt", „Ich"), während die katholische Kirche weiterhin den Wert der Gemeinschaft („Communitas", „Wir") über den des einzelnen Menschen („Person") stellte.
Vergessen wird mitunter, dass die christlichen Werte und Normen vor 2000 Jahren aus der jüdischen Kultur entwickelt worden sind. Zu der Zeit gab es in Israel bereits zahlreiche religiös begründete Sozialmaßnahmen nach dem ethischen Grundsatz: Nicht Almosen, sondern Gerechtigkeit. (Siehe Teil 1 Abschnitt 1.) Armut wurde im Unterschied zum Christentum niemals idealisiert, sondern als „Erzübel" aufgefasst und bekämpft. Jeder bedürftige Mensch besitzt nach jüdischer Auffassung eine Würdestellung. Durch die gebotene Verpflichtung zur Hilfe kann er sogar einen Anspruch auf Leistungen durch die Gemeinschaft geltend machen. Das Mitgefühl mit dem Leidenden sollte das Ergebnis rationaler Urteilskraft sein. Soziale Arbeit war im Judentum schon früh eine gesellschaftliche Pflicht. Prinzipien jüdischer Ethik sind von bedeutenden PionierInnen der Sozialen Arbeit zu Beginn des 20. Jahrhunderts in die Soziale Arbeit eingebracht worden. (Siehe Zeller 1998 u.a.)
Die katholische Sozialethik ist durch die päpstlichen Sozialenzykliken seit der zweiten Hälfte des 19. Jahrhunderts radikal verändert worden. Seitdem wird im Namen Christi gefordert: Die Gesellschaft muss durch

soziale Gerechtigkeit und soziale Liebe erneuert werden. „Caritas umfaßt auch gesellschaftliches und politisches Handeln, das am Wohle aller interessiert ist, sich aber vorzugsweise zum *Anwalt der Schwächsten* – in biblischer und neuerer theologischer Terminologie: die Armen – zu machen hat." schreibt heute der katholische Sozialethiker Konrad Hilpert. (Hilpert 1997, 24, 53. Hervorhebung durch E.E.) „Die Wahrnehmung von Not, das Einordnen von Not, das Lindern von Not und das Verhindern von Not durch soziale Dienstleistungen und mehr Gerechtigkeit gehören zusammen. Not im konkreten Fall zu bekämpfen, umfasst auch die Entschlossenheit, sich mit vermeidbarer Not und ihren Ursachen nicht abzufinden." (Siehe auch Kerber/Ertl/Hainz 1991; Grebing 2000a u.a.)

(2) Philosophisch begründete Werte

Aufklärung und Säkularisation des 18. und 19. Jahrhunderts haben die Vorherrschaft der Kirchen und des theologischen Argumentierens in Fragen der Ethik und der Moral weitgehend abgelöst. Andere, philosophisch begründete Werte traten an die Stelle traditioneller, religiös begründeter Werte. Die Kirchen hatten im Verlauf des 19. Jahrhunderts ihren Einfluss und ihre Kontrolle über die Universitäten verloren. Der so entstandene Freiraum wurde genutzt, um autonom Ethiken zu entwerfen. Mit der Französischen Revolution und den ihr folgenden Emanzipationsbewegungen wurden *Freiheit, Gleichheit und Gerechtigkeit* zu den großen Themen in Philosophie und Ethik. Ziel der Aufklärung war es in diesem Zusammenhang, Natur, Geschichte, menschliche Freiheit und Selbstbestimmung des Menschen und das Menschsein aus neuen Perspektiven, ohne Religion und Kirche, zu verstehen und den Menschen aus seiner selbst- oder fremdverschuldeten Unmündigkeit zu befreien. Ausgangspunkte waren die dialogische Methode und das Motiv des vernünftigen Argumentierens von Sokrates, die Frage nach der Bestimmung und Begründung der Vernunft als grundlegendem sittlichem Moment von Platon, die Bedingtheit und Kontextualität jeder Ethik im Bereich der menschlichen Erfahrungswelt von Aristoteles und die Apriori-Bestimmung ethischer Imperative von Kant. (Siehe Pfeifer-Schaupp/Schwendemann 1994.)
Mit dem Begriff „*Subjekt*" bezeichneten seit dem Ende des 18. Jahrhunderts idealistische und materialistische, bürgerliche und sozialistische

Aufklärer den neuen (gleich „modernen“) Menschen. Die neu entwickelten wirtschaftlichen, sozialen, politischen rechtlichen, sittlichen, ästhetischen, geistigen und religiösen Freiheitsmöglichkeiten des modernen Menschen sollten in dem Begriff „Subjekt“ vereint werden.
„*Soziale Gerechtigkei*t“ ist von jeher ein kardinaler Wert der Sozialen Arbeit (siehe Hosemann/Tippmacher 2003 u.a.) und ebenso ein Schlüsselbegriff in den Werken aller Philosophen, die den Emanzipationsbewegungen verbunden waren und den Wandel ungerechter sozialer Verhältnisse gefordert haben, wie zum Beispiel bei Condorcet, Saint-Simon, Kant, Marx u.a.
Beispielhaft für eine neue philosophische Begründung sozialer Gerechtigkeit, in der die lange Reihe früherer philosophischer Begründungen aufgenommen worden ist, führe ich hier das Werk des Harvard-Professors John Rawls (1921-2002) an. Die Ausführungen von Rawls in seinem Buch „A Theory of Justice“ haben seit dem Erscheinen des Buches (1971) eine andauernde internationale Diskussion über soziale Gerechtigkeit und ihre Begründung ausgelöst und diese nachhaltig beeinflusst. (Rawls 1979) Ich versuche die komplexe Theorie in wenigen Worten zu skizzieren. Rawls hat das Prinzip sozialer Gerechtigkeit aus dem Prinzip der individuellen Freiheit abgeleitet und die Gerechtigkeit als jenen höchsten moralischen Anspruch, dem sich keine Rechtsordnung und kein Gemeinwesen entziehen darf, dem Utilitarismus (Grundlage des sittlichen Verhaltens ist das Nützliche!) entgegengesetzt. Der Grundsatz des Sozialstaates wurde so zu einer notwendigen Erweiterung des Rechtsstaatsprinzips. Rawls ging bei seiner Begründung von einer einfachen Annahme aus: In einem Gedankenexperiment suchen vernunftbegabte Individuen nach den Grundsätzen der Gerechtigkeit für eine zu errichtende staatliche Gemeinschaft. Sie tun dieses allerdings unter einem „Schleier der Unwissenheit“. Ihre zukünftige Stellung in der Gesellschaft, ihre persönlichen Stärken und Schwächen, ihre Begabungen, selbst ihr Geschlecht sind ihnen unbekannt. Die Parteien in diesem „Urzustand“ sind gegenseitig desinteressiert und nicht bereit, ihre Interessen anderen aufzuopfern. Sie sind weder von Liebe noch von Hass geleitet, sondern nur daran interessiert, für sich selbst möglichst viele Grundgüter zu erhalten. Unter Grundgütern versteht Rawls Rechte und Freiheiten, Chancen und Macht, Einkommen und Wohlstand, auch die Selbstachtung. Rawls nimmt an, dass in diesem Urzustand zwei Grundsätze zur Gestaltung einer gerechten Gesellschaft gefunden und für alle verbindlich gewählt würden:

„Erster Grundsatz: Jedermann hat gleiches Recht auf das umfangreichste Gesamtsystem gleicher Grundfreiheiten, das für alle möglich ist. Zweiter Grundsatz: Soziale und wirtschaftliche Ungleichheiten müssen folgendermaßen beschaffen sein: (a) sie müssen unter der Einschränkung des gerechten Spargrundsatzes den am wenigsten Begünstigten den größtmöglichen Vorteil bringen, und (b) sie müssen mit Ämtern und Positionen verbunden sein, die allen gemäß fairer Chancengleichheit offen stehen." (Rawls 1979, 336)

Im ersten Grundsatz hat Rawls den kategorischen Imperativ von Immanuel Kant: „Jeder soll und darf soviel Freiheiten beanspruchen wie möglich, wenn er sie auch allen anderen zuzugestehen bereit ist; gleiche Freiheit oder freie Gleichheit." variiert. Der zweite Grundsatz greift die Idee materieller Gleichheit auf: Ungleichheit darf nur dann sein, wenn sie zu aller Vorteil ist, also auch gerade zum Vorteil der Benachteiligten. Die Grundsätze gehen über eine formalrechtliche Freiheit ebenso hinaus wie das auf das Nützliche gerichtete „größtmögliche Glück für die größtmögliche Anzahl" von Menschen, wie es im Utilitarismus heißt.

Gegen die Theorie von Rawls wurden zwei grundsätzliche Einwände vorgebracht. Rawls begreife die Menschen als atomistische, monadische Subjekte, deren Bedürfnisse sich weitgehend auf den Interessenegoismus rationaler Einzelwesen reduziere, kein Mensch existiere aber außerhalb jeder Bindung an andere Menschen und die Welt bestehe nicht nur aus egozentrischen Singles. Zweitens setze Rawls Fairness voraus, diese sei aber einfach nicht natürlich gegeben. Weder historisch noch im gegenwärtigen Vergleich der Gesellschaftssysteme und Kulturen sei Fairness selbstverständlich. Das Postulat Fairness stütze sich vielmehr auf die spezifische Tradition einer Gemeinschaft („community"), in der aufgeklärte Ideale wie Freiheit, Gleichheit und Gerechtigkeit zur Gewohnheit geworden sind. Ohne diese Voraussetzungen hingen die beiden Grundsätze in der dünnen Luft reiner Abstraktion, wie von VertreterInnen des Kommunitarismus eingewandt wurde. (Siehe Brumlik/Brunkhorst 1993 u.a.)

In seinem zweiten großen Werk „Political Liberalism" (Rawls 1998) hat Rawls diese Kritik beherzigt und war bestrebt, eine realistischere Theorie zu entwickeln. Rawls geht nicht mehr von einer allen Menschen gemeinsamen Gerechtigkeitsvorstellung aus, sondern setzt beim Pluralismus von vernünftigen, gleichwohl miteinander unvereinbaren religiösen, philosophischen und moralischen Werten („doctrines") an, für die

er den übergreifenden Konsens sucht. Damit möchte er einem Rechtsimperialismus entkommen, der für die Ethik- und Rechtskultur des Westens universelle Geltung beansprucht und deshalb allen anderen Kulturen aufzuzwingen wäre. Rawls hat sich ausdrücklich nicht für einen Wohlfahrtsstaat, sondern für einen Sozialstaat, der der Freiheit und Gleichheit aller seiner BürgerInnen dient, eingesetzt. Die Begründung sozialer Gerechtigkeit von Rawls ist nur eine unter mehreren, die derzeit für die Soziale Arbeit relevant sind. (Siehe Shklar 1992; Kaufmann/Hassemer 1994; Forst 1994; Thiersch 1995, 2001; Staub-Bernasconi 1998c; Hoffmann 2000; Brunkhorst 2001; Zippelius 2003; Hosemann/Trippmacher 2003 u.a.)
Menschenwürde, soziale Gerechtigkeit, Gleichheit, Verantwortung, Gemeinsinn, Solidarität, Subjekt, Gemeinschaft usw., ihre Begründungen und ihre Verwirklichung bleiben Aufgaben moderner Gesellschaften und der Sozialen Arbeit; sie lassen sich nicht durch eine vorurteilsbeladene Gegenüberstellung von liberalem „Atomismus" und kommunitärem „Monismus" lösen, sondern nur durch einen kontinuierlichen Ethikdialog, in dem die Interdependenzen von Individuen („Subjekt", „Person") und Gesellschaft („Communitas", „Staat") als selbstverständlich gegeben angesehen werden.

(3) Weltweite Missachtung ethischer Prinzipien

Die Geschichte der Sozialen Arbeit zeigt, dass Soziale Arbeit es vor allem mit der Verletzung von ethischen Prinzipien zu tun hat, sei es durch Einzelne, Gruppen, Staaten oder auch durch Mitglieder der eigenen Profession; hierfür vier Beispiele:

- Stichwort *Menschenwürde*

Die Vorstellung von der Perfektibilität des Menschen hat eine lange Tradition und der alte Traum vom neuen, perfekten Menschen wird immer wieder neu geträumt. Die stets präsente, aber nie erreichbare Utopie des „perfekten" Menschen zielt immer zugleich auf die Überwindung des „alten Menschen", der als „Mängelwesen" wahrgenommen wird. Als „Krüppel" und „Verrückte" abgestempelt hatten Menschen mit Behinderungen noch nie viel zu lachen. In der Antike waren griechische und römische Schönheitsideale maßgebend: perfekte Menschen mit perfekten Körpern. Sie wurden in der Kunst vor Augen geführt. Wer diesem Ideal nicht entsprach, war der Darstellung nicht würdig. Der große Philosoph Platon forderte, „verkrüppelte" Kinder auszusetzen. Der schreckliche Traum vom vollkommenen Menschen führte zur Zeit des Nationalsozialismus in Deutschland zur systematischen Ermordung von Menschen mit Behinderungen. (Siehe Kappeler 2000.)

- Stichwort *Nächstenliebe*

Die Praxis der Kirche stand nicht selten im Gegensatz zu den von ihr selbst gepredigten ethischen Prinzipien und Werten. Die kirchliche Inquisition bekämpfte zum Beispiel mit Bann, Klosterhaft und Todesstrafe jede Form von „Häresie" und „Sektierertum". Die Kreuzzüge des abendländischen Christentums vom Ende des 11. bis zum Ende des 13. Jahrhunderts dienten nicht nur der Befreiung des „Heiligen Landes" aus den Händen des sich ausbreitenden Islams, sondern waren zugleich von großer wirtschaftlicher Bedeutung für die aufblühenden Städte in Europa. Im Namen Christi sind viele indianische Stämme vor allem in Nord- und Südamerika „mit Schwertern und Pistolen missioniert" worden, ihre Ländereien wurden besetzt und ihre Bodenschätze ausgebeutet.

- Stichwort *Gleichheit*

Millionen Frauen auf der Welt dürfen nichts besitzen, nicht erben, gelten als nicht kreditwürdig, sind der Willkür ihrer Männer ausgeliefert. In Indien häuft sich der Gattinnenmord, weil eine neue Ehefrau dem Manne eine neue Mitgift mitbringt. In China werden weibliche Föten abgetrieben, weil Jungen einen höheren Wert für die Familien besitzen. 70% der Armen dieser Welt sind Frauen, zwei Drittel der Analphabeten sind Frauen. Sie besetzen gerade einmal 14% der höheren Posten in Management und Verwaltung, 10% der Parlamentssitze, 6% der Kabinettsposten. „Gewalt bestimmt ihr Leben von der Wiege bis zur Bahre" heißt es im „Human Development Report" der Vereinten Nationen. (Gerste 1995)

- Stichwort *Gerechtigkeit*

Für die Rechtsphilosophin Judith N. Shklar (1928-1992) hat die Ungerechtigkeit die Gerechtigkeit in der Menschheitsgeschichte bei weitem überwogen, stets sei die Stimme der allermeisten, die Ungerechtigkeit empfanden, zum Schweigen gebracht worden. Das „Projekt Gerechtigkeit" der Französischen Revolution sei zum Beispiel kläglich gescheitert: Der Wille zur vollkommenen Gerechtigkeit habe sich terroristisch Bahn gebrochen, und am Ende der Revolution hätten Regime einer neuen gewaltigen Ungerechtigkeit gestanden. Seit Aristoteles gelte die Ungerechtigkeit als bloße Vorstufe zur Gerechtigkeit, als Abnormität, als Ausnahme von der Regel, die den Siegeszug der Gerechtigkeit vorsah. Aber nicht die Gerechtigkeit stehe im Mittelpunkt der Geschichte, sondern die Ungerechtigkeit. Das Interesse und die Neugier müssten auf die Ungerechtigkeit und nicht auf die Gerechtigkeit gerichtet sein, denn die Ungerechtigkeit sorge für die Tragödien des Lebens. (Shklar 1992)

3.2 Soziale Arbeit, der Code of Ethics und die Menschenrechte

Professionelle Soziale Arbeit erwuchs – so definiert es die International Federation of Social Workers (IFSW) – aus humanitären und demokratischen Idealen; ihre Werte gründen auf der Achtung der Gleichheit, dem Wert und der Würde aller Menschen. Menschenrechte und soziale Gerechtigkeit sind auch heute Motivation und Rechtfertigung für das Handeln der Sozialen Arbeit. Die ethischen Grundlagen der Sozialen Arbeit sind von der IFSW und der IAASW in eigenen Deklarationen beziehungsweise Kodizes festgelegt und niedergeschrieben worden.

(1) Ethische Grundlagen Sozialer Arbeit

Unter dem Titel „The Ethics of Social Work. Principles and Standards" hat die International Federation of Social Workers (IFSW) auf ihrem Weltdelegiertentreffen 1994 in Colombo, Sri Lanka, die ethischen Prinzipien und Standards der Sozialen Arbeit beschlossen. (Siehe http://www.ifsw.org/Publications/4.4.pub.html.) Die Erklärung besteht aus drei Teilen, dem „Hintergrund", der „International Declaration of Ethical Principles of Social Work" und den „International Ethical Standards for Social Workers". Einleitend wird betont, dass ethisches Bewusstsein ein notwendiger Teil der professionellen Arbeit für jede/n SozialarbeiterIn sei. Ihre/seine Fähigkeit, ethisch zu handeln, sei ein essentieller Aspekt der Qualität des Dienstes, der den KlientInnen angeboten wird.

„International Declaration of Ethical Principles of Social Work“

Die IFSW hält eine Erklärung ethischer Prinzipien als Richtlinie bei auftauchenden ethischen Problemen in der Sozialen Arbeit für notwendig. Ziel dieser internationalen Erklärung ist es, einige grundlegende ethische Prinzipien der Sozialen Arbeit zu formulieren, die an die jeweilige kulturelle und soziale Umgebung anzupassen sind, ethische Problembereiche in der Praxis der Sozialen Arbeit festzustellen und eine Anleitung für die Wahl der Methoden bei ethischen Fragen/Problemen anzubieten. Eingeräumt wird, dass eine ausführliche Liste ethischer Standards in Anbetracht der gesetzlichen, kulturellen und politischen Verschiedenheiten in den Mitgliedsländern der IFSW wirklichkeitsfremd wäre. Die ersten fünf der insgesamt zwölf Prinzipien sind:

- Jeder Mensch hat seinen eigenen Wert („unique value“), der die moralische Rücksichtnahme („moral consideration“) auf die Person begründet.
- Jeder Mensch hat das Recht auf Selbstverwirklichung, soweit dadurch nicht das gleiche Recht eines anderen verletzt wird; er hat die Pflicht, zum Gemeinwohl („well-being of society“) beizutragen.
- Jede Gesellschaft sollte ungeachtet ihrer Gesellschaftsform ein Höchstmaß an Wohlfahrt („maximum benefits“) für alle Mitglieder bieten.
- SozialarbeiterInnen sind den Grundsätzen der sozialen Gerechtigkeit verpflichtet.
- SozialarbeiterInnen haben die Verantwortung, fachliches Wissen und Können zu erwerben, um Individuen, Gruppen, Gemeinschaften und der Gesellschaft in ihrer Entwicklung und bei der Lösung persönlich-gesellschaftlicher Konflikte und ihrer Folgen zu helfen.

Am Ende wird für alle Prinzipien ausdrücklich auf die Verbindung der Erklärung der IFSW mit der Allgemeinen Erklärung der Menschenrechte von den Vereinten Nationen hingewiesen.
Problemfelder entstehen für SozialarbeiterInnen leicht, wenn ihre Loyalität inmitten gegensätzlicher Interessen, zum Beispiel zwischen den eigenen Interessen und denen der KlientInnen, zwischen den Interessen der KlientInnengruppen und denen der Bevölkerung steht, wenn die/der SozialarbeiterIn sowohl die Rolle der HelferIn als auch der Kontrolleu-

rIn wahrnehmen soll, wenn die Pflicht des/der SozialarbeiterIn, die Interessen der/des KlientIn zu schützen, mit der Erwartung von Effizienz und Nutzen unvereinbar sind.
Im Anschluss an die Beschreibung der Problemfelder werden Methoden zur Lösung von Streitfragen und Konflikten beschrieben.

„International Ethical Standards for Social Workers"

Die „International Ethical Standards for Social Workers" basieren auf dem „International Code of Ethics for the Professional Social Worker" von 1976. In der Präambel steht, dass Soziale Arbeit aus verschiedenen humanitären, religiösen und demokratischen Idealen und Philosophien hervorgeht und den allgemeinen Auftrag hat, menschlicher Not, die aus Interaktionen zwischen Einzelnen und der Gesellschaft entsteht, entgegenzutreten und menschliche Potenziale zu fördern. Die professionellen SozialarbeiterInnen widmen sich der Wohlfahrt und der Selbstverwirklichung der Menschen, der Entwicklung und der Anwendung begründeten Wissens bezüglich menschlichen und sozialen Verhaltens, der Entwicklung von Ressourcen für individuelle, gemeinschaftliche, nationale und internationale Bedürfnisse und Bestrebungen und der Verwirklichung von sozialer Gerechtigkeit.
Danach werden allgemeine Standards ethischen Verhaltens, Standards der Sozialen Arbeit in Bezug auf KlientInnen, Standards der Sozialen Arbeit in Bezug auf Dienststellen und Organisationen, Standards der Sozialen Arbeit in Bezug auf KollegInnen und Standards der Sozialen Arbeit in Bezug auf die Profession aufgeführt.
In der Deklaration werden alle SozialarbeiterInnen, die der IFSW angehören, verpflichtet, diese Standards für ethisches Verhalten wie sie in der „International Declaration of Ethical Principles of Social Work" festgelegt sind, zu erfüllen.
Die Berufsverbände, die Mitglied der IFSW sind, hatten für ihr Land auf der Grundlage dieser internationalen ethischen Prinzipien und Standards eigene nationale Kodizes zu entwickeln und zu beschließen. Das ist in der Zwischenzeit in fast allen Mitgliedsländern geschehen. In den USA gilt zum Beispiel der „Code of Ethics of the National Association of Social Workers" (NASW) aus dem Jahre 1996, revidiert 1999. (Siehe http://www.naswdc.org/Code/ethics.htm.) Der Deutsche Berufsverband für Soziale Arbeit (DBSH) hat 1997 nationale „Berufsethische

Prinzipien des DBSH. Ethische Grundlagen der Sozialen Arbeit“ beschlossen, die für alle Mitglieder des Berufsverbandes verbindlich sind. (Siehe http://www.dbsh.de.)

(2) Soziale Arbeit als Menschenrechtsprofession

VertreterInnen des „Center of Human Rights“ der Vereinten Nationen in Genf, der International Federation of Social Workers (IFSW) und der International Association of Schools of Social Work (IASSW) haben sich 1992 darüber verständigt, *Soziale Arbeit als Menschenrechtsprofession* („Social Work as Human Rights Profession“) anzusehen und zu proklamieren. Zur Bekräftigung ihres Anliegens verfassten sie zusammen ein Handbuch mit dem Titel „Human Rights and Social Work“. Darin heißt es:

„Das Gewicht, das die Profession Soziale Arbeit auf menschliche Grundbedürfnisse legt, bestimmt auch ihre Überzeugung, dass die Universalität dieser Bedürfnisse und ihre Befriedigung nicht eine Angelegenheit subjektiver Wahl oder Präferenzen, sondern ein Imperativ (eine Forderung) sozialer Gerechtigkeit ist. Entsprechend bewegt sich Soziale Arbeit hin zur Auffassung der Menschen- und Sozialrechte als zweites Organisationsprinzip professioneller Praxis, welches das erste Organisationsprinzip der Bedürfnisorientierung ergänzt. Der Übergang von der Bedürfnisorientierung zur Formulierung und Anerkennung von Rechten ist das Ergebnis der Identifizierung zentraler menschlicher Bedürfnisse, die erfüllt sein müssen. Ein Grundbedürfnis kann nun in ein entsprechendes positives Anrecht übersetzt werden …, das vom Staat oder anderen Organisationen eingelöst werden muss.

Daraus folgt, dass die Suche nach und die Verwirklichung beziehungsweise Umsetzung von positiven Rechten und Anrechten untrennbar mit der Erfüllung von Bedürfnissen verbunden ist. SozialarbeiterInnen arbeiten in verschiedenen politischen Systemen … Sie tun dies meistens als Angestellte von Organisationen. Ihre Position als Beauftragte („agents“) des Staates oder als Angestellte von mächtigen Organisationen hat viele von ihnen in schwierige Situationen gebracht. Die Profession ist beiden verpflichtet, dem Arbeitgeber wie der Klientel. Aufgrund des Berufskodexes sowie der Ausbildungsziele der Schulen für Soziale Arbeit steht der Dienst gegenüber den Menschen höher als die Loyalität zur Organisation.“ (United Nations 1994, 5. Ins Deutsche übersetzt von Silvia Staub-Bernasconi 1998c; Walz 1999)

Die International Federation of Social Workers (IFSW) hat auf ihrer Generalversammlung 1996 in Hong Kong auch eine Erklärung „International Policy on Human Rights“ beschlossen. (Siehe http:www.ifsw.org/Publications/4.5.3.pub.html.) Darin werden zunächst die Geschichte der Menschenrechte, die einzelnen Deklarationen, Konventionen usw. kurz benannt. Danach werden die zahlreichen Verletzungen der Menschenrechte beklagt und die „Social Work Principles“ beschrieben; diese beginnen mit den Sätzen: „Human Rights condenses into two words the struggle for dignity and fundamental freedoms which allow the full development of human potential. Civil and political rights have to be accompanied by economic, social and cultural rights.“ Danach werden elf Basisprinzipien, nach denen SozialarbeiterInnen handeln, aufgezählt. Die Verknüpfung der Prinzipien Sozialer Arbeit mit der Menschenrechtsdeklaration der Vereinten Nationen wird eigens herausgestellt. Die Rolle von SozialarbeiterInnen wird u.a. wie folgt beschrieben: „Social Workers deal with common human needs. They work to prevent or alleviate individual, group and community problems, and to improve the quality of life for all people. In doing so, they seek to uphold the rights of the individuals or groups with whom they are working.“ Dann wird betont: „The value base of social work with its emphasis on the unique worth of each individual has much common with human rights theory.“ Im „Policy Statement“ wird die Verantwortung der Profession Soziale Arbeit für die Verwirklichung der Menschenrechte herausgehoben: „IFSW, representing the social work profession internationally, proclaims the following human rights as a common standard and guide for the work of all professional social workers: Life, Freedom and Liberty, Equality and Non-Discrimination, Justice, Solidarity, Social Responsibility, Peace and Non-Violence and The Environment.“ Im Text werden die einzelnen Menschenrechte näher erläutert.

Menschen- und Sozialrechte eröffnen nach Auffassung von Silvia Staub-Bernasconi der Profession Soziale Arbeit die Chance, ein wichtiges Merkmal von Professionalität – zusätzlich zum Merkmal einer eigenen Wissensbasis – zu realisieren, nämlich sich eigenbestimmte, wissensbasierte Aufträge zu geben. Sofern Soziale Arbeit weltweit Menschenrechtsprofession sein wolle und entsprechend wissensbasierte Handlungstheorien zu entwickeln habe, müsse ihr Anliegen eine theoretisch-wissenschaftliche Begründungsbasis und mit ihr der mögliche wie anzustrebende Nachweis von allen Menschen gemeinsamen Bedürfnissen sein. Im Unterschied zu großen, unerreichbaren Idealen seien Menschen- und Sozialrechte Realutopien; diese sind nach Staub-Bernasconi individuelle und kollektiv geteilte Bilder des Wünschbaren, für die vage bis sehr konkrete Vorstellungen bestehen, unter welchen Bedingungen und mit welchen Ressourcen und Mitteln sie verwirklicht werden könn(t)en. Adressat für die Einlösung der Menschen- und Sozialrechte könne nicht nur der Staat oder gar die UNO sein. Ansprechpartner für die Feststellung von Menschen- und Sozialrechtsverletzungen wie für die Einlösung von Menschen- und Sozialrechten seien auch Wirtschaft, Kirchen, das Bildungs-, Gesundheits-, Sozialwesen und private Vereinigungen. (Staub-Bernasconi 1998c)

3.3 Die Rechtswirklichkeit als Grundlage Sozialer Arbeit

Zur Grundausstattung menschlicher Lebensgemeinschaften gehören Rechtsordnungen, deren Aufgabe ist es, das Zusammenleben durch Vorschriften (Rechtsnormen) bindend zu regeln. Von den anderen Verhaltensordnungen der Lebensgemeinschaften (ethische Prinzipien, Sitten, Gebräuche u.a.) unterscheidet sich das Recht dadurch, dass der Staat als Lebensgemeinschaft durch geregelte und in der Gerichtsbarkeit institutionalisierte Sanktionen sicherstellt, dass die Rechtsnormen befolgt werden und somit faktisch gelten. In der Rechts- und Staatsphilosophie werden unterschiedliche Auffassungen zur Frage „Was ist Recht?" diskutiert. Umstritten sind die Entstehungs- und Erkenntnisquellen des Rechts, das Verhältnis von Recht und Wahrheit, das Verhältnis von Recht und Moral, das Verhältnis von Recht und Politik, die Unterscheidung von objektivem und subjektivem Recht usw. Allgemein anerkannt ist nach meiner Kenntnis jedoch, dass Gerechtigkeit, Gleichheit, Freiheit und personale Würde sowie Frieden, Sicherheit und Verlässlichkeit der Verhältnisse Grundsätze der Rechtsethik und des Rechtes demokratischer Staaten sind. (Siehe Habermas 1992; Kaufmann/Hassemer 1994; Braun 1997; Hofmann 2000; Zippelius 2003 u.a.)
Die „Menschenwürde", der Kern der Menschenrechte, ist das oberste Staatsziel der Bundesrepublik Deutschland und wurde in der deutschen Rechtsordnung an der vordersten Stelle platziert. Der erste Artikel des Grundgesetzes heißt: „Die Würde des Menschen ist unantastbar. Sie zu achten und zu schützen ist Verpflichtung aller staatlichen Gewalt. Das

Deutsche Volk bekennt sich darum zu unverletzlichen und unveräußerlichen Menschenrechten als Grundlage jeder menschlichen Gemeinschaft, des Friedens und der Gerechtigkeit in der Welt. Die nachfolgenden Grundrechte binden Gesetzgebung, vollziehende Gewalt und Rechtsprechung als unmittelbar geltendes Recht." (Art. 1 GG) Die Grundrechte sind keine willkürliche Anhäufung von irgendwelchen Rechtsnormen, sondern sie sind ein Wert- und Aussagesystem, in dem die Rechte (Berechtigungen und Ansprüche) der Menschen positivrechtlich verfasst sind. Ausgangspunkt des Bundessozialhilfegesetzes ist gleichfalls die Menschenwürde: „Die Sozialhilfe umfaßt Hilfe zum Lebensunterhalt und Hilfe in besonderen Lebenslagen. Aufgabe der Sozialhilfe ist es, dem Empfänger der Hilfe die Führung eines Lebens zu ermöglichen, das der Würde des Menschen entspricht. Die Hilfe soll ihn soweit wie möglich befähigen, unabhängig von ihr zu leben; hierbei muß er nach seinen Kräften mitwirken." (§1 BSHG)

Das deutsche Recht wird herkömmlich in privates und öffentliches Recht unterteilt. Als Privatrecht bezeichnet man alle Normen, die die Rechtsbeziehungen untereinander ordnen; sie legen fest, welche Freiheiten, Rechte und Pflichten die Menschen im Verhältnis zueinander haben. Das öffentliche Recht umfasst hingegen die Normen, die die staatliche Organisation und das hoheitliche Handeln des Staates regeln. In vielen Bereichen ergänzen sich privatrechtliche und öffentlichrechtliche Normen oder knüpfen aneinander an. Die Rechtsnormen eines Staates werden geprägt von den jeweils tonangebenden Schichten dieses Staates. Geist und Inhalt des Bürgerlichen Gesetzbuches (BGB) sind beispielsweise geprägt von den Vorstellungen des im deutschen Kaiserreich durch Besitz und Bildung ausgewiesenen Bürgertums. Der Hochadel wusste sich eine Sonderstellung durch reichsrechtliche Vorbehalte im Einführungsgesetz zum BGB zu wahren. Die Arbeiterschaft war politisch noch nicht stark genug, um ihre Interessen angemessen zur Geltung zu bringen. Das Bürgertum bekannte sich zu den Werten der Freiheit und Gleichheit als dem Obrigkeitsstaat abgerungene Rechtspositionen. (Köhler 1996, X)

Recht und Rechtsordnungen sind relevant für soziales Verhalten und soziale Verhältnisse. Durch rechtliche Bestimmungen soll die Verwirklichung ethischer Prinzipien in sozialen Kontexten erreicht werden. Dies gilt für die Gesamtheit der rechtlichen Bestimmungen, sowohl für den ganzen Komplex des öffentlichen Rechts, wo der mit dem Gewaltmo-

nopol ausgestattete öffentliche Träger (Staat, Land, Kommunen usw.) Verhaltensweisen von Menschen durch Gebote, Verbote und Leistungen steuern will, als auch für den gesamten Komplex der privatrechtlichen, zivilrechtlichen Regelungen, durch die das Verhältnis von Bürger zu Bürger gestaltet werden soll. (Münder 1994, 14f.) Soziale Arbeit in einem demokratischen Rechts- und Sozialstaat muss sich an den verfassungsrechtlichen Grundlagen der Staats- und Sozialordnung orientieren und hat wie alle anderen die Grundrechte und die sonstigen Rechte der Menschen zu beachten. Soziale Arbeit hat es mit zahlreichen Rechtsvorschriften auf den verschiedensten Rechtsgebieten zu tun, zum Beispiel mit dem Verfassungsrecht, dem Organisationsrecht, dem Allgemeinen Verwaltungsrecht, dem Sozialleistungsrecht, dem Bildungsrecht, dem Polizeirecht, dem Ordnungsrecht, dem Gesundheitsrecht, dem Ausländerrecht, dem Gerichtsverfassungsrecht und dem Gerichtsverfahrensrecht. Diese soziale Wirklichkeit begründet die hohe Relevanz des Rechts für die Soziale Arbeit. (Siehe Kreft/Münder 1994; Maas 1996; Münder 1994, 1999, 2000; Kreft/Mielenz 2000; Bauer/Schimke 2001; Burghardt 2001; Fieseler/Herborth 2001 u.a.)
In der modernen Gesellschaft sind sozusagen die Demokratie und die Menschenrechte ein Bündnis eingegangen, sie sind aufeinander angewiesen und ohne einander nicht zu denken. (Siehe Habermas 1992.) Der demokratische Rechtsstaat ist der institutionelle Ort, an dem sich die unauflösliche Verschränkung von privatem („Für mich ist gut.") und öffentlichem („Für die Gemeinschaft ist gut.") Interesse zu bewähren hat. Diese Verschränkung und die Art und Weise, wie sie in den einzelnen Staaten und in den Staatengemeinschaften gehandhabt wird, wirken sich nicht nur unausweichlich auf die Soziale Arbeit aus, sondern fordern sie auch zur kritischen Reflexion heraus. Rechtsordnung und Recht stehen immer vor den Schranken der Grundrechte, das heißt sie sind immer dahingehend zu überprüfen, ob sie mit den den Menschenrechten zugrunde liegenden ethischen Prinzipien konform sind; gegebenenfalls ist eine Reform der Rechtsordnung und ihrer Normen anzustreben. (Siehe zum Beispiel Lagodny 1996.)

3.4 DIE ZUKUNFT ETHISCHER PRINZIPIEN – EINE VISION

Die Gleichsetzung der Weltgeschichte mit der westlichen Geschichte ist in der westlichen Welt weit verbreitet und die Menschenrechtstradition entstammt fast ausschließlich der jüdisch-christlichen Kultur, ist also westlich geprägt. Im Westen wird nun erwartet, dass andere Kulturen, zum Beispiel der Islam, westliche Werte und westliche Auffassungen vom Menschen und seinen Rechten übernehmen. Der schwedische Friedensforscher Johan Galtung verdeutlicht dieses in einem metaphorischen Vergleich: Die christlich-weißen Staaten ziehen als Lokomotive eines Zuges die übrigen Wagen (das sind die multikulturell-farbigen Staaten) über einen Schienenstrang, den der westliche Ingenieur geplant und gebaut hat. (Galtung 2000, 90f) Die ethischen Prinzipien der Sozialen Arbeit gleichen auch einem Zug mit einer westlichen Lokomotive an der Spitze auf einem westlichen Gleissystem. Das belegt zum Beispiel die herausragende Bedeutung des „Subjektes" und der Vorrang des „Individuums" gegenüber der „Gemeinschaft" im Code of Ethics der Sozialen Arbeit. Idealerweise sollten nach Galtung alle Bewohner dieses Globus Gelegenheit haben, ihre grundlegenden, unverhandelbaren Bedürfnisse zu artikulieren, denn „Im Prinzip drehen sich die Angelegenheiten der Menschen stets nur um eines: um ihre Grundbedürfnisse und deren Befriedigung. Dies ist es, was uns wirklich alle verbindet, ob Mann oder Frau, ob Jude oder Grieche (um Paulus zu zitieren), ob links oder rechts, oben oder unten – oder wie immer wir auch uns definieren wollen." (Galtung 2000, 14) Die Grundbedürfnisse machen für Galtung den eigentlichen Kern der Menschenrechte aus, zum Beispiel Achtung, Macht, Aufklärung/Wissen, Wohlbefinden, Wohlstand, Fähigkeiten/Kenntnisse, Liebe, Aufrichtigkeit und Sicherheit. Die jetzigen Deklarationen der Menschenrechte durch die Vereinten Nationen sind für Galtung zu stark von der Ich-Kultur westlicher Staaten geprägt. Galtung hat seine Vision „Menschenrechte für das nächste Jahrhundert" in zwölf Thesen zusammengefasst. Diese Thesen sind nach meiner Auffassung bestens dafür geeignet, den Horizont einer westlich orientierten Sozialen Arbeit zu erweitern, deshalb zitiere ich sie im Folgenden.

„1. Menschenrechte sind etwas Ursprüngliches: Sie sollten unmittelbar den konkreten, von den Menschen selbst geäußerten Grundbedürfnissen entspringen und nicht aus der Logik eines religiösen oder philosophischen Systems abgeleitet werden.

2. Die Grundbedürfnisse des Menschen lassen sich in den Begriffen Überleben, Wohlbefinden, Freiheit und Identität zusammenfassen. All diese Bedürfnisse sind unveräußerlich und gleichwertig – sie sollten da-

her ohne Abstriche von Menschenrechten geschützt und in allen Friedensvereinbarungen be- und geachtet werden.

3. In der derzeitigen Praxis wird allerdings den persönlichen Freiheitsrechten ein höherer Stellenwert eingeräumt. Der Schutz des materiellen Wohlergehens, der Identität und des Überlebens der Menschen wird in einer Welt der Ausbeutung und Globalisierung und ständig zunehmender Gewalt vernachlässigt.

4. Entscheidend ist daher nicht die bloße Umsetzung des bestehenden Menschenrechtskatalogs: die Menschenrechte müssen auch ergänzt und erweitert werden, um alle Grundbedürfnisse zu schützen und eine internationale Ordnung zu garantieren, in der Frieden, Entwicklung und eine saubere Umwelt verwirklicht werden können.

5. Die Menschenrechtsdebatte ist bisher stark vom westlichen Denken und der Betonung individueller Freiheitsrechte geprägt. Zukünftig müssten auch die Rechte von Gruppen und Gemeinschaften stärker berücksichtigt werden, die in anderen Kulturen größere Bedeutung haben.

6. Dabei sollte man westliche und nichtwestliche (zum Beispiel asiatische) Werte nicht gegeneinander abgrenzen. Es muß um die Suche nach einem gegenseitig bereichernden Sowohl-Als-auch gehen, nicht um ein Entweder-Oder.

7. Demokratie bedeutet nicht nur die Anwendung des Mehrheitsprinzips, sondern verlangt auch Minderheitsrechte zum Schutz gegen eine ‚Diktatur der 51 Prozent'. Entscheidungen aus der Konfrontation heraus sollte man vermeiden und den Geist des kreativen Dialogs entwickeln und pflegen.

8. Demokratie sollte sich nicht in einem Ritual von Wahlen und Regierungswechseln erschöpfen, sondern auch das Recht auf eine menschenwürdige Existenz, auf eine eigene Kultur und Schutz vor innerer und äußerer Gewalt garantieren.

9. Die Globalisierung der Welt ist bislang vor allem eine Amerikanisierung von Kultur, Wirtschaft, politischen Entscheidungen und militärischen Aktivitäten. Eine echte Globalisierung hingegen verlangt gleiche und solidarische Teilnahme aller, orientiert an der Befriedigung der Grundbedürfnisse aller.

10. Die Weltbürgerschaft sollte auf einer ausgewogenen Mischung aus Rechten und Pflichten beruhen: dem Recht wie auch der Pflicht, an der

Wahl eines Weltparlaments teilzunehmen; dem Recht auf eine menschenwürdige materielle Existenz sowie der Pflicht zur Entrichtung von Weltsteuern; dem Recht auf geistige Identität sowie der Pflicht, andere zu achten und in einen Dialog einzutreten; dem Recht auf Schutz vor Gewalt sowie der Pflicht zum Friedensdienst.

11. Die Gewährleistung dieser Rechte und Pflichten durch globale Menschenrechte sollte von der Ebene einer zentralen Regierungsgewalt (‚Weltregierung‘) ausgehen und nicht nur Staaten, sondern auch internationale Organisationen staatlicher, nichtstaatlicher und wirtschaftlicher Art einbeziehen.

12. Grundlage einer weltweiten Demokratie könnte eine UN-Volksversammlung sein, in die – mit den bestehenden Staaten als Wahlkreisen – pro eine Million Einwohner ein Abgeordneter in freier, gleicher und geheimer Wahl entsandt wird.“ (Galtung 2000, 157f.)

4. Soziale Arbeit und ihre Bezugswissenschaften

Soziale Arbeit ist als relativ autonome Wissenschaftsdisziplin – wie alle anderen Wissenschaftsdisziplinen – mit anderen Wissenschaften vernetzt und auf Kooperation mit ihnen und gegenseitige Unterstützung angewiesen. Die Wissenschaftsdisziplinen, die eng mit einer anderen Wissenschaftsdisziplin verbunden sind, nennt man heute „Bezugswissenschaften“. Drei Fragen stellen sich: Was sind Bezugswissenschaften? Welches sind die Bezugswissenschaften der Sozialen Arbeit? Und schließlich: Wie sind die Soziale Arbeit und ihre Bezugswissenschaften miteinander zu verknüpfen?

4.1 Was sind Bezugswissenschaften?

Der Begriff „Bezugswissenschaften“ taucht erst in den letzten Jahrzehnten in der Fachliteratur auf und konkurriert mit Begriffen wie „Nachbarwissenschaften“, „Haupt- und Nebenwissenschaften“, „Grundlagenwissenschaften“ und „Komplementärwissenschaften“. Mit diesen Begriffen wird ausgedrückt, wie Wissenschaftsdisziplinen einander zugeordnet werden. „Nachbarwissenschaften“ sind Wissenschaften, die sich mit benachbarten Gegenstandsbereichen befassen. Physik und Chemie werden zum Beispiel als Nachbarwissenschaften bezeichnet. Bei „Haupt- und Nebenwissenschaften“ steht eine Wissenschaftsdisziplin im Mittelpunkt, andere Wissenschaftsdisziplinen werden ihr zugeordnet; in Studienordnungen werden zum Beispiel Haupt- und Nebenwissenschaften unterschieden. „Grundlagenwissenschaften“ liefern wissenschaftliches Wissen, auf das andere Wissenschaften aufbauen; Physik wird zum Beispiel als Grundlagenwissenschaft für die Ingenieurwissenschaften angesehen. „Komplementärwissenschaften“ sind Wissenschaften, die sich gegenseitig ergänzen, wie zum Beispiel die Sozialwissenschaften Ökonomie, Soziologie, Psychologie und Soziale Arbeit. Mit „Bezugswissenschaften“ sind solche Wissenschaften gemeint, die einen gemeinsamen Bezug haben. Der gemeinsame Bezug kann u.a. darin bestehen, dass

- sich Teile der jeweiligen Gegenstandsbereiche überschneiden,

- die verschiedenen Gegenstandsbereiche eng miteinander verbunden sind,
- aus je anderen Perspektiven derselbe Gegenstandsbereich erforscht wird,
- die Fragestellungen komplementär sind,
- die Erkenntnisinteressen übereinstimmen,
- mit denselben Forschungsmethoden gearbeitet wird,
- die Wissenschaftsdisziplinen eine gemeinsame Entstehungsgeschichte haben.

In den Wissenschaften wird zunehmend die Notwendigkeit zum interdisziplinären, auf die Lösung komplexer Probleme gerichteten Forschungshandeln entdeckt. (Wissenschaftsrat 2000, 11) Der Begriff „Bezugswissenschaften" setzt sich gegenwärtig immer mehr durch, vermutlich auch deswegen, weil er das Verständnis von kollegialer Interdisziplinarität am besten wiedergibt.

4.2 Bezugswissenschaften der Sozialen Arbeit

Studien- und Prüfungsordnungen zeigen, welche Fachwissenschaften als Bezugswissenschaften für eine Wissenschaftsdisziplin angesehen werden. Den in- und ausländischen Prüfungsordnungen für Soziale Arbeit ist zu entnehmen, dass von den ersten Anfängen der Ausbildung an immer mehrere Wissenschaftsdisziplinen in die Ausbildung einbezogen und wie diese verschiedenen Wissenschaftsdisziplinen und die Soziale Arbeit verknüpft worden sind. In Deutschland waren wissenschaftliche Fächer der staatlichen Prüfungsordnung für Wohlfahrtspflegerinnen von 1920 beispielsweise Gesundheitsfürsorge, Jugendwohlfahrtspflege, allgemeine und wirtschaftliche Wohlfahrtspflege, allgemeine und spezielle Gesundheitslehre, Seelenkunde, Erziehungslehre, Volkswirtschaftslehre, Sozialpolitik und Sozialversicherung, Staats- und Rechtskunde und Wohlfahrtskunde. (Siehe Salomon 1927, 35-43.)
Vergleicht man die Prüfungsordnungen für die Ausbildung in Sozialer Arbeit der letzten 100 Jahre, findet man eine recht konstante Gruppe von Bezugswissenschaften der Sozialen Arbeit; diese Wissenschaften sind Einzeldisziplinen aus der Gruppe der Menschenwissenschaften. In den Prüfungsordnungen werden oft nur Teilbereiche einzelner Wissen-

schaftsdisziplinen genannt, zum Beispiel Sozialpsychologie für Psychologie oder Sozialpolitik für Politikwissenschaft; mitunter wechselt auch die Bezeichnung für dieselbe Disziplin, zum Beispiel Medizin für Gesundheitslehre, Volkswirtschaftslehre für Ökonomie und Wohlfahrtspflege für Soziale Arbeit.

In der Rahmenordnung für die Diplomprüfung im Studiengang Soziale Arbeit an Fachhochschulen aus dem Jahre 2001 werden folgende Prüfungsgebiete in den Bezugswissenschaften genannt: rechtliche und sozialpolitische (Familienrecht, Jugendrecht, Sozial- und Verwaltungsrecht und Sozialpolitik), geistes- und humanwissenschaftliche (Inhalte der Philosophie und der Erziehungswissenschaft, gegebenenfalls der Psychologie und der Medizin) sowie gesellschaftswissenschaftliche (Inhalte der Soziologie, der Sozialpsychologie und gegebenenfalls der Erziehungswissenschaft) Grundlagen der Sozialen Arbeit. (Sekretariat der Ständigen Konferenz der Kultusminister der Länder in der Bundesrepublik Deutschland 2001, 26f., 52)

Das Resümee des Vergleichs ist: *Soziologie, Ethik, Rechtswissenschaft, Pädagogik, Psychologie, Biologie, Medizin, Ökonomie, Politikwissenschaft, Geschichte, Philosophie und Theologie* gehören zur Gruppe der Bezugswissenschaften der Sozialen Arbeit, da sie sich alle in irgendeiner Form mit dem Bewältigen sozialer Probleme befassen (siehe Abbildung 15).

Die große Zahl an Bezugswissenschaften ist kein Spezifikum der Sozialen Arbeit; Studienordnungen anderer Wissenschaften zeigen dasselbe Bild: Zum Medizinstudium gehören zum Beispiel die Wissenschaftsdisziplinen Geschichte, Physik, Physiologie, Chemie, Biochemie, Molekularbiologie, Biologie, Pharmakologie, Radiologie, Rechtsmedizin, Soziologie, Psychologie, Psychotherapie, Ethik, Gesundheitsökonomie u.a. (Siehe Approbationsordnung für Ärzte vom 27. Juni 2002.)

Im Folgenden erläutere ich auf wenigen Zeilen den Bezug der einzelnen Bezugswissenschaften zur Sozialen Arbeit. Die Reihenfolge der Darstellung stellt keine Rangfolge oder Prioritätenliste dar, angemessener wäre eine mehrdimensional-komplexe Zuordnung. Im Medium Buch bleibt jedoch nur die Möglichkeit einer linearen Abfolge. Die maßgebenden Ausgangsfragen heißen: Was verbindet die einzelnen Bezugswissenschaften mit der Sozialen Arbeit? Was können die Bezugswissenschaften zum Bewältigen sozialer Probleme beitragen?

Abbildung 15: Soziale Arbeit und ihre Bezugswissenschaften

Theologie
Philosophie
Politikwissenschaft
Geschichte
Ökonomie
Soziologie
Soziale Arbeit **Bewältigen sozialer Probleme**
Ethik
Recht
Pädagogik
Psychologie
Medizin
Biologie

- *Soziale Arbeit und Soziologie*

Die Soziologie ist eine empirisch orientierte Sozialwissenschaft mit der Aufgabe, Gesellschaften und die sie konstituierenden und durch sie konstituierten sozialen Phänomene (soziale Strukturen, soziale Systeme, soziales Handeln und Verhalten) wissenschaftlich zu untersuchen. Soziale Arbeit und Soziologie sind historisch und in ihrem Gegenstandsbereich sehr eng miteinander verbunden. Soziologie ist interessiert an der Erforschung sozialer Probleme, Soziale Arbeit ist darüber hinaus interessiert an sozialem Wandel und der Arbeit für den sozialen Wandel. (Soydan 1999, 12) Auf Methoden und Techniken empirischer Sozialforschung, die Analyse allgemeiner gesellschaftlicher Strukturen und Prozesse sowie die Analyse ausgewählter gesellschaftlicher Zusammenhänge und Problemfelder und die darauf aufbauenden soziologischen Theorien kann die Wissenschaft Soziale Arbeit nicht verzichten. Der Bezug beziehungsweise die Kongruenz der Sozialen Arbeit mit der Soziologie ist größer als mit jeder anderen ihrer Bezugswissenschaften. Das große Interesse von SoziologInnen an der Sozialen Arbeit, die regelmäßig wiederkehrenden Bemühungen von SoziologInnen, eine angewandte oder klinische Soziologie aufzubauen, und das Plädoyer des französischen Soziologen Pierre Bourdieu (1931-2002) für eine engagierte Wissenschaft erinnern daran, dass Soziologie und Soziale Arbeit komplementär sind und die Ausgrenzung der Sozialen Arbeit durch Soziologen nicht aus fachlichen Gründen erfolgt ist. (Siehe Teil 2 Abschnitte 4 und 5.)

- *Soziale Arbeit und Ethik*

Ethik ist die Wissenschaft von der Moral im Sinne der handlungsleitenden Sitten und Gebräuche, der Werte und Normen, der Gewohnheiten und Institutionen. Die Ausgangsfrage ist die nach der Möglichkeit einer guten Moral, das heißt nach einer solchen Moral, nach der wir gut leben, gerecht handeln und vernünftig über unser Handeln und Leben entscheiden oder urteilen können. Entscheidende Fragen sind die nach den Begründungsinstanzen sowie der Verbindlichkeit und der Lehrbarkeit von Werten und Normen. Soziale Arbeit basiert auf humanitären und demokratischen Idealen, sie weiß sich den Menschenrechten, der sozialen Gerechtigkeit und demokratischen Prinzipien verpflichtet. Diese Werte resultieren aus dem Respekt vor der Gleichheit und der Würde aller Menschen. Ethik ist für die Legitimation Sozialer Arbeit und ihrer ethischen Prinzipien unabdingbar. (Siehe Teil 3 Abschnitt 2.2 und Teil 4 Abschnitt 3.)

- *Soziale Arbeit und Rechtswissenschaft*

Soziale Arbeit findet in keinem rechtsfreien Raum statt, in dem sie die Werte und Normen selbst festsetzen kann, sondern in Lebensgemeinschaften (Staaten), die sich eine für alle Mitglieder dieser Gemeinschaft verbindliche Rechtsordnung gegeben haben. Insofern sind Rechtsphilosophie, Rechtstheorie, Rechtsgeschichte und Rechtspraxis für die Wissenschaft Soziale Arbeit relevant. Rechtspraxis und Praxis Sozialer Arbeit überschneiden sich häufig. Außerdem basiert Soziale Arbeit auf rechtlichen Regelungen, beispielsweise auf dem Sozialrecht, dem Familienrecht und dem Kinder- und Jugendhilferecht. Träger Sozialer Arbeit müssen ihre Rechtsform nach Maßgabe des Vereins-, Gesellschafts- oder Steuerrechts wählen. Mit KlientInnen und mit Leistungsträgern wie zum Beispiel mit Finanz- und Maßnahmeträgern, werden Verträge geschlossen und damit Vertragsrechte begründet. Der Rechtsstaat bindet das gesamte Verwaltungshandeln an Gesetz und Recht. Soziale Arbeit wird in vielen Bereichen durch rechtliche Vorgaben geformt. Da die Rechtsdogmatik sich mit der Erkenntnis und Begründung des geltenden

Rechts sowie mit seinen systematischen Zusammenhängen befasst, ist auch sie für die Soziale Arbeit von Bedeutung.

- *Soziale Arbeit und Pädagogik*

Die Pädagogik geht davon aus, dass es im individuellen und gesellschaftlichen Leben eine spezielle Aktionsform Bildung und Erziehung gibt mit strukturellen Merkmalen, die auf allgemeiner Ebene beschrieben, erklärt und interpretiert werden können. Sie thematisiert also die Voraussetzungen und Strukturen einer speziellen Form des Interagierens, die einerseits auf der Tatsache von individuell unterschiedlichen Lebens- und Lernerfahrungen, andererseits auf der Tatsache von gesellschaftlichen Ansprüchen an das Individuum basiert und die, bezogen auf diese beiden Faktoren, aufklärt, bildet, unterrichtet, anregt und hilft. Obgleich die wissenschaftliche Pädagogik, ihrer Herkunft aus der Lehrerbildung entsprechend, maßgeblich unter der Leitvorstellung einer Berufswissenschaft für LehrerInnen als akademische Disziplin institutionalisiert wurde, war/ist sie dennoch engstens theoretisch und praktisch an der Bewältigung sozialer Probleme beteiligt. In fast allen Theorien der Sozialen Arbeit spielen pädagogische Aspekte eine bedeutende Rolle, nicht nur in den explizit sozialpädagogischen Theorien.

- *Soziale Arbeit und Psychologie*

Mit empirischen Methoden erforscht die Psychologie sowohl qualitativ als auch quantitativ menschliches Erleben und Verhalten und entwickelt Theorien und Modelle, um menschliches Erleben und Verhalten zu erklären. Die Psychologie erforscht weiterhin Möglichkeiten, Erleben und Verhalten gezielt und kontrolliert zu beeinflussen und zukünftiges Verhalten vorauszusagen. Die drei großen Strömungen der Psychologie im 20. Jahrhundert haben mit ihren Theorien und Therapiemodellen Theorie und Praxis der Sozialen Arbeit gleichermaßen angeregt beziehungsweise mitbestimmt. Innerhalb der Sozialen Arbeit konkurrieren wie in der Psychologie VertreterInnen der Tiefenpsychologie (Psychoanalyse, Individualpsychologie u.a.), der Humanistischen Psychologie (Personenzentrierte Gesprächspsychotherapie, Gestaltpsychotherapie, Psychodramatherapie u.a.) und der empirischen Psychologie (Verhaltens- und Lernpsychologie) miteinander. Soziale Probleme können ohne fundiertes psychologisches Wissen (zum Beispiel in der Entwicklungs- und Sozialpsychologie) und bewährte Handlungsmodelle und -methoden (zum Beispiel Interventionsverfahren) kaum bewältigt werden.

- *Soziale Arbeit und Biologie*

Die Biologie als Wissenschaft vom Lebendigen, so wird vorausgesagt, wird die Forschung dieses Jahrhunderts prägen. Für die Soziale Arbeit sind die Teilbereiche der Biowissenschaft biologische Anthropologie („Menschenkunde"), Ethologie („Verhaltensforschung"), Genetik („Erblehre") und die Soziobiologie bedeutsam. Biologische Entdeckungen und Theorien (wie zum Beispiel der Sozialdarwinismus und die Vererbungslehre) haben die Praxis und die Theoriebildung der Sozialen Arbeit zeitweise stark beeinflusst. Die Biologie macht heute vor allem in der Genforschung immense Fortschritte. Das komplexe Knäuel der Eiweißketten in einer lebenden Zelle wird allmählich zu einem verstehbaren Muster entwirrt. BiologInnen hoffen und erwarten, dass die moderne Genforschung die biologischen Wurzeln von Rassendiskriminierung, Kriminalität, Drogensucht, Obdachlosigkeit und ähnlicher sozialer Probleme erkennt und so zur Beseitigung dieser Probleme beitragen kann. (Siehe Mayr, 1997, 40f.)

- *Soziale Arbeit und Medizin*

Humanmedizin ist nach allgemeinem Verständnis die Wissenschaft von gesunden und kranken Lebewesen, von Ursachen, Erscheinungen und Auswirkungen ihrer Krankheiten, deren Erkennung (Diagnostik), Behandlung (Therapie) und Verhütung (Prophylaxe). Gesund- und Kranksein von Menschen sind oft eng mit sozialen Problemen verbunden. Erkrankungen können selbst ein soziales Problem sein (zum Beispiel Aids), können soziale Probleme bewirken (zum Beispiel Manie) und können sozialen Problemen folgen (zum Beispiel Gedeihstörungen bei Kindern). Die Bewältigung sozialer Probleme hängt häufig nicht zuletzt vom Erfolg medizinischer Behandlungen ab. Manche Fachgebiete der Medizin haben eine größere Bedeutung für die Soziale Arbeit als andere. Große Bedeutung haben meines Erachtens die Kinder- und Jugendheilkunde, die Kinder-, Jugendlichen- und Erwachsenenpsychiatrie, die Geriatrie und die Palliativmedizin.

- *Soziale Arbeit und Ökonomie*

Ökonomie – auch Wirtschaftswissenschaften genannt – ist die Wissenschaft von der Erforschung und Darstellung wirtschaftlicher Erscheinungen, Vorgänge und Zusammenhänge, insbesondere der Produktion, der Verteilung und des Verbrauchs von Gütern und Leistungen zur menschlichen Bedürfnisbefriedigung. Ihre wichtigsten Teildisziplinen sind Volks-, Betriebs- und Finanzwirtschaft. Ökonomische Forschungen und Theorien beeinflussen die Soziale Arbeit in ihrer Theoriebildung und in ihrer Praxis stark. Das gemeinsame Anliegen ist: Wohlstand der Nationen (Smith 1993) und Ökonomie für den Menschen (Sen 2000). Sozial- und Finanzmanagement in sozialen Einrichtungen sowie die Entwicklung, Gestaltung und Leitung von Organisationen sind für die Soziale Arbeit, um soziale Probleme verstehen und bewältigen zu können, genauso wichtig wie die Beachtung volkswirtschaftlicher Zusammenhänge.

- *Soziale Arbeit und Politikwissenschaft*

Die Politikwissenschaft befasst sich mit dem menschlichen Zusammenleben, analysiert politische Ordnungen, Führungsformen und Institutionen eines oder mehrerer Staaten unter mehreren Aspekten. Für die Soziale Arbeit sind besonders relevant die Staatstheorien und die Sozialpolitik, in denen Ordnungsmodelle für das menschliche Zusammenleben entworfen werden. Die Geschichte politischer Ideen und die Analyse der Industrie- und Entwicklungsgesellschaften erhellt den Werdegang und die gesellschaftlichen Funktionen der Sozialen Arbeit.

- *Soziale Arbeit und Geschichte*

Die Geschichtswissenschaft ist die methodische Erforschung der Vergangenheit der Menschen. Das Nacheinander und das Nebeneinander zu bestimmen heißt die Einzelheiten in Raum und Zeit zu unterscheiden, heißt nicht bloß sagen, dass sie sind, sondern was sie da sind. (Johann G. Droysen 1808-1884) Darstellung von Geschichte ist gedankliche Rekonstruktion von vergangener Wirklichkeit und daher theoriegeleitet. Die Wahrnehmung vergangener Wirklichkeit wie auch die Auswahl und Interpretation von Quellen sind stets von theoretischem Vorverständnis gesteuert. Quellen bedürfen der Strukturierung und Auslegung. (Sachße

1995, 71f.) Forschung und Theoriebildung zum Gegenstand Sozialer Arbeit sollten die Ergebnisse der historischen Forschung systematisch rezipieren und verarbeiten, weil soziale Probleme und die Praxis ihrer Bewältigung in der Regel das Ergebnis langfristiger Entwicklungsprozesse sind. Die Erforschung der eigenen Geschichte gehört außerdem zum Selbstverständnis jeder Wissenschaftsdisziplin. (Siehe Teil 2.)

- *Soziale Arbeit und Philosophie*

Was Philosophie ist und was sie wert ist, das ist umstritten. Man erwartet von ihr außerordentliche Aufschlüsse oder ignoriert sie. Für einen wissenschaftsgläubigen Menschen ist es problematisch, dass Philosophie keine allgemein gültigen Ergebnisse bieten kann, etwas, das man sicher wissen und besitzen kann. In der Philosophie gibt es keine Einmütigkeit des endgültig Erkannten. Die Art der in ihr zu gewinnenden Gewissheit ist nicht die wissenschaftliche, nämlich die gleiche für jeden Verstand, sondern ist eine Vergewisserung, bei deren Gelingen die Persönlichkeit des ganzen Menschen mitwirkt. (Karl Jaspers 1883-1969) Philosophie strebt nach wirklichem und wahrem Wissen, der umfassenden Erkenntnis des Zusammenhangs „aller Dinge" und der Prinzipien und Inhalte ethischen Handelns, fragt nach den „letzten Gründen" des menschlichen Daseins. Jede Wissenschaft baut auf philosophischen Grundlagen, insbesondere auf der Erkenntnis- und der Wissenschaftstheorie auf, auch die Soziale Arbeit. (Siehe Teil 3; Papenkorth/Rath 1994 u.a.)

- *Soziale Arbeit und Theologie*

Theologie im Sinne von „Gotteskunde" ist im griechischen Denken beheimatet; der im 4. Jahrhundert vom Christentum übernommene Begriff wurde zum Namen für die „wahre Gotteskunde" und den trinitarischen und christologischen Aussagen zugeordnet. Nach heutigem Verständnis ist Theologie die Wissenschaft, die sich mit dem Glaubensgehalt einer Religion befasst. Theologie in diesem Verständnis kennen auch nichtchristliche Religionen, besonders der Islam. Basis der „Glaubenswissenschaft" ist, dass sich (ein) Gott den Menschen geoffenbart hat und der Glauben an diese göttliche Offenbarung. Aus dieser Offenbarung leiten die christlichen Kirchen und der Islam ihr Lebens- und Weltverständnis ab. Die christlichen Kirchen wissen sich beauftragt, Gottes Liebe zur Welt in Jesus Christus allen Menschen zu bezeugen. Diakonie beziehungsweise Caritas ist eine Gestalt dieses Zeugnisses. Caritas- und Diakoniewissenschaft sind Teildisziplinen der Theologie. (Siehe Teil 4 Abschnitt 6.5.) Menschen in leiblicher Not, in seelischer Bedrängnis und in sozial ungerechten Verhältnissen stehen im Mittelpunkt von Diakonie und Caritas. Aus der göttlichen Offenbarung werden Werte und Normen für das Zusammenleben der Menschen abgeleitet. Theologie kann wegen ihrer Offenbarungsgrundlage nur bedingt eine Bezugswissenschaft für die Soziale Arbeit sein.

Wie können die Bezugswissenschaften mit der Sozialen Arbeit verbunden werden?

4.3 Modelle der Verknüpfung der Sozialen Arbeit mit ihren Bezugswissenschaften

Soziale Arbeit als relativ autonome Wissenschaftsdisziplin arbeitet mit anderen relativ autonomen Wissenschaftsdisziplinen als gleichwertige Partner zusammen, um der Entstehung sozialer Probleme vorzubeugen und bestehende soziale Probleme zu bewältigen. Die Beziehungen zwischen der Sozialen Arbeit und ihren Bezugswissenschaften können generell mit den Begriffen Multidisziplinarität, Interdisziplinarität und Intradisziplinarität beschrieben werden. (Siehe Teil 1 Abschnitt 3.) Folgende Modelle der Zuordnung beziehungsweise Integration lassen sich unterscheiden:

- *Reine Fächerakkumulation*

Die Einzelwissenschaften, die der Sozialen Arbeit als Bezugswissenschaften zugeordnet werden, stehen gleichwertig, aber isoliert nebeneinander. (Multidisziplinarität) Ein ausdrücklicher Bezug zur Sozialen Arbeit ist nicht hergestellt; eine fächerübergreifende Verknüpfung ist nicht erkennbar. Wissen und Methoden der Bezugswissenschaften werden addiert. Zwischen den einzelnen Fachwissenschaften steht ein Punkt. Im Modell: Soziale Arbeit. Geschichte. Philosophie. Theologie. Soziologie. Pädagogik. Psychologie. Biologie. Medizin. Recht. Ethik. Ökonomie. Politikwissenschaft.

- *Fächerakkumulation mit Ausrichtung auf das zentrale Fach Soziale Arbeit*

Die Wissenschaft Soziale Arbeit steht in der Mitte, sie ist das „zentrale Fach". Jede Bezugswissenschaft richtet sich einzeln und direkt auf das zentrale Fach aus. (Multidisziplinarität) Es wird von der Sozialen Arbeit erwartet, dass sie sagt, was die Bezugswissenschaft „liefern" soll. Zwischen den Bezugswissenschaften gibt es keine Verbindungen. Im Modell: Geschichte – Soziale Arbeit. Philosophie – Soziale Arbeit. Theologie – Soziale Arbeit. Soziologie – Soziale Arbeit. Pädagogik – Soziale Arbeit. Psychologie – Soziale Arbeit. Biologie – Soziale Arbeit. Medizin – Soziale Arbeit. Recht – Soziale Arbeit. Ethik – Soziale Arbeit. Ökonomie – Soziale Arbeit. Politikwissenschaft – Soziale Arbeit.

- *Haupt- und Nebenfächer*

Die Fachwissenschaft Soziale Arbeit ist das Hauptfach und zwei weitere Fachwissenschaften sind eigenständige Nebenfächer. (Multidisziplinarität) Zum Beispiel: Soziale Arbeit ist das Hauptfach, Soziologie und Recht sind Nebenfächer. Es reicht nach diesem Modell nicht aus, die soziologischen und juristischen Wissens- und Methodenbestände so, wie sie für Fragestellungen und Theoriebildungen der Sozialen Arbeit bedeutsam sind, kennen zu lernen, es ist erforderlich, diese Fachwissenschaften in ihrem eigenen innerwissenschaftlichen Zusammenhang vermittelt zu bekommen.

- *Bezugswissenschaften werden zu Subdisziplinen*

Die einzelnen Bezugswissenschaften werden nicht als eigenständige Disziplinen berücksichtigt, ihre Inhalte und Arbeitsweisen werden vielmehr in Teilbereiche der Wissenschaft Soziale Arbeit aufgenommen und den Belangen der Sozialen Arbeit angepasst. („Interdisziplinarität") Die Fächer beziehungsweise Teildisziplinen heißen dann Geschichte der Sozialen Arbeit, Recht in der Sozialen Arbeit, Psychologie in der Sozialen Arbeit, Pädagogik in der Sozialen Arbeit oder man spricht von Klinischer Sozialarbeit, Sozialwirtschaft, Sozialmanagement, Sozialpsychiatrie usw.

- *Problem- beziehungsweise themenzentrierte Orientierung*

Wissen und Methoden der einzelnen Bezugswissenschaften werden problem- beziehungsweise themenzentriert in die Soziale Arbeit integriert. (Interdisziplinarität) Ausgehend von den Forschungsfragen der Sozialen Arbeit wird die Soziale Arbeit gegliedert in: Theorien und Theoriebezüge der Sozialen Arbeit, Wohlfahrtsstaat, Sozialpolitik, Recht und Rechte, Erziehung und Bildung, Forschung, Geschichte und Theoriegeschichte der Sozialen Arbeit, Lebenslauf und Biographie, Gesellschaftstheorie und soziale Probleme, Organisation, Planung und Management, psychisches und physisches Wohlbefinden usw. (Siehe Otto/Thiersch 2001, XIIIff.)

- *Fächerverknüpfung durch Personalunion*

Viele WissenschaftlerInnen der Sozialen Arbeit haben mehrere Fachdisziplinen studiert und verbinden diese in ihrer Person und in ihrem wissenschaftlichen Arbeiten. (Intradisziplinarität) Zum Beispiel: Christian Jasper Klumker (1868-1942) hat evangelische Theologie, Geschichte, Nationalökonomie und Statistik studiert; Lutz Rössner (1932-1995) Philosophie, Theologie, Pädagogik und Soziologie; Hans Thiersch (1935*) Pädagogik, Philosophie und Philologie.

- *Synthesemodelle*

Man denkt sich den Menschen heute gewöhnlich als ein Wesen, das in viele Bereiche und Funktionen aufgeteilt ist. Norbert Elias sieht darin den Punkt, „von dem unmittelbar ein Weg zur Niederlegung der künstlichen Grenzpfähle führt, durch die wir heute die Menschen beim Nachdenken in verschiedene Herrschaftsbereiche zerlegen, etwa in einen Bereich der Psychologen, einen Bereich der Historiker und einen Bereich der Soziologen. Die Strukturen der menschlichen Psyche, die Strukturen der menschlichen Gesellschaft und die Strukturen der menschlichen Geschichte, sie sind unablösbare Komplementärerscheinungen und nur im Zusammenhang miteinander zu erforschen. (Interdisziplinarität) Sie bestehen und bewegen sich in Wirklichkeit nicht dermaßen getrennt voneinander, wie es beim heutigen Forschungsbetrieb erscheint." (Elias 1999, 60)

Die Bezugswissenschaften der Sozialen Arbeit befassen sich mit verschiedenen Ebenen und Aspekten der Menschheitsentwicklung beziehungsweise mit räumlich und zeitlich eingegrenzten Teilbereichen des Menschseins und der Menschheit und benutzen entsprechend ihren eigentlichen Forschungsgegenständen eigene, gegebenenfalls unterschiedliche Forschungsmethoden. Daraus folgt, dass komplexe Modelle der Perspektivenbündelung der einzelnen Spezialdisziplinen entwickelt werden müssen, dessen spezifische Synthese anhand empirisch-theoretischer Untersuchungen widerlegt oder bestätigt werden kann. In Modellen der sozialen Wirklichkeit sind die Vielheit der Menschen, die vielfältigen Grade und Arten ihrer Abhängigkeit und ihrer Angewiesenheit aufeinander und auf ihre gemeinsamen Ressourcen zu erfassen. Die Synthese unterschiedlicher Perspektiven und Wissenschaftsdisziplinen kann nicht durch eine einfache Addition ihrer Modelle, Methoden und Theorien erreicht werden. Synthesemodelle der Sozialen Arbeit erfordern ankopplungsfähige Theorieelemente und Teilmodellvorstellungen. Eine besondere Herausforderung besteht darin, dass diese Synthesemodelle sowohl erklärungs- als auch handlungsbezogen sein müssen, denn Soziale Arbeit ist eine Handlungswissenschaft.

5. Forschung der Sozialen Arbeit

Forschung ist für die Gesellschaft und für jede ihrer Wissenschaften lebensnotwendig. (Siehe Teil 3 Abschnitte 3 und 4.) Eine Wissenschaftsdisziplin, in der nicht oder nicht mehr geforscht wird, kann per definitionem keine Wissenschaft sein. Das gilt auch für die Wissenschaft Soziale Arbeit, die auf eine lange Forschungstradition aufbauen kann. Sie hat es jedoch mit ihrer Forschung schwer, denn sie hat die mächtigen und zähen Alltagstheorien der Bevölkerung als Gegenspieler. Kaum eine andere Disziplin spürt diese Konkurrenz so stark wie die Soziale Arbeit. Man weiß eben: „Penner sind faul.“, „Obdachlose wollen so leben.“, „Drogenabhängige sind kaputt.“ und „Arme sind selbst schuld.“. Das braucht – auch nach Meinung vieler PolitikerInnen – nicht erst erforscht zu werden. „Obwohl soziale Glaubensbekenntnisse und Ideale einer Realitätsprüfung nicht ganz so unzulänglich sind wie übernatürliche Religionen, können sie doch in bestimmten Situationen so fest gekapselt, so hermetisch abgedichtet sein, dass sie durch kein realitätsbezogenes Argument und keine faktische Erfahrung mehr erreicht werden können.“ (Elias 1990, 154) Wenn das Tatsachenwissen über den Zusammenhang fehlt, springt die Phantasie in die Lücke ein und ersetzt empirisch begründetes Wissen; umso mehr ist die Forschung der Sozialen Arbeit herausgefordert.

5.1 Soziale Arbeit und Forschung

Spätestens seit den Anfängen der „wissenschaftlichen Philanthropie“ im 19. Jahrhundert gibt es gezielte Forschung in der Sozialen Arbeit. (Siehe Teil 2 Abschnitte 3.3 und 4.3; Teil 4 Abschnitt 1.2; Zimbalist 1977; C.W. Müller 1988; Reid 1995c u.a.) Wie steht es heute mit der Forschung der Sozialen Arbeit? Was versteht man unter Forschung der Sozialen Arbeit? Mit welchen Methoden wird geforscht? Welche speziellen Probleme ergeben sich bei der Forschung der Sozialen Arbeit? Welche Arten der Forschung sind in der Sozialen Arbeit verbreitet? Mit welchem Ziel wird geforscht? Was wird mit den Forschungsergebnissen gemacht?

Das Spektrum, wie Forschung der Sozialen Arbeit heute verstanden und praktiziert wird, ist wie bei dem Wissenschaftsverständnis und dem Gegenstandsbereich (siehe Teil 3 Abschnitt 3 und Teil 4 Abschnitt 2) sehr weit. (Siehe Heiner 1988a,b; Greca 1993; Reid 1995c; Huppertz 1998; Steinert/Sticher-Gil/Sommerfeld/Maier 1998; Rauschenbach/Thole 1998; Fortune/Reid 1999; Steinert/Thiele 2000; Lüders/Rauschenbach 2001; Kirk/Reid 2001; Schefold 2002; Schweppe 2003; Alston/Bowles 2003 u.a.) Es gibt recht vage Definitionen der Forschung in der Sozialen Arbeit, wie zum Beispiel die von Werner Schefold: „Sozialpädagogische Forschung kann man als die wissenschaftliche, das heißt methodisch kontrollierte, auf allgemein gültige Einsichten angelegte Erzeugung desjenigen Wissens über die soziale Wirklichkeit verstehen, das für die Soziale Arbeit bedeutsam ist." (Schefold 2002, 875) Dann gibt es engere Definitionen, die sich ausdrücklich auf die Erforschung des Gegenstands der Wissenschaft und der Praxis Sozialer Arbeit beziehen, wie zum Beispiel die Definition von Erika Steinert: „Sozialarbeitsforschung bezieht sich im Sinne der empirischen Erarbeitung einer Wissensbasis … auf ‚die Bearbeitung von gesellschaftlich und professionell als relevant angesehenen Problemlagen', und sie liefert wissenschaftliche Daten für die ‚Lehre von den Definitions-, Erklärungs- und Bearbeitungsprozessen' dieser Problemlagen. Als praxisorientierte Forschung hat Sozialarbeitsforschung zentrale Funktionen zu erfüllen: Als Teil der Wissenschaft Sozialer Arbeit liefert sie empirische Grundlagen zur Theoriebildung, die auf die Belange der Sozialarbeit zugeschnitten sind. Sie hat ferner die fachlichen Grundlagen der Profession zu verbessern. … Sozialarbeitsforschung hat weiterhin die Funktion der Rückkoppelung zwischen Praxis und Ausbildung." (Steinert/Thiele 2000, 20f.) Und es gibt Definitionen, die ausdrücklich auch gesellschaftskritische Aspekte in die Forschung mit einbeziehen, so wie bei Thomas Rauschenbach und Werner Thole: „Als sozialpädagogische Forschung kann … jene Forschung bezeichnet werden, die im Kern allgemeine möglicherweise auch von anderen Disziplinen zu beobachtende Fragestellungen über Verknüpfung unterschiedlicher Aspekte, gesellschaftlicher Bereiche und Spektren um einen der Sozialpädagogik eigenen, typischen ‚sozialpädagogischen Blick' anreichert, einen Blick, der zwischen ‚Feld- und Bildungsbezug', zwischen Subjekt- und Strukturperspektive, zwischen institutionellen und personellen Aspekten seinen Horizont entwickelt. Darüber würde sozialpädagogische Forschung auch prinzipiell eine analytisch-kritische Perspektive gegenüber einer rein wirklichkeitserfassenden, die Realität nur abbildenden Forschung erhalten können, indem sie Vorder- und Hinterbühnenrealitäten, indem sie subjektive Lebenslagen und die Vergesellschaftungsmodalitäten der Moderne im Blick hat." (Rauschenbach/Thole 1998, 20)

Diese und weitere unterschiedliche Definitionen von Forschung der Sozialen Arbeit resultieren aus verschiedenen Wissenschaftsverständnissen und Gegenstandsdefinitionen der Sozialen Arbeit. Diese sind wiederum das Resultat unterschiedlicher erkenntnis- und wissenschaftstheoretischer Prämissen und Erkenntnisinteressen der jeweiligen AutorInnen.

Soziale Arbeit befasst sich – nicht nur nach meiner Einsicht – traditionell mit der Konstitution sozialer Probleme, ihrer Bewältigung und der Untersuchung des Zusammenhangs beider im Kontext des gesellschaftlichen Prozesses. Soziale Arbeit als Erfahrungs- und Handlungswissenschaft erforscht empirisch-theoretisch die Entstehung und die Bedingungen sozialer Probleme der Menschen als Einzelne, als Gruppen und in ihrer Gesamtheit und entwickelt Theorien und Modelle zum Bewältigen dieser Probleme. Forschungsmethoden sind von dem zu erforschenden Gegenstand, den Forschungszielen und den Forschungsinteressen der Beteiligten abhängig. Ein komplexer Gegenstand mit mehreren Dimensionen kann nur mit mehreren Erkenntnismethoden erforscht werden. Die Komplexität sozialer Probleme – ihre Entstehung, ihre Bedingungen, ihre Bewertung und ihre Alternativen – erfordert eine entsprechend komplexe Forschung.

5.2 Forschungsmethoden und methodische Probleme

Manchmal drängt sich der Eindruck auf, als ob Methoden der Sozialen Arbeit für die Soziale Arbeit überhaupt stehen würden. An den deutschen Ausbildungsstätten wurden unter dem Einfluss der dort lehrenden BezugswissenschaftlerInnen aus den Handlungsmethoden der Praxis allmählich „wissenschaftliche Methoden". Das Berufs- und Erfahrungswissen der PraktikerInnen reichte den BezugswissenschaftlerInnen nicht aus und sollte durch wissenschaftlich fundierte Methoden ersetzt werden. Aus Einzelfallhilfe wurde „Gesprächspsychologie", aus Gruppenarbeit „Gruppenpsychologie" und aus Gemeinwesenarbeit „Sozialplanung". Diese Art der „Verwissenschaftlichung" konnte aber die immer stärker werdende Kritik an einer Methodenfixierung in der Sozialen Arbeit nicht entkräften. Das Gegenteil war der Fall. Die unreflektierte Vermischung von Forschungs- und Handlungsmethoden, Werten, Zielen, Sachzwängen, persönlichen Vorlieben und Abhängigkeiten wurde nur noch deutlicher erkennbar. Das Ziel, Soziale Arbeit über ihre Methoden zu „verwissenschaftlichen", führte jedoch auch dazu, verstärkt nach wissenschaftlichen Methoden des Erkennens und Forschens für die Soziale Arbeit zu suchen, diese von Handlungsmethoden der Praxis zu unterscheiden und diese Unterscheidung zu respektieren und durchzuhalten. Welche Forschungsmethoden stehen der Sozialen Arbeit zur Verfügung? Generell kann die Soziale Arbeit bei ihrer Forschung auf alle Forschungsmethoden zurückgreifen, die es gibt und die für die Erforschung ihres Gegenstandsbereichs relevant sind. Der Rahmen dieses Studienbuches erlaubt lediglich eine äußerst knappe Skizze der für die Forschung der Sozialen Arbeit relevanten Forschungsmethoden. Für das weitere Studium verweise ich auf die umfangreiche einschlägige Fachliteratur. (Siehe Teil 3 Abschnitt 4.2.)

(1) Methoden der Erkenntnis- und der Wissenschaftstheorie

Gegenstand jeder Wissenschaft ist nicht nur das Wissen von Sachverhalten, sondern immer auch das Wissen über das Entstehen des Wissens, über seine Bedingungen und Voraussetzungen, über die Ziele und Zusammenhänge, Querverbindungen und Grenzen. Jede Wissenschaftsdisziplin hat ihre eigenen Voraussetzungen, Grundlagen und Rahmenbedingungen zu erforschen. Diese allgemeinen wissenschaftstheoretischen Aussagen gelten auch für die Wissenschaft Soziale Arbeit. Im Teil 3 dieses Buches habe ich bereits philosophische und wissenschaftstheoretische Grundlagen der Wissenschaft der Sozialen Arbeit dargestellt, darunter in Teil 3 Abschnitt 3.3 mehrere Wissenschaftstheorien und ihre Erkenntnismethoden. Diese und weitere Erkenntnismethoden stehen den ForscherInnen der Sozialen Arbeit zur Verfügung.

(2) Methoden der empirischen Sozialforschung

Die Wissenschaft Soziale Arbeit gehört als empirisch-theoretische Wissenschaft zu den Sozialwissenschaften und insofern sind alle Methoden der empirischen Sozialforschung auch ihre Forschungsmethoden. In den Sozialwissenschaften wurde lange Zeit versucht, mit den Paradigmata und Forschungsmethoden der allseits hochgeschätzten Naturwissenschaften zu arbeiten, das bedeutet vereinfacht formuliert „kausal und linear" zu denken. Erst langsam setzte sich das Selbstverständnis durch, dass die Sozialwissenschaften für die Erforschung der komplexeren sozialen Wirklichkeit andere Erkenntniswege gehen und andere Paradigmata anwenden müssen, als die Naturwissenschaften es für die Erforschung der weniger komplexen Natur tun können. Das bedeutet für die Sozialwissenschaften wiederum vereinfacht ausgedrückt „zirkulär, prozessual und systemisch" statt „kausal und linear" zu denken. Diese Erkenntnisse haben zur Ablösung der naturwissenschaftlichen Forschungsmethoden als Methoden der Sozialwissenschaften und zur Entwicklung eigener Methoden für die empirische Sozialforschung geführt. (Siehe Kromrey 1998; Friedrichs 1999; Opp 1999; Fortune/Reid 1999; Atteslander 2000; Steinert/Thiele 2000; Kirk/Reid 2002 u.a.)

Empirische Sozialforschung wird allgemein verstanden als die gezielte, systematische, kritische und reflektierte Erfassung und Interpretation sozialer Sachverhalte. Gezielt bedeutet die präzise Eingrenzung des zu erforschenden Sachverhaltes. Empirisch bedeutet erfahrungsgemäß, das heißt die Welt wird mit den Sinnesorganen wahrgenommen. Systematisch bedeutet, dass die Wahrnehmung nach bestimmten Regeln zu erfolgen hat. Kritisch bedeutet, dass die Wahrnehmung und ihre Regeln grundsätzlich in Frage gestellt werden. Reflektiert bedeutet, dass Bedingungen, Voraussetzungen, Einschränkungen, Grenzen und Folgen der Forschung überdacht werden. Denn für die Sozialwissenschaft gibt es keine sozialen Daten an und für sich: Sie bedürfen der Analyse und der Interpretation. „Gerade weil es durch das je eigene Erleben verschiedene soziale Wahrheiten gibt, ist es Aufgabe von Theorie und Methodik, Wahrhaftigkeit bei der Erhebung sozialer Daten und systematische und kontrollierbare Interpretation der Befunde zu ermöglichen." (Atteslander 2000, 1) Unter Methoden der empirischen Sozialforschung werden die geregelte und nachvollziehbare Anwendung von Erfassungsinstrumenten wie Befragung, Beobachtung und Inhaltsanalyse verstanden. Je nach dem Grad der Kontrolle des Forschungsablaufs spricht man von Experimenten.

Innerhalb der empirischen Sozialforschung werden „quantitative" und „qualitative" Sozialforschung unterschieden. Unter dem Stichwort „qualitative Sozialforschung" stehen empirische Forschungsansätze, deren

VerfasserInnen sich einig sind in der Kritik an den weit verbreiteten Instrumenten einer „quantitativen Sozialforschung". Diese Kritik heißt: Skalen, Tests und standardisierte Fragebögen, kurzum mathematisierte Instrumente lassen die „Versuchspersonen" mit ihrer Subjektivität nicht zu Wort kommen, sondern reduzieren sie auf das Reagieren auf vorgegebene Kategorien, auf das „Kreuzchen machen". Grundlagen qualitativer Sozialforschung sind die Forderung stärkerer Subjektbezogenheit der Forschung, die Betonung der Deskription und der Interpretation der Forschungssubjekte, die Forderung, die Subjekte auch in ihrer natürlichen, alltäglichen Umgebung (statt im Labor) zu untersuchen, und die Auffassung, die Generalisierung der Ergebnisse stelle sich nicht automatisch über bestimmte Verfahren her, sondern sei im Einzelfall schrittweise zu begründen. (Siehe Lamnek 1993a,b; Homfeldt/Schulze-Krüdener/Honig 1999; Friebertshäuser/Jakob 2001; Flick 2002; Mayring 2002 u.a.) Allgemein gilt, dass es sich bei der „quantitativen" und der „qualitativen" Sozialforschung um einander ergänzende Forschungswege zur sozialen Wirklichkeit handelt.
Bei den Methoden der empirischen Sozialforschung wird außerdem unterschieden, ob die Forschungstätigkeit ausschließlich der Erhebung und Dokumentation dienen soll oder ob mit der Forschungstätigkeit zugleich eine Veränderung der sozialen Wirklichkeit angestrebt werden soll (Aktionsforschung), zum Beispiel durch die Aufhebung der Trennung von ForscherInnen und „Beforschten" und die Aktivierung der „Beforschten" zu Handlungen, mit denen sie sich nach Erkenntnis ihrer Lage aus dieser Lage befreien. (Siehe Haag/Krüger 1972; Moser 1975; Kromrey 1998, 511-519, Burghardt 1998 u.a.)

(3) Historische und hermeneutische Forschungsmethoden

Während im Mittelalter die narrative Vergegenwärtigung der Geschichte in chronologischer Abfolge im Vordergrund stand, gilt das Interesse heute stärker der historischen Erforschung der Ereigniszusammenhänge. Zu den Methoden der Geschichtsforschung gehören vor allem die historisch-kritische Methode, Quellensuche, Quellenkritik und Quelleninterpretation. Die historisch-kritische Methode dient der Interpretation von historischen Quellen aus allen Epochen und Kulturen; sie umfasst den Weg vom reinen sprachlichen „Verstehen" eines Textes bis zur Bestimmung seiner Aussagekraft und seiner Einordnung in einen größeren

historischen Zusammenhang und beinhaltet philologisch-hermeneutische Textkritik, historische Kritik und Ideologiekritik. (Siehe Brandt 1980; Mittelstraß 1995b, 884f.; Sachße 1998 u.a.)
Hermeneutische Forschungsmethoden dienen der Erfassung des Sinns von mündlichen und schriftlichen Äußerungen, von Handlungen, Handlungsergebnissen, Handlungszusammenhängen, Handlungsregeln und Handlungsnormen, von individuellen und gesellschaftlichen Einstellungen, von Institutionen und Kulturen sowie von Handlungs- und institutionellen Zwecken und Zweckzusammenhängen. Sie werden häufig als „geisteswissenschaftliche" Methoden der Interpretation (Deutung) angesehen und der Deskription (Beschreibung) und Explanation (Erklärung) von Sachverhalten im naturwissenschaftlichen Sinne gegenübergestellt.
Die hermeneutische Methode ist dann eine wissenschaftliche Methode, wenn sie im Unterschied zu naiven oder dogmatischen Vorgehensweisen auf ein durch theoretische und praktische Argumentationen gesichertes systematisches und kritisches Verstehen von sprachlichen und nichtsprachlichen Handlungen und der ihnen zugrunde liegenden Zwecke, Regeln und Normen sowie deren Endzwecke abzielt. (Siehe Teil 3 Abschnitt 3.3; Mittelstraß 1995b, 883f.; Warmbrunn 1998; Kron 1999, 208-229 u.a.)

(4) Spezielle methodische Schwierigkeiten bei der Erforschung sozialer Probleme

Bei der Erforschung sozialer Probleme tauchen die in der sozialempirischen Forschung bekannten methodischen Probleme in so zugespitzter Form auf, dass „sie die routinemäßige Anwendung des klassischen Methodenkanons sehr erschweren oder gar ausschließen." (Albrecht 1999, 768) Die Zuspitzung methodischer Probleme ergibt sich unter anderem aus der Eigenart sozialer Probleme: Soziale Probleme haben einen komplexen Entstehungsprozess durchlaufen, an dessen Ende sie als soziale Probleme gelten. Der sich häufig über einen langen Zeitraum erstreckende Prozess ihrer Konstituierung, insbesondere der anfängliche Verlauf, entzieht sich weitgehend der Beobachtung. Es geht außerdem zum Teil um Lebenslagen oder Verhaltensweisen, die von den Betroffenen beziehungsweise der Öffentlichkeit als diskreditierend oder formal zu sanktionieren wahrgenommen werden, sodass sich daraus spezifische Zugangsprobleme für die Erforschung ergeben, zum Beispiel aus Scham oder Furcht vor Sanktionen bei den Betroffenen. Bei sozialen Problemen prallen häufig gegensätzliche Interessen aufeinander; denn soziale Probleme befinden sich regelmäßig in einem politischen Spannungsfeld. Daraus können sich spezifische Probleme für die Forschung ergeben wie zum Beispiel bei der Finanzierung, bei den rechtlichen Fragen des Feldzugangs, durch öffentliche Diskreditierung der ForscherInnen und der Ergebnisse. Die Problembetroffenen befinden sich häufig tendenziell unter sozialer Kontrolle und sind definitionsmächtigen und ressourcenreichen Organisationen, die ihre Lebenslage nachhaltig beeinflussen, gegenübergestellt. Die ForscherInnen sind der Gefahr einer indirekten oder direkten Zensur ausgesetzt, da die staatlichen Stellen, die in der Regel die Forschung in Auftrag geben, unter einem beträchtlichen Legitimations- beziehungsweise Erfolgsdruck stehen. Forschung und Forschungsergebnisse der Sozialen Arbeit können sehr leicht zum Zankapfel politischer Auseinandersetzungen werden, wie die Auseinandersetzungen über Armuts- und Jugendberichte in Deutschland in den letzten Jahren gezeigt haben. (Siehe Albrecht 1999 u.a.)

5.3 Ebenen und Arten der Forschung

Welche Ebenen und Arten der Forschung sind in der Sozialen Arbeit verbreitet? In Teil 3 Abschnitt 4.3 habe ich idealtypisch drei Forschungsebenen (empirische Forschung, Methoden-, Theorien- und Modellforschung und Evaluationsforschung) und zwei Forschungsarten (erkenntnis- und anwendungsorientierte Grundlagenforschung und anwendungsbezogene Forschung) unterschieden. Generell kann gesagt werden, dass in der Sozialen Arbeit sowohl auf allen drei Ebenen als auch in beiden Forschungsarten geforscht wird. Manche AutorInnen sehen von einer Aufteilung der Forschungstypen in Grundlagenforschung und anwendungsbezogene Forschung ab und unterscheiden verschiedene Forschungstypen lieber nach Zweck und Rahmen der Forschung, weil Grundlagenforschung und anwendungsbezogene Forschung ihrer Auffassung nach ineinander übergehen. (Siehe Kromrey 1998, 19ff.; Atteslander 2000, 63ff.; Wissenschaftsrat 2000, 11-16 u.a.) Empirische Forschung, Methoden-, Theorien- und Modellforschung und Evaluationsforschung finden sowohl in der Grundlagenforschung als auch in der anwendungsbezogenen Forschung statt.

(1) Erkenntnis- und anwendungsorientierte Grundlagenforschung der Sozialen Arbeit

Da nach Atteslander bei der Grundlagenforschung die Merkmale Gewinnung allgemeiner Erkenntnis, umfassende Erhebung, kombinierter Einsatz von Methoden und Langzeitforschung vorherrschen, ist auch in der Sozialen Arbeit Grundlagenforschung nicht nur möglich und erforderlich, sondern es gibt sie auch. Grundlagenforschung der Sozialen Arbeit heißt, Beschreibungen (Diagnose) und Erklärungen (Explanationen) sozialer Sachverhalte und Zusammenhänge für das Bewältigen sozialer Probleme zu finden und vorhandenes Wissen zu erweitern. Nicht der einzelne Fall, sondern die generelle Tendenz steht im Vordergrund des Interesses in der Grundlagenforschung der Sozialen Arbeit. (Kromrey 1998, 19)

Bei der Grundlagenforschung in der Sozialen Arbeit geht es nach meiner Auffassung vor allem um zwei Fragen: Welches sind die erkenntnis- und wissenschaftstheoretischen Grundlagen der Wissenschaft Soziale Arbeit? Und: Welche wissenschaftlichen Erkenntnisse gibt es zum Bewältigen sozialer Probleme? Als Antwort auf die beiden Fragen liegen zahlreiche Studien, Theorien und Modelle vor. (Siehe Teil 4 Abschnitt 6.3 und 6.4.)

(2) Anwendungsbezogene Forschung der Sozialen Arbeit

Im Unterschied zur Grundlagenforschung soll die anwendungsorientierte Forschung Erkenntnisse, die bei konkreten Ereignissen im Praxisalltag herangezogen werden können, liefern. Es stehen keine abstrakten Zusammenhänge („Gesetzmäßigkeiten“) im Vordergrund der Forschung, sondern die Anwendbarkeit der Ergebnisse auf ein aktuelles Ereignis („Fall“) oder auf eine Klasse gleichartiger Ereignisse („Fälle“). Eine strikte Trennung von Grundlagenforschung und anwendungsorientierter Forschung ist nicht möglich. (Siehe Wissenschaftsrat 2000, 12-16.) In der Grundlagenforschung gewonnene fundamentale Erkenntnisse werden für praktische (technologische, prognostische usw.) Zwecke verwendet. Ihr Ziel in der Sozialen Arbeit ist es vornehmlich, Handlungsanweisungen und -modelle zu entwickeln. (Atteslander 2000, 63)

Anwendungsbezogene Forschung der Sozialen Arbeit (es wird auch von angewandter Forschung oder Praxisforschung gesprochen) bedeutet, dass das vorhandene Grundlagenwissen für die Praxis in ihren verschiedenartigen Ausgestaltungen fruchtbar gemacht wird, denn die zu behandelnden Fragestellungen sind aus der Praxis der Sozialen Arbeit hergeleitet. Die Vielgestaltigkeit der Praxis der Sozialen Arbeit hat dazu geführt, dass zahlreiche Arten der anwendungsbezogenen Forschung in der Sozialen Arbeit unterschieden werden. (Siehe K. Maier 1998a, 54.) In der internationalen Fachliteratur werden in der Regel drei Arten angewandter Forschung der Sozialen Arbeit unterschieden: Assessment research, intervention research, evaluating research. (Siehe Rothman/Thomas 1994; Reid 1995c; Fortune/Reid 1999; Kirk/Reid 2002 u.a.) Ich orientiere mich im Folgenden an dieser Dreiteilung.

- *Assessmentforschung*

Die Assessmentforschung hat in der Sozialen Arbeit eine alte Tradition: Mary Richmond stellte in ihrem Buch „Social Diagnosis“ (1917) „assessment of clients“ als eine zentrale Aufgabe von „social casework“ dar; sie betonte nachdrücklich die Notwendigkeit, ein umfassendes Verständnis für die Probleme der Klienten als Basis für die Behandlung zu entwickeln. Alice Salomon hat 1926 in Deutschland ebenfalls ein später weit verbreitetes Buch zur Assessmentforschung mit dem Titel „Soziale Diagnose“ veröffentlicht. Helen Harris Perlman führte in ihrem Buch „Social Casework: A Problem-solving Process“ (1957) aus, dass Klienten, die zu SozialarbeiterInnen kommen, nicht nur ein Problem, sondern viele Probleme haben, und es Aufgabe der SozialarbeiterInnen sei, die verschiedenen Probleme auf der Grundlage professionellen Wissens und professioneller Beurteilung zu identifizieren und einen Prozess der Problemlösung zu organisieren. (Siehe Perlman 1969; 1977.)
Das englische Substantiv „assessment“ gleich „Feststellung, Bewertung, Beurteilung, Würdigung“ leitet sich aus dem Verbum „to assess“ gleich „bewerten, einschätzen, beurteilen, würdigen“ her. In der Assessmentforschung werden die sozialen Probleme der Menschen als Einzelne, als Gruppen und in ihrer Gesamtheit erforscht und bewertet. (Siehe Milner 2002 u.a.) Ziel der Assessmentforschung ist es, die Gründe und Zusammenhänge der individuellen und sozialen Probleme der KlientInnen besser zu kennen und zu verstehen. (Siehe Teil 4 Abschnitt 2.) Alle zur Einschätzung des Klientensystems und der unmittelbaren Umgebung sowie zur Einschätzung der Bedürftigkeit als Basis für Handlungs- beziehungsweise Hilfeplanungen relevanten Forschungsmethoden werden angewandt. (Siehe Fortune/Reid 1999, 357-374.)

Assessment schließt nach Fortune/Reid ein: Interview, Beobachtung in natürlichen und strukturierten Situationen, Selbstbericht der KlientInnen, Durchführung standardisierter Fragebogen, die Verhalten, Ressourcen, soziales Klima und die Umwelt messen, schriftliche und andere Aufzeichnungen von Problemen, Kennzeichen und Umweltfaktoren. Methoden zur Einschätzung der Bedürftigkeit umfassen strukturierte Gruppen, andere wichtige Informationsquellen, Gutachten, Analysen des Nutzens und Sozialindikatoren. (Fortune/Reid 1999, 374)
Der Schweizer Kaspar Geiser hat auf der Grundlage der systemischen Denkfigur von Silvia Staub-Bernasconi ein praxisorientiertes, differenziertes Modell zur „Problem- und Ressourcenanalyse in der Sozialen Arbeit" entwickelt. Mit Hilfe dieses Modells lässt sich die Situation von KlientInnen als Komponenten sozialer Systeme erfassen und beschreiben. Das Ergebnis ist ein Bild ihrer Ausstattungsprobleme und -ressourcen. Außerdem lassen sich Beziehungen beziehungsweise soziale Systeme erfassen und beschreiben. Die Beziehungen können ihrer Struktur nach unterschieden werden als Austausch- und Machtbeziehungen. Das Ergebnis ist ein Bild von den Austausch- und Machtproblemen beziehungsweise entsprechenden Ressourcen. Schließlich kann man die Ausstattungs-, Austausch- und Machtprobleme nach den jeweils verletzten Werten und Normen befragen. Das Ergebnis ist eine Beschreibung der Wert- und Kriterienprobleme. (Geiser 2000)
Zur Assessmentforschung gehört ebenfalls die Sozialberichterstattung, die sich nicht nur auf die Beschreibung und Analyse sozialer Verhältnisse beschränkt, sondern die gefundenen sozialen Daten auch bewertet und zum Handeln auffordert. (Siehe Rubin 1995c u.a.) Typische Beispiele hierfür sind Armutsberichte (siehe Hauser 1997) sowie Kinder- und Jugendberichte (siehe Granitzka 1997).
Umstritten ist die Frage der Klassifikation und Systematisierung der individuellen und sozialen Probleme. In der Fachliteratur wird auf ihre wachsende Bedeutung für die Praxis hingewiesen, als Beispiele nenne ich das Diagnostic and Statistical Manual für Mental Disorders (DSM I, DSM II und DSM III) oder Person-in-Environment (PIE). (Siehe Adler 1998; Kirk/Reid 2002, 51-76.)

- *Interventionsforschung*

Eng verbunden mit der Assessmentforschung war von Anfang an die Interventionsforschung, weil es ja nicht nur bei der Erfassung und Bewertung (dem Assessment) bleiben sollte, sondern es sollte auch verändert werden. Interventionsforschung wurde folglich mit der Assessmentforschung verknüpft und die Ergebnisse dieser Forschung waren Assessment- und Interventionsmodelle für die Praxis der Sozialen Arbeit. (Siehe Roberts/Nee 1977; Haines 1979; Bartlett 1979 u.a.)

Von dem englischen Verbum „to intervene" gleich „helfend eingreifen, vermitteln, sich verwenden, einschreiten" leitet sich das englische Substantiv „intervention" gleich „Vermittlung, Eingreifen, Einschreiten, Einspruch" ab. Soziale Probleme zeigen Handlungsbedarf an und es gehört zu den Aufgaben der Wissenschaft Soziale Arbeit, Handlungsmodelle („Interventionen") für das Bewältigen sozialer Probleme zu erforschen und zu entwickeln („model-building-research").

Zur Systematisierung unterschiedlicher Kontextbedingungen und zur Typisierung sozialer Interventionen hat Franz Xaver Kaufmann die Unterscheidung von vier Interventionsformen vorgeschlagen, die sich am Kriterium typischer Effekte im Hinblick auf vier grundlegende Elemente menschlicher Lebenslagen orientieren: Rechtlicher Status, ökonomische Ressourcen, ökologische Gelegenheiten und personenbezogene Kompetenzen. (Kaufmann 1999) Aufgabe der Interventionsforschung ist es, Handlungsmodelle, in denen die vier Interventionsformen miteinander verknüpft werden, für die Praxis Sozialer Arbeit zu entwickeln, ihre Wirksamkeit zu überprüfen und sie weiterzuentwickeln. Zu den Forschungsmethoden gehören Berichte der PraktikerInnen (systematisch und narrativ, Analyse kritischer Vorfälle und andere Eigenberichte der PraktikerInnen), Berichte von KlientInnen, direkte Beobachtung und Aufnahmen mit elektronischen Medien, Verlaufsstudien u.a. (Fortune/Reid 1999, 402-417)

In der Fachliteratur werden die Begriffe „Intervention" und „Prävention" bisweilen konkurrierend gebraucht. Dabei wird der Begriff „Prävention" für Maßnahmen benützt, die sich ihrer Intention nach auf die Vermeidung von problematischen Ereignissen beziehungsweise Handlungen beziehen, und der Begriff „Intervention" für Maßnahmen, die sich auf die Behandlung bereits eingetretener problematischer Ereignisse beziehungsweise Handlungen beziehen. Geht man jedoch von einem prozessual-systemischen Handlungsmodell mit mehreren Handlungsstufen aus, dann besteht kein wesentlicher Unterschied zwischen „Intervention" und „Prävention". „Prävention" markiert dann den Zeitpunkt und Ort des Eingreifens und ist ein Unterfall von Intervention und kein eigenes Phänomen. (Kaufmann 1999, 924ff.)

Ein wichtiger Beitrag der Interventionsforschung zur Praxis der Sozialen Arbeit besteht auch darin, Interventionsverfahren systematisch hinsichtlich ihrer Effizienz und Effektivität zu überprüfen und aufgrund der gewonnenen Erkenntnisse erfolgversprechendere Interventionsverfahren zu entwickeln. Nach dem Modell „Design and Development (D&D) for Human Service" der beiden Nordamerikaner Jack Rothman und Edwin J. Thomas verläuft Interventionsforschung in sechs Stufen: Problemanalyse und Projektplanung, Sammlung und Synthese der Informationen, Design der Intervention (Modellentwurf), frühe Entwicklung und Pilotversuch, Evaluation und verbesserte Entwicklung, Verbreitung des Modells. (Rothman/Thomas 1994; Fortune/Reid 1999, 418-430 u.a.)

- *Evaluationsforschung*

Evaluationsuntersuchungen in der Sozialen Arbeit befassen sich mit der Wirkung beziehungsweise der Effizienz der Sozialen Arbeit, das heißt mit dem Erfolg des Bewältigens sozialer Probleme, sie sind Erfolgskontrollen für Geldgeber, Träger und politische Entscheidungsinstanzen und dienen als Rückmeldung und Korrektiv für die handelnden SozialarbeiterInnen. (Siehe C.W. Müller 1998; Heiner 2001; Fichtner 2003 u.a.) Sie können bei der Sozialen Arbeit mit Einzelnen, mit Gruppen und Organisationen durchgeführt werden. Die Ausdifferenzierung verschiedener Konzepte für Evaluationen in der Sozialen Arbeit beruht auf unterschiedlichen Ansichten über die Ziele und Funktionen von Evaluationsuntersuchungen, die Rolle der ForscherInnen, die Bedeutung der Beteiligung Betroffener und die Notwendigkeit beziehungsweise Möglichkeit, fundierte Erkenntnisse durch wissenschaftliche Forschung zu gewinnen. Laufende oder abgeschlossene Maßnahmen beziehungsweise Modellprojekte werden durch externe ForscherInnen (GutachterInnen), die nicht mit der Planung und Durchführung der Maßnahmen beziehungsweise Projekte befasst waren, begleitet und hinsichtlich ihres Erfolges beziehungsweise ihrer Effizienz überprüft. Evaluierungen gleich „Einschätzungen, Bewertungen, Beurteilungen" begleiten in der Regel den gesamten Verlauf eines Maßnahmen- oder Projektprogramms von der Planung über die Durchführung bis zum Abschluss und der (internen) Auswertung. Evaluationsuntersuchungen können extern und intern durchgeführt werden. Externe Untersuchungen werden von ForscherInnen durchgeführt, die nicht zu der zu evaluierenden Einrichtung gehören, und gelten als „objektiver“ als interne Untersuchungen, die von ForscherInnen, die der zu evaluierenden Einrichtung angehören, durchgeführt werden. Bei der internen Fremdevaluation wird das Handeln anderer Mitglieder der gleichen Einrichtung, bei der Selbstevaluation das eigene Handeln untersucht.

Wissenschaftliche Begleitung sozialer Projekte, die in der Regel sowohl eine Analyse der sozialen Verhältnisse als auch eine Untersuchung der Wirkung der bisherigen Sozialen Arbeit sowie eine fortlaufende Beratung der Praxis im Sinne einer Rückkopplung der Erfahrungen der Praxis mit wissenschaftlichen Theorien und die Weiterentwicklung der Praxis wie der Theorien in enger Kommunikation mit den PraktikerInnen einschließt, werden zur Evaluationsforschung gezählt. Diskutiert wird die Frage, ob Qualitätsmanagement zur Evaluationsforschung gehört.

Nach C.W. Müller sollten Evaluationsforschungsprojekte in der Sozialen Arbeit

- prozessorientiert (Prozesse rekonstruieren statt Ergebnisse bewerten),
- kontrollierend (die Bedingungen rekonstruieren, unter denen bestimmte Prozesse auf eine bestimmte Weise abgelaufen sind) und
- vergleichend (Handlungen, Befindlichkeiten und Bewertungen innerhalb der Prozesse miteinander vergleichen) sein. (C.W. Müller 1998, 173)

Der Prozess der Evaluierung beginnt damit, die Kriterien für das Ergebnis auf der Grundlage der Ziele und der Theorie der Einrichtung beziehungsweise der zu Evaluierenden festzulegen. Die Verfahren, Indikationsdaten für die Evaluation zu sammeln, schließen Daten von den KlientInnen, den PraktikerInnen, von anderen Beteiligten (Interviews und Fragebögen, Zufriedenheitsratings, standardisierte Methoden und Beobachtungen) und von vorhandenen Unterlagen (Inhaltsanalyse von Akten, Schriftwechsel) usw. ein. Obgleich Daten aus verschiedenen Quellen unterschiedliche Sichtweisen ergeben können, sind viele Quellen nützlich und machen es wahrscheinlicher, den Ansprüchen einer wissenschaftlich fundierten Evaluation gerecht zu werden, als nur durch eine einzige Quelle oder ein einziges Verfahren. (Fortune/Reid 1999, 401)

Die Forschung der Sozialen Arbeit verbindet – um es in einem Satz zusammenzufassen – einen wissenschaftlich fundierten Tatsachenbericht über soziale Probleme und ihre Bedingungen mit einer Kritik dieser Bedingungen und dem Vorschlag einer Alternative. Die Nutznießer der Forschung der Sozialen Arbeit sind die Kinder, die Jugendlichen, die Erwachsenen und die Familien, denen von SozialarbeiterInnen und ihren PartnerInnen dank wissenschaftlich fundierten Wissens geholfen werden kann. Wenn das Wissen für die Gestaltung der sozialen Ordnung und die Praxis der Sozialen Arbeit auf der Grundlage der Forschung in der Sozialen Arbeit wächst, können vorsorgende und heilende Interventionen für die Nutzer der sozialen Dienste verbessert werden. Bessere Ergebnisse und kosteneffektivere Dienstleistungen werden die Folge sein. In der Fachliteratur wird allerdings beklagt, dass zu wenig empirisch-theoretisch geforscht werde und das Fehlen so begründeten wissenschaftlichen Wissens noch „eine Achillesferse" der Sozialen Arbeit sei. „Social work had focused more on identifying its values than on building its knowledge; it restet too much on ‚conviction' and not enough on a theoretically organized body of research results and practice experience." (Kirk/Reid 2002, 12)

6. Theorien und Modelle der Sozialen Arbeit

Die International Federation of Social Workers hat in ihrer Definition der Sozialen Arbeit erklärt, dass das Handeln der Sozialen Arbeit auf einer systematischen Sammlung von begründetem, aus Forschung und Praxisevaluation gewonnenem Wissen, einschließlich lokalem und kontextspezifischem Wissen, basiere. Weiterhin heißt es, dass die Soziale Arbeit die Komplexität von Interaktionen zwischen Menschen und ihrer Umwelt und die Eigenart der Menschen, sowohl durch die Umwelt beeinflusst zu werden als auch ihrerseits die Umwelt zu beeinflussen, anerkenne und die Profession Soziale Arbeit auf Theorien über menschliche Entwicklung und menschliches Verhalten sowie soziale Systeme zurückgreife, um komplexe Situationen zu analysieren und individuelle, organisatorische, soziale und kulturelle Veränderungen zu ermöglichen. (Siehe Teil 4 Abschnitt 2.4.) Auf welchem Wissen kann die Soziale Arbeit ihre Tätigkeit aufbauen? Auf welche Theorien und Modelle kann die Soziale Arbeit zurückgreifen?

In diesem Abschnitt gebe ich zunächst einen Überblick über die Theorie- und Modellbildung der Sozialen Arbeit, dann nenne ich einige Kriterien zur Orientierung in dem weiten Feld der Theorie- und Modellbildung der Sozialen Arbeit, um danach Theorien und Modelle der Sozialen Arbeit aufzuzeigen. Die Theorien unterscheide ich in universelle, spezifische und externe Theorien. Theorien der Sozialen Arbeit, die sich auf die Entstehung, die Bedingungen und die Bewältigung sozialer Probleme der Menschen in ihrer Gesamtheit beziehungsweise in bestimmten Gesellschaften oder Kulturen beziehen, nenne ich *universelle Theorien* der Sozialen Arbeit. In der angelsächsischen Fachliteratur finden sich hierfür Bezeichnungen wie „foundation theories" (Turner 1996, 14) oder „perspective theories" (Payne 1994, 236f.). Diese Theorien liefern eine allgemeine Orientierung. (Siehe Teil 4 Abschnitt 6.3.) Theorien, die sich nur auf einen speziellen Ausschnitt aus dem gesamten Gegenstandsbereich der Sozialen Arbeit (zum Beispiel nur auf bestimmte Aspekte der Entstehung, der Bedingungen und der Bewältigung sozialer Probleme) beziehen, nenne ich *spezifische Theorien* der Sozialen Arbeit. In der angelsächsischen Fachliteratur finden sich hierfür Bezeichnungen wie „practice theories" (Turner 1996, 14) oder „specific theories" beziehungsweise „application theories" (Payne 1994, 236f.). Diese Theorien sind mehr handlungsorientiert; es handelt sich vornehmlich um Theorien und Modelle zu Assessment und Intervention in der Sozialen Arbeit. (Siehe Teil 4 Abschnitt 6.4.) Universelle Theorien der Sozialen Arbeit geben häufig – explizit oder implizit – den Rahmen und die Grundzüge für spezifische Theorien vor. Von spezifischen Theorien kann wiederum auf ihnen vorausgehende universelle Theorien geschlossen werden. *Externe Theorien* nenne ich alle Theorien, die sich zwar auf den Gegenstand der Sozialen Arbeit beziehen, aber formale Voraussetzungen für wissenschaftliche Theorien nicht oder nur unzureichend erfüllen. Dazu gehören insbesondere theologische und sozialpolitische Theorien, Lehren, Programme, Deklarationen usw. Mit einem Stammstrauch der Theorien Sozialer Arbeit schließe ich diesen Teil ab.

6.1 Theorie- und Modellbildung in der Sozialen Arbeit

Theorien der Sozialen Arbeit sind alle Aussagenzusammenhänge, die sich auf die Bewältigung sozialer Probleme beziehen. Die Geschichte der Sozialen Arbeit zeigt überzeugend, dass zu allen Zeiten nicht nur spontan handelnd auf persönliche und soziale Notlagen reagiert wurde, sondern dass soziale Probleme auch systematisch untersucht, mögliche Bewältigungsformen bedacht und so gewonnene Einsichten in Aussagensysteme (Theorien) und Handlungsmodelle zusammengefasst wurden. Soziale Arbeit ist – das zeigt ihre Geschichte bis in die Gegenwart hinein – reich an praktischem und theoretischem Wissen zur Bewältigung sozialer Probleme (siehe Zimbalist 1977; Wendt 1995b; National Association of Social Workers 1995a, b, c, 1997; Turner 1996; Soydan 1999; Otto/Thiersch 2001 u.a.). Der Wissensreichtum der Sozialen Arbeit ist zu entdecken, aufzubereiten und weiterzuentwickeln, so dass er für das Bewältigen gegenwärtig anstehender sozialer Probleme genutzt werden kann. So diffizil, unübersichtlich, komplex und widersprüchlich wie die Lebenswelt, so diffizil, unübersichtlich, komplex und widersprüchlich zeigt sich allerdings auch das Wissen der Sozialen Arbeit. (Thiersch 1986, 204)

(1) Der Theorienreichtum der Sozialen Arbeit

Theorien und Modelle der Sozialen Arbeit sind schon vielfach zusammengestellt worden. Alice Salomon hat bereits 1932 eine solche Zusammenstellung unter dem Titel „Soziale Führer" veröffentlicht. Nach ihrer Auffassung würde die Berührung mit sozialen Führern, ihrer Persönlichkeit, ihren Werken, ihren Ideen zu einem tieferen Verstehen von Menschheitsaufgaben, die zwar über die Jahrhunderte wechselnde Formen annehmen würden, aber in ihrem letzten Kern ewig und unveränderlich seien, und zu einem tieferen Verstehen der Pflicht zu gegenseitiger Hilfe und zum Wirken für ein Reich sozialer Gerechtigkeit in dieser irdischen Welt führen. (Salomon 1932, 5) Salomon wollte zwar in erster Linie „Praktiker des sozialen Idealismus, nicht Theoretiker" darstellen, doch hob sie für die Praktiker ausdrücklich hervor, dass diese durchaus auch über eine Theorie zur sozialen Frage verfügen. Diese stellte Salomon in ihrem Buch auch jeweils dar. Mit ihrer Auswahl sozialer FührerInnen wollte Salomon einerseits die Mannigfaltigkeit der Weltanschauungen der sozialen FührerInnen zeigen und andererseits Männer und Frauen verschiedener Länder und Arbeitsgebiete berücksichtigen. Die von ihr Ausgewählten sind: Franz von Assisi (1181-1226), Robert Owen (1771-1858), Florence Nightingale (1820-1910), Johann Hinrich Wichern (1808-1881), Wilhelm Emmanuel von Ketteler (1811-1877), Otto von Bismarck (1815-1898), Ferdinand Lassalle (1825-1864), Ernst Abbe (1840-1905), Lew Tolstoj (1828-1910), Henry George (1839-1897) und Jane Addams (1876-1935). Franz von Assisi habe sie beispielsweise als frühen Vertreter sozialen Engagements ausgewählt, um zu zeigen, dass soziale Nöte auch im 13. Jahrhundert vorhanden waren und das Führertum auf sozialem Gebiet vor allem „aus der Fähigkeit erwächst, sich in selbständiger Weise mit den gesellschaftlichen Zuständen auseinanderzusetzen". (Salomon 1932, 6) Bismarck habe sie angeführt, weil er in der Sozialversicherung ein großes unvergängliches soziales Werk hinterlassen habe.
Hans Scherpner hat umfangreiche historische Studien zu Theorien der Sozialen Arbeit durchgeführt mit dem Ziel, Wesen und Formen der Fürsorge zu entdecken. In seinem Buch „Theorie der Fürsorge" (Scherpner 1974) sind Fürsorgetheorien aus der europäischen Geschichte dargestellt, für das Hochmittelalter die Almosenlehre von Thomas von Aquin (1225-1274), für die Übergangszeit die Lehren von Gabriel Biel (1410-1495), Geiler von Kaysersberg (1445-1510) und John Major (1470-

1550), für den Humanismus die Armenpflegetheorie von Erasmus von Rotterdam (1466-1536) und Juan L. Vives (1492-1540), für das Zeitalter des Liberalismus die Armutstheorien von Adam Smith (1723-1790), Thomas R. Malthus (1766-1834) und Karl Marx (1818-1883).

In der deutschsprachigen Fachliteratur werden seit drei Jahrzehnten mit geringen Variationen in etwa dieselben Personen, die relevante Theorien für die Soziale Arbeit entwickelt haben, genannt. (Siehe Rünger 1964; Scherpner 1974; Vahsen 1975; Böttcher 1975; Lukas 1979; Marburger 1981; Schmidt 1981; Wollenweber 1983a, b; Thiersch/Rauschenbach 1987; Winkler 1988, 1993; Landwehr/Baron 1991; Engelke 1992, 1998; Buchkremer 1995; Wendt 1995b; Staub-Bernasconi 1995; Thiersch 1996; Mühlum 1996b, 2001; Schilling 1997; Niemeyer 1998; Thole/Galuske/Gängler 1998; Füssenhäuser/Thiersch 2001; Thole 2002a u.a.) Auf diese Weise hat sich de facto, das heißt ohne besondere Absprachen, ein Kanon von AutorInnen herausgebildet, der den Wissensreichtum der Sozialen Arbeit im deutschsprachigen Raum repräsentiert. Zu diesem Kanon werden Sokrates, Platon, Aristoteles, Thomas von Aquin, Juan. L. Vives, Jean-Jacques Rousseau, Johann Gottlieb Fichte, Johann Heinrich Pestalozzi, Johann Hinrich Wichern, Don Bosco, Adolf Kolping, Karl Mager, Adolf Diesterweg, Paul Natorp, Aloys Fischer, Christian Jasper Klumker, Ilse von Arlt, Hans Scherpner, Gertrud Bäumer, Herman Nohl, Erich Weniger, Karl Wilker, Curt W. Bondy, Anton Makarenko, Carl Mennicke, August Aichhorn, Siegfried Bernfeld, Maria Montessori, Erving Goffman, Klaus Mollenhauer, Lutz Rössner; Walter Hornstein, Hans Thiersch, Silvia Staub-Bernasconi u.a. gezählt.

In den deutschsprachigen Publikationen zu Theorien der Sozialen Arbeit werden fast ausschließlich deutschsprachige AutorInnen referiert. (Siehe als Beispiel Niemeyer 1998; Thole/Galuske/Gängler 1998; Thole 2002a u.a.) Da könnte der Gedanke aufkommen, dass es in den anderen Ländern keine AutorInnen, die Theorien der Sozialen Arbeit entwickelt haben, gibt. Selbstverständlich sind auch in den nicht-deutschsprachigen Ländern Theorien und Modelle der Sozialen Arbeit entwickelt worden und werden in den ausländischen Fachpublikationen vorgestellt und diskutiert. (Siehe Zimbalist 1977; Roberts/Nee 1977; Fèvre 1993; Payne 1994, 1997; Lishman 1994; Howe 1994; Turner 1996; Healy 2000; Kirk/Reid 2002 u.a.) In der deutschsprachigen Fachliteratur werden diese Theorien und Modelle kaum beziehungsweise nicht zur Kenntnis genommen. Theorien deutschsprachiger AutorInnen werden andererseits wiederum im Ausland nicht zur Kenntnis genommen. Zwei Beispiele für im angelsächsischen Sprachraum weit verbreitete Publikationen zu Theorien der Sozialen Arbeit möchte ich anführen.

Der Kanadier Francis J. Turner hat in dem von ihm herausgegebenen Buch „Social Work Treatment. Interlocking Theoretical Approaches" 27 Theorien der Sozialen Arbeit zusammengestellt. Dieses sind: Aboriginal Theory, Behavior Theory, Client-Centered Theory: A Person-Centered Approach, Cognitive Theory, Communication Theory, Constructivism, Crisis Theory, Ego Psychology Theory, Empowerment Approach to Social Work Practice, Existential Social Work, Feminist Theory, Functional Theory, Gestalt Theory, Hypnosis Theory, Life Model of Social Work Practice, A Materialist Framework for Social Work Theory and Practice, Meditation, Narrative Theory, Neurolinguistic Programming, Problem-Solving Theory, Psychoanalytic Theory, Psychosocial Theory, Role Theory, Systems Theory, Task-Centered Social Work, Transactional Analysis, Transpersonal Social Work. (Turner 1996)

Der Brite Malcolm Payne führt in seinem Buch „Modern Social Work Theory" heutige Theorien und Modelle Sozialer Arbeit auf. Dieses sind: Psychodynamic Perspectives, Crisis Intervention and Task-Centered Models, Cognitive-behavioural Theories, Systems and Ecological Perspectives, Social Psychological and Communication Models, Humanist and Existential Perspectives, Social and Community Development, Radical and Marxist Perspectives, Anti-discriminatory and Anti-oppressive Perspectives, Empowerment and Advocacy, Assessing Social Work Theories. (Payne 1997)

In der „Schatzkammer der Sozialen Arbeit" (Turner 1996, 1) befinden sich aber nicht nur deutsch- und englischsprachige Theorien und Modelle der Sozialen Arbeit. In Ländern wie Finnland, Frankreich, Italien, Niederlande, Norwegen, Polen, Russland, Schweden, Spanien, Ungarn usw. und selbstverständlich auch in außereuropäischen Ländern sind Theorien und Modelle der Sozialen Arbeit entwickelt worden. Neuere deutschsprachige Publikationen beziehen zunehmend AutorInnen und Publikationen aus ganz Europa und auch aus anderen Kontinenten mit ein. (Siehe Puhl/Maas 1997; Seibel/Lorenz 1998; Marynowicz-Hetka/Wagner/Piekarski 1999; Chytil/Seibel 1999; Göppner/Oxenknecht-Witzsch 1998; Kersting/Riege 2001; Otto/Thiersch 2001 u.a.)

(2) Kulturelle Unterschiede in der Theoriebildung

Die Zentrierung auf Theorien aus dem deutschen Sprachraum und die Dominanz westlicher Theorien und Modelle in der deutsch- und englischsprachigen Fachliteratur führen dazu, dass nur ein Ausschnitt aus der Theoriebildung in der Sozialen Arbeit wahrgenommen wird. In den internationalen Gesellschaften der Sozialen Arbeit sind SozialarbeiterInnen aus Afrika, Asien, Australien, Europa, Süd- und Nordamerika vertreten. VertreterInnen aus über 70 Ländern haben ihre regionalen Theorien der Sozialen Arbeit in die Definition of Social Work der International Federation of Social Workers eingebracht, und in der Definition wird ausdrücklich auf die regionalen Formen des Wissens und der Theoriebildung hingewiesen. (Siehe Teil 4 Abschnitt 2.4.)
Wenn man den internationalen Theorienreichtum der Sozialen Arbeit näher betrachtet, zeigt es sich, dass sich Theorien und Theoriebildung der Sozialen Arbeit in der Tat von Land zu Land infolge landesspezifischer Denkweisen und Gewohnheiten beträchtlich unterscheiden. Trotz geographischer Nähe gehen die Menschen verschiedene Wege, die Welt zu begreifen; das hängt auch damit zusammen, dass sie unterschiedliche intellektuelle Biographien haben. Die Deutschen sind zum Beispiel – verkürzt und pauschal gesagt – geprägt von ihrer rationalen und systematisierenden Denkart, die in Denken des Protestanten Martin Luther (1483-1546) und der großen Systemdenker wie Immanuel Kant (1724-1804) und Georg Wilhelm Hegel (1770-1831) ein Vorbild hat. In der Theoriebildung der Sozialen Arbeit zeigt sich das geisteswissenschaftliche Erbe darin, dass im deutschen Sprachraum universelle Theorien dominieren und „das Pädagogische" eine große Rolle spielt. Die Franzosen und die Nordamerikaner dagegen haben keine die ganze Welt erklärenden Systeme hervorgebracht, keinen Marxismus, Sozialismus oder Nazismus. Dafür haben die Franzosen mehr darüber nachgedacht, was es heißt ein Mensch zu sein. Briten und Nordamerikaner sind seit jeher eher pragmatisch orientiert; daher gibt es bei ihnen kaum eigene universelle Theorien; ihre Theorien der Sozialen Arbeit sind fast ganz auf eine „funktionierende" Praxis und sozialtherapeutisch („treatment") ausgerichtet.
Das Christentum hatte auf die Theoriebildung der Sozialen Arbeit in Europa und in Nordamerika einen großen Einfluss, aber nicht in Afrika und Asien. Dort beeinflussen andere Religionen mit eigenen Menschen- und Weltvorstellungen die Theoriebildung. Im Westen werden zum Beispiel

die Rechte des Individuums höher bewertet als die der Gesellschaft; im Osten haben dagegen Familie und Gemeinschaft einen Vorrang gegenüber den Bedürfnissen und Interessen des Individuums. Ganz offensichtlich variieren Theorien und Modelle abhängig von kulturellen, historischen und sozio-ökonomischen Bedingungen von Land zu Land und von Zeit zu Zeit. (Vgl. Payne 1997, 7-13)

(3) Paradigmenbildung in der Sozialen Arbeit

In der Sozialen Arbeit wird wie in anderen Wissenschaftsdisziplinen auch mit Paradigmen gearbeitet. (Siehe Teil 3 Abschnitt 3.4.) Ein Paradigma bedeutet zunächst „ein typisches Beispiel", umfasst wissenschaftstheoretisch sowohl die generellen Überzeugungen und Erwartungen als auch die spezifischen Kenntnisse, Forschungsmethoden und Techniken, die als explizites und implizites Regelwissen die Art und Weise des Herangehens einer/eines WissenschaftlerIn beziehungsweise einer WissenschaftlerInnengemeinschaft an den jeweiligen Forschungsgegenstand leiten. In der Sozialen Arbeit sind verschiedene Paradigmen verbreitet; mit ihnen werden die unterschiedlichen Sicht- und Herangehensweisen an den Gegenstand der Sozialen Arbeit zusammenfassend mit einem Begriff benannt. (Siehe Staub-Bernasconi 1998b; Sahle 2002.) Als Beispiele nenne ich die Paradigmen „Austausch" bei Alice Salomon, „Bedürfnis" bei Ilse von Arlt, „Erziehung" beziehungsweise „Gemeinschaft" bei Paul Natorp und Herman Nohl, „Hilfe" bei Hans Scherpner, „Bildung" bei Klaus Mollenhauer, „Abweichung" bei Lutz Rössner, „Verelendung" bei Karam Khella, „Alltag" beziehungsweise „Lebenswelt" bei Hans Thiersch, „Haushalt" bei Wolf R. Wendt, „Prozess" und „System" bei Silvia Staub-Bernasconi, „Subjekt" bei Heinz Sünker und Michael Winkler. Ethische Begriffe wie „Gleichheit", „Brüderlichkeit", „Versöhnung", „Eintracht", „Emanzipation", „(soziale) Gerechtigkeit", „Solidarität", „Gedeihen" u.a. werden ebenfalls als Paradigmen benutzt. Auch wenn das Paradigma in den Texten der genannten AutorInnen häufig nicht ausdrücklich benannt wird, so ist es in den Ausführungen doch offensichtlich und zu erkennen. Es gibt keine Einigung der Scientific Community der Sozialen Arbeit auf ein Paradigma für die Soziale Arbeit. (Siehe Payne 1997, 6, 34.; Howe 1994, 22f.; Staub-Bernasconi 1998b; Sahle 2002 u.a.)

(4) Bezeichnungen der Theorien und Modelle

Vergleicht man ausländische und deutschsprachige Publikationen zu Theorien der Sozialen Arbeit, dann fällt auf: In ausländischen Publikationen werden die Theorien in der Regel nicht – wie im deutschsprachigen Raum üblich – nach dem Namen ihrer AutorInnen (zum Beispiel „die Theorie von Hans Thiersch") benannt, sondern nach ihrem Inhalt (zum Beispiel „die lebensweltorientierte Theorie der Sozialen Arbeit"). Die im deutschen Sprachbereich verbreitete Benennung von Theorien nach Personen hat ihr Vorbild in den Geisteswissenschaften, vor allem in der Philosophie. Dort werden die Theorien von jeher nach ihren Verfassern benannt, zum Beispiel die Philosophie Heideggers. (Siehe Störig 1989 u.a.) Dieses Vorgehen ist nicht unproblematisch. AutorInnen haben meistens mehrere Werke geschrieben, in denen sie ihre Theorie(n) vortragen. Bisweilen modifizieren die AutorInnen ihre Auffassungen und Positionen von Werk zu Werk. Mitunter wird eine These zurückgenommen und dann eine völlig neue These zur selben Sache vertreten, vgl. zum Beispiel die Veränderungen in den Publikationen von Klaus Mollenhauer. (Mollenhauer 1973, 1977, 1982, 1987, 1991, 1992, 1996a, b, c) Nur selten werden von einer/einem AutorIn alle Thesen in einem einzigen Werk systematisch auf der Grundlage stringenter Begriffsdefinitionen zusammengefasst und zu einer in sich geschlossenen Theorie verbunden, wie zum Beispiel in der Theorie von Lutz Rössner. (Rössner 1975, 1977, 1990a, b u.a.) Weitaus verbreiteter sind Theoriebildungen, bei denen mehrere Abhandlungen einer/eines AutorIn zusammen die Theorie ergeben, wie zum Beispiel bei Johann Heinrich Pestalozzi (Pestalozzi 1945, 1946, 1949 u.a.) und Herman Nohl (1927, 1965, 1967, 1970, 1988 u.a.). Die umfangreichen und zahlreichen Publikationen von Jean Jacques Rousseau, Johann Heinrich Pestalozzi, Christian Jasper Klumker, Klaus Mollenhauer u.a. bieten vielfältige, sich auch ausschließende Aussagen und gehören zu den Büchern, die man – wie die Bibel – völlig unterschiedlich interpretieren und sich dennoch jeweils auf eindeutige Fundstellen bei den AutorInnen berufen kann.

In Zukunft werden Theorien der Sozialen Arbeit vermutlich nicht mehr von Einzelnen entworfen und entwickelt, sondern von Gruppen, weil ein Mensch allein mit der Bildung von Theorien der Sozialen Arbeit überfordert ist. Das wird vermutlich dazu führen, dass Theorien nicht mehr nach einzelnen AutorInnen benannt werden, sondern nach den zentralen Aussagen oder Perspektiven, die sie kennzeichnen; das würde dann in etwa der Weise, wie Theorien der Sozialen Arbeit in der angloamerikanischen Literatur benannt werden, gleichen.

(5) Unterschiedliche philosophische und wissenschaftstheoretische Grundlagen

Im Teil 2 ist die Vielfalt philosophischer und wissenschaftstheoretischer Fragen und Antworten dargestellt worden. Da wissenschaftliche Theorien immer auf philosophische und wissenschaftstheoretische Prämissen aufbauen, führen die unterschiedlichen philosophischen und wissenschaftstheoretischen Grundlagen zu unterschiedlichen Theorien. Recht unversöhnlich stehen sich zum Beispiel VertreterInnen alternativer *Wirklichkeitsverständnisse* gegenüber. Radikale KonstruktivistInnen erklären, dass es kein Innen und Außen gebe, keine Welt der dem Subjekt gegenüberstehenden Objekte. Der Mensch lerne erst allmählich, sich als Beobachter zu begreifen, der es nicht mit der „Realität an sich" zu tun habe, sondern stets nur mit seiner „selbsterzeugten Erfahrungswirklichkeit". „Objekte" seien keine Gegenstände in einer der Erkenntnis vorausliegenden Welt, sondern relativ stabile Eigenwerte eines fortlaufenden Beobachtungsprozesses eines wirklichkeitserzeugenden Beobachters. „Subjekte" seien keine den wirklichkeitserzeugenden Prozessen zugrunde liegenden Instanzen, sondern selbst per Beobachtungsoperationen hervorgebrachte Konstrukte. (Siehe Bardmann 1997; Kleve 1999 u.a.) Wissenschaftliche RealistInnen erklären dagegen, dass sie nur das untersuchen würden, was es auch wirklich in der Welt gibt und wie sich diese Wirklichkeit wirklich zeigt und wandelt. Nach ihrem Verständnis erforschen sie Grundzüge der Realität und der existierenden Dinge. (Siehe Obrecht 2000; Staub-Bernasconi 2000b u.a.)
In der abendländischen Wissenschaftsgeschichte sind durchgängig zwei Wege, um Wissen zu erwerben, gegangen worden: der hermeneutische und der positivistische Weg. Der Berliner Philosoph Wilhelm Dilthey (1833-1911) hat diese zwei Wege auf die Kurzformel gebracht: „Natur erklären wir, Geist verstehen wir." Erklären ist nach Dilthey das Erkenntnisverfahren der Naturwissenschaften und bezieht sich auf eine Wirklichkeit, die nicht vom Menschen selbst hervorgebracht ist. Beim Erklären wird eine Sache – wie zum Beispiel ein Baum oder das Feuer – durch Aufzeigen des Entstehens, der Funktion, der Anwendungsmöglichkeiten usw. aufgehellt. Verstehen ist nach Dilthey das Erkenntnis-

verfahren der Geisteswissenschaften und bezieht sich auf eine Wirklichkeit, die aus dem Menschen selbst kommen – wie zum Beispiel Gedanken und Empfindungen. Verstehen ergibt sich aus „Vertraut-sein mit etwas", Ein- und Mitfühlen, Erfassen aufgrund von existentieller Mitbetroffenheit. Von diesen beiden Hauptwegen sind weitere Erkenntniswege beziehungsweise -methoden abgeleitet und weiterentwickelt worden. (Siehe Teil 3 Abschnitte 3.2 und 3.3.)
Die führenden europäischen Wissenschaftler des Mittelalters haben die persönlichen und allgemeinen Notlagen ihrer Zeit im Rahmen von Philosophie und Theologie hermeneutisch und phänomenologisch analysiert, aus ihrem theologisch-philosophischen Denkhorizont heraus interpretiert und Bewältigungsformen vorgeschlagen. Man kann sagen, dass bis in das 20. Jahrhundert hinein hermeneutische und phänomenologische Erkenntnismethoden in der Theoriebildung der Sozialen Arbeit vorgeherrscht haben. Von der Mitte des 19. Jahrhunderts an kamen verstärkt andere Erkenntnismethoden hinzu, wie zum Beispiel die empirische Sozialforschung und die marxistisch-leninistische Erkenntnismethode.
Beeinflusst durch naturwissenschaftliche (positivistische) Wissenschaftstheorien wird regelmäßig über die „*Wertfrage*" gestritten. Für viele AutorInnen ist es „seit jeher ein Axiom, dass Werte eine Grundlage für die Praxis der Sozialarbeit/Sozialpädagogik darstellen, da sozialarbeiterische/sozialpädagogische Tätigkeiten und Handlungsweisen normativ ausgerichtet sind." (Lowy 1983, 46) In beinahe allen Theorien der Sozialen Arbeit werden explizit oder implizit Ziele, Ideale, Werte oder Normen für die Soziale Arbeit genannt. Das weite Spektrum der Wertsetzungsmöglichkeiten wird ausgeschöpft. Differenzierte Inhaltsbestimmungen dessen, was mit den Werten jeweils konkret gemeint ist, und Begründungen für die jeweiligen Wertsetzungen fehlen meistens. Häufig stünden die Werte da „als in letzter Instanz unerklärliche Größen", deren spekulative Basis verschleiert werde. (Dux 1987, 140) In der Tradition des Positivismus und des Rationalismus dagegen werden nur solche Gegenstände und Theorien als Wissenschaft zugelassen, die sich auch empirisch überprüfen lassen. Die Wertfrage wird hier bewusst aus der Wissenschaft ausgeklammert und in den vorwissenschaftlichen Bereich der empirisch unbegründbaren Meinungen, persönlichen Anschauungen, Vorurteile, Ideologien usw. verwiesen. Gesellschaftliche Werte und Normen werden nach dieser Auffassung von mächtigen In-

stanzen außerhalb der Wissenschaft festgesetzt und gehören in den Bereich der Politik. (Siehe Rössner 1975, 288.)

(6) Relativ autonome Theorien der Sozialen Arbeit

Es ist evident, dass sich mehrere Wissenschaftsdisziplinen (nicht nur die Soziale Arbeit, sondern auch die Bezugswissenschaften der Sozialen Arbeit) mit dem sozialen Wandel, mit sozialen Problemen Einzelner, von Gruppen und der Gesamtheit der Menschen und den Möglichkeiten, sie zu bewältigen, befasst haben und befassen. Da ist es nur selbstverständlich, dass von der Sozialen Arbeit und auch von den Bezugswissenschaften Theorien und Modelle für diese Problematiken entwickelt worden sind. Insofern sind die Theorien der Sozialen Arbeit eingebettet in ein Umfeld von Theorien ihrer Bezugswissenschaften. (Soydan 1999, 144f.)

Theorien der Sozialen Arbeit sind Theorien einer relativ autonomen Wissenschaftsdisziplin und damit – wie in anderen Wissenschaftsdisziplinen auch – eng mit Theorien und Modellen anderer wissenschaftlicher Disziplinen verknüpft, insbesondere mit den Theorien anderer human-, sozial-, rechts- und geisteswissenschaftlicher Disziplinen. (Siehe Teil 4 Abschnitte 1 und 4.) Der Komplexität und der systemhaften Verflechtung der sozialen Probleme entspricht die Verschränkung der betroffenen wissenschaftlichen Disziplinen und ihrer Theorien sowie die Kooperation der zuständigen WissenschaftlerInnen und PraktikerInnen. In der handlungswissenschaftlich orientierten Sozialen Arbeit werden mannigfaltige Aspekte aus unterschiedlichen Disziplinen eingebracht. Insofern sind Theorien der Sozialen Arbeit stets „relativ autonome" Theorien.

Es zeigen sich vor allem drei Varianten der Verknüpfung von Theorien der Sozialen Arbeit mit Theorien ihrer Bezugswissenschaften:

- Theorien der Bezugswissenschaften werden einfach übernommen (zum Beispiel psychologische Bewältigungstheorien).
- Theorien der Bezugswissenschaften werden als Baustein in Theorien der Sozialen Arbeit integriert (zum Beispiel Erkenntnisse der Genforschung).
- Theorien der Bezugswissenschaften geben den Rahmen für Theorien der Sozialen Arbeit ab (zum Beispiel soziologische Systemtheorien).

(7) Keine Zentraltheorie

Für manche WissenschaftlerInnen steht und fällt die Anerkennung einer wissenschaftlichen Disziplin damit, ob sie über eine Zentraltheorie (Gesamttheorie) verfügt. Daher gehen manche AutorInnen davon aus, dass die Soziale Arbeit erst dann als eigenständige Wissenschaft anerkannt werden könne, wenn endlich eine (besser: die) Zentraltheorie, die dann alles in sich vereint und von allen als die Theorie Sozialer Arbeit anerkannt wird, für die Soziale Arbeit gefunden worden ist. (Siehe Lukas 1979, 221.)
Eine solche Erwartung verkennt meiner Meinung nach, dass es in jeder Wissenschaftsdisziplin pluriforme, heterogene und miteinander unvereinbare Auffassungen und Theorien – auch über ihr eigenes „proprium" – gibt. Eine Zentraltheorie der Sozialen Arbeit ist meines Erachtens nirgends zu erkennen. Das Gegenteil dazu scheint wahr zu sein. (Turner 1996, VII) Jede wissenschaftliche Disziplin verfügt sowohl über mehrere Metatheorien als auch über mehrere Objekttheorien, die nebeneinander benutzt werden und miteinander konkurrieren. Vereinheitlichungsbestrebungen missachten die qualitative Vielfalt und Differenziertheit des Wirklichen, der einzelnen Menschen wie der Gesellschaft und ihrer Problematiken. Verknüpfen darf jedoch nicht mit Vereinheitlichen gleichgesetzt und Pluralität darf nicht mit Beliebigkeit verwechselt werden.
Die Rückbesinnung auf die philosophische und wissenschaftstheoretische Grundlegung allen Wissens (siehe Teil 3) macht deutlich, wie vielfältig Denken und Handeln in einer wissenschaftlichen Disziplin von vornherein angelegt sind. Eine Wissenschaftsdisziplin lässt sich nicht auf eine oder auf die Theorie reduzieren. Auch ein gemeinsam akzeptierter Erkenntnisgegenstand eröffnet immer noch viele verschiedene Möglichkeiten, diesen zu beschreiben und zu erforschen. Und unterschiedliche weltanschauliche und wissenschaftstheoretische Vorentscheidungen (zum Beispiel bei den Paradigmen, Wertsetzungen und Erkenntnismethoden) führen zu unterschiedlichen Theorien und Modellen. Diese führen wiederum zu differenten Forschungsansätzen, Handlungspraktiken, Professionsverständnissen und Ausbildungsmodellen. Versuche, alles auf einen Punkt zu bringen, versperren den Blick auf den Reichtum an Wissen, auf das, was schon alles entdeckt, gedacht und erarbeitet worden ist.

Zentraltheorien sind nach meiner Auffassung charakteristisch für Einheitswissenschaften und dogmatisch-autoritäre Strukturen und stehen demokratischen Gesellschaftsordnungen entgegen. Die Gleichschaltung der Sozialen Arbeit mit dem Nationalsozialismus und die Begründung der Volkswohlfahrt mit der nationalsozialistischen Rassentheorie während des Dritten Reiches sollten genügen, um das Sehnen und Streben nach einer Zentraltheorie aufzugeben.

(8) Zur Weiterentwicklung der Theorien

Es gehört zu den alljährlich wiederkehrenden Ritualen, dass irgendjemand eine Krise in der Theoriebildung der Sozialen Arbeit diagnostiziert oder gar das Ende der Sozialen Arbeit kommen sieht. Das Ergebnis der Krisen-Diagnosen ist dann häufig „eine neue Runde sozialpädagogischer Theoriediskussion" beziehungsweise ein Aufruf zur Rettung der Sozialen Arbeit. Ich nenne jetzt keine AutorInnen, weil sehr viele AutorInnen schon irgendwann einmal an diesem Ritual beteiligt waren und viele Seiten der Fachpublikationen regelmäßig mit diesem Ritual gefüllt werden. Ich möchte auf dieses Phänomen und seine Eigenart nur aufmerksam machen. Solche „Krisenerkenntnisse" oder „Untergangsbefürchtungen" haben meistens ihre Grundlage in einschneidenden Veränderungen im persönlichen Leben der AutorInnen.
Bei den Beiträgen zur Krise der Theoriebildung fällt auf, dass den EntdeckerInnen der Krise meistens spezielle Aspekte in den Theorien der Sozialen Arbeit fehlen. In einem Beitrag zur Krisenintervention werden diese Aspekte dann ausgeführt. Diese Aspekte sind nach Auffassung der Vortragenden von anderen AutorInnen nicht oder nicht ausreichend berücksichtigt worden und werden häufig als Alternative oder Gegensatz zu den Überlegungen anderer AutorInnen und nicht als Ergänzung dazu gesehen und dargestellt. Meistens ist die Darstellung des eigenen Theorieaspektes beziehungsweise -ansatzes mit einer Abwertung der Überlegungen, Prämissen und Ansätze anderer AutorInnen verbunden. (Siehe zum Beispiel die Beiträge in Merten 2000, Pfaffenberger/Scherr/Sorg 2000 u.a.)
Nach meiner Kenntnis hatten bislang weder „Kriseninterventionen" noch „Untergangsszenarien" eine fruchtbare Weiterentwicklung der Theorien in der Sozialen Arbeit zur Folge. Die Aktivitäten sind in der Regel sogar ohne Resonanz geblieben. Die Soziale Arbeit verfügt als Handlungswis-

senschaft über Wissensbestände und wissenschaftlich ausgewiesene und anerkannte Methoden und Theorien, die die verschiedenen Interessen von WissenschaftlerInnen, PraktikerInnen und KlientInnen in vielen Fällen miteinander verbinden. Bereits vorhandene Meta- und Objekttheorien sind gute Ausgangspositionen, um über partikuläre, zum Teil isolierte ad-hoc-Perspektiven und Ansätze hinauszukommen. Theorien werden in zirkulär oder spiralförmig verlaufenden Prozessen, an dem viele Menschen beteiligt sind, gebildet, daher sollten WissenschaftlerInnen auf Vorhandenem aufbauen und dieses weiterentwickeln. Die Internationalisierung der Sozialen Arbeit bietet hierfür ungeahnte Herausforderungen und Chancen.

6.2 ORIENTIERENDE ÜBERSICHT

Die Soziale Arbeit ist reich an Theorien, aber: Handelt es sich dabei immer um wissenschaftliche Theorien? Wissenschafts- und Theoriedefinitionen gibt es in Hülle und Fülle, aber keine allgemein akzeptierte Definition mit verbindlichen Kriterien für wissenschaftliche Theorien. Was für den einen eine wissenschaftliche Theorie ist, ist für den anderen nicht mehr als eine Alltagsweisheit. Wann kann eine Theorie der Sozialen Arbeit als wissenschaftliche Theorie bezeichnet werden? Wie lassen sich wissenschaftliche Theorien einteilen? Nach welchen Kriterien sind wissenschaftliche Theorien zu kritisieren?

(1) Formale Merkmale wissenschaftlicher Theorien

Die Ansichten darüber, welche formalen Merkmale eine Theorie erfüllen muss, um als wissenschaftliche Theorie gelten zu können, gehen in der Fachliteratur weit auseinander. (Siehe Mittelstraß 1996, 260-272.) Vier miteinander verknüpfte Begriffe sind nach Francis J. Turner für die Definition von „Theorie" essentiell: „concepts, facts, hypotheses, and principles." (Turner 1996, 2)

> „*Concepts* are abstractions representing logical descriptions of reality that a discipline develops to describe the phenomena with which it is dealing …
>
> *Facts* are concepts that can be empirically verified, that is, they are testable observations related to the concepts with which we deal …
>
> *Theory* emerges from the process of ordering facts in a meaningful way. That is, a certain relationship between facts is posited through observation or

through deduction, induction, speculation, inspiration, or experience and then subjected to testing.

These relationships between facts are described in statements called hypotheses, which are tested for accuracy through the methods of disciplined observation employed in the varied processes of research …

Principles are statements about fundamental laws or rules that emerge from tested hypotheses. They become the bases on which theory-based action is taken.“ (Turner 1996, 2f. Hervorhebung durch E.E.)

Wissenschaftliche Theorien und Modelle der Sozialen Arbeit sind für mich das Ergebnis gezielten, systematischen, kritischen und reflektierten Bemühens um empirisch-theoretische Erkenntnisgewinnung über die Entstehung und die Bedingungen sozialer Probleme, ihre Bewältigung und den Zusammenhang beider im Kontext des gesellschaftlichen Prozesses. (Siehe Teil 1 Abschnitt 3.) Aussagensysteme können dann als wissenschaftliche Theorien der Sozialen Arbeit gelten,

- wenn in ihnen der Gegenstand, auf den sich die Aussagen beziehen, genau angegeben ist und es sich dabei um den Gegenstandsbereich der Sozialen Arbeit handelt,
- die gewählten wissenschaftstheoretischen Zugänge und wissenschaftlichen Erkenntnismethoden benannt sind,
- zum Gegenstand der Sozialen Arbeit überprüfbare Aussagen gemacht worden sind,
- diese Aussagen untereinander verbunden sind
- und ein gewisser Grad der Abgeschlossenheit des Aussagenverbundes erreicht worden ist. (Siehe Teil 3 Abschnitt 4.3.)

(2) Erwartungen an Theorien der Sozialen Arbeit

Die Erwartungen an das, was eine Theorie der Sozialen Arbeit leisten soll, sind nicht einheitlich. Nach einer weit verbreiteten Auffassung sollen Theorien der Sozialen Arbeit sozial problematische Ist-Situationen erklären sowie Soll-Vorstellungen für die Ist-Situation vorgeben. Zwei Beispiele für unterschiedliche Erwartungen an Theorien der Sozialen Arbeit:
Für Hans Thiersch und Thomas Rauschenbach bilden sich die Aufgaben, Inhalte und Perspektiven einer Theorie der Sozialen Arbeit, die für

sie eine sozialwissenschaftliche Gesellschafts- und Handlungstheorie ist, im Kontext der Entwicklung der sozialpädagogischen Praxis, im Zusammenhang sozialstaatlicher Versorgung und als Antwort auf historisch-gesellschaftliche Strukturen und Entwicklungen aus. (Thiersch/ Rauschenbach 1987, 987) „Grundlage für eine Theorie der SP/SA ist eine Gesellschaftstheorie, die die Erzeugung und Definition von sozialen Problemen und Lernproblemen ebenso thematisiert wie die spezifischen Interventionsformen als gesellschaftliche Reaktion auf sie, eine Gesellschaftstheorie also, die das Komplementaritätsverhältnis von gesellschaftsbedingten Lebensverhältnissen und gesellschaftlichen Antworten thematisiert." (A.a.O. 1000f.)
Für Francis J. Turner handelt es sich dann um eine neue Theorie der Sozialen Arbeit, wenn die folgenden acht Kriterien erfüllt sind:

„1. The ideas are indeed new and are not restatements of earlier knowledge using new terminology.

2. The ideas generated by the thought system give us new insights into a significant aspect of the human condition, into a significant group of clients, or into some aspect of relevant social and environmental systems.

3. The system has been found to be demonstrably useful by a significant component of the profession.

4. There is a beginning body of empirically tested knowledge that supports the new ideas.

5. The interventions emerging from the theory are ethical.

6. The interventions and concepts can be learned, understood, and utilized by a significant component of the profession.

7. The system addresses a broad spectrum of practice and methodologies.

8. The theory is beginning to be accepted by the profession." (Turner 1996, 4)

(3) Historischer und fachwissenschaftlicher Entstehenszusammenhang

„We have seen that social work is complex and varies in different cultures", stellt Malcolm Payne fest. „It is part of a complex theoretical, occupational and service network. Therefore, it can only be understood in the social and cultural context of the participants. Theories about it are products of the context in which they arise, and they also influence that context, because theories affect what people do and say within social work, and that affects social attitudes towards the people within social work and their ideas and values." (Payne 1994, 7f.) Die Kenntnis des historischen und fachwissenschaftlichen Zusammenhanges, in dem Theorien der Sozialen Arbeit entstanden sind, ist zum Verständnis der Theorien unabdingbar.

Es ist meines Erachtens unzweifelhaft, dass auch WissenschaftlerInnen von ihren persönlichen Erlebnissen und Erfahrungen ausgehend Alltagstheorien bilden und von diesen Alltagstheorien aus ihre wissenschaftlichen Theorien entwickeln. Somit hängen wissenschaftliche Theorien mit den persönlichen Lebenserfahrungen und Alltagstheorien der WissenschaftlerInnen, die sie entwickelt haben, zusammen. (Siehe Teil 3 Abschnitt 5.) Dieser Zusammenhang liegt insbesondere bei sozialwissenschaftlichen Theorien nahe. Ein erkennbarer Zusammenhang von Biographie, Alltagstheorie und wissenschaftlicher Theorie sagt selbstverständlich noch nichts über die Gültigkeit oder Bewährung einer wissenschaftlichen Theorie aus. In den einschlägigen Publikationen zu Theorien der Sozialen Arbeit werden die AutorInnen der betreffenden Theorien zwar mit einigen wenigen Lebensdaten vorgestellt, für gewöhnlich wird aber wenig über den historischen und biographischen Kontext, in dem diese Theorien entstanden sind, mitgeteilt. Dabei wären die Kenntnis des persönlichen Lebenskontextes der/des AutorIn und des politischen, wirtschaftlichen und kulturellen Kontextes ihres/seines wissenschaftlichen Arbeitens wichtig, um die Theorie und ihre Intentionen gut verstehen, würdigen und anwenden zu können. (Siehe Kron 1999, 208-229 u.a.) AutorInnen stehen für bestimmte Richtungen oder „Schulen"; sie haben zwar ihre eigene Auffassung verbalisiert, dennoch gibt es genügend Indizien dafür, dass sie nicht allein in ihrer Zeit so gedacht haben.

Neue Theorien der Sozialen Arbeit sind fast immer Reaktionen auf frühere Theorien der Sozialen Arbeit, mit denen die/der AutorIn der neuen Theorie nicht einverstanden war und sich zur Widerlegung, Korrektur, Ergänzung oder Weiterführung herausgefordert sah. Da die AutorInnen neuer Theorien ihre Ausführungen in der Regel ausdrücklich auf die von ihnen abgelehnten Theorien beziehen, können Theorien, losgelöst aus diesem fachwissenschaftlichen Kontext, leicht missverstanden werden. Zum Umgang mit Theorien der Sozialen Arbeit gehört es daher, den fachwissenschaftlichen Kontext, in dem die Theorien entwickelt worden sind, zu kennen und zu berücksichtigen. Christian J. Klumker hat sich zum Beispiel in seiner Theorie mit dem Bevölkerungsgesetz des

Engländers Thomas R. Malthus auseinander gesetzt und versucht, die Theorie von Malthus zu widerlegen und eine Alternative vorzulegen. Malthus hatte die Armen für ihre Notlage selbst verantwortlich gemacht und jegliche Unterstützung für Arme durch den Staat radikal abgelehnt. Klumkers Anliegen war es dagegen, die Verpflichtung der Gemeinschaft für die Unterstützung der Armen zu begründen. Malthus seinerseits hatte sich mit den Theorien der frühen französischen Sozialreformer (vor allem mit dem Werk von Condorcet) auseinandergesetzt und versucht, diese von ihm abgelehnten Theorien naturwissenschaftlich-mathematisch zu widerlegen. (Siehe Engelke 1998, 91-102, 159-171.)
Für die wissenschaftliche Durchdringung wie auch für die praktische Bewältigung gegenwärtiger sozialer Probleme können Theorien der Sozialen Arbeit früherer Generationen fruchtbringend herangezogen werden. Häufig belehrt uns die Geschichte über die Folgen bestimmter Sichtweisen und Handlungsstrategien; diese können heute als Warnung oder auch als Ermutigung für bestimmte Lösungswege dienen. Wer heute zum Beispiel Modelle für die Freiwilligenarbeit („Volunteers") in der Sozialen Arbeit entwickeln möchte, sollte sich mit der Theorie der Sozialen Arbeit von Juan L. Vives aus dem Anfang des 16. Jahrhunderts befassen und anregen lassen. Zu der Zeit waren die Stadtverwaltungen genauso auf Freiwillige angewiesen wie heute, um die innerstädtischen sozialen Probleme bewältigen zu können. Vives hat vor beinahe 500 Jahren Theorien und Modelle vorgelegt, die heute noch genauso zutreffen wie damals, als die Industrialisierung der Gesellschaft mit ihren spezifischen Auswirkungen auf die Städte begann. (Siehe Engelke 1998, 41-52.)
Der schwedische Sozialwissenschaftler Haluk Soydan hat die Ideengeschichte der Sozialen Arbeit untersucht, für diese Untersuchung war sein Konzept der Entstehung sozialer Probleme von spezieller Bedeutung. „Scientific knowledge of society and of man as a social being is to be used for social change, the aim of which is to eleminate social problems and improve people's condition of life. There is thus a logical and historical: empirical relationship between scientific social analysis, social change and social problems. This connection manifests itself at various stages of this study. The study testifies to the fact that the different fields of the theoretical frame of reference are not isolated empirical islands but that there are entrances and exits between the fields when it comes to the evolution of the various ideas." (Soydan 1999, 132f.) Für

Soydan entstehen Theorien aus der Wechselwirkung von Theorie (gleich Wissenschaft) und Praxis, er unterscheidet deswegen die Theorien nach ihrem Ausgangspunkt (von der Theorie zur Praxis und von der Praxis zur Theorie) und nach der in ihnen enthaltenen Begründung für die Entstehung sozialer Probleme (die Gesellschaft verursacht die sozialen Probleme, das Individuum verursacht die sozialen Probleme); so ergeben sich für Soydan vier Felder der Ideengeschichte der Sozialen Arbeit (siehe Abbildung 16).

Abbildung 16: Felder der Ideengeschichte der Sozialen Arbeit nach Soydan

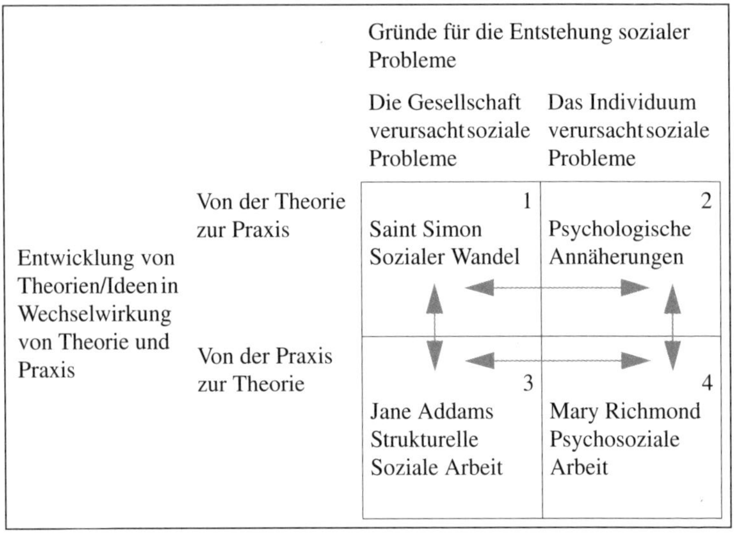

Anmerkung:
Original der Abbildung siehe Soydan 1999, 132. Ins Deutsche übersetzt von E.E.

Im Feld 1 ist der französische Frühsozialist Claude Henri de Saint-Simon (1760-1825) platziert; bei ihm geht die Theoriebildung von der Theorie zur Praxis und die sozialen Probleme sind gesellschaftlich verursacht. Im Feld 2 sind psychologische Ansätze platziert; die Theoriebildung geht hier ebenfalls von der Theorie zur Praxis und die sozialen Probleme sind vom Individuum verursacht. Im Feld 3 ist Jane Addams

(1860-1935) platziert; bei ihr geht die Theoriebildung von der Praxis zur Theorie und die sozialen Probleme werden von der Gesellschaft verursacht. Im Feld 4 ist Mary Richmond (1861-1928) platziert; bei ihr geht die Theoriebildung von der Praxis zur Theorie und die sozialen Probleme werden vom Individuum verursacht.

(4) Klassifikation der Theorien und Modelle

In den Sozialwissenschaften ist es üblich, Theorien nach verschiedenen Differenzierungskriterien zu klassifizieren. Kriterien sind zum Beispiel der Ausschnitt des Gegenstandsbereichs, auf den sich die Theorie genau bezieht, das Ziel, das in der Theorie angestrebt wird, die Reichweite und die Vollständigkeit der Theorie. Theorien Sozialer Arbeit sind unterschiedlich vollständig, haben verschiedene Reichweiten und ihre Geltung hängt von ihrem kulturellen und epochalen Kontext, in dem sie entwickelt worden sind, ab. Hinsichtlich ihrer Reichweite werden in der Regel drei Gruppen unterschieden: Theorien mit großer allgemeiner Reichweite, Theorien mit mittlerer spezifischer Reichweite und Theorien mit geringer (fokussierter) Reichweite. In den Theorien wird die Reichweite häufig eigens angegeben oder sie ist von der ganzen Anlage und Ausrichtung der Theorie her evident.
In der Einführung zu diesem Abschnitt habe ich bereits die von mir gewählte Unterscheidung der Theorien in universelle, spezifische und externe Theorien erläutert. Universelle Theorien der Sozialen Arbeit haben per definitionem eine große Reichweite und spezifische Theorien haben eine mittlere beziehungsweise eine geringe Reichweite.
In der Soziologie werden Makro- und Mikrotheorien unterschieden. Von „Makro-theorien" wird dann gesprochen, wenn größere soziale Gebilde oder kollektive Prozesse in ihrem Mittelpunkt stehen, zum Beispiel bei den Theorien von Parsons, Luhmann u.a. Man spricht von „Mikro-theorien", wenn Individuen und ihre Interaktionen im Zentrum stehen, zum Beispiel bei den Theorien von Homanns, Schütz, Goffman u.a. Diese Theorien grenzt man wiederum von Theorien ab, bei denen die Überwindung des Makro-Mikro-Dualismus im Mittelpunkt steht, zum Beispiel bei den Theorien von Elias, Habermas u.a. (Siehe Treibel 2000, 7-14.)
Aus der angloamerikanischen Fachliteratur möchte ich zwei verbreitete Beispiele für die Klassifikation von Theorien der Sozialen Arbeit anfüh-

ren. In dem ersten Beispiel, der Klassifikation der Theorien Sozialer Arbeit nach Malcolm Payne und David Howe, werden die universellen Theorien nach zwei Kriterien eingeteilt. (Howe 1994, 47ff.; Payne 1994, 67) Das eine Kriterium ist die Einstellung zur Gesellschaft (Veränderung oder Anpassung) und das andere Kriterium ist die erkenntnistheoretische Orientierung (subjektiv oder objektiv). Die Verknüpfung der Kriterien führt zu vier Gruppen: Die *radikale Soziale Arbeit*, in der ein radikaler sozialer Wandel der Gesellschaft angestrebt wird; VertreterInnen sind radikale Humanisten, die das Bewusstsein für Veränderungen wecken wollen. Die *marxistische Soziale Arbeit,* in der ebenfalls ein radikaler sozialer Wandel der Gesellschaft angestrebt wird; VertreterInnen sind radikale Strukturalisten, die die Revolution wollen. Die *interaktionistische Soziale Arbeit*, nach der die Individuen sich der Gesellschaft anzupassen haben; VertreterInnen sind Erklärer und Deuter, die nach der Bedeutung und nach dem Sinn suchen. Die *traditionelle Soziale Arbeit*, nach der die Individuen sich der Gesellschaft anzupassen haben; VertreterInnen sind „Macher", denen es um das Funktionieren geht (siehe Abbildung 17).

Abbildung 17: Klassifikation der Theorien Sozialer Arbeit nach Payne und Howe

	Theorien radikalen Wandels		
Subjektiv	Radikale Soziale Arbeit (Radikale Humanisten; „Bewusstmacher“)	Marxistische Soziale Arbeit (Radikale Strukturalisten; „Revolutionäre“)	Objektiv
	Interaktionisten (Interpreten; „Sinnsucher“)	Traditionelle Soziale Arbeit (Funktionalisten; „Macher“)	
	Theorien der Anpassung		

Anmerkung:
Original der Abbildung siehe Payne 1994, 67. Die Titel, die Howe (Howe 1994, 47f.) für jede Gruppe gegeben hat, stehen in Klammern. Ins Deutsche übersetzt von E.E.

In dem zweiten Beispiel, der Klassifikation von Theorien Sozialer Arbeit nach Francis J. Turner, werden Fokalbereiche („area of focus“) unterschieden.
Drei Gruppen sind gebildet worden: Die Person und ihre Eigenschaften. Die Person übt ihre Eigenschaften aus. Person und Gesellschaft. Den einzelnen Fokalbereichen sind zum Teil mehrere relevante Theorien zugeordnet worden. Im Fokus der „Classification of Selected Social Work Practice Theories From the Perspective of the Primary Human Activity Focus“ steht immer die *Person*. Es werden einige für deutsche Verhältnisse ungewöhnliche „Theorien“ genannt, zum Beispiel „Meditation“, „Hypnosis“ und „Aboriginal Theory“. (Turner 1996, 15, 708)

(5) Wissenschaftstheoretische Grundmodelle sozialwissenschaftlicher Theoriebildung

Wissenschaftliche Theorien der Sozialen Arbeit bauen auf Wissenschaftstheorien auf. Nun gibt es eine Vielfalt an Wissenschaftstheorien auch für die Soziale Arbeit. (Siehe Teil 3 Abschnitt 3.4.) Zur besseren Orientierung kann man die Vielfalt in der sozialwissenschaftlichen Theoriebildung auf wenige Grundmodelle reduzieren. Eine solche Reduktion auf drei idealtypische Grundmodelle sozialwissenschaftlicher Theoriebildung haben zum Beispiel Kriz/Lück/Heidbrink vorgenommen. (Kriz/Lück/Heidbrink 1990, 122-151) Mit leichten Veränderungen habe ich die tabellarische Darstellung von Kriz/Lück/Heidbrink übernommen (siehe Abbildung 18).

Abbildung 18: Grundmodelle sozialwissenschaftlicher Theoriebildung

	Normativ-ontologische Theorieansätze	Kritisch-rationale Theorieansätze	Kritisch-theoretische Theorieansätze
Erkenntnisanspruch:			
Erkenntnisziel	idiographische Beschreibung; praktischer Rat	nomothetische Sätze; technologische Anweisungen	historisches Gesetz; Gesellschaftskritik, Hilfe zur Selbsthilfe
Erkenntnis-interesse	praktisch (Konsensus der Handelnden)	technisch (Verfügung über vergegenständlichte Prozesse)	emanzipatorisch (Selbstreflexion)
Erkenntnis-gegenstand	Sinn und Wesen von Staat, Gesellschaft, Mensch, Hilfe usw.	Verhalten von Individuen, Gruppen, Organisationen	Prozesse und Strukturen der Gesellschaft
Erkenntnismittel (Methodologie):			
Denkmethoden (Verarbeitungs-muster)	Hermeneutik, Phänomenologie	logischer Empirismus, kritischer Rationalismus	Hermeneutik, Dialektik
Tätigkeit der WissenschaftlerInnen	Verstehen, besinnen, wissenschaftlich nach- und vordenken, anweisen (Korrektur durch Erfahrung)	Beschreiben, messen, erklären, prognostizieren (Kontrolle durch systematische Überprüfung)	Verstehen, hinterfragen, kritisch konfrontieren und politisch wirken (Korrektur durch Reflexion)
Ansätze	historisch-genetische, ideengeschichtliche	strukturell-funktionale	kritisch-historische, kritisch-empirische, emanzipatorische

	Normativ-ontologische Theorieansätze	Kritisch-rationale Theorieansätze	Kritisch-theoretische Theorieansätze
Forschungsmethoden und -techniken	Quellen- und Textkritik, historisch-philosophische Argumentation	Regeln und Techniken der empirischen Sozialforschung, Analysis, Stochastik	historisch-ökonomische, ideologie-kritische Analyse mit empirischer Sozialforschung als Hilfsmittel
Grundlegende Positionen:			
Wertproblematik	Einschluss von ontologisch und anthropologisch begründeten Werten	Streben nach Wertfreiheit (nur autonome Werte der Forschung gelten)	Ziel sind Emanzipation und andere humanistische Werte
Verhältnis von „Wissenschaft" und „Gesellschaft"	Sinngebung und Ratgeber für die Gesellschaft, konservative Aufklärung	Trennung und wertneutrale Aufklärung, Auftragsforschung	Sozialkritische Funktion der Wissenschaft, emanzipatorische Aufklärung

Anmerkung:
Original der Abbildung siehe Kriz/Lück/Heidbrink 1990, 151. Leichte Veränderungen des Originals von E.E.

Drei grundlegende wissenschaftstheoretische Ansätze werden für die Theoriebildung unterschieden: der normativ-ontologische, der kritisch-rationale und der kritisch-theoretische Ansatz. Die aus dieser Einteilung entstehenden drei Grundmodelle unterscheiden sich hinsichtlich ihres Erkenntnisanspruches (Erkenntnisziel, Erkenntnisinteresse, Erkenntnisgegenstand), ihrer Erkenntnismittel (Denkmethoden, Tätigkeit der WissenschaftlerInnen, Ansätze, Forschungsmethoden und -techniken) und ihrer grundlegenden Positionen in der Wertproblematik und im Verhältnis von Wissenschaft und Gesellschaft. (Siehe Teil 3 Abschnitt 3.) Alle drei Grundmodelle sind unter den Theorien der Sozialen Arbeit zu finden. Als Beispiel für einen normativ-ontologischen Ansatz nenne ich die Theorie der Fürsorge von Hans Scherpner (Scherpner 1974 u.a.), als Beispiel für einen kritisch-rationalen Ansatz die Theorie der Sozialarbeit von Lutz Rössner (Rössner 1975 u.a.) und als Beispiel für einen kritisch-theoretischen Ansatz die Theorie der lebensweltorientierten Sozialen Arbeit von Hans Thiersch (Thiersch 1992a u.a.). Da es sich bei den Grundmodellen um idealtypische Konstruktionen handelt, ist zu beachten, dass die diversen Theorien der Sozialen Arbeit mit den Grundmodellen in der Regel nicht deckungsgleich sind und es auch kaum sein können.

(6) Theoriefragmente

Neben mehr oder weniger abgeschlossenen Theorien gibt es zahlreiche Theoriefragmente. Den Begriff „Theoriefragment" benutze ich als Sammelbegriff für Ansätze, Entwürfe und Versuche von Theorien Sozialer Arbeit. Bei den Theoriefragmenten taucht der Begriff „Theorie" wie bei den universellen und speziellen Theorien im Titel auf und damit auch der Anspruch, im weiten Sinne eine Theorie Sozialer Arbeit zu sein. Die Zusätze „Ansatz, Entwurf oder Versuch" schränken den Anspruch allerdings von vornherein ein. Fragmente sind unvollständige Werke, Bruchstücke eines Ganzen. Theoriefragmente sind keine vollständigen wissenschaftlichen Theorien, sondern Stückwerk und es fehlen noch beträchtliche Stücke, um als „geschlossener Verbund von Aussagen" angesehen werden zu können. Es werden nur einzelne Aspekte oder kleinste Ausschnitte des gesamten Feldes Sozialer Arbeit berücksichtigt, zum Beispiel nur ein Aspekt von der Heimerziehung, der Familienhilfe oder dem Sozialdienst im Krankenhaus, nur die gesellschaftliche Funktion Sozialer Arbeit, nur das Verhältnis des Staates zu den Trägern sozialer Dienste oder nur die Professionalisierungsproblematik. (Siehe als Beispiele Müller/Otto/Peter/Sünker 1982, 1984; Olk/Otto 1987, 1989; Brumlik 1989; Vahsen 1992; Rauschenbach/Gängler 1992; Sünker 1995a u.a.)
Theoriefragmente werden selten weiter ausgearbeitet und zu einer (vorläufigen) Abgeschlossenheit der Aussagen geführt. Der Reiz und die Belohnung dafür, neue Ansätze zu publizieren, scheint größer zu sein, als vorhandene Ansätze weiterzuentwickeln. Nicht selten werden aktuelle und marktkonforme Modewörter, die gerade Konjunktur haben, als Ansatz für eine Theorie der Sozialen Arbeit ausgewählt; zum Beispiel „Ökologie", „Dienstleistung" oder „Management". Mitunter handelt es

sich nicht einmal mehr um Theoriefragmente, sondern schlichtweg um leere Phrasen. „Hilfe zur Selbsthilfe" ist zum Beispiel solch eine allgegenwärtige Phrase. Überall taucht sie auf, im Bundestag, am Stammtisch, in Leitartikeln, im Hörsaal und natürlich auch in vielen Publikationen zur Sozialen Arbeit. Hans Scherpner hat schon auf die sprachlogischen Schwierigkeiten des Begriffs „Selbsthilfe" aufmerksam gemacht. Für ihn sind am Akt des Helfens immer mindestens zwei Menschen beteiligt, der Hilfebedürftige und der Helfer. „Selbsthilfe" ist aufgrund dieser Definition gar nicht möglich, denn „Selbsthilfe" wäre nach der Definition Scherpners die Aufspaltung einer Person in zwei Teile, von denen der eine Teil dem anderen Hilfe leistet, „so wie Münchhausen, der sich selbst am Schopf aus dem Sumpf zieht". (Scherpner 1974, 123) Das Postulat „Hilfe zur Selbsthilfe" kann zur inhaltsleeren Phrase werden und klingt doch wohlmeinend, sie eignet sich hervorragend zum Verpacken wahrer Absichten, zum Beispiel gegenüber gerechten Forderungen von Benachteiligten nach finanziellem Ausgleich, es sei denn, sie ist integrierter Bestandteil einer ausgearbeiteten Theorie der Sozialen Arbeit, wie das zum Beispiel bei Hans Thiersch der Fall ist. (Thiersch 1992a)

(7) „Gute" und „schlechte" Theorien

Wann ist eine Theorie gut? Welche Theorie ist gut? Wann ist eine Theorie schlecht? Welche Theorie ist schlecht? Warum ist die eine Theorie gut und die andere schlecht? Selbstverständlich können Theorien auch bewertet werden, aber: Nach welchen Kriterien kann/soll das geschehen?

Die Prinzipien der Menschenrechte und der sozialen Gerechtigkeit sind für die Soziale Arbeit fundamental, heißt es in der Definition der Sozialen Arbeit der International Federation of Social Workers. (Siehe Teil 4 Abschnitt 2.4.) In den „Ethischen Grundlagen der Sozialen Arbeit" sind Prinzipien und Standards für die Soziale Arbeit festgelegt. (Siehe Teil 4 Abschnitt 3.) Auf der Grundlage der daraus abgeleiteten Ethik-Kodizes für die Soziale Arbeit können Theorien, die diese ethischen Prinzipien und Standards nicht zum Ziel haben, als schlecht und Theorien, die sie zum Ziel haben, als gut bezeichnet werden.

Gab es denn jemals „schlechte" Theorien der Sozialen Arbeit, also Theorien, die nicht dem Ethik-Kodex der Sozialen Arbeit entsprachen? Vierzig Jahre hat es gedauert, ehe sich deutsche VertreterInnen der Sozialen Arbeit in einem angemessenen Rahmen mit der Sozialen Arbeit während der nationalsozialistischen Herrschaft in Deutschland von 1933 bis 1945 befasst haben. Soziale Arbeit gehörte in der Gestalt von „Volkspflege" mit ihren Institutionen und Handlungsfeldern, Organisationsformen und Programmatiken zur nationalsozialistischen Gesellschaft, insbesondere als ein gesellschaftlicher Bereich, dem eine wesentliche Bedeutung für Vergesellschaftungsprozesse im Rahmen von „Integration und Ausgrenzung" zukam. (Sünker 1996, 511) Viele Millionen Deutsche, darunter auch SozialarbeiterInnen und SozialpädagogInnen, haben die sozial-rassistischen Ideen und Programme des Nationalsozialismus, dessen Kernideen eine lange europäische Tradition haben (siehe Kappeler 1994, 1999), übernommen. Adolf Hitler (1889-1945) als „menschliches Ungeheuer" allein für sozial-rassistisches Denken in der Sozialen Arbeit verantwortlich zu machen, würde bedeuten, die allgemeine Akzeptanz dieser Ideen durch die deutsche Bevölkerung und in der Sozialen Arbeit zu ignorieren beziehungsweise zu verdrängen. Zu den VertreterInnen der deutschen FürsorgerInnen, WohlfahrtspflegerInnen, SozialpädagogInnen und SozialpolitikerInnen, die in der Zeit von 1932 bis 1945 sozial-rassistische Thesen mehr oder weniger stark vertreten haben, gehören Ernst Krieck (1882-1947), Hans Muthesius (1885-1977), Helene Wessel (1898-1969), Franz-Josef Wuermeling (1900-1986) u.a.; und auch Christian Jasper Klumker, Herman Nohl, Gertrud Bäumer, Aloys Fischer und Hans Scherpner waren nicht frei von nationalsozialistischem Gedankengut. (Siehe Cogoy/Kluge/Meckler 1989; Schrapper 1993; Kappeler 1999 u.a.)

(8) Wie kritisiert man wissenschaftliche Theorien der Sozialen Arbeit?

Kritik ist unabdingbar für jede Wissenschaft. Folgende Fragen können anleiten, Theorien der Sozialen Arbeit zu kritisieren. Die Fragen können auch für einen Vergleich von Theorien der Sozialen Arbeit herangezogen werden. (Vgl. Payne 1994, 237-250; Opp 1995, 139-224; Turner 1996, 706ff. u.a.)

- In welchem historischen Kontext (zeitgeschichtlicher Rahmen, soziokulturelle und ökonomische Bedingungen, vorherrschende Wissenschaftsauffassung) ist die Theorie ausgearbeitet worden?
- In welchem biographischen Kontext (Lebensdaten der Autorin/des Autors, Beschreibung ihrer/seiner soziokulturellen Einbindung und

des Zugangs zu Macht und Einfluss) hat die/der AutorIn ihre/seine Theorie entwickelt?

- Welches sind die erkenntnis- und wissenschaftstheoretischen Prämissen für die Theoriebildung? Wie weit werden sie durchgehalten?
- Welcher Forschungsgegenstand ist benannt?
- Welches Forschungsinteresse und welches Wissenschaftsverständnis liegen der Theorie zugrunde?
- Wie klar ist der Aufbau (die Struktur) der Theorie? Wie hängen die einzelnen Aussagen miteinander zusammen?
- Wie präzis, eindeutig und konsistent werden die Begriffe benutzt?
- Wie groß ist der Anwendungsbereich der Theorie?
- Wie werden Sach- und Wertaussagen in der Theorie getrennt?
- Wie hoch ist der Informationsgehalt der Theorie?
- Wie praktisch sind die Informationen?
- Was kostet die Umsetzung dieser Theorie?
- Inwieweit ist die Theorie überprüft worden?
- Wie gut hat sich die Theorie bewährt?
- Welchen Erkenntnisfortschritt bietet die Theorie? Was ist neu?

6.3 Universelle Theorien der Sozialen Arbeit

Universelle Theorien – auch Großtheorien genannt – der Sozialen Arbeit beziehen sich auf die Entstehung, die Bedingungen und die Bewältigung sozialer Probleme der Menschen in ihrer Gesamtheit beziehungsweise in bestimmten Gesellschaften oder Kulturen. Diese Theorien liefern eine allgemeine Orientierung, befassen sich mit dem sozialen Wandel und sind vor allem in Europa und da wieder vor allem in Deutschland entwickelt worden; sie sind auch der Rahmen beziehungsweise die Grundlage für spezifische Theorien. (Siehe Teil 4 Abschnitt 6.4.) In dem folgenden Überblick stelle ich universelle Theorien der Sozialen Arbeit aus *historischer Perspektive*, nach ihren *wissenschaftstheoretischen Grundlagen* und nach ihrem *Inhalt* (System-, Gesellschafts-, Verhaltens- und Handlungstheorien sowie Utopien) dar.

(1) Kommentare, Traktate und Lehrgebäude als Vorläufer der modernen Theorien

Die sozialen Fragen sind in früheren Epochen und anderen Kulturen genauso aus Erfahrung und mit Verstand bedacht und behandelt worden wie heute. Not, Armut und Elend wurden schon früh an den Orten der Wissenschaft, den Universitäten, in diversen Fakultäten reflektiert. Im 12. Jahrhundert gehörte die Kölner Universität zu den führenden Universitäten Europas. Ihre Theologen und Philosophen, zum Beispiel Albertus Magnus (1200-1280) und Thomas von Aquin (1224-1274), befassten sich im Rahmen der Philosophie und Theologie selbstverständlich auch mit Armut, Kranksein und Leiden und haben ihre Erkenntnisse nach dem damals geltenden Wissenschaftsverständnis entwickelt und in den damals üblichen Formen dargestellt. Theorien im heutigen Verständnis gab es im Mittelalter noch nicht. Erkenntnisse wurden in Kommentare, Traktate, Summen, Bücher, Abhandlungen und Lehrgebäude systematisch zusammengefasst. Der Begriff „Theorie" als Ausdruck für ein „System wissenschaftlicher Aussagen zur Erklärung bestimmter Erscheinungen" kam erst im 16. Jahrhundert auf, in etwa zeitgleich mit der Entwicklung des modernen Wissenschaftsbegriffs, als in der Renaissance aus der Naturphilosophie die Naturwissenschaft wurde. (Vgl. Rossi 1997) Deswegen kann man aus der Zeit vor der Renaissance keine Theorien der Sozialen Arbeit nach heutigem Verständnis erwarten, wohl Abhandlungen zu Armut und sozialen Notständen in verschiedenen literarischen Formen. Diese Kommentare, Traktate, Summen, Bücher und Lehrgebäude haben für die Soziale Arbeit und ihre Entwicklung in Europa wichtige Impulse gegeben. (Siehe Scherpner 1974, Wendt 1995b u.a.) Wenn man ihre Verfasser nach der empirischen Fundierung ihrer Lehren gefragt hätte, dann hätten sie vermutlich dieselbe Antwort gegeben, wie sie ein angesehener Sozialwissenschaftler unserer Tage, Niklas Luhmann, auf diese Frage gegeben hat: durch Milieukenntnis. (Horster 1997, 35)

Mit dem Zerfall der mittelalterlichen Ordnung und der Industrialisierung wuchs das Interesse daran, die neuen Erscheinungsweisen von Armut und Not „theoretisch" zu begreifen und Modelle zu entwickeln, um sie zu beseitigen. Die mit der Industrialisierung einhergehende Verelendung der Bevölkerung provozierte immer neue Theorien zur Erklärung und Bewältigung sozialer Probleme, so dass nicht nur Philosophen und

Theologen, sondern auch Pädagogen, Juristen, Ökonome, Mediziner und Politiker Theorien zu sozialen Fragen gebildet haben, bevor diese Aufgabe vornehmlich VertreterInnen der Sozialen Arbeit übernommen haben. (Siehe Zimbalist 1977; Germain 1977; Wendt 1995b; Turner 1996, 5-10; Soydan 1999 u.a.)

(2) Erste Theorien der modernen Sozialen Arbeit

Welches ist die erste Theorie der modernen Sozialen Arbeit? Diese Frage wird in der Fachliteratur immer wieder gestellt und unterschiedlich beantwortet. Drei WissenschaftlerInnen werden in diesem Zusammenhang vor allem genannt:

- *Der Spanier/Niederländer Juan L. Vives (1492-1540)*

Der deutsche Pädagoge Rudolf Heine schrieb 1881: „Eine für die damalige Zeit sehr bedeutende Leistung liegt uns in seiner (Juan L. Vives; E.E.) Schrift De subventione pauperum (Über die Unterstützung der Armen) vor, die unter dem 6. Januar 1525 dem Magistrat der Stadt Brügge gewidmet ist. ‚Sie ist historisch denkwürdig als die erste durchdachte und mit nötiger Klarheit hingestellte Theorie einer allgemeinen bürgerlichen Armenpflege.‘ Das Werk scheint vielfach Anklang gefunden zu haben und wurde sogar ins Französische und Spanische übersetzt." (Heine 1881, XXII)

- *Der Franzose Claude Henri de Saint-Simon (1760-1825)*

Der schwedische Sozialwissenschaftler Haluk Soydan hält den französischen Frühsozialisten Claude Henri de Saint-Simon (1760-1825) mit seinem Wissenschaftsverständnis und seiner Theorie vom sozialen Wandel für die Wurzel der Wissenschaft Soziale Arbeit: „It was scientific knowledge that was the most important element in Saint-Simon‘s analysis of society. The evolution of knowledge, the genesis and rise of the industrial society, the Protestant revolution, and the Age of Enlightenment all contributed to the fall of medieval society. Saint-Simon maintained that the evolution of knowledge went through three stages: theoretical, metaphysical, and scientific. He regarded studies of human society as a positive science which he called ‚social physiology‘. His belief in the power of science, and especially that of social science, to free society of social problems bordered on over-confidence in those powers. He thought that the religious educated élite of the Middle Age would be replaced by a new, international scientific and industrial élite. Science would replace religion.“ (Soydan 1999, 53)

- *Die Nordamerikanerin Jane Addams (1860-1935)*

Für die National Association of Social Workers (NASW) in den USA hat die Nordamerikanerin Jane Addams (1860-1935) die Grundlagen für die moderne Soziale Arbeit gelegt. „Her desire to help poor people and preserve their dignity led to social work‘s establishment. The life and work of Jane Addams (1860-1935), founder of Hull House and Nobel Peace Prize winner, demonstrated the ethics and values that became the basis of the 100-year-old social work profession … Programs at Hull House – including an employment bureau, lunchroom, children's clubs and classes in music, languages, painting and mathematics – became models for other American settlement houses, according to the Encyclopedia of Social Work.“ (www.naswdc.org/PiecesNASW/adams.htm. Am 30.04. 01)

Die Frage nach der ersten Theorie der Sozialen Arbeit und nach dem Anfang der Sozialen Arbeit als Wissenschaft muss nach meiner Auffassung offen bleiben. Die Entstehung der Wissenschaft Soziale Arbeit ist eingebettet in den gesellschaftlichen Prozess der Zivilisation, der Industrialisierung, der Individualisierung und der Demokratisierung, aber auch in die Theoriebildung anderer Wissenschaftsdisziplinen. (Siehe Teil 1 Abschnitt 3 und Teil 2.) Der Anfang der Theoriebildung der Sozialen Arbeit lässt sich daher genauso wenig auf einen Tag oder ein einzelnes Werk festlegen wie der Anfang der Wissenschaft Soziale Arbeit überhaupt. (Siehe Turner 1996, 5-10.) Die Arbeiten von Vives, Saint-Simon und Addams sind für mich herausragende Ereignisse in dem Werdegang der Sozialen Arbeit, mit ihnen beginnt aber weder die Theoriebildung der Sozialen Arbeit noch die Wissenschaft Soziale Arbeit.

(3) Wissenschaftstheoretisch bestimmte Theorie-Schulen und ihre gegenseitige Kritik

Die Theorien der Sozialen Arbeit sind mehrfach danach systematisiert worden, welche wissenschaftstheoretischen Standorte (Metatheorien) jeweils eingenommen worden sind. (Siehe Vahsen 1975; Lukas 1979; Marburger 1981; Schmidt 1981 u.a.) Für Friedhelm Vahsen hat eine begriffliche Präzisierung des Gegenstandes der Sozialpädagogik nach 1945 „zu einer Ausdifferenzierung einzelner ‚Schulen' der Sozialpädagogik geführt, mit deren wissenschaftstheoretischen Prämissen und Zielen der bildungspolitische Standpunkt variiert". (Vahsen 1975, 73) Mit der Einschränkung, dass die Übergänge zwischen den Schulen fließend sind, unterscheidet Vahsen im Anschluss an Wolf-Dieter Narr die (generellen) Theorietypen:

- Die *ontologisch-normative* Theorie, die man auch eine essenzialistische Theorie nennen könnte. Als Beispiele nennt er die Theorien von Herman Nohl, Hermann Röhrs und Friedrich Schlieper.
- Die *empirisch generalisierende induktive* Theorie, die aus einer Verbindung des klassischen Positivismus und des Behaviorismus hervorgegangen ist. Als Beispiel nennt er die Theorie von Lutz Rössner.
- Die *dialektisch-historische* Theorie, die ein hegelianisch-marxistisches Erbe einerseits und ein historisches andererseits verbindet. Als Beispiel nennt er die Theorie von Walter Hollstein.

Von Hans-Ludwig Schmidt werden – angelehnt an die Systematisierung wissenschaftstheoretischer Schulen von Herbert Tschamler – fünf wissenschaftstheoretische Ansätze unterschieden und dafür Beispiele genannt. Es sind:

- Der *transzendentalphilosophische* Ansatz mit den Intentionen in der Theorie: Sozialpädagogik als Sozialethik; Erhebung der sozialen Bedingungen der Bildung und der Bildungsbedingungen des sozialen Lebens. Mit den Intentionen in der Praxis: Sozialerziehung; Erziehung zur Sittlichkeit und Gemeinschaft; Erziehung der Volksgemeinschaft. Beispiele sind die Theorien von Paul Natorp, Friedrich Schlieper u.a.
- Der *geisteswissenschaftlich-hermeneutische* Ansatz mit den Intentionen in der Theorie: Verknüpfung von subjektivem Erleben und objektiven Inhalten (Hermeneutik), Geschichtlichkeit des Subjekts. Mit den Intentionen in der Praxis: Integration des Verwahrlosten und Gefährdeten; Erziehung zur Sittlichkeit; Individuelle Erziehung, aber auch Volkserziehung. Beispiele sind die Theorien von Herman Nohl, Gertrud Bäumer, Helmut Rünger, Klaus Mollenhauer (bis 1968) u.a.

- Der *kritisch-rationale* Ansatz mit den Intentionen in der Theorie: Deskription von Gefährdung, Dissozialität, sozialer Kontrolle, sozialer Diagnose und Sozialtechnologie. Mit den Intentionen in der Praxis: Technologische Anleitung für Diagnose, Vorbeugung und Korrektur von Dissozialität. Beispiele sind die Theorien von Lutz Rössner und Lutz-Michael Alisch.
- Der *dialektisch-kritische* Ansatz mit den Intentionen in der Theorie: Sozialpädagogik unter emanzipatorischem Erkenntnisinteresse; Gesellschaftsanalyse und -kritik, dialektische Vermittlung von Subjekt und Objekt. Mit den Intentionen in der Praxis: Emanzipation durch Wissen und Einsicht, durch Sinnorientierung, gesellschafts- und sozialpolitische Aufgaben; Solidarität und Humanisierung. Beispiele sind die Theorien von Klaus Mollenhauer (ab 1968), Hermann Giesecke, Hans Thiersch u.a.
- Der *marxistische* Ansatz mit den Intentionen in der Theorie: Gesellschaftsanalyse und Kapitalismuskritik, Entwicklung praxisanleitender Handlungsmaxime für revolutionären Kampf. Mit den Intentionen in der Praxis: Organisierung vom Massenkampf, Solidarisierung mit fortschrittlicher Arbeiterklasse; Gesellschaftsumsturz durch Klassenkampf. Beispiele sind die Theorien von Karam Khella, Dankwart Danckwerts, Walter Hollstein, Marianne Meinhold, Hartwig Zander u.a. (Schmidt 1981, 214ff.)

Der Anspruch der VertreterInnen der verschiedenen erkenntnis- und wissenschaftstheoretischen Ansätze, den richtigen Ansatz zu haben, führte und führt zu gegenseitiger Kritik und andauernden Auseinandersetzungen, die hier nur kurz skizziert werden können. (Siehe Marburger 1981; Reamer 1993; Mühlum 2001; Füssenhäuser/Thiersch 2001; Kirk/Reid 2002 u.a.)

Die traditionellen Fürsorge- und Sozialerziehungstheorien wurden in den 60er Jahren des 20. Jahrhunderts von recht verschiedenen wissenschaftstheoretischen Standpunkten aus kritisiert: Die gewählten Begriffe seien unklar und nicht trennscharf, die Kategorien Hilfe, Gemeinschaft und Gesellschaft seien zu allgemein, der Inhalt ziele auf Propaganda und Apologetik, insgesamt seien die Theorien unwissenschaftlich. Verbunden waren diese Kritiken mit dem Anspruch, selbst das richtige Wissenschaftsverständnis zu haben. Von der Basis des Kritischen Rationalismus aus wurde moniert, dass die systematische und em-

pirische Erforschung des Handlungsfeldes fehle, Werte in die Theorie einbezogen würden und die verwendeten Begriffe in hohem Maße inkonsistent seien.
Individualisierende Problemsicht, das Fehlen eines expliziten gesellschaftlichen Bezugs des Handlungsfeldes und Sozialintegration wurden von VertreterInnen des dialektisch-kritischen Ansatzes als Kritikpunkte gegen die Fürsorgetheorien, aber auch gegen kritisch-rationale Theorien vorgebracht. Mit dem Ziel einer emanzipatorischen Sozialarbeit, die die Praxis Sozialer Arbeit theoretisch zu reflektieren und zu analysieren habe, wurde zugleich die Abgrenzung zu positivistischen Theorien markiert.
Allen Theorien wurde von der marxistisch-leninistischen Position vorgeworfen, sie würden die ökonomischen Verhältnisse unberücksichtigt lassen und ihnen fehle eine konkrete Gesellschaftstheorie. Die bürgerliche „Sozialarbeit unter kapitalistischen Produktionsbedingungen" diene in Theorie und Praxis lediglich der Erhaltung des kapitalistischen Systems und stabilisiere damit die Herrschaft des Kapitals. Soziale Arbeit sei unter diesen Verhältnissen durch politische Arbeit zu ersetzen, um die ArbeiterInnen im Klassenkampf zu unterstützen und mit ihnen für die Revolution zu kämpfen. In der anzustrebenden Gesellschaftsordnung sei aufgrund der strukturellen Gegebenheiten Soziale Arbeit unnötig. Meistens beschränkten sich die AutorInnen darauf, die „bürgerliche Gesellschaft" zu analysieren und für die Abschaffung der Sozialen Arbeit zu Gunsten politischer Agitation zu plädieren.
Die Theoriediskussion der 60er und 70er Jahre wurde ab Ende der 70er Jahre wiederum selbst stark hinterfragt. Kritisiert wurde, dass die TheoretikerInnen an der Lebenswelt der KlientInnen vorbei gedacht und sie mit ihren eigenen Problemen besetzt, wissenschaftlich entfremdet, also kolonialisiert hätten. Die Frage nach dem gegebenen Alltag, seinen Aufgaben, Schwierigkeiten und Möglichkeiten trat in den Vordergrund, und zugleich gewannen handlungswissenschaftliche Ansätze an Bedeutung. Es setzte sich eine „Wendung zum Alltag" durch. Diese Wendung zeigte sich unter anderem in Konzepten der Aktionsforschung, die sich in ihrer Zielsetzung emanzipatorisch, in ihrer Methode als empirisch und hermeneutisch und in ihrem Objektbereich als auf Probleme des Alltags gerichtet verstanden. Bei der kritisch-hermeneutisch-emanzipatorischen Neubesinnung in der Theoriebildung spielten der Alltag beziehungsweise die Lebenswelt als Paradigmata eine überragende Rolle.

Weltweit entstand in den 70er Jahren eine ökologische Bewegung, mit ihr zogen ökologisches Denken und damit eng verbunden systemisches Denken in viele Lebensbereiche, auch in die Soziale Arbeit, ein. „System“ und „Ökologie“ setzten sich als Paradigmata der Sozialen Arbeit durch und wurden weithin akzeptierte Kriterien, um Theorien der Sozialen Arbeit und auch die Praxis der Sozialen Arbeit zu bewerten.
Seit den 90er Jahren stellen VertreterInnen des Postmodernismus und des Konstruktivismus die bisherigen erkenntnis- und wissenschaftstheoretischen Grundlagen von Theorien der Sozialen Arbeit radikal in Frage. (Siehe Bardmann 1997; Kleve 1999, 2000; Healy 2000 u.a.) Die wichtigste postmoderne Erkenntnis sei „vor allem die, dass Objektivität unmöglich erscheint, weil jede Realität(ssicht) sich der Operation einer Beobachtung verdankt, also auf Beobachter zugerechnet werden kann, die die Welt lediglich in Relation zu ihren biologischen, psychischen und sozialen Möglichkeiten beobachten können. Die Realität ist somit relativ zu den Beobachtern, die sie beobachten. Mit anderen Worten, die Realität wird zur selbstreferentiellen Konstruktion, die nur eines offenbart: nämlich diejenigen, die sie mit welchen Prämissen, Unterscheidungen, Beschreibungen, Bewertungen oder Erklärungen auch immer beobachten. Damit werden die Welt, die Realität, die Wahrheit etc. entwurzelt und geraten ins Trudeln. *Nichts erscheint mehr sicher außer die Unsicherheit.*“ (Kleve 2000, 10) Die Postmoderne als Reflexionsform der Probleme sowie der unerfüllten und unerfüllbaren Ideale der Moderne offenbare die Widersprüche, die Paradoxien und Ambivalenzen des (wissenschaftlichen) Denkens und des (professionellen) Handelns. Das Spezifische der Sozialen Arbeit scheine die Ambivalenz zu sein. Soziale Arbeit müsse akzeptieren, dass sie uneindeutig, strukturell ambivalent und ohne (feste) Eigenschaften sei, eben postmodern. (Kleve 2000, 10f.)
Der postmoderne erkenntnistheoretische Ansatz in der Sozialen Arbeit erfährt seinerseits wiederum radikale Kritik. Der Ansatz widerlege sich selbst. Wenn man keinen Zugang zu einem Außen habe, dann könne man auch nicht feststellen, dass man ihn nicht hat. Wenn alles nur Konstruktion und Erfindung sei, dann gebe es keine Grundlage dafür zu behaupten, diese Vorstellung sei – als einzige – keine Konstruktion beziehungsweise Erfindung. Wenn man nichts über die Welt sagen könne, dann könne man auch nicht sagen, dass sie ein autopoietisches System sei. (Siehe Staub-Bernasconi 2000a, 741f. u.a.)
Heute stehen die verschiedenen erkenntnis- und wissenschaftstheoretischen Ansätze in der Theoriebildung der Sozialen Arbeit nebeneinander

und konkurrieren miteinander. (Siehe Mühlum 1996b; Füssenhäuser/Thiersch 2001; Rauschenbach/Züchner 2002 u.a.)

(4) Systemtheorien

Der Systembegriff selbst wird bereits seit der Antike verwendet, allerdings erst seit Anfang des 20. Jahrhunderts als zentraler Begriff allgemeiner Systemtheorien. Das deutsche Wort „System“ stammt von dem griechischen Wort „systéma“ (gleich „aus Teilen Zusammengesetztes“) und ist seit der griechischen Antike die Bezeichnung für ein gegliedertes, geordnetes Ganzes, zum Beispiel für den Kosmos, aber auch für organische, soziale und intellektuelle Gebilde. Seit der Renaissance wurde der Begriff „systema mundi“ (deutsch: Ordnung der Welt) auch als Ausdruck für eine Auffassung über den Kosmos verwendet. Die unterschiedlichen Traditionen führten in der Aufklärung zu einer weiten, fast inflationären Verbreitung des Systembegriffs. Der Physiker und Philosoph Johann Heinrich Lambert (1728-1777) entwarf eine „Systematologie“, die als Vorläuferin der Systemtheorie gilt. (Siehe Mittelstraß 1996, 183ff.) Von „Systemen“ wurde in der Sozialen Arbeit schon in der ersten Hälfte des 19. Jahrhunderts in den Schriften von Owen, Saint-Simon, Fourier und anderen gesprochen. (Siehe Wendt 1995b, 51-62.)
Der heutige Begriff „Systemtheorie“ ist nicht eindeutig, ihm werden wie dem Begriff „System“ sehr verschiedene Bedeutungen und Analyseniveaus zugeordnet; er ist eine „Sammelbezeichnung für eine Anzahl von meist locker verbundenen Konzeptionen, die sich im epistemologischen Status, in disziplinärer Herkunft, in Reichweite, Zielsetzung, Ausarbeitungszustand und Entwicklungsanlass oft erheblich unterscheiden. Gelegentlich beanspruchen auch isolierte Ansätze den nicht weiter qualifizierten Titel ‚Systemtheorie‘.“ (Mittelstraß 1996, 190)
Fast alle Systemtheorien kommen darin überein, dass jede Gegebenheit als System betrachtet werden kann. Generell kann für Systemtheorien gelten, dass in ihnen Ergebnisse der Erforschung des Zusammenwirkens der durch ihre Einzelfunktionen beschriebenen Elemente eines Systems miteinander und mit der Außenwelt und mit den Beziehungen zwischen gekoppelten Systemen zusammengestellt werden. Diese sowohl bezüglich der Elemente als auch der Relationen bestehende Offenheit kennzeichnet Systemansätze als perspektivische Ansätze. Systeme werden in formaler (endliche versus unendliche, fundamentalistische

versus nicht-fundamentalistische, offene versus geschlossene, statische versus dynamische, stabile versus labile, determinierte versus probabilistische, einfache versus komplexe, autopoietische versus allopoietische usw.) und materialer (abstrakte versus konkrete, kognitive versus nicht-kognitive, angefertigte versus vorgegebene usw.) Hinsicht klassifiziert. Herkömmliche Kategorien wie Ursache-Wirkung, Zweck-Mittel, Ganzes-Teil, Aufbau/Struktur-Ablauf/Prozess werden neu interpretiert. (Mittelstraß 1996, 192)

Die interdisziplinäre „Society for General Systems Research" wurde 1954 gegründet, um über die Grenzen der wissenschaftlichen Disziplinen mit ihren spezifischen Gegenstandsbereichen hinweg gemeinsam die Komplexität und Gleichzeitigkeit von Zusammenhängen im Rahmen einer analytischen Gesamtheit zu erforschen, Erkenntnisse aus verschiedenen Gegenstandsbereichen miteinander zu vergleichen und übertragen zu können und so zu allgemein gültigen Prinzipien der Strukturen und der Funktionen von Systemen zu gelangen. Bei den Funktionen interessieren insbesondere die Ganzheit, die Differenzierung, die Zentralisierung, die Finalität und die Selbstregulierung der Systeme. In der Soziologie wurde die systemtheoretische Analyse vor allem von dem Nordamerikaner Talcott Parsons (1902-1979) und dem Deutschen Niklas Luhmann (1927-1998) gefördert.

Systemisches Denken wurde sowohl im deutschen Sprachraum als auch im Ausland für die Soziale Arbeit rezipiert und Systemtheorien wurden sowohl als universelle Theorien als auch als spezifische Theorien für die Soziale Arbeit entwickelt. (Siehe Hollstein-Brinkmann 1993; Howe 1994; Payne 1994, 1997; Turner 1996; Galuske 1999; Merten 2000 u.a.) Häufig werden Systemtheorien in der Sozialen Arbeit mit anderen Ansätzen – zum Beispiel mit der Handlungstheorie – verknüpft. (Siehe Staub-Bernasconi 1995, 1998a; Miller 2001 u.a.) Im deutschen Sprachraum hat man nicht zur Kenntnis genommen, welche Systemtheorien im Ausland für die Soziale Arbeit entwickelt wurden, und umgekehrt hat man im Ausland nicht zur Kenntnis genommen, wann und wie im deutschen Sprachraum systemisches Denken in die Soziale Arbeit eingeführt wurde.

Im angloamerikanischen Sprachraum hat man um die Mitte des 20. Jahrhunderts erkannt, dass die allgemeine Systemtheorie und die Soziale Arbeit sehr gut zusammenpassen. Denn „... social workers possess an in-depth understanding of the relationship of the individual to various environments and the synergistic relationship that each entity has to the other. It is this contextual understanding of the holistic nature of human functioning that is unique to social work practice as opposed to most other helping professions, which tend to adopt a more individual-centered perspective to treatment. Social workers are taught to recognice that all parts of any system are interrelated, interconnected, and interdependent and therefore it is imperative to take into account the influence of various systems and subsystems on client functioning.“ (Andrae 1996, 601)

Nach Payne werden die allgemeine Systemtheorie („general systems theory“) und die ökologische Systemtheorie („ecological systems theory“) als die zwei Richtungen der Systemtheorien in der Sozialen Arbeit unterschieden; beide werden auf die konkrete Praxis Sozialer Arbeit bezogen. Die soziologische Analyse gesellschaftlicher Systeme nach Parsons gewinne als dritte und eigene Richtung an Bedeutung. Als Beispiel für die Anwendung der allgemeinen Systemtheorie in der Sozialen Arbeit nennt Payne die Theorie von Pincus/Minahan (1973) und für die ökologische Systemtheorie das „life model“ von Germain/Gitterman (1980). (Payne 1994, 134-152)

Im deutschen Sprachraum können nach meiner Kenntnis drei Wege des Umgangs mit Systemtheorien in der Sozialen Arbeit unterschieden werden. (Siehe Hollstein-Brinkmann 1993; Heiner 1995; Merten 2000 u.a.) Der eine Weg gleicht dem pragmatischen angloamerikanischen Vorgehen: Unter der Überschrift „Systemische Sozialarbeit“ wird „systemisches Denken“ für die Praxis nutzbar gemacht, ohne dass auf eine elaborierte Systemtheorie zurückgegriffen wird. (Siehe Lüssi 1992 u.a.) Auf dem zweiten Weg werden systemtheoretisch orientierte universelle Theorien der Sozialen Arbeit entwickelt. (Siehe Staub-Bernasconi 1995, 1998a; Obrecht 2001; Miller 2001 u.a.). Auf dem dritten Weg wird anhand von soziologischen Systemtheorien die Soziale Arbeit, das heißt ihre Funktion, ihre Autonomie, ihre Professionalität usw., analysiert und bewertet. (Siehe Baecker 2000; Bommes/Scherr 2000; Fuchs 2000; Merten 1997, 2000; Stichweh 2000 u.a.)

In weiten Kreisen der Scientific Community in Deutschland wird gegenwärtig die Theorie sozialer Systeme von Niklas Luhmann als Grundlage für die Theoriebildung in der Sozialen Arbeit favorisiert. (Siehe Bardmann/Hermsen 2000; Bommes/Scherr 2000; Kleve 199, 2000; Merten 1997, 2000 u.a.) Der luhmannsche Ansatz wird von der so genannten Züricher Schule abgelehnt, stattdessen wird der erkenntnis- und wissenschaftstheoretische Ansatz des in Kanada lebenden Philosophen und Sozialwissenschaftlers Mario Bunge als Grundlage für eine Systemtheorie der Sozialen Arbeit herangezogen. (Siehe Staub-Bernasconi 1998a, 2000a,b; Obrecht 2000, 2001 u.a.) Es zeigt sich: Die Systemtheorie garantiert als gemeinsamer theoretischer Referenzrahmen höchstens gemeinsame Fragen, jedoch keine gemeinsamen Antworten. (Merten 2000, 8)

(5) Gesellschaftstheorien

Der abstrakte Begriff „Gesellschaft" (lateinisch: „societas"; englisch: „society") kennzeichnet verschiedenartige, von Gesellschaftstheorien deskriptiv, analytisch und normativ als Struktur oder Prozess erfasste, im Begriff „Gesellschaft" semiotisch zusammengefasste Beziehungskomplexe menschlichen Zusammenlebens. (Mittelstraß 1995a, 756) Verschiedene Kulturen und Epochen haben ihrer wirtschaftlichen, politischen und kulturellen Verfasstheit entsprechend einen für ihre Kultur und Zeit gültigen „Inbegriff" von Gesellschaft entwickelt, aus dem sich methodische Konzepte und theoretische Aspekte ergeben, mit denen die eigene Gesellschaft oder frühere, fremde und zukünftige Gesellschaftsformen als Ganzes oder in Teilen wissenschaftlich behandelt werden. Die verschiedenen Gesellschaftstheorien setzen dabei immer schon den Gedanken der Gemeinsamkeit voraus und stellen u.a. die Frage nach der Gleichheit beziehungsweise Ungleichheit ihrer Mitglieder und nach den Machtstrukturen und -balancen in einer Gesellschaft. Gesellschaftstheorien haben eine doppelte Aufgabe: Das Bereitstellen von Wissen über die Gesellschaft und das Aufstellen von begründeten Regeln für gesellschaftliches Handeln und das Zusammenleben in Gesellschaften. Die zu erwartende Diskrepanz zwischen Ist- und Sollzustand bei der Beschreibung von Gesellschaften macht die kritische Funktion von Gesellschaftstheorien aus. (Mittelstraß 1995a, 756f.)
Gesellschaftstheorien sind seit der griechischen Antike bis in die Gegenwart entwickelt worden. Die „Zwei Abhandlungen über die Regierung" (1690) des Engländers John Locke (1632-1704) haben die Bildung von Staats- und Gesellschaftstheorien und die Theoriebildung in der Sozialen Arbeit besonders stark beeinflusst. (Locke 1989) Die *Idee eines menschlichen Naturzustands*, die Locke in seinen Abhandlungen

entfaltet hat, taucht bei vielen Philosophen im Zusammenhang mit der Diskussion über das Naturrecht und die Gleichheit aller Menschen auf. Lockes Theorie eines vorstaatlichen Naturzustands gilt als entscheidender Schritt weg von der christlichen Naturrechtstheorie. Nach der christlichen Naturrechtstheorie hat Gott die Natur als eine harmonische Ordnung geschaffen. Die göttlichen Gesetze für das menschliche Zusammenleben legen die Rechte und Pflichten der Menschen fest; sie sind in der Natur vorgegeben und vom Menschen mit seinen geistigen Kräften zu erkennen. Locke bestreitet, dass die Prinzipien (natürlichen Gesetze) für das Zusammenleben der Menschen vorgegeben sind. Der Mensch, sagt er, muss allein mit seinen Sinnen und mit seinem Verstand die natürlichen Gesetze ermitteln. (Euchner 1989, 16)

Locke wollte mit seinen Überlegungen in politische Auseinandersetzungen um den englischen Königsthron eingreifen. Seine Sozialvertragstheorie sollte erklären, was politische Gewalt ist, und weshalb die Menschen sich der politischen Gewalt zu unterwerfen hätten. Um politische Gewalt und ihre Legitimität aber richtig verstehen zu können, muss man nach Locke jenen Zustand in Betracht ziehen, in welchem sich die Menschen von Natur aus befinden. Er behauptete, dass allen Menschen von Natur aus ein idealer Zustand zu eigen sei, in dem sie aber nicht blieben. Aus vernünftigen Erwägungen heraus entschieden sie sich, Glieder einer politischen Gesellschaft zu sein und sich zu einem Staat zusammenzuschließen.

Der Naturzustand ist für Locke ein idealer Zustand, ein *Zustand vollkommener Freiheit*. Die Menschen regeln innerhalb der Grenzen des Naturgesetzes ihre Handlungen und verfügen so über ihren Besitz und ihre Persönlichkeit, wie es ihnen am besten scheint, ohne dabei jemanden um Erlaubnis zu bitten oder vom Willen eines anderen abhängig zu sein. Der Naturzustand ist ferner ein *Zustand der Gleichheit*, in dem alle Macht und Rechtsprechung wechselseitig sind, da niemand mehr besitzt als der andere. Alle Geschöpfe haben von Geburt an die gleichen Vorteile der Natur und dieselben Fähigkeiten; daher untersteht niemand einem anderen. Alle Menschen unterstehen dem natürlichen Gesetz, das von jedem mit seiner Vernunft erkannt werden kann und alle verpflichtet. Niemand soll einem anderen an seinem Leben und Besitz, seiner Gesundheit und Freiheit Schaden zufügen, weil alle gleich und unabhängig sind. Jeder Mensch ist verpflichtet, sich selbst und nach Möglichkeit auch die übrige Menschheit zu erhalten.

Gott stellte nach Locke den Menschen die Schöpfung zur Verfügung, damit sie sich erhalten könnten. Er gab ihnen die *Welt als Gemeineigentum*. Niemand besitze von Natur aus Privateigentum und damit das Recht, jemanden vom Eigentum auszuschließen. Dennoch darf nach Locke jeder Mensch sich Eigentum mit seinen eigenen Händen erarbeiten; allerdings dürfe sich jeder nur so viel an Naturprodukten und Land aneignen, wie er zum eigenen Verbrauch benötige. Es sei darauf zu achten, dass den anderen genügend Güter von der gleichen Qualität blieben. *Jeder habe so genug zu seinem Lebensunterhalt* und es gebe keinen Grund zum Streiten. Der Naturzustand ist für Locke ein *Zustand des Friedens, des Wohlwollens, der gegenseitigen Hilfe und Erhaltung*.
Allerdings gibt es Menschen, so wendet Locke ein, die sich nicht an das natürliche Gesetz halten und diesen Zustand stören. Gegen diese Menschen dürften sich die angegriffenen Menschen wehren, wenn ihre Selbsterhaltung gefährdet sei. Die Störer haben nach Locke keine Vernunft oder sie gebrauchen sie nicht. Damit zeigten sie, dass sie keine Menschen seien. Selbst den Totschlag erlaubt Locke als Mittel gegen diese unvernünftigen, unmenschlichen Störer.
Die Erfindung und Einführung des Geldes zerstörte für Locke den gesellschaftlichen Frieden. Mit dem Geld könnten einzelne Menschen Besitztümer anhäufen; das hänge von ihrem Fleiß ab. Dagegen hat Locke nichts einzuwenden, solange das Naturgesetz beachtet wird. Er gesteht jedem Menschen Privateigentum zu. Die Mehrzahl der Menschen hält sich nach Locke aber nicht an das Naturgesetz, sondern verlangt egoistisch nach mehr Besitz und kümmert sich nur noch um ihre eigenen Interessen. Die *Entartung des Selbsterhaltungstriebes und des Strebens nach Glück und Lust* zerstörten die Harmonie und den Frieden. Furcht und beständige Gefahr lösten Wohlwollen und gegenseitige Hilfe ab. Die Menschen verließen deshalb den Naturzustand und hätten einen *Gesellschaftsvertrag zum gegenseitigen Schutz* abgeschlossen. Aufgabe des Staates sei es sodann, den Individuen und ihrem gemeinsamen Wohl zu dienen, indem er den gegenseitigen Schutz ihres Lebens, ihrer Freiheit und ihres Vermögens gewährleiste. Ständige Bedrohungen und Streit sollten verhindert werden. Der Frieden, die Sicherheit und die öffentliche Wohlfahrt des Volkes ermöglichten erst einen ungestörten Genuss des Eigentums. Locke schwebte die harmonische, an den Gesetzen der Natur orientierte Gesellschaft vor, aber die Dynamik der von ihm beschriebenen, aus egoistischen Individuen bestehenden Gesellschaft verhinderte diese Harmonie. (Euchner 1989, 51)

Von herausragender Bedeutung für Gesellschaftstheorien der Sozialen Arbeit ist auch die politisch-staatsphilosophische Schrift über den Staatsvertrag von Jean Jacques Rousseau aus dem Jahre 1762. Der Mensch werde frei geboren, behauptete Rousseau, aber überall liege er in Ketten. Manch einer glaube, Herr über die anderen zu sein und sei selbst ein größerer Sklave als sie. Auf die Frage „Wie ist es zu dieser Entwicklung gekommen?" antwortete Rousseau: „Ich weiß es nicht. Was kann sie rechtmäßig machen? Ich glaube, daß ich dieses Problem lösen kann … Die Gesellschaftsordnung ist ein heiliges Recht, das die Grundlage für alle übrigen Rechte ist. Diese Ordnung entspringt aber nicht der Natur. Sie ist durch Vereinbarungen begründet." (Rousseau 1995, 61) „Le contrat sociale", die Gesellschaftstheorie von Rousseau, ist von vielen TheoretikerInnen der Sozialen Arbeit aufgenommen und weitergeführt worden, zum Beispiel von Condorcet, Fourier, Saint-Simon, Pestalozzi und vielen anderen. In der Neuzeit hat eine Gruppe um Cristina de Robertis in Frankreich „Le contrat social" als Grundlage für eine Theorie der Sozialen Arbeit genommen. (Robertis 1993)
„Gesellschaftstheorie" wird im deutschen Sprachgebrauch in der Regel gleichgesetzt mit „kritische Gesellschaftstheorie"; dabei wird dann vornehmlich an die auf den Marxismus-Leninismus und auf die Frankfurter Schule zurückgehenden Gesellschaftstheorien gedacht. Insbesondere in den 60er und 70er Jahren des 20. Jahrhunderts sind Theorien der Sozialen Arbeit entwickelt worden, die von diesen kritischen Gesellschaftstheorien ausgegangen sind. Für den marxistisch-leninistischen Ansatz nenne ich beispielhaft die Theorien beziehungsweise Theorieansätze von Karam Khella (Khella 1980a,b, 1982, 1983a,b) sowie von Walter Hollstein und Marianne Meinhold (Hollstein/Meinhold 1973). Im angloamerikanischen Raum werden diese Theorien „Radical Theories", „Marxist Theories" oder „Revolutionary Theories" genannt. (Siehe Howe 1994, 154-163; Payne 1994, 201-223 u.a.)

(6) Verhaltens- und Handlungstheorien

„Verhalten" und „Handeln" sind nicht nur zwei zentrale Begriffe der Sozialwissenschaften, sie stehen im weiten Sinn auch für die Gegenstandsbereiche von Soziologie und Psychologie, zwei wichtigen Bezugswissenschaften der Sozialen Arbeit. Beide Begriffe werden im Alltag häufig synonym gebraucht, in den Fachwissenschaften werden sie jedoch per definitionem unterschieden. Das geschieht vornehmlich im Kontext von ausgearbeiteten Verhaltens- und Handlungstheorien. Verhaltenstheorien basieren in der Regel auf einem kritisch-rationalen, Handlungstheorien dagegen auf einem kritisch-theoretischen Wissenschaftsverständnis. (Siehe Teil 3 Abschnitt 3.3.)

In der Psychologie als Wissenschaft vom Verhalten der Lebewesen sind mit „*Verhalten*" vor allen Dingen Aktivitäten und Prozesse gemeint, die „objektiv" beurteilt werden können, das heißt sowohl die isolierten Reaktionen von Muskeln, Drüsen und anderen Teilen des Organismus als auch die organisierten, zielgerichteten äußeren Reaktionsmuster, die den Organismus als Ganzes charakterisieren. Interne Prozesse wie Denken und emotionale Reaktionen, die nicht direkt an Menschen beobachtet werden können, die aber dennoch aus Beobachtungen an externem Verhalten abgeleitet werden können, sind eingeschlossen. Ziel der Verhaltenswissenschaft („behavioral science") ist es, allgemein gültige Gesetzmäßigkeiten des menschlichen Verhaltens zu entdecken und diese Gesetzmäßigkeiten in Theorien zu fassen. Verhaltenstheorien gehen also von dem beobachtbaren menschlichen Verhalten (englisch: „behavior") und der Annahme, dass menschliches Verhalten weitgehend erlernt ist, aus. Da das Verhalten als Ergebnis unterschiedlicher Lernformen, klassischen Konditionierens, operanten Lernens, des Lernens nach Modell (Imitationslernen) und des kognitiven Lernens verstanden wird, ist Verhalten durch entsprechende Stimuli beziehungsweise Reize veränderbar. Mit Verhaltenstheorien wird sowohl das Verhalten einzelner Menschen als auch das Verhalten von Dyaden, Kleingruppen und komplexer sozialer Phänomene erklärt und es werden auf lerntheoretischer Grundlage Therapiemodelle zur Verhaltensmodifikation entwickelt und angewandt. Mentale Faktoren wie Emotionen, Motive, Überzeugungen, Werte werden hierbei berücksichtigt. (Siehe Zimbardo 1995; Krech/ Crutchfield 1997; Schermer 1999 u.a.)

Nach soziologischen Theorien vom Verhalten ist menschliches Verhalten sozial geformt, das heißt das Ergebnis bestimmter sozialer Lernprozesse, die das Individuum in seinem Leben im Austausch mit anderen Menschen und der sozialen Wirklichkeit erlebt und erfahren hat. Diesen Prozess bezeichnet man als Sozialisation; für die Sozialisation gibt es wiederum zahlreiche diverse Theorien. George C. Homans (1910-1989) hat beispielsweise eine Austauschtheorie für soziales Verhalten entwickelt, darin werden soziale Beziehungen analog zum Austausch in der

Ökonomie als Ergebnis von Angebot und Nachfrage nach bestimmten Verhaltensweisen erklärt. Angenommen wird, dass jeder Akteur nach Gewinnmaximierung strebt, also durch sein Verhalten möglichst großen Gewinn bei möglichst geringem Einsatz erlangen möchte. Ein Gleichgewichtszustand liegt dann vor, wenn die Partner den größten Gewinn aus Interaktionen erzielen und die Gewinne als gleichwertig angesehen werden. (Siehe Treibel 2000, 96ff. u.a.)
Am Behaviorismus beziehungsweise an Verhaltenstheorien haben sich in der Sozialen Arbeit im deutschen Sprachraum insbesondere Lutz Rössner (Rössner 1975 u.a.) und sein Schüler Lutz-Michael Alisch (Alisch/Rössner 1990) in ihren Theorien der Sozialen Arbeit orientiert. Im angloamerikanischen Sprachraum, in dem die Soziale Arbeit stark therapeutisch ausgerichtet ist, spielen Behaviorismus beziehungsweise Verhaltenstheorien eine große Rolle. (Siehe Payne 1994, 1997; Howe 1994; Turner 1996; Kirk/Reid 2002, 77-94 u.a.)
Unter *Handlung* wird in soziologischen Handlungstheorien weithin ein Tun verstanden, bei dem sich im Allgemeinen der Handelnde vom Vollzug des Handelns, von der Intention (der Handlungsabsicht) und dem Objekt des Handelns unterscheiden lässt. (Siehe Lenk 1989, 119-127; Mittelstraß 1995b, 33-39; 1995c, 325ff. u.a.) Handlungen weisen mehrfache Deutungsspielräume auf. Der Mensch nimmt seine Handlungen nicht nur wahr wie einen außerhalb von ihm ablaufenden Prozess, wie eine objektiv feststellbare und intersubjektiv nachprüfbare Ereignisfolge, sondern er erlebt sein Handeln auch als von ihm gesetzte, gewollte und zumeist bewusst initiierte zielorientierte Tätigkeit. Darüber hinaus sind Erkennen, Deuten und Diskutieren von Handlungen selbst Handlungen. Somit ergibt sich über den theoretischen Aspekt des objektgebundenen und über den Bereich des praktischen Handelns hinaus noch das Problem des „transzendentalen Handelns", in dem das Erkennen und Denken als Handeln zu reflektieren sind. Handlungstheorien können sich demzufolge aus mehreren Komponenten, Konstituenten und Reflexionsstufen zusammensetzen. Eine handlungsrelevante Theorie reflektiert ihre eigene Reichweite ebenso wie die Realisierungsbedingungen von Zielprojektionen, die sich von den theoretischen Annahmen her nahe legen. Mindestens folgende fünf Fragen an eine Handlung sollten aus handlungstheoretischer Sicht deskriptiv und interpretativ beantwortet werden:

- Die Frage nach dem Handlungsfeld: Wer ist beteiligt?

- Die Frage nach den Handlungstypen: Was geschieht?
- Die Frage nach den Modalitäten (Methoden, Techniken) der Handlung: Wie geschieht etwas?
- Die Frage nach dem Kontext der Handlung: In welchem Kontext geschieht etwas?
- Die Frage nach den Bedingungen und Gründen der Handlung: Warum geschieht etwas?

Viele Handlungstheorien gehen auf die „verstehende Soziologie" von Max Weber (1864-1920) und dessen Konzeption vom Handeln zurück. (Siehe Schäfers 1992, 310ff.; Miebach 1991; Korte 2000, 97-116 u.a.) Menschen „handeln" nach Weber dann, wenn sie mit ihrem Tun einen subjektiven „Sinn" verbinden. Als soziales Handeln hat Weber ein Handeln, das seinem Sinn nach auf das Verhalten anderer bezogen wird und in seinem Ablauf daran orientiert ist, aufgefasst. „Sinn" ist somit die zentrale Kategorie, die die Perspektiven des Beobachters und des Handelnden verknüpft und so dessen Intentionen über Sinndeutungen rekonstruierbar werden lässt.

Zu den einflussreichsten Handlungstheorien der Gegenwart gehört die Theorie des kommunikativen Handelns von Jürgen Habermas. (Habermas 1981) Diese Theorie enthält zugleich eine Theorie der umgangssprachlichen Kommunikation, die sich mit der alltäglichen Interaktion und Kommunikation von Individuen befasst, und eine neue Gesellschaftstheorie. Für Habermas stehen gesellschaftliche Normen und Kommunikation in einem besonders engen Zusammenhang; er unterscheidet zwischen „konkreten" Werten und „abstrakten" Geltungsansprüchen. „Sein und Sollen" sind für ihn etwas völlig anderes als „Sein und Geltung". Die soziale Welt ist die Welt der Normen und der Interaktion. Der normative Kontext ist durch Interaktionen definiert. Die Kommunikation hat eine doppelte Struktur: Die Regeln des (sprachlichen) Handelns werden einfach angewandt („Kommunikation") oder selbst zum Thema gemacht („Metakommunikation"). Kommunikatives Handeln zielt auf Verständigung. Die Lebenswelt ist der für die Individuen selbstverständliche Hintergrund für kommunikatives Handeln und damit die Grundlage für Verständigung. (Siehe Treibel 2000, 155-180 u.a.)

Für die große Mehrheit der AutorInnen ist Soziale Arbeit eine Handlungswissenschaft und fast alle universellen Theorien der Sozialen Arbeit sind deshalb grundsätzlich als Handlungstheorien angelegt, häufig kombiniert mit Systemtheorien (zum Beispiel Staub-Bernasconi 1995, 1998a; Obrecht 2001; Miller 2001 u.a.) oder mit Gesellschaftstheorien (zum Beispiel Khella 1980a; Thiersch 1992a u.a.) Es gibt jedoch meines Wissens keine einheitliche und in der Sozialen Arbeit allgemein anerkannte Handlungstheorie, in der die unterschiedlichen wissenschaftstheoretischen und philosophischen Ansätze zur Erfassung, Beschreibung, Erklärung, Rechtfertigung und Voraussage von Handlungen integriert wären. Vielmehr sind zahlreiche Entwürfe publiziert worden, Handlungsbegriffe zu analysieren, Handeln zu beschreiben und zu erklären sowie interdisziplinäre Handlungstheorien zu entwickeln. Gemeinsam ist allen Entwürfen, dass sie gesellschaftliche Systeme auf soziales Handeln in sozialen Situationen zurückführen und dabei Organisationen, Institutionen und soziale Strukturen aus der Perspektive sozialer Akteure zu erschließen versuchen.

Im Mittelpunkt handlungstheoretischer Reflexionen und Entwürfe steht in der Sozialen Arbeit häufig die *Handlungskompetenz*. Unter Handlungskompetenz wird die Fähigkeit verstanden, in unterschiedlich komplexen Situationen angemessene Handlungsstrategien, Kommunikationsmuster und Handlungslegitimationen zu entwickeln und einzusetzen. (Siehe Müller/Otto/Peter/Sünker 1982, 1984; Biermann/Bock/-Rosenthal/Doehlemann/Grohall/Kühn 1994; Treptow 2001 u.a.)

Verhaltens- und Handlungstheorien befassen sich auch mit dem *abweichenden Verhalten*. Ergänzend zu den traditionellen Theorien wie der Anomietheorie, der Subkulturtheorie, der Theorie des differentiellen Lernens und dem Labeling Approach sind neue handlungstheoretische Ansätze zur sozialen Kontrolle und zur Prävention entwickelt worden. (Siehe Lamnek 1993c, 1994 u.a.)

Das *Bewältigen von Lebenslagen und -krisen* nimmt sowohl in den Verhaltens- als auch in den Handlungstheorien einen breiten Raum ein. In den psychologischen Verhaltenstheorien geht es in den Bewältigungstheorien in der Regel primär um psychologische Aspekte wie zum Beispiel um Emotionsbewältigung und um psychologische Strategien. (Siehe Schermer 1999, 138-178 u.a.) In Handlungstheorien der Sozialen Arbeit dagegen geht es mehr um die generelle Lebensbewältigung. (Siehe Böhnisch 1994, 2002 u.a.)

Zu erwarten ist, dass Ergebnisse der biologischen Forschung (zum Beispiel der Hirn- und Genforschung) in naher Zukunft ein Überdenken und Neuformulieren der Verhaltens- und Handlungstheorien notwendig machen werden.

(7) Visionen und Utopien

Was haben Visionen und Utopien mit wissenschaftlichen Theorien der Sozialen Arbeit zu tun? Versteht man doch allgemein unter Visionen und Utopien gleichermaßen Vorstellungen und Pläne, die als fantastisch und undurchführbar gelten. Der latinisierte Begriff „Utopia" stammt aus dem Griechischen und bedeutet ursprünglich „Nichtland, Nirgendwo". Unter dem Einfluss des im Jahre 1516 erschienen Werkes „Utopia" des englischen Humanisten Thomas Morus (1478-1535) bekam das Wort dann den Inhalt „erdachtes Land, Traumland, in dem ein gesellschaftlich-politischer Idealzustand herrscht". (Duden 2001, 885)
Utopien im Sinne von Idealvorstellungen vom Staat beziehungsweise von der Gesellschaft zu entwerfen, ist für die Denker der Menschheit selbstverständlich. (Siehe Bloch 1970; Berlin 1992 u.a.) Aus der Zeit vor „Utopia" von Thomas Morus sind die Staatsentwürfe von Platon („Politeia") und Augustinus („De civitate Dei") weithin bekannt. Der Bogen immer neuer Idealvorstellungen spannt sich in der Neuzeit von Morus über den „Naturzustand" von John Locke, den „contrat social" von Jean Jaques Rousseau über die Visionen der Früh- und Spätsozialisten, über „Das Prinzip Hoffnung" von Ernst Bloch bis zur Theorie der sozialen Gerechtigkeit von John Rawls (1921-2002). Jede dieser Utopien spiegelt die politischen, wirtschaftlichen, sozialen und kulturellen Verhältnisse wider, in denen sie ersonnen worden sind und aus denen ihre AutorInnen ausbrechen wollten. Utopien sind eine ideale Alternative zur sozialen Wirklichkeit.
In den Theorien Sozialer Arbeit sind viele utopische Vorstellungen und Elemente enthalten. Auf sie kann und darf die Soziale Arbeit nicht verzichten, wenn sie ihrem Auftrag treu bleiben will. (Vgl. Thiersch 1986, 156-172 u.a.) Die Ideen von der Gleichheit und Gleichberechtigung aller Menschen sowie von der vollkommenen Gesellschaft ziehen sich wie ein roter Faden durch die Geschichte der Sozialen Arbeit. Träume und Visionen, wie (schön) das Leben sein könnte beziehungsweise müsste, sind den meisten SozialarbeiterInnen eigen. Die Hoffnung, die Welt ein Stück verbessern zu können, und die Gewissheit, dass das auch konkret möglich ist, motiviert tagtäglich SozialarbeiterInnen in ihrem Engagement.

Der in Riga geborene jüdische Europäer Isaiah Berlin (1909-1997) hat die Geschichte der Ideen von der vollkommenen Gesellschaft in der Menschheitsgeschichte untersucht. Ein Ergebnis seiner Studien ist die Erkenntnis: „Die berühmten Utopien der Neuzeit, die von Thomas Morus, von Mably, Saint Simon, Fourier, Owen und ihren Nachfolgern, lieferten ein ziemlich statisches Bild von den Grundeigenschaften der Menschen und eine ebenso statische Beschreibung einer unerreichbaren vollkommenen Gesellschaft. Damit verkannten sie, daß die Menschen Wesen sind, die sich selbst verändern können, die innerhalb der von Natur und Geschichte gezogenen Grenzen frei wählen können zwischen konkurrierenden, gegenläufigen Zielen." (Berlin 1992, 95f.) In einer Gesellschaft, in der die gleichen Ziele von allen akzeptiert werden, können sich nach Berlin Probleme nur noch im Hinblick auf die Mittel ergeben, und diese seien allesamt durch technische Methoden lösbar. In einer solchen Gesellschaft habe das Innere des Menschen, seine moralische, seine geistige, seine ästhetische Phantasie keine Stimme mehr. „Soll man hierfür Menschen vernichten und ganze Gesellschaften versklaven?" fragt Berlin. Utopien haben für ihn dennoch ihren Wert, denn nichts anderes weite die Horizonte menschlicher Möglichkeiten so wunderbar wie sie, „aber als Handlungsanweisungen können sie eine buchstäblich tödliche Kraft entfalten." (Berlin 1992, 31)

6.4 Spezifische Theorien der Sozialen Arbeit

Beim Bewältigen sozialer Probleme lasssen sich zwei Handlungsphasen voneinander unterscheiden, dem Assessment folgt die Intervention. (Siehe Kirk/Reid 2002, 31-37.) Diese Abfolge kann man auch kurz mit „sehen – urteilen – handeln" wiedergeben. „*Assessment*" beinhaltet Theorien und Kompetenzen („skills") zum „Sehen und Urteilen", also zum Erfassen, Einschätzen, Bewerten und Begutachten sozialer Probleme und zum Festlegen der Ziele, woraufhin verändert werden kann beziehungsweise soll. „*Intervention*" umfasst Theorien und Kompetenzen („skills") zum „Handeln", also zum eigentlichen Bewältigen sozialer Probleme, zum Aufbauen von Beziehungen, zum Beraten, Unterstützen, Planen, Managen, Organisieren und Kontrollieren. Für das Assessment und für die Interventionen sind zahlreiche und vielfältige Theorien, Konzepte, Verfahren, Techniken und Modelle entwickelt worden. In der Fachliteratur werden diese in der Regel in Publikationen mit Titeln wie

„Methoden der Sozialen Arbeit“ (Galuske 1999) oder „Direct Social Work Practice. Theory and Skills.“ (Hepworth/Rooney/Larsen 1997) dargestellt.

(1) Die Erwartungen und die Problematik

SozialarbeiterInnen sollten, wenn ihre Praxis klar, organisiert und strukturiert sein soll, nach David Howe in der Lage sein, folgende fünf Fragen zu beantworten:

- *Was ist los?*
  Die/der SozialarbeiterIn muss das Problem erkennen und identifizieren.
- *Was geschieht?*
  Die Situation ist zu bewerten, zu interpretieren und zu erklären.
- *Was ist zu tun?*
  Im Lichte der Bewertung klären die/der SozialarbeiterIn und die/der KlientIn ihre Intentionen und entscheiden Ziele und Handlungsplanung.
- *Wie soll es geschehen?*
  Die Handlungsmethoden, mit denen die Ziele erreicht werden sollen, sind auszuwählen.
- *Ist es geschehen?*
  Das Ergebnis ist evaluiert. (Howe 1994, 7)

Wenn alle fünf Fragen beantwortet worden sind, ist zu erwarten, dass von den SozialarbeiterInnen für dieselbe Situation verschiedene Antworten gegeben worden sind. Diese Merkwürdigkeit resultiert daraus, dass für professionelles Handeln in der Sozialen Arbeit sehr viele und mannigfaltige Theorien, Konzepte, Verfahren, Techniken und Modelle gegeben sind. Aus dieser Vielfalt müssen sich die PraktikerInnen ihren Werkzeugkoffer zusammenstellen. Das Auswählen ist jedoch schwierig, weil das Angebot diffus ist. Einige Gründe hierfür sind:

- Zwischen universellen und spezifischen Theorien der Sozialen Arbeit wird nur unzureichend differenziert.
- Einzelne Theorien und Modelle werden als „Königsweg“ favorisiert und an die Stelle des gesamten Spektrums der Handlungsmethoden gesetzt.

- Handlungsmethoden werden mit den ihnen zugrunde liegenden Theorien und wissenschaftlichen Begründungen nur selektiv und oberflächlich rezipiert.
- Es werden lediglich Techniken für isolierte Interventionen ohne Rücksicht auf ihren theoretischen Kontext vermittelt.
- Die Grenzen, die die internationale Definition des Gegenstandsbereichs der Sozialen Arbeit setzt, werden ignoriert.
- Theorien und Verfahren von Bezugswissenschaften werden unreflektiert übernommen und als Methoden der Sozialen Arbeit ausgegeben.
- Die Grenzen zwischen Wissenschaft und Humanität, Anliegen und Funktion der Sozialen Arbeit werden verwischt.
- Theorien und Methoden, die nicht in das eigene Menschen- und Weltbild passen, werden entwertet.
- Durchaus vorhandene Risiken und Unzulänglichkeiten einzelner Verfahren werden verallgemeinert und deshalb wird das jeweilige Verfahren insgesamt kritisiert und abgelehnt. (Siehe Stimmer 2000, 425ff.)

Im konkreten Handeln der Praxis wird besonders offensichtlich, dass Soziale Arbeit sich inmitten eines Netzwerks verwandter Professionen befindet, relativ autonom und auf interdisziplinären Austausch und fruchtbare Kooperationen angewiesen ist. (Siehe Teil 4 Abschnitt 4.) Das und auch die größere öffentliche Anerkennung der Bezugswissenschaften haben dazu geführt, dass Handlungsmethoden und Handlungsmodelle der Bezugswissenschaften (vorrangig aus Psychologie, Medizin und Recht) in die Soziale Arbeit übernommen worden sind, zum Beispiel tiefenpsychologische, psychodynamische, klientenzentrierte, verhaltens- und lerntheoretische, gruppendynamische, systemtheoretische, kommunikationstheoretische, humanistische, marxistische, existenzialistische, ökologische und psychiatrische Handlungsmodelle und -methoden. (Siehe Lishman 1994; Howe 1994; Payne 1994, 1997; Turner 1996; Brack 1997; Galuske 1999; Geißler/Hege 2001 u.a.). Diese Handlungsmodelle und -methoden sind zu oft ohne große Bedenken in die Soziale Arbeit importiert und übernommen worden. Nicht bedacht wurde dabei oftmals, dass diese entlehnten Modelle und Methoden aus einem anderen, wenn auch ähnlichen, beruflichen und wissenschaftlichen Kontext stammen. Aufgabenstellungen für PsychologInnen und JuristInnen unterscheiden sich nun einmal beachtlich von Aufgabenstellungen für SozialarbeiterInnen. Psychologische Handlungsmodelle und -methoden ergeben sich aus den Rahmenbedingungen und Theorien der Psychologie, nicht aus denen der Sozialen Arbeit; gegebenenfalls sind sie den Rahmenbedingungen der Sozialen Arbeit anzupassen.

(2) Die Anfänge spezifischer Theorien für Assessment und Intervention in der Sozialen Arbeit

Die Ansätze, professionelles Handeln in der Sozialen Arbeit wissenschaftlich zu fundieren und entsprechende Theorien für die Praxis zu bilden, gehen weit ins 19. Jahrhundert zurück. (Siehe Kirk/Reid 2002, 49f. u.a.) Den Anfang einer wissenschaftlich orientierten Wohltätigkeit sah die Nordamerikanerin Carel Germain (1916-1995) in der organisierten Armenhilfe in Hamburg und Elberfeld und in den Arbeiten und Gedanken der englischen Sozialreformer im 19. Jahrhundert, zum Beispiel bei Robert Owen (1771-1858), Arnold Toynbee (1852-1883) und Samuel A. Barnett (1844-1913). Bereits 1881 habe Toynbee gesagt: „Wohltätigkeit auf eine wissenschaftliche Grundlage zu stellen, ist das große Problem unserer Tage.“ Man glaubte voller Optimismus, der Schlüssel für Vorbeugung und Heilung müsste in wissenschaftlicher Gesetzmäßigkeit und Methode zu finden sein. Die National Conference of Charities and Corrections (NCCC) wurde zum Forum für den Austausch von Vorstellungen und Maßstäben einer wissenschaftlich-systematischen Wohltätigkeit. (Germain 1977, 20f.)
Charakteristisch für die historische Entwicklung spezifischer Theorien der Sozialen Arbeit allgemein ist meines Erachtens das, was Germain zum Verhältnis von Sozialer Einzelhilfe („casework“) und Wissenschaft sagt: Die Verflechtung der Sozialen Einzelhilfe mit der Wissenschaft bestehe „aus einem Komplex von Erkenntnissen, die von den Basis-Wissenschaften und aus empirischem Wissen stammen, einer wissenschaftlichen Methode und einer bestimmten Arbeitsweise, mit der Phänomene angegangen werden, und einer Anzahl von Komponenten einer wissenschaftlichen Haltung, zu denen Aufgeschlossenheit und Objektivität als Zeichen wissenschaftlichen Forschergeistes gehören. Während der gesamten Entwicklung der Sozialen Einzelhilfe war die

Verbindung dieser wissenschaftlichen Verpflichtung mit dem Engagement für humanistische Werte und humanitäre Ziele bezeichnend.“ (Germain 1977, 19f.)

Die beiden Nordamerikaner Stuart A. Kirk und William J. Reid weisen Mary Richmond (1861-1928) aus Baltimore, die an den Konferenzen der NCCC teilgenommen hat, mit ihrem Werk „Social Diagnosis“ aus dem Jahre 1917 eine zentrale Bedeutung für die Theoriebildung und Praxis der Sozialen Arbeit zu: „The paradigm presented in Social Diagnosis raises another, more profound issue. Richmond‘s formulations called for practice to be scientific in the sense of science as a rational, systematic, problem-solving activity involving thorough methods of data collection, attention to the quality of evidence, effort to be objective and unbiased, hypotheses tested against facts, and so on … Certainly Richmond was the first to fully articulate an assessment model for social work consistent with an scientic approach. She gave practice a strong push in a direction compatible with a scientific point of view.“ (Kirk/ Reid 2002, 30)

Richmond forderte eine erschöpfende Sammlung und Abwägung von Tatsachen, da sie annahm, dass nur die Entdeckung der Ursachen Hilfe ermöglichen könne. Sie folgte damit der in der Wissenschaft ihrer Zeit herrschenden mechanistisch-physikalischen Theorie, dass zwischen Ursache und Wirkung eine lineare Beziehung bestehe, wonach die Wirkung auf eine einzige Ursache zurückgeführt werden könne. Würde man also die Ursache eines Übels entdecken, so wäre auch das Heilmittel dafür gefunden. Die Bekanntschaft von Richmond mit führenden Medizinern ihrer Zeit hat vermutlich dazu geführt, dass sie die medizinische oder Krankheits-Metapher für soziale Diagnose und Behandlung übernommen hat. Sie verglich die Massenarmut mit einer Krankheit und nannte die Beauftragten der Wohlfahrtsverbände „Sozialärzte“. Die Übernahme des medizinischen Modells hatte zur Folge, dass Soziale Arbeit wissenschaftlich auf „Defekte der Individuen“ ausgerichtet und angenommen wurde, dass das Problem beziehungsweise Bedürfnis im einzelnen Menschen, der behandelt und nach Möglichkeit geheilt werden müsse, stecke.

Auf der Milford-Konferenz im Jahre 1929 wurde herausgestellt, dass die positive Entwicklung der Sozialen Arbeit davon abhängen würde, ob sie sich zunehmend wissenschaftlich orientiere, indem sie Ergebnisse bestimmter Wissenschaftszweige adaptiere und ihre eigene wissen-

schaftliche Grundlage analysiere. Man stimmte darin überein, dass die Bemühungen um eine allgemeine Theorie der Sozialen Arbeit gescheitert waren. Besorgt war man über Tendenzen in der Sozialen Arbeit, die Anliegen der Sozialen Arbeit zu vernachlässigen und sich einseitig mit technischen Problemen, Methoden und Rationalisierungsfragen, die eine an der Zweckmäßigkeit orientierte Durchführung der Sozialen Arbeit begleiteten, zu befassen. (Germain 1977, 28)
In den 30er Jahren wandten sich immer mehr SozialarbeiterInnen den Ideen Sigmund Freuds (1856-1939) und der Technologie der Psychoanalyse zu. Man sah in der Psychoanalyse eine wissenschaftliche Theorie, mit der wirksam geholfen werden könne und die über ausgewiesene Behandlungsmethoden verfüge. Aus der psychoanalytischen Orientierung folgte eine verstärkte Individualisierung und „Therapeutisierung" der Sozialen Arbeit. Gegen die Aufspaltung des Menschen in mehrere Schichten beziehungsweise verschiedene Triebe (wie in der Psychoanalyse) und gegen die weit verbreitete Trennung von Leib und Seele wurde der „Mensch-als-Ganzes" und als „Individuum" (gleich „ungeteilt") gesetzt und eine „ganzheitliche" Sichtweise des Menschen gefordert. Einen wichtigen Beitrag zu der ganzheitlichen Sichtweise des Menschen in der Sozialen Arbeit lieferte Alfred Adler (1870-1937) mit seiner teleologisch ausgerichteten Individualpsychologie. (Adler 1972, 1973, 1979 u.a.)
In den 40er Jahren wurde die Sozialforschung wieder verstärkt in die Soziale Arbeit einbezogen, und es wurden Wege gesucht, die Zweiteilung von Objekt und Raum sowie von Person und Umwelt zu überwinden sowie statt linear-kausal nunmehr prozessual-systemisch zu denken und zu handeln. Als Folge dieser Bestrebungen setzten sich System- und Rollentheorien sowie Theorien der Verhaltensmodifikation zunehmend in der Sozialen Arbeit durch. (Simon 1977) Der große Einfluss sozialwissenschaftlicher Theorien (vor allem von Feld- und Systemtheorien) führte in den 50er Jahren zu einer Sichtweise des Menschen als „Mensch-in-seiner-Umwelt" („Person in Environment", abgekürzt: PIE). Die Einführung von Klassifikationsmodellen im Gesundheitsbereich führte zu Überlegungen in der Sozialen Arbeit, dass die inzwischen erfolgte Ausweitung der wissenschaftlichen Grundlagen für professionelles Handeln eine Klassifizierung der Hilfsmaßnahmen notwendig machen würde. Die menschlichen Bedürfnisse und die sozialen Probleme sollten klassifiziert und den jeweiligen Klassen wissenschaftlich begründete, notwendige Maßnahmen zugeordnet werden. (Germain 1977, 38)

(3) Die Methodenklassiker „casework", „group work", „community organization" sowie „family therapy" und „case management"

Die so genannten klassischen Methoden der Sozialen Arbeit – Einzelfallhilfe, Gruppenarbeit und Gemeinwesenarbeit – haben lange Zeit für die Handlungsmethoden der Sozialen Arbeit insgesamt gestanden. Obgleich die drei Methoden zunächst nur durch die Zahl der KlientInnen, um die es geht, unterschieden sind, wurden ihnen jeweils pauschal-plakativ bestimmte Anliegen zugeordnet, zum Beispiel: „Einzelfallhilfe ist sozialintegrativ." oder „Gemeinwesenarbeit ist revolutionär." Diese Zuschreibungen treffen so nicht zu, denn alle drei Handlungsmethoden wurden und werden mit unterschiedlichsten Anliegen verknüpft und in verschiedene universelle Theorien eingebunden. Obgleich diese Dreiteilung inzwischen zu Gunsten anderer Systematisierungen aufgegeben worden ist, wirkt sie mit den jeweiligen Zuschreibungen bis in die Gegenwart hinein; insofern dürfen sie hier nicht übergangen werden. (Siehe Krauß 1996; Brack 1997; C.W. Müller 1997, 1999; Galuske/C.W. Müller 2002 u.a.)

- *Soziale Arbeit mit Einzelnen („casework")*

Die Begriffe „Einzelfallhilfe", „Einzelhilfe", „casework" sind Sammelbegriffe für alle individuumsbezogenen Maßnahmen und Vorgehensweisen in der Sozialen Arbeit. Die Anfänge der modernen Sozialen Arbeit mit Einzelnen liegen etwa zweihundert Jahre zurück; sie hängen eng mit der Entdeckung des Wertes des einzelnen Menschen („Subjekt", „Person") gegenüber der Gemeinschaft beziehungsweise Gesellschaft zusammen. Für diese Arbeitsform sind psychosoziale, funktionale, problemlösende sowie lern- und verhaltenstheoretische Ansätze entwickelt worden. Die Ablösung des atomistisch-substantialistischen Paradigmas durch das prozessual-systemische Paradigma in der zweiten Hälfte des 20. Jahrhunderts hat zu erheblichen Veränderungen der herkömmlichen individuumsbezogenen Arbeitsweise geführt. Die einzelnen Menschen werden nicht länger mehr als isolierte Einzelne gesehen, sondern als Individuen, die in ein soziales Umfeld und in sozio-ökonomische Netzwerke eingebunden sind. Als Grundlage wird für die Einzelfallhilfe nun eine helfende Beziehung angesehen. (Siehe Bistek 1968 u.a.) Neue Theorien, Konzepte und Verfahren haben dazu geführt, dass die heutige Soziale Arbeit mit Einzelnen nur noch wenig mit einer vormals primär kontrollierenden und anpassenden Einzelfallhilfe gemeinsam hat, sondern vielmehr auf Emanzipation, Empowerment, Befreiung (liberation) und Anwaltschaft (advocacy) ausgerichtet ist. (Siehe Perlman 1969; Nicholds 1971; Hollis 1971; Kamphuis 1973; Roberts/Nee 1977; Reid/Epstein 1979; Khella 1982; Kähler 1993; B. Müller 1994; Pantucek 1998; Geiser 2000; Meinhold 2002 u.a.)

- *Soziale Arbeit mit Gruppen („social group work")*

Die Begriffe „Soziale Gruppenarbeit" ist ebenfalls ein Sammelbegriff für unterschiedlichste Arten der Gruppenarbeit. In der Sozialen Arbeit wird die Arbeit mit Gruppen in „Gruppenpädagogik" und „Gruppentherapie" aufgeteilt. Manche AutorInnen vertreten die Auffassung, dass Gruppentherapie eine Sache der Psychotherapie sei und Gruppenpädagogik eine Sache der Sozialen Arbeit. Diese Zuordnung ist allein deswegen schon umstritten, weil eine Abgrenzung zwischen Gruppenpädagogik und Gruppentherapie kaum möglich ist. In beiden Fällen soll das Gruppenpotenzial genutzt werden, um die Gruppenmitglieder zu unterstützen, das heißt ihnen zu helfen, sie zu bilden oder zu erziehen. Zur Sozialen Arbeit mit Gruppen gehören die Bildung von Gruppen, die Initiierung und Unterstützung von Lern-, Heilungs- und Entscheidungsprozessen in Gruppen, die Führung und Begleitung von Gruppen usw. Die Arbeit mit Gruppen wird seit Anfang des 20. Jahrhunderts in der Sozialen Arbeit gepflegt. Die Theorien und Konzepte der Sozialen Arbeit, in deren Kontext die Gruppenarbeit eingesetzt wird, prägen wiederum die Vielfalt der Sozialen Arbeit mit Gruppen, bestimmen die Intentionen, Verfahren, Techniken und Anwendungsbereiche. (Siehe Schiller 1963; Moreno 1973; Engelke 1981; Fiedler 1996; C.W. Müller 1997, 1999; Konopka 2000; Geißler/Hege 2000; Schmidt-Grunert 2002; Nellessen 2002; Sader 2002 u.a.)

- *Gemeinwesenarbeit („community work, community organization, community care")*

Als Begründer der modernen Gemeinwesenarbeit, bei der es um die Soziale Arbeit mit und in Nachbarschaften, Wohnviertel, Stadtteile und ganze Städte geht, wird allgemein der Begründer der Settlement-Bewegung, der Londoner Pfarrer Samuel A. Barnett, angesehen. Barnett hat bereits in seinem Vortrag „Settlements of University Men in Great

Towns“ 1884 die theoretischen Grundzüge und Ziele des Settlements dargelegt. Und nachdem Jane Addams (1860-1935) die Settlementbewegung auf einer ihrer Europareisen in London kennen gelernt hatte, wurde dieser Ansatz zum Kern ihrer Theorie und Praxis der Sozialen Arbeit. Die Gemeinwesenarbeit wurde – wie die anderen Handlungsmethoden der Sozialen Arbeit auch – mit unterschiedlichsten universellen Theorien der Sozialen Arbeit verknüpft. Revolutionär-klassenkämpferische und konservativ-bürgerliche Begründungen und Zielsetzungen der Gemeinwesenarbeit konkurrieren miteinander. Nicht zuletzt an den Auseinandersetzungen über die Ziele der Gemeinwesenarbeit wird deutlich, dass Theorien der Sozialen Arbeit Aussagen zur gesellschaftlichen Funktion der Sozialen Arbeit enthalten (sollten). (Siehe Alinsky 1973; Ross 1955; Boer/Utermann 1970; Hinte/Karas 1989; C.W. Müller 1997; Hinte/Lüttringhaus/Oelschlägel 2001; Hinte 2002 u.a.)

Die Soziale Arbeit hat ihre Handlungsmethoden selbstverständlich nicht (nur) an der Zahl der KlientInnen, mit denen gearbeitet wurde, ausgerichtet, andere Aspekte sind immer schon auch berücksichtigt worden, wie zum Beispiel die Soziale Arbeit mit Familien und das Case Management zeigen.

- *Soziale Arbeit mit Familien („family therapy“)*

Die Soziale Arbeit mit Familien setzte sich bereits in den 20er Jahren des 20. Jahrhunderts in Form der Familienfürsorge durch. Mit ihr sollte der Zersplitterung der Wohlfahrtspflege in viele Einzeldienste (wie zum Beispiel Säuglings-, Schul-, Wohnungs-, Gefährdeten- und Armenfürsorge) entgegengewirkt werden. In den 50er Jahren liegen die Anfänge der Familientherapie, in den 60er Jahren der Ehe- und Familienberatung und in den 70er Jahren der sozialpädagogischen Familienhilfe. Ziele, Verfahren und Techniken der Sozialen Arbeit mit Familien werden vor allem von den zugrunde liegenden Theorien (wie zum Beispiel psychoanalytische, systemtheoretische, strukturell-strategische und humanistische Theorien) bestimmt. (Siehe Baum 1951; Satir 1979; Oswald/Müllensiefen 1985; Oswald 1988; Karsten/Otto 1996; Hofgesang 2001 u.a.)

- *Case Management*

Vor dem Hintergrund der Träger- und Organisationsvielfalt und einer zunehmenden Differenzierung und Sektorisierung der Sozialen Arbeit und aufgrund schlechter Erfahrungen mit herkömmlichen individualisierenden Handlungsmethoden wie dem Casework wurde in den 70er Jahren in den USA das Case Management als neue Handlungsmethode der Sozialen Arbeit entwickelt. Dieses Verfahren, in Deutschland wird es auch „Unterstützungsmanagement“ genannt, zielt in seiner Systematik auf eine integrierte Versorgung bei Nutzung formeller und informeller Ressourcen. Im zeitlichen Ablauf soll eine bruchstückhafte Versorgung vermieden und eine rationelle Leistungserbringung erreicht werden. Mit den verschiedenen Modellen des Case Managements wird Zweckmäßigkeit und Wirksamkeit der Sozialen Arbeit und Transparenz des Vorgehens für alle Beteiligten angestrebt. Die Durchsichtigkeit ist eine Bedingung dafür, dass Maßnahmen in ihrem Nacheinander aufeinander abgestimmt werden können und dass sich in einem Verbundsystem kontrollieren und evaluieren lässt, was wann wo geschieht oder geschehen ist. (Siehe Wendt 1997, 2002; Löcherbach/Klug u.a. 2002 u.a.)

(4) Zur Entwicklung spezifischer Theorien Sozialer Arbeit im deutschsprachigen Raum

Im ersten Drittel des 20. Jahrhunderts hat die deutsche Soziale Arbeit generell an den internationalen Entwicklungen der Sozialen Arbeit partizipiert, selbstverständlich auch an der Entwicklung wissenschaftlicher Analysen, Grundlagen und Theorien für ihre Handlungsmethoden. Das 1926 erschienene Buch „Soziale Diagnose“ von Alice Salomon hatte eine ähnliche Bedeutung für die Soziale Arbeit im deutschen Sprachraum wie das Buch von Richmond für die angloamerikanische Soziale Arbeit. Salomon hat sich zwar an Richmonds Werk orientiert, aber doch ein eigenes Werk verfasst. Während bei Richmond die Korrektur der einzelnen KlientInnen im Mittelpunkt stand, ging Salomon über das Korrigieren und Anpassen hinaus, indem sie auf die Bedeutung des gesellschaftlichen Austausches und seine Folgen für den Einzelnen hingewiesen hat. (Salomon 1926)
Während des Dritten Reiches war die deutsche Soziale Arbeit von der internationalen Entwicklung der Sozialen Arbeit ausgeschlossen. Nach dem Kriegsende musste erst wieder ein neuer Anschluss gefunden werden. (Siehe Homfeld/Merten/Schulze-Krüdener 1999, 168-212 u.a.) Das führte u.a. dazu, dass drei Jahrzehnte lang primär auf Übersetzungen angloamerikanischer Fachliteratur – insbesondere zu Methoden der So-

zialen Arbeit – zurückgegriffen wurde. (Perlman 1969; Nicholds 1971; Hollis 1971; Roberts/Nee 1977; Reid/Epstein 1979; Schubert 1980 u.a.) Nur allmählich verfassten deutschsprachige AutorInnen wieder eigene Werke zur Sozialen Arbeit und lösten die Übersetzungen ab. An fünf Publikationen möchte ich die Entwicklung spezifischer Theorien beziehungsweise der Handlungsmethoden und -modelle der Sozialen Arbeit in Deutschland in der zweiten Hälfte des 20. Jahrhunderts zeigen:

Hans Pfaffenberger hat im Jahre 1966 das von Walter A. Friedländer herausgegebene Buch „*Concepts and Methods of Social Work*" in Deutschland unter dem Titel „Grundbegriffe und Methoden der Sozialarbeit" publiziert. (Friedländer/Pfaffenberger 1974) Im Zentrum des Buches stehen die als klassische Handlungsmethoden der Sozialen Arbeit bezeichneten Methoden „Soziale Einzelhilfe", „Soziale Gruppenarbeit" und „Soziale Gemeinwesenarbeit". Darüber hinaus werden in dem Buch auch das Theorie- und Methodenproblem in der sozialen und sozialpädagogischen Arbeit sowie allgemeine Prinzipien der Sozialen Arbeit und Fragen der Forschung behandelt.

Die Soziale Einzelhilfe wurde in den 70er Jahren – stellvertretend für die traditionelle Soziale Arbeit – heftig kritisiert, sie sei pragmatisch, gesellschaftskritisch naiv und idealistisch. Diese Kritik war Anlass und Ansatzpunkt, Handlungsmethoden der Sozialen Arbeit verstärkt in universelle Theorien der Sozialen Arbeit zu integrieren. Aus den deutschsprachigen Publikationen hierzu ragt für mich das Werk „*Engagierter Dialog*" von *Marianne Hege* heraus. (Hege 1979) Hege benennt die Notlagen des Einzelnen als Gegenstand Sozialer Arbeit und der Praxis der sozialen Einzelhilfe. Ziel Sozialer Arbeit ist für Hege die Emanzipation der KlientInnen, und die Handlungsmethode für die soziale Einzelhilfe ist der Dialog als Mittel der Reflexion und Ermöglichung von Emanzipation. Kurt Lewins Feldtheorie mit dem Lebensraummodell wird von Hege gewählt, um die Zusammenschau von Individuum und Umwelt zu ermöglichen. Im Nachwort zur zweiten Auflage (1979) weist sie darauf hin, dass „der Engagierte Dialog der Versuch der Verteidigung des Subjektes gegenüber der Allmacht der objektiven gesamtgesellschaftlichen Bedingungen" war, und stellt fest, dass das Subjekt keiner Verteidigung mehr bedürfe, „muss man doch geradezu von einer erneuten Individualisierung der Sozialarbeit/Sozialpädagogik sprechen". (Hege 1979, 161)

Karlheinz A. Geißler und Marianne Hege haben in ihrem 1978 erstmals erschienenen Buch „*Konzepte sozialpädagogischen Handelns*" psychoanalytische, klientenzentrierte, kommunikationstheoretische, gruppendynamische und gruppenpädagogische Konzepte, Methoden und Verfahren zusammengestellt. (Geißler/Hege 2001) Sie weisen ausdrücklich darauf hin, dass sozialpädagogische Interventionen, wie sie sie darstellen, auf Strukturen und Prozesse im mikrosozialen Bereich zielen und sich grundsätzlich von solchen Interventionen unterscheiden, die auf die Bedingungen des Handelns selbst gerichtet sind (zum Beispiel auf sozialpolitische Bedingungen des Handelns). Als normative Orientierung geben Geißler und Hege zunehmende individuelle und gesellschaftliche Emanzipation an. Mittlerweile ist dieses Buch zu einem Standardwerk der Sozialen Arbeit geworden.

Mit dem Ziel, angesichts des Handlungsdrucks in der Praxis, eine konstruktive Wende im Verhältnis von Theorie und Praxis und von wissenschaftlicher Grundlegung und praktischem Handeln zu schaffen, haben *Maja Heiner, Marianne Meinhold, Hiltrud von Spiegel und Silvia Staub-Bernasconi* im Jahre 1994 ihr gemeinsames Buch „*Methodisches Handeln in der Sozialen Arbeit*" veröffentlicht. (Heiner/Meinhold/Spiegel/Staub-Bernasconi 1998) An vielen Beispielen zeigen die vier Autorinnen, wie methodische Vorgehensweisen der Sozialen Arbeit nach ihrer Auffassung theoretisch fundiert und für den konkreten Einsatz in der Praxis weiterentwickelt werden können, und zwar in einem gemeinsamen Prozess von PraktikerInnen und ForscherInnen. Die Autorinnen legen dar, dass die wissenschaftliche Fundierung der Praxismethoden Sozialer Arbeit eigenständig und ohne Rückgriff oder Anleihe bei der Psychologie beziehungsweise bei der Psychotherapie möglich sei. Mittlerweile gehört dieses Buch ebenfalls zu den Standardwerken der Sozialen Arbeit.

Michael Galuske beschreibt im ersten Teil seines Buches „*Methoden der Sozialen Arbeit*" Rahmenbedingungen methodischen Handelns in der Sozialen Arbeit, im zweiten Teil rekonstruiert er Stationen der Methodendiskussion historisch-systematisch und im dritten Teil gibt er einen Überblick über Methoden in der Sozialen Arbeit mit „Steckbriefen" für 15 Methoden. (Galuske 1999) Sozialpädagogische Beratung, klientenzentrierte Gesprächsführung, multiperspektivische Fallarbeit, Case Management, Mediation, rekonstruktive Sozialpädagogik, Erlebnispädagogik, themenzentrierte Interaktion, Empowerment, Familientherapie, Streetwork, Supervision, Selbstevaluation, Sozialmanagement und Jugendhilfeplanung werden von Galuske mit ihrer Geschichte, ihren theoretischen Grundlagen, Prinzipien und Haltungen, Techniken und Vorgehensweisen beschrieben.

Wenn Thomas Rauschenbach im Vorwort zum Buch von Galuske feststellt, dass Methoden der Sozialen Arbeit von der Wissenschaft wenig beachtet worden seien (Galuske 1999, 6), dann kann das nach meiner Kenntnis zwar für den deutschsprachigen Raum und dort für bestimmte Zeitspannen gesagt werden, aber nicht generell für die Soziale Arbeit; siehe zum Beispiel die angloamerikanische Fachliteratur. (Germain 1977; National Association of Social Workers 1995a, b, c, 1997; Kirk/Reid 2002 u.a.)

(5) Empirisch-theoretische Grundlagen für Assessment

Beim Assessment der Sozialen Arbeit geht es zunächst um die Bewertung beziehungsweise Einschätzung der Lebenssituation einzelner Menschen und von Menschengruppen, nachdem diese Situation mit sozialempirischen Methoden erfasst und analysiert worden ist. (Siehe Teil 4 Abschnitte 2.5 und 5.) Es sind Fragen zu beantworten wie: „Womit ist dieser konkrete Mensch hier ausgestattet? Worüber kann sie/er verfügen?“ – „Was fehlt diesem konkreten Menschen, um leben zu können?“ Und hinter diesen Fragen stehen immer die Fragen: „Was benötigt ein Mensch eigentlich zum Leben? Worüber sollte sie/er eigentlich verfügen?“ Und: „Wie kommt es, dass dieser Mensch nicht über das Notwendige verfügt?“ Der Erhebung der Daten erfolgt die Analyse, der Analyse folgt die Bewertung, der Bewertung die Begründung und der Begründung die Zieldefinition.
Um die Lebenssituation von Menschen erfassen zu können, bedarf es differenzierter Erhebungs- und Analysemodelle (Diagnostik). Eine Vielzahl solcher Modelle liegt vor, zum Beispiel als Fragebögen, Leitfäden und Schemata für Anamneseerhebungen. In dem prozessual-systemischen Denkmodell von Silvia Staub-Bernasconi werden beispielsweise sieben Kategorien zur Erfassung einer Lebenslage unterschieden:

- *Körperliche Ausstattung*
  Das sind Gesundsein, Unversehrtheit, Geschlecht, Größe, Gewicht, Alter, Hautfarbe, physische Attraktivität, Gehirnstrukturen u.a.

- *Sozioökonomische Ausstattung*
  Das sind Bildung, Beschäftigung, Arbeit, Einkommen, Vermögen, Konsum-, Komfort- und Bildungsniveau, soziales Sicherheitsniveau, gesellschaftliche Position u.a.
- *Die sozialökologische Ausstattung*
  Das sind die Wohn-, Arbeits- und Bildungsumwelt und andere Umwelten.
- *Die Ausstattung mit Erkenntniskompetenzen*
  Das sind Fähigkeiten zu empfinden, zu fühlen, aufmerksam zu sein, zu lernen, zu denken, zu erinnern, Begriffe zu bilden und zu verknüpfen, Sachverhalte zu bewerten, Ziele zu setzen, zu planen u.a.
- *Die Ausstattung mit Bedeutungssystemen (Modelle)*
  Das sind Begriffe, Aussagen und Aussagensysteme, Denkmodelle, Bilder, Symbole, Theorien, Sinn und Orientierung im Alltag, im Leben, in der Welt und Selbstdefinition.
- *Die Ausstattung mit Handlungskompetenzen*
  Das sind gestaltende, zweckgerichtete Aktivität beziehungsweise routinisiertes, rollenbezogenes und kognitiv gesteuertes Verhalten beziehungsweise Handeln.
- *Die Ausstattung mit sozialen Beziehungen und Mitgliedschaften*
  Das sind körperliche, sinnstiftende und produktive Beziehungen zu anderen Menschen, Verbunden-sein, Mitglied-sein, Kontakt-haben. (Staub-Bernasconi 1998a)

Erhebungen (Untersuchungen) über die Lebenssituation von Menschen können bei einzelnen Menschen, aber auch bei Menschengruppen durchgeführt werden. Bei einzelnen Menschen finden solche Erhebungen in der Regel im Rahmen der Einzelfallhilfe statt, bleiben unveröffentlicht und bilden die Grundlage für die weitere Arbeit. Wenn die Daten von Menschengruppen erhoben werden, dann werden sie in der Regel veröffentlicht und werden auch zur Sozialen Arbeit mit Einzelnen, die zu dieser Gruppe gehören, herangezogen. Als Beispiele nenne ich die Forschungsberichte über „Sozialpädagogische Diagnosen. Über Jugendliche in schwierigen Lebenslagen" (Mollenhauer/Uhlendorff 1992, 1995), über die Ergebnisse einer Längsschnittuntersuchung in Ost-Berlin nach der Maueröffnung „Jugendliche und Drogen" (Kappeler/Barsch/Gaffron u.a. 1999) und über „Analysen der Verhaltensweisen armer Haushalte" (Andreß 1999).

Ausgangspunkt für das Assessment in der Sozialen Arbeit ist immer der Mensch als eine bio-psycho-soziale Wirklichkeit, folglich sind für das Assessment stets Theorien aus verschiedenen Bezugswissenschaften relevant, zum Beispiel:

- *Bedürfnistheorien*

Mit Bedürfnistheorien werden Fragen wie: „Welche Grundbedürfnisse hat der Mensch? Wann sind diese Bedürfnisse befriedigt?" beantwortet. Unterschieden wird in diesen Theorien zwischen Bedürfnis, Bedarf, Begier und Wunsch, aufgestellt werden Bedürfnishierarchien u.a. (Siehe Arlt 1921, 1925, 1930, 1958; Hondrich 1975; Staub-Bernasconi 1998a u.a.)

- *Soziobiologische und medizinische Theorien*

Mit soziobiologischen Theorien werden Fragen wie: „Inwieweit bestimmen die Gene eines Menschen sein Verhalten? Ist kriminelles Verhalten durch die Erbanlagen bestimmt?" (siehe Mayr 1997 u.a.) und mit medizinischen Theorien werden Fragen wie: „Wann ist ein Mensch gesund und leistungsfähig? Wann ist er krank?" beantwortet. (Siehe Beers/Berkow 2000 u.a.)

- *Persönlichkeits- und Bindungstheorien*

Mit Persönlichkeitstheorien werden Fragen wie: „Wann ist ein Mensch psychisch gesund? Wann ist ein Mensch psychisch krank?" (siehe Rahn/Mahnkopf 2000; Dörner/Plog 2000 u.a.) und mit Bindungstheorien werden Fragen wie: „Welche Bindungen sind für Menschen notwendig? Was bedeutet der Verlust von Menschen und Bindungen?" beantwortet. (Siehe Bowlby 1986, 1987; Howe 1995 u.a.)

- *Rollentheorien*

Soziologische Rollentheorien dienen der Beschreibung und Erklärung der Erwartungen und Ansprüche der Umwelt (Gesellschaft) an das Verhalten (Rollenverhalten) und die Erscheinung (Rollenattribute) eines Inhabers einer sozialen Rolle (zum Beispiel Kind, Mutter, Vater, Lehrer, Sozialarbeiterin u.a.) in einem Handlungssystem. Mit ihrer Hilfe werden Fragen wie „Welche Rollen werden wie wahrgenommen?“ beantwortet. (Siehe Moreno 1973; Joas 2001 u.a.)

- *Theorien zum Recht, zur Rechtsanwendung und Gutachtengestaltung*

Das deutsche Rechtsquellensystem besteht im Wesentlichen aus geschriebenem Recht (Verfassungsrecht, Gesetze, Rechtsverordnungen und öffentlich-rechtliche Satzungen) und in ihm befinden sich auch die rechtlichen Grundlagen für das Assessment der Sozialen Arbeit. In einem Rechtsstaat wie der Bundesrepublik Deutschland ist das gesamte Verwaltungshandeln an Gesetz und Recht gebunden. (Art. 20 Abs. 3 GG) Die Theorien zum Recht, zur Rechtsanwendung und zur Gutachtengestaltung ermöglichen es den SozialarbeiterInnen, die vom Gesetz, den Gerichten und den Betroffenen an sie in den verschiedenen Arbeitsfeldern der Sozialen Arbeit gerichteten Erwartungen erfüllen zu können. (Siehe Maas 1996; Münder 1999, 2000; Lehmann 2000; Oberloskamp/Balloff/Fabian 2001; Bauer/Schimke 2001 u.a.)

Für medizinische, psychiatrische und psychotherapeutische Zwecke sind in den letzten Jahrzehnten ausführliche *Klassifikationssysteme* entwickelt und weltweit durchgesetzt worden; zum Beispiel die International Classification of Diseases (ICD) der Weltgesundheitsorganisation (WHO), verbessert 1992 als ICD10 (Weltgesundheitsorganisation 2000), das Diagnostic and Statistical Manual of Mental Disorders (DSM) und die International Classification of Functioning, Disability, and Health (ICF) von 2001. (Siehe Kirk/Reid 2002, 55-76.) Mit diesen Klassifikationssystemen – mitunter auch Diagnoseschlüssel genannt – sollen ohne Theoriebezug, nur mit deskriptiven Kategorien organische Erkrankungen und psychische Störungen erfasst und klassifiziert werden. Mit diesen Klassifikationssystemen wird hauptsächlich in den Arbeitsfeldern der Sozialen Arbeit, die im Gesundheitsbereich liegen, gearbeitet. Darüber hinaus sind eigene Klassifikationssysteme für die Soziale Arbeit entwickelt worden, wie zum Beispiel das Person-in-Environment-System (PIE) für den Allgemeinen Sozialdienst (ASD). (Siehe Karls/Wandrei 1995; Adler 1998 u.a.)
Einzelne Theorien aneinander zu reihen ist wenig angemessen, da eine Aneinanderreihung der Komplexität menschlichen Lebens nicht gerecht

wird. Aufgabe der Wissenschaft ist es, wissenschaftliche Kriterien für die Entscheidung für bestimmte Theorien zu liefern sowie Synthesemodelle für diese Theorien zu entwickeln und sie der Praxis zur Verfügung zu stellen. Spezifische Theorien sind sowohl für einzelne soziale Probleme wie Aids, Alkoholprobleme, Gewalt in der Familie, Frauendiskriminierung usw. (siehe zum Beispiel Albrecht/Groenemeyer/Stallberg 1999 u.a.) als auch für eingegrenzte Bereiche der Sozialen Arbeit wie zum Beispiel für die Kinder- und Jugendhilfe (siehe zum Beispiel Jordan/Sengling 2000 u.a.) zusammengestellt worden. Ein weiteres Beispiel für die Synthese spezifischer Theorien ist der von Elizabeth Hutchison herausgegebene Doppelband „Dimensions of Human Behavior" mit den zwei Teilen „Person and Environment" und „The Changing Life Course". (Hutchison 1999)

(6) Empirisch-theoretische Grundlagen für Interventionen

Ziel der Sozialen Arbeit ist, nicht nur die Erhebung und Bewertung von sozialen Sachverhalten, sondern das Bewältigen sozialer Probleme; deshalb muss dem Assessment die Intervention folgen. (Siehe Teil 4 Abschnitt 2.5.) Ausgangsfragen für Interventionen in der Sozialen Arbeit sind: „Wie soll beziehungsweise kann das identifizierte soziale Problem bewältigt werden? Mit welchen Verfahren und Techniken können beziehungsweise sollen die Ziele erreicht werden? Was kann beziehungsweise darf überhaupt gemacht werden?" Die Soziale Arbeit kann für ihre Interventionen wie schon beim Assessment auf eine Fülle von Theorien, Konzepten, Verfahren und Techniken zurückgreifen, auch hier kann auf Theorien aus den Bezugswissenschaften zurückgegriffen werden, zum Beispiel:

- *Kommunikationstheorien*

Mit Theorien zur menschlichen Kommunikation werden Fragen wie: „Wie kommunizieren Menschen untereinander? Wie verlaufen Kommunikationsprozesse? Welche Faktoren bestimmen Kommunikationsprozesse? Wie kann man Kommunikationen beeinflussen?" (siehe Watzlawick/Beavin/Jackson 1974; Watzlawick/Weakland/Fisch 1975 u.a.) und Fragen wie: „Wie kann durch Gespräche beraten und unterstützt werden? Welche Haltung führt zu einer erfolgreichen Beratung?" (siehe Junker 1973; Tausch 1979; Schubert 1980; Alterhoff 1994; Weinberger 2000 u.a.) beantwortet.

- *Verhaltens- und Lerntheorien*

Die universell ausgerichteten Verhaltens- und Lerntheorien beinhalten spezifische Theorien, um Veränderungs-, Bewältigungs- und Lernprozesse zu initiieren, durchzuführen und zu kontrollieren. Es werden Fragen wie: „Wie kann das Verhalten von Menschen verändert werden? Was muss ich tun, um einen Lernprozess in Gang zu setzen?" beantwortet. (Siehe Fiedler 1996; Jungnitsch 1999; Edelmann 2000 u.a.) Eine besondere Bedeutung haben für die Soziale Arbeit natürlich sozialpsychologische Theorien zum hilfreichen Verhalten (siehe Bierhoff 1990 u.a.) und zur erlernten Hilflosigkeit (siehe Seligman 1995 u.a.).

- *Bewältigungstheorien*

„Wie können soziale Probleme bewältigt werden?" heißt die zentrale Frage der Sozialen Arbeit. Soziale Probleme betreffen den ganzen Menschen. Daher ist nicht nur auf psychologische Theorien und Modelle zur Bewältigung von Stress zurückzugreifen (siehe Schermer 1999, 138-178), sondern auch auf biologische, medizinische, juristische, soziologische, ökonomische und auch auf religiöse Theorien, Strategien und Modelle.

- *Handlungstheorien*

Handlungstheorien sind das Ergebnis von Handlungsforschung und beantworten Fragen wie: „Wie werden Ziele für Handlungen gefunden, gesetzt und erreicht? Wie verlaufen Handlungsprozesse? Welches Wissen wird für erfolgreiches Handeln benötigt? Welche Phasen sind bei der Planung und Durchführung zu beachten? Auf welche Störvariablen muss man sich einstellen?" und bieten Modelle für Handlungsabläufe, Hilfe- und Handlungspläne an. (Siehe Haines 1979; Bartlett 1979; Germain/Gitterman 1983, 1999; Possehl 1990, 1993, 2002; Miller 2001; Hubbertz 2002 u.a.)

- *Organisations- und Managementtheorien*

Mit Organisations- und Managementtheorien können Fragen wie: „Wie können die Handlungen der KlientInnen organisiert und gemanagt werden?“ und „Wie kann die Soziale Arbeit selbst organisiert und gemanagt werden?“ beantwortet werden. Diese Theorien geben an, wie Aufgaben, Strukturen, Rechtsformen und Prozesse in sozialen Organisationen, die unter wirtschaftlichen Gesichtspunkten planen, organisiert, entwickelt und kontrolliert werden können. Die Theorien bauen auf unterschiedlichen Menschen- und Weltbildern auf, aus denen Ziele, Strukturen, Personalmanagement und Ethik der Organisationen abgeleitet werden. (Siehe Puch 1994; Austin 1995; Puch/Westermeyer 1999 u.a.)

- *Finanzwirtschaftliche Theorien*

Mit finanzwirtschaftlichen Theorien und Verfahren können Fragen wie: „Wie können die Ausstattung und der Lebensunterhalt von KlientInnen finanziert werden?“ und „Wie kann die Soziale Arbeit selbst finanziert werden?“ beantwortet werden. Theorien zur Finanzbeschaffung, zur Haushaltsplanung, zum Geld- und Ressourcenverbrauch, zur Kostenrechnung, Buchführung und zum Controlling stehen der Sozialen Arbeit zur Verfügung. (Siehe Diedering 1994; Schellhorn 1996; Schrapper 1998; Halfar 2001 u.a.)

- *Theorien zu Rechtsquellen und Rechtsverwirklichung*

Rechtsverwirklichung wird für die Soziale Arbeit dann relevant, wenn bei sozialen Problemen Recht gar nicht oder nur in problematischer Weise verwirklicht wird, zum Beispiel bei der Schuldnerberatung, im Strafvollzug, in der Kinder- und Jugendhilfe, in der Frauenhausarbeit u.a. Theorien (und Methoden) der Rechtsverwirklichung – vor allem zur Ermächtigung zu handeln – sind in der Sozialen Arbeit zu berücksichtigen, nicht zuletzt auch KlientInnen zu vermitteln, damit sie sich selbst für ihre Rechte einsetzen können. (Siehe Maas 1996; Fieseler/Herborth 2001; Lehmann 2000; Brayne/Martin/Carr 2001; Bauer/Schimke 2001; Burghardt 2001; Oberloskamp/Adams 2001 u.a.)

(7) Handlungsmodelle

Für das professionelle Handeln in der modernen Sozialen Arbeit stehen von jeher mehrere Handlungsmodelle zur Verfügung, Handlungsmodelle, die auf die Integration und Synthese spezifischer Theorien hin angelegt sind. (Siehe Richmond 1917; Salomon 1926; Roberts/Nee 1977; Haines 1979; Bartlett 1979; Germain/Gitterman 1983, 1999; Possehl 1990, 1993, 2002; Rothman/Edwin 1994; Brack 1997; Galuske 1999; Miller 2001; Hubbertz 2002 u.a. Siehe Teil 4 Abschnitt 2.5.) Ich skizziere im Folgenden beispielhaft vier Handlungsmodelle, die wegen ihrer handlungstheoretischen Konzeption in Phasen (Schritte) professionellen Handelns untergliedert sind.

(a) Das Life Model von Germain/Gitterman

Carel B. Germain und Alex Gitterman haben ihr auch in Deutschland weit verbreitetes Buch „The Life Model of Social Work Practice“ (1983) „als den Anfang des Versuches, die Dimensionen einer integrierten Methode des sozialpraktischen Arbeitens mit Einzelpersonen, Familien, Gruppen und Organisationen sowie mit ausgewählten Aspekten von Nachbarschafts- und Gemeindestrukturen im Zusammenhang darzustellen“ gesehen. (Germain/Gitterman 1983, XII) Sie haben ihr Modell durchgängig als „integrierte Praxismethode“ bezeichnet und „Ökologie als Metapher für die Praxis“, die die Wechselwirkungen zwischen Organismen und ihren Umweltbedingungen besser verstehen lasse, benutzt. (Germain/Gitterman 1983, 5) Das Wachstums- und Anpassungspotenzial der KlientInnen ist nach Germain/Gitterman zu entwickeln, andererseits ist aber auch die Umwelt zu verändern, um jenen Grad gegenseitiger Abstimmung zu erreichen, der unter ökologischen Gesichtspunkten die Lebensqualität bestimme. Diese Hauptthese bildet für Germain und Gitterman die Leitlinie für die Soziale Arbeit mit Einzelnen, Familien und Gruppen.

1996 erschien eine völlig neu bearbeitete 3. Auflage in den USA, 1999 die deutsche Übersetzung unter dem Titel „Praktische Sozialarbeit. Das ‚Life Model‘ der Sozialen Arbeit. Fortschritte in Theorie und Praxis.“ (Germain/Gitterman 1999) Mit der Neubearbeitung wollten die Autorin und der Autor ihr Modell den neuen sozialen Problemen, den neuen Populationen und den neuen gesellschaftlichen Einstellungen, mit denen es die Profession zu tun habe, anpassen. Ihr neues Modell favorisiere eine integrierte Praxis, „die das Selbstverständnis ihrer Aufgabe mehr in Assessment und Intervention bei verschiedenartigen Lebensstressoren verankert sieht als in den Hilfemodalitäten einer Beratungsstelle“ und beruhe auf der Überzeugung, „daß nicht die professionelle Spezialisierung, sondern die Bedürfnisse und Präferenzen des Klienten dafür ausschlaggebend sein sollten, ob er die Hilfe als Einzelperson oder im Verband der Familie, Gruppe oder Gemeinde erhält.“ (Germain/Gitterman 1999, XIV)

(b) Das Handlungsmodell von Hepworth/Rooney/Larsen

Eine klare Anleitung für professionelles Handeln in der Sozialen Arbeit geben Dean H. Hepworth, Ronald H. Rooney und Jo Ann Larsen in ihrem Buch „Direct Social Work Practice. Theory and Skills.“ und führen dabei empirische Daten und spezifische Theorien zu einer Synthese zusammen. Das Buch ist analog zum Ablauf eines Hilfeprozesses aufgebaut. Nach einem Überblick über den Hilfeprozess im ersten Teil des Buches folgen die Teile „Exploring, Assessing, and Planning“, „The Change-oriented Phase“ und „The Termination and Evaluation Phase“. Auf über 640 Seiten werden die diversen Aspekte und kleinen Schritte professionellen Handelns beschrieben, begründet und mit spezifischen Theorien gestützt. (Hepworth/Rooney/Larsen 1997)

(c) Das W-Fragen-Modell von Staub-Bernasconi

Silvia Staub-Bernasconi geht gemäß ihrem prozessual-systemischen Theorieverständnis von problembezogenen Arbeitsweisen in der Praxis Sozialer Arbeit aus und legt ein entsprechendes professionelles Handlungsmodell vor. (Staub-Bernasconi 1996, 1998a u.ö.) Der Aufbau dieses Handlungsmodells gleicht dem Aufbau ihrer Handlungstheorie Sozialer Arbeit mit den fünf Wissensdimensionen (Gegenstands-, Erklärungs-, Wert-, Verfahrens- und Evaluationswissen). Die Fragen eröffnen jeweils einen Reflexions- und/oder Handlungsschritt auf das jeweils vorliegende soziale Problem hin. Die einzelnen Handlungsschritte sind:

- *Was ist los?*
  Empirische Beschreibung des sozialen Problems (Daten/Bilder)
- *Warum ist das so?*
  Erklärung des sozialen Problems durch wissenschaftliche Theorien (zum Beispiel aus den Bezugswissenschaften Medizin, Anthropologie, Psychologie, Soziologie, Ökonomie, Kulturtheorie, Recht usw.)

- *Woraufhin soll verändert werden?*
  Bewertung des sozialen Problems und wertende Zielsetzung für die Lösung (Bezug zur Philosophie/Sozialphilosophie, Ethik, Theologie usw.)
- *Wer ist beteiligt?*
  Bestimmung der Subjekte beziehungsweise AkteurInnen, welche in die Problemlösung einbezogen werden sollen und Formulierung von Aufgaben
- *Womit soll verändert werden?*
  Bestimmung von Arbeitsweisen (Methoden) bezogen auf Ressourcen
- *Wie soll verändert werden?*
  Bestimmung von Handlungsanweisungen (Pläne, Techniken)
- *Was ist anders als vorher?*
  Auswertungen und Erfolgskontrollen.

(Siehe Staub-Bernasconi 1983, 1986, 1995, 1998a; Geiser 2000; Obrecht 2001 u.a.)

(d) Das strategisch-kommunikative Modell von Hubbertz
Mit der Kurzformel „Problemlösen und Verstehen“ hat Karl-Peter Hubbertz sein strategisch-kommunikatives Modell beruflichen Handelns in der Sozialen Arbeit gekennzeichnet. Aus der Unvergleichbarkeit von sozialarbeiterischer Praxis und theoretischem Modell, so lautet seine Hauptthese, erwächst jene Spannung, welche das strategische Handlungsmodell über sich hinaustreibt auf ein anderes hin – das hermeneutische Fallverstehen im Funktionskreis kommunikativen Handelns. Hubbertz integriert das strategische und kommunikative Handlungsmodell, „welches in der spannungsvollen Bezogenheit von Problemlösen einerseits, und Verstehen, Anregen und Begleiten andererseits gedacht wird.“ (Hubbertz 2002, 85) Sozialarbeiterisches Handeln oszilliert nach Hubbertz zwischen den beiden Handlungstypen, den Polen des Problemlösens und des Verstehens, Anregens und Begleitens. In der Erkenntnistheorie zwischen kritisch-rationalistisch und hermeneutisch-phänomenologisch; in dem Erfahrungsbezug zwischen objektiver Realität und subjektiver Erlebniswelt; in der Methodologie zwischen zweckrational-planvollem Handeln und rekonstruktivem Sinnverstehen; in der Hand-

lungslogik zwischen linear, zielorientiert und zirkulär, prozessorientiert; auf dem sozialen Aggregationsniveau zwischen personal, dialogisch, systemisch und personal, dialogisch, systemisch; in der Problemdefinition und Situationsanalyse zwischen Beschreiben, Analysieren und hypothesegeleitetem Erklären (Bezug: allgemeine Gesetzesaussagen) und hermeneutischem (Fall-)Verstehen, zirkulärem Fragen; in der Zielfindung und Begründung zwischen dem Rekurs auf ethische Grundwerte, Prinzipien Aushandeln und personorientierter Förderung von Selbstexploration, Diskursethik; bei der Veränderung zwischen übenden Verfahren, kognitivem Umstrukturieren, Kompetenztraining und personzentrierter Gesprächsführung, erlebnisaktivierenden Methoden; bei der Macht zwischen Meta-Kommunikation, Aushandeln und personzentrierter Haltung, Dialog; in den Grenzerfahrungen zwischen aktiver Bewältigung, Coping-Techniken und personzentrierter Haltung, Dialog. (Hubbertz 2002, 121)

6.5 Externe Theorien zur Sozialen Arbeit

Neben der Theoriegeschichte der Wissenschaft Soziale Arbeit gibt es nach meiner Auffassung mindestens noch zwei weitere Theoriegeschichten, in deren Zentrum das Bewältigen sozialer Probleme steht: eine Theoriegeschichte im Rahmen der Theologie und eine Theoriegeschichte im Rahmen der Sozialpolitik. Beide habe ich schon in die Darstellung des Werdegangs der Wissenschaft Soziale Arbeit einbezogen, weil ihre strikte Abgrenzung zur Theoriebildung in der Sozialen Arbeit kaum durchführbar ist und auch sachliche Gründe dagegen sprechen. (Siehe Teil 2 Abschnitte 2, 3 und 4.) Zu eng sind Soziale Arbeit, Theologie und Sozialpolitik miteinander verwachsen, als dass man sie einfach trennen könnte. Dennoch kann man theologische und sozialpolitische Theorien nicht – und schon gar nicht in ihren typischen literarischen Formen (Rundschreiben, Erklärungen, Programme usw.) – als Teil der Wissenschaft Soziale Arbeit ausgeben. Viele Gründe sprechen dafür, sie als externe Theorien zur Sozialen Arbeit hinzuzuziehen, nicht nur wegen ihres großen Einflusses auf die Praxis der Sozialen Arbeit, sondern auch deswegen, weil sie wie die Soziale Arbeit handlungstheoretisch konzipiert sind.

(1) Kirchliche Enzykliken und theologische Theorien

Päpste und Bischöfe haben sich regelmäßig in Rundschreiben („Enzykliken") und Erklärungen zu sozialen Fragen geäußert und die kirchliche Auffassung dazu vorgetragen. Bekannt sind die Sozialenzykliken „Rerum novarum" (1891) von Papst Leo XIII., „Quadragesimo anno" (1931) von Papst Pius XI. und „Pacem in terris" (1963) von Papst Johannes XXIII. (Siehe Bundesverband der KAB-Deutschlands 1975; Nell-Breuning 1983; http://www.vatikan.va.)
In jüngster Zeit haben die beiden großen Kirchen zusammen Stellung zu sozialen Fragen genommen, als Beispiel nenne ich „Das Wort des Rates der Evangelischen Kirche Deutschlands und der Deutschen Bischofskonferenz zur wirtschaftlichen und sozialen Lage in Deutschland" von 1997. (http://www.dbk.de)
Päpstliche Rundschreiben („Enzykliken") und andere kirchliche Deklarationen werden nicht als wissenschaftliche Theorien angesehen, weil sie die Kriterien für wissenschaftliche Theorien nicht erfüllen. Darüber wird nicht gestritten. Umstritten ist dagegen die Anerkennung von theologischen Theorien als wissenschaftliche Theorien. Für die einen kann Theologie grundsätzlich nicht zu den Wissenschaften zählen, weil sie auf einem Offenbarungsglauben basiert, für andere schließt das ihre Wissenschaftlichkeit nicht aus. In Deutschland ist die Theologie als Wissenschaft im Wissenschaftssystem etabliert und anerkannt, in anderen Ländern dagegen nicht. Unabhängig von diesem Streit über die Wissenschaftlichkeit der Theologie ist empirisch-historisch festzustellen, dass die Theologie national und international eine besondere Rolle in der Sozialen Arbeit und auch für die Theoriebildung inne hatte und hat. (Siehe Lehner 1997; Lechner 2000 u.a.) Zahlreiche Autoren von Theorien der Sozialen Arbeit haben Theologie und meistens noch zusätzlich andere Disziplinen studiert, zum Beispiel Juan L. Vives, Christian Jasper Klumker, Hans Scherpner u.a. Und AutorInnen, die selbst keine TheologInnen waren, haben in ihre Theorien theologische beziehungsweise religiöse Aspekte einbezogen, wie zum Beispiel Jane Addams und Alice Salomon. Auf die herausragende Bedeutung der Lehren des katholischen Theologen Thomas von Aquin (1225-1274) und des evangelischen Theologen Johann Hinrich Wichern (1808-1881) für die Soziale Arbeit ist in diesem Buch schon mehrfach hingewiesen worden. (Siehe Teil 2 Abschnitt 2 und 3.)

Mit dem lateinischen Begriff „Caritas“ (deutsch: Liebe) und dem griechischen Begriff „Diakonie“ (deutsch: „Dienst“) wird die „Soziale Arbeit der Kirche“ bezeichnet. (Lehner 1997) Der Begriff „Caritas“ entstammt der katholisch-theologischen Tradition und steht für die soziale Tätigkeit der (katholischen) Kirche. Der Begriff „Diakonie“ entstammt der protestantisch-theologischen Tradition und steht für die soziale Tätigkeit der (evangelischen) Kirchen. Mit sozialen Fragen hat man sich in der Theologie von jeher befasst, seit dem Ende 19. Jahrhunderts vornehmlich in ihren Teildisziplinen Pastoraltheologie, Christliche Soziallehre und Caritas- beziehungsweise Diakoniewissenschaft. Gegenstand der Pastoraltheologie – heute Praktische Theologie genannt – sind Dienste und Funktionen der Kirche. Aufgrund der sich daraus ergebenden zahlreichen Berührungspunkte mit den Sozialwissenschaften ist eine enge Kooperation der Praktischen Theologie mit den Sozialwissenschaften entstanden. Praktische Theologie wird heute von der Mehrzahl der PastoraltheologInnen als Handlungswissenschaft angesehen. (Siehe Daiber 1977; Fuchs 1984 u.a.) Die Christliche Soziallehre (auch Gesellschaftslehre genannt) befasst sich mit den vielfältigen Erscheinungen und Einrichtungen des gesellschaftlichen Lebens, insbesondere des wirtschaftlichen Lebens, um dazu aus christlicher Sicht Stellung zu nehmen. Die Caritaswissenschaft ist zur wissenschaftlichen Förderung der Caritas und als Vermittlung zwischen Theologie und Sozialer Arbeit gegründet worden. (Siehe Krabbe 1996.) Ähnliche Ziele führten zur Gründung der Diakoniewissenschaft. Die Gründung und Entwicklung der Caritas- beziehungsweise Diakoniewissenschaft war und ist eng an die Gründung und Entwicklung der beiden großen sozialen Werke der Kirchen, dem Deutschen Caritasverband e.V. und dem Diakonischen Werk e.V. gebunden. Beide Wissenschaften unterscheiden sich von der Pastoraltheologie, sind aber wie diese auch Teil theologischer Fakultäten. Ein Institut für Diakoniewissenschaft ist heute zum Beispiel Teil der Evangelisch-Theologischen Fakultät der Universität Heidelberg und ein Institut für Caritaswissenschaft ist Teil der Katholisch-Theologischen Fakultät der Universität Freiburg i.Br.

Das Verständnis von Caritas beziehungsweise Diakonie der Kirchen wird in den Leitbildern und Satzungen der sozialen Organisationen der Kirchen ausgeführt.

In der Präambel des Leitbildes des Deutschen Caritasverbandes e.V., dem Sozialwerk der katholischen Kirche, heißt es: „Caritas ist konkrete

Hilfe für Menschen in Not. Richtschnur ihrer Arbeit sind Weisung und Beispiel Jesu. Die Hinwendung zu den Hilfebedürftigen und die Solidarität mit ihnen ist praktizierte Nächstenliebe. Sie ist Aufgabe und Verpflichtung eines jeden Christen. Sie ist zugleich Grundauftrag der Kirche. Aus christlicher Verantwortung leistet Caritas vielfältige Hilfe mit und für Menschen. Als Wohlfahrtsverband der katholischen Kirche wirkt der Deutsche Caritasverband an der Gestaltung des kirchlichen und gesellschaftlichen Lebens mit. Maßgebend für seine Tätigkeit sind der Anspruch des Evangeliums und der Glaube der Kirche. Durch sein Wirken trägt er zur öffentlichen Beglaubigung der kirchlichen Verkündigung bei. Als Spitzenverband der freien Wohlfahrtspflege steht der Deutsche Caritasverband in der Mitverantwortung für die sozialen Verhältnisse in der Bundesrepublik Deutschland. Er läßt sich vom Bild einer solidarischen und gerechten Gesellschaft leiten, in der auch Arme und Schwache einen Platz mit Lebensperspektiven finden können." (Deutscher Caritasverband 1997)

Im Leitbild des Diakonischen Werkes e.V., dem Sozialwerk der evangelischen Kirchen, heißt es: „Wir orientieren unser Handeln an der Bibel. Wir nehmen den einzelnen Menschen wahr. Darin sehen wir unseren Auftrag in der Nachfolge Jesu. Wir schauen Not, Leid und Schwäche als Teil des Lebens ins Gesicht. Wir wenden uns nicht ab, sondern lassen uns anrühren. Dazu befähigen uns das Leiden und Sterben Jesu am Kreuz. Seine Auferstehung schenkt uns den Glauben an die Überwindung des Todes. Aus dieser Hoffnung handeln wir, auch in Krisen, die uns mitten im Leben begegnen. Durch den Heiligen Geist ist sie in uns lebendig … Wir achten die Würde jedes Menschen. Die Bibel nennt den Menschen, Mann und Frau, das ‚Ebenbild Gottes'. Gott will und liebt jeden Menschen, unabhängig davon, was er ist und was er kann. Er nimmt ihn an – auch im Scheitern und in der Schuld. Daran richten wir unser Handeln aus. Wir treten besonders für Menschen ein, deren Würde missachtet wird. Gott traut uns zu, solidarisch zu handeln, das Recht der Schwachen und Fremden zu achten und jedem Gerechtigkeit zukommen zu lassen … Gemeinsam mit anderen treten wir für eine menschenwürdige Gesetzgebung, chancengerechte Gesellschaft und eine konsequente Orientierung am Gemeinwohl ein. Gerade in Zeiten des Umbruchs halten wir an der Verheißung von Frieden und Gerechtigkeit fest." (Diakonisches Werk der EKD e.V. 1997)

Praktische TheologInnen sowie Caritas- und DiakoniewissenschaftlerInnen haben auf der Grundlage von empirisch-historischen Studien theologische Theorien zu Armut, Elend, Gerechtigkeit, Solidarität und Freiheit veröffentlicht, als Beispiele nenne ich „Christopraxis. Grundzüge theologischer Handlungstheorie" von Edmund Arens (Arens 1992) und „Diakonie als soziale Dienstleistung" von Johannes Degen (Degen 1994). In der Christlichen Soziallehre werden die drei Sozialprinzipien, das Person-, das Solidaritäts- und das Subsidiaritätsprinzip, zeitnah und gesellschaftskritisch aufbereitet. Der Beitrag der Theologie zur Entwicklung der Sozialen Arbeit als Wissenschaft, Praxis und Ausbildung kann nach meiner Kenntnis nicht überschätzt werden. (Siehe Fuchs 1984; Kerber/Ertl/Hainz 1991; Zerfaß 1992, Hilpert 1997; Mette/Steinkamp 1997; Strohm 2000; Lob-Hüdepohl 2002 u.a.)

(2) Sozialpolitische Programme und Deklarationen

Sozialpolitische Programme und Deklarationen zu Menschenrechten und sozialen Problemen orientieren sich primär daran, Ansprüche und Interessen bestimmter Personengruppen zu thematisieren und durchzusetzen, weniger oder gar nicht an Ansprüchen der Wissenschaft. Solche Texte gehören vor allem dann zum Umfeld der Sozialen Arbeit, wenn die Auffassung ernst genommen wird, die Soziale Arbeit habe ein politisches Mandat. Zu den externen Theorien zur Sozialen Arbeit sind nach meiner Meinung sozialpolitische Abhandlungen, Deklarationen und Programme, die nicht als wissenschaftliche Theorien gelten können, dann zu zählen, wenn sie auf sozialwissenschaftlichen und sozialpolitischen Theorien zu sozialen Fragen und Problemen aufbauen. Für Alice Salomon war es beispielsweise unstrittig, dass Bismarck (1815-1898) mit der Reichsversicherungsordnung ein neues Instrument zur Bekämpfung sozialer Not geschaffen und dass er der Welt ein großes soziales Werk hinterlassen hat. (Bismarck 1929) Sie hat ihn zu den großen sozialen Führern gezählt, obgleich er keine wissenschaftliche Theorie der Sozialen Arbeit entwickelt hat. (Salomon 1932)

Zum Umfeld der Sozialen Arbeit gehören für mich selbstverständlich auch die Soziallehren und Programme aus der Arbeiterbewegung. Stellvertretend für die zahlreichen Aktivitäten, die aus der Arbeiterbewegung entstanden sind, nenne ich die Arbeiterwohlfahrt mit ihrer Gründerin und langjährigen Vorsitzenden Marie Juchacz (1879-1956). Der „Arbeiterwohlfahrt Bundesverband e.V." hat sein Selbstverständnis in den folgenden Leitsätzen seines Leitbildes ausgedrückt. „Die Arbeiterwohlfahrt kämpft mit ehrenamtlichem Engagement und professionellen Dienstleistungen für eine sozial gerechte Gesellschaft. Wir bestimmen – vor unserem geschichtlichen Hintergrund als Teil der Arbeiterbewegung – unser Handeln durch die Werte des freiheitlich-demokratischen Sozialismus: Solidarität, Toleranz, Freiheit, Gleichheit und Gerechtigkeit. Wir sind ein Mitgliederverband, der für eine sozial gerechte Gesellschaft kämpft und politisch Einfluß nimmt. Dieses Ziel verfolgen wir mit ehrenamtlichem Engagement und professionellen Dienstleistungen. Wir fördern demokratisches und soziales Denken und Handeln. Wir haben gesellschaftliche Visionen. Wir unterstützen Menschen, ihr Leben eigenständig und verantwortlich zu gestalten und fördern alternative Lebenskonzepte. Wir praktizieren Solidarität und stärken die Verantwortung der Menschen für die Gemeinschaft. Wir bieten soziale Dienstleistungen mit hoher Qualität für alle an. Wir handeln in sozialer, wirtschaftlicher, ökologischer und internationaler Verantwortung und setzen uns nachhaltig für einen sorgsamen Umgang mit vorhandenen Ressourcen ein. Wir wahren die Unabhängigkeit und Eigenständigkeit unseres Verbandes; wir gewähren Transparenz und Kontrolle unserer Arbeit. Wir sind fachlich kompetent, innovativ, verläßlich und sichern dies durch unsere ehren- und hauptamtlichen Mitarbeiterinnen und Mitarbeiter." (Arbeiterwohlfahrt Bundesverband e.V. 1999)

Für die Soziale Arbeit werden sozialpolitische Deklarationen zu sozialen Fragen von nationalen und internationalen Gremien immer wichtiger. Als Beispiel nenne ich die vom Europäischen Rat in Nizza im Jahre 2000 verabschiedete „Europäische Sozialagenda". Das strategische Ziel dieser Sozialagenda ist es, die Europäische Union „zum wettbewerbsfähigsten und dynamischsten wissensbasierten Wirtschaftsraum der Welt zu machen – einem Wirtschaftsraum, der fähig ist, ein dauerhaftes Wirtschaftswachstum mit mehr und besseren Arbeitsplätzen und einem größeren sozialen Zusammenhalt zu erzielen." VertreterInnen verschiedener europäischer und nationaler Wirtschafts- und Sozialausschüsse und andere AkteurInnen, die im Bereich der Sozialpolitik Schlüsselpositionen einnehmen, haben hier ihr Wissen über soziale Probleme und deren Bewältigung zusammengeführt und auf ein gemeinsames sozialpolitisches Ziel hin ausgedrückt. (Siehe http://www.europa.eu.int/council/off/conclu/dec2000_de.htm.)

6.6 Der Stammstrauch der Theorien Sozialer Arbeit

Bei den Wuchsformen von Gehölzen unterscheidet man bekanntlich Bäume und Sträucher. Mit dem Bild eines sich verzweigenden Baumes („Stammbaum“) werden in der Biologie natürliche Verwandtschaften zwischen Lebewesen, in der Ahnenforschung Ursprung, Folge und Verwandtschaft der Geschlechter dargestellt. Das Bild des Stammbaumes wird auch benutzt, um Ursprung, Folge und Verwandtschaft der Theorien einer Wissenschaftsdisziplin darzustellen. Die Wuchsform eines hochstämmigen Baumes mit einem Wurzelwerk, aus dem der eine Stamm herauswächst, mit einer Krone aus Ästen und Zweigen gibt nach meiner Einsicht die Entwicklungsgeschichte einer Wissenschaftsdisziplin nur unzureichend wieder. Das Bild des Stammbaumes steht dafür, dass jede Theorie einer Disziplin aus einem gemeinsamen Stamm erwächst. Dieses Bild entspricht nicht den wissenschaftshistorischen Erkenntnissen über die Entstehung von Wissenschaftsdisziplinen und der Theoriebildung. (Siehe Teil 3 Abschnitte 3 und 4.) Das Bild des „Stammstrauches“ entspricht meines Erachtens dem Werdegang einer Wissenschaftsdisziplin weitaus besser als der in vielen Wissenschaftsdisziplinen übliche „Stammbaum“. Sträucher haben mehrere vom Boden ausgehende gleichwertige Triebe (oder Stämme) und mehrere etwa gleich starke Achsen bilden zusammen mit einigen weniger starken Achsen einen Busch. Sträucher lassen sich nach Aussehen, Höhe, Belaubung, Blüte, Frucht, Ansprüchen usw. eindeutig unterscheiden und identifizieren und ergeben einen Arten- und Sortenreichtum (Seidelbast, Forsythie, Hortensie, Flieder, Ginster u.a.). Deshalb stelle ich die Theoriegeschichte der Sozialen Arbeit als Stammstrauch und nicht als Stammbaum dar. (Siehe Abbildung 19, S. 440.)
Die Lebensgeschichten von Wissenschaftsdisziplinen sind nicht homogen, sondern heterogen. Verschiedene Entwicklungen (Zweige, Linien) prägen den Werdegang einer Wissenschaft; sie wachsen auf demselben Grund, zeitweilig verlaufen sie nebeneinander, dann kreuzen sie sich und laufen wieder auseinander. Die Entwicklungen werden in der Regel durch bestimmte Persönlichkeiten mit ihren Erkenntnissen, Entdeckungen und Theorien markiert. In der Psychologie stehen zum Beispiel Autoren wie Gustav Th. Fechner (1801-1887), Sigmund Freud (1856-1939), Iwan P. Pawlow (1849-1939), Konrad Lorenz (1903-1989), Jean Piaget (1896-1980) und Kurt Lewin (1890-1947) für je eigene Entwicklungslinien. (Vgl. Balmer 1982a, b) Der gemeinsame Forschungsgegen-

stand, die gleichen Forschungsmethoden, Aufgaben, Ziele usw. lassen die verschiedenen Entwicklungslinien zu einer Wissenschaftsdisziplin werden und begründen ihre Identität. Die verschiedenen Forschungsgegenstände, Forschungsmethoden, Aufgaben, Zielen usw. führen zu einer Disziplinenvielfalt (Physik, Chemie, Psychologie, Ökonomie, Soziale Arbeit u.a.).
Das Denken in den modernen Wissenschaften hat seine Wurzeln im Denken der europäischen Antike. (Siehe Dümpelmann/Hüntelmann 1991, 169.) In ihr sind vorder-, mittel- und südasiatische Kulturformen mit den randständigen Mittelmeerkulturen verschmolzen worden. Die griechischen Denker Sokrates, Platon und Aristoteles, also die führenden Repräsentanten der griechischen Antike, werden in der Wissenschaftsgeschichte der Pädagogik, der Psychologie, der Soziologie, der Politikwissenschaft, der Ökonomie und der meisten anderen Wissenschaftsdisziplinen als „Stammväter" der jeweiligen Disziplin herangezogen. In der „Problemgeschichte der Psychologie" heißt zum Beispiel der erste Satz des ersten Kapitels: „Das erste Lehrbuch der Psychologie hat Aristoteles geschrieben." (Pongratz 1967, 17)
Der Stammstrauch der Theorien Sozialer Arbeit hat seine Wurzeln auch in der europäischen Antike.
Sokrates, Platon und Aristoteles können als die großen Denker der griechischen Antike ebenfalls als Stammväter der modernen Wissenschaft Soziale Arbeit angesehen werden. Jesus von Nazareth und seine Botschaft gehören gleichfalls zu dem Boden, aus dem die Theorien der Sozialen Arbeit kommen. Mehrere Achsen („Entwicklungslinien") sind aus diesem Urgrund gewachsen. Mit der Aufklärung hat ein starker Wachstumsschub eingesetzt. In der Folge dieses Wachstumsschubes sind verschiedene Entwicklungslinien zu erkennen und als solche identifizierbar: (Siehe Teil 2 Abschnitte 2, 3 und 4; Teil 4 Abschnitt 6.)
Folgende Entwicklungslinien ziehen sich mit verschiedenen Zweigen durch die Wissenschaft Soziale Arbeit:

- *Eine theologisch orientierte Entwicklungslinie*
  mit Autoren wie Thomas von Aquin, Thomas Morus, Juan L. Vives, Adolph Kolping, Johann H. Wichern, Franz Hitze, Heinrich Weber, Christian J. Klumker u.a.

- *Eine pädagogisch orientierte Entwicklungslinie*
  mit Persönlichkeiten wie Juan L. Vives, Jean Jaques Rousseau, Johann H. Pestalozzi, Friedrich A. Diesterweg, Ellen Key, Paul Natorp,

Maria Montessori, Helena Radlinska, Gertrud Bäumer, Herman Nohl, Klaus Mollenhauer, Lutz Rössner, Hans Thiersch u.a.

- *Eine sozialwissenschaftlich orientierte Entwicklungslinie* mit Persönlichkeiten wie Auguste Comte, Max Weber, Lorenz von Stein, Mary Richmond, Jane Addams, Alice Salomon, Ilse von Arlt, Helen Perlman, Louis Lowy, Herbert Lattke, Carel B. Germain, Edwin J. Thomas, Silvia Staub-Bernasconi, Lothar Böhnisch u.a.
- *Eine sozialphilosophisch-ökonomisch orientierte Entwicklungslinie* mit Autoren wie Adam Smith, Robert Owen, Marie Jean de Condorcet, Claude Henri de Saint Simon, Charles Fourier, Thomas R. Malthus, Karl Marx, Karam Khella u.a.

Daneben gibt es auch noch einige kleine Triebe, die den großen Entwicklungslinien nicht zugeordnet werden können, aber dennoch von Bedeutung für die Theoriebildung in der Sozialen Arbeit sind, zum Beispiel Charles Darwin und seine sozialbiologische Theorie.
Einige der genannten Persönlichkeiten können auch anderen Entwicklungslinien zugeordnet werden, weil ihr Denken transdisziplinär war und es zu ihrer Zeit noch keine Aufteilung in heute gebräuchliche Fachdisziplinen gab (zum Beispiel Heinrich Weber und Christian J. Klumker). Zusätzlich ist zu beachten, dass manche Persönlichkeiten im Verlauf ihres Lebens ihre Sichtweisen und Auffassungen geändert haben und deshalb verschiedenen Entwicklungslinien zugeordnet werden können (zum Beispiel Juan L. Vives und Klaus Mollenhauer).
In den Stammstrauch habe ich leere Symbole als Statthalter für weitere Persönlichkeiten und ihre Werke eingesetzt, um damit deutlich zu machen: Es gibt Persönlichkeiten und Werke der Sozialen Arbeit,

- die überhaupt erst noch entdeckt beziehungsweise deren Werke erst noch aufbereitet werden müssen,
- die ich nicht kenne, aber anderen bekannt sind und von ihnen für wichtig gehalten werden,
- die ich kenne und nicht für bedeutsam halte, die aber von anderen als wichtig für die Soziale Arbeit angesehen werden und ihrer Meinung nach zum Stammstrauch Sozialer Arbeit dazugehören.

Überprüfen Sie die Entwicklungslinien und die von mir genannten Persönlichkeiten kritisch und korrigieren beziehungsweise ergänzen Sie den Stammstrauch so, dass er nach Ihren Erkenntnissen und wissenschaftlichen Quellen stimmt und die Theoriebildung in der Sozialen Arbeit nach Ihrer Ansicht treffend abbildet.

Abbildung 19: Stammstrauch der Theorien Sozialer Arbeit

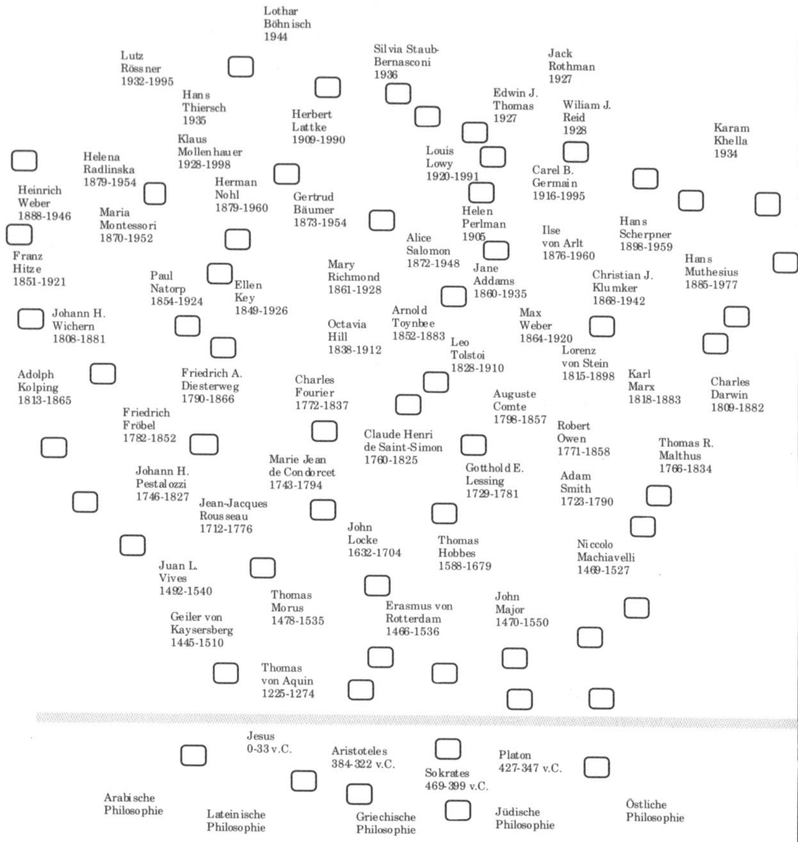

Anmerkung: Die leeren Symbole stehen stellvertretend für nicht berücksichtigte, noch zu entdeckende oder zu ergänzende AutorInnen bzw. Theorien. Die Zahlen geben die Lebenszeit an.

Teil 5:
Die Verbindung der Wissenschaft Soziale Arbeit mit der Praxis und der Ausbildung der Sozialen Arbeit

Einleitung

In jeder Profession sind die sie konstituierenden drei Figurationen Wissenschaft, Praxis und Ausbildung interdependent und sie beziehen sich in je eigener Weise auf den gemeinsamen Gegenstandsbereich der Profession. (Siehe Teil 3 Abschnitt 6.5.) Das Bewältigen sozialer Probleme bildet den Fokus der gesamten Profession Soziale Arbeit und aller Aktivitäten ihrer drei Figurationen und deren Mitglieder. (Siehe Teil 4 Abschnitte 2.4 und 2.5.) Die Vorstellung, dass die Wissenschaft zur Lösung sozialer Probleme herangezogen werden kann, ist für den Sozialwissenschaftler Hans L. Zetterberg eine der ansprechendsten Ideen unseres Jahrhunderts: „Wenn die Physik des 18. Jahrhunderts uns den modernen Ingenieur gab, die Biologie des 19. Jahrhunderts den modernen Arzt, so träumt die Sozialwissenschaft davon, der Menschheit den Sozialpraktiker geben zu können, der sich in wissenschaftlicher Weise mit den sozialen Problemen befaßt. Das Definitionsmerkmal des Praktikers ist, daß er empirisch bestätigte Theorien auf problematische Situationen anwendet. Um ein guter Praktiker zu sein, muß man also notwendigerweise die Theorie kennen.“ (Zetterberg 1962, 96f.) Inwieweit ist die Vorstellung von Zetterberg in der modernen Sozialen Arbeit realisiert?

1. Die Verbindung von Wissenschaft und Praxis in der Sozialen Arbeit

Wie wirken Wissenschaft und Praxis in der Sozialen Arbeit zusammen? Der Werdegang der modernen Sozialen Arbeit ist durch die enge Verknüpfung von Theorie, Praxis und Ausbildung gekennzeichnet. (Siehe Teil 2.) Im Rahmen dieses Studienbuches kann das jahrhundertelange Zusammenwirken von Wissenschaft und Praxis nur angesprochen werden. Für die Vergangenheit tue ich das mittels Berufsbezeichnungen, die ich als Ausdruck für bestimmte theoretische Auffassungen in der Praxis Sozialer Arbeit ansehe. Für die Gegenwart tue ich das, indem ich die Rezeption wissenschaftlichen Wissens durch die Praxis und das aktive Forschen in der Praxis skizziere. Der Abschnitt schließt mit der Darstellung von heutigen Professionsverständnissen der Sozialen Arbeit.

(1) Anspruch und Selbstverständnis der Sozialen Arbeit

Nach der Definition der Sozialen Arbeit von der International Federation of Social Workers (IFSW) aus dem Jahre 2000 ist die Vorstellung von Zetterberg bereits verwirklicht, denn „Gestützt auf wissenschaftliche Erkenntnisse über menschliches Verhalten und soziale Systeme greift Soziale Arbeit dort ein, wo Menschen und ihre Umwelt aufeinander einwirken. Grundlagen der Sozialen Arbeit sind die Prinzipien der Menschenrechte und der sozialen Gerechtigkeit … Soziale Arbeit gründet ihre professionellen Methoden auf einer systematisierten Sammlung von empirisch begründetem, aus Forschung und Praxisevaluation gewonnenem Wissen, einschließlich lokalem und kontextspezifischem Wissen … Die professionelle Soziale Arbeit greift auf Theorien über menschliche Entwicklung, menschliches Verhalten und soziale Systeme zurück, um komplexe Situationen zu analysieren und individuelle, organisatorische, soziale und kulturelle Veränderungen zu fördern … Soziale Arbeit benutzt eine große Vielfalt von Kompetenzen, Techniken und Aktivitäten, die sich im Einklang mit ihrer systemischen Ausrichtung auf Personen und ihre Umwelt befinden.“ (International Federation of Social Workers (IFSW) 2000. Siehe Teil 4 Abschnitt 2.4.)

Stimmen diese selbstbewussten Aussagen mit der Wirklichkeit überein? Auf welcher theoretischen Grundlage arbeiten SozialarbeiterInnen in ihrer Praxis heute? Auf welcher theoretischen Grundlage haben SozialarbeiterInnen früher gearbeitet?

(2) Berufsbezeichnungen als Ausdruck für theoretische Grundlagen der Praxis Sozialer Arbeit

Namen für Berufe werden in der Regel aus der beruflichen Tätigkeit abgeleitet oder stehen für ein bestimmtes Selbstverständnis der Tätigen. Berufstheorien wurden und werden von den PraktikerInnen für alle Bereiche ihres Berufsfeldes gebildet, also für Ziele, Aufgaben, Werte, Methoden, KlientInnen, AuftraggeberInnen usw. Berufswissen besteht sowohl aus Alltagswissen als auch aus wissenschaftlichem Wissen. Armenvögte, FürsorgerInnen, Diakone, SozialarbeiterInnen usw. haben aufgrund ihrer praktischen Erfahrungen im Berufsalltag Theorien gebildet. Der Wandel der Namen für die sozialen (Berufs-)Tätigkeiten im Verlauf der Jahrhunderte gibt das Selbstverständnis der im Beruf Tätigen und ihrer Theorien und damit auch den Einfluss der Theorieentwicklung auf die Professionalisierung wieder. In manchen Zeitabschnitten wurden bestimmte Namen bevorzugt, zeitweise wurden verschiedene Namen nebeneinanderher gebraucht. Die von mir gewählte Reihenfolge der Namen gibt nur bedingt eine zeitliche Abfolge wieder.

- *Diakon/Diakonisse*

„Diakon“ war vor ca. 2000 Jahren in der Urkirche der Titel für einen kirchlichen Amtsträger. Diakone waren zunächst Diener Gottes, dann Diener der Menschen. Zu ihren Aufgaben gehörten insbesondere die christlichen Liebesdienste wie die Armenfürsorge und die Verwaltung der Gemeinde. (Siehe Teil 1 Abschnitt 1.) Bei Johann Hinrich Wichern finden wir in der Mitte des 19. Jahrhunderts den Titel für den Gemeindearmenpfleger reserviert. Später zählten zu den Aufgaben der in der evangelischen Kirche beheimateten Diakone und Diakonissen Krankenpflege und Gemeindehilfe, Fürsorge und Katechese. In der katholischen Kirche ist „Diakon“ in diesem Sinne nicht gebräuchlich; hier sind Diakone geweihte Amtsträger (nur Männer) mit besonderen Vollmachten für Liturgie und Sakramentenspendung.

- *Armenvogt beziehungsweise Armenpfleger*

Der Übergang der Armenfürsorge von der Kirche als einer universellen, räumlich nicht begrenzten Institution auf die Gemeinde als Gebietskörperschaft brachte in der Neuzeit notwendig die lokale Beschränkung, die Rationalisierung und Bürokratisierung der Armenfürsorge mit sich. Sozialadministration statt Diakonie. In den mittelalterlichen Städten hatten die Stadtverwaltungen die Verantwortung für die armen MitbewohnerInnen, die zumeist vom Betteln lebten. Es wurden (Bettler-)Ordnungen entwickelt, um der „Bettlerplage" Herr zu werden. Die von der Stadt mit der Armenpflege Beauftragten wurden Armenvogt, Armenpfleger oder auch Armenschaffner genannt. (Siehe Sachße/Tennstedt 1980.)

- *FürsorgerIn*

Zielrichtung jeder Fürsorge war die organisierte Hilfeleistung der Gesellschaft an einzelnen ihrer Glieder, die in Gefahr standen, sich aus der Gemeinschaft beziehungsweise der Gesellschaft, aus ihren Ordnungen und aus ihrem Leben herauszulösen und das Gemeinwohl zu gefährden. Konkreter gesagt: „Die Fürsorge" versuchte Menschen, die den Anforderungen des Gemeinschafts- und Gesellschaftslebens – sei es in wirtschaftlicher, sei es in moralischer Hinsicht – nicht genügen konnten, zu stützen und zu halten, oder, wenn es sein musste, sie an einer anderen, geeigneteren Stelle einzugliedern, damit sie aus eigener Kraft am Leben des Ganzen teilnehmen konnten. (Scherpner 1979, 10)

- *(Volks-)WohlfahrtspflegerIn*

Die sozialen Risiken, die nach der Industriearbeiterschaft nach und nach immer weitere Bevölkerungsschichten erfassten, konnten etwa ab der Mitte des 19. Jahrhunderts nicht mehr länger als ethisch-caritative Notlagen im Sinne der individuumszentrierten Armenpflege und Fürsorge interpretiert werden, sondern verwandelten sich in soziale und politische Herausforderungen des bürgerlichen Staates. Im Verlauf des Ersten Weltkrieges hat sich der deutsche Staat immer mehr zu einem Interventions- und Sozialstaat entwickelt. Die Ausweitung der Staatsfunktionen in der Armenpflege und in der privaten Wohltätigkeit führte dazu, dass die persönliche Freiheit immer mehr der sozialen Sicherheit des Staates und das persönliche Wohl immer mehr dem Gemeinwohl nachgeordnet wurde. Der Staat wurde zum Wohlfahrtsstaat und die FürsorgerInnen wurden zu (Volks-)WohlfahrtspflegerInnen. (Siehe Landwehr/Baron 1991, 73-138.)

- *SozialpädagogIn*

Die alte Pädagogik stand nach Herman Nohl ganz im Dienste fremder Mächte, die neue Pädagogik sollte dagegen autonom handeln. Die Autonomie sollte der Pädagogik einen von allen anderen Kultursystemen unabhängigen Maßstab, mit dem sie ihnen allen – auch den anderen Wissenschaften – kritisch gegenübertreten kann, geben. Nach der pädagogischen Grundeinstellung steht der Zögling, das Subjekt, unbedingt im Mittelpunkt, das heißt die Pädagogik fühlt sich nicht als Vollzugsbeamtin irgendwelcher objektiven Mächte, weder des Staates noch der Kirche, weder des Rechtes noch der Wirtschaft, auch nicht einer Partei oder Weltanschauung. Die Pädagogik erblickt ihre Aufgabe nicht in dem Hinziehen des Zöglings zu bestimmten vorgegebenen objektiven Zielen, vielmehr in dem Subjekt selbst und seiner körperlich-geistigen Entfaltung. „Daß dieses Kind hier zu seinem Lebensziel komme, das ist die selbständige Aufgabe der Sozialpädagogik, die ihr niemand nehmen kann." (Nohl 1965, 28f.)

- *SozialarbeiterIn*

Menschliche Arbeit kann man als bewussten, zielgerichteten Umgang mit der Natur und ihren Ressourcen (physikalische, biologische und technische Systeme), Menschen und deren Organisationsformen (psychische und soziale Systeme) und den dabei entstandenen wie entstehenden Ideen (Bedeutungssysteme, Bilder und kulturelle Codes) verstehen. Die Industrialisierung als eine neue Form des Umgangs mit menschlicher Arbeit hat im 19. Jahrhundert zu ökonomischer, bildungsmäßiger, psychischer und kultureller Armut von Einzelnen, Familien und gesellschaftlichen Gruppen geführt und damit zu vielfältigen sozialen Problemen. Soziale Arbeit reagiert auf soziale Probleme, die mit besonderer Intensität, meist längerer Dauer und vor allem sich mehrfach überlagernd („kumulativ") auftreten. Soziale Arbeit ist Umgang mit leidenden Menschen, mit den damit zusammenhängenden sozialen Organisationsformen, mit Dingen/Ressourcen und mit Ideen. (Staub-Bernasconi 1986)

(3) Die Rezeption von wissenschaftlichem Wissen in der Praxis

Sind heute in der Sozialen Arbeit praxisorientierte TheoretikerInnen und theorieorientierte PraktikerInnen tätig? Das Verhältnis von Wissenschaft (Theorie) und Praxis in der Sozialen Arbeit wird in vielen Publikationen thematisiert. Für gewöhnlich schreiben ProfessorInnen über dieses Spannungsfeld, selten PraktikerInnen. (Siehe Pieper 1988; Dewe/Ferchhoff/Scherr/Stüwe 1995; Salustowicz1995; Wöhrle 1998 u.a.) Obgleich ständig so über „die Praxis" geredet wird, als wäre sie sehr gut sozialempirisch erforscht, mangelt es nach meiner Kenntnis an entsprechenden Studien. Es gibt zwar zahlreiche Statistiken über die sozialen Berufe (siehe Rauschenbach 1999 u.a.), Deskriptionen der Sozialstrukturen in Deutschland (siehe Geißler 1996 u.a.), Befragungen der Arbeitgeber und der Studierenden (siehe Berger 2001 u.a.), Publikationen über Soziale Dienste in Europa (siehe Anheier 2000 u.a.) und auch eine Studie zur Einschätzung der Sozialen Arbeit in Deutschland (siehe Nodes 1999), aber es gibt meines Wissens keine Studie, in der die theoretische Basis der Praxis der Sozialen Arbeit und die Forschung in der Praxis der Sozialen Arbeit hinlänglich untersucht worden sind. (Siehe ebenso Howe 1994, 164; Turner 1995; Payne 1997, 26-71; Kirk/Read 2001, 181ff. u.a.) Auf welcher wissenschaftlichen Grundlage wird dann aber über die Praxis, das Zusammenwirken von Wissenschaft und Praxis und die Forschung in der Praxis diskutiert und geurteilt? Die Theorien der Sozialen Arbeit sind schon nicht überschaubar, noch viel weniger ist es das Wissen der Praxis. Da ist es nicht verwunderlich, wenn viele AutorInnen, die sich eigentlich zum Theorie-Praxis-Verhältnis äußern wollten, sich statt dessen zum Theorie-Ausbildung-Verhältnis äußern, denn die Ausbildung ist vergleichsweise gut überschaubar. (Siehe zum Beispiel Salustowicz 1995; Wöhrle 1998 u.a.)

Da keine sozialwissenschaftlich gesicherten Daten über die Anwendung wissenschaftlichen Wissens und die Favorisierung bestimmter Theorien in der Praxis der Sozialen Arbeit vorliegen, basieren die Aussagen hierzu weitgehend auf Vermutungen, Unterstellungen, Hoffnungen und auf mehr oder weniger fundierten persönlichen Milieukenntnissen. Man könnte zwar versucht sein, aus anderen Daten auf das in der Praxis angewandte wissenschaftliche Wissen zu schließen, indem man zum Beispiel die Verbreitung von Publikationen (Anzahl, Auflagenhöhe und Verbreitung der Publikation, Beachtung in der Fachliteratur, Häufigkeit der Nennung in Literaturverzeichnissen usw.) als Indikator für das in der Praxis rezipierte Wissen nimmt. Studien zur Verbreitung von Basis- und Standardliteratur in der Sozialen Arbeit liegen vor. (Siehe Kreft/ Wüstendorfer 2000 u.a.) Aus der Verbreitung von Büchern kann aber noch lange nicht geschlossen werden, dass die Bücher auch gelesen worden sind und dass das darin enthaltene Wissen in der Praxis auch wirklich angewandt wird. Also kann ich mangels empirischer Studien auch nur auf meine persönlichen langjährigen Milieukenntnisse zurückgreifen, um das Zusammenwirken von Wissenschaft und Praxis zu beschreiben.

Wenn TheoretikerInnen und PraktikerInnen über die Praxis reden, dann drängt sich mir das Bild auf: ein Schachspieler und ein Damespieler spielen gegeneinander an einem Brett nach ihren eigenen Regeln. (Siehe Arnold 1993 u.a.) Der Praktiker Klaus-Rainer Martin hat beispielsweise in dem von ihm herausgegebenen Sammelband „Sozialarbeit und Sozialpädagogik im Grundriß" erklärt, dass Sozialarbeit und Sozialpädagogik keine in sich geschlossenen Wissenschaften sind, „sie sind auch keine Handlungswissenschaft oder soziale Problemlösungswissenschaft. Vielmehr sind Sozialarbeit und Sozialpädagogik ein breites Konglomerat von wissenschaftlichen, methodisch-didaktischen und musischen Disziplinen und Arbeitsformen." (Martin 1982, 4) Die zahlreichen, für Martin durchaus ereichbaren Publikationen von Wissenschaftlern zu dieser Frage wurden von ihm ignoriert (zum Beispiel Vahsen 1975, Böttcher 1975, Rössner 1975, Lukas 1979 u.a.). Und für den Wissenschaftler Michael Winkler ist die Theorie in der Sozialarbeit und Sozialpädagogik ein „Produkt des Elfenbeinturmes; sie interessiert und beschäftigt zunächst den Theoretiker, den Forscher, die Gemeinschaft der Wissenschaftler. Deren Ansprüchen muß sie genügen. Sie hat sich im Wissenschaftssystem zu bewähren, also den dort gültigen Bedingungen zu gehorchen, ist letztlich der regulativen Idee von Wahrheit, aber nicht der von praktischer Verwendbarkeit verpflichtet." (Winkler 1995, 105)

In der Praxis tätige SozialarbeiterInnen erwarten von den WissenschaftlerInnen der Sozialen Arbeit kaum Unterstützung, sie halten von den Reflexionen und Theorien der WissenschaftlerInnen wenig, weil sie ihnen zu abgehoben und zu fern von ihrer beruflichen Realität sind. (Siehe Happe 1988 u.a.) Theorien handeln oft von der Autonomie der Sozialen Arbeit, dem Selbstbestimmungsrecht der KlientInnen und Utopien; in der Praxis haben PraktikerInnen sich dagegen an Gesetze und Verord-

nungen zu halten und müssen in Wirklichkeit bei den KlientInnen viel mit Kontrolle und Zwang arbeiten. In Theorien sind „Emanzipation", „Bildung" und „Subjekt" Schlüsselbegriffe; PraktikerInnen treffen dagegen häufig auf „veränderungs- beziehungsweise bildungsresistente" Menschen, die „nur" zwei Euro für ihr Bier und ihre Ruhe haben wollen, sonst nichts. PraktikerInnen sind gezwungen, sich für ihre komplexen Aufgaben selbst praktikable Synthesemodelle zu entwickeln, da dieses von WissenschaftlerInnen vernachlässigt worden ist. PraktikerInnen müssen die Spannung aushalten, die sich daraus ergibt, dass sie als akademisch gebildete/r SozialarbeiterIn fast nur mit Menschen, die sich in Sprache, Kleidung, Ausstattung, Bildung, Interessen, Aussehen und Lebensgewohnheiten sehr stark von ihnen selbst unterscheiden, arbeiten (müssen); WissenschaftlerInnen haben es dagegen in der Regel nur mit Menschen aus der eigenen Bildungsschicht zu tun. Der „Freiheit der Lehre" stehen die „Zwänge der Praxis" gegenüber. PraktikerInnen erfahren die soziale Wirklichkeit als höchst komplex; WissenschaftlerInnen neigen dagegen zum Denken in „Gegenwörtern" und zu vereinfachten Modellen, wenn sie zum Beispiel in ihren Theorien die soziale Wirklichkeit auf Dichotomien wie Individuum und Gesellschaft, Inklusion und Exklusion, Therapie und Politik, Hilfe und Kontrolle usw. reduzieren. WissenschaftlerInnen sind nicht selten eitel und verhalten sich PraktikerInnen gegenüber „von oben herab".
Theorien, die nicht am gemeinsamen Gegenstand der Sozialen Arbeit und nicht an der Wirklichkeit und den Möglichkeiten der Praxis Sozialer Arbeit orientiert sind, führen zur von WissenschaftlerInnen beklagten Theoriemüdigkeit der PraktikerInnen und zum Desinteresse an wissenschaftlicher Fundierung der Praxis. In der Praxis der Sozialen Arbeit führt das meines Erachtens dazu, dass PraktikerInnen vornehmlich pragmatisch und eklektisch vorgehen. Sie wählen sich aus dem Wissens- und Theorieangebot das aus, was ihnen und ihren Interessen am besten entgegenkommt. (Siehe Payne 1994, 47; Howe 1994, 165f.)

(4) Forschung in der Praxis

Forschung kann in der Praxis Sozialer Arbeit auf mindestens zwei Wegen geschehen: PraktikerInnen forschen selbst und WissenschaftlerInnen forschen in der Praxis. (Siehe Teil 3 Abschnitt 4.2 und Teil 4 Abschnitt 5.)

(a) PraktikerInnen forschen selbst

Forschung gehört zur Wissenschaft und drückt sich primär in einer forschenden Haltung aus, weniger in der Durchführung großer Forschungsprojekte. Insofern ist es PraktikerInnen sehr gut möglich, in der Praxis selbst zu forschen. Im Grunde genommen können alle professionellen Handlungsprozesse als Forschung in der Praxis verstanden und durchgeführt werden. Es kommt eben auf die Haltung an, aus der heraus diese Handlungsprozesse initiiert und durchgeführt werden. Sind die PraktikerInnen wissbegierig und möchten sie in der Arbeit mit ihren KlientInnen neue Erkenntnisse gewinnen? Die alternative Haltung dazu ist: die PraktikerInnen sind wissend und damit verschlossen für neue Erkenntnisse.

In der neueren Fachliteratur sind auch die professionellen Handlungsmethoden auf forschendem Interesse aufgebaut. Ein Beispiel: Einen weiten Raum in der Interventionsforschung nimmt das „Case Management" ein. Unter diesem Namen sind international zahlreiche Interventionsmodelle für die Soziale Arbeit entwickelt worden. (Siehe Wendt 1997; Löcherbach/Klug u.a. 2002 u.a.). Matthias Naleppa hat an das Interventionsforschungsparadigma von Rothman/Thomas (1994) anknüpfend das Modell „Task-centered case management for the elderly in the community" entwickelt. Die einzelnen Schritte in diesem Interventionsmodell sind:

- Zugang und Erstaufnahme,
- Identifikation der Probleme (Bestandsaufnahme),
- Auswahl der Zielprobleme,
- Setzen von Handlungszielen,
- Handlungsvertrag,
- fallweise Planung der Tasks (Aufgaben): Entwickeln von Aufgabenalternativen, Auswahl der Aufgaben, Untersuchung von potenziellen Hindernissen,
- Durchführung der Tasks: in der Sitzung, zwischen den Sitzungen,
- fortlaufende Evaluation: Bewertung der Tasks, Bewertung der Problemveränderung (gegebenenfalls revidierte und neue Tasks),
- abschließende Evaluation (erneute Bestandsaufnahme): Tasks, Problemveränderung, Zielerreichung,

- Beendigung der Intervention.

Parallele Tätigkeiten zu diesem Ablauf sind u.a. Fallkoordination mit dem Träger (zum Beispiel wegen der Kosten), Fürsprache für die KlientInnengruppe, Index der Ressourcen erstellen, Verantwortlichkeit, Resultate. (Naleppa 1995)
Ein weites Feld für die forschenden PraktikerInnen ist die Selbstevaluation als Qualifizierung der Sozialen Arbeit. (Siehe Heiner 1988b, 1994 u.a.)

(b) WissenschaftlerInnen forschen in der Praxis
Die Zusammenarbeit von Forschung und Praxis beziehungsweise ForscherInnen und PraktikerInnen wird von allen Beteiligten als schwierig bezeichnet. Als Gründe für das schwierige Verhältnis werden angegeben: Die Eigenart sozialarbeiterischer Praxis (Erfolgsdruck, unmittelbare Handlungsverpflichtung, alltäglicher Arbeitsdruck, wenig Zeit und Kraft zur Reflexion), ideologisch bedingte Barrieren, Angst vor Veränderung, ärgerliches Auftreten der ForscherInnen als KritikerInnen und BesserwisserInnen, mangelnde Feldkenntnis, Orientierung außerhalb des Praxisfeldes usw.
Schwierig in der Kooperation von WissenschaftlerInnen und PraktikerInnen ist es regelmäßig, die Antwort auf folgende Fragen zu entscheiden: Wann wird wo, wie geforscht (kann gefördert werden)? – Wer bestimmt den Forschungsbedarf, entscheidet, dass geforscht wird? – Wie steht es um die Bereitschaft der PraktikerInnen/PolitikerInnen, sich des Forschungsbereiches (seiner Ergebnisse) zu bedienen? – Wie steht es um das Praxisverständnis, Praxiswissen, Praxiseinfühlungsvermögen der ForscherInnen? – Wie steht es um die Handlungsorientierung der Forschung? – Wie werden die Forschungsergebnisse vermittelt? Muss die Forschung nicht auch „aufpassen", dass sie mit ihren Ansätzen einer durch eigenes Handeln informierten Praxis nicht „hinterherläuft"? (Kreft 1987, 61)
Zahlreiche Modellprojekte sind in der Praxis der Sozialen Arbeit eingerichtet worden. (Siehe Teil 4 Abschnitt 5.) Die Träger oder Geldgeber bestehen in der Regel auf der wissenschaftlichen Begleitung dieser Projekte. Die WissenschaftlerInnen sollen ihre Kenntnisse und Forschungsmethoden in die Projekte einbringen, um konkrete Aufgaben aus der Praxis besser lösen zu können. Die WissenschaftlerInnen sollen diese Projekte auch evaluieren. Durch die wissenschaftliche Begleitung und Auswertung der praktischen Sozialen Arbeit sollen die Ergebnisse über das Einzelprojekt

hinaus nutzbar gemacht werden. Die enge Zusammenarbeit von PraktikerInnen und WissenschaftlerInnen ist für alle Beteiligten nicht einfach, aber für alle Beteiligten recht lehrreich. Die Informationen über die wissenschaftliche Begleitung und die Schlussfolgerungen aus der Evaluation sind in der Regel schwer zugänglich, insbesondere dann, wenn das Projekt nicht wunschgemäß verlaufen ist. Es bleibt dem Zufall überlassen, ob man Projektendberichte zu lesen bekommt, da sie nicht systematisch verwaltet und veröffentlicht werden. Hier liegen viele Forschungsergebnisse noch im Verborgenen. (Siehe Greca 1993; Sommerfeld/Koditek 1994; Moser 1995, 1997; Steinert/Sticher-Gil/Sommerfeld/Maier 1998; Sommerfeld 1998 u.a.)

„Forschung, begriffen als Dienstleistung, macht die Wissenschaft für die Praxis attraktiv." stellt Peter Sommerfeld fest. „Indem Wissenschaft und Praxis kooperative Problemlöseprozesse anstreben, stellt sich die Frage nach der Tauglichkeit wissenschaftlichen Wissens nicht mehr. Die WissenschaftlerInnen können – aufbauend auf diesen mit der Praxis erzielten Problemlöseprozessen – Wissen generieren, Theorien und Technologien erarbeiten." (Sommerfeld 1998)

Als gelungenes und anregendes Beispiel für die These von Peter Sommerfeld gebe ich das Projekt „Quartiersaufbau Rieselfeld" an, das unter der Leitung von Konrad Maier in Freiburg i.Br. durchgeführt wird. (K. Maier 1998) In diesem Projekt geht es um die Entwicklung und Erprobung eines Verfahrens zum Aufbau sozialer Strukturen in Neubaustadtteilen. Leitziele dieses Projektes sind

- die Herausbildung eines intakten städtischen Quartiers als eines von einer bestimmten Gruppe von Menschen angeeigneten Raumes, in dem sich vielfältige Kommunikation und wechselseitige Hilfe im Alltag vollzieht,
- die Herstellung von gesellschaftlich definierter Normalität im Sinne von Standards, die in der Regel in unserer Gesellschaft erwartet werden können,
- die Schaffung von Rahmenbedingungen, in denen der Alltag gelingen kann,
- der Aufbau eines Gemeinwesens, das in der Lage ist, auch sozial schwächere Menschen und Menschen in schwierigen Lebenslagen mitzutragen,

- eine möglichst hohe Lebensqualität im Wohnumfeld und im Stadtteil, die sich in Wohnzufriedenheit und einer Identifikation mit dem Stadtteil und dem jeweiligen Wohnnahumfeld zeigt. (A.a.O. 70f.)

(5) Professionsverständnis aus Theorien der Sozialen Arbeit

Ein enger Zusammenhang besteht zwischen den Theorien der Sozialen Arbeit, die jemand vertritt beziehungsweise nach denen sie/er arbeitet und ihrem/seinem Verständnis von der Profession Sozialen Arbeit. Letztlich ergibt sich aus den Theorien das Professionsverständnis. Im Teil 4 Abschnitt 6.2 habe ich drei Grundmodelle sozialwissenschaftlicher Theoriebildung vorgestellt. Aus diesen drei Grundmodellen lassen sich drei Grundmodelle für professionelles Handeln und für das Verständnis der Profession Soziale Arbeit ableiten:

- *Normativ-ontologische* Theorieansätze entsprechen *traditionell-altruistischen Modellen* der Professionalisierung.
- *Kritisch-rationale* Theorieansätze entsprechen *wissenschaftsrationalistischen Modellen* der Professionalisierung.
- *Kritisch-theoretische* Ansätze entsprechen *lebensweltbezogenen Modellen* der Professionalisierung.

Ich habe das von Dewe/Ferchhoff (1987, 160) und von Dewe/Ferchhoff/Scherr/Stüwe (1995, 43) veröffentlichte Modell hier mit leichten Abänderungen übernommen (siehe Abbildung 20).
Das Modell von Dewe/Ferchhoff/Scherr/Stüwe deckt sich inhaltlich weitgehend mit dem Modell von Kriz/Lück/Heidbrinck (1990, 151); das erste ist auf die Professionalisierung bezogen, das zweite auf die Theoriebildung. Ausführlich beschrieben werden die drei Professionstypen „professioneller Altruist", „Sozialingenieur" und „professioneller Interpret" bei Dewe/Ferchhoff (1987, 161-177) und bei Dewe/Ferchhoff/Scherr/Stüwe (1995, 41-55). Den drei Professionsverständnissen lassen sich die Theorien von Hans Scherpner, Lutz Rössner und Hans Thiersch zuordnen.

Abbildung 20: Grundmodelle für das Professionsverständnis der Sozialen Arbeit

	Normativ-ontologische Theorieansätze z.B. Scherpner	Kritisch-rationale Theorieansätze z.B. Rössner	Kritisch-theoretische Theorieansätze z.B. Thiersch
Generelle Ausrichtung:	traditionell-altruistisch: fürsorgen	wissenschafts-rationalistisch: normalisieren	gesellschafts-kritisch: sich engagieren
Tätigkeit:			
Vorrang	Sozialintegration	Wissens- und Technologie-beherrschung	Lebensweltbezug, Autonomie der Lebenspraxis
Ausrichtung	„ganzheitlich"	„spezialisiert", segmenthaft	„systemisch", spezifisch und gesellschaftlich vernetzt
Orientierung	kurativ-individuumsorientiert (Einzelfall)	funktional problem- bzw. symptomorientiert (Einzelfall)	strukturell an Sozialbiographien und Lebenslagen orientiert
Handlungsmethoden und -techniken	stellvertretende Problemdeutung und -lösung, „Rat und Tat"	Diagnose und technologische Problemlösungs-strategien, Anwendung	Verstehen, stellvertretende Problemdeutung, Unterstützung von Selbsthilfe-potenzialen
Rahmen	aus innerem Antrieb, autonom	im Auftrag von Organisationen und Institutionen	(freie, autonome) Projekte und Aktionen
Ethik	werttranszendental	kognitiv-instrumentell	reflexiv (Selbstreferenz)

	Normativ-ontologische Theorieansätze z.B. Scherpner	Kritisch-rationale Theorieansätze z.B. Rössner	Kritisch-theoretische Theorieansätze z.B. Thiersch
Wirkung	erzeugt das Gefühl, geheilt zu werden bzw. zu sein („alles wird gut“)	erzeugt (vordergründig) Sicherheiten/Absicherung gegen Risiken	erzeugt (möglicherweise) Unsicherheiten und macht Alternativen bewusst
Selbstverständnis:			
Habitus	altruistische/r HelferIn	sachbezogene/r ExpertIn	kritische/r FörderIn
Quellen	Lebenserfahrung und Weisheit; berufliche Kunstlehren („know how“)	wissenschaftlich fundierte Verhaltenstheorien und -verfahren	wissenschaftliche Theorien und praktischpolitische Kunstlehren („know how“)
Kontrolle	Selbstkontrolle	Kontrolle durch den (staatlichen) Auftraggeber	Betonung der Autonomie gegenüber (staatlicher, kirchlicher u.a.) Kontrolle
Ausbildung	„Berufung“	Eignung und Studium	Eignung und Studium
Benennung	professioneller Altruist	funktionale Autorität (Sozialingenieur)	professioneller Interpret/ Hermeneut

Anmerkung:
Original der Abbildung siehe Dewe/Ferchhoff 1987, 147-182; Dewe/Ferchhoff/Scherr/Stüwe 1995, 9-89. Abänderungen des Originals von E.E.

(6) Zur Bedeutung von Berufsverbänden für die Verbindung von Theorie und Praxis in der Sozialen Arbeit

Die Existenz von wissenschaftlichem Wissen und seine Nutzung in der Praxis sind nicht nur für die Anerkennung eines Berufes als Profession

von großer Bedeutung, wissenschaftliche Theorien wirken sich auch auf das Selbstverständnis der in der Profession Tätigen aus und ermöglichen eine Abgrenzung zu den Laien, die in der Sozialen Arbeit ehrenamtlich tätig sind. Kenntnis und Nutzung von wissenschaftlichen Theorien sind Grundlage der Profession Soziale Arbeit, ohne sie würden SozialarbeiterInnen zu SachbearbeiterInnen im Rahmen der Sozialverwaltung. Das wäre das Ende der Profession Soziale Arbeit.
Eine herausragende Bedeutung für das erfolgreiche Zusammenwirken von Theorie und Praxis und für die öffentliche Anerkennung der Profession haben üblicherweise Berufsverbände und Kammern. Die PraktikerInnen, WissenschaftlerInnen und HochschullehrerInnen einer Profession sind hier gemeinsam organisiert und tauschen sich in diesem Rahmen untereinander aus. Der Deutsche Berufsverband für Soziale Arbeit (DBSH) ist Mitglied der International Federation of Social Workers (IFSW) und hat gerade einmal 6000 Mitglieder. Das bedeutet einen Organisationsgrad von fünf Prozent aller SozialarbeiterInnen in Deutschland. Das heißt auch: Nur fünf Prozent der deutschen SozialarbeiterInnen sind Mitglied der IFSW, 95% der deutschen SozialarbeiterInnen dagegen gehören dem IFSW nicht an. Mit großer Wahrscheinlichkeit kann man davon ausgehen, dass diese 95% die Definition of Social Work mit dem darin enthaltenen Selbstverständnis einer wissenschaftlichen Fundierung der Sozialen Arbeit und auch die Selbstverpflichtung auf den Code of Ethics der Sozialen Arbeit nicht kennen. Wenn man dann noch bedenkt, dass ca. drei Prozent der ca. 1000 HochschullehrerInnen, die im Studiengang Soziale Arbeit in Deutschland unterrichten, dem DBSH angehören – in anderen Studiengängen gehören nahezu 100% der Lehrenden den entsprechenden Berufsverbänden an –, dann darf man sich nicht wundern, wenn ausländische KollegInnen Deutschland hinsichtlich der Professionalisierung der Sozialen Arbeit als Entwicklungsland ansehen. Die Verantwortung dafür tragen PraktikerInnen und TheoretikerInnen der Sozialen Arbeit gleichermaßen.

2. Die Verbindung von Wissenschaft und Ausbildung in der Sozialen Arbeit

Die über 100 Jahre lange Ausbildungsgeschichte der Sozialen Arbeit ist geprägt von der engen Verknüpfung der Ausbildung mit der Praxis und der Wissenschaft der Sozialen Arbeit. (Siehe Teil 2.) Im Folgenden geht es nur um einen, für die Entwicklung der Sozialen Arbeit allerdings sehr entscheidenden Aspekt dieses Interdependenzgeflechtes, nämlich um die Einbeziehung der Wissenschaft Soziale Arbeit in die Ausbildung der Sozialen Arbeit. Wie wirken Wissenschaft und Ausbildung der Sozialen Arbeit zusammen? Andere Aspekte der Ausbildung, wie zum Beispiel das Verhältnis von Praxis und Ausbildung, müssen vernachlässigt werden. In meinen knappen Ausführungen beschränke ich mich außerdem auf die letzten Jahrzehnte und befasse mich vor allem mit der Ausbildung in Deutschland.

(1) Ein kurzer Überblick

Der Weg von den ersten Forderungen nach einer qualifizierten Ausbildung für die Soziale Arbeit bis hin zu den Standards einer Ausbildung im tertiären Bildungsbereich ist lang und führt durch ein schwieriges Gelände. (Siehe Teil 2 Abschnitte 3 und 4; Knobel 1992; Frumkin/ Lloyd 1995; Kendall 2000 u.a.) Die Empörung sozial engagierter Frauen wie Octavia Hill in London und Mary E. Richmond in Baltimore über Leiden, Armut und Unrecht in der Bevölkerung im 19. Jahrhundert ging einher mit ihrer Unzufriedenheit über die Kompetenzen der Helferinnen in den verschiedenen sozialen Diensten. Sie forderten deswegen bessere Ausbildungen und gründeten in ihren Ländern „soziale Schulen", um dort die „sozialen Krankheiten" zu erforschen sowie den Helferinnen Fachkenntnisse und -kompetenzen zu vermitteln. Diese Schulen (später „Schools of Social Work" genannt) wurden von Beginn an in das angloamerikanische Hochschulsystem integriert, damit war die enge Verbindung von Wissenschaft (Forschung) und Ausbildung etabliert.
In Deutschland wurde aus ähnlichen Beweggründen vor 100 Jahren mit der systematischen Ausbildung in Sozialer Arbeit begonnen. Für Alice Salomon war es „das wesentliche Merkmal der Sozialen Schulen, daß

sie eine theoretisch-wissenschaftliche Ausbildung mit einer praktischen Lehre verbinden, daß sie eine praktische Arbeit in einen geistigen Rahmen hineinstellen.“ (Salomon 1927, 109) Für die Gestaltung der Lehrpläne ergaben sich nach Salomon immer wieder zwei Schwierigkeiten. „Die eine besteht darin, daß die Methode der sozialen Praxis noch nicht wissenschaftlich erarbeitet ist, und die Lehrmeinungen, denen sie folgt, noch nach den richtigen Wegen suchen. Ferner ist eine Wissenschaft von der Wohlfahrtspflege erst im Entstehen begriffen. Jeder Lehrer ist also gezwungen, nach subjektiven Gesichtspunkten Auswahl und Behandlung des Stoffes vorzunehmen. Die zweite Schwierigkeit liegt darin, daß auch der Stoff der anderen Unterrichtsfächer, die auch an Universitäten gelehrt werden, nicht ohne weiteres auf die sozialen Schulen übernommen werden kann: daß er unter ganz besonderen Gesichtspunkten dafür bearbeitet werden müßte. Es ist ein Unterschied, ob man Hygiene lehrt, um Ärzte oder um Fürsorgerinnen auszubilden.“ (A.a.O. 55) Für Salomon war es „in der Entwicklung der sozialen Arbeit und der sozialen Schulen begründet, dass in allen Ländern der theoretische Lehrplan ursprünglich eine regellose Mannigfaltigkeit aufwies und erst allmählich zu einer einheitlichen Systematik hinstrebte.“ (Salomon 1927, 88)

Maurice J. Karpf, der Vorsitzende der amerikanischen Konferenz sozialer Schulen in den dreißiger Jahren, sah die zukünftige Aufgabe der sozialen Schulen darin, bei den Studenten Verständnis für die Bedeutung wissenschaftlicher Kenntnisse und eine wissenschaftliche Haltung zu erziehen. Salomon hielt dem entgegen, dass Soziale Arbeit nicht nur Wissenschaft, sondern auch Kunst sei, und lehnte grundsätzlich eine Ausbildung an Universitäten ab. (Salomon 1933)

Die Ausbildung für Soziale Arbeit wurde in Deutschland – im Unterschied zu Nordamerika – nicht in das Hochschulsystem integriert, damit gab es für die Soziale Arbeit keine Einheit von Lehre und Forschung, sondern nur Lehre. Erst mit der deutschen Hochschulreform von 1970 wurden die Höheren Fachschulen für Sozialarbeit/Sozialpädagogik in die Fachhochschulen eingegliedert und Sozialpädagogik als Studienrichtung in den universitären Studiengang Erziehungswissenschaft eingebunden. Fachhochschulen sind nicht auf Forschung angelegt. (Siehe Feustel/Labonté-Roset 1992; Knobel 1992; Rauschenbach 1996, Homfeldt/Merten/Schulze-Krüdener 1999 u.a.)

Im Verlauf des 20. Jahrhunderts entwickelte sich die Ausbildung in den angloamerikanischen Ländern anders als in den deutschsprachigen Län-

dern. Die Lehrpläne in den deutschsprachigen Ländern waren zumeist von einer „regellosen Mannigfaltigkeit“ und einer Fächervielfalt geprägt. Einzelne Fächer wurden nebeneinanderher unterrichtet. In den angloamerikanischen Ländern wurden dagegen Standards für die Ausbildung in Sozialer Arbeit entwickelt, die von der Association of American Universities genehmigt wurden. (Frumkin/Lloyd 1995, 2239f.) Der entscheidende Unterschied war (und ist): In den angloamerikanischen Ländern ist der Studiengang Soziale Arbeit ganz und gar auf die Soziale Arbeit konzentriert und die Bezugswissenschaften sind projektorientiert in die Soziale Arbeit integriert. In den deutschsprachigen Ländern dagegen blieb es bei der Fächeraddition und der bereits von Salomon beklagten „regellosen Mannigfaltigkeit“.
Zum dichten Geflecht der an der Ausbildung Interessierten gehören die KlientInnen oder AdressatInnen Sozialer Arbeit, die Studierenden, die Lehrenden, die Hochschulen und ihre Träger, die Arbeitgeber und Anstellungsträger, die Berufsverbände und Gewerkschaften, die Länder und ihre Regierungen. VertreterInnen aller interessierten Gruppen haben sich in den 100 Jahren Ausbildung in der Sozialen Arbeit daran beteiligt, Studien- und Prüfungsordnungen festzulegen, und dabei stets versucht, ihre je eigenen Interessen durchzusetzen. Den Forderungen nach einer Ausbildung auf der Grundlage einer Wissenschaft Soziale Arbeit stimmten nicht alle zu.
In den 70er Jahren bestand zum Beispiel ein Hauptinteresse von Arbeitgebern und Anstellungsträgern darin, dass die zukünftigen MitarbeiterInnen zu Loyalität dem Arbeitgeber gegenüber und zur Pflichterfüllung „erzogen“ wurden. In Stellungnahmen der Bundes- und Landesverbände wurde die damalige Ausbildung der SozialarbeiterInnen und SozialpädagogInnen heftig angegriffen und eine umfassende Studienreform verlangt. (Siehe die Entschließung des Gesamtvorstandes der Bundesvereinigung der kommunalen Spitzenverbände zur Ausbildung der Sozialarbeiter/Sozialpädagogen an den Fachhochschulen von 1976.) Auch heute haben die verschiedenen Gruppen eigene Vorstellungen darüber, woraufhin und wie ausgebildet werden soll. (Siehe Brauns 1997 u.a.) Die spezifischen Gruppeninteressen kann ich hier wegen ihrer Vielfalt nicht im Einzelnen behandeln. (Siehe Engelke 1996, 2000 u.a.)

(2) Soziale Arbeit – Nebenfach im eigenen Studiengang?

SozialarbeiterInnen erwerben ihre professionellen Kompetenzen in (Erst-)Ausbildungen sowie in Fort- und Weiterbildungen. (Erst-)Ausbildungen und Fort- und Weiterbildungen unterscheiden sich in ihrer Eigenart und hinsichtlich ihrer speziellen Rahmenbedingungen. Ich verzichte hier auf eine Betrachtung von Weiter- und Fortbildungen. Diese bauen auf der ersten berufsqualifizierenden Ausbildung auf, sind in der Praxis sehr weite Felder und faktisch nicht zu überschauen. Das sieht bei den (Erst-)Ausbildungen etwas anders aus: Hier gibt es verbindliche und öffentlich zugängliche Studienordnungen sowie zahlreiche sozialempirische Studien, und ich selbst verfüge über mehrere Jahrzehnte umfassende einschlägige Milieukenntnisse. In fast allen Studien und Publikationen wird eindeutig und von allen Beteiligten immer wieder festgestellt und dem stimme ich zu: Die Akademisierung der Ausbildung für Soziale Arbeit hat sich auch in Deutschland insgesamt gesehen gut bewährt, obgleich sie mit erheblichen, strukturell bedingten Mängeln behaftet ist. (Siehe Rothgang 1990, Brauns 1997, Rauschenbach 1999, Salustowics 1999; Berger 2001 u.a.)
Die Aufspaltung der Hochschulen in Universitäten und Fachhochschulen traf und trifft die Soziale Arbeit als Wissenschaft wie kein anderes Fach sonst. Alle anderen Fachhochschulstudiengänge existieren zugleich als Studiengang an Universitäten, Soziale Arbeit aber nicht.
Der Unterricht in diesen Studiengängen an den Fachhochschulen kann auf der Forschung in der jeweiligen Wissenschaftsdisziplin an den Universitäten aufbauen. Das gilt aber nicht für die Soziale Arbeit. Die Forschung in der Sozialpädagogik als Teildisziplin der Erziehungswissenschaft ist nur begrenzt eine Ressource für die Soziale Arbeit. Die strukturelle Benachteiligung der Sozialen Arbeit als Fach hat zu einem Unikum geführt: Wissenschaftliches Wissen soll anwendungsbezogen gelehrt werden, ohne dass die Voraussetzungen dafür geschaffen worden sind, dass das zu lehrende wissenschaftliche Wissen durch Forschung gewonnen werden kann.
Die Ausbildung für SozialarbeiterInnen und SozialpädagogInnen an Fachhochschulen erinnerte in den 70er und 80er Jahren folglich an orientalische Basare. Unter den Namen Sozialwesen, Sozialarbeit, Sozialpädagogik, Sozialarbeit/Sozialpädagogik mit und ohne Schrägstrich gab es an verschiedenen Orten beliebige kunterbunte Lehrangebote. Wissen aller Art und aus unterschiedlichen Disziplinen wurde ohne Ver-

knüpfung untereinander und ohne Bezugnahme auf die berufliche Tätigkeit einer SozialarbeiterIn oder einer SozialpädagogIn vorgetragen. Beinahe jedes Thema wurde Gegenstand einer Lehrveranstaltung, wenn es denn ein Professor nur wollte. Eine nicht zu vernachlässigende Zahl der ProfessorInnen hatte kein oder nur ein geringes Interesse an Sozialarbeit/Sozialpädagogik; sie hatten den Fachbereich Sozialwesen als Nische für sich entdeckt und dort eine Professor angestrebt, weil sie den Titel, das Gehalt, die Pension und viel Zeit für Nebentätigkeiten haben wollten. Nur wenige BerufsvertreterInnen der Sozialen Arbeit waren hauptamtlich an den Fachhochschulen angestellt. Die Studierenden wurden nominell für Soziale Arbeit ausgebildet. Soziale Arbeit als eigenständiges Fach existierte dort aber gar nicht. Soziale Arbeit blieb in den Studienordnungen eine „Praxis", also in der Nähe von „Häkeln und Pizzabacken" (Marianne Meinhold). Dafür mussten die zukünftigen SozialarbeiterInnen nebeneinander und unverbunden bei einem Pädagogen Pädagogik, bei einem Mediziner Medizin, bei einem Juristen Jura, bei einem Psychologen Psychologie und bei einem Soziologen Soziologie studieren. Sie sollten zwar weder zu PädagogInnen, MedizinerInnen, JuristInnen, PsychologInnen noch zu SoziologInnen ausgebildet werden, dennoch legten die jeweiligen VertreterInnen der Disziplinen bei ihren Prüfungen großen Wert darauf, dass die Studierenden als PädagogInnen, MedizinerInnen, JuristInnen, PsychologInnen und SoziologInnen nachdachten und fachdiszipliniert antworteten; zugleich bleuten sie ihnen ein, dass sie auf keinen Fall PädagogInnen, MedizinerInnen, JuristInnen, PsychologInnen und SoziologInnen seien. Um das zu werden, so wurde den Studierenden versichert, bedürfe es eines eigenen, anspruchsvolleren Studiums!

Das Verhalten nicht weniger berufsfremder ProfessorInnen in der Ausbildung für Soziale Arbeit hat zu bizarren Verhältnissen in der Ausbildung für Soziale Arbeit geführt, die – von denselben ProfessorInnen – als Eigenart der Sozialen Arbeit diagnostiziert wurden! Diese absonderlichen Verhältnisse haben heftige Kritiken seitens der Berufsverbände, der Arbeitgeber und der Studierenden hervorgerufen. Viele Anstellungsträger haben – mit vielen AbsolventInnen – an der Ausbildung pauschal eine Theorielastigkeit und mangelnden Praxisbezug beklagt. (Vgl. Stellungnahme des Deutschen Vereins 1983 u.a.) Nach meiner Kenntnis wurde nicht „zuviel Theorie" gelehrt, sondern es wurden Wissen und Theorien, die mit der Sozialen Arbeit wenig bis nichts zu tun hatten, vor-

gelesen. Den AbsolventInnen fehl(t)en dann für ihre Praxis selbstverständlich das erforderliche wissenschaftliche Wissen und die anwendungsbezogenen Theorien der Sozialen Arbeit. (Siehe Rothgang 1990; Engelke 2000; Berger 2001, 375-434 u.a.)
Zahlreiche ProfessorInnen an Fachhochschulen haben sich, obgleich sie keine SozialarbeiterInnen waren, erfolgreich für tiefgreifende Studienreformen engagiert, um die Ausbildung auf die Aufgaben und Ziele der Sozialen Arbeit auszurichten, die Ausbildung an internationale Standards heranzuführen und so die strukturell bedingte Misere zu beseitigen. (Siehe Ulke 1988; Zink 1988; Tillmann 1994; Wendt 1994; Eikelmann/Hutter 1996; Feth 1996; Mühlum 1996a; Obrecht/Staub-Bernasconi 1996; Grohall 1997 u.a.)

(3) Studium der Sozialen Arbeit auf der Grundlage der Wissenschaft Soziale Arbeit

Mit dem neuen Jahrhundert hat für die Soziale Arbeit in Deutschland wirklich ein neues Jahrhundert begonnen: Die deutsche Hochschulrektorenkonferenz (HRK) und die Kultusministerkonferenz (KMK) haben im Jahre 2001 eine neue „Rahmenordnung für die Diplomprüfungsordnung im Studiengang Soziale Arbeit an Fachhochschulen" beschlossen. (Sekretariat der Ständigen Konferenz der Kultusminister der Länder in der Bundesrepublik Deutschland 2001) Diese Rahmenordnung – sie löst die Rahmenordnung von 1984/88 ab – geht von einem einheitlichen Studiengang Soziale Arbeit, in dem Sozialarbeit und Sozialpädagogik zusammengeführt werden, und davon aus, „dass sich ein eigenständiges, spezifisch-fachwissenschaftliches Wissen der Sozialen Arbeit entwickelt hat, welches dem Studium als eigenständige Grundlage dienen kann. Dies macht es erforderlich, die wissenschaftlichen Fächer und Lernbereiche der Sozialpädagogik und der Sozialarbeit – eine weitgehende Überschneidung der Aufgabengebiete in der Praxis hat längst stattgefunden – in der Ausbildung gleichrangig zu verbinden und als *gemeinsamen Studiengang Soziale Arbeit* zu konzipieren" und „dass eine Vereinheitlichung des Studiums die sozialarbeiterischen und sozialpädagogischen Besonderheiten gleichwertig in die Ausbildung einbezieht. Der erziehungswissenschaftliche Beitrag zum Studium ist ein wichtiger, integrativer Teil der fachwissenschaftlichen Grundlagen und der Fachwissenschaft Soziale Arbeit." (A.a.O., 34f.)

In der Rahmenordnung sind die Prüfungsgebiete „auf der Grundlage der wissenschaftlichen Theorien, der professionellen Kenntnisse und Fähigkeiten der Sozialen Arbeit sowie unter Berücksichtigung des Fremd- und Selbstverständnisses der Profession Soziale Arbeit gebildet worden." Sie „folgen nicht der Gliederung der üblichen Wissenschaftsdisziplinen (Psychologie, Soziologie, Erziehungswissenschaft, Rechtswissenschaft usw.), sondern gehen davon aus, dass *die heute der Sozialen Arbeit zugrunde liegenden wissenschaftlichen Erkenntnisse/Theorien und Methoden unter dem Begriff einer Wissenschaft der Sozialen Arbeit zusammengefasst werden können*, auch wenn diese wissenschaftspolitisch nicht allseits anerkannt ist und sich noch nicht institutionalisiert hat. Die ‚Wissenschaft Soziale Arbeit' umfasst im Grundstudium die Prüfungsgebiete ‚Grundlagen der Fachwissenschaft Soziale Arbeit' und im Hauptstudium die Prüfungsgebiete ‚Fachwissenschaft Soziale Arbeit'. Die traditionellen Wissenschaften sind in diesem Zusammenhang als Bezugswissenschaften zu verstehen und in den Prüfungsgebieten 2. bis 4. zusammengefasst." (A.aO. 49f., Hervorhebungen von E.E.)
Einzelne Prüfungsgebiete der Fachwissenschaft Soziale Arbeit sind Geschichte der Sozialen Arbeit, Theorien der Sozialen Arbeit, Professionelles Handeln in der Sozialen Arbeit, Organisation der Sozialen Arbeit, Forschung und Entwicklung in der Sozialen Arbeit, Werte und Normen der Sozialen Arbeit und Berufsethik der Sozialen Arbeit. Zu den Prüfungsgebieten gehören außerdem rechtliche und sozialpolitische sowie bezugswissenschaftliche (geistes- und humanwissenschaftliche und gesellschaftswissenschaftliche) Grundlagen.
Mit dieser neuen Rahmenordnung hat die Ausbildung in Deutschland meines Erachtens wieder Anschluss an die internationalen Standards der IASSW, der IFSW und des CSWE gefunden.

(4) Internationale Standards der Ausbildung in Sozialer Arbeit

VertreterInnen der Schulen, Fakultäten und Universitäten für Soziale Arbeit treffen sich seit 100 Jahren regelmäßig auf nationalen und internationalen Konferenzen, um sich über die Ausbildung auszutauschen und sich über Ziele, Inhalte, Methoden und Rahmenbedingungen der Ausbildung abzustimmen. Tragende Rollen haben hierbei international die International Association of Schools of Social Work (IAASW) und die International Federation of Social Workers (IFSW), in den USA das

Council on Social Work Education (CSWE) und in Deutschland die Nachfolgekonferenzen der Konferenz der sozialen Frauenschulen (heute: Fachbereichstag Soziale Arbeit). (Siehe Teil 4 Abschnitt 2 und 3.)
Seit ein paar Jahren wird unter Führung eines gemeinsamen Komitees der International Association of Schools of Social Work (IAASW) und der International Federation of Social Workers (IFSW) ein Dokument „Global Qualifying Standards for Social Work Education and Training" erarbeitet. In diesem Dokument sollen internationale Richtlinien für die Ausbildung in Sozialer Arbeit festgelegt werden, um im Anschluss daran nationale Standards für die Ausbildung zu entwickeln. Im Mai 2002 hat das Komitee einen ersten Entwurf vorgelegt, im April 2003 eine revidierte Fassung dieses Entwurfs. (Siehe http://www.ifsw.org./GM-2002/GM-GStandards.htm.)
Ein wichtiges Ziel des Komitees ist es, die verschiedenen Regionen der Welt mit den ihnen eigenen historischen, politischen, kulturellen, sozialen und ökonomischen Kontexten in die Textfassung einzubeziehen und eine westliche Dominanz zu vermeiden. Als Ausgangsbasis für das gesamte Dokument sind als Mindestvoraussetzungen für die Ausbildung die Platzierung der Ausbildung im tertiären Bildungsbereich und die internationale Definition der Sozialen Arbeit der IFSW aus dem Jahre 2000 als Grundlage der Ausbildung bereits jetzt allgemein anerkannt.
Da es hier nicht möglich ist, den ganzen Entwurf darzustellen, zitiere ich auszugsweise einige Standards, die für das Zusammenwirken von Wissenschaft und Ausbildung besonders relevant sind und die schon jetzt eine große Zustimmung erfahren haben. Zu den Standards im Hinblick auf den Kern der Curricula gehören u.a.:

- „A critical understanding of how socio-structural inadequacies, discrimination, oppression, and social, political and economic injustices impact human functioning and development at all levels, including the global.
- Knowledge of human behaviour and the social environment, with particular emphasis on the person-in-environment transaction, lifespan development and the interaction among biological, psychological, socio-structural and cultural factors in shaping human development and behaviour.
- Knowledge of the social welfare policies and services of the locality, country and/or region. …

- Sufficient knowledge of related occupations and professions to facilitate interprofessional collaboration and teamwork.“ (Siehe Kapitel 4.3.1 des Entwurfs.)
- „Practice skills in, and knowledge of, assessment and intervention at micro, mezzo and macro levels for the purposes of developmental, protective, preventive and/or therapeutic intervention.
- The application of social work values, ethical principles, knowledge and skills to confront inequality, and social, political and economic injustices.
- Knowledge of, and skills in, social work research, including ethical use of relevant research paradigms, and critical appreciation of the use of research in social work practice.
- Supervised fieldwork education, with due consideration to the provisions of Item 3 above.“ (Siehe Kapitel 4.3.3 des Entwurfs.)

Eine herausragende Bedeutung in der Ausbildung für Soziale Arbeit haben dem vorliegenden Entwurf nach erkenntnistheoretische und theoretische Grundlagen der Sozialen Arbeit („frameworks“), die zum Kern der Lehrpläne gehören. (Siehe Kapitel 4.3.4 des Entwurfs.) Standard sollte nach dem Entwurf außerdem sein, dass Soziale Arbeit von ProfessorInnen, die selbst ein Master- oder/und Doktoratsstudium der Sozialen Arbeit erfolgreich abgeschlossen haben, unterrichtet wird. (Siehe Kapitel 5 des Entwurfs.)
Das *Council on Social Work Education* (CSWE) hat im Jahre 2002 „Educational Policy and Accreditation Standards“ beschlossen. (Siehe http://www.cswe.org.) Nach diesen Standards werden in den USA Lehrangebote der Schools of Social Work bewertet. Die Standards orientieren sich im Unterschied zum Komitee „Global Qualifying Standards for Socical Work Education and Training“ an westlichem Denken und Verständnis von Wissenschaft. Da die globalen Standards nationalen und regionalen Verhältnissen angepasst werden müssen und die Standards des CSWE der westlichen Kultur angepasst sind, geben die „Educational Policy and Accreditation Standards“ eine gute Orientierung für die Ausbildung in Deutschland ab. In der Präambel wird für die gesamte Ausbildung in Sozialer Arbeit vorgegeben: „Social work education combines scientific inquiry with the teaching of professional skills to provide effective and ethical social work services.“ Ein allge-

meines Ziel der Sozialen Arbeit ist u.a.: „To develop and use research, knowledge, and skills that advance social work practice."
Und über die Ausbildung wird gesagt: „Social work education is grounded in the profession's history, purposes, and philosophy and is based on a body of knowledge, values, and skills. Social work education enables students to integrate the knowledge, values, and skills of the social work profession for competent practice." Die Curricula bestehen im Kern aus folgenden sieben Lehrgebieten (Module):

- Values and Ethics,
- Diversity,
- Populations-at-Risk and Social and Economic Justice,
- Human Behaviour and Social Environment,
- Social Welfare Policy and Services,
- Social Work Practice,
- Research,
- Field Education.

In Schweden ist die Ausbildung für Soziale Arbeit ebenfalls an den Universitäten angesiedelt. Auch hier gilt: „In modern social work education, research and practice make an interconnected entity." (Siehe Soydan 2001.)

(5) Zur künftigen Entwicklung der Ausbildung

Die Britin Hilary Burgess hat ihrem Buch „Problem-Led Learning for Social Work: The Enquiry and Action Approach" zwei Zitate vorangestellt. Das eine stammt von dem deutschen Pädagogen Johannes Amos Comenius (1592-1670) und heißt: „Let the main objective be as follows: to seek and find a method of instruction by which teachers may teach less but learners may learn more." Das andere stammt von der Britin Eileen Younghusband (1902-1981), die maßgeblich an der Wiederbelebung der IASSW nach dem Zweiten Weltkrieg beteiligt war, und heißt: „If a school of social work does not live dangerously, is not always seeking for change and progress in its own teaching and in social work practice, then it is not making the contribution to social improvement which society has the right to demand of it and the obligation to make possible." (Burgess 1992)

Die künftige Entwicklung der Ausbildung wird wesentlich mitbestimmt durch die zukünftige Entwicklung des Wissenschaftssystems. Die gemeinsame Erklärung von 29 europäischen Bildungsministern in Bologna aus dem Jahre 1999 hat die bildungspolitischen Ziele der nächsten Jahre für den europäischen Hochschulraum vorgegeben. (Siehe Teil 2 Abschnitt 4.) In den europäischen Ländern wird an der Realisierung dieser Ziele gearbeitet. Für Deutschland hat zum Beispiel die Kultusministerkonferenz am 10. November 2000 einen Beschluss zur „Realisierung der Ziele der ‚Bologna-Erklärung' in Deutschland" (http://www.kmk.org) gefasst, und der Wissenschaftsrat hat „Thesen zur künftigen Entwicklung des Wissenschaftssystems in Deutschland" (Wissenschaftsrat 2000) veröffentlicht. Schlüsselworte dieser Thesen sind: Stärkung von Anwendungsorientierung und Praxisbezug; Vertiefung der Internationalisierung; Profilbildung; Leistungsdifferenzierung und Durchlässigkeit; Erhöhung der Mobilität; Förderung von Wettbewerb und Kooperation; Ausbau der Autonomie; Erneuerung der Einheit von Forschung und Lehre; Steigerung der Ressourcen.

Für die Ausbildung in Sozialer Arbeit könnte das u.a. bedeuten: Alle Studiengänge mit einem Diplom-Abschluss werden in Kürze durch Studiengänge mit den international üblichen Abschlüssen „Bachelor of ..." und „Master of ..." abgelöst. Nach den bisher sich abzeichnenden Tendenzen kann Folgendes erwartet werden: Die Universities of Applied Sciences (ehemals Fachhochschulen) bieten anwendungsbezogene Studiengänge für Soziale Arbeit mit dem Abschluss „Bachelor of Social Work" an; außerdem Weiterbildungsstudiengänge mit dem Abschluss „Master of Social Work" und Masterabschlüsse für spezielle Arbeitsfelder oder Handlungskompetenzen der Sozialen Arbeit wie „Master of Clinical Social Work", „Master of Social Management" oder „Master of Adult Education". Diese Studiengänge dienen nur der Spezialisierung der AbsolventInnen und werden in der Regel nicht als akademische Höherqualifizierung anerkannt. Die Universitäten bieten – in Kooperation mit Universities of Applied Sciences oder allein – forschungsbezogene Master-Studiengänge für Soziale Arbeit mit dem Abschluss „Master of Social Work" an. An den Universitäten werden außerdem Promotionsstudiengänge in Sozialer Arbeit durchgeführt. In den Bachelor-Studiengängen und den Master-Weiterbildungsstudiengängen werden vor allem praxisorientierte fachliche, soziale und persönliche Kompetenzen vermittelt, in den universitären Master-Studiengängen vor allem for-

schungsorientierte fachliche, soziale und persönliche Kompetenzen. Alle Studien- und Prüfungsordnungen für die Ausbildung in Sozialer Arbeit orientieren sich an den „Global Qualifying Standards for Social Work Education and Training“ der International Association of Schools of Social Work (IAASW) und der International Federation of Social Workers (IFSW). Diese Standards sind der internationale Maßstab für die Akkreditierung der Studiengänge Soziale Arbeit. (Siehe Friesenhahn 1998; Seibel/Lorenz 1998 u.a.)
Bei der durch Wissenschaft gestützten Ausbildung von SozialarbeiterInnen geht es um die Vermittlung einer *„wissenschaftlichen Haltung“* – im Sinne einer Haltung, die Welt fragend zu erforschen, Befunde der Wissenschaft in das eigene berufliche Denken und Handeln zu integrieren und sich bewusst zu sein, dass es immer auch andere Antworten geben kann als die, die ich für mich gefunden habe. Maßstab für diese Haltung ist, dass sich die Soziale Arbeit als Wissenschaft gegenüber dem Leben bewährt und der Bezug zum leidenden Menschen nicht verloren geht. Außerdem geht es in der Ausbildung von SozialarbeiterInnen um die Vermittlung einer *„ethischen Haltung“*, die sich am Code of Ethics der Sozialen Arbeit orientiert. (Siehe Grunert 1998; Reamer 2001 u.a.)
Wissenschaftliche und ethische *Haltungen* können vor einer im negativen Sinn verstandenen „Verwissenschaftlichung“ der Sozialen Arbeit schützen und eine fruchtbare Zusammenarbeit von WissenschaftlerInnen und PraktikerInnen ermöglichen.

Zum Schluss: Die Wissenschaft Soziale Arbeit ist und bleibt eine notwendige Wissenschaft

Pierre Bourdieu hat in seiner letzten Rede wenige Monate vor seinem Tod gefordert, dass wir „in unseren Köpfen mit gewissen Gegensätzen aufräumen, die nur dazu dienen, resignative Einstellungen zu rechtfertigen." Das fange bei dem Wissenschaftler an, der sich in seinem Elfenbeinturm verschanze. Forscher seien weder Propheten noch Vordenker. Sie müssten eine neue Rolle erfinden, die sehr schwierig sei: „Er muss zuhören, forschen und erfinden." Forscher müssten nach den Regeln der Wissenschaft arbeiten, um ein engagiertes Wissen aufbauen und entwickeln zu können. „Um ein wirklich engagierter, ein auf legitime Weise engagierter Wissenschaftler zu sein, muss man Wissen in engagiertes Wissen überführen. Und ein solches Wissen ist nicht anders zu erlangen als durch eine wissenschaftliche Arbeit, die sich an die Regeln und Normen der Wissenschaften hält." (Bourdieu 2002)
Die Wissenschaftsgeschichte der Sozialen Arbeit und die enge Verknüpfung von Wissenschaft, Praxis und Ausbildung in dieser Geschichte bezeugen: *Wissen in engagiertes Wissen überzuführen ist von jeher das existenzielle Anliegen und die Praxis der Wissenschaft Soziale Arbeit.* Werdegang und Grundlagen der Wissenschaft Soziale Arbeit weisen sie als engagierte Wissenschaft im Sinne von Bourdieu aus.
Im 19. Jahrhundert machten die Anforderungen an die Soziale Arbeit zunehmend eine gezielte Ausbildung für diese Tätigkeit erforderlich. Um den Anforderungen aus den alltäglichen sozialen Problemstellungen gerecht werden zu können, wurde eine wissenschaftliche Philanthropie gefordert und systematisch wissenschaftliches Wissen für die Praxis und für die Ausbildung gewonnen. Wissenschaft ist in modernen Gesellschaften eine der wichtigsten Ressourcen, deshalb hat die Wissenschaft auch für die Soziale Arbeit eine immer größere Bedeutung erhalten. Die weltweite Entwicklung der Wissenschaft Soziale Arbeit und ihre Integration in das Wissenschaftssystem waren eingebunden in die allgemeine Entwicklung der Wissenschaften und den Ausbau des tertiären Bildungsbereichs. Regional und national gab es dabei allerdings beachtliche Unterschiede.

In *Deutschland* musste die Soziale Arbeit für ihre Aufnahme in den tertiären Bildungsbereich 1970 einen hohen Preis bezahlen. Die gesamte Ausbildung lag fortan in den Händen Berufs- und Fachfremder. Denn in der Bildungsreform wurde versäumt, für SozialarbeiterInnen Möglichkeiten zu schaffen, sich selbst über ein universitäres Studium der Sozialen Arbeit für Forschung und Lehre an Hochschulen zu qualifizieren. In Ländern wie den USA, Kanada oder Schweden wurde Soziale Arbeit dagegen vollständig in das Wissenschaftssystem und in den tertiären Bildungsbereich integriert. Dort haben fast alle HochschullehrerInnen, die in der Sozialen Arbeit forschen und lehren, ein Master- beziehungsweise Doktorstudium in Sozialer Arbeit absolviert, in Deutschland dagegen hat das kaum jemand. Infolge dessen spielen SozialarbeiterInnen in Deutschland in Forschung und Lehre der Sozialen Arbeit nur eine untergeordnete Rolle. Das ist in etwa so, wie wenn ChemikerInnen in der Physik für Forschung und Lehre zuständig sind und keine PhysikerInnen. Diese strukturelle Benachteiligung der Sozialen Arbeit hat außerdem zu einem deutschen Unikum geführt: Soziale Arbeit soll an Fachhochschulen auf wissenschaftlicher Grundlage anwendungsbezogen gelehrt werden, ohne dass hinreichende Voraussetzungen für eine wissenschaftliche Grundlegung der Lehre existieren.

Für die universitäre *Sozialpädagogik* hat die Bildungsreform nicht weniger schwerwiegende Folgen, sie befindet sich in einem scheinbar unauflösbaren Dilemma: Einerseits verdankt sie ihren Platz an der Universität ihrer Integration in die Erziehungswissenschaft, andererseits ist sie aber historisch und fachlich eng mit der Sozialen Arbeit verbunden. Die Sozialpädagogik ist eine „deutsche Variante der Pädagogik geblieben" (siehe Niemeyer 1998, 2003; Thole 2002a; Kornbeck 2002 u.a.), während die Soziale Arbeit eine internationale Wissenschaft geworden ist. (Siehe Hopps/Collins 1995c; Puhl 1997; Lorenz 2000; Otto/Thiersch 2001, 1605-1648 u.a.) Die deutsche universitäre Sozialpädagogik steht vor weitreichenden Entscheidungen. Sie kann nicht länger beanspruchen, für Soziale Arbeit insgesamt zu stehen, ohne die strukturellen, fachlichen, bildungs- und theoriepolitischen Konsequenzen aus diesem Anspruch zu ziehen, sich zum Beispiel den internationalen Verbänden der Sozialen Arbeit (IFSW und IASSW) anzuschließen; das würde sich aber kaum mit ihrer Mitgliedschaft in erziehungswissenschaftlichen Gesellschaften vereinbaren lassen. Verpasst sie eine Neuorientierung, dann könnte sie „am Ende" sein, wie manche vermuten. (Siehe Reyer 2002 u.a.)

Eine methodologische Begründung für die Wissenschaft Soziale Arbeit zu finden, erweist sich als aussichtslos, weil alle Methoden überall verbreitet sind. Dieselben oder ähnliche Methoden tauchen unter gleichen oder verschiedenen Namen in mehreren Wissenschaften auf, und der Methodengebrauch richtet sich nur nach dem Reife- und Konsolidierungsgegenstand, den jeweiligen Forschungsstrategien und selbstverständlich nach dem Gegenstandsgebiet der betreffenden Wissenschaft. (Rombach 1979, 148)

In Geschichte und Gegenwart ist das *Bewältigen sozialer Probleme* Gegenstandsbereich und Anliegen der Sozialen Arbeit zugleich. Die International Federation of Social Workers (IFSW) hat in ihrer Definition der Sozialen Arbeit den Gegenstandsbereich und das Anliegen der Sozialen Arbeit differenziert und konkretisiert. Danach sind die ethischen Prinzipien der Menschenrechte und der sozialen Gerechtigkeit Grundlage der Sozialen Arbeit; sie dienen auch als Motivation und Rechtfertigung für sozialarbeiterisches Handeln. Die Soziale Arbeit wird als Menschenrechtsprofession bezeichnet, weil sie sich die Verwirklichung der Menschenrechte und der sozialen Gerechtigkeit zu ihrem kardinalen Anliegen gemacht hat.

Aufgrund dieser Gegenstandsbestimmung, die letztlich für Wissenschaft, Praxis und Ausbildung gemeinsam verbindlich und verbindend ist, ist die Unterscheidung und getrennte Institutionalisierung von Sozialarbeit und Sozialpädagogik als Fürsorge/Hilfe gegenüber Erziehung/Bildung und eine getrennte Behandlung bedürfnis- und lerntheoretischer Aspekte nicht länger haltbar. „Bewältigen sozialer Problem" lässt einerseits genügend Raum für eine vielfältige Entwicklung der Sozialen Arbeit als Wissenschaft, Praxis und Ausbildung („Einheit in Vielfalt"), grenzt andererseits die Wissenschaft Soziale Arbeit ausreichend zu ihren Bezugswissenschaften, wie zum Beispiel zu Pädagogik, Psychologie und Soziologie, ab.

Aus der Gegenstandsbestimmung und dem Anliegen der Sozialen Arbeit ergibt sich, dass die Wissenschaft Soziale Arbeit eine Menschenwissenschaft und eine Erfahrungs- und Handlungswissenschaft ist, die wegen ihrer inneren Bindung an die Menschen- und Sozialrechte und wegen ihres Einsatzes für ihre Verwirklichung in viele Konflikte verwickelt ist. Aus dem Engagement für die Menschen- und Sozialrechte resultieren viele Konflikte der Sozialen Arbeit mit ihrer Umgebung. Je konkreter nämlich anzustrebende ethische Prinzipien gefasst werden, desto größer wird das Konfliktpotenzial. Für soziale Gerechtigkeit ist jeder, heftig gestritten wird dagegen über die gerechte Verteilung von Ressourcen. Die Wissenschaft Soziale Arbeit kommt um eine sorgfältige Reflexion und Behandlung dieses Konfliktpotenzials nicht herum, denn hinter der Wert- und Kriterienfrage verbirgt sich die *Machtfrage*: Wer entscheidet letztlich, ob eine Situation ein soziales Problem ist? Wer setzt fest, wie damit umgegangen werden soll? Wer hat ausreichend Macht dafür, dass seine Interessen auch wirklich durchgesetzt werden? In der Wissenschaft Soziale Arbeit werden – wie in kaum einer anderen Wissenschaft – die regionalen, nationalen und internationalen Machtkonstellationen zentral berührt. Gesellschaftliche Gruppen sind in hohem Maße daran interessiert, Soziale Arbeit vor ihre Karren zu spannen. Das ist nicht neu. Daraus ergibt sich für Soziale Arbeit, immer im Spannungsfeld von menschlicher Liebe (als Nähe, Einfühlung und Berührung, Ansehen und Anerkennung, Sorge und Güte, Pflege und Gabe) und Macht (als Distanz, Kontrolle und Verteilung von gesellschaftlichen Ressourcen, aber auch als Kontrolle von Menschen in funktionalen sozialen Arrangements) zu leben und diese Spannungen auszuhalten. (Staub-Bernasconi 1991, 4) Die Wissenschaft Soziale Arbeit wird, will sie nicht einen zentralen Aspekt ihres Engagements ausblenden, immer die Machtfrage in ihre Forschung einbeziehen müssen, im Großen wie im Kleinen.

Die Rückbesinnung auf die philosophische und wissenschaftstheoretische Grundlegung allen Wissens macht deutlich, wie vielfältig Denken und Handeln in einer wissenschaftlichen Disziplin von vornherein angelegt sind. Eine Wissenschaftsdisziplin lässt sich nicht auf eine oder auf die Theorie reduzieren, wie das bisweilen auch für die Soziale Arbeit gefordert und angestrebt wird. Bei einem gemeinsamen Erkenntnisgegenstand ergeben sich immer noch viele verschiedene Möglichkeiten, diesen zu beschreiben und zu erforschen. Unterschiedliche Vorentscheidungen (zum Beispiel bei den Paradigmen, Wertsetzungen und Erkenntnismethoden) führen zu unterschiedlichen Theorien und Modellen. Und verschiedene Theorien führen wiederum zu verschiedenen Forschungsansätzen, Handlungspraktiken, Professionsverständnissen und Ausbildungsmodellen.

Die Vielfalt philosophischer und wissenschaftstheoretischer Perspektiven und die Mannigfaltigkeit der ForscherInnen hat in der Theorie- und Paradigmenbildung der Sozialen Arbeit zu *verschiedenen Schulen und Denktraditionen*, die in sich begrenzt und befragenswürdig sind, geführt

und wird auch zukünftig für eine Vielfalt in der Theorie- und Modellbildung sorgen.
Theorien werden in zirkulär oder spiralförmig verlaufenden Prozessen, in denen auf vorhandenes Wissen zurückgegriffen wird und in die neues Wissen einfließt, gebildet. WissenschaftlerInnen der Sozialen Arbeit sollten auf Vorhandenem aufbauen und genau prüfen, ob sie wirklich Neues erkannt haben, wenn sie meinen, dass sie Neues erkannt hätten. Immer wieder werden Interventionen, Theorien oder Modelle als neu für die Soziale Arbeit angepriesen, dabei sind sie (anderen) altbekannt. Ein Beispiel hierfür ist die „Abschiebetherapie für Obdachlose". Stadtverwaltungen in Südamerika laden Obdachlose zu sogenannten „(Bettler)Fahrten ins Blaue" ein, um sie abzuschieben. Auf Kosten der Stadtkasse werden sie mit Überlandbussen in weit entlegene andere Städte gefahren und dort ausgesetzt. Die Busse fahren leer zurück. In Zukunft soll dieses nur noch mit Zustimmung der beabsichtigten Aufnahmeorte stattfinden. (Süddeutsche Zeitung vom 04.09.2002) In Deutschland verläuft die Abschiebepraxis bei unerwünschten Fremden nicht anders. Der „Bettler-Export" ist nun wirklich nicht neu. Bereits im 16. Jahrhundert war es gängige Praxis, unerwünschte BettlerInnen auf Ochsenkarren über die Stadtgrenzen hinaus weit ins fremde Land zu fahren und dort abzusetzen. Die Bettler kamen allerdings recht bald wieder zurück. Die Mängel des „Bettler-Exportes" haben Juan L. Vives zu seiner Theorie der Sozialen Arbeit („Über die Unterstützung der Armen") inspiriert, in der er Wege aufzeigt, wie die Bettler in die Stadt erfolgreich integriert werden können. (Vives 1973) Neu sind die „modernen" Modelle also nicht. Neu ist nur, dass heute statt Ochsenkarren Überlandbusse beziehungsweise Flugzeuge eingesetzt werden.
Aufgabe der WissenschaftlerInnen ist es nach meiner Auffassung, zunächst einmal beim vorhandenen umfangreichen Wissensfundus anzusetzen, diesen zu erforschen und unter Einbeziehung neuer Erkenntnisse aufzubereiten und weiterzuentwickeln; erst dann sollte man daran gehen, neue wissenschaftliche Theorien für die Soziale Arbeit zu entwerfen. Dabei kann eine neue Theorie oder ein neues Modell theoretisch überzeugend und praxistauglich sein, ohne dass damit alle anderen früheren Ansätze für falsch oder untauglich erklärt werden müssen. Die Idee der *Koexistenz und Komplementarität von Theorien* wird von SozialwissenschaftlerInnen immer wieder gefordert, aber äußerst selten gelebt. Ein ausgeprägtes Denken in Dichotomien wie „entweder – oder", „richtig – falsch", „mein – dein", „Hilfe – Kontrolle", „Berufsarbeit –

Nächstenliebe“ verhindert eine mögliche und notwendige Konzentration auf das Erforderliche und Gemeinsame. Der wissenschaftliche Dialog der VertreterInnen aller Schulen und Traditionen der Wissenschaft Soziale Arbeit ist gefordert, um gemeinsam hilfreiche Antworten auf die vielen sozialen Fragen und Probleme unserer Tage zu finden. Es gibt nicht nur eine richtige Theorie und sonst lauter falsche Theorien. Es ist für mich ein menschliches Problem, wenn man sich (s)einen Ansatz zur ganzen Weisheit macht.

Toleranz und Pluralität der Meinungen und Theorien gehören unabdingbar zur Wissenschaft dazu; das kann und darf aber nicht bedeuten, dass alles im Namen und Rahmen von Wissenschaft möglich und zu dulden ist. Toleranz und Pluralität dürfen nicht mit Grenzenlosigkeit und Beliebigkeit verwechselt werden. Nicht jede denkbare erkenntnistheoretische Perspektive und nicht jede Theorie ist – nicht nur nach meiner Auffassung – in der Sozialen Arbeit tolerabel. Eine Toleranzgrenze sind die ethischen Prinzipien der Sozialen Arbeit, eine andere ist das empirisch-theoretische Wissenschaftsverständnis. Ein Beispiel: Eine 32-jährige alleinstehende Frau lebt in einer sozialpsychiatrischen Einrichtung, sie kann nicht mehr selbst für sich sorgen. Ihr Vater und ihr Bruder haben sie von ihrem 5. Lebensjahr an 19 Jahre lang sexuell missbraucht. In einem Gerichtsprozess sind die beiden Männer deswegen schuldig gesprochen und rechtskräftig verurteilt worden. Die junge Frau wird von ihren Erlebnissen zerrissen, die tiefen Wunden heilen nicht und gestatten ihr kein „normales“ Leben. Wer dem radikal-konstruktivistischen Ansatz konsequent folgen wollte, müsste ihr im Gespräch vermitteln, dass sie diese Wirklichkeit konstruiert habe, und mit ihr eine neue Wirklichkeit konstruieren. Die Würde und das Leiden der jungen Frau sowie die ethische Selbstverpflichtung der Profession Soziale Arbeit im Code of Ethics verpflichten nach meiner Auffassung, solches Vorgehen und seine „wissenschaftstheoretische“ Begründung entschieden als verantwortungslos und inakzeptabel zurückzuweisen. „Postmoderne Professions- und Wissenschaftstheorien“ mit Kernthesen wie „Sozialarbeit ist ohne Eigenschaften“ (siehe Kleve 2000, 195-198) halte ich für überspannte Konvolute, die den KlientInnen und dem Ansehen der Wissenschaft Soziale Arbeit schaden. Ihre VertreterInnen leben anscheinend in einer eigenen, selbst gezimmerten Welt, in der alles, was die eigenen Ideen stören könnte, zum Beispiel die International Federation of Social Workers mit ihren Definitionen und Ethikkodizes, „draußen vor“ bleibt. Vorhandene Realitäten verschwinden zu lassen und neue hervorzuzaubern (das

Kaninchen wird in eine weiße Taube verzaubert) ist die Kunst der Magier und gehört ins Varieté, aber nicht in die Wissenschaft.
„Armut" und „Verwahrlosung" waren die realen sozialen Probleme, die sich hauptsächlich aus der Industrialisierung ergaben und das Fürsorgewesen beim Übergang vom Mittelalter zur Neuzeit weitgehend bestimmt haben. Ökonomisierung, Wertewandel, Globalisierung und Elektronisierung kennzeichnen heutige Veränderungen, die neue soziale Probleme ergeben und traditionelle soziale Probleme verschärfen. (Siehe Albrecht/Groenemeyer/Stallberg 1999; Butterwegge 1999 u.a.) Bislang gewohnte und eingespielte Rahmenbedingungen Sozialer Arbeit verschwinden zu Gunsten anderer. Soziale Arbeit ist als Wissenschaft, Praxis und Ausbildung auch im 21. Jahrhundert herausgefordert. In einer Welt, in der die empirisch-theoretische Wissenschaft einen sehr hohen Stellenwert hat, kann auch die Soziale Arbeit nur bestehen, wenn sie als empirisch-theoretische Wissenschaft verstanden, praktiziert und anerkannt wird. Die Zeit, dass als Handlungskompetenz von SozialarbeiterInnen allein das „gute Herz" genügt hat, ist endgültig vorbei. Gefragt und notwendig sind heute „gutes Herz" und wissenschaftlich fundierte Fachkenntnisse und -kompetenzen, also „Herz und Hirn", um in der Metapher zu bleiben. Wenn die Soziale Arbeit ihren Aufgaben in dem neuen Jahrhundert genügen will, so muss sie sich noch intensiver des Werkzeugs bedienen, das in der modernen Gesellschaft äußerst erfolgreich und angesehen ist, der Wissenschaft. (Siehe Hopps/Morris 2000 u.a.)
Abschließend nenne und erörtere ich einige nach meiner Auffassung für die nächste Zeit anstehende Ziele und Aufgaben der Wissenschaft Soziale Arbeit.

- *Sammlung vorhandenen wissenschaftlichen Wissens aus Geschichte und Gegenwart*

Das vorhandene, weit zerstreute nationale und internationale wissenschaftliche Wissen und Berufs- und Alltagswissen der Sozialen Arbeit sind zusammenzutragen, kritisch zu sichten, zu ordnen, auszuwerten, weiterzuentwickeln und für die Praxis aufzubereiten. Dieses ist eine der Aufgaben der Wissenschaft Soziale Arbeit. Es ist eine Aufgabe, wie sie alle anderen Wissenschaften auch haben, nämlich die zentrifugale Tendenz allen wissenschaftlichen Wissens durch wiederholte zentripetale Anstrengungen systematisch zusammenzufassen. (Rombach 1979, 89)

- *Ausbau der empirisch-theoretischen Forschung*

In der Wissenschaftswelt wird kritisiert, dass die empirisch-theoretische Forschung in der Sozialen Arbeit unterentwickelt und die Produktion verstiegener Theorien überentwickelt sei. Der Zustand des Begriffsreservoirs und damit die gebotenen Überprüfungsverfahren würden auch „weichen" methodologischen Standards nicht genügen. Die sozialen Probleme seien höchst komplex und die empirischen Daten zur Stützung der entwickelten Theorien seien dagegen oft recht schwach beziehungsweise würden ganz fehlen. Da dieser Kritik kaum widersprochen werden kann, ist sie als Aufforderung anzunehmen, die empirisch-theoretische Forschung der Sozialen Arbeit auszubauen. Zu ihren Aufgaben gehören ja das Klären des Begriffsreservoirs, das Gewinnen von empirischen Erkenntnissen, das Entwickeln empirisch fundierter Theorien usw.

- *Projektorientierte Kooperation mit den Bezugswissenschaften*

Die Wissenschaft Soziale Arbeit gehört zur Gruppe der Menschenwissenschaften. Die Zukunft der Forschung liegt nach meiner Auffassung zwischen den Fachgebieten – die interessanten und wichtigen Projekte sind keine disziplinären mehr – man muss viel stärker in Projekten arbeiten. Daraus ergibt sich für die Soziale Arbeit der Zwang zu einer interdisziplinären Kooperation mit allen Wissenschaften, die sich in irgendeiner Weise mit dem Bewältigen sozialer Probleme befassen, und zur Koordination der Erkenntnisse und Ergebnisse aller beteiligten Wissenschaften. (Siehe Wissenschaftsrat 2000.)

- *Entwicklung empirisch-theoretisch begründeter Synthesemodelle*

Der Vielfältigkeit und der systemhaften Verflechtung menschlichen Lebens, näherhin der sozialen Probleme und ihrer Bewältigung, entspricht nach meiner Auffassung eine problemorientierte Verknüpfung unterschiedlichen Wissens und Handelns (Synthesemodelle). Daher muss Soziale Arbeit mit anderen Wissenschaftsdisziplinen eng kooperieren und hat wissenschaftliches Wissen und Arbeitsformen dieser Wissenschaftsdisziplinen systematisch heranzuziehen, aufzubereiten und einzubeziehen. Die Gestaltung und Bestimmung der Beziehungen der Sozialen Arbeit zu den Wissenschaftsdisziplinen, die an den Synthesemodellen beteiligt sind, ist für den weiteren Weg der Sozialen Arbeit entscheidend. Es geht um das Finden und Umsetzen optimaler Wege zum Bewältigen sozialer Probleme, aber auch um Selbstverständnis, Anerkennung, Einfluss und Macht, Zu-, Unter- und Beiordnung, Selbstständigkeit und Abhängigkeit der Wissenschaft, der Praxis und der Ausbildung der Sozialen Arbeit.

- *Pflege einer Ethikkultur in der Sozialen Arbeit*

Europa ist erst mit dem 16. Jahrhundert n.Chr. – vornehmlich durch seine atlantischen Küstenländer – erkennbar in die außereuropäische Welt eingetreten, hat mit Gewalt und Zerstörung andere Länder und Kulturen erobert und den Eroberten die eigene Kultur aufgezwungen. Wir müssen uns gerade bei der These, dass die moderne Soziale Arbeit von Europa ausgeht, daran erinnern: Menschenrechte, die Respektierung des Individuums, Demokratie und sozialer Fortschritt sind weltweit akzeptierte Werte. Aber sie verkörpern nicht allein das, was mit der von Europa ausgehenden Modernisierung der Weltgesellschaft verbunden wird. Mit Europa sind für Nicht-EuropäerInnen ebenso untrennbar grausame Unterwerfung, Missachtung von Menschenwürde und Rassismus verbunden. Der Ethik- und Moraldiskurs, als Diskurs in Widersprüchlichkeiten und Unübersichtlichkeiten, als Diskurs für unterschiedliche Lebens- und Kulturbereiche, als Diskurs zwischen Sachzwängen und Orientierungen, die sich im gesellschaftlichen Kontext herausgebildet haben und weiter entwickeln, ist konkret gefordert, wenn es um die Bewertung alltäglicher Situationen und Handlungen geht, mit denen es Soziale Arbeit zu tun hat. (Vgl. Thiersch 1995, 23f.)

- *Vollständige Integration der Sozialen Arbeit in das Wissenschaftssystem*

Soziale Arbeit als Einzelwissenschaft benötigt in unserer Gesellschaft wie alle anderen wissenschaftlichen Disziplinen auch einen Auftrag und einen eigenen Raum für die Forschung. (Vgl. bereits Salomon 1927, 125ff.) Der Vergleich der Ausstattung der Wissenschaft Soziale Arbeit mit Dokumentationszentren und Forschungseinrichtungen mit der Ausstattung anderer Wissenschaftsdisziplinen lässt eine nur geringe öffentliche Wertschätzung der Sozialen Arbeit vermuten. Strukturelle, personelle und materielle Voraussetzungen fehlen vor allem im Hochschulbereich, um in der Sozialen Arbeit angemessen forschen und die Lehre auf eine wissenschaftliche Basis stellen zu können. (Siehe Wissenschaftsrat 2000.)

- *Vollständige Integration der Sozialen Arbeit in den tertiären Bildungsbereich*

Die Internationalisierung und die strukturellen Reformen des tertiären Bildungsbereichs bieten der Sozialen Arbeit die Chance, in naher Zukunft auf allen Ausbildungsniveaus mit eigenen Studiengängen präsent zu sein. Die Studiengänge für Soziale Arbeit an Fachhochschulen sind zu ergänzen durch Studiengänge für Soziale Arbeit an Universitäten, einschließlich Promotionsstudiengänge. Wenn allgemein die Diplomstudiengänge durch Bachelor- und Masterstudiengänge abgelöst werden, sollte es Bachelor- und Masterstudiengänge für Soziale Arbeit an anwendungsorientierten Hochschulen (Fachhochschulen) und außerdem Master- und Promotionsstudiengänge für Soziale Arbeit an forschungsorientierten Hochschulen (Universitäten) geben.

- *Bessere Verbindung der Wissenschaft zur Praxis*

Gemeinsame Bemühungen aller Betroffenen sollten zum Ziel haben: Praxisorientierte TheoretikerInnen und theorieorientierte PraktikerInnen. Um dieses Ziel zu erreichen, ist die am Anfang dieses Abschnittes zitierte Aufforderung von Bourdieu an die ForscherInnen zu verwirklichen: „Sie müssen zuhören, forschen und erfinden." Und umgekehrt gilt für die PraktikerInnen: „Sie müssen anwenden, offenlegen und nachfragen." PraktikerInnen haben eine Mitverantwortung für die Entwicklung der Wissenschaft und WissenschaftlerInnen haben eine Mitverantwortung für die Entwicklung der Praxis. Eine eigene Verantwortung für den Austausch von Wissenschaft, Praxis und Ausbildung in der Profession Soziale Arbeit haben die Verbände und Gesellschaften der gesamten Profession.

- *Einbindung der deutschen Sozialen Arbeit in die internationale Soziale Arbeit*

Erfreulicherweise wurde in den vergangenen Jahren nicht nur über die Möglichkeiten einer europäischen Sozialen Arbeit gesprochen, sondern es gibt auch zahlreiche Zeugnisse (Kongresse, Projekte, Publikationen), dass die deutsche Soziale Arbeit sich mehr und mehr an dem Europäisierungsprozess der Sozialen Arbeit und der internationalen Sozialen Arbeit aktiv beteiligt. Eine zentrale Gemeinsamkeit der diversen Berufsfelder und nationalen Traditionen der Sozialen Arbeit ist in Europa zu erkennen. (Lorenz 2000 u.a.) Die aktive Beteiligung der deutschen Sozialen Arbeit an den internationalen Verbänden der Sozialen Arbeit (IFSW, IAASW; SSWR u.a.) hat zwar auch wieder eingesetzt, ihre weitere Entwicklung hängt meines Erachtens aber letztlich davon ab, inwieweit in Zukunft Mitglieder der Profession Soziale Arbeit in Forschung und Lehre der Sozialen Arbeit präsent sind und diese bestimmen.

- *Grenzen der Wissenschaft, auch der Sozialen Arbeit, bewusst anerkennen*

Karl Jaspers und andere DenkerInnen haben wiederholt darauf aufmerksam gemacht, dass die Wissenschaften, insbesondere Sozialwissenschaften wie Psychologie und Soziologie, dabei seien, ihre Grenzen zu überschreiten und sich unter Verlust ihrer Wissenschaftlichkeit zur Weltanschauung zu verwandeln. Ihr Ausgangspunkt sei der einer Fachwissenschaft gewesen. Die Fachwissenschaften hätten sich zu Universalwissenschaften mit universellen Theorien entwickelt, weil es „nichts gibt, das nicht einen Aspekt hätte, durch den es ihnen Gegenstand wird.“ (Jaspers 1997, 114) Aus Universalwissenschaften werden nach Jaspers dann Totalwissenschaften, wenn sie „nicht nur nach jeweils gewonnenen methodischen Gesichtspunkten jede Erscheinung menschlicher Dinge in ihr Blickfeld ziehen, sondern wenn sie das Ganze des Menschseins zu ihrem vermeintlichen Gegenstand machen.“ (A.a.O.) Nach meiner Einsicht haben einige AutorInnen der Sozialen Arbeit mit ihren universellen Theorien oder Theoriefragmenten die Grenzen fachwissenschaftlicher Theoriebildung überschritten: Weltanschauung erscheint in den Kleidern der Wissenschaft. Hier sind verstärkt Klärung, Selbstkritik und Selbstbegrenzung angesagt, andernfalls bewegt man sich auf den Feldern von Philosophie, Kunst oder Religion.
Viele Wissenschaften befassen sich irgendwie mit armen, behinderten, suchtkranken, obdachlosen und anderen hilfsbedürftigen Menschen. Nur die Wissenschaft Soziale Arbeit hat allein das Bewältigen sozialer Probleme als Gegenstand und die Verwirklichung der Menschen- und Sozialrechte als zentrales Anliegen. Die Wissenschaft Soziale Arbeit ist und bleibt daher eine notwendige Wissenschaft.

Webliographie

Ausgewählte Internetseiten im World Wide Web zur Wissenschaft Soziale Arbeit

Internetsuche

http://www.suchmaschinen.de
http://www.google.de
http://www.fireball.de
http://www.yahoo.de

Deutsche Links Soziale Arbeit
http://www.sozial.de

European Social Welfare Information Network
http://www.eswin.net/esw.htm

Mailinglist Sozialarbeit und WWW-Angebote
http://www.sozialarbeit.de

Soziales Netz. Forum für Soziale Arbeit
http://www.soziales-netz.de

World Wide Web Resources for Social Workers
http://www.nyu.edu/socialwork/wwwrsw

Datenbanken/Bibliotheken

Bibliothek des Deutschen Caritasverbandes e.V., Freiburg i.Br.
http://www.caritas.de/bibliothek.htm

Datenbanken und Datenarchive – Institut für Soziologie der Universität Heidelberg
http://www.soz.uni-heidelberg.de/content/70/

Datenbank des Deutschen Zentralinstitutes für soziale Fragen, Berlin
http://www.dzi.de/solinet.htm

Datenbank für Diakonie / Innere und äußere Mission
http://rcswww.urz.tu-dresden.de/~pr140583/Tabellen/Diakonie.html

Datenbanksystem allegro-C, allegro-Kataloge im WWW
http://www.biblio.tu-bs.de/allegro/ac-dbs.htm

FORIS – Forschungsinformationssystem Sozialwissenschaften
http://www.social-science-gesis.de/Information/FORIS/index.htm

Informationszentrum Sozialwissenschaften
http://www.gesis.org/iz/index.htm

Social Science Information Gateway
http://www.esrc.bris.ac.uk/

SOLIS – Sozialwissenschaftliches Literaturinformationssystem
http://www.social-science-gesis.de/Information/SOLIS/index.htm

Statistisches Bundesamt Deutschland
http://www.destatis.de/

Zentralstelle für Psychologische Information und Dokumentation, Trier
http://www.zpid.de/

Berufsverbände, Gesellschaften

Association Nationale des Assistants de Service Sociale (ANAS)
http://www.anas.travail-social.com

Association of Social Workers in Slowak Republic (ASPS)
http://www.asps.sk

British Association of Social Workers (BASW)
http://www.basw.co.uk

Council on Social Work Education (CSWE)
http://www.cswe.org

Danish Association of Social Workers
http://www.socialrdg.dk

Deutsche Gesellschaft für Sozialarbeit (DGfS)
http://www.deutsche-gesellschaft-fuer-sozialarbeit.de

Deutscher Berufsverband für Soziale Arbeit (DBSH)
http://www.dbsh.de

European Association of Schools of Social Work (EASW)
http://www.eassw.org

International Association of Schools of Social Work (IAASW)
http://www.iassw.soton.ac.uk

International Council on Social Welfare
http://www.icsw.org

International Federation of Social Workers (IFSW)
http://www.ifsw.org

National Association of Social Workers (NASW), USA
http://www.naswdc.org

Nederlandse Vereniging van Maatschappelijk Workers (NVMV)
http://www.nvmw.org

Österreichischer Berufsverband diplomierter SozialarbeiterInnen
http://www.sozialarbeit.at

Polish Association of Social Workers
http://www.ptps.ops.pl

Schweizer Berufsverband Soziale Arbeit (SBS/ASPAS)
http://www.sbs-aspas.ch/

Society for Social Work and Research, USA
http://www.sswr.org

Deutsche Gesellschaft für Erziehungswissenschaft (DGfE) Sektion 8: Sozialpädagogik
http://www.dgfe.de

Deutsche Gesellschaft für Soziologie (DGS)
http://www.soziologie.de

Deutsche Gesellschaft für Soziologie, Sektion Soziale Probleme und soziale Kontrolle
http://www.uni-bielefeld.de/sozprob/links.htm

Deutsche Gesellschaft für Psychologie (DGPs)
http://www.dgps.de

Institute, Organisationen

Arbeiterwohlfahrt Bundesverband e.V.
http://www.awo.de

Deutscher Caritasverband e.V.
http://www.caritas.de

Deutscher Verein für öffentliche und private Fürsorge
http://www.deutscher-verein.de

Deutsches Jugendinstitut, München
http://www.dji.de

Deutsches Rotes Kreuz e.V.
http://www.drk.de

Deutsches Zentralinstitut für soziale Fragen, Berlin
http://www.dzi.de

Diakonisches Werk der EKD e.V.
http://www.diakonie.de

Institut für Sozialarbeit und Sozialpädagogik, Frankfurt a.M.
http://www.iss-ffm.de

National Institute for Social Work, London
http://www.nisw.org.uk

Paritätischer Wohlfahrtsverband – Gesamtverband e.V.
http://www.paritaet.org

Wissenschaftsorganisationen

Akkreditierungsrat
http://www.akkreditierungsrat.de

Deutsche Forschungsgemeinschaft (DFG), Bonn
http://www.dfg.de

Hochschulrektorenkonferenz (HRK), Bonn
http://www.hrk.de

Sekretariat der Kultusministerkonferenz (KMK), Bonn
http://www.kmk.org

Wissenschaftsrat (WR), Bonn
http://www.wissenschaftsrat.de

Wissenschaftszentrum für Sozialforschung, Berlin
http://www.wz-berlin.de/

Zeitschriften

Archiv für Wissenschaft und Praxis der sozialen Arbeit (Eigenverlag des Deutschen Vereins für öffentliche und private Fürsorge)
http://www.deutscher-verein.de/portal/publikationen/05-archiv

Blätter der Wohlfahrtspflege. Deutsche Zeitschrift für Sozialarbeit
http://www.nomos.de

Diakonie Dokumentation (Diakonisches Werk der EKD e.V.)
http://www.diakonie.de/cgi-bin/prettyprint.pl

European Journal of Social Work
http://www.tandf.co.uk/journals

FORUM Sozial – Die Zeitschrift des Deutschen Berufsverbandes für Soziale Arbeit (DBSH)
http://www.dbsh.de

International Social Work (Offizielle Zeitschrift der IASSW, ICSW und IFSW)
http://www.sagepub.co.uk/

Kölner Zeitschrift für Soziologie und Sozialpsychologie
http://www.uni-koeln.de/kzfss/

Nachrichtendienst des Deutschen Vereins für öffentliche und private Fürsorge
http://www.deutscher-verein.de/portal/publikationen

neue caritas (Deutscher Caritasverband e.V.)
http://www.caritas.de/aufsatzkatalog.htm

neue praxis (Luchterhand-Verlag)
http://www.luchterhand-fachverlag.de

Rechtssprechungsdienst (NDV-RD) des Deutschen Vereins
für öffentliche und private Fürsorge
http://www.deutscher-verein.de/portal/publikationen

Rundbrief Gilde Soziale Arbeit GiSA
http://www.gilde-soziale-arbeit.de/rundbrief.htm

Soziale Arbeit (Eigenverlag des Deutschen Zentralinstitutes
für Soziale Fragen, Berlin)
http://www.dzi.de/sozialea.htm

Sozialextra. Zeitschrift für Soziale Arbeit & Sozialpolitik
(Verlag Leske + Budrich)
http://www.sozialextra.de/y-01.htm

Sozialmagazin (Juventa Verlag)
http://www.juventa.de/zeitschriften/sozialmagazin

Sozialwissenschaftliche Literatur Rundschau (Luchterhand-Verlag)
http://www.luchterhand-fachverlag.de

Social Work (National Association of Social Workers, USA)
http://www.naswpress.org

Social Work Abstracts (National Association of Social Workers, USA)
http://www.naswpress.org

Social Work in Europe (Russell House Publishing)
http://www.russellhouse.co.uk/

Social Work Research (National Association of Social Workers, USA)
http://www.naswpress.org

The British Journal of Social Work
http://www.bjsw.oupjournals.org/

THEORIE und PRAXIS der sozialen Arbeit (Bundesverband
der Arbeiterwohlfahrt e.V.)
http://www.awo.org/pub/aktuell/zs/tup.html

Das Internet wird ständig verändert und deshalb kann nicht versichert werden, dass die hier aufgeführten Internetseiten weiterhin in dieser Form existieren oder abrufbar sind.

Literatur

Addams, Jane 1902: Democracy and Social Ethics. New York

Addams, Jane 1907: Newer Ideals of Peace. New York

Addams, Jane 1913: Zwanzig Jahre sozialer Frauenarbeit in Chicago. Nebst dem Bildnis der Verfasserin und einem Geleitwort von Alice Salomon. Übersetzt von Else Münsterberg. München

Addams, Jane 1922: Peace and Bread in Time of War. New York

Addams, Jane 1960: A Centennial Reader. New York

Addams, Jane 1981: Twenty Years al Hull House with Autobiographical Notes. New York 1. Aufl.: 1910

Adler, Alfred 1972: Über den nervösen Charakter. Frankfurt a.M.

Adler, Alfred 1973: Der Sinn des Lebens. Frankfurt a.M.

Adler, Alfred 1979: Das Leben gestalten. Vom Umgang mit Sorgenkindern. Frankfurt a.M.

Adler, Helmut 1998: Fallanalyse beim Hilfeplan nach § 36 KJHG. Frankfurt a.M., Berlin

Albert, Hans 1989: Kritischer Rationalismus. In: Seiffert, Helmut/Radnitzky, Gerard (Hg.): Handlexikon zur Wissenschaftstheorie. München. 177-182

Albrecht, Günter 1999: Methodische Probleme der Erforschung sozialer Probleme. In: Albrecht, Günter/Groenemeyer, Axel/Stallberg, Friedrich W. (Hg.): Handbuch soziale Probleme. Opladen, Wiesbaden. 768-882

Albrecht, Günter/Groenemeyer, Axel/Stallberg, Friedrich W. (Hg.) 1999: Handbuch soziale Probleme. Opladen, Wiesbaden

Alexander, Chauncey A. 1995: Distinctive Dates in Social Welfare History. In: National Association of Social Workers (Hg.) 1995c: Encyclopedia of Social Work. Washington. 2631-2647

Alinski, Saul D. 1973: Leidenschaft für den Nächsten. Strategien und Methoden der Gemeinwesenarbeit. Gelnhausen

Alisch, Lutz-Michael/Rössner, Lutz 1990: Grundlagen der Sozialarbeitswissenschaft und sozialarbeitswissenschaftlichen Forschung. Braunschweig. 2., erw. Aufl.

Alonso, Marcelo/Finn, Edward. J. 2000: Physik. München. 3., Aufl.

Alston, Margaret/Bowles, Wendy 2003: Research for Social Workers. An Introduction to Methods. London, New York. 2. Aufl.

Alterhoff, Gernot 1994: Grundlagen klientenzentrierter Beratung. Stuttgart, Berlin, Köln. 2., überarb. und erw. Aufl.

Althaus, Hermann 1937: Nationalsozialistische Volkswohlfahrt. Wesen, Aufgaben und Aufbau. Berlin

Andrae, Dan 1996: Systems Theory and Social Work Treatment. In: Turner, Francis J. (Hg.): Social work treatment: Interlocking theoretical approaches. New York. 601-616

Andreß, Hans Jürgen 1999: Leben in Armut. Analysen der Verhaltensweisen armer Haushalte mit Umfragedaten. Opladen, Wiesbaden

Arbeiterwohlfahrt Bundesverband e.V. 1999: Leitsätze und Leitbild der Arbeiterwohlfahrt. Bonn

Arlt, Ilse von 1911: Die fachliche Ausbildung sozialer Helferinnen. In: Dokumente des Fortschritts. Internationale Revue 7 (4) 471-474

Arlt, Ilse von 1912: Jugendfürsorge als Frauenberuf. In: Zeitschrift für Kinderforschung – (17) 311-316

Arlt, Ilse von 1921: Die Grundlagen der Fürsorge. Wien

Arlt, Ilse von 1925: Armutsforschung. In: Deutsche Zeitschrift für Wohlfahrtspflege 4 (1) 145-153

Arlt, Ilse von 1926: Das Beobachten sozialer Tatsachen. In: Deutsche Zeitschrift für Wohlfahrtspflege 4 (2) 169-173

Arlt, Ilse von 1929: Armutsforschung als Grundlage des Fürsorgeunterrichts. In: Blätter des Deutschen Roten Kreuzes. Wohlfahrt und Sozialhygiene 1 (8) 29-32

Arlt, Ilse von 1930: Armutsforschung. In: Soziale Arbeit 1-3 (28) 48-51

Arlt, Ilse von 1932a: Planmäßige Armutsforschung. In: Soziale Praxis 51/52 (41) 1634-1638

Arlt, Ilse von 1932b: Exakte Armutsforschung als Hilfsmittel in der Fürsorgekrise. In: Keller, Franz (Hg.): Jahrbuch der Caritaswissenschaft 1932. Freiburg i.Br. 65-75

Arlt, Ilse von 1950: Nekrolog der ersten österreichischen Fürsorgeschule. In: Österreichisches Wohlfahrtswesen. Monatsblätter für soziale Fürsorge. Bundesministerium für soziale Verwaltung Wien (Hg.) 8, 8-10

Arlt, Ilse von 1958: Wege zu einer Fürsorgewissenschaft. Wien

Arnold, Thomas (1993): Struktureigenschaften Sozialer Arbeit und ihre Auswirkungen auf das Verhältnis von Theorie und Praxis. In: neue praxis 5 (23) 466-472

Atteslander, Peter 2000: Methoden der empirischen Sozialforschung. Berlin, New York. 9., neu bearb. Aufl.

Austin, David M. 1995b: Management Overview. In: National Association of Social Workers (Hg.): Encyclopedia of Social Work. Washington. 1642-1658

Badelt, Christoph 1997: Sozialmanagement. Ein kontroverses Konzept zur Integration von wirtschaftlichem und sozialem Denken? In: Soziale Arbeit 10/11 (46) 326-337

Badry, Elisabeth/Buchka, Maximilian/Knapp, Rudolf (Hg.) 1992: Pädagogik. Grundlagen und Arbeitsfelder. Neuwied, Kriftel, Berlin

Baecker, Dirk 2000: „Stellvertretende" Inklusion durch ein „sekundäres" Funktionssystem: Wie „sozial" ist die soziale Hilfe? In: Merten, Roland (Hg.): Systemtheorie Sozialer Arbeit. Opladen. 39-46

Bahner, Heinrich (Hg.) 1982a, b: Geschichte der Psychologie. Bd. 1: Geistesgeschichtliche Grundlagen. Bd. 2: Entwicklungslinien zur wissenschaftlichen Psychologie. Weinheim, Basel

Baker, Paul J. 1981: Die Lebensgeschichten von W.I. Thomas und Robert E. Park. In: Lepenies, Wolf (Hg.): Geschichte der Soziologie. Frankfurt a.M. 244-270

Balzer, Wolfgang 1997: Die Wissenschaft und ihre Methoden. Grundsätze der Wissenschaftstheorie. Ein Lehrbuch. Freiburg i.Br.

Bango, Jenö 2001: Sozialarbeitswissenschaft heute: Wissen, Bezugswissenschaften und Grundbegriffe. Stuttgart

Banks, Sarah 2001: Ethics and Values in Social Work. Houndmills, Basingstoke

Barber, James. G. 1996: Science and Social Work: Are They Compatible? In: Research on Social Work Practice. 3 (6) 379-388

Bardmann, Theodor M. (Hg.) 1997: Zirkuläre Positionen: Konstruktivismus als praktische Theorie. Opladen

Bardmann, Theodor M./Hermsen, Thomas 2000: Luhmanns Systemtheorie in der Reflexion Sozialer Arbeit. In: Merten, Roland (Hg.): Systemtheorie Sozialer Arbeit. Opladen. 87-112

Barlösius, Eva/Mayerhofer, Wolfgang L. (Hg.) 2001: Die Armut der Gesellschaft. Sozialstrukturanalyse. Opladen

Barreyre, Jean-Yves u.a. 1995: Dictionaire critique d'Action sociale. Bayard Éditions. Paris

Bartlett, Harriett M. 1979: Grundlagen beruflicher Sozialarbeit. Integrative Elemente einer Handlungstheorie für Sozialarbeiter/Sozialpädagogen. Freiburg i.Br.

Bauer, Jost/Schimke, Hans-Jürgen 2001: Recht und Familie. Rechtliche Grundlagen der Sozialisation. Neuwied. 2., überarb. Aufl.

Bäumer, Gertrud 1929a: Die historischen und sozialen Voraussetzungen der Sozialpädagogik und die Entwicklung ihrer Theorie. In: Nohl, Herman/Pallat, Ludwig (Hg.): Handbuch der Pädagogik, Bd. 5. Sozialpädagogik. Langensalza. (Reprint 1981) Weinheim, Basel. 3-17

Bäumer, Gertrud 1929b: Das Jugendwohlfahrtswesen. In: Nohl, Herman/Pallat, Ludwig (Hg.): Handbuch der Pädagogik, Bd. 5. Sozialpädagogik. Langensalza. (Reprint 1981) Weinheim, Basel. 18-26

Bäumer, Gertrud 1929c: Die sozialpädagogische Erzieherschaft und ihre Ausbildung. In: Nohl, Herman/Pallat, Ludwig (Hg.): Handbuch der Pädagogik, Bd. 5. Sozialpädagogik. Langensalza. (Reprint 1981) Weinheim, Basel. 209-226

Baum, Marie 1951: Familienfürsorge. Berlin, Hannover, Frankfurt a.M.

Baumgart, Ralf/Eichener, Volker 1991: Norbert Elias zur Einfühurng. Hamburg

Beers, Mark H./Berkow, Robert (Hg.) 2000: Das MSD Manual der Diagnostik und Therapie. München, Jena.

Belardi, Nando 2001: Soziale Arbeit in Asien. In: Otto, Hans-Uwe/Thiersch, Hans (Hg.): Handbuch der Sozialarbeit/Sozialpädagogik. Neuwied, Kriftel. 1605-1610

Benner, Dietrich 2001: Hauptströmungen der Erziehungswissenschaft. Eine Systematik traditioneller und moderner Theorien. München. 4. Aufl.

Berlin, Isaiah 1992: Das krumme Holz der Humanität. Kapitel der Ideengeschichte. Frankfurt a.M.

Berger, Rainer (Hg.) 2001: Studienführer Soziale Arbeit. Münster i.W.

Bierhoff, Hans Werner 1990: Psychologie hilfreichen Verhaltens. Stuttgart

Biermann, Benno/Bock-Rosenthal, Erika/Doehlemann, Martin/Grohall, Karl-Heinz/Kühn, Dietrich 1994: Soziologie: gesellschaftliche Probleme und sozialberufliches Handeln. Neuwied, Kriftel, Berlin

Biestek, Felix 1968: Wesen und Grundsätze der helfenden Beziehung in der Sozialen Einzelhilfe. Freiburg i.Br.

Bihlmeyer, Karl/Tüchle, Hermann 1962: Kirchengeschichte. Das Mittelalter. Paderborn

Bismarck, Otto von 1929: Die gesammelten Werke. Bd. 12. Berlin

Bloch, Ernst 1970: Das Prinzip Hoffnung. In drei Bänden. Frankfurt a.M.

Bochenski, Joseph M. 1993: Die zeitgenössischen Denkmethoden. Tübingen. 10. Aufl.

Bock, Teresa 1997: Sozialarbeit/Sozialpädagogik. In: Deutscher Verein für öffentliche und private Fürsorge (Hg.): Fachlexikon der sozialen Arbeit. Frankfurt a.M. 4. Aufl. 836-839

Bock, Teresa/Rauschenbach, Thomas 1997: Sozialarbeiter/-innen und Sozialpädagog/-innen. In: Deutscher Verein für öffentliche und private Fürsorge (Hg.): Fachlexikon der sozialen Arbeit. Frankfurt a.M. 834ff.

Bodenheimer, Aron Ronald 1984: Warum? Von der Obszönität des Fragens. Stuttgart

Boer, Jo/Utermann, Kurt 1970: Gemeinwesenarbeit. Stuttgart

Böhm, Winfried 1995: Theorie und Praxis. Eine Einführung in das pädagogische Grundproblem. Würzburg

Böhm, Winfried 2002 (Hg.): Pädagogik – Wozu und für wen? Stuttgart

Böhm, Winfried/Wenger-Hadwig, Angelika 1998 (Hg.): Erziehungswissenschaft oder Pädagogik? Stuttgart

Böhnisch, Lothar 1994: Gespaltene Normalität. Lebensbewältigung und Sozialpädagogik an den Grenzen der Wohlfahrtsgesellschaft. Weinheim

Böhnisch, Lothar 1999: Sozialpädagogik der Lebensalter. Eine Einführung. Weinheim. 2., überarb. Aufl.

Böhnisch, Lothar 2002: Lebensbewältigung. Ein sozialpolitisch inspiriertes Paradigma für die Soziale Arbeit. In: Thole, Werner (Hg.): Grundriss Soziale Arbeit. Opladen. 199-213

Bommes, Michael/Scherr, Albert 2000: Soziologie der Sozialen Arbeit. Weinheim, München

Böttcher, Hans 1975: Sozialpädagogik im Überblick. Versuch einer systematischen Agogik. Freiburg i.Br.

Bourdieu, Pierre 1987a: Die feinen Unterschiede. Kritik der gesellschaftlichen Urteilskraft. Frankfurt a.M.

Bourdieu, Pierre 1987b: Sozialer Sinn. Frankfurt a.M.

Bourdieu, Pierre 1997: Das Elend der Welt. Konstanz

Bourdieu, Pierre 2002: Die letzte Rede von Pierre Bourdieu. In: Forum SOZIAL 3 (-) 22-24

Bowlby, John 1986: Trennung. Psychische Schäden als Folge der Trennung von Mutter und Kind. Frankfurt a.M.

Bowlby, John 1987: Verlust, Trauer und Depression. Frankfurt a.M.

Brack, Ruth 1997: Methoden der Sozialarbeit. In: Deutscher Verein für öffentliche und private Fürsorge (Hg.): Fachlexikon der sozialen Arbeit. Frankfurt a.M. 642-645

Brandt, Ahasver von 1980: Werkzeug des Historikers. Stuttgart, Berlin, Köln, Mainz

Braun, Johann 1997: Einführung in die Rechtswissenschaft. Tübingen

Braun, Walter 1992: Pädagogik – eine Wisssenschaft!? Weinheim

Brauns, Hans-Jochen 1997: Anforderungen an die künftige Sozialarbeiterausbildung aus der Sicht der Träger. In: Soziale Arbeit 6 (46) 193-196

Brayne, Hugh/Martin, Gerry/Carr, Helen 2001: Law for Social Workers. Oxford

Brecht, Bertolt 1967: Gesammelte Werke. Bd. 3. Stücke 3. Werkausgabe edition suhrkamp. Frankfurt a.M.

Brumlik, Micha 1989: Kohlbergs ‚Just Community'-Ansatz als Grundlage einer Theorie der Sozialpädagogik. In: neue praxis 5 (19) 374-383

Brumlik, Micha 1992: Advokatorische Ethik: zur Legitimation pädagogischer Eingriffe. Bielefeld

Brumlik, Micha 2001: Moralerziehung. In: Otto, Hans-Uwe/Thiersch, Hans (Hg.): Handbuch der Sozialarbeit/Sozialpädagogik. Neuwied, Kriftel. 2. Aufl. 1236-1244

Brumlik, Micha/Brunkhorst, Hauke (Hg.) 1993: Gemeinschaft und Gerechtigkeit. Frankfurt a.M.

Brunkhorst, Hauke 2001: Gerechtigkeit. In: Otto, Hans-Uwe/Thiersch, Hans (Hg.): Handbuch der Sozialarbeit/Sozialpädagogik. Neuwied, Kriftel. 2. Aufl. 665-669

Buchkremer, Hansjosef 1995: Handbuch Sozialpädagogik. Dimensionen sozialer und gesellschaftlicher Entwicklungen durch Erziehung. Darmstadt

Buhr, Manfred/Kosing, Alfred 1979: Kleines Wörterbuch der marxistisch-leninistischen Philosphie. Berlin

Bundesarbeitsgemeinschaft der Freien Wohlfahrtspflege (Hg.) 1985: Die Spitzenverbände der Freien Wohlfahrtspflege – Aufgaben und Finanzierung. Freiburg i. Br.

Bundesarbeitsgemeinschaft der Freien Wohlfahrtspflege (Hg.) 2002: Die freie Wohlfahrtspflege – Profil und Leistungen. Freiburg i. Br.

Bundesverband der Katholischen Arbeitnehmer-Bewegung (KAB) Deutschlands (Hg.) 1975: Texte zur katholischen Soziallehre. Kevelaer

Bund-Länder-Kommission für Bildungsplanung und Forschungsförderung (BLK); Bundesanstalt für Arbeit (Hg.) 2001: 2001/2002 Studien- & Berufswahl. Nürnberg

Bunge, Mario 1996: Finding Philosophy in Social Science. New Haven, London

Burgess, Hilary 1992: Problem-Led Learning for Social Work: The Enquiry and Action Approach. London

Burghardt, Heinz 2001: Recht und Soziale Arbeit. Grundlagen für eine rechtsgebundene sozialpädagogische Fachlichkeit. Weinheim, München

Burghardt, Thomas 1998: Aktionsforschung – Wo liegt ihre theoretische Bedeutung für die Veränderung sozialer Praxis? In: Huppertz, Norbert (Hg.): Theorie und Forschung in der Sozialen Arbeit. Neuwied, Kriftel. 91-118

Büschges, Günter/Abraham, Martin/Funk, Walter 1998: Grundzüge der Soziologie. München. 3., völlig neu bearb. Aufl.

Butterwegge, Christoph 1999: Sozialstaat in der „Globalisierungsfalle"? In: neue praxis 5 (29) 435-447

Chytil, Oldrich/Seibel, Friedrich W. (Hg.) 1999: Europäische Dimensionen in Ausbildung und Praxis der Sozialen Professionen. ERASMUS-TNP-KONFERENZ, OSTRAVA 1998. Boskovice

Clausewitz, Carl von 1991: Vom Kriege. Auswahl. Stuttgart. 1. Aufl.: 1832

Cogoy, Renate/Kluge, Irene/Meckler, Brigitte (Hg.) 1989: Erinnerung einer Profession. Erziehungsberatung, Jugendhilfe und Nationalsozialismus. Münster i.W.

Council on Social Work Education 2002: Educational Policy and Accreditation Standards. In: http://www.cswe.org

Daiber, Karl-Fritz 1977: Grundriß der Praktischen Theologie als Handlungswissenschaft. München, Mainz

DBSH 1999: Grundsatzprogramm des DBSH. In: FORUM sozial. Die berufliche Soziale Arbeit 3 (-) 6-29

Deegan, Mary J. 1988: Jane Addams and the Men of the Chicago School. 1892-1918. New Brunswick, N.J.

Deutscher Caritasverband e.V. 1997: Leitbild des Deutschen Caritasverbandes. Freiburg i.Br.

Deutscher Verein für öffentliche und private Fürsorge 1983: Stellungnahme des Deutschen Vereins zu den „Anforderungen an eine berufsqualifizierende Ausbildung der Sozialarbeiter/Sozialpädagogen". Sonderdruck aus dem Nachrichtendienst des Deutschen Vereins für öffentliche und private Fürsorge 5/1983

Deutscher Verein für öffentliche und private Fürsorge (Hg.) 1997: Fachlexikon der sozialen Arbeit. Frankfurt a.M. 4., vollständig überarb. Aufl.

Dewe, Bernd/Ferchhoff, Wilfried 1987: Abschied von den Professionen oder die Entzauberung der Experten? Zur Situation der helfenden Berufe in den

80er Jahren. In: Archiv für Wissenschaft und Praxis der sozialen Arbeit 3 (23) 147-182

Dewe, Bernd/Ferchhoff, Wilfried/Scherr, Albert/Stüwe, Gerd 1995: Professionelles soziales Handeln. Soziale Arbeit im Spannungsfeld zwischen Theorie und Praxis. Weinheim, München

Dewe, Bernd/Otto, Hans-Uwe 1996a: Zugänge zur Sozialpädagogik. Reflexive Wissenschaftstheorie und kognitive Identität. Weinheim, München

Dewe, Bernd/Otto, Hans-Uwe 1996b: Sozialpädagogik – Über ihren Status als Disziplin und Profession. In: neue praxis 1 (26) 3-16

Dewe, Bernd/Otto, Hans-Uwe 2001: Wissenschaftstheorie. In: Otto, Hans-Uwe/Thiersch, Hans (Hg.): Handbuch der Sozialarbeit/Sozialpädagogik. Neuwied, Kriftel. 1966-1979

Diakonisches Werk der EKD e.V. 1997: Leitbild Diakonie. Stuttgart

Diedering, Wolfgang 1994: Analytische Budgetierung in sozialen Organisationen. Ziele, Wege und Controlling. Freiburg i.Br.

Dießenbacher, Hartmut/Müller, Albrecht 1987: Wissenschaftstheorie und Sozialpädagogik. In: Eyferth, Hanns/Otto, Hans-Uwe/Thiersch, Hans (Hg.): Handbuch zur Sozialarbeit/Sozialpädagogik. Neuwied, Darmstadt. 1251-1262

Dörner, Klaus/Plog, Ursula 2000: Irren ist menschlich. Lehrbuch der Psychiatrie/Psychotherapie. Bonn

dtv-Brockhaus-Lexikon 1999: 20 Bände. Wiesbaden

Duden 2001: Herkunftswörterbuch. Etymologie der deutschen Sprache. Mannheim. 3., völlig neu überarb. Aufl.

Durkheim, Emile 1977: Über die Teilung der sozialen Arbeit. Frankfurt a.M. (1. Aufl. 1893: De la Division du travail social)

Dümpelmann, Leo/Hüntelmann, Rafael 1991: Sein und Struktur. Eine Auseinandersetzung der Phänomenologien Heideggers und Rombachs. Pfaffenweiler

Dux, Günter 1987: Das Ende aller Werte. In: Olk, Thomas/Otto, Hans-Uwe (Hg.): Soziale Dienste im Wandel 1: Helfen im Sozialstaat. Neuwied, Darmstadt. 139-169

Eberhard, Kurt 1987: Einführung in die Erkenntnis- und Wissenschaftstheorie. Geschichte und Praxis der konkurrierenden Erkenntniswege. Stuttgart

Eberhart, Cathy 1995: Jane Addams: Sozialarbeit, Sozialpädagogik und Reformpolitik. Rheinfelden, Berlin

Eckart, Wolfgang U. 2000: Geschichte der Medizin. Berlin, Heidelberg, New York. 4. Aufl.

Edelbluth, Theodor 1912: Johann Ludwig Vives' pädagogische Hauptschriften: „Die Erziehung der Christin" und „Über die Wissenschaften" aus dem Lateinischen übersetzt und mit einer Einleitung und erklärenden Anmerkungen versehen. Paderborn

Edelmann, Walter 2000: Lernpsychologie. Weinheim. 6., völlig überarb. Aufl.

Eggemann, Maike/Hering, Sabine (Hg.) 1999: Wegbereiterinnen der modernen Sozialarbeit. Weinheim, München

Ehrhardt-Kramer, Angelika 1989: Ökologische Konzepte der Sozialarbeit. In: Archiv für Wissenschaft und Praxis der sozialen Arbeit 4 (18) 219-233

Eikelmann, Theodor/Hutter, Andreas 1996: Vom „Sozialwesen" zur „Sozialen Arbeit". Reform der Rahmenstudienordnung für die Fachhochschulen in Bayern. In: Engelke, Ernst (Hg.): Soziale Arbeit als Ausbildung. Freiburg i.Br. 150-171

Elias, Norbert 1978a, b: Über den Prozeß der Zivilisation. Soziogenetische und psychogenetische Untersuchungen. 2 Bände. Frankfurt a.M.

Elias, Norbert 1988: Über die Zeit. Arbeiten zur Wissenssoziologie II. Frankfurt a.M.

Elias, Norbert 1990: Engagement und Distanzierung. Arbeiten zur Wissenssoziologie I. Frankfurt a.M.

Elias, Norbert 1996: Was ist Soziologie? Weinheim, München

Elias, Norbert 1999: Die Gesellschaft der Individuen. Frankfurt a.M.

Elias, Norbert/Scotson, John L. 1990: Etablierte und Außenseiter. Frankfurt a.M.

Engelke, Ernst (Hg.) 1981: Psychodrama in der Praxis. Anwendung in Therapie, Beratung und Sozialarbeit. München

Engelke, Ernst 1992: Soziale Arbeit als Wissenschaft. Eine Orientierung. Freiburg i.Br.

Engelke, Ernst 1993: Nach-denken in der Sozialen Arbeit? Über die Notwendigkeit und die Aufgaben der Sozialen Arbeit als Wissenschaft. In: Sozial. Zeitschrift des Berufsverbandes der Sozialarbeiter, Sozialpädagogen, Heilpädagogen (BSH). 1 (44) 11-16

Engelke, Ernst (Hg.) 1996: Soziale Arbeit als Ausbildung. Studienreform und – modelle. Freiburg i.Br.

Engelke, Ernst 1998: Theorien der Sozialen Arbeit. Eine Einführung. Freiburg i.Br.

Engelke, Ernst 2000: Gesellschaftlicher Wandel und Hochschulreform – Auswirkungen auf die Ausbildung in der Sozialen Arbeit. In: Archiv für Wissenschaft und Praxis der sozialen Arbeit 1 (31) 73-96

Erath, Peter/Göppner, Hans-Jürgen 1996: Einige Thesen zur Begründung und Anlage einer Sozialarbeitswissenschaft. In: Puhl, Ria (Hg.): Sozialarbeitswissenschaft: neue Chancen für theoriegeleitete Soziale Arbeit. Weinheim, München. 187-204

Erler, Michael 2000: Soziale Arbeit. Ein Lehr- und Arbeitsbuch zu Geschichte, Aufgaben und Theorie. Weinheim, München

Ernst, Josef 1994: Das Evangelium nach Lukas. Regensburger Kommentar. Regensburg

Euchner, Walter 1989: Einleitung zu den Zwei Abhandlungen über die Regierung. In: Locke, John: Zwei Abhandlungen über die Regierung. Hg. und eingeleitet von Walter Euchner. Frankfurt a.M. 9-59

Euchner, Walter 2000: Ideengeschichte des Sozialismus in Deutschland. Teil I. In: Grebing, Helga (Hg.): Geschichte der sozialen Ideen in Deutschland. Essen. 21-354

Eyferth, Hanns/Otto, Hans-Uwe/Thiersch, Hans (Hg.) 1987: Handbuch zur Sozialarbeit/Sozialpädagogik. Neuwied, Darmstadt

Fehlker, Martha 1989: Der wissenschaftliche Anspruch der Sozialarbeit. In: Die berufliche Sozialarbeit 2/3 (o.J.) 41-44

Ferchhoff, Wilfried/Kurtz, Thomas 1998: Professionalisierungstendenzen der Sozialen Arbeit in der Moderne. In: neue praxis 1 (28) 12-26

Feth, Reiner 1996: Auf dem Wege zur disziplinären Heimat. Studienreform an der Katholischen Fachhochschule für Soziale Arbeit Saarbrücken. In: Engelke, Ernst (Hg.): Soziale Arbeit als Ausbildung. Freiburg i.Br. 78-108

Feustel, Adriane/Labonté-Roset, Christine (Hg.) 1992: Die Konferenz der sozialen Frauenschulen Deutschlands und die Folgekonferenzen 1917-1992. Zum 75jährigen Jubiläum der KFS. Eine Dokumentensammlung. Fachhochschule für Sozialarbeit und Sozialpädagogik Berlin

Feustel, Adriane (Hg.) 1998: Alice Salomon. Frauenemanzipation und soziale Verantwortung. Ausgewählte Schriften in drei Bänden. Neuwied, Kriftel

Fèvre, Louis 1993: Le travail social. Théories et pratiques. Lyon

Feyerabend, Paul 1992: Über Erkenntnis. Zwei Dialoge. Frankfurt a.M., New York

Feyerabend, Paul 1993: Wider den Methodenzwang. Skizze einer anarchistischen Erkenntnistheorie. Frankfurt a.M. (1. Aufl. 1983)

Fichtner, Jörg 2003: Evaluation in der Sozialen Arbeit. In: Soziale Arbeit 2 (52) 49-54

Fiedler, Peter 1996: Verhaltenstherapie in und mit Gruppen. Weinheim

Fieseler, Gerhard/Herborth, Reinhard 2001: Recht der Familie und Jugendhilfe. Arbeitsplatz Jugendamt/Sozialer Dienst. Neuwied, Kriftel. 5., überarb. Aufl.

Flasch, Kurt 2001: Nikolaus Cusanus. München

Flick, Uwe 2002: Qualitative Forschung. Eine Einführung. Reinbek bei Hamburg. 6., überarb. Neuauflage

Flynn, John P. 1995c: Social Justice in Social Agencies. In: National Association of Social Workers (Hg.): Encyclopedia of Social Work. Washington. 2173-2179

Forst, Rainer 1994: Kontexte der Gerechtigkeit. Politische Philosophie jenseits von Liberalismus und Kommunitarismus. Frankfurt a.M.

Fortune, Anne E./Reid, William J. 1998: Research in social work. New York. 3. Aufl.

Friebertshäuser, Barbara/Jakob, Gisela 2001: Forschungsmethoden: qualitative. In: Otto, Hans-Uwe/Thiersch, Hans (Hg.): Handbuch der Sozialarbeit/Sozialpädagogik. Neuwied, Kriftel. 576-591

Friedländer, Walter A./Pfaffenberger, Hans (Hg.) 1974: Grundbegriffe und Methoden der Sozialarbeit. Neuwied, Berlin. 2., durchgesehene Aufl. (1. Aufl.: 1966)

Friedrichs, Jürgen 1999: Methoden empirischer Sozialforschung. Opladen. 14. Aufl.

Friesenhahn, Günter J. 1998: Curriculum Development: Moving from a National to an Intercultural Agenda. In: Lorenz, Walter/Seibel, Friedrich W. (Hg.): Social Professions for a Social Europe. Frankfurt a.M.

Frumkin, Michael/Lloyd, Gary A. 1995c: Social Work Education. In: National Association of Social Workers (Hg.): Encyclopedia of Social Work. Washington. 2238-2247

Fuchs, Ottmar (Hg.) 1984: Theologie und Handeln. Beiträge zur Fundierung der Praktischen Theologie als Handlungstheorie. Düsseldorf

Fuchs, Peter 2000: Systemtheorie und Soziale Arbeit. In: Merten, Roland (Hg.): Systemtheorie Sozialer Arbeit. Opladen. 157-156

Füssenhäuser, Cornelia/Thiersch, Hans 2001: Theorien der Sozialen Arbeit. In: Otto, Hans-Uwe/Thiersch, Hans (Hg.): Handbuch der Sozialarbeit/Sozialpädagogik. Neuwied, Kriftel. 1876-1900

Galtung, Johan 2000: Die Zukunft der Menschenrechte. Vision: Verständigung zwischen den Kulturen. Frankfurt a.M., New York

Galuske, Michael 1999: Methoden der Sozialen Arbeit. Eine Einführung. Weinheim, München

Galuske, Michael/Müller, C. Wolfgang 2002: Handlungsformen in der Sozialen Arbeit. In: Thole, Werner (Hg.): Grundriss Soziale Arbeit. Opladen. 485-508

Gängler, Hans 1998: Vom Zufall zur Notwendigkeit. Materialien zur Wissenschaftsgeschichte der Sozialen Arbeit. In: Wöhrle, Armin (Hg.): Profession und Wissenschaft Sozialer Arbeit. Pfaffenweiler. 252-283

Gängler, Hans 2001: Hilfe. In: Otto, Hans-Uwe/Thiersch, Hans (Hg.): Handbuch der Sozialarbeit/Sozialpädagogik. Neuwied, Kriftel. 772-786

Gedrath, Volker 2002: Vergessene Traditionen der Sozialpädagogik. Historische Fehlurteile und überlieferte Missverständnisse der Disziplin. In: neue praxis 6 (32) 557-566

Geiser, Kaspar 2000: Problem- und Ressourcenanalyse in der Sozialen Arbeit. Eine Einführung in die Systemische Denkfigur und ihre Anwendung. Luzern

Geißler, Karlheinz A./Hege, Marianne 2001: Konzepte sozialpädagogischen Handelns. Weinheim, Basel. 10. aktualisierte Aufl. (1. Aufl.: 1978)

Geißler, Rainer 1996: Die Sozialstruktur Deutschlands. Zur gesellschaftlichen Entwicklung mit einer Zwischenbilanz zur Vereinigung. Opladen. 2., neubearb. und erw. Aufl.

Geldsetzer, Lutz 1989: Hermeneutik. In: Seiffert, Helmut/Radnitzky, Gerard (Hg.): Handlexikon zur Wissenschaftstheorie. München. 127-139

Germain, Carel B. 1977: Soziale Einzelhilfe und Wissenschaft: eine historische Auseinandersetzung. In: Roberts, Robert W./Nee, Robert H.: Konzepte der Sozialen Einzelhilfe. Stand der Entwicklung. Neue Anwendungsformen. Freiburg i.Br. 17-46

Germain, Carel B./Gitterman, Alex 1983: Praktische Sozialarbeit: das „life model“ der sozialen Arbeit. Stuttgart. (1. Aufl.: 1980)

Germain, Carel B./Gitterman, Alex 1999: Praktische Sozialarbeit. Das „Life Model" der Sozialen Arbeit. Fortschritte in Theorie und Praxis. Stuttgart. 3., völlig neu bearb. Aufl.

Gerste, Margit 1995: Der lange Marsch zur Gleichheit. In: DIE ZEIT Nr. 35. 25. August 1995

Giddens, Anthony 1995: Soziologie, hrsg. von Christian Fleck und H.G. Zilian. Graz, Wien

Giesecke, Hermann 1990: Einführung in die Pädagogik. Weinheim, München

Gildemeister, Regine 1996: Professionalisierung. In: Kreft, Dieter/Mielenz, Ingrid (Hg.): Wörterbuch Soziale Arbeit. Weinheim, Basel. 443ff.

Glatzer, Wolfgang 1995: Deutsche Gesellschaft für Soziologie (DGS) – die akademische soziologische Vereinigung seit 1909. In: Schäfers, Bernhard (Hg.): Soziologie in Deutschland. Opladen. 215-230

Göppner, Hans-Jürgen/Oxenknecht-Witzsch (Hg.) 1998: Soziale Arbeit und Sozialarbeitswissenschaft in einem sich wandelnden Europa. Beiträge aus Sicht verschiedener Länder. Freiburg i.Br.

Granitzka, Uta 1997: Jugendbericht. In: Deutscher Verein (Hg.): Fachlexikon der sozialen Arbeit. Frankfurt a.M. 513

Grebing, Helga (Hg.) 2000a: Geschichte der sozialen Ideen in Deutschland: Sozialismus – Katholische Soziallehre – Protestantische Sozialethik; ein Handbuch. Essen

Grebing, Helga 2000b: Ideengeschichte des Sozialismus in Deutschland. Teil II. In: Grebing, Helga (Hg.): Geschichte der sozialen Ideen in Deutschland. Essen. 355-598

Greca, Rainer 1993: Praxisforschung in einer Sozialarbeitswissenschaft. In: Caritas 4 (94) 166-176

Groenemeyer, Axel 1999a: Soziale Probleme, soziologische Theorie und moderne Gesellschaften. In: Albrecht, Günter/Groenemeyer, Axel/Stallberg, Friedrich W. (Hg.): Handbuch soziale Probleme. Opladen, Wiesbaden. 13-72

Groenemeyer, Axel 1999b: Armut. In: Albrecht, Günter/Groenemeyer, Axel/ Stallberg, Friedrich W. (Hg.): Handbuch soziale Probleme. Opladen, Wiesbaden. 270-318

Groenemeyer, Axel 1999c: Die Politik sozialer Probleme. In: Albrecht, Günter/ Groenemeyer, Axel/Stallberg, Friedrich W. (Hg.): Handbuch soziale Probleme. Opladen, Wiesbaden. 111-136

Grohall, Karl-Heinz 1997: Studienreform in den Fachbereichen für Sozialwesen. Freiburg i.Br.

Grundmann, Herbert (Hg.) 1988: Gebhardt – Handbuch der deutschen Geschichte. 22 Bände München

Grunert, Günter 1998: Soziale Arbeit und Ethik aus der Sicht der Ausbildungssituation. In. FORUM sozial. Die berufliche Soziale Arbeit 1 (-) 13-17

Gruschka, Andreas (Hg.) 1996: Wozu Pädagogik? Die Zukunft bürgerlicher Mündigkeit und öffentlicher Erziehung. Darmstadt

Haag, Fritz/Krüger, H. 1972: Aktionsforschung. Forschungsstrategien, Forschungsfelder und Forschungspläne. München

Haag, Fritz/Parow, Eduard/Pongratz, Lieselotte/Rehn, Gerhard 1979: Überlegungen zu einer Metatheorie der Sozialarbeit. In: Otto, Hans-Uwe/Schneider, Siegfried (Hg.): Gesellschaftliche Perspektiven der Sozialarbeit. Bd. 1. Neuwied, Darmstadt. 167-192

Habermann, Gerd 1994: Der Wohlfahrtsstaat. Die Geschichte eines Irrwegs. Berlin

Habermas, Jürgen 1975: Erkenntnis und Interesse. Frankfurt a.M.

Habermas, Jürgen 1978: Theorie und Praxis. Sozialphilosophische Studien. Frankfurt a.M.

Habermas, Jürgen 1981: Theorie des kommunikativen Handelns. 2 Bände. Frankfurt a.M.

Habermas, Jürgen 1992: Faktizität und Geltung. Beiträge zur Diskurstheorie des Rechts und des demokratischen Rechtsstaats. Frankfurt a.M.

Haenchen, Ernst 1965: Die Apostelgeschichte. Kritisch-exegetischer Kommentar über das Neue Testament. Göttingen

Haines, John 1979: Interventionsprozesse in der sozialen Arbeit. Die Doppelstrategie gegenüber Betroffenen und ihrem gesellschaftlichen Umfeld. Freiburg i.Br.

Halfar, Bernd 2001: Finanzierung Sozialer Arbeit. In: Otto, Hans-Uwe/Thiersch, Hans (Hg.): Handbuch der Sozialarbeit/Sozialpädagogik. Neuwied, Kriftel. 540-547

Happe, Bernhard 1988: Forscher, Auftraggeber und Beforschte – Erfahrungen zu und Erwartungen an Praxisforschung. In: Heiner, Maja (Hg.): Praxisforschung in der sozialen Arbeit. Freiburg i.Br. 158-169

Haupert, Bernhard/Kraimer, Klaus 1991: Die disziplinäre Heimatlosigkeit der Sozialpädagogik/Sozialarbeit. In: neue praxis 2 (21) 106-121

Hauser, Richard 1997: Armutsforschung. In: Deutscher Verein (Hg.): Fachlexikon der sozialen Arbeit. Frankfurt a.M. 75f.

Healy, Karen 2000: Social Work Practice. Contemporary Perspectives on Change. London, Thousand Oaks, New Delhi

Hege, Marianne 1979: Engagierter Dialog. Ein Beitrag zur sozialen Einzelhilfe. München, Basel. 2., verbesserte Aufl.

Heine, Rudolf 1881: Joh. Ludwig Vives. Ausgewählte pädagogische Schriften. Übersetzt und mit Einleitung und Anmerkungen versehen. Leipzig

Heiner, Maja (Hg.) 1988a: Praxisforschung in der sozialen Arbeit. Freiburg i.Br.

Heiner, Maja (Hg.) 1988b: Selbstevaluation in der sozialen Arbeit. Freiburg i.Br.

Heiner, Maja (Hg.) 1994: Selbstevaluation als Qualifizierung in der sozialen Arbeit. Freiburg i.Br.

Heiner, Maja 1995: Nutzen und Grenzen systemtheoretischer Modelle für eine Praxis professionellen Handelns. In: neue praxis (25) 427-441, 525-546

Heiner, Maja 2001: Evaluation. In: Otto, Hans-Uwe/Thiersch, Hans (Hg.): Handbuch der Sozialarbeit/Sozialpädagogik. Neuwied, Kriftel. 481-495

Heiner, Maja/Meinhold, Marianne/Spiegel, Hiltrud von/Staub-Bernasconi, Silvia 1998: Methodisches Handeln in der Sozialen Arbeit. Freiburg i.Br.

Hellfritsch, Lothar J. 1991: Das Diplom in Psychologie. In: Report Psychologie 11 (16) 30-33

Henning, Friedrich W. 1994: Wirtschafts- und Sozialgeschichte. Bd. 1: Das vorindustrielle Deutschland. 800-1800. Paderborn, München

Henning, Friedrich W. 1995: Wirtschafts- und Sozialgeschichte. Bd. 2: Die Industrialisierung in Deutschland. 1800-1914. Paderborn, München

Henning, Friedrich W. 1997: Wirtschafts- und Sozialgeschichte. Bd. 3: Das industrialisierte Deutschland. 1914-1992. Paderborn, München

Hepworth, Dean H./Rooney, Ronald H./Larsen Jo Ann 1997: Direct Social Work Practice: Theory and Skills. Pacific Grove, London, South Melbourne, Ontario

Hepworth, Dean H./Rooney, Ronald H. 1997: Instructor's Manual for Direct Social Work Practice: Theory and Skills. Pacific Grove, London, South Melbourne, Ontario

Hering, Sabine/Münchmeier, Richard 2000: Geschichte der Sozialen Arbeit. Eine Einführung. Weinheim, München

Hermanns, Manfred 2003: Soziale Arbeit und Caritas bei Franz Hitze. In: Soziale Arbeit 4 (52) 131-138

Herzog, Walter 1994: Pädagogik und Psychologie. Nachdenken über ein schwieriges Verhältnis. In: Zeitschrift für Pädagogik 3 (40) 425-445

Hey, Georg 2000: Sozialarbeitswissenschaft 1964 bis 2000 – Stationen einer Kontroverse. In: Pfaffenberger, Hans/Scherr, Albert/Sorg, Richard (Hg.): Die Wissenschaft des Sozialwesens. Wiesbaden. 54-83

Hilpert, Konrad 1990: Caritas und katholische Soziallehre. In: Deutscher Caritasverband (Hg.): caritas '91. Jahrbuch des Deutschen Caritasverbandes. Freiburg i.Br. 11-28

Hilpert, Konrad 1997: Caritas und Sozialethik: Elemente einer theologischen Ethik des Helfens. Paderborn

Hinkle, Roscoe L./Hinkle, Gisela N. 1960: Die Entwicklung der amerikanischen Soziologie. Wien

Hinte, Wolfgang 2002: Von der Gemeinwesenarbeit über die Stadtteilarbeit zum Quartiermanagement. In: Thole, Werner (Hg.): Grundriss Soziale Arbeit. Opladen. 535-548

Hinte, Wolfgang/Karas, Fritz 1989: Studienbuch Gruppen- und Gemeinwesenarbeit. Neuwied, Frankfurt a.M.

Hinte, Wolfgang/Lüttringhaus, Maria/Oelschlägel, Dieter 2001: Grundlagen und Standards der Gemeinwesenarbeit. Münster

Hirschberger, Johannes 1961: Geschichte der Philosophie. Bd. I: Altertum und Mittelalter. Basel, Freiburg i.Br., Wien

Hirschberger, Johannes 1963: Geschichte der Philosophie. Bd. II: Neuzeit und Gegenwart. Basel, Freiburg i.Br., Wien

Höffe, Otfried (Hg.) 1992: Lexikon der Ethik. München. 4., neubearb. Aufl.

Hofgesang, Birgit 2001: Sozialpädagogische Familienhilfe. In: Otto, Hans-Uwe/Thiersch, Hans (Hg.): Handbuch der Sozialarbeit/Sozialpädagogik. Neuwied, Kriftel. 529-539

Hofmann, Hans-Jürgen 1987: Ausmaß und Bedingungen der Neuen Armut. In: neue praxis 2 (17) 181ff.

Hofmann, Hasso 2000: Einführung in die Rechts- und Staatsphilosophie. Darmstadt

Hollis, Florence 1971: Soziale Einzelhilfe als psychosoziale Behandlung. Freiburg i.Br.

Hollis, Martin 1995: Soziales Handeln: eine Einführung in die Philosophie der Sozialwissenschaften. Berlin

Hollstein, Walter/Meinhold, Marianne (Hg.) 1973: Sozialarbeit unter kapitalistischen Produktionsbedingungen. Frankfurt a.M.

Hollstein-Brinkmann, Heino 1993: Soziale Arbeit und Systemtheorien. Freiburg i.Br.

Homfeldt, Hans Günther/Merten, Roland/Schulze-Krüdener, Jörgen (Hg.) 1999: Soziale Arbeit im Dialog ihrer Generationen. Theoriebildung – Ausbildung/Professionalisierung – Methodenentwicklung in der zweiten Hälfte des 20. Jahrhunderts. Baltmannsweiler

Homfeldt, Hans Günther/Schulze-Krüdener, Jörgen/Honig, Michael-Sebastian (Hg.) 1999: Qualitativ-empirische Forschung in der Sozialen Arbeit. Trier

Hondrich, Karl Otto 1975: Menschliche Bedürfnisse und soziale Steuerung. Eine Einführung in die Sozialwissenschaft. Reinbek bei Hamburg

Hopps, June Gary/Collins, Pauline M. 1995c: Social Work Profession Overview. In: National Association of Social Workers (Hg.): Encyclopedia of Social Work. Washington. 2266-2282

Hopps, June Gary/Morris, Robert (Hg.) 2000: Social work at the millenium: critical reflections on the future of the profession. New York, London, Toronto, Sydney, Singapore

Horkheimer, Max/Adorno, Theodor W. 1998: Dialektik der Aufklärung. Philosophische Fragmente. Frankfurt a.M.

Horster, Detlef 1997: Niklas Luhmann. München

Hosemann, Wilfried/Trippmacher, Brigitte (Hg.) 2003: Soziale Arbeit und soziale Gerechtigkeit. Baltmannsweiler

Howe, David 1994: An introduction to social work theory. Cambridge, Brookfield

Howe, David 1995: Attachment theory for social work practice. Houndmills, Basingstoke, Hampshire, New York

Hubbertz, Karl-Peter 2002: Problemlösen und Verstehen. Ein strategisch-kommunikatives Modell beruflichen Handelns in der sozialen Arbeit. In: Archiv für Wissenschaft und Praxis der sozialen Arbeit 2 (33) 84-127

Hunziger, Anton 1964: Theorie und Nomenklatur der Sozialarbeit. Ein Beitrag zu Einzelfragen. Luzern

Huppertz, Nobert (Hg.) 1998: Theorie und Forschung in der Sozialen Arbeit. Neuwied, Kriftel

Hurrelmann, Klaus 2002: Einführung in die Sozialisationstheorie. Weinheim, München. 8., völlig überarb. Aufl.

Hutchison, Elizabeth D. (Hg.) 1999a: Dimensions of Human Behavior. The Changing Life Course. Thousand Oaks, California, London, New Delhi

Hutchison, Elizabeth D. (Hg.) 1999b: Dimensions of Human Behavior. Person and Environment. Thousand Oaks, California, London, New Delhi

International Federation of Social Workers (IFSW) 2000: Definition of Social Work. (http:/www.ifsw.org/Publications/4.6e.pub.html – 09.04.2003)

International Federation of Social Workers (IFSW) 2001: Constitution. (http://www.ifsw.org – 09.04.2003)

Jähnichen, Traugott/Friedrich, Norbert 2000: Geschichte der sozialen Ideen im deutschen Protestantismus. In: Grebing, Helga (Hg.): Geschichte der sozialen Ideen in Deutschland. Essen. 867-1112

Jaspers, Karl 1997: Kleine Schule philosophischen Denkens. München, Zürich

Jaspers, Karl 1998: Einführung in die Philosophie. München, Zürich

Joas, Hans (Hg.) 2001: Lehrbuch der Soziologie. Frankfurt a.M., New York

Jordan, Erwin/Sengling, Dieter 2000: Kinder- und Jugendhilfe. Einführung in Geschichte und Handlungsfelder, Organisationsformen und gesellschaftliche Problemlagen. Weinheim

Jungnitsch, Georg 1999: Klinische Psychologie. Stuttgart

Junker, Helmut 1973: Das Beratungsgespräch. Zur Theorie und Praxis kritischer Sozialarbeit. München

Jüttemann, Gerd 1991: Zwischen Wissenschaft und Glaubenslehre: Psychologie ohne Identität. In: Report Psychologie 4 (45) 19-24

Kähler, Harro Dietrich 1993: Erstgespräche in der sozialen Einzelhilfe. Freiburg i.Br.

Kaller, Paul K. (Hg.) 2001: Lexikon Sozialarbeit, Sozialpädagogik, Sozialrecht. Wiebelsheim

Kamper, Dietmar 1979: Marxistische Wissenschaftstheorie. In: Rombach, Heinrich (Hg.): Wissenschaftstheorie 1. Freiburg i.Br. 87-98

Kamphuis, Marie 1973: Die persönliche Hilfe in der Sozialarbeit unserer Zeit. Eine Einführung in die Methode der Einzelfallhilfe für Praxis und Ausbildung. Stuttgart. 4., umgearb. Aufl.

Kanz, Heinrich 1979: Voraussetzungslosigkeit und Wertproblem. Der Werturteilsstreit um Max Weber. In: Rombach, Heinrich (Hg.): Wissenschaftstheorie. Bd. 1: Probleme und Positionen der Wissenschaftstheorie. Freiburg i.Br. 37-40

Kappeler, Manfred 1994: Rassismus: Über die Genese einer europäischen Bewußtseinsform. Frankfurt a.M.

Kappeler, Manfred 1999: Rückblicke auf ein sozialpädagogisches Jahrhundert. Essays zur Dialektik von Herrschaft und Emanzipation im sozialpädagogischen Handeln. Frankfurt a.M.

Kappeler, Manfred/Barsch, Gundula/Gaffron, Katrin u.a. 1999: Jugendliche und Drogen. Ergebnisse einer Längsschnittuntersuchung in Ost-Berlin nach der Maueröffnung. Opladen

Kappeler, Manfred 2000: Der schreckliche Traum vom vollkommenen Menschen. Rassenhygiene und Eugenik in der Sozialen Arbeit. Marburg

Karls, James M./Wandrei, Karin E. 1995c: Person-in-Environment. In: National Association of Social Workers (Hg.): Encyclopedia of Social Work. Washington. 1818-1827

Karsten, Maria Eleonora/Otto, Hans-Uwe (Hg.) 1996: Die sozialpädaogische Ordnung der Familie. Weinheim

Kaufmann, Arthur/Hassemer, Winfried 1994: Einführung in Rechtsphilosophie und Rechtstheorie der Gegenwart. Heidelberg. 6., neubearb. u. erw. Aufl.

Kaufmann, Franz-Xaver 1975: Zum Verhältnis von Sozialarbeit und Sozialpolitik. In: Otto, Hans-Uwe/Schneider, Siegfried (Hg.): Gesellschaftliche Perspektiven der Sozialarbeit. Bielefeld. Bd. 1. 87-104

Kaufmann, Franz-Xaver 1999: Konzept und Formen sozialer Intervention. In: Albrecht, Günter/Groenemeyer, Axel/Stallberg, Friedrich W. (Hg.): Handbuch soziale Probleme. Opladen, Wiesbaden. 921-940

Kendall, Katherine A. 2000: Social Work Education: Its Origins in Europe. New York

Kerber, Walter/Ertl, Heimo/Hainz, Michael (Hg.) 1991: Katholische Gesellschaftslehre im Überblick. 100 Jahre Sozialverkündigung der Kirche. Frankfurt a.M.

Kersting, Heinz J./Riege, Marlo (Hg.) 2001: Internationale Sozialarbeit. Mönchengladbach

Khella, Karam 1980a: Theorie und Praxis der Sozialarbeit und Sozialpädagogik. Hamburg

Khella, Karam 1980b: Wörterbuch der Sozialarbeit, Sozialpädagogik und Sonderpädagogik. Hamburg

Khella, Karam 1982: Sozialarbeit von unten. Praktische Methoden fortschrittlicher Sozialarbeit. Hamburg

Khella, Karam 1983a: Einführung in die Sozialarbeit und Sozialpädagogik. Teil 1: Adressaten der Sozialarbeit und Sozialpädagogik. Daten, Analysen, Praxis. Hamburg

Khella, Karam 1983b: Einführung in die Sozialarbeit und Sozialpädagogik. Teil 2: Die soziale Frage in der Bundesrepublik. Hamburg

Kinder, Hermann/Hilgemann, Werner 1994: dtv-Atlas zur Weltgeschichte. 2 Bände. München

Kirchenamt der Evangelischen Kirche in Deutschland u.a. (Hg.) 1996: Zur wirtschaftlichen und sozialen Lage in Deutschland. Diskussionsgrundlage für den Konsultationsprozeß über ein gemeinsames Wort der Kirchen. Hannover, Bonn

Kirk, Stuart A./Reid, William J. 2002: Science and social work. A critical appraisal. New York

Kissler, Alexander 2002: Beim Zauberer. Der Physiker und Konstruktivist Heinz von Foerster ist gestorben. In: Süddeutsche Zeitung vom 5./6. Oktober 2002

Kittel, Gerhard (Hg.) 1966: Theologisches Wörterbuch zum Neuen Testament. Bd. 7. Stuttgart

Klages, Helmut 1972: Geschichte der Soziologie. München. 2. Aufl.

Klages, Helmut/Hippler, Hans-Jürgen/Herbert, Willi (Hg.) 1992: Werte und Wandel. Ergebnisse und Methoden einer Forschungstradition. Frankfurt a.M.

Kleve, Heiko 1999: Postmoderne Sozialarbeit. Ein systemtheoretisch-konstruktivistischer Beitrag zur Sozialarbeitswissenschaft. Aachen

Kleve, Heiko 2000: Die Sozialarbeit ohne Eigenschaften. Fragmente einer postmodernen Professions- und Wissenschaftstheorie Sozialer Arbeit. Freiburg i.Br.

Klüsche, Wilhelm (Hg.) 1999: Ein Stück weitergedacht ... Beiträge zur Theorie und Wissenschaftsentwicklung der Sozialen Arbeit. Freiburg i.Br.

Klug, Wolfgang 1997: Wohlfahrtsverbände zwischen Markt, Staat und Selbsthilfe. Freiburg i.Br.

Klumker, Christian Jasper 1911: Zur Theorie der Armut. In: Zeitschrift für Volkswirtschaftliche Sozialpolitik und Verwaltung. XIX. Bd. Wien. 1-25

Klumker, Christian Jasper 1918: Fürsorgewesen. Einführung in das Verständnis der Armut und der Armenpflege. Leipzig

Klumker, Christian Jasper 1930: Woran krankt die deutsche Fürsorge der Gegenwart? In: Freie Wohlfahrtspflege 8 (5) 337-343

Klumker, Christian Jasper 1931: Vom Werden deutscher Jugendfürsorge. Zugleich eine Geschichte der deutschen Berufsvormünder. Berlin

Knobel, Renate 1992: Der lange Weg zur akademischen Ausbildung in der sozialen Arbeit. Stationen von 1868-1971. Frankfurt a.M.

Kohlberg, Lawrence 1984: The Psychology of Moral Development. The Nature and Validity of Moral Stages. New Work

Köhler, Helmut 1996: Bürgerliches Gesetzbuch. Einführung. In: Bürgerliches Gesetzbuch. Textausgabe. München. VII-XXX

Konopka, Gisela 2000: Soziale Gruppenarbeit: ein helfender Prozeß. Weinheim, Basel. Reprint der 6. Aufl. von 1978

Konrad, Franz-Michael 1998: Sozialpädagogik. Begriffsgeschichtliche Annäherungen – von Adolph Diesterweg bis Gertrud Bäumer. In Merten, Roland (Hg.): Sozialarbeit – Sozialpädagogik – soziale Arbeit: Begriffsbestimmungen in einem unübersichtlichen Feld. Freiburg i.Br. 31-62

Kornbeck, Jakob 2000: Professionalisierung ist mehr als Verwissenschaftlichung. In: Soziale Arbeit 5 (49) 170-175

Kornbeck, Jakob 2002: Das Deutsche an der Sozialpädagogik. Sozialpädagogik, Eisbein und Sauerkraut? In: Soziale Arbeit 3 (51) 82-88

Korte, Hermann 2000: Einführung in die Geschichte der Soziologie. Opladen. 6. Aufl.

Krabbe, Bernhard 1996: Von der Caritas zur Caritaswissenschaft. In: caritas 12 (97) 550-557

Kramer, David 1991: Das Fürsorgesystem im Dritten Reich. In: Landwehr, Rolf/Baron, Rüdeger (Hg.): Geschichte der Sozialarbeit. Weinheim, Basel. 173-217

Krämer, Hans 1992: Integrative Ethik. Frankfurt a.M.

Krampen, Günter 1992: Zur Geschichte des Psychologiestudiums in Deutschland. In: Report Psychologie 1 (46) 18-26

Krauß, E. Jürgen 1996: Methoden der Sozialarbeit/Sozialpädagogik. In: Kreft, Dieter/Mielenz, Ingrid (Hg.): Wörterbuch Soziale Arbeit. Weinheim, Basel. 4., vollständig überarb. und erw. Aufl. 396-399

Krech, David/Crutchfield, Richard S. 1997: Grundlagen der Psychologie. Weinheim, Basel

Kreft, Dieter 1987: Welche Bedeutung haben Arbeitsergebnisse aus Wissenschaft und Forschung für praktische Sozialarbeit? In: Theorie und Praxis der sozialen Arbeit 2 (38) 58-64

Kreft, Dieter/Mielenz, Ingrid (Hg.) 1996: Wörterbuch Soziale Arbeit. Aufgaben, Praxisfelder, Begriffe und Methoden der Sozialarbeit/Sozialpädagogik. Weinheim, Basel 4., vollständig überarb. und erw. Aufl.

Kreft, Dieter/Mielenz, Ingrid 2000: Kinder- und Jugendhilfegesetz/SGB VIII und Gemeinwesenarbeit (GWA). In: Müller, Siegfried u.a. (Hg.): Soziale Arbeit. Gesellschaftliche Bedingungen und professionelle Perspektiven. Neuwied, Kriftel. 363-372

Kreft, Dieter/Münder, Johannes u.a. 1994: Soziale Arbeit und Recht. Eine Einführung in das Recht für Sozialarbeiter/Sozialpädagogen. Weinheim, Basel. 4., vollständig überarb. Aufl.

Kreft, Dieter/Wüstendörfer, Monika/Wüstendörfer, Werner 2000: Was muss man gelesen haben, um Bescheid zu wissen? Umfrage zur Basis- und Standardliteratur in der Sozialen Arbeit. In: Sozialmagazin 2 (25) 28-35

Kreft, Dieter/Wüstendörfer, Werner 2000: Die Bewertung. Teil zwei der Umfrage. In: Sozialmagazin 2 (25) 36-39

Kriz, Jürgen/Lück, Helmut E./Heidbrink, Horst 1990: Wissenschafts- und Erkenntnistheorie. Eine Einführung für Psychologen und Humanwissenschaftler. Opladen

Kromrey, Helmut 1998: Empirische Sozialforschung. Modelle und Methoden der Datenerhebung und Datenauswertung. Opladen. 8., durchgreifend überarb. und erw. Aufl.

Kron, Friedrich W. 1999: Wissenschaftstheorie für Pädagogen. München, Basel

Krüger, Heinz-Hermann 1998: Erziehungswissenschaft und ihre Teildisziplinen. In: Krüger, Heinz-Hermann/Helsper, Werner (Hg.): Einführung in Grundbegriffe und Grundfragen der Erziehungswissenschaft. Opladen. 303-318

Krüger, Heinz-Hermann 2002: Erziehungswissenschaft und Sozialpädagogik. Kooperation auf getrennten Wegen. In: Thole, Werner (Hg.): Grundriss Soziale Arbeit. Opladen. 273-283

Krüger, Heinz-Hermann/Rauschenbach, Thomas (Hg.) 1994: Erziehungswissenschaft. Die Disziplin am Beginn einer neuen Epoche. Weinheim, München

Kuhn, Thomas S. 1991: Die Struktur wissenschaftlicher Revolutionen. Frankfurt a.M.

Kunzmann, Peter/Burkard, Franz-Peter/Wiedmann, Franz 1991: dtv-Atlas zur Philosophie. München

Lagodny, Otto 1996: Strafrecht vor den Schranken der Grundrechte. Tübingen

Lamnek, Siegfried 1993a, b: Qualitative Sozialforschung. Bd. 1 Methodologie. Bd. 2 Methoden und Techniken. Weinheim. 2., korr. und erw. Aufl.

Lamnek, Siegfried 1993c: Theorien abweichenden Verhaltens. München. 5. Aufl.

Lamnek, Siegfried 1994: Neue Theorien abweichenden Verhaltens. München

Lampert, Heinz 1996: Lehrbuch der Sozialpolitik. Berlin. 4., überarb. Aufl.

Landwehr, Rolf/Baron, Rüdeger (Hg.) 1991: Geschichte der Sozialarbeit. Hauptlinien ihrer Entwicklung im 19. und 20. Jahrhundert. Weinheim, Basel

Lattke, Herbert 1955: Soziale Arbeit und Erziehung. Ihre Ziele, Methoden und psychologischen Grundlagen. Freiburg i.Br.

Lattke, Herbert 1966: Sozialarbeit als Wissenschaft. In: Unruhe. Informationsschrift für Studenten Höherer Fachschulen für Sozialarbeit. Köln. 4-8. Abgedruckt in: Thole, Werner u.a. (Hg.) 1998: „KlassikerInnen der Sozialen Arbeit." Neuwied, Kriftel. 249-259

Lattke, Herbert 1968: Soziale Arbeit und Erziehung in unserer Zeit. In: Röhrs, Hermann (Hg.): Die Sozialpädagogik und ihre Theorie. Frankfurt a.M. 111-126

Lay, Rupert 1971: Grundzüge einer komplexen Wissenschaftstheorie. Bd. 1: Grundlagen und Wissenschaftslogik. Frankfurt a.M.

Lay, Rupert 1973: Grundzüge einer komplexen Wissenschaftstheorie. Bd. 2: Wissenschaftsmethodik und spezielle Wissenschaftstheorie. Frankfurt a.M.

Lehmann, Karl-Heinz (Hg.) 2000: Recht sozial – Rechtsfragen der Sozialen Arbeit. Hannover

Lechner, Martin 2000: Theologie in der Sozialen Arbeit. München

Lehner, Markus 1997: Caritas – Die Soziale Arbeit der Kirche: eine Theoriegeschichte. Freiburg i.Br.

Leitner, Ute 1981: Sozialarbeit und Soziologie in Deutschland. Ihr Verhältnis in historischer Perspektive. Weinheim, Basel

Lenk, Hans 1989: Handlung(stheorie). In: Seiffert, Helmut/Radnitzky, Gerard (Hg.): Handlexikon zur Wissenschaftstheorie. München. 119-127

Lepenies, Wolf 1979: Wissenschaftssoziologie. In: Rombach, Heinrich (Hg.): Wissenschaftstheorie. Bd. 1: Probleme und Positionen der Wissenschaftstheorie. Freiburg i.Br. 176-181

Lepenies, Wolf (Hg.) 1981a, b, c, d: Geschichte der Soziologie. Studien zur kognitiven, sozialen und historischen Identität einer Disziplin. 4 Bände. Frankfurt a.M.

Lepenies, Wolf 1985: Die drei Kulturen. Soziologie zwischen Literatur und Wissenschaft. München, Wien

Lewin, Kurt 1963: Feldtheorie in den Sozialwissenschaften. Bern

Lishman, Joyce (Hg.) 1994: Handbook of Theory for Practice Teachers in Social Work. London, Bristol

Lob-Hüdepohl 2002: Zwischen Sozialkritik und Sozialrecht – prophetische Intuitionen christlicher Diakonie. In: Mittteilungen der Deutschen Gesellschaft für Sozialarbeit. 3 (-) 8-15

Löcherbach, Peter/Klug, Wolfgang/Remmel-Faßbender, Ruth/Wendt, Wolf-Rainer (Hg.) 2002: Case Management. Fall- und Systemsteuerung in Theorie und Praxis. Neuwied, Kriftel

Locke, John 1989: Zwei Abhandlungen über die Regierung. Hg. und eingeleitet von Walter Euchner. Frankfurt a.M. (1. Aufl. 1690)

Lorenz, Walter 2000: Möglichkeiten einer europäischen Sozialen Arbeit. In: Müller, Siegfried u.a. (Hg.): Soziale Arbeit. Gesellschaftliche Bedingungen und professionelle Perspektiven. Neuwied, Kriftel. 61-78

Lowe, Gary L./Reid, Nelson P. (Hg.) 1999: The professionalization of poverty: social work and the poor in the twentieth century. Hawthorne, New York

Lowy, Louis 1983: Sozialarbeit/Sozialpädagogik als Wissenschaft im angloamerikanischen und deutschsprachigen Raum. Stand und Entwicklung. Freiburg i.Br.

Lüders, Christian 1987: Der „wissenschaftlich gebildete Praktiker" in der Sozialpädagogik – zur Notwendigkeit der Revision eines Programms. In: Zeitschrift für Pädagogik 5 (33) 635-653

Lüders, Christian/Rauschenbach, Thomas 2001: Forschung: sozialpädagogische. In: Otto, Hans-Uwe/Thiersch, Hans (Hg.): Handbuch der Sozialarbeit/Sozialpädagogik. Neuwied, Kriftel. 562-575

Luhmann, Niklas 1979: Formen des Helfens im Wandel gesellschaftlicher Bedingungen. In: Otto, Hans-Uwe/Schneider, Siegfried (Hg.): Gesellschaftliche Perspektiven der Sozialarbeit. Bd. 1. Neuwied, Darmstadt. 21-43

Luhmann, Niklas 1990: Die Wissenschaft der Gesellschaft. Frankfurt a.M.

Lukas, Helmut 1979: Sozialpädagogik/Sozialarbeitswissenschaft. Entwicklungsstand und Perspektive einer eigenständigen Wissenschaftsdisziplin für das Handlungsfeld Sozialarbeit/Sozialpädgogik. Berlin

Lüssi, Peter 1992: Systemische Sozialarbeit. Praktisches Lehrbuch der Sozialberatung. Bern, Stuttgart, Wien. 2., verb. Aufl.

Lyotard, Jean-François 1993: Das postmoderne Wissen. Ein Bericht. Wien

Maas, Udo 1996: Soziale Arbeit als Verwaltungshandeln. Systematische Grundlegung für Studium und Praxis. Weinheim 2., neu bearb. und erw. Aufl.

MacIntyre, Alasdair 1995: Geschichte der Ethik im Überblick. Weinheim

Maier, Hugo (Hg.) 1998: Who is who der Sozialen Arbeit. Freiburg i.Br.

Maier, Konrad 1992: Forschungsinstitute an Fachhochschulen für Sozialwesen? In: Nachrichtendienst des Deutschen Vereins für öffentliche und private Fürsorge 1 (o.J.) 23-27

Maier, Konrad 1995: Berufsziel Sozialarbeit/Sozialpädagogik. Biografischer Hintergrund, Studienmotivation, soziale Lage während des Studiums, Studierverhalten und Berufseinmündung angehender SozialarbeiterInnen/SozialpädagogInnen. Freiburg i.Br.

Maier, Konrad 1998a: Zur Abgrenzung der Sozialarbeitsforschung von der Forschung in den Nachbardisziplinen. In: Steiner, Erika u.a. (Hg.): Sozialarbeitsforschung: Was sie ist und leistet; eine Bestandsaufnahme. Freiburg i.Br. 51-66

Maier, Konrad 1998b: Das Projekt „Quartiersaufbau Rieselfeld“. Entwicklung und Erprobung eines „Verfahrens“ zum Aufbau sozialer Strukturen in Neubaustadtteilen. In: Steiner, Erika u.a. (Hg.): Sozialarbeitsforschung. Freiburg i.Br. 67-85

Malthus, Thomas R. 1977: Das Bevölkerungsgesetz. Hg. und übersetzt von Christian M. Barth. München

Marburger, Helga 1981: Entwicklung und Konzepte der Sozialpädagogik. München

Martin, Klaus-Rainer (Hg.) 1982: Sozialarbeit und Sozialpädagogik im Grundriß. Berlin

Marynowicz-Hetka, Ewa 1998: Pédagogie Sociale comme paradigme pour le changement social. In: Seibel, Friedrich W./Lorenz, Walter (Hg.): Soziale Professionen für ein soziales Europa. ERASMUS-Evaluations-Konferenz Koblenz 1996. Frankfurt a.M. 51-60

Marynowicz-Hetka, Ewa/Wagner, Antonin/Piekarski, Jacek (Hg.) 1999: European Dimensions in Training and Practice of the Social Professions. Katowice

Marzahn, Christian 1996: Geschichte der Sozialarbeit/Sozialpädagogik. In: Kreft, Dieter/Mielenz, Ingrid (Hg.): Wörterbuch Soziale Arbeit. Weinheim, Basel. 244-248

Mayr, Ernst 1997: This is Biology. The Science of the Living World. Cambridge, London

Mayring, Philipp 2002: Einführung in die qualitative Sozialforschung: eine Anleitung zu qualitativem Denken. Weinheim. 5. Aufl.

Meinhold, Marianne 2002: Über Einzelfallhilfe und Case Management. In: Thole, Werner (Hg.): Grundriss Soziale Arbeit. Opladen. 509-522

Menschenrechte 1998: Menschenrechte. Ihr internationaler Schutz. Textausgabe. München. 4., neubearb. Aufl.

Merten, Roland 1997: Autonomie der Sozialen Arbeit. Zur Funktionsbestimmung als Disziplin und Profession. Weinheim, München

Merten, Roland (Hg.) 1998: Sozialarbeit – Sozialpädagogik – Soziale Arbeit: Begriffsbestimmungen in einem unübersichtlichen Feld. Freiburg i.Br.

Merten, Roland 2000 (Hg.): Systemtheorie Sozialer Arbeit. Neue Ansätze und veränderte Perspektiven. Leverkusen

Merten, Roland/Olk, Thomas 1999: Soziale Dienstleistungsberufe und Professionalisierung. In: Albrecht, Günter/Groenemeyer, Axel/Stallberg, Friedrich W. (Hg.): Handbuch soziale Probleme. Opladen, Wiesbaden. 955-982

Merten, Roland/Sommerfeld, Peter/Koditek, Thomas (Hg.) 1996: Sozialarbeitswissenschaft – Kontroversen und Perspektiven. Neuwied, Kriftel, Berlin

Mette, Norbert/Steinkamp, Hermann (Hg.) 1997: Anstiftungen zur Solidarität. Praktische Beispiele der Sozialpastoral. Mainz

Michaelis, Richard/Niemann, Gerhard W. 1999: Entwicklungsneurologie und Neuropädiatrie. Stuttgart, New York. 2., überarb. und erw. Aufl.

Miebach, Bernhard 1991: Soziologische Handlungstheorien. Eine Einführung. Opladen

Mikl-Horke, Gertraude 1997: Soziologie. Historischer Kontext und soziologische Theorie-Entwürfe. München, Wien. 4., erg. Aufl.

Miller, Tilly 2001: Systemtheorie und Soziale Arbeit. Entwurf einer Handlungstheorie. Stuttgart

Milner, Judith 2002: Assessment in Social Work. Houndmills, Basingstoke

Mittelstraß, Jürgen (Hg.) 1995a, b, c: Enzyklopädie Philosophie und Wissenschaftstheorie. Bände 1-3. Stuttgart, Weimar

Mittelstraß, Jürgen (Hg.) 1996: Enzyklopädie Philosophie und Wissenschaftstheorie. Bd. 4. Stuttgart, Weimar

Mittelstraß, Jürgen 1998: Die Häuser des Wissens. Wissenschaftstheoretische Studien. Frankfurt a.M.

Mohan, Brij 1999: Unification of social work: rethinking social transformation. Westport, Connecticut

Mollenhauer, Klaus 1973: Bewertung und Kontrolle abweichenden Verhaltens – Aporien bürgerlich-liberaler Pädagogik. In: Giesecke, Hermann (Hg.): Offensive Sozialpädagogik. Göttingen. 7-23

Mollenhauer, Klaus 1977: Erziehung und Emanzipation. Polemische Skizzen. München. 7. Aufl. (1. Aufl.: 1968)

Mollenhauer, Klaus 1982: Theorien zum Erziehungsprozeß. Zur Einführung in erziehungswissenschaftliche Fragestellungen. München. 4. Aufl. (1. Aufl.: 1972)

Mollenhauer, Klaus 1987: Ursprünge der Sozialpädagogik in der industriellen Gesellschaft. Eine Untersuchung zur Struktur sozialpädagogischen Denkens und Handelns. Weinheim, Berlin. Reprint (1. Aufl.: 1959)

Mollenhauer, Klaus 1991: Einführung in die Sozialpädagogik. Probleme und Begriffe der Jugendhilfe. Weinheim, Basel. 9. Aufl. (1. Aufl.: 1964)

Mollenhauer, Klaus 1992: Jugendhilfe. Modernitätsanforderungen und Traditionsbestände für die sozialpädagogische Zukunft. In: Rauschenbach, Thomas/Gängler, Hans (Hg.): Soziale Arbeit und Erziehung in der Risikogesellschaft. Neuwied, Kriftel, Berlin. 101-117

Mollenhauer, Klaus 1996a: Erziehung. In: Kreft, Dieter/Mielenz, Ingrid (Hg.): Wörterbuch Soziale Arbeit. Weinheim, Basel. 171f.

Mollenhauer, Klaus 1996b: Erziehungswissenschaft. In: Kreft, Dieter/Mielenz, Ingrid (Hg.): Wörterbuch Soziale Arbeit. Weinheim, Basel. 181-184

Mollenhauer, Klaus 1996c: Kinder- und Jugendhilfe. Theorie der Sozialpädagogik – ein thematisch-kritischer Grundriß. In: Zeitschrift für Pädagogik 6 (42) 869-885

Mollenhauer, Klaus/Uhlendorff, Uwe 1992: Sozialpädagogische Diagnosen. Über Jugendliche in schwierigen Lebenslagen. Weinheim, München

Mollenhauer, Klaus/Uhlendorff, Uwe 1995: Sozialpädagogische Diagnosen II. Selbstdeutungen verhaltensschwieriger Jugendlicher als empirische Grundlage für Erziehungspläne. Weinheim, München

Moreno, Jakob L. 1973: Gruppenpsychotherapie und Psychodrama. Einleitung in die Theorie und Praxis. Stuttgart

Morus, Thomas 1987: Utopia. Von der besten Verfassung des Staates. München

Moser, Heinz 1977: Methoden der Aktionsforschung. Eine Einführung. München

Moser, Heinz 1995: Einführung in die Praxisforschung. Freiburg i.Br.

Moser, Heinz 1997: Instrumentenkoffer für den Praxisforscher. Freiburg i.Br.

Mühlum, Albert 1994: Das ökosoziale Paradigma und die Zukunft der Sozialarbeit. In: Archiv für Wissenschaft und Praxis der sozialen Arbeit 1 (25) 3-21

Mühlum, Albert 1996a: Sozialpädagogik und Sozialarbeit. Ein Vergleich. Frankfurt a.M. (1. Aufl.: 1982)

Mühlum, Albert 1996b: Theorien der Sozialarbeit/Sozialpädagogik. In: Deutscher Verein für öffentliche und private Fürsorge (Hg.): Fachlexikon der sozialen Arbeit. Frankfurt a.M. 4., vollständig überarb. Aufl. 953-956

Mühlum, Albert 2001: Sozialarbeit und Sozialpädagogik. Ein Vergleich. Frankfurt a.M. 3., überarb. und aktualisierte Aufl.

Müller, Burkhard 1994: Sozialpädagogisches Können. Ein Lehrbuch zur multiperspektivischen Fallarbeit. Freiburg i.Br. 2., überarb. Aufl.

Müller, Burkhard 1999: Lebendiges Wissen und totes Wissen. Anmerkungen zu Disziplinbildung, Professionalisierung und Ausbildung in der Sozialen Arbeit. In: neue praxis 4 (29) 383-394

Müller, C. Wolfgang (Hg.) 1987: Einführung in die Soziale Arbeit. Weinheim, Basel. 2., korr. Aufl.

Müller, C. Wolfgang 1988: Achtbare Versuche. Zur Geschichte von Praxisforschung in der Sozialen Arbeit. In: Heiner, Maja (Hg.): Praxisforschung in der sozialen Arbeit. Freiburg i.Br. 17-33

Müller, C. Wolfgang 1996a: Forschung. In: Kreft, Dieter/Mielenz, Ingrid (Hg.): Wörterbuch Soziale Arbeit. Weinheim, Basel. 213f.

Müller, C. Wolfgang 1996b: Sozialarbeit/Sozialpädagogik. In: Kreft, Dieter/ Mielenz, Ingrid (Hg.): Wörterbuch Soziale Arbeit. Weinheim, Basel. 503-506

Müller, C. Wolfgang 1997: Wie Helfen zum Beruf wurde. Bd. 2: Eine Methodengeschichte der Sozialarbeit 1945-1985. Weinheim, Basel. 3., erw. Aufl. (1. Aufl.: 1988)

Müller, C. Wolfgang 1998: Sozialpädagogische Evaluationsforschung. In: Rauschenbach, Thomas/Thole, Werner (Hg.): Sozialpädagogische Forschung: Gegenstand und Funktionen, Bereiche und Methoden. Weinheim, München. 157-177

Müller, C. Wolfgang 1999: Wie Helfen zum Beruf wurde. Bd. 1: Eine Methodengeschichte der Sozialarbeit 1883-1945. Weinheim, Basel. 7. Aufl. (1. Aufl.: 1988)

Müller, C. Wolfgang 2000: Kommentar eines Betroffenen. Teil drei der Umfrage. In: Sozialmagazin 2 (25) 40-43

Müller, C. Wolfgang 2001: Helfen und Erziehen. Soziale Arbeit im 20. Jahrhundert. Weinheim, Basel

Müller, Siegfried/Otto, Hans-Uwe/Peter, Hilmar/Sünker, Heinz (Hg.) 1982: Handlungskompetenz in der Sozialarbeit/Sozialpädagogik I: Interventionsmuster und Praxisanalysen. Bielefeld

Müller, Siegfried/Otto, Hans-Uwe/Peter, Hilmar/Sünker, Heinz (Hg.) 1984: Handlungskompetenz in der Sozialarbeit/Sozialpädagogik II: Theoretische Konzepte und gesellschaftliche Strukturen. Bielefeld

Münder, Johannes 1994: Gesellschaft, Recht, soziale Arbeit. In: Kreft, Dieter/ Münder, Johannes u.a.: Soziale Arbeit und Recht. Eine Einführung in das Recht für Sozialarbeiter/Sozialpädagogen. Weinheim, Basel. 4. Aufl. 13-33

Münder, Johannes 1999: Familien- und Jugendhilferecht. Eine sozialwissenschaftlich orientierte Einführung. Neuwied. 4., völlig überarb. Aufl.

Münder, Johannes 2000: Kinder- und Jugendhilferecht. Eine sozialwissenschaftlich orientierte Einführung. Neuwied. 4., völlig überarb. Aufl.

Muthesius, Hans 1928: Fürsorgerecht. Enzyklopädie der Rechts- und Staatswissenschaft. Berlin

Muthesius, Hans 1944: Die öffentliche Jugendhilfe im Kriege. In: Deutsches Jugendrecht 4 (-) 113-123

Muthesius, Hans 1950: Reichsjugendwohlfahrtsgesetz. Kommentare. Stuttgart

Naleppa, Matthias 1995: Task-centered case management for the elderly in the community. Dissertation. State University of New York, Albany

National Association of Social Workers (Hg.) 1995a, b, c: Encyclopedia of Social Work. Washington. 19. Aufl.

National Association of Social Workers (Hg.) 1997: Encyclopedia of Social Work. Supplement. Washington. 19. Aufl.

National Association of Social Workers 2001: Code of Ethics of the National Association of Social Workers. http://www.naswdc.org

Natorp, Paul 1907: Der Streit um den Begriff der Sozialpädagogik. Wieder abgedruckt in: Wollenweber, Horst (Hg.) 1983: Sozialpädagogische Theoriebildung. Quellenband. Paderborn, München. 18-35

Natorp, Paul 1922: Gesammelte Abhandlungen zur Sozialpädagogik. 1., 2. und 3. Heft. Stuttgart

Natorp, Paul 1974: Sozialpädagogik. Besorgt von Richard Pippert. Paderborn

Nearing, Scott 1972: Ein Leben gegen den Strom. Die Autobiographie von Scott Nearing. Schaafheim

Neises, Gerd 1968: Christian Jasper Klumker. Schriften zur Jugendhilfe und Fürsorge. Ausgewählt und eingeleitet von Gerd Neises. Frankfurt a.M.

Nell-Breuning, Oswald von 1983: Soziallehre der Kirche. Erläuterung der lehramtlichen Dokumente. Wien, München

Nellessen, Lothar 2002: Von der sozialen Gruppenarbeit bis zur Familientherapie. In: Thole, Werner (Hg.): Grundriss Soziale Arbeit. Opladen. 523-534

Nicholds, Elizabeth 1970: Praxis Sozialer Einzelhilfe. Freiburg i.Br.

Niemeyer, Christian 1998: Klassiker der Sozialpädagogik. Einführung in die Theoriegeschichte einer Wissenschaft. Weinheim, München

Niemeyer, Christian 2003: Sozialpädagogik als Wissenschaft und Profession. Weinheim, München

Niemeyer, Christian/Schröer, Wolfgang/Böhnisch, Lothar (Hg.) 1997: Grundlinien Historischer Sozialpädagogik. Traditionsbezüge, Reflexionen und übergangene Diskurse. Weinheim, München

Nietzsche, Friedrich 1967a, b: Friedrich Nietzsche. Werke in zwei Bänden. München

Nikolaus von Kues 2001: Die belehrte Unwissenheit. Dreibändige Sonderausgabe. Übersetzt und hrsg. von Paul Wilpert und Hans G. Seager. Hamburg

Noack, Winfried 2001: Sozialpädagogik. Ein Lehrbuch. Freiburg i.Br.

Nodes, Wilfried 1999: An Zustimmung wird nicht gespart. DBSH-Studie zum Ansehen der Sozialen Arbeit. In: FORUM sozial. Die berufliche Soziale Arbeit 2 (-) 2-7

Nohl, Herman 1927: Jugendwohlfahrt. Sozialpädagogische Vorträge von Herman Nohl. Leipzig

Nohl, Herman 1965: Aufgaben und Wege der Sozialpädagogik. Vorträge und Aufsätze von Herman Nohl. Vorwort von Elisabeth Blochmann. Kleine pädagogische Texte. Bd. 35. Hg. von Furck u.a. Weinheim

Nohl, Herman 1967: Herman Nohl. Ausgewählte pädagogische Abhandlungen. Besorgt von Josef Offermann. Paderborn

Nohl, Herman 1970: Charakter und Schicksal. Eine pädagogische Menschenkunde. Frankfurt a.M. 7. Aufl. (1. Aufl.: 1938)

Nohl, Herman 1988: Die pädagogische Bewegung in Deutschland und ihre Theorie. Die Theorie der Bildung. Frankfurt a.M. (1. Aufl.: 1935)

Nohl, Herman/Pallat, Ludwig (Hg.) 1929: Handbuch der Pädagogik. Bd. 5: Sozialpädagogik. Langensalza. (Reprint 1981) Weinheim, Basel

Oberloskamp, Helga/Adams, Ursula 2001: Jugendhilferechtliche Fälle für Studium und Praxis. Neuwied, Kriftel. 10. überarb. Aufl.

Oberloskamp, Helga/Balloff, Rainer/Fabian, Thomas 2001: Gutachtliche Stellungnahmen in der sozialen Arbeit. Neuwied, Kriftel. 6., überarb. Aufl.

Obrecht, Werner 1993: Sozialarbeit und Wissenschaft. Ein Beitrag zur Theorie der Sozialarbeit. In: Sozialarbeit 9 (25) 23-38

Obrecht, Werner 1996a: Sozialarbeitswissenschaft als integrative Handlungswissenschaft. In: Merten, Roland/Sommerfeld, Peter/Koditek, Thomas (Hg.): Sozialarbeitswissenschaft – Kontroversen und Perspektiven. Neuwied, Kriftel, Berlin. 121-160

Obrecht, Werner 1996b: Ein normatives Modell Rationalen Handelns. Umrisse einer wert- und wissenstheoretischen allgemeinen normativen Handlungstheorie für die Soziale Arbeit. In: Verein zur Förderung Sozialer Arbeit als akademische Disziplin (Hg.): Symposium Soziale Arbeit. Köniz. 109-202

Obrecht, Werner 2000: Soziale Systeme, Individuen, soziale Probleme und Soziale Arbeit. In: Merten, Roland (Hg.): Systemtheorie Sozialer Arbeit. Opladen. 207-223

Obrecht, Werner 2001: Das Systemtheoretische Paradigma der Disziplin und der Profession der Sozialen Arbeit. Hochschule für Soziale Arbeit Zürich

Obrecht, Werner/Staub-Bernasconi, Silvia 1996: Vom additiven zum integrativen Studienplan. Studienreform als Verknüpfung der Profession der Sozialen Arbeit mit der Disziplin der Sozialarbeitswissenschaft an der Schule für Soziale Arbeit in Zürich/Schweiz. In: Engelke, Ernst (Hg.): Soziale Arbeit als Ausbildung. Freiburg i.Br. 264-293

Oelschlägel, Dieter 1996: Emanzipation. In: Kreft, Dieter/Mielenz, Ingrid (Hg.): Wörterbuch Soziale Arbeit. Weinheim, Basel. 160ff.

Olk, Thomas/Otto, Hans-Uwe (Hg.) 1987: Soziale Dienste im Wandel 1: Helfen im Sozialstaat. Neuwied, Darmstadt

Olk, Thomas/Otto, Hans-Uwe (Hg.) 1989: Soziale Dienste im Wandel 2: Entwürfe sozialpädagogischen Handelns. Neuwied, Darmstadt

Opp, Karl-Dieter 1995: Methodologie der Sozialwissenschaften. Einführung in Probleme ihrer Theoriebildung und praktischen Anwendung. Opladen. 4., durchges. Aufl.

Orth, Ernst Wolfgang 1989: Phänomenologie. In: Seiffert, Helmut/Radnitzky, Gerard (Hg.): Handlexikon zur Wissenschaftstheorie. München. 242-255

Orthbandt, Eberhard 1980: Der Deutsche Verein in der Geschichte der deutschen Fürsorge. Frankfurt a.M.

Oswald, Gerhard 1988: Systemansatz und soziale Familienarbeit. Methodische Grundlagen und Arbeitsformen. Freiburg i.Br.

Oswald, Gerhard/Müllensiefen, Dietmar 1985: Psychosoziale Familienberatung. Freiburg i.Br.

Otto, Hans-Uwe/Schneider, Siegfried (Hg.) 1979: Gesellschaftliche Perspektiven der Sozialarbeit. 2 Bände. Neuwied, Darmstadt

Otto, Hans-Uwe/Sünker, Heinz (Hg.) 1986: Soziale Arbeit und Faschismus. Volkspflege und Pädagogik im Nationalsozialismus. Bielefeld

Otto, Hans-Uwe/Thiersch, Hans (Hg.) 2001: Handbuch der Sozialarbeit/Sozialpädagogik. Neuwied, Kriftel. 2., völlig neu überarb. und aktualisierte Aufl.

Pantucek, Peter 1998: Lebensweltorientierte Individualhilfe. Eine Einführung für soziale Berufe. Freiburg i.Br.

Papenkort, Ulrich/Rath, Matthias 1994: Braucht Sozialarbeit(swissenschaft) Philosophie? Bemerkungen zur Philosophie als „Grundwissenschaft". In: Archiv für Wissenschaft und Praxis der sozialen Arbeit 1 (25) 22-32

Paulini, Christa 2001: „Der Dienst am Volksganzen ist kein Klassenkampf." Die Berufsverbände der Sozialarbeiterinnen im Wandel der Sozialen Arbeit. Opladen

Payne, Malcolm 1994: Modern social work theory. A critical introduction. Houndmills, Basingstoke

Payne, Malcolm 1997: Modern social work theory. Second edition. Houndmills, Basingstoke

Perlman, Helen H. 1969: Soziale Einzelhilfe als problemlösender Prozeß. Freiburg i.Br.

Perlman, Helen H. 1977: Das Modell des problemlösenden Vorgehens in der Sozialen Einzelhilfe. In: Roberts, Robert W./Nee, Robert H.: Konzepte der Sozialen Einzelhilfe. Freiburg i.Br. 145-198

Pestalozzi, Johann Heinrich 1945: Schriften aus der Frühzeit 1765-1783. Zürich

Pestalozzi, Johann Heinrich 1946a: Schriften aus der Zeit 1792-1797. Zürich

Pestalozzi, Johann Heinrich 1946b: Schriften aus den Jahren 1798-1804. Zürich

Pestalozzi, Johann Heinrich 1949a: Schriften aus den Jahren 1805-1826. 1. Teil. Zürich

Pestalozzi, Johann Heinrich 1949b: Schriften aus den Jahren 1805-1826. 2. Teil. Zürich

Peters, Helge 2002: Soziale Probleme und soziale Kontrolle. Wiesbaden

Pfaffenberger, Hans 1977: Geschichte der Sozialarbeit/Sozialpädagogik. In: Schwendtke, Arnold (Hg.): Wörterbuch der Sozialarbeit und Sozialpädagogik. Heidelberg. 112-115

Pfaffenberger, Hans 2000: Die Entwicklung der Sozialpädagogik/Sozialarbeit und der Sozialpädagogik/Sozialarbeitswissenschaft auf dem Wege ins 21. Jahrhundert (1995-2010). In: Pfaffenberger, Hans/Scherr, Albert/Sorg, Richard (Hg.): Die Wissenschaft des Sozialwesens. Wiesbaden. 22-47

Pfaffenberger, Hans/Scherr, Albert/Sorg, Richard (Hg.) 2000: Die Wissenschaft des Sozialwesens. Standort und Entwicklungschancen der Sozialpädagogik/Sozialarbeitswissenschaft. Wiesbaden

Pfeifer-Schaupp, Hans-Ulrich/Schwendemann, Wilhelm 1994: Sozialarbeit und Diskursethik. Kommunikation als Quelle ethischer Normen. In: Archiv für Wissenschaft und Praxis der sozialen Arbeit 2 (25) 124-149

Pieper, Michael 1988: „Gebrauchsfertiges“ Wissen? Von den Schwierigkeiten, Wissenschaft in der Praxis sozialer Arbeit zu nutzen. In: Ulke, Karl-Dieter (Hg.): Ist Sozialarbeit lehrbar? Freiburg i.Br. 166-188

Pongratz, Ludwig J. 1967: Problemgeschichte der Psychologie. Bern, München

Popple, Philip 1995c: Social Work Profession: History. In: National Association of Social Workers (Hg.): Encyclopedia of Social Work. Washington. 2282-2292

Popple, Philip/Reid, P. Nelson 1999: A Profession for the Poor? A History of Social work in the United States. In: Lowe, Gary R./Reid, P. Nelson (Hg.): The Professionalization of Poverty. New York. 9-28

Possehl, Kurt 1990: Wissenschaftstheoretische Vorüberlegungen zur Methodenentwicklung in der Sozialarbeit. In: Archiv für Wissenschaft und Praxis der sozialen Arbeit (21) 262-286

Possehl, Kurt 1993: Methoden der Sozialarbeit. Theoretische Grundlagen und 15 Praxisbeispiele aus der sozialen Einzelhilfe. Frankfurt a.M.

Possehl, Kurt 2002: Ausgewählte Aspekte einer handlungstheoretischen Konzeption der Methodenlehre der Sozialen Arbeit und ihre didaktische Umsetzung. In: Archiv für Wissenschaft und Praxis der sozialen Arbeit 4 (33) 4-41

Puch, Hans-Joachim 1994: Organisation im Sozialbereich. Eine Einführung für soziale Berufe. Freiburg i.Br.

Puch, Hans-Joachim/Westermeyer, Katharina 1999: Managementkonzepte. Eine Einführung für soziale Berufe. Freiburg i.Br.

Puhl, Ria (Hg.) 1996: Sozialarbeitswissenschaft. Neue Chancen für theoriegeleitete Soziale Arbeit. Weinheim, München

Puhl, Ria/Burmeister, Jürgen/Löcherbach, Peter 1996: Keine Profession ohne Gegenstand. Was ist der Kern der Sozialen Arbeit? In: Puhl, Ria (Hg.): Sozialarbeitswissenschaft. Neue Chancen für theoriegeleitete Soziale Arbeit. Weinheim, München. 167-186

Puhl, Ria/Maas Udo (Hg.) 1997: Soziale Arbeit in Europa. Organisationsstrukturen, Arbeitsfelder und Methoden im Vergleich. Weinheim, München

Rahn, Ewald/Mahnkopf, Angela 2000: Lehrbuch Psychiatrie für Studium und Beruf. Bonn. 2., korr. Aufl.

Ratzinger, Georg 2001: Geschichte der kirchlichen Armenpflege. Frankfurt a.M. (Reprint der 2. umgearb. Aufl. von 1884) Freiburg i. Br.

Rauschenbach, Thomas/Gängler, Hans (Hg.) 1992: Soziale Arbeit und Erziehung in der Risikogesellschaft. Neuwied, Kriftel, Berlin

Rauschenbach, Thomas 1996: Ausbildung/Ausbildungen. In: Kreft, Dieter/Mielenz, Ingrid (Hg.): Wörterbuch Soziale Arbeit. Weinheim, Basel. 4., vollständig überarb. und erw. Aufl. 78-83

Rauschenbach, Thomas 1999: Das sozialpädagogische Jahrhundert. Analysen zur Entwicklung Sozialer Arbeit in der Moderne. Weinheim, München

Rauschenbach, Thomas/Thole, Werner (Hg.) 1998: Sozialpädagogische Forschung: Gegenstand und Funktionen, Bereiche und Methoden. Weinheim, München

Rauschenbach, Thomas/Züchner, Ivo 2001: Soziale Berufe. In: Otto, Hans-Uwe/Thiersch, Hans (Hg.): Handbuch der Sozialarbeit/Sozialpädagogik. Neuwied, Kriftel. 1649-1667

Rauschenbach, Thomas/Züchner, Ivo 2002: Theorie der Sozialen Arbeit. In: Thole, Werner (Hg.): Grundriss Soziale Arbeit. Opladen. 139-160

Rawls, John 1993: Eine Theorie der Gerechtigkeit. Frankfurt a.M. (1. Aufl.: 1971)

Rawls, John 1998: Die Idee des politischen Liberalismus. Frankfurt a.M.

Reamer, Frederic G. 1993: The philosophical foundations of social work. New York, Oxford

Reamer, Frederic G. 2001: Ethics Education in Social Work. New York, Oxford

Reble, Albert 1999: Geschichte der Pädagogik. Frankfurt a.M., Berlin, Wien

Rehberg, Karl S. 2001: Kultur. In: Joas, Hans (Hg.): Lehrbuch der Soziologie. Frankfurt a.M., New York. 66-92

Reid, William J. 1995c: Research Overview. In: National Association of Social Workers (Hg.): Encyclopedia of Social Work. Washington. 2040-2054

Reid, William J./Epstein, Laura 1979: Gezielte Kurzzeitbehandlung in der Sozialen Einzelhilfe. Freiburg i.Br.

Reinicke, Peter 1990: Die Berufsverbände der Sozialarbeit und ihre Geschichte. Von den Anfängen bis zum Ende des zweiten Weltkrieges. Frankfurt a.M.

Reyer, Jürgen 1991: Alte Eugenik und Wohlfahrtspflege. Entwertung und Funktionalisierung der Fürsorge vom Ende des 19. Jahrhunderts bis zur Gegenwart. Freiburg i.Br.

Reyer, Jürgen 2002a: Kleine Geschichte der Sozialpädagogik. Individuum und Gemeinschaft in der Pädagogik der Moderne. Baltmansweiler

Reyer, Jürgen 2002b: Sozialpädagogik – ein Nachruf. In: Zeitschrift für Pädagogik 3 (48) 398-413

Richmond, Mary 1917: Social Diagnosis. New York

Riemann, Fritz 1975: Grundformen der Angst und die Antinomien des Lebens. Eine tiefenpsychologische Studie über die Ängste des Menschen und ihre Überwindung. München, Basel

Robertis, Cristina de (Hg.) 1993: Le contrat. Un outil pour le travail social. Paris

Roberts, Robert W./Nee, Robert H. 1977: Konzepte der Sozialen Einzelhilfe. Stand der Entwicklung. Neue Anwendungsformen. Freiburg i.Br.

Rombach, Heinrich (Hg.) 1974: Wissenschaftstheorie. Bd. 2: Struktur und Methode der Wissenschaften. Freiburg i.Br.

Rombach, Heinrich (Hg.) 1979: Wissenschaftstheorie. Bd. 1: Probleme und Positionen der Wissenschaftstheorie. Freiburg i.Br. 2. Aufl.

Rombach, Heinrich 1974: Wissenschaft, Forschung, Theorie. In: Rombach, Heinrich (Hg.) Wissenschaftstheorie 2. Freiburg, Basel, Wien 7-29

Rombach, Heinrich 1981a, b: Substanz, System, Struktur. Die Ontologie des Funktionalismus und der philosophische Hintergrund der modernen Wissenschaft. 2 Bände. Freiburg i.Br., München

Ross, Murray 1955: Gemeinwesenarbeit. Freiburg i.Br.

Rossi, Paolo 1997: Die Geburt der modernen Wissenschaft in Europa. München
Rössner, Lutz 1975: Theorie der Sozialarbeit. Ein Entwurf. München, Basel
Rössner, Lutz 1977: Erziehungs- und Sozialarbeitswissenschaft. München, Basel
Rössner, Lutz 1989: Einleitende Erörterungen zum Theorie-Praxis-Problem. Braunschweig
Rössner, Lutz 1990a: Zur Systematik der Sozialarbeitswissenschaft. In: Alisch, Lutz-Michael/Rössner, Lutz: Grundlagen der Sozialarbeitswissenschaft und sozialarbeitswissenschaftlichen Forschung. Braunschweig. 2., erw. Aufl. 13-22
Rössner, Lutz 1990b: Anmerkungen zum Technologie-Vorwurf gegenüber einer technologisch orientierten Sozialarbeitswissenschaft. In: Alisch, Lutz-Michael/Rössner, Lutz: Grundlagen der Sozialarbeitswissenschaft und sozialarbeitswissenschaftlichen Forschung. Braunschweig. 2., erw. Aufl. 71-100
Rössner, Lutz 1992: Elementar-Einführung in Probleme und Funktionen des Studiums der Sozialarbeitswissenschaft. Braunschweig
Rothgang, Georg-Wilhelm 1990: Praxisrelevanz fachwissenschaftlicher Inhalte im Studium Sozialarbeit/Sozialpädagogik. Befragung von Studierenden im Integrierten Praktikum. In: neue praxis 1 (20) 81-86
Rothman, Jack/Thomas, Edwin J. (Hg.) 1994: Intervention research: design and development for human service. Binghamton, New York
Rousseau, Jean-Jacques 1981: Emil oder Über die Erziehung. Paderborn, München, Zürich. (1. Aufl.: 1762)
Rousseau, Jean-Jacques 1990: Diskurs über die Ungleichheit. Discours sur l` inégalité. Paderborn, München, Zürich. 2. durchges. und erg. Aufl. (1. Aufl.: 1755)
Rousseau, Jean-Jacques 1995: Politische Schriften. Paderborn, München, Wien, Zürich. (1. Aufl.: 1762)
Rubin, Allen 1995c: Survey Research. In: National Association of Social Workers (Hg.): Encyclopedia of Social Work. Washington. 2385-2391
Rünger, Helmut 1964: Einführung in die Sozialpädagogik. Witten
Sachße, Christoph 1983: Fremdhilfe als Selbsthilfe – Die bürgerliche Frauenbewegung und die Entstehung beruflicher Sozialarbeit. In: neue praxis 1 (13) 30-36
Sachße, Christoph 1985: Sozialreform als Emanzipation. In: Sozialwissenschaftliche Literatur Rundschau 11 (8) 25-30
Sachße, Christoph 1986: Mütterlichkeit als Beruf. Sozialarbeit, Sozialreform und Frauenbewegung 1871-1929. Frankfurt a.M.
Sachße, Christoph (Hg.) 1994: Wohlfahrtsverbände im Wohlfahrtsstaat. Kassel
Sachße, Christoph 1995: Bericht aus der Arbeitsgruppe „Historische Forschung“. In: Thiersch, Hans/Grunwald, Klaus (Hg.): Zeitdiagnose Soziale Arbeit. Weinheim, München. 71-73

Sachße, Christoph/Tennstedt, Florian 1980: Geschichte der Armenfürsorge in Deutschland: Vom Spätmittelalter bis zum Ersten Weltkrieg. Stuttgart, Berlin, Köln, Mainz

Sachße, Christoph/Tennstedt, Florian 1988: Geschichte der Armenfürsorge in Deutschland Bd. 2: Fürsorge und Wohlfahrtspflege 1871 bis 1929. Stuttgart, Berlin, Köln, Mainz

Sachße, Christoph/Tennstedt, Florian 1992: Geschichte der Armenfürsorge in Deutschland Bd. 3: Der Wohlfahrtsstaat im Nationalsozialismus. Stuttgart, Berlin, Köln, Mainz

Sader, Manfred 2002: Psychologie der Gruppe. Weinheim, München. 8. Aufl.

Sahle, Rita 2002: Paradigmen der Sozialen Arbeit. In: Archiv für Wissenschaft und Praxis der sozialen Arbeit 4 (33) 42-74

Salomon, Alice 1917: Soziale Frauenbildung und soziale Berufsarbeit. Leipzig, Berlin

Salomon, Alice 1926: Soziale Diagnose. Berlin

Salomon, Alice 1927: Die Ausbildung zum sozialen Beruf. Berlin

Salomon, Alice 1928: Leitfaden der Wohlfahrtspflege. Berlin. 3. Aufl.

Salomon, Alice 1932: Soziale Führer. Ihr Leben, ihre Lehren, ihre Werke. Leipzig

Salomon, Alice 1933: Die wissenschaftlichen Grundlagen der sozialen Arbeit. (Eine Auseinandersetzung mit Maurice J. Karpf (1931) „The Scientific Basis of Social Work“ New York). In: Die Frau 4 (40) 222-227

Salomon, Alice 1983: Charakter ist Schicksal. Lebenserinnerungen. Hg. von Baron, Rüdeger/Landwehr, Rolf. Weinheim, Basel

Salustowicz, Piotr 1995: Soziale Arbeit zwischen Disziplin und Profession. Weinheim

Salustowicz, Piotr 1999: Über die Akademisierung in der Sozialen Arbeit am Beispiel der Fachhochschulen – eine kritische Bestandsaufnahme. In: neue praxis 6 (29) 561-575

Satir, Virginia 1979: Familienbehandlung. Kommunikation und Beziehung in Theorie, Erleben und Therapie. Freiburg i.Br.

Schäfers, Bernhard 1990: Gesellschaftlicher Wandel in Deutschland. Ein Studienbuch zur Sozialstruktur und Sozialgeschichte der Bundesrepublik. Stuttgart

Schäfers, Bernhard (Hg.) 1992: Grundbegriffe der Soziologie. Opladen. 3. Aufl.

Schäfers, Bernhard (Hg.) 1995: Soziologie in Deutschland. Opladen

Schefold, Werner 2002: Sozialpädagogische Forschung. Stand und Perspektiven. In: Thole, Werner (Hg.): Grundriss der Sozialen Arbeit. Opladen. 875-896

Schellhorn, Walter 1996: Finanzwesen, öffentliches. In: Kreft, Dieter/Mielenz, Ingrid (Hg.): Wörterbuch Soziale Arbeit. Weinheim, Basel. 211ff.

Schermer, Franz J. 1999: Grundlagen der Psychologie. Stuttgart, Berlin, Köln

Scherpner, Hans 1974: Theorie der Fürsorge. Hg. von Hanna Scherpner. Göttingen. (1. Aufl.: 1962)

Scherpner, Hans 1979: Geschichte der Jugendfürsorge. Aus dem Nachlaß hg. von Hanna Scherpner, mit einem Vorwort von Gerd Neises. Frankfurt a.M. 2. Aufl. (1. Aufl.: 1966)

Scherpner, Hans 1984: Studien zur Geschichte der Fürsorge. Aus dem Nachlaß hg. von Hanna Scherpner, mit einer Vorbemerkung von Gerd Neises. Frankfurt a.M.

Scherr, Albert 2002: Sozialarbeitswissenschaft. Anmerkungen zu den Grundzügen eines theoretischen Programms. In: Thole, Werner (Hg.): Grundriss Soziale Arbeit. Opladen. 259-271

Schetsche, Michael 2000: Wissenssoziologie sozialer Probleme. Grundlegung einer relativistischen Problemtheorie. Wiesbaden

Scheuerl, Hans (Hg.) 1979: Klassiker der Pädagogik. Bd. 1 und 2. München

Schild, Walter 1998: Fachliche Qualität im Praxissystem Sozialer Arbeit. In: FORUM sozial. Die berufliche Soziale Arbeit 1 (-) 2-8

Schilling, Johannes 1997: Soziale Arbeit. Entwicklungslinien der Sozialarbeit/Sozialpädagogik. Neuwied, Kriftel

Schilling, Johannes 2000: Anthropologie für soziale Berufe: Menschenbilder in der Sozialen Arbeit. Entwicklungslinien der Sozialarbeit/Sozialpädagogik. Neuwied, Kriftel

Schiller, Heinrich 1963: Gruppenpädagogik (Social Group Work) als Methode der Sozialarbeit. Schwalbach

Schlette, Heinz R. 1989: Gleichheit. Philosophische Bemerkungen zu einem Reizwort. In: Orientierung 15/16 (53) 171-174; 17 (53) 183-186

Schlippe, Arist von/Schweitzer, Jochen 1999: Lehrbuch der systemischen Therapie und Beratung. Göttingen

Schmid, Wilhelm 2000: Philosophie der Lebenskunst. Eine Grundlegung. Frankfurt a.M.

Schmidt, Hans-Ludwig 1981: Theorien der Sozialpädagogik: Kritische Bestandsaufnahme vorliegender Entwürfe und Konturen eines handlungstheoretischen Neuansatzes. Rheinstetten

Schmidt-Grunert, Marianne 2002: Soziale Arbeit mit Gruppen. Eine Einführung. Freiburg i.Br.

Schneider, Johann 1999: Gut und Böse – Falsch und Richtig. Zu Ethik und Moral der sozialen Berufe. Frankfurt a.M.

Schnerb, Robert 1983: Europa im 19. Jahrhundert. Europa als Weltmacht. München

Schönig, Werner 2002: Sozialpolitik und Soziale Arbeit. Ein wechselseitiges Verhältnis aus diziplinärer und dynamischer Sicht. In: Soziale Arbeit 2 (51) 42-48

Schrapper, Christian 1993: Hans Muthesius (1885-1977). Ein deutscher Fürsorgejurist und Sozialpolitiker zwischen Kaiserreich und Bundesrepublik. Münster i.W.

Schrapper, Christian (Hg.) 1998: Qualität und Kosten im ASD. Konzepte zur Planung und Steuerung der Hilfen zur Erziehung durch kommunale soziale Dienste. Münster.W.

Schubert, Margaret 1980: Das Gespräch in der Sozialarbeit. Freiburg. i.Br.

Schweppe, Cornelia (Hg.) 2003: Qualitative Sozialforschung in der Sozialpädagogik. Opladen

Seibel, Friedrich W./Lorenz, Walter (Hg.) 1998: Soziale Professionen für ein soziales Europa. ERASMUS-Evaluations-Konferenz Koblenz 1996. Frankfurt a.M.

Seidenstücker, Bernd 1996: Soziale Arbeit in der DDR. In: Kreft, Dieter/Mielenz, Ingrid (Hg.) Wörterbuch Soziale Arbeit. Weinheim, Basel. 514-521

Seiffert, Helmut 1985. Einführung in die Wissenschaftstheorie. München. 3 Bände

Seiffert, Helmut/Radnitzky, Gerard (Hg.) 1989: Handlexikon zur Wissenschaftstheorie. München

Sekretariat der Ständigen Konferenz der Kultusminister der Länder der Bundesrepublik Deutschland (Hg.) 1984: Entwurf. Empfehlungen der Studienreformkommission Pädagogik/Sozialpädagogik/Sozialarbeit. Bd. 2: Ausbildungsbereich Sozialwesen. Bonn

Sekretariat der Ständigen Konferenz der Kultusminister der Länder in der Bundesrepublik Deutschland (Hg.) 1988: Rahmenprüfungsordnung Sozialwesen mit Erläuterungen. Bonn

Sekretariat der Ständigen Konferenz der Kultusminister der Länder in der Bundesrepublik Deutschland (Hg.) 1989: Rahmenordnung für die Diplomprüfung im Studiengang Erziehungswissenschaft. Bonn

Sekretariat der Ständigen Konferenz der Kultusminister der Länder in der Bundesrepublik Deutschland (Hg.) 2001: Rahmenordnung für die Diplomprüfung im Studiengang Soziale Arbeit – Fachhochschulen. Bonn

Seligman, Martin E. P. 1995: Erlernte Hilflosigkeit. Weinheim, Basel. 5., korr. und erw. Aufl.

Sen, Amartya 2000: Ökonomie für den Menschen. München

Sengling, Dieter 1987: Was ist „Erfolg" in der Sozialarbeit? In: Sozialpädagogik 4 (29) 165-172

Sennett, Robert 1994: Das Ende der Soziologie. In: DIE ZEIT vom 29.10.1994

Serres, Michel (Hg.) 1994: Elemente einer Geschichte der Wissenschaften. Frankfurt a.M.

Shklar, Judith N. 1992: Über Ungerechtigkeit. Erkundungen zu einem moralischen Gefühl. Berlin

Sidler, Nikolaus 1989: Am Rande leben – abweichen – arm sein. Konzepte und Theorien zu sozialen Problemen. Freiburg i.Br.

Sidler, Nikolaus 1999: Problemsoziologie. Eine Einführung. Freiburg i.Br.

Simon, Bernece 1977: Theorie der Sozialen Einzelhilfe: ein Überblick. In: Roberts, Robert W./Nee, Robert H.: Konzepte der Sozialen Einzelhilfe. Freiburg i.Br. 377-419

Simon-Schaefer, Roland 1989a: Kritische Theorie. In: Seiffert, Helmut/Radnitzky, Gerard (Hg.): Handlexikon zur Wissenschaftstheorie. München. 172-177

Simon-Schaefer, Roland 1989b: Marxismus. In: Seiffert, Helmut/Radnitzky, Gerard (Hg.): Handlexikon zur Wissenschaftstheorie. München. 199-206

Smalley, Ruth E. 1967: Theory for Social Work Practice. Columbia. Deutsch: Praxisorientierte Theorie der Sozialarbeit. 1974. Weinheim, Basel

Smith, Adam 1993: Der Wohlstand der Nationen. Eine Untersuchung seiner Natur und seiner Ursachen. Hg. von Horst Claus Recktenwald. München. (1. Aufl.: 1776)

Smith, Adam 1994: Theorie der ethischen Gefühle. Hg. von Walther Eckstein. Mit einer Bibliographie von Günter Gawlik. Hamburg. (1. Aufl.: 1759)

Sokal, Alan/Bricmont, Jean 1999: Eleganter Unsinn. Wie die Denker der Postmoderne die Wissenschaften mißbrauchen. München

Sommerfeld, Peter 1998: Erkenntnistheoretische Grundlagen der Sozialarbeitswissenschaft und Konsequenzen für die Forschung. In: Steinert, Erika u.a. (Hg.): Sozialarbeitsforschung: was sie ist und leistet. Freiburg i.Br. 13-31

Sommerfeld, Peter/Koditek, Thomas 1994: „Wissenschaftliche Praxisberatung" in der Sozialen Arbeit. Ein Projektentwurf zur kooperativen Verschränkung von Wissenschaft und Praxis. In: neue praxis 3 (24) 230-249

Soukup, Gunter 1996: Handlungsforschung. In: Kreft, Dieter/Mielenz, Ingrid (Hg.): Wörterbuch Soziale Arbeit. Weinheim, Basel. 269ff.

Soydan, Haluk 1999: The history of ideas in social work. Birmingham

Soydan, Haluk 2000: From vocational to knowledge-based education – an account of Swedish social work education. In: Social Work Education 3 (20) 111-121

Spada, Hans (Hg.) 1998: Lehrbuch Allgemeine Psychologie. Bern. 2., korr. Aufl.

Staub-Bernasconi, Silvia 1983: Soziale Probleme – Dimensionen ihrer Artikulation. Umrisse einer Theorie Sozialer Probleme als Beitrag zu einem theoretischen Bezugsrahmen Sozialer Arbeit. Diessenhofen

Staub-Bernasconi, Silvia 1986: Soziale Arbeit als eine besondere Art des Umgangs mit Menschen, Dingen und Ideen. Zur Entwicklung einer handlungstheoretischen Wissensbasis Sozialer Arbeit. In: Sozialarbeit 10 (18) 2-71

Staub-Bernasconi, Silvia 1991: Das Selbstverständnis Sozialer Arbeit in Europa: frei von Zukunft – voll von Sorgen? In: Sozialarbeit 2 (23) 2-32

Staub-Bernasconi, Silvia 1995: Systemtheorie, soziale Probleme und Soziale Arbeit: lokal, national, international oder: vom Ende der Bescheidenheit. Bern, Stuttgart, Wien

Staub-Bernasconi, Silvia 1997: Lebensfreude dank einer wissenschaftsbasierten Bedürfniskunde?! Aktualität und Brisanz einer fast vergessenen Theoretikerin Sozialer Arbeit: Ilse Arlt (1876-1960). In: Sozialarbeit 5 (28) 18-31

Staub-Bernasconi, Silvia 1998a: Soziale Probleme – soziale Berufe – soziale Praxis. In: Heiner, Maja/Meinhold, Marianne/Spiegel, Hiltrud von/Staub-

Bernasconi, Silvia: Methodisches Handeln in der Sozialen Arbeit. Freiburg i.Br. 11-137

Staub-Bernasconi, Silvia 1998b: Soziale Arbeit auf der Suche nach autonomen Paradigmen. Historische und aktuelle Betrachtungen. In: Seibel, Friedrich W./Lorenz, Walter (Hg.): Soziale Professionen für ein soziales Europa. Frankfurt a.M. 61-101

Staub-Bernasconi, Silvia 1998c: Soziale Arbeit als „Menschenrechtsprofession". In: Wöhrle, Armin (Hg.): Profession und Wissenschaft Sozialer Arbeit. Pfaffenweiler. 305-332

Staub-Bernasconi, Silvia 2000a: Systemtheorie. In: Stimmer, Franz (Hg.): Lexikon der Sozialpädagogik und der Sozialarbeit. München, Wien. 4., völlig überarb. und erw. Aufl. 740-747

Staub-Bernasconi, Silvia 2000b: Machtblindheit und Machtvollkommenheit Luhmannscher Theorie. In: Merten, Roland (Hg.): Systemtheorie Sozialer Arbeit. Opladen. 225-242

Staub-Bernasconi, Silvia 2002: Soziale Arbeit und soziale Probleme. Eine disziplin- und professionsbezogene Bestimmung. In: Thole, Werner (Hg.): Grundriss Soziale Arbeit. Opladen. 245-258

Steden, Hans-Peter 1999: Psychologie. Einführung für soziale Berufe. Freiburg i.Br.

Stegmann, Franz Josef/Langhorst, Peter 2000: Geschichte der sozialen Ideen im deutschen Katholizimus. In: Grebing, Helga (Hg.): Geschichte der sozialen Ideen in Deutschland. Essen. 599-862

Steinert, Erika/Sticher-Gil, Birgitta/Sommerfeld, Peter/Maier, Konrad (Hg.) 1998: Sozialarbeitsforschung: was sie ist und leistet. Eine Bestandsaufnahme. Freiburg i.Br.

Steinert, Erika/Thiele, Gisela 2000: Sozialarbeitsforschung für Studium und Praxis. Einführung in die quantitativen und qualitativen Methoden. Köln

Stichweh, Rudolf 1994: Wissenschaft, Universität, Professionen. Soziologische Analysen. Frankfurt a.M.

Stichweh, Rudolf 2000: Professionen im System der modernen Gesellschaft. In: Merten, Roland (Hg.): Systemtheorie Sozialer Arbeit. Opladen. 29-38

Stimmer, Franz (Hg.) 2000: Lexikon der Sozialpädagogik und der Sozialarbeit. München, Wien. 4., völlig überarb. und erw. Aufl.

Störig, Hans Joachim 1989: Kleine Weltgeschichte der Philosophie. Frankfurt a.M.

Stratenwerth, Irene 1990: „Das Gefühl, die Welt ein Stück weiterbringen zu müssen". Jane Addams (1860-1935), Friedensnobelpreis 1931. In: Kerner, Charlotte (Hg.): Nicht nur Madame Curie ... Frauen, die den Nobelpreis bekamen. Weinheim, Basel. 34-59

Ströker, Elisabeth 1973: Einführung in die Wissenschaftstheorie. Darmstadt

Strohm, Theodor (Hg.) 2000: Diakonie an der Schwelle zum neuen Jahrtausend. Ökumenische Beiträge zur weltweiten Verständigung. Heidelberg

Stuart, Herbert A./Klages, Gerhard 2000: Kurzes Lehrbuch der Physik. Heidelberg, New York

Sünker, Heinz 1989: Bildung, Alltag und Subjektivität. Elemente zu einer Theorie der Sozialpädagogik. Weinheim

Sünker, Heinz (Hg.) 1995a: Theorie, Politik und Praxis Sozialer Arbeit. Einführung in Diskurse und Handlungsfelder der Sozialarbeit/Sozialpädagogik. Bielefeld

Sünker, Heinz 1995b: Theoretische Ansätze, gesellschaftspolitische Kontexte und professionelle Perspektiven Sozialer Arbeit. In: Sünker, Heinz (Hg.): Theorie, Politik und Praxis Sozialer Arbeit. Bielefeld. 72-99

Sünker, Heinz 1996: Soziale Arbeit im Nationalsozialismus. In: Kreft, Dieter/Mielenz, Ingrid (Hg.): Wörterbuch Soziale Arbeit. Weinheim, Basel. 4., überarb. und erweit. Aufl. 511-514

Sünker, Heinz 2002: Soziale Gerechtigkeit, Sozialpolitik und Soziale Arbeit. In: neue praxis 2 (32) 108-121

Tausch, Reinhard/Tausch, Anne-Marie 1979: Gesprächs-Psychotherapie. Einfühlsame hilfreiche Gruppen- und Einzelgespräche in Psychotherapie und alltäglichem Leben. Göttingen, Toronto, Zürich. 7., völlig neugest. Aufl.

Tenorth, Elmar 1994: Profession und Disziplin. Zur Formierung der Erziehungswissenschaft. In: Krüger, Heinz-Hermann/Rauschenbach, Thomas (Hg.): Erziehungswissenschaft. Die Disziplin am Beginn einer neuen Epoche. Weinheim, München. 17-28

Thiersch, Hans 1978: Alltagshandeln und Sozialpädagogik. Neu abgedruckt in: neue praxis 1995 3 (25) 215-234

Thiersch, Hans 1986: Die Erfahrung der Wirklichkeit. Perspektiven einer alltagsorientierten Sozialpädagogik. Weinheim, München

Thiersch, Hans 1992a: Lebensweltorientierte Soziale Arbeit. Aufgaben der Praxis im sozialen Wandel. Weinheim, München

Thiersch, Hans 1992b: Das sozialpädagogische Jahrhundert. In: Rauschenbach, Thomas/Gängler, Hans (Hg.): Soziale Arbeit und Erziehung in der Risikogesellschaft. Neuwied, Kriftel, Berlin

Thiersch, Hans 1995: Lebenswelt und Moral. Beiträge zur moralischen Orientierung Sozialer Arbeit. Weinheim, München

Thiersch, Hans 1996: Theorie der Sozialarbeit/Sozialpädagogik. In: Kreft, Dieter/Mielenz, Ingrid (Hg.): Wörterbuch Soziale Arbeit. Weinheim, Basel. 4., vollständig überarb. und erw. Aufl. 618-623

Thiersch, Hans 1997: Alltag. In: Deutscher Verein für öffentliche und private Fürsorge (Hg.): Fachlexikon der Sozialen Arbeit. Frankfurt a.M. 16-18

Thiersch, Hans 2001: Moral und Soziale Arbeit. In: Otto, Hans-Uwe/Thiersch, Hans (Hg.): Handbuch der Sozialarbeit/Sozialpädagogik. Neuwied, Kriftel. 2. Aufl. 1245-1258

Thiersch, Hans/Rauschenbach, Thomas 1987: Sozialpädagogik/Sozialarbeit: Theorie und Entwicklung. In: Eyferth, Hanns/Otto, Hans-Uwe/Thiersch,

Hans (Hg.): Handbuch zur Sozialarbeit/Sozialpädagogik. Neuwied, Darmstadt. 984-1016

Thole, Werner (Hg.) 2002a: Grundriss Soziale Arbeit. Ein einführendes Handbuch. Opladen

Thole, Werner 2002b: Soziale Arbeit als Profession und Disziplin. Das sozialpädagogische Projekt in Praxis, Theorie, Forschung und Ausbildung – Versuch einer Standortbestimmung. In: Thole, Werner (Hg.): Grundriss Soziale Arbeit. Opladen. 13-59

Thole, Werner/Galuske, Michael/Gängler, Hans (Hg.) 1998: KlassikerInnen der Sozialen Arbeit. Sozialpädagogische Texte aus zwei Jahrhunderten – ein Lesebuch. Neuwied, Kriftel

Thomas, Martin/Pierson, John (Hg.) 1995: Dictionary of Social Work. Collins Educational. London

Thomas von Aquino 1985a: Summe der Theologie. Bd. 1: Gott und die Schöpfung. Hrsg. von J. Bernhart. Stuttgart. (1. Aufl.: um 1270)

Thomas von Aquino 1985b: Summe der Theologie. Bd. 2: Die sittliche Weltordnung. Hrsg. von J. Bernhart. Stuttgart. (1. Aufl.: um 1270)

Thomas von Aquino 1985c: Summe der Theologie. Bd. 3: Der Mensch und sein Heil. Hrsg. von J. Bernhart. Stuttgart. (1. Aufl.: um 1270)

Tillmann, Jan 1994: Sozialarbeitswissenschaft im Werden. In: Schatteburg, Uta (Hg.): Aushandeln, Entscheiden, Gestalten – Soziale Arbeit, die Wissen schafft. Hemmingen bei Hannover. 17-50

Tönnies, Ferdinand 1926: Gemeinschaft und Gesellschaft. Berlin. 6. Aufl. (1. Aufl.: 1887)

Traxel, Werner 1974: Grundlagen und Methoden der Psychologie. Bern, Stuttgart, Wien

Treibel, Annette 2000: Einführung in soziologische Theorien der Gegenwart. Opladen. 5., aktualisierte und verbesserte Aufl.

Treptow, Rainer 2001: Handlungskompetenz. In: Otto, Hans-Uwe/Thiersch, Hans (Hg.): Handbuch der Sozialarbeit/Sozialpädagogik. Neuwied, Kriftel. 757-771

Tschamler, Herbert 1996: Wissenschaftstheorie. Eine Einführung für Pädagogen. Bad Heilbrunn/Obb. 3., erw. und überarb. Aufl.

Tugendhat, Ernst 1994: Vorlesungen über Ethik. Frankfurt a.M.

Tuggener, Heinrich 1971: Social Work – Versuch einer Darstellung und Deutung im Hinblick auf das Verhältnis von Sozialarbeit und Sozialpädagogik. Weinheim, Basel

Turner, Francis J. (Hg.) 1996: Social work treatment: Interlocking theoretical approaches. New York

Ulke, Karl-Dieter (Hg.) 1988: Ist Sozialarbeit lehrbar? Zum wechselseitigen Nutzen von Wissenschaft und Praxis. Freiburg i.Br.

United Nations 1994: Human Rights and Social Work. A Manual for Schools of Social Work and the Social Work Profession, Professional Training Series No. 1. New York, Genf

Uslar, Gesine von 1988: Das Verhältnis von Praxis und Forschung in der sozialen Arbeit – nur ein Transferproblem? In: Heiner, Maja (Hg.): Praxisforschung in der sozialen Arbeit. Freiburg i.Br. 140-148

Vahsen, Friedhelm 1975: Einführung in die Sozialpädagogik. Bildungspolitische und theoretische Ansätze. Stuttgart

Vahsen, Friedhelm (Hg.) 1992: Paradigmenwechsel in der Sozialpädagogik. Bielefeld

Veblen, Thorstein 2000: Theorie der feinen Leute. Eine ökonomische Untersuchung der Institutionen. Frankfurt a.M. (1. Aufl.: 1899)

Vives, Juan Luis 1881: Ausgewählte pädagogische Schriften. Übersetzt und mit Einleitung und Anmerkungen versehen von Rudolf Heine. Leipzig

Vives, Juan Luis 1912: Pädagogische Hauptschriften. Übersetzung, Einleitung und Anmerkungen von T. Edelbluth. Paderborn

Vives, Ludovico 1973: De subventione pauperum. Introduzione, testo e appendice a cura di Armando Saitta. Firenze

Wagner, Hans 1980: Philosophie und Reflexion. München, Basel

Walther, Joachim (Hg.) 1997: Sozialarbeit/Sozialpädagogik als Studium und Wissenschaft. Entwicklungen – Perspektiven – Profile. Freiburg i.Br.

Walz, Hans 1999: Soziale Arbeit – Menschenrechte – Nachhaltige Entwicklung. In: FORUM sozial. Die berufliche Soziale Arbeit 3 (-) 3-7

Warmbrunn, Franz 1998: Hermeneutik – Ein unverzichtbarer Ansatz für Theorie und Praxis der Sozialen Arbeit. In: Huppertz, Norbert (Hg.): Theorie und Forschung in der Sozialen Arbeit. Neuwied, Kriftel. 33-46

Watzlawick, Paul (Hg.) 1997: Die erfundene Wirklichkeit. Wie wissen wir, was wir zu wissen glauben? Beiträge zum Konstruktivismus. München, Zürich

Watzlawick, Paul/Beavin, Janet H./Jackson, Don D. 1974: Menschliche Kommunikation. Formen, Störungen, Paradoxien. Bern, Stuttgart, Wien

Watzlawick, Paul/Weakland, John H./Fisch, Richard 1975: Lösungen. Zur Theorie und Praxis menschlichen Wandels. Bern, Stuttgart, Wien

Wegener, Bernhard 1992: Ethik der sozialen Arbeit. Eine Einführung. In: Soziale Arbeit 8 (41) 258-267

Weinberger, Sabine 2000: Klientenzentrierte Gesprächsführung. Eine Lern- und Praxisanleitung für helfende Berufe. Weinheim, Basel. 19. Aufl.

Weltgesundheitsorganisation 2000: Internationale Klassifikation psychischer Störungen. ICD-10, Kapitel V(F). Bern, Göttingen, Toronto, Seattle. 4., erg. Aufl.

Wendt, Wolf Rainer 1982: Ökologie und soziale Arbeit. Stuttgart

Wendt, Wolf Rainer 1990: Ökosozial denken und handeln. Grundlagen und Anwendungen in der Sozialarbeit. Freiburg i.Br.

Wendt, Wolf Rainer (Hg.) 1994: Sozial und wissenschaftlich arbeiten. Status und Positionen der Sozialarbeitswissenschaft. Freiburg i.Br.

Wendt, Wolf Rainer (Hg.) 1995a: Soziale Arbeit im Wandel ihres Selbstverständnisses. Freiburg i.Br.

Wendt, Wolf Rainer 1995b: Geschichte der Sozialen Arbeit. Von der Aufklärung bis zu den Alternativen und darüber hinaus. Stuttgart. 4., überarb. und erw. Aufl.

Wendt, Wolf Rainer (Hg.) 1997: Case Management im Sozial- und Gesundheitswesen. Freiburg i.Br.

Wendt, Wolf Rainer 1998: Die Bücher der Sozialarbeit. In: Blätter der Wohlfahrtspflege 5+6 (145) 130-131

Wendt, Wolf Rainer 2002: Case Management – Stand und Positionen in der Bundesrepublik. In: Löcherbach, Peter u.a. (Hg.): Case Management. Neuwied, Kriftel. 13-36

Wertheimer, Michael 1971: Kurze Geschichte der Psychologie. Regensburg

Wigger, Lothar 1996: Die aktuelle Kontroverse um die Allgemeine Pädagogik. In: Zeitschrift für Pädagogik 6 (42) 915-931

Winkler, Gunnar 1989: Geschichte der Sozialpolitik der DDR 1945-1989. Berlin (O)

Winkler, Michael 1988: Eine Theorie der Sozialpädagogik: über Erziehung als Rekonstruktion der Subjektivität. Stuttgart

Winkler, Michael 1993: Hat die Sozialpädagogik Klassiker? In: neue praxis 3 (23) 171-185

Winkler, Michael 1995: Bemerkungen zur Theorie der Sozialpädagogik. In: Sünker, Heinz (Hg.): Theorie, Politik und Praxis Sozialer Arbeit. Bielefeld. 102-119

Wisniewski, Angelika 1992: Ist die Psychologie eine Wissenschaft? In: Report Psychologie 9, 8ff.

Wissenschaftsrat 1994: Empfehlungen und Stellungnahmen 1993. Köln

Wissenschaftsrat 2000: Thesen zur künftigen Entwicklung des Wissenschaftssystems in Deutschland. Köln

Wiswede, Günter 1998: Soziologie. Grundlagen und Perspektiven für den wirtschafts- und sozialwissenschaftlichen Bereich. Landsberg am Lech. 3., neubearb. Aufl.

Witkin, Stanley L. 1989: Towards a Scientific Social Work. In: Journal of Social Service Research 12 (3/4) 83-98

Wöhrle, Armin (Hg.) 1998: Profession und Wissenschaft Sozialer Arbeit. Positionen in einer Phase der generellen Neuverortung und Spezifika in den neuen Bundesländern. Pfaffenweiler

Wollenweber, Horst (Hg.) 1983a: Modelle sozialpädagogischer Theoriebildung. Paderborn, München

Wollenweber, Horst (Hg.) 1983b: Sozialpädagogische Theoriebildung. Quellenband. Paderborn, München

Wronka, Joseph 1995b: Human Rights. In: National Association of Social Workers (Hg.): Encyclopedia of Social Work. Washington. 1405-1418

Wyss, Dieter 1977: Die tiefenpsychologischen Schulen von den Anfängen bis zur Gegenwart. Entwicklung, Probleme, Krisen. Göttingen

Zeller, Susanne 1987: Volksmütter: Frauen im Wohlfahrtswesen der zwanziger Jahre. Düsseldorf

Zeller, Susanne 1994: Geschichte der Sozialarbeit als Beruf. Bilder und Dokumente (1893-1939). Pfaffenweiler

Zeller, Susanne 1998: Nicht Almosen, sondern Gerechtigkeit. Jüdische Ethik und ihre historischen Wurzeln für die Professionalisierung in der Sozialen Arbeit. In: neue praxis 6 (28) 540-556

Zerfaß, Rolf 1992: Lebensnerv Caritas: Helfer brauchen Rückhalt. Freiburg i.Br.

Zetterberg, Hans L. 1962: Theorie, Forschung und Praxis in der Soziologie. In: König, René (Hg.): Handbuch der empirischen Sozialforschung. Bd. 1. Stuttgart. 64-104

Zimbalist, Sidney 1977: Historic Themes and Landmarks in Social Welfare Research. New York

Zimbardo, Philip G. 1995: Psychologie. Berlin, Heidelberg, New York

Zink, Dionys 1988: Aufforderung zur Konstitution von Sozialarbeitswissenschaft an Fachhochschulen. In: Ulke, Karl-Dieter (Hg.): Ist Sozialarbeit lehrbar? Freiburg i.Br. 40-54

Zippelius, Reinhold 2003: Rechtsphilosophie. München. 4., neubearb. Aufl.

Autor

Ernst Engelke, 1941 in Hildesheim geboren; Studien der Philosophie, Theologie, Pädagogik und Psychologie in Fulda, Freiburg i.Br. und Würzburg; Promotion in Theologie, Diplom in Psychologie, Habilitation für das Lehrgebiet Erziehungswissenschaft/Sozialpädagogik (Technische Universität Berlin).
Berufliche Tätigkeiten in verschiedenen Bereichen der Jugendarbeit, Klinikseelsorge, Ehe-, Familien- und Lebensberatung und Psychiatrie, als Supervisor und Lehrtherapeut für Psychodrama, Gruppenpsychotherapie und Soziometrie.
Seit 1980 Professor für Soziale Arbeit an der Fachhochschule Würzburg-Schweinfurt. Mitglied der Fachrichtungskommission „Sozialwesen", die im Auftrag des Bayerischen Staatsministeriums für Unterricht, Kultus, Wissenschaft und Kunst eine neue Rahmenstudienordnung für den Fachhochschulstudiengang Soziale Arbeit in Bayern erarbeitet hat (1993 bis 1995).
Lehr- und Forschungsgebiete: Geschichte und Grundlagen der Wissenschaft Soziale Arbeit, Theorien und Handlungslehre der Sozialen Arbeit, Thanatologie, Hospizarbeit und Sozialpsychiatrie.
Publikationen: Signale ins Leben. Begegnungen mit Sterbenskranken. München (1977); Sterbenskranke und die Kirche. München (1980); Psychodrama in der Praxis. Anwendung in Therapie, Beratung und Sozialarbeit. (Hg.) München (1981); Soziale Arbeit als Wissenschaft. Eine Orientierung. Freiburg i.Br. (1992); Soziale Arbeit als Ausbildung. Studienreform und -modelle. (Hg.) Freiburg i.Br. (1996); Theorien der Sozialen Arbeit. Eine Einführung. Freiburg i.Br. (1998) u.a.